3000 Quiz

Ampia **raccolta di quesiti** tratti da **prove reali** e **10 simulazioni d'esame** per la preparazione ai **test di ammissione**

AREA UMANISTICA E SOCIALE

Accedi ai servizi riservati

Il codice personale contenuto nel riquadro dà diritto a servizi esclusivi riservati ai nostri clienti.
Registrandoti al sito, dalla tua area riservata potrai accedere a:

- **Numerose video-lezioni**
  Quesiti svolti in aula virtuale e tutoraggio online
- **Infinite esercitazioni**
  Scegli se esercitarti su singole materie, sulle prove degli anni precedenti o se simulare una prova d'esame con le stesse modalità del test reale
- **Ulteriori materiali di interesse**
  Contenuti extra, test attitudinali, prospettive e sbocchi occupazionali ed altro ancora su **www.ammissione.it**

CODICE PERSONALE

Grattare delicatamente la superficie per visualizzare il codice personale.
Le **istruzioni per la registrazione** sono riportate nella Prefazione
Il volume NON può essere venduto né restituito se il codice personale risulta visibile
L'accesso ai servizi riservati ha la durata di 18 mesi dall'attivazione del codice
e viene garantito esclusivamente sulle edizioni in corso.

3000 Quiz

Ampia **raccolta di quesiti** tratti da **prove reali** e **10 simulazioni d'esame**
per la preparazione ai **test di ammissione**

AREA UMANISTICA E SOCIALE

editest

EdiTest – 3000 Quiz per Area umanistica e sociale – VI edizione

9 8 7 6 5 4 3 2 1 0
2025 2024 2023 2022 2021

Le cifre sulla destra indicano il numero e l'anno dell'ultima ristampa effettuata

Grafica di copertina e progetto grafico: curvilinee

Fotocomposizione: ProMediaStudio di A. Leano

Stampato presso: Vulcanica S.r.l. – Nola (NA)

per conto della EdiSES edizioni S.r.l. – Piazza Dante, 89 – Napoli

ISBN 978 88 9362 516 6

www.edises.it
assistenza.edises.it

PREFAZIONE

Rivolto a tutti i candidati agli esami di ammissione ai corsi di laurea di **Area umanistica e sociale**, questo volume costituisce un utile strumento di preparazione.

Il testo contiene numerosi **quesiti suddivisi per materia e argomento**, tratti in parte dalle **prove svolte degli ultimi anni**, che vertono sull'intero **programma d'esame** favorendo uno studio sistematico di tutte le materie previste (Logica, Cultura generale e storico-letteraria) e un'**agevole assimilazione dei concetti**.

Un'ampia parte è dedicata alle **simulazioni d'esame**, simili per struttura e composizione al test reale, utili per esercitarsi nella soluzione di quiz analoghi a quelli che vengono realmente somministrati e per una **verifica trasversale delle conoscenze**. Tale parte contiene dieci esercitazioni: le prime sette, composte da 50 quiz ciascuna, sono di tipologia e struttura analoga al test **TOLC-SU** del CISIA (Consorzio Interuniversitario Sistemi Integrati per l'Accesso) per l'ammissione ai corsi di studi di area umanistica e sociale; le ultime tre simulazioni, composte da 30 domande di inglese, sono realizzate in modo simile alla prova di conoscenza di lingua inglese predisposta anch'essa dal CISIA come sezione aggiuntiva del TOLC-SU.

Il **codice personale**, contenuto nella prima pagina del volume, consente di accedere a una serie di servizi riservati ai clienti tra cui:

- il **software di simulazione online** (infinite esercitazioni per materia e simulazioni d'esame gratuite);
- **spiegazioni in aula virtuale** di numerosi quesiti, facilmente individuabili nel testo tramite una specifica icona ▶;
- **materiali e contenuti extra**.

Tutti i materiali e i servizi associati al volume sono accessibili dall'**area riservata** che si attiva mediante registrazione al sito **edises.it**. Per accedere alla tua area riservata segui le istruzioni riportate nella pagina seguente.

ISTRUZIONI PER ACCEDERE AI SERVIZI ON-LINE

Collegati al sito edises.it

• Se sei registrato al sito

- clicca su *Accedi al materiale didattico*
- inserisci email e password
- inserisci le ultime 4 cifre del codice ISBN, riportato in basso a destra sul retro di copertina
- inserisci il tuo **codice personale** per essere reindirizzato automaticamente all'area riservata

• Se non sei già registrato al sito

- clicca su *Accedi al materiale didattico*
- registrati al sito o autenticati tramite facebook
- attendi l'email di conferma per perfezionare la registrazione
- torna sul sito **edises.it** e segui la procedura già descritta per *utenti registrati*

INDICE GENERALE

MATERIE D'ESAME

SEZIONE 1 | Logica

SEZIONE 2 | Cultura generale e storico-letteraria

SIMULAZIONI D'ESAME

TEST CISIA | TOLC-SU

TEST CISIA | Inglese

MATERIE D'ESAME

LOGICA

CAPITOLO 1 | Logica verbale

CAPITOLO 2 | Ragionamento critico

CAPITOLO 3 | Logica numerica

CAPITOLO 4 | Ragionamento astratto e attitudine visuo-spaziale

CAPITOLO 1
Logica verbale

1.1 • I sinonimi

1) Individuare tra le alternative proposte un sinonimo del seguente termine: AVALLARE.

A. Permettere
B. Garantire
C. Accodare
D. Perorare
E. Incavare

2) Individuare tra le alternative proposte un sinonimo del seguente termine: PATETICO.

A. Insofferente
B. Sereno
C. Mesto
D. Dubbioso
E. Veloce

3) Individuare tra le alternative proposte un sinonimo del seguente termine: ENDEMICO.

A. Riprovevole
B. Diffuso
C. Certo
D. Raro
E. Probabile

4) Individuare tra le alternative proposte un sinonimo del seguente termine: VAGLIARE.

A. trascurare
B. custodire
C. decidere
D. esaminare
E. rinviare

5) Individuare tra le alternative proposte un sinonimo del seguente termine: IMPLEMENTARE.

A. Serbare
B. Mandare
C. Scardinare
D. Attivare
E. Costruire

6) Individuare tra le alternative proposte un sinonimo del seguente termine: ESAUSTIVO.

A. Finito
B. Esaurito
C. Lavato
D. Sdoppiato
E. Completo

7) Individuare tra le alternative proposte un sinonimo del seguente termine: EUFEMISMO.

A. Femminismo
B. Vandalismo
C. Serbare
D. Perifrasi
E. Operare

8) Individuare tra le alternative proposte un sinonimo del seguente termine: GLABRO.

A. Liscio
B. Limpido
C. Aperto
D. Sereno
E. Pulito

9) Individuare tra le alternative proposte un sinonimo del seguente termine: PAVENTARE.

A. Piastrellare
B. Minare
C. Temere
D. Coprire
E. Impaurire

10) Individuare tra le alternative proposte un sinonimo del seguente termine: ELUDERE.

A. Eleggere
B. Affrontare
C. Aprire
D. Evitare
E. Accogliere

11) Individuare tra le alternative proposte un sinonimo del seguente termine: PLEONASTICO.

A. Indispensabile
B. Vario
C. Superfluo
D. Chiuso
E. Utile

12) Individuare tra le alternative proposte un sinonimo del seguente termine: PRAGMATICO.

A. Sincero
B. Concreto
C. Vivace
D. Curioso
E. Astratto

13) Individuare tra le alternative proposte un sinonimo del seguente termine: EMPIO.

A. Vuoto
B. Irriverente
C. Religioso
D. Calmo
E. Emozionato

14) Individuare tra le alternative proposte un sinonimo del seguente termine: REDIGERE.

A. Abbattere
B. Scrivere
C. Sorreggere
D. Eseguire
E. Cancellare

15) Individuare tra le alternative proposte un sinonimo del seguente termine: ATAVICO.

A. Favorevole
B. Primitivo
C. Stropicciato
D. Semplice
E. Prioritario

16) Individuare tra le alternative proposte un sinoimo del seguente termine: CONCIONE

A. arringa
B. acconto
C. giudizio
D. riepilogo
E. riunione

17) Individuare tra le alternative proposte un sinonimo del seguente termine: LAIDO.

A. Ributtante
B. Sconcio
C. Turpe
D. Sudicio
E. Pulito

18) Individuare tra le alternative proposte un sinonimo del seguente termine: DICOTOMICO.

A. Sincero
B. Vero
C. Aperto
D. Chiaro
E. Duplice

19) Qual è il sinonimo di *panacea*?

A. Benda
B. Focaccia
C. Fasciatura
D. Pane raffermo
E. Rimedio universale

20) Qual è il sinonimo di *stocastico*?

A. Finito
B. Adoperato
C. Impattato
D. Casuale
E. Colorato

21) Qual è il sinonimo di *cadenza*?

A. Precipizio
B. Rialzo
C. Ritmo
D. Instabilità
E. Ribasso

22) Qual è il sinonimo di *ricettivo*?

A. Culinario
B. Sensibile
C. Respinto
D. Fatturato
E. Contraccettivo

23) Qual è il sinonimo di *ferino*?

A. Esordiale
B. Festivo
C. Conclusivo
D. Curiale
E. Animalesco

24) Qual è il sinonimo di *basito*?

A. Accigliato
B. Vizzo
C. Sciupato
D. Attonito
E. Ilare

25) Qual è il sinonimo di *alterco*?

A. Ostacolo
B. Scelta
C. Testardaggine
D. Albagia
E. Litigio

26) Qual è il sinonimo di *ravvivare*?

A. Rassettare
B. Nascere
C. Rianimare
D. Riesumare
E. Rivivere

27) Qual è il sinonimo di *redimere*?

A. Riporre
B. Misurare
C. Mettere
D. Rassettare
E. Liberare

28) Qual è il sinonimo di *sancire*?

A. Dissanguare
B. Santificare
C. Stabilire
D. Passare attraverso
E. Sacrificare

29) Qual è il sinonimo di *indefesso*?

A. Superficiale
B. Stanco
C. Sottosviluppato
D. Integerrimo
E. Instancabile

30) Qual è il sinonimo di *vetustà*?

A. Vecchiezza
B. Divieto
C. Esuberanza
D. Parsimonia
E. Lontananza

31) Qual è il sinonimo di *incongruente*?

A. Irrilevante
B. Cospicuo
C. Contraddittorio
D. Incontinente
E. Misero

32) Qual è il sinonimo di *ingerenza*?

A. Capacità di ingerire
B. Assimilazione
C. Digestione
D. Intromissione
E. Gestione

33) Qual è il sinonimo di *prototipo*?

A. Schema
B. Originale
C. Esemplare tipo
D. Cellula
E. Tipologia

34) Qual è il sinonimo di *debellare*?

A. Riempire
B. Mietere
C. Imbottire
D. Sconfiggere
E. Combattere

35) Qual è il sinonimo di *balìa*?

A. Inganno
B. Spillone
C. Potere
D. Levatrice
E. Badante

36) Qual è il sinonimo di *tralcio*?

A. Ramoscello
B. Brano
C. Traliccio
D. Impedimento
E. Insulto

37) Qual è il sinonimo di *dozzinale*?

A. Pari
B. Numerico
C. Esiguo
D. Abbondante
E. Ordinario

38) Qual è il sinonimo di *altèro*?

A. Estraneo
B. Superbo
C. Umile
D. Remoto
E. Elevato

39) Qual è il sinonimo di *concomitanza*?

A. Coincidenza
B. Fusione
C. Compagnia
D. Sovrapposizione
E. Slittamento

40) Qual è il sinonimo di *farraginoso*?

A. Confuso
B. Arrugginito
C. Insidioso
D. Inceppato
E. Surreale

1.2 • I contrari

41) Indicare il contrario di *evasivo*:

A. destabilizzante
B. preciso
C. elusivo
D. suggestivo
E. sfuggente

42) Indicare il contrario di *sollecito*:

A. veloce
B. negligente
C. ostile

D. avaro
E. vietato

43) **Indicare l'unico contrario di *eludere* tra:**

A. affrontare
B. tergiversare
C. occultare
D. ingannare
E. compromettere

44) **Individuare il termine contrario della parola indicata di seguito: DEMAGOGO.**

A. Selvaggio
B. Vigliacco
C. Agitatore
D. Coscienzioso
E. Credulone

45) **Individuare il termine contrario della parola indicata di seguito: SFARZOSO.**

A. Maestoso
B. Ospitale
C. Ristretto
D. Composto
E. Dimesso

46) **Individuare il termine contrario della parola indicata di seguito: LOGORROICO.**

A. Ascetico
B. Prolisso
C. Avulso
D. Sintetico
E. Ripetitivo

47) **Individuare il termine contrario della parola indicata di seguito: COGENTE.**

A. Penoso
B. Ben cotto
C. Gelido
D. Freddo
E. Rinviabile

48) **Individuare il termine contrario della parola indicata di seguito: ERESIA.**

A. Sacro
B. Apertura
C. Ortodossia
D. Sincerità
E. Divisione

49) **Individuare il termine contrario della parola indicata di seguito: PERVICACE.**

A. Attaccato
B. Creato
C. Pratico
D. Temerario
E. Arrendevole

50) **Individuare il termine contrario della parola indicata di seguito: NEMESI.**

A. Schiettezza
B. Ricorrenza
C. Vuoto
D. Perdono
E. Chiusura

1.3 • Le proporzioni verbali o analogie concettuali

51) **grafomane : x = y : canto. Una sola delle soluzioni completa correttamente l'eguaglianza di rapporti:**

A. x = libro; y = opera
B. x = melomane; y = scrittore
C. x = scrittura; y = lirica
D. x = scrittura; y = melomane
E. x = scrittore; y = musicista

52) **Quale tra le coppie di termini proposti completa logicamente la seguente proporzione verbale?**
x : provvisorio = stabile : y

A. x = frettoloso y = prorogato
B. x = futile y = improrogabile
C. x = accidentale y = posticipato
D. x = inessenziale y = procrastinabile
E. x = fugace y = prolungato

53) Se scuola sta ad x come ospedale sta ad y, cosa sono rispettivamente x ed y?

A. x = insegnante, y = paziente
B. x = studente, y = insegnante
C. x = studente, y = medico
D. x = impiegati, y = operai
E. x = studente, y = paziente

54) Quale tra le coppie di termini proposti completa logicamente la seguente proporzione verbale?
x : branco = briganti : y

A. x = transumanza y = lupara
B. x = iene y = banditismo
C. x = orda y = saccheggio
D. x = leoni y = latitanza
E. x = lupi y = masnada

55) Joyce: Dublino = x : Lubecca = Bulgakov : y
Quale delle coppie di parole proposte completa correttamente l'uguaglianza?

A. x = Th. Mann; y = Mosca
B. x = Brecht; y = Berlino
C. x = Goethe; y = Dublino
D. x = Mosca; y = Tolstoj
E. x = Amsterdam; y = Puskin

56) Romanticismo sta a Foscolo come x sta ad y:

A. x = Voltaire; y = Dadaismo
B. x = Ungaretti; y = Futurismo
C. x = D'Annunzio; y = Pascoli
D. x = Surrealismo; y = Monti
E. x = Futurismo; y = Marinetti

57) Individuare la coppia di termini che completa la proporzione. Sbadiglio : sonnolenza = x : y

A. x = viso; y = espressione
B. x = risata; y = buonumore
C. x = sogno; y = dormire
D. x = impazienza; y = ribellione
E. x = raffreddore; y = starnuto

58) determinismo : libertà = x : y
Quale delle coppie proposte si adatta meglio alla proporzione?

A. x = colpevolezza; y = innocenza
B. x = predeterminazione; y = onniscienza
C. x = certezza; y = probabilità
D. x = congettura; y = scienza
E. x = comprensione; y = azione

59) intonso : libro = _______ : _______
Scegliere tra le coppie sotto elencate quella che completa correttamente l'uguaglianza.

A. ignoto : vero
B. gas : inerte
C. insondabile : mistero
D. intatto : colpito
E. inviolato : suolo

60) Quali tra i termini proposti completano correttamente la seguente proporzione?
"lancetta : orologio = x : y"

A. x = fertilizzante; y = contadino
B. x = ala; y = aereo
C. x = canile; y = vaccinazione
D. x = nuvola; y = vento
E. x = biblioteca; y = libro

61) Scegliere nella espressione x : grande = poco : y, la coppia x ed y più plausibile in modo che, tra le varie alternative, il rapporto tra il primo e secondo

termine sia simile o analogo a quello tra terzo e quarto.

A. x = ieri, y = oggi
B. x = piccolo, y = molto
C. x = vuoto, y = pieno
D. x = gallina, y = uovo
E. x = abbastanza, y = sufficiente

62) Scegliere nell'espressione x : vino = conchiglia : y, la coppia x ed y più plausibile in modo che, tra le varie alternative, il rapporto tra il primo e secondo termine sia simile o analogo a quello tra terzo e quarto.

A. x = semi, y = sabbia
B. x = foglia, y = mollusco
C. x = grappolo, y = valva
D. x = uva, y = mare
E. x = botte, y = perla

63) Quali tra i termini proposti completano correttamente la seguente proporzione?
"scala : x = y : foglio"

A. x = piolo; y= risma
B. x = quaranta; y = asso
C. x = 40; y = jolly
D. x = tris; y = fiori
E. x = re minore; y = carta

64) Quali tra i termini proposti completano correttamente la seguente proporzione?
"giornale : emeroteca = x : y"

A. x = giornalaio; y = custode
B. x = albero; y = giungla
C. x = quadro; y = pinacoteca
D. x = giardino; y = sedia
E. x = enoteca; y = vino

65) Quale tra le coppie di termini proposti completa logicamente la seguente proporzione verbale? "x : litografo = chitarra : y"

A. x = ritratto; y = metronomo
B. x = stampa; y = liutaio
C. x = affresco; y = accordi
D. x = scultura; y = plettro
E. x = ipotassi; y = violino

66) Quali tra i termini proposti completano correttamente la seguente proporzione? "Manzoni : Adelchi = x : y"

A. x = Pirandello; y = Questa sera si recita a soggetto
B. x = Leopardi; y = La cavallina storna
C. x = Il piacere; y = D'Annunzio
D. x = Pascoli; y = L'infinito
E. x = Verdi; y = La cavalcata delle valchirie

67) Quali, tra i termini proposti, completano correttamente la seguente proporzione verbale?
"triangolo : x = y : cubo"

A. x = piramide; y = quadrato
B. x = geometria; y = algebra
C. x = tre; y = rettangolo
D. x = solido; y = piano
E. x = angoli; y = lati

68) Quale, tra i termini proposti, completa correttamente la seguente proporzione?
"musicista : orchestra = studente : x"

A. x = insegnanti
B. x = aula
C. x = classe
D. x = truppa
E. x = amici

69) Quali, tra i termini proposti, completano correttamente la seguente proporzione?
"Taranto : x = Terni : y"

A. x = Abruzzo; y = Molise
B. x = Campania; y = Puglia
C. x = Puglia; y = Umbria
D. x = Milano; y = Bologna
E. x = Emilia Romagna; y = Basilicata

70) Quale, tra i termini proposti, completa correttamente la seguente proporzione? "pittore : pennello = scultore : y"

A. x = fornello
B. x = pialla
C. x = forbici
D. x = sega
E. x = scalpello

**71) Quali, tra i termini proposti, completano correttamente la seguente proporzione?
"pizzaiolo : pizza = x : y"**

A. x = scalpello; y = falegname
B. x = statua; y = scultore
C. x = architetto; y = abitazione
D. x = pennello; y = colore
E. x = tela; y = cavalletto

72) Quale, tra i termini proposti, completa correttamente la seguente proporzione? "faggio : albero = gramigna : x"

A. x = erba
B. x = frutto
C. x = fiore
D. x = animale
E. x = fungo

73) Quali, tra i termini proposti, completano correttamente la seguente proporzione? "rinvenire : recuperare = x : y"

A. x = mangiare; y = bere
B. x = strofinare; y = sfregare
C. x = esplicativo; y = illuminato
D. x = vivere; y = mancare
E. x = disegnare; y = dipinto

**74) Quale, tra i termini proposti, completa correttamente la seguente proporzione?
"propenso : x = devoto : infedele"**

A. x = ostile
B. x = attento
C. x = positivo
D. x = fedele
E. x = affettuoso

75) Quale, tra i termini proposti, completa correttamente la seguente proporzione? "due e cinquantaquattro : pollice = tre e settecentottantacinque : x"

A. x = gomito
B. x = gallone
C. x = yard
D. x = pollice
E. x = piede

76) Quali, tra i termini proposti, completano correttamente la seguente proporzione verbale? "camicia : x = y : suola"

A. x = bottone; y = cuoio
B. x = giacca; y = stringhe
C. x = manica; y = scarpa
D. x = maglietta; y = calzino
E. x = cotone; y = pianta

**77) Quali, tra i termini proposti, completano correttamente la seguente proporzione?
"Renzo Tramaglino : I promessi sposi = x : y"**

A. x = Edmondo De Amicis; y = Cuore
B. x = Malerba; y = Le avventure di Tom Sawyer
C. x = Geppetto; y = Le avventure di Pinocchio
D. x = Salgari; y = Le avventure di Pinocchio
E. x = Gargantua; y = I promessi sposi

78) Quali, tra i termini proposti, completano correttamente la seguente proporzione? "cuoco : mestolo = x : y"

A. x = cacciavite; y = bullone
B. x = geometra; y = fiore
C. x = chirurgo; y = bisturi
D. x = ingegnere; y = studio
E. x = cucina; y = ingresso

79) Quale, tra i termini proposti, completa correttamente la seguente proporzione? "porcino : fungo = pesca : x"

A. x = frutto
B. x = fusto
C. x = fiore
D. x = pianta
E. x = foresta

80) Quale, tra i termini proposti, completa correttamente la seguente proporzione? "Lima : Perù = Oslo : x"

A. Svezia
B. Ucraina
C. Finlandia
D. Norvegia
E. Islanda

81) Quali, tra i termini proposti, completano correttamente la seguente proporzione? "Bergamo : x = Foggia : y"

A. x = Lombardia; y = Puglia
B. x = Abruzzo; y = Lombardia
C. x = Piemonte; y = Cuneo
D. x = Lombardia; y = Sicilia
E. x = Basilicata; y = Veneto

82) Quali, tra i termini proposti, completano correttamente la seguente proporzione? "libro : biblioteca = x : y"

A. x = pinacoteca; y = quadro
B. x = quaderno; y = aula studio
C. x = mobile; y = cassetti
D. x = piatto; y = bicchiere
E. x = quadro; y = pinacoteca

83) Quali, tra i termini proposti, completano correttamente la seguente proporzione? "annoiarsi : x = divertirsi : y"

A. x = circo; y = teatro
B. x = sbadiglio; y = risata
C. x = università; y = corso
D. x = sillogismo; y = acronimo
E. x = ragionamento; y = cinema

84) Quali, tra i termini proposti, completano correttamente la seguente proporzione?
"Manzoni : Il Conte di Carmagnola = x : y"

A. x = Verga; y = La coscienza di Zeno
B. x = Petrarca; y = Il Conte di Montecristo
C. x = Shakespeare; y = Re Lear
D. x = Pirandello; y = Andromeda
E. x = Monti; y = Amleto

85) Quali, tra i termini proposti, completano correttamente la seguente proporzione? "Messina : Sicilia = x : y"

A. x = Sardegna; y = Sassari
B. x = Sondrio; y = Piemonte
C. x = Trieste; y = Veneto
D. x = Cagliari; y = Calabria
E. x = Brindisi; y = Puglia

86) Quale, tra i termini proposti, completa correttamente la seguente proporzione?
"clorofilla : pigmento = mercurio : x"

A. x = gas
B. x = vetro
C. x = metallo
D. x = pasta
E. x = termometro

87) Camilleri : Montalbano = x : y

A. x = Il visconte dimezzato; y = Italo Calvino
B. x = Rousseau; y = Candido
C. x = Renzo; y = Manzoni
D. x = Joyce; y = Alla ricerca del tempo perduto
E. x = Stendhal; y = J. Sorel

88) Individuare la coppia che completa correttamente l'uguaglianza:
x : Molly Bloom = y : von Aschenbach

A. x = Londra; y = Berlino
B. x = Dublino; y = Vienna
C. x = Parigi; y = Milano

D. x = Dublino; y = Venezia
E. x = New York; y = Trieste

89) Olimpo : dei = _________ : _________

A. Paradiso : vita eterna
B. Eden : beatitudine
C. cielo : nuvole
D. Parnaso : Muse
E. calvario : croci

90) Cosmo : galassia = _________ : _________

A. vento : correnti
B. nuvole : fumo
C. terra : sabbia
D. stelle : pianeti
E. foresta : albero

91) Coerenza : armonia = _________ : _________

A. costanza : continuità
B. integrazione : concordia
C. dissonanza : rumore
D. frequenza : sonorità
E. convergenza : rapporto

92) Autonomia: dipendenza = _______ : _________

A. garanzia: disimpegno
B. dominio: tirannia
C. libertà: soggezione
D. redenzione: espiazione
E. autarchia: dittatura

93) Sbadiglio : noia = _________ : _________

A. cammello : deserto
B. alterco : rissa
C. bicicletta : veicolo
D. elettricità : scossa
E. pianto : dolore

94) Spergiuro : verità = _________ : _________

A. tradimento: fedeltà
B. coraggio: paura
C. avvocato: cliente
D. pazienza: indecisione
E. magia: stregoneria

95) Oppresso : libero = _________ : _________

A. triste : gioioso
B. infelice : irritato
C. mare : fiume
D. montagna : collina
E. cavallo : asino

96) Completare i termini mancanti della proporzione:
x : pasta = pomodoro : y

A. x = oliva, y = verdura
B. x = grano, y = salsa
C. x = pesca, y = cucina
D. x = riso, y = vino
E. x = salsa, y = cipolla

97) Completare i termini mancanti della proporzione: insolito : x = y : lento

A. x = capace, y = solito
B. x = forte, y = corpo
C. x = leggero, y = veloce
D. x = indolente, y = leggero
E. x = veloce, y = solito

98) Quale tra le coppie di termini proposti completa logicamente la seguente proporzione verbale:
x : serenità = conciliazione : y

A. x = avvenenza y = rammarico
B. x = oblio y = intesa
C. x = inquietudine y = diverbio
D. x = tolleranza y = intolleranza
E. x = boria y = cruccio

99) Quali tra i termini proposti completano correttamente la seguente proporzione? "Asia : continente = x : y"

A. x = senso; y = vista
B. x = verde; y = blu
C. x = ocra; y = indaco
D. x = sapore; y = salato
E. x = giallo; y = colore

100) Quali tra i termini proposti completano correttamente la seguente proporzione? "suono : immagine = x : y"

A. x = udito; y = vista
B. x = udito; y = tatto
C. x = tatto; y = gusto
D. x = udito; y = gusto
E. x = elice; y = cornea

1.4 • Le classificazioni concettuali

101) Individuare, tra le alternative proposte, il termine da scartare:

A. tuttavia
B. ma
C. oltre
D. però
E. mentre

102) Individuare, tra le alternative proposte, il termine da scartare:

A. polmone
B. fegato
C. stomaco
D. intestino
E. dente

103) Individuare, tra le alternative proposte, il termine da scartare:

A. paraplegico
B. ematologo
C. dermatologo
D. pediatra
E. otorinolaringoiatra

104) Individuare, tra le alternative proposte, il termine da scartare:

A. annuncio
B. comunicato
C. segnalazione
D. avviso
E. avvisaglia

105) Individuare, tra le alternative proposte, il termine da scartare:

A. pentagono
B. trapezio
C. esagono
D. tetraedro
E. triangolo

106) Individuare, tra le alternative proposte, il termine da scartare:

A. neutrone
B. atomo
C. protone
D. bottone
E. elettrone

107) Individuare, tra le alternative proposte, il termine da scartare:

A. antico
B. antisemita
C. antifurto
D. antipatico
E. antitetico

108) Individuare, tra le alternative proposte, il termine da scartare:

A. ticcoso
B. avaro
C. tirato
D. tirchio
E. spilorcio

109) Individuare, tra le alternative proposte, il termine da scartare:

A. dentale
B. redento
C. dentato
D. dentellato
E. tridente

110) Individuare, tra le alternative proposte, il termine da scartare:

A. casuale
B. avventizio
C. ordinario
D. fortuito
E. estemporaneo

111) Individuare, tra le alternative proposte, il termine da scartare:

A. politeismo
B. divisionismo
C. simbolismo
D. cubismo
E. impressionismo

112) Individuare, tra le alternative proposte, il termine da scartare:

A. oboe
B. clavicembalo
C. sassofono
D. clarinetto
E. tromba

113) Indicate quale delle seguenti parole è eterogenea rispetto alle altre:

A. cornea
B. iride
C. patella
D. cristallino
E. retina

114) Individuare, tra le alternative proposte, il termine da scartare:

A. lidio
B. dorico
C. ionico
D. tuscanico
E. corinzio

115) Individuare, tra le alternative proposte, il termine da scartare:

A. animali selvatici vaganti
B. discesa pericolosa
C. attraversamento pedonale
D. divieto di sosta
E. caduta massi

116) Individuare, tra le alternative proposte, il termine da scartare:

A. seta
B. lino
C. cotone
D. lana
E. nylon

117) Individuare, tra le alternative proposte, il termine da scartare:

A. Cimabue
B. Giotto
C. Caravaggio
D. Pinturicchio
E. Bruegel

118) Individuare, tra le alternative proposte, il termine da scartare:

A. Tamigi
B. Tigri
C. Volga
D. Senna
E. Danubio

119) Individuare, tra le alternative proposte, il termine da scartare:

A. De Pisis
B. Boccioni
C. Velazquez
D. Picasso
E. Fattori

120) Individuare, tra le alternative proposte, il termine da scartare:

A. Richelieu
B. Francesco Giuseppe
C. Luigi XIV
D. Carlo Alberto
E. Vittorio Emanuele II

121) Individuare, tra le alternative proposte, il termine da scartare:

A. Picasso
B. Mirò
C. Monet
D. Kafka
E. Renoir

122) Individuare il termine la cui etimologia NON segue la stessa "logica" degli altri:

A. refrigerio
B. artico
C. perfrigerazione
D. raffreddamento
E. frigorifero

123) Individuare, tra le alternative proposte, il termine da scartare:

A. Robespierre
B. Campanella
C. Rousseau
D. Voltaire
E. Beccaria

124) Individuare il termine da scartare:

A. cellulare
C. ferro da stiro
C. netbook
D. fotocamera digitale
E. i-pod

125) Indicare l'unica parola specifica dell'ambito biomedico:

A. antinflativo
B. antifrastico
C. antitetico
D. antimicotico
E. antinomico

126) Individuare il termine NON congruente con gli altri:

A. impressionismo
B. astrattismo
C. decostruttivismo
D. surrealismo
E. cubismo

127) Le parole qui elencate riguardano lo stesso ambito, eccetto una:

A. antagonista
B. trama
C. decisionista
D. protagonista
E. intreccio

128) Quale, tra i termini che seguono, non è coerente con gli altri?

A. Futurismo
B. Simbolismo
C. Decadentismo
D. Verismo
E. Liberismo

129) Identificare tra i seguenti termini quello NON coerente:

A. paradentosi
B. paracadutista
C. parafrasi
D. parapsicologia
E. paradigma

130) Uno degli esempi riportati va escluso dall'elenco perché non omogeneo agli altri:

A. se verrai, vedrai
B. non so se valga la pena
C. se tu sapessi!
D. se lo mise in tasca
E. mi chiedo se ti piacerebbe questo regalo

131) Una delle seguenti parole non possiede la curiosa caratteristica delle altre:

A. ingegni
B. radar
C. ebbe
D. fiuto
E. aveva

132) Individuare nella seguente serie il termine NON omogeneo:

A. poema
B. ballata
C. endecasillabo
D. sonetto
E. canzone

133) Individuate il termine etimologicamente anomalo:

A. panlogismo
B. panteista
C. panflettista
D. paneuropeo
E. panpsichismo

134) Individuate il termine anomalo:

A. mielato
B. mieloso
C. mieloma
D. mellifero
E. mellifluo

135) Individuare il termine anomalo:

A. politico
B. poligamo
C. polimorfo
D. politecnico
E. politeismo

136) Individuare nella seguente serie il termine NON omogeneo:

A. filodendro
B. georgofilo
C. filigrana
D. filarmonia
E. necrofilia

137) Individuate il termine etimologicamente anomalo:

A. eufonico
B. euclideo
C. euforico
D. eupeptico
E. euritmico

138) Individuate il "don" anomalo rispetto agli altri quattro:

A. don Giovanni
B. don Abbondio
C. don Rodrigo
D. don Carlos
E. don Gesualdo

139) Individuare nella seguente serie il termine etimologicamente NON OMOGENEO:

A. olocausto
B. olimpico
C. ologenesi
D. olografo
E. olistico

140) Individuare il termine etimologicamente incongruente:

A. telecomandato
B. telepatico
C. telefonico
D. teleologico
E. telegenico

141) Quale delle parole elencate NON è affine per significato alle altre?

A. Epitaffio
B. Epigramma
C. Epistéme
D. Epigrafe
E. Epigrafia

142) Quattro delle seguenti parole hanno una radice etimologica comune. Individuate quella anomala:

A. antipatia
B. antiquario
C. antibiotico
D. antifonario
E. antiemetico

143) Quale delle parole sotto elencate è etimologicamente anomala?

A. Interdentale
B. Addentato
C. Incidentale
D. Dentellato
E. Tridente

144) Individuare il termine la cui etimologia NON segue la stessa "logica" degli altri:

A. idrovoro
B. divorare
C. mellivoro
D. vorace
E. famelico

145) Individuare il termine la cui etimologia NON segue la stessa "logica" degli altri:

A. antonomasia
B. omonimia
C. pronominale
D. toponomastica
E. omofonia

146) Si individui il termine che NON appartiene alla sfera semantica degli altri quattro:

A. futurismo
B. fauvismo
C. espressionismo
D. epicureismo
E. divisionismo

147) Individuare, tra le alternative proposte, la parola da scartare:

A. motonave
B. automobile
C. bicicletta
D. motocicletta
E. motocarro

148) S'individui il termine che non appartiene allo stesso campo semantico degli altri quattro:

A. abbagliare
B. abbarbagliare
C. accecare
D. abbacinare
E. abbrumare

149) Qual è la parola da scartare?

A. Rinvigorire
B. Spossare
C. Fiaccare
D. Affaticare
E. Logorare

150) Qual è la parola da scartare?

A. Scimpanzé
B. Ghiro
C. Orso
D. Pipistrello
E. Scoiattolo

1.5 • Le prove di vocabolario

151) Il significato di *espellere* è:

A. lasciare la patria
B. mandare in esplorazione
C. cacciare fuori
D. strappare la pelle
E. accogliere

152) Un significato di *parvenza* è:

A. apparizione improvvisa
B. somiglianza vaga

C. equivoco
D. trascuratezza
E. dissolvenza

153) Qual è il significato di *meandro*?

A. Ansa formata da un fiume
B. Pianta ornamentale
C. Legno esotico
D. Tipo di anfibio
E. Animale della savana

154) Nella frase: "Luisa mi ha spiegato il problema in modo affatto persuasivo", *affatto* vuol dire:

A. per niente
B. del tutto
C. piuttosto
D. poco
E. discretamente

155) Qual è il significato della parola *coalizione*?

A. Coordinamento di testi
B. Raccolta di oggetti
C. Alleanza per il conseguimento di fini comuni
D. Costrizione
E. Assembramento

156) Qual è il significato di *masserizie*?

A. Vasto podere con fabbricati
B. Enorme ammasso di rifiuti
C. Struttura per contenere stoviglie
D. Insieme di mobili e suppellettili di una casa
E. Covone di fieno

157) Qual è il significato di *moldavo*?

A. Importuno, molesto
B. Proprio della Moldavia
C. Proprio della mola del mulino
D. Titolo del sovrano dell'India orientale
E. Nome di un dente dell'arcata superiore

158) Qual è il significato di *spianare*?

A. Fare la spia
B. Rendere piano
C. Rompere il silenzio
D. Agitarsi rumorosamente
E. Districarsi

159) Un significato di *ottundere* è:

A. aggirare
B. ostruire
C. smussare
D. pretendere
E. affermare

160) Con *profilassi* si definisce:

A. l'insieme di misure da prendere per evitare il sopraggiungere di malattie
B. lo studio delle caratteristiche di personalità a partire dalle espressioni facciali
C. l'abolizione dei metodi contraccettivi
D. la valutazione del rendimento scolastico nella scuola media
E. l'insieme di misure prese dallo Stato per livellare la bilancia dei pagamenti

1.6 • Inserzione logica di termini in un contesto

161) Completare la seguente frase: *I soci ordinari possono deliberare di __________ all'Accademia venti accademici italiani e altrettanti stranieri.*

A. prodigare
B. disgregare
C. promulgare
D. segregare
E. aggregare

162) Completare la seguente frase: *Il ferro si lega a una proteina, la transferrina, che viene sintetizzata dal fegato ed è ____________ al trasporto degli ioni ferrici nel circolo sanguigno.*

A. supposta

B. anteposta
C. proposta
D. imposta
E. preposta

163) Completare la seguente frase che si potrebbe leggere in un referto medico: ***Si è provveduto ______________ di un basalioma nella regione temporale sinistra.***

A. all'escissione
B. all'accezione
C. all'eccezione
D. all'accessione
E. all'esecrazione

164) Completare la frase con l'unico aggettivo pertinente: ***restare ________ per la sorpresa.***

A. inaudito
B. indifferente
C. emerito
D. sollecito
E. attonito

165) Completare la frase con l'unico verbo pertinente: ***La legge non può ________ nelle decisioni personali di un adulto tranne che queste non arrechino danno ad altri.***

A. intercalare
B. intromettere
C. interferire
D. interporre
E. interdire

166) "L'uomo è in fondo un animale ________________. Noi lo conosciamo solo in quello stato di ammansimento e di domesticità che è detto civiltà: perciò ci spaventano le rare esplosioni della sua vera natura. Ma fate che vengano tolte le catene dell'ordine legale, e nell'anarchia l'uomo si mostrerà quale esso è". In base al senso generale di questa affermazione di A. Schopenhauer, reintegra nello spazio vuoto l'unica coppia di aggettivi corretta:

A. incauto e sprovveduto
B. selvaggio e feroce
C. coerente e prevedibile
D. buono e altruista
E. prevedibile e abitudinario

167) "Perciò io penso che il ____________ non nasca dal rimpianto di una mala azione già commessa, ma dalla visione della propria colpevole disposizione. La parte superiore del corpo si china a guardare e giudicare l'altra parte e la trova deforme. Ne sente ribrezzo e questo si chiama ____________ . Anche nella tragedia antica la vittima non ritornava in vita e tuttavia il __________ passava. Ciò significava che la deformità era guarita e che ormai il pianto altrui non aveva alcuna importanza. Dove poteva esserci posto per il __________ in me che con tanta gioia e tanto affetto correvo dalla mia legittima moglie? Da molto tempo non m'ero sentito tanto puro."

I. Svevo, *La coscienza di Zeno*

In questo testo uno stesso termine ricorre per quattro volte: qual è?

A. bene
B. pensiero
C. dolore
D. rimorso
E. coraggio

168) Completare la frase con l'unico sostantivo pertinente: ***gli enti locali devono fronteggiare l'attuale crisi __________ nel settore manifatturiero.***

A. dell'indulto
B. del condotto
C. dell'edotto
D. del ridotto
E. dell'indotto

169) Completare la seguente frase con l'unica congiunzione pertinente: "E fin qui, _____ a parlare sia il direttore di un festival culturale che si annuncia imponente, al punto da coinvolgere l'intero Nordest d'Italia, potrebbe sembrare d'essere ancora immersi nella tradizionale filosofia produttiva "made in Veneto".

D. Fertilio, "Corriere della sera", 8/4/2010

A. cosicché
B. poiché
C. benché
D. affinché
E. finché

170) La __________ è la scienza che studia i sintomi morbosi per interpretarli; la __________ è la scienza che descrive gli stati morbosi e ne fa la storia.
Inserite nella frase la coppia di parole opportune:

A. bioetica / anamnestica
B. semeiotica / patologia
C. patologia / diagnostica
D. diagnostica / bioetica
E. patologia / semeiotica

171) "Eccoti: ______________ un veleno anche più pestifero del tuo per le anime umane; e ne uccide in questo odioso mondo più che questi intrugli che t'è vietato vendere. Io a te ho venduto un veleno, non tu a me...".

Shakespeare, *Romeo e Giulietta*, atto V, scena 1

Con queste parole Romeo si rivolge allo speziale che gli ha venduto un veleno. Scegliete l'espressione che, secondo logica, completa correttamente la frase:

A. il mio pugnale
B. la mia riconoscenza
C. il mio nome e il mio casato
D. il cuore
E. l'oro

172) "Per ______________ s'intende la consegna, da parte dello Stato richiesto allo Stato richiedente, di una persona ricercata, o perché oggetto di una sentenza di condanna definitiva ad una pena detentiva o ad una misura di sicurezza privativa della libertà personale, o perché oggetto di una ordinanza di custodia cautelare in carcere".

www.giustizia.it

Tra quelli che seguono, qual è il termine da inserire nello spazio vuoto?

A. Abdicazione
B. Estradizione
C. Surroga
D. Contumacia
E. Denuncia

173) "Le passioni generano spesso altre passioni a loro contrarie. L'avarizia produce talvolta la prodigalità; e la prodigalità l'avarizia; si è spesso irremovibili per _________ e audaci per timidità".

La Rochefoucauld, *Le massime e altri scritti*, tr. it. Mondadori, 1950, massima 11, p. 56.

Dalla riflessione riportata abbiamo eliminato un sostantivo. Lo si reintegri, con UNA delle seguenti alternative, rispettandone la logica e il significato:

A. ostinazione
B. temerarietà
C. debolezza
D. avversione
E. ambizione

174) "CAMERIERE: Con la cena gradisce il vino bianco o il rosso?
GEORGE: Non importa. Sono ________".

J. A. Paulos, *Penso, dunque rido. L'altra faccia della filosofia*, tr. it. Feltrinelli, Milano, 2004, p. 69.

Si individui la conclusione che restituisce senso umoristico alla scenetta:

A. daltonico
B. astemio
C. raffreddato
D. anoressico
E. bulimico

175) Dal brano seguente, abbiamo espunto qualcosa. Lo si reintegri logicamente con UNA delle alternative sottostanti. "Più si è dotati spiritualmente, più si trova che ci sono uomini originali. La gente comune non trova affatto __________ tra gli uomini".

Tratto dal *Pensiero 465* di B. Pascal, tr. it. La spiga, Milano, 2002

A. differenze
B. somiglianze
C. affinità
D. ambiguità
E. rivalità

176) Dal brano seguente, abbiamo espunto qualcosa. Lo si reintegri logicamente con UNA delle alternative sottostanti. "Ciascuno provi ad esaminare il proprio pensiero. Lo troverà rivolto interamente al passato o al futuro. Non pensiamo quasi mai al presente e se ci pensiamo, è solo per prenderne la forza per disporre del futuro. Il presente non è mai il nostro fine. Il passato e il presente sono i nostri mezzi: solo l'avvenire __________ . Così non viviamo mai, ma speriamo di vivere e preparandoci sempre ad esser felici, inevitabilmente non lo siamo mai".

Tratto dal *Pensiero 43* di B. Pascal, tr. it., La spiga, Milano, 2002

A. è grigio
B. è ignoto
C. è il nostro fine
D. c'è negato
E. è il nostro incubo

177) Don Abbondio, dopo le terribili minacce che aveva ricevuto da parte di Don Rodrigo, era colto da angoscia e non sapeva quale soluzione trovare per evitare da un lato le ire di quel potente e per fronteggiare dall'altro le richieste __________, che sarebbe venuto l'indomani mattina. Completare il brano con UNA delle alternative sottostanti:

A. del Padre Cristoforo
B. di don Rodrigo
C. del Nibbio
D. di Renzo
E. del Griso

178) Dal brano seguente abbiamo eliminato qualcosa. Lo si REINTEGRI, rispettandone la logica e il significato, con UNA delle alternative sottostanti. "[...] Tanto perde colui il quale muore vecchissimo che colui il quale muore giovanissimo, perché è soltanto __________ che ci può esser tolto, dato che soltanto questo possediamo e nessuno può perdere ciò che non possiede."

Marco Aurelio, *I ricordi, X*, 28, Einaudi, Torino, 1968

A. il passato
B. il presente
C. il divino
D. il futuro
E. l'eterno

179) Quale delle parole sottoindicate deve essere inserita nella frase seguente perché essa abbia senso compiuto? "Nonostante il suo comportamento potesse far pensare che egli non fosse che un superficiale esibizionista e che la sua opera fosse vuota e mirasse soprattutto *ad épater les bourgeois*, Salvador Dalì curava con attenzione la sua arte e le sue opere mostrano una profonda __________".

A. alterigia

B. unicità
C. concretezza
D. coerenza
E. malinconia

180) L'isola è una colonia, sebbene in molte aree sia __________ e non riceva ordini dalla madre patria.

A. autonoma
B. indifferente
C. collegata
D. sottomessa
E. distante

181) Per Mirò l'arte divenne un rituale ________: carta e pennello erano per lui oggetti particolari e lavorava con essi come se compisse un rito religioso.

A. appassionato
B. sacro
C. esoterico
D. profondo
E. criptico

182) Un raro __________ scoperto recentemente potrebbe in futuro essere utilizzato in agricoltura per proteggere i raccolti da alcune delle più frequenti malattie e per incrementare la produzione. Il __________ è stato isolato nel 1987 ed i suoi effetti sono stati studiati sia in laboratorio sia sul campo in oltre 40 specie di vegetali, dai cereali agli eucalipti. Il __________, che è in grado di formare spore o corpi fruttiferi, colonizza le radici della pianta e ne accelera la crescita. In ciascuna delle specie saggiate, il __________ ha mostrato di saper prevenire gravi malattie delle radici causate da altri __________. Apparentemente il __________ secerne una molecola con proprietà antibiotiche nei confronti di altri __________ competitori. Un'altra proprietà peculiare del nuovo __________ è quella di riuscire ad infettare ogni specie di pianta su cui è stato provato.
Dal testo è stata eliminata una sola parola che ricorre 8 volte. Di quale delle seguenti parole si tratta?

A. plasmide
B. fungo
C. imenottero
D. virus
E. batterio

183) Il 13 ottobre 1765 un giovane viaggiatore scozzese, (...) James Macdonald, arrivava a Ginevra per incontrare Voltaire. Portava con sé un piccolo libro, comparso oltre un anno prima e rapidamente giunto, con quella che veniva ora offerta al patriarca dei Lumi, alla quarta edizione. Fu così che Voltaire seppe di _ (1) _ e della sua opera _ (2) _ e fu così che nel decennio successivo si occupò di casi giudiziari e scrisse in favore delle vittime dell'ingiustizia scritti sempre più finalizzati, anche in senso tecnico, ad una vasta riforma dei diritto penale.

Liberamente tratto dalla prefazione al *Commentario* di Voltaire, ed. Ibis, 1994

Scegliere la coppia di parole che completano correttamente la frase citata:

A. (1) Montesquieu (2) lettere persiane
B. (1) Rousseau (2) Emile
C. (1) Cesare Beccaria (2) Dei delitti e delle pene
D. (1) Jonathan Swift (2) Una modesta proposta
E. (1) Lessing (2) Nathan il saggio

184) Completare correttamente la frase seguente: "L'__, ultima meraviglia della tecnica dei raggi laser, inventata già da Dennis Gabor negli anni Cinquanta, realizza una rappresentazione fotografica tridimensionale a colori".

A. iconografia

B. iperrealismo
C. ecografia
D. tomografia
E. olografia

185) Completare correttamente la frase "Il monte ____ sono salito".

A. che
B. sul quale
C. da cui
D. per cui
E. di cui

186) Completare correttamente la frase seguente: "Se avessi avuto meno coraggio, le tue parole mi ____ a desistere dall'impresa".

A. inducessero
B. avessero indotto
C. avevano indotto
D. indurranno
E. avrebbero indotto

187) Indicare quale delle alternative seguenti completa in modo corretto la frase: "Non ____ lo spiritoso, adesso non ____ il momento!".

A. faresti; mi pare
B. farai; sarà
C. fare; è proprio
D. essere; è ancora
E. pare; crederti

188) Completare correttamente la frase seguente: "Se voi ____ più attenti, non fareste questi errori sciocchi".

A. fosse stati
B. steste
C. sarete
D. stesse
E. stasse

189) Completare correttamente la frase seguente: "Stasera ____ restiamo a casa tranquilli: io e te soli!".

A. c'è ne
B. ce n'è
C. ce né
D. cene
E. ce ne

190) Completare la frase "Per non essere interrogato tu ____ un mucchio di scuse".

A. aduresti
B. adurresti
C. adducetti
D. addussi
E. adducesti

191) Completare con il termine più appropriato la frase: "Ci sono funghi che ____ la morte".

A. procurano
B. producono
C. contraggono
D. simulano
E. risolvono

192) Completare correttamente la frase seguente: "Signora, ____ pure i fiori che le piacciono di più!".

A. sceglia
B. sceglie
C. scegli
D. scielga
E. scelga

193) Individuare l'alternativa che completa correttamente la frase "Se fossi io il marito____".

A. l'avessi perdonata
B. la perdonai
C. la perdonassi
D. la perdonerei
E. l'avevo perdonata

194) Completetare correttamente la frase seguente: "Se voi ____ un po' in silenzio, capireste meglio".

A. staste
B. stavate
C. steste
D. stesse
E. stiate

195) Individuare la forma verbale che completa correttamente la frase seguente: "Benché non gli ____, tuttavia si arrogò quel titolo".

A. era dovuto
B. aveva riconosciuto
C. fosse stato riconosciuto
D. era stato riconosciuto
E. sarà stato riconosciuto

196) Completare con il termine più appropriato la frase: "La lezione di oggi ____ sulla poetica del Carducci".

A. finirà
B. terrà
C. verterà
D. spiegherà tutto
E. causerà

197) Completare con il termine più appropriato la frase: "Venendo non ho ____ molto traffico".

A. incrociato
B. provato
C. ottenuto
D. rischiato
E. visto

198) Completare con il termine più appropriato la frase: "In previsione della neve, sulle piste già ____ i preparativi".

A. suggono
B. sogliono
C. si addicono
D. corrono
E. fervono

199) Completare correttamente la frase seguente: "La commissione incaricata valuterà attentamente il contenuto della ____ correttiva di cinque milioni di euro".

A. trama
B. tassa
C. spesa
D. manodopera
E. manovra

200) Individuare l'alternativa che completa correttamente la frase: "Ti ____ un regalo, se ____ così gentile da accompagnarmi in stazione".

A. farei – fossi
B. farò – saresti
C. facessi – saresti
D. farei – saresti stato
E. farei – sei stato

201) Completare la frase: "Si dice che nel mondo esistono dei ____ di ciascuno".

A. sosia
B. sosii
C. sosie
D. sosi
E. doppi

202) Completare correttamente la frase seguente: "Il turismo si disegna nel territorio, che diventa ambiente e ____ Le attività debbono essere pianificate con rispetto per la tradizione, tenendo conto delle specificità, pur con un percorso culturale riconducibile a standard più ampi".

A. bosco
B. natura
C. paesaggio

D. tutela
E. risorsa

203) Individuare l'alternativa che dà alla frase seguente senso compiuto e corretto: "Sarebbe utile che ____ un esperto a valutare la difficile contesa".

A. intervenisse
B. sia intervenuto
C. interverrebbe
D. interveniva
E. fosse intervenuto

204) Individuare l'alternativa che completa correttamente la frase: "Di certo ____ il lavoro se ____ per tempo".

A. avesse finito – avrebbe iniziato
B. avrebbe finito – avesse iniziato
C. finirebbe – inizierà
D. finiva – avrebbe iniziato
E. finirà – avesse iniziato

205) Completare la frase: "È un vero peccato che ____ proprio oggi".

A. piova
B. piove
C. pioverebbe
D. pioveva
E. piovve

206) Quale delle seguenti voci verbali completa correttamente la frase: "Ha dilapidato tutto il suo patrimonio malgrado ____ una notevole ricchezza"?

A. possedesse
B. possedeva
C. possiederebbe
D. avrà posseduto
E. possiede

207) Completare con una proposizione comparativa la frase: "Ti telefonerò ____".

A. dopo aver risolto questo problema
B. come mi hai chiesto
C. qualora ci siano novità
D. quando ne avrò voglia
E. anche se sarà tardi

208) Individuare l'alternativa che completa correttamente la frase: "Mi ____ accompagnato, se non ____ rotta la macchina".

A. avesse – si fosse
B. aveva – si era
C. avrebbe – si fosse
D. avrebbe – si sarebbe
E. avrà – si sarebbe

209) Completare con una proposizione avversativa la frase: "Torneremo a casa ____".

A. a lasciare i pacchi
B. ma non sperare di trovare ciò che cerchi
C. per giocare a carte
D. quando comincerà a piovere
E. contro ogni aspettativa

210) Individuare, tra le alternative proposte, quella che completa correttamente la frase seguente: "Quei tessuti trattati in modo da diventare impermeabili all'acqua si dicono ____".

A. idrorepellenti
B. idratati
C. idropulsori
D. idrofili
E. idrometrici

211) Completare la frase: "Se domani piovesse, non ____ andare al mare".

A. si potesse
B. si potrà
C. si può
D. si poteva
E. si potrebbe

212) Nella frase "La richiesta ...... il Ministro deve dare risposta" va inserito al posto dei puntini il pronome:

A. dove
B. cui
C. di cui
D. dalla quale
E. che

213) Quale delle alternative seguenti completa in modo corretto la frase: "Lo aiuterei volentieri, se mi ____ tutta la verità"?

A. racconterebbe
B. racconta
C. raccontava
D. raccontasse
E. avrebbe raccontato

214) Completare la frase: "Il ragazzo ____ l'elenco di tutti i compagni".

A. redesse
B. redisse
C. redette
D. redigette
E. redasse

215) Nella frase "Il cane ...... è stata amputata una zampa" va inserito al posto dei puntini il pronome:

A. cui
B. che
C. di cui
D. del quale
E. a che

216) Completare con il termine più appropriato la frase: "Luigi ____ passare intere serate al computer".

A. verte
B. compie
C. suole
D. fa in modo
E. fa

217) Completare l'espressione " ____ sabato prossimo".

A. si ci può incontrare
B. si incontriamo
C. si ci incontra
D. ci si incrontriamo
E. ci si può incontrare

218) Completare correttamente la frase seguente: "Volevo assaggiare la torta, ma non ____ più nemmeno una fetta".

A. ce n'era
B. ce nera
C. c'è ne era
D. c'è nera
E. c'è n'era

219) Completare correttamente la frase seguente: "Ha espresso quei concetti come se ____ il professore".

A. sarebbe stato
B. era
C. era stato
D. sarebbe
E. fosse stato

220) Individuare l'alternativa che completa correttamente la frase: "Io ____ molto di più, se ne ____ capace".

A. faccio – sarei
B. farei – sarò
C. facessi – fossi
D. farei – sarei
E. farei – fossi

1.7 • Le prove di comprensione di brani

221) "Possiamo dire che due vocazioni opposte si contendono il campo della letteratura attraverso i secoli: l'una tende a fare del linguaggio un elemento senza peso, che aleggia sopra le

cose come una nube, o meglio un pulviscolo sottile, o meglio ancora come un campo d'impulsi magnetici; l'altra tende a comunicare al linguaggio il peso, lo spessore, la concretezza delle cose, dei corpi, delle sensazioni. Alle origini della letteratura italiana – e europea – queste due vie sono aperte da Cavalcanti e da Dante. L'opposizione vale naturalmente nelle sue linee generali, ma richiederebbe innumerevoli specificazioni, data l'enorme ricchezza di risorse di Dante e la sua straordinaria versatilità (...).
Nella *Vita Nova,* Dante tratta la stessa materia del suo maestro e amico, e vi sono parole, motivi, concetti che si trovano in entrambi i poeti: quando Dante vuole esprimere leggerezza, anche nella *Divina Commedia,* nessuno sa farlo meglio di lui; ma la sua genialità si manifesta nel senso opposto, nell'estrarre dalla lingua tutte le possibilità sonore ed emozionali e d'evocazione di sensazioni, nel catturare nel verso il mondo in tutta la varietà dei suoi livelli e delle sue forme e dei suoi attributi, nel trasmettere il senso che il mondo è organizzato in un sistema, in un ordine, in una gerarchia dove tutto trova il suo posto. Forzando un po' la contrapposizione potrei dire che Dante dà solidità corporea anche alla più astratta speculazione intellettuale, mentre Cavalcanti dissolve la concretezza dell'esperienza tangibile in versi (...).
L'essermi soffermato su Cavalcanti m'è servito a chiarire meglio (almeno a me stesso) cosa intendo per "leggerezza". La leggerezza per me si associa con la precisione e la determinazione, con la vaghezza e l'abbandono al caso (...). La gravità senza peso di cui ho parlato a proposito di Cavalcanti riaffiora nell'epoca di Cervantes e di Shakespeare: è quella speciale connessione tra melanconia e umorismo, che è stata studiata in *Saturn and Melancholy* (...). Come la melanconia è la tristezza divenuta leggera, così lo humour è il comico che ha perso la pesantezza corporea, quella dimensione di carnalità umana che pur fa grandi Boccaccio e Rabelais (...).
Melanconia e humour mescolati e inseparabili caratterizzano l'accento del Principe di Danimarca che abbiamo imparato a riconoscere in tutti o quasi i drammi shakespeariani sulle labbra dei tanti avatars (cioè incarnazioni) del personaggio Amleto. (...) Non è una melanconia compatta e opaca, ma un velo di particelle minutissime d'umori e sensazioni, un pulviscolo d'atomi come tutto ciò che costituisce l'ultima sostanza della molteplicità delle cose. Confesso che la tentazione di costruirmi uno Shakespeare seguace dell'atomismo lucreziano è per me molto forte, ma so che sarebbe arbitrario. Il primo scrittore del mondo moderno che fa esplicita professione d'una concezione atomistica dell'universo nella sua trasfigurazione fantastica, lo troviamo solo alcuni anni dopo, in Francia: Cyrano de Bergerac".

Italo Calvino, *Lezioni Americane. Lezione I: Leggerezza*

1) Don Chisciotte, l'eroe di Cervantes, è malinconico e insieme comico.
2) Tristezza e umorismo caratterizzano il linguaggio di Amleto.
3) È suggestivo, ma sarebbe una forzatura illecita, leggere Shakespeare come un seguace dell'atomismo classico.
4) Amleto, principe malinconico ma dotato di humour, è unico e inconfondibile nel teatro shakespeariano.
5) Sulla via aperta da Cavalcanti ci sono Cervantes e Shakespeare. Altra è la via aperta da Dante.

UNA sola delle seguenti possibilità può essere RIGOROSAMENTE dedotta dal testo di Calvino.

A. Solo 5
B. Solo 4
C. Sia 2 sia 1
D. Sia 1 sia 3
E. Sia 3 sia 5

222) "Nulla è più affascinante di un antico mistero... Chi era Jack lo squartatore? Shakespeare era Shakespeare? L'enigma storico più gustoso della mia professione, la paleontologia, risale a un quarto di secolo fa. Nel 1953, l'uomo di Piltdown fu definitivamente considerato una frode sicura, perpetrata da uno sconosciuto. Da allora il mio interesse per questo caso non è mai diminuito. In questo articolo, più che chiederci ancora una volta "chi è il colpevole", affronteremo quella che per me è una questione più interessante dal punto di vista intellettuale: come è possibile che qualcuno abbia accettato l'uomo di Piltdown (un uomo dotato di un cranio moderno e di una mascella non modificata di scimmia antropomorfa)?... sono un lettore appassionato di racconti del mistero e non potrò esimermi dall'esprimere la mia opinione su questo enigma... L'ipotesi senza dubbio più interessante è quella che vede nell'affare di Piltdown una burla, messa in atto con una comunicazione alla società britannica di geologia nel dicembre 1912 e spintasi troppo in là, più che un imbroglio vero e proprio. Ma, a parte il divertimento e la polemica, rimane aperta la prima e più importante questione: come è possibile che per più di quarant'anni in ambito scientifico si sia dato credito all'uomo di Piltdown e se ne sia discusso? Si trattava di una creatura improbabile fin dall'inizio, e già nel 1913 David Waterston del King's College di Londra aveva affermato molto chiaramente che quel cranio era umano, mentre la mascella era di scimmia antropomorfa. "A mio parere – concludeva – attribuire la mascella e il cranio allo stesso individuo sarebbe altrettanto folle che cercare di attaccare il piede di uno scimpanzé alle ossa di una coscia e di una gamba essenzialmente umane". La spiegazione corretta era stata a portata di mano fin dall'inizio, ma la speranza, il desiderio e il pregiudizio impedirono che fosse accettata".

Stephen Jay Gould,
Il pollice del panda

Una sola delle seguenti affermazioni è rigorosamente deducibile dal testo riportato.

A. Jay Gould si interroga soprattutto sui motivi che hanno indotto l'autore della frode, o burla, ad agire
B. Jay Gould si chiede perché e come i colleghi scienziati abbiano dato a lungo credito all'affare dell'uomo di Piltdown
C. Nessun paleontologo, in quanto scienziato, ha dato veramente credito alla storia dell'uomo di Piltdown
D. Le passioni negli scienziati non sono mai tanto forti da impedire loro di riconoscere la verità
E. Per una quarantina d'anni nessuno denunciò apertamente l'errore o sospettò la frode nella faccenda di Piltdown

223) "Fra coloro 'che non leggono' i più accorti impareranno a parlare intorno: eccelleranno nell'arte inflazionistica del commento, nella pratica restringitiva della scheda, nella caccia alla citazione intelligente, sapranno maneggiare lo scalpello dell'analisi lineare e diventeranno esperti nella sapiente navigazione fra i 'brani scelti', che conduce sicuramente al diploma di maturità, alla laurea, persino al dottorato... ma non necessariamente all'amore per il libro".

Daniel Pennac, *Come un romanzo*

Una sola delle seguenti affermazioni è rigorosamente dedotta dal testo sopra riportato.

A. Chi non ama i libri può benissimo imparare a condurre analisi accorte e a compilare eccellenti schede riassuntive
B. L'amore per la lettura aborrisce da ogni forma di interpretazione critica o di commento dei libri
C. Orientarsi tra i brani antologicizzati è scolasticamente utile ma è sicuro segno di scarso amore per il libro
D. Le citazioni intelligenti non interessano assolutamente mai chi ama la lettura
E. Analisi, commenti, schede sono i nemici più acerrimi dell'amore per la lettura

224) "I recenti casi di cronaca relativi alle aggressioni di cani all'uomo, hanno fatto emergere la necessità di ulteriori interventi legislativi. È inutile, però, considerare alcune razze canine pericolose a priori, poiché i cani diventano pericolosi non per propria indole, bensì in base al trattamento che ricevono dal proprio padrone. Ciò significa che un cane, a prescindere dalla razza, può diventare pericoloso se maltrattato, mentre può non diventarlo se trattato bene sin dalla nascita. Una legge specifica sulle razze canine considerate pericolose è, pertanto, inefficace".

Quale delle seguenti affermazioni esprime il messaggio principale del brano precedente?

A. È inutile considerare alcune razze canine pericolose a priori
B. Una legge specifica sulle razze canine considerate pericolose è inefficace
C. Nessuna legge è in grado di condizionare il comportamento dei cani
D. I cani diventano pericolosi in base al trattamento che ricevono
E. Dovrebbero esistere norme più restrittive che regolino il possesso dei cani

225) "La natura imita l'arte, secondo un paradosso di cent'anni fa. Ma è, appunto, solo un paradosso. Prendiamo il misterioso fattaccio di Milano. Una giovane giornalista viene aggredita sulle scale di casa da due criminali italiani, costretta ad aprire, malmenata, legata a un termosifone. È poi derubata di tutto? No, ed è la prima complicazione. I due (ed è la seconda) non toccano i soldi, ma frugano nella scrivania, buttano all'aria i documenti, se ne vanno dopo aver riempito di carta la bocca della vittima. Arriva il marito, giornalista anche lui. Ha problemi (terza complicazione) di mobilità. Ma con lui si sposta anche (quarta complicazione) una scorta della polizia, l'uomo è un esperto di questioni terroristiche, riceve continue minacce di morte, è amico di Arafat, forse ha contatti coi Servizi Segreti. E dove scrive? Su "Famiglia Cristiana", quinta complicazione. Mentre la moglie (complicazione sesta), è collaboratrice della rivista "Polizia moderna". Ce n'è abbastanza per indagare, come si dice, in tutte le direzioni, in troppe direzioni. È questo che l'arte non fa, quando sia praticata come si deve. Goffi, irritanti, tediosi sono quei romanzi in cui l'autore procede per accumulazione, continua a rovesciarti addosso indizi totalmente contraddittori, particolari stravaganti, effettacci dozzinali, personaggi maggiori e minori che non legano, piste e contropiste che si accavallano, colpi di scena che schizzano via dalle dita. L'arte, l'artigianato, non possono permettersi gli eccessi. Solo la natura, la vita, vanno dove vogliono, s'ingorgano dove vogliono, complicano a piacere le loro trame senza curarsi di verosimiglianza, coerenza, plausibilità; e scrivono, è vero, pagine e pagine di romanzo. Ma di un brutto romanzo".

Carlo Fruttero – Franco Lucentini, *Un giallo con troppe complicazioni*, su "La Stampa", 28/5/99

UNA SOLA delle osservazioni che seguono è conseguente all'analisi dalla quale Fruttero e Lucentini sottopongono uno sconcertante fatto di cronaca.

A. Il fatto che la vittima della violenza sia una giovane giornalista dà precise indicazioni sull'identità degli aggressori
B. L'accumulo di indizi che aprono piste di indagine diverse suscita un'attenzione tutta speciale su questa triste vicenda
C. Troppo spesso i giornalisti si compiacciono di complicare, soffermandosi su particolari del tutto irrilevanti, le già complicate vicende che registra la cronaca
D. I romanzieri sanno bene che perché una storia sia avvincente e abbia fortuna deve essere straordinariamente ricca di colpi di scena
E. Spesso la realtà è più incredibilmente complicata e appare quindi meno verosimile dell'invenzione romanzesca

---

226) "Il più celebre dipinto del XX secolo nasce come illustrazione di un fatto storico: il bombardamento nell'aprile del 1937 della piccola città di Guernica da parte di aerei tedeschi alle dipendenze dei franchismi durante la guerra civile spagnola. Picasso prende spunto da questo episodio, certo drammatico, ma in fondo marginale, per dipingere una tela di vaste dimensioni e farne il manifesto di denuncia contro gli orrori di tutte le guerre, come aveva fatto centotrenta anni prima Goya. Per ottenere questo scopo Picasso non dipinge di getto, ma studia approfonditamente la composizione, analizzando ogni singolo dettaglio in una lunga serie di disegni preliminari, di studi, di prove e di ripensamenti. Le scelte formali sono radicali: il dipinto è praticamente monocromo, come i film e i documentari del tempo, per eliminare ogni possibile seduzione del colore e rendere asciutto e diretto il messaggio mentre, dal punto di vista stilistico, Picasso sceglie il secco e sintetico cubismo. Nel dipinto si mescolano con grande efficacia notazioni quasi di cronaca (lo strazio provocato dalle bombe) con simboli ripresi dal repertorio tradizionale: un uomo caduto stringe una spada mozzata come un antico greco, il cavallo ferito che nitrisce e ricorda modelli dell'arte antica e rinascimentale, l'enigmatico toro appartiene da secoli al folclore spagnolo. Tutta la scena è illuminata da una lampadina che penzola in alto, allusiva del desiderio di 'far luce' su quanto è avvenuto, non lasciare che cada l'ombra dell'oblio. Picasso riesce a essere al tempo stesso realistico e allusivo: non a caso, l'artista volle che la grande tela venisse esposta nel 1951 nel Palazzo Reale di Milano, squarciato dalle bombe durante la seconda guerra mondiale".

In base a quanto si legge nel brano, è possibile affermare che in "Guernica":

A. viene raffigurata la piccola città bombardata durante la prima guerra mondiale
B. vi sono esclusivamente elementi figurativi realistici, al limite della cronaca
C. convivono elementi figurativi realistici e simbolici
D. viene utilizzata la tecnica della policromia

E. sono scrupolosamente rispettate le regole della prospettiva

227) In base a quanto si legge nel brano, in "Guernica" la scelta della monocromia è stata dettata a Picasso dall'intento di:

A. fare del dipinto un manifesto di denuncia contro gli orrori della guerra
B. utilizzare il secco e sintetico cubismo
C. sedurre lo spettatore con giochi di colore
D. porsi in modo originale rispetto alle opere cinematografiche e documentaristiche dell'epoca
E. trasmettere un messaggio diretto e asciutto

228) In base a quanto si legge nel brano, l'autore accosta l'opera di Picasso a quella di Francisco Goya perché in entrambe le opere:

A. è possibile riscontrare un'accesa fantasia e uno spirito visionario
B. ogni singolo dettaglio emerge attraverso una serie di disegni preliminari, di prove e di studi
C. emerge la stessa condanna degli orrori della guerra
D. risalta l'identità non solo dell'oggetto, ma anche delle tecniche compositive tipiche del cubismo
E. coesistono elementi figurativi realistici e simbolici

229) In base a quanto si legge nel brano, è possibile dedurre che la struttura compositiva di "Guernica" è:

A. artificiosa e incomprensibile al primo impatto
B. lineare e ben definita
C. studiata e classica
D. complessa e ben articolata
E. semplice, poiché tutte le figure sono appiattite sullo stesso piano

230) La curiosità, l'intenso desiderio di sapere, non compare nella materia morta, e sembra non essere caratteristica neppure di certe forme di organismi viventi, che, proprio per tale ragione, a gran fatica riusciamo a considerare come viventi. Un albero non mostra curiosità per il suo ambiente, almeno in modo per noi riconoscibile; lo stesso vale per una spugna o un'ostrica: il vento, la pioggia, le correnti dell'oceano apportano loro ciò di cui abbisognano, ed essi ne traggono quello che possono. Se il caso fa sì che ciò che giunge a loro siano il fuoco, un veleno, dei predatori o dei parassiti, essi muoiono stoicamente e tacitamente come sono vissuti. Tuttavia, fin dai primi stadi dell'evolversi della vita, alcuni organismi svilupparono un moto indipendente; ciò costituì per loro un progresso enorme dal punto di vista del controllo dell'ambiente.

Il moto indipendente di cui parla l'autore del brano è un atto di liberazione:

A. dalle correnti dell'oceano
B. dal controllo dell'ambiente
C. dal fuoco
D. dal caso
E. dai predatori

231) Perché, secondo l'autore del brano, si fa fatica a considerare esseri viventi una spugna o un'ostrica?

A. Perché muoiono stoicamente
B. Perché si nutrono passivamente
C. Perché vivono tacitamente
D. Perché sono esseri inanimati di per sé
E. Perché non mostrano curiosità per il loro ambiente

232) Chi porta alle spugne ciò di cui abbisognano?

A. Il fuoco e le correnti dell'oceano
B. Il vento, la pioggia e le correnti dell'oceano

C. I predatori e i parassiti
D. Il vento, le correnti dell'oceano e il fuoco
E. Il vento, il veleno e i predatori

233) "Il cinema è un'arma magnifica per esprimere il mondo dei sogni, delle emozioni, dell'istinto. Il meccanismo creatore delle immagini cinematografiche è, per il suo stesso funzionamento, quello che ricorda meglio, tra tutti i mezzi d'espressione umana, l'attività dello spirito durante il sogno (...) le immagini appaiono e scompaiono come nel sogno grazie a 'dissolvenze'; il tempo e lo spazio diventano flessibili, si allargano o restringono a volontà".

L. Buñuel, *Gli argomenti umani*, Napoli, 1969

Dal brano, secondo l'autore, si evince che il cinema:

A. è l'arte della "dissolvenza" in quanto privilegia immagini fluttuanti e soluzioni spaziali e temporali immaginarie
B. si avvicina di più delle altre arti al mondo dello spirito per l'immaterialità e i mezzi di cui si avvale
C. grazie alla possibilità di dissolvere le immagini o di montarle in sequenze che superano lo spazio e il tempo è l'arte più vicina al sogno
D. è un'arte istintuale come dimostrano le alterazioni nella successione delle immagini e nel concetto di tempo e di spazio
E. riesce a rappresentare il mondo dei sogni mediante immagini e scene irreali che producono emozioni a livello istintuale

La realtà del Caravaggio

Della fondamentale motivazione stilistica della luce del Caravaggio si è largamente parlato, e se ne sono cercate le fonti nella cultura lombarda dove in parte si trovano; ma l'insorgenza del luminismo caravaggesco risulterebbe inspiegabile senza lo stimolo e l'urgenza di comunicare un contenuto simbolico. Intendo simbolico in senso intenzionale, programmatico.
Da questo intento simbolico può essere infine considerata distinta ma comunicante la componente espressiva ed "emozionale": tutto ciò che il luminismo caravaggesco dice ed esprime anche al di là delle più immediate intenzioni. Non hanno dunque un messaggio univoco ma un coacervo di messaggi, nel quale certo hanno la loro parte gli stessi connotati psichici dell'intensità religiosa ed umana di Caravaggio, della sua passionalità, come e soprattutto, in stretta connessione di trauma, l'eco delle inquinanti novità del pensiero post-copernicano in una nuova immaginazione esistenziale e cosmica. Finché al centro anche topografico dell'universo restavano la terra e l'uomo, era naturale relazionare questo mondo-ombelico ad un Dio-testa che lo osservava dall'alto. Quando i mondi e i centri diventano plurimi e sfuggenti, o solo si insinua il sospetto che lo siano, anche il luogo di Dio fluttua nell'universo, e se Dio un luogo ha, non può essere che dentro di noi e dentro alle cose. Non è certo un caso che il Caravaggio, al chiaro e ordinato disegno dello spazio rinascimentale che ha un centro e un perimetro, e che è misurabile attraverso la prospettiva, sostituisca fondali ciechi, uno spazio d'ombra insondabile, dove la luce, bucando, crea uno o più centri irrelati ad un qualsiasi perimetro o ad una distinta periferia («Iddio è spera intelligente, il cui centro è in ogni loco, la circumferentia in nessuno», secondo la proposizione ermetica e neo platonica che Bruno rilanciò con più drastico significato). Né par dubbio che l'angoscia e il disorientamento siano i connotati

espressivi delle grandi ombre divoranti, delle luci consunte nelle opere estreme: le vicende umane lo confermano.

Ma se tutto ciò esiste nell'opera di Caravaggio a livello globalmente espressivo, sarei cauto nel riconoscere questi stessi ingredienti nella ricetta simbolica, in quello che ritengo sia cioè il significato programmatico del luminismo caravaggesco. Non credo infatti che la sua luce-ombra voglia alludere al Dio e all'universo bruniani; tanto meno ci può soccorrere, in questo senso, la dottrina della luce del Patrizi, che forse è più estranea di quella bruniana (con cui ha tuttavia in comune la componente neoplatonica ed ermetica) al pathos espressivo di Caravaggio, e neanch'essa potrà interessare il livello simbolico delle sue intenzioni rappresentative. È solo, la dottrina del Patrizi, un documento dell'importanza e dell'attenzione che si votava alla luce nella speculazione neoplatonica del tempo. Tanto vale, allora, rifarci ancora ai neo-platonici *Dialoghi d'Amore* dove si attribuisce alla luce una decisa preminenza anche formale ed estetica nell'analisi della bellezza, contestando le classiche proporzioni.

Risalendo tuttavia all'indietro, la tesi neo-platonica della luce come "sostanza", essenza delle cose corporee e «corpo incorporeo» rimanda alla matrice agostiniana, che è quella, credo, realmente operante in presa diretta sull'immaginazione luministica del Caravaggio. In sant'Agostino, la valutazione della luce come sostanza è inestricabilmente connessa alla luce come metafora e al suo significato morale di estrazione gnostica: la luce è attributo di Dio e come tale è anche principio di bene, oltre che "lume" ovvero guida, illuminazione: assunto centrale nel pensiero di Agostino è l'assoluta dipendenza dell'intelletto umano da Dio in quanto luce di verità. Per san Tommaso, vanto della mente umana sarà il «lume naturale», che rende capace l'uomo di conoscere, ben distinto dal *lumen gloriae* e dal *lumen gratiae*: premessa questa, in qualche modo, del razionalismo umanistico. Invece per sant'Agostino la conoscenza è pura «visione di Dio», perpetua illuminazione: questa posizione era evidentemente più consona al clima dogmatico della Controriforma. La luce della conoscenza e la luce della grazia sono tutt'uno, dono che scende dall'alto.

Se allora un significato simbolico nella luce di Caravaggio sussiste, questo va ricercato in qualcosa di più basico ed elementarmente religioso, nella vecchia simbologia gnostica (ma anche alchemica, secondo il modello del *Genesi*) del male come tenebra, e nella sua contrapposizione al bene, come la morte si contrappone alla vita.

234) Nella pittura del Caravaggio, la luce:

A. ha due significati distinti ma correlati
B. ha solo un significato stilistico
C. ha solo un significato simbolico
D. è una eredità delle tecniche pittoriche precedenti
E. serve solo a creare uno sfondo

235) La visione del Caravaggio è influenzata da:

A. fattori esclusivamente tecnici
B. la filosofia della tarda scolastica
C. la concezione tolemaica del mondo
D. le idee estetiche del razionalismo
E. la nuova cosmologia copernicana

236) Nella teoria di sant'Agostino la luce:

A. è simbolo del lumen naturale
B. è solo un fenomeno naturale

C. è principio della conoscenza e della grazia
D. non ha alcun significato mistico
E. deriva dalla creazione del sole

237) I fondali del Caravaggio:

A. rivelano una certa fretta compositiva
B. mettono in rilievo i primi piani
C. creano uno spazio d'ombra
D. stabiliscono una razionale prospettiva
E. sono ricchi di molteplici colori

238) Nel luminismo caravaggesco il contrasto luce/ombra:

A. ha una funzione puramente tecnica
B. serve a definire meglio le figure
C. è sempre molto sfumato
D. serve a creare l'illusione della profondità
E. riflette l'antitesi bene/male

239) "Ronald E. Smith, assieme ad alcuni colleghi dell'Università di Washington [...] ha elaborato l'ipotesi che gli studenti molto ansiosi, messi in condizione di ridere durante gli esami, debbano non solo sentirsi più a loro agio, ma anche dare prestazioni più brillanti. [...] I risultati della ricerca di Smith e collaboratori confermano l'ipotesi che l'umorismo abbia proprietà tranquillanti. Infatti, per gli studenti poco ansiosi l'aggiunta dell'umorismo [nella formulazione delle domande d'esame] non ha, praticamente, alcun effetto (è ovvio che gli spunti ridicoli non rendono la prova più facile); per gli studenti molto ansiosi, invece, si nota un netto miglioramento dei risultati, che diventano addirittura superiori a quelli dei compagni con un'ansia limitata. Concludendo: se un giovane ritiene che l'ansia possa far peggiorare il proprio rendimento in un'interrogazione o in un esame, gli sarà utile pensare a qualcosa di comico".

Mario Farné, *Guarir dal ridere. La psicobiologia della battuta di spirito,* Bollati Boringhieri, Torino, 1998, pp. 12-13

Si riconosca, fra le seguenti, l'UNICA notazione che R. E. Smith e collaboratori potrebbero sottoscrivere:

A. la formulazione in termini umoristici delle domande d'esame non darebbe alcun apprezzabile vantaggio a studenti poco ansiosi
B. l'iniezione di modeste dosi d'umorismo potrebbe comportare distrazione e rivelarsi controproducente al fine del superamento degli esami
C. quanto più uno studente è preda dell'ansia tanto più si rivela incapace di cogliere gli spunti umoristici dei quesiti cui è chiamato a rispondere
D. la probabilità di superare un esame cresce in misura inversamente proporzionale al senso umoristico del candidato
E. la probabilità di superare un esame cresce in misura direttamente proporzionale al livello d'ansia del candidato

240) "I bambini insicuri e ansiosi tendono a disegnare figure piccole che occupano timidamente soltanto una parte ridotta dello spazio a disposizione. [...] L'assenza di braccia nei disegni di bambini oltre i sei anni può denotare timidezza, passività, o immaturità intellettuale. [...] Le mani nascoste sono state interpretate come un'espressione di sensi di colpa. [...] Le proporzioni esagerate delle mani sono viste come il simbolo di tendenze aggressive se la figura è un autoritratto. Quando la figura rappresenta invece un genitore o chi fa le sue veci, le mani accentuate possono indicare aggressività subita, anticipata o temuta. [...] Nei disegni di bambini insicuri si osserva di frequente l'instabilità della figura, che oscilla sul sostegno insufficiente di piedi piccoli".

Joseph H. Di Leo, *I disegni dei bambini come aiuto diagnostico*, tr. it. Giunti, Firenze, 1992, pp. 47-60

Solo UNA delle considerazioni seguenti può ritenersi CORRETTAMENTE dedotta dalle premesse contenute nel brano riportato. La si individui:

A. il bambino che si rappresenta con le mani troppo piccole teme probabilmente di subire atti violenti ad opera delle figure parentali
B. le braccia nascoste e i piedi piccoli delle figure disegnate indurrebbero a pensare ad un bambino affetto da spiccati sensi di colpa
C. il disegno di una figura di grandi dimensioni che occupa un'ampia porzione del foglio farebbe pensare ad un bambino ben adattato e libero dall'ansia
D. rappresentando i genitori come figure dalle mani nascoste il bambino opera un'inconsapevole attribuzione della responsabilità delle violenze subite
E. attribuendo nei disegni mani enormi ai genitori o a coloro che ne fanno le veci, i bambini tradiscono le proprie accentuate tendenze aggressive

241) "Esistono molteplici forme di memoria che hanno sede in zone diverse del cervello: la *memoria procedurale* che riguarda le nostre abilità percettive e motorie, e la *memoria dichiarativa* o *esplicita*, distinta in memoria semantica, cioè la capacità di ricordare quanto sappiamo, e memoria episodica, la capacità di ricordare gli eventi. Si deve poi distinguere tra *memoria a breve termine* e *memoria a lungo termine*. Quest'ultima trattiene le informazioni per un lungo lasso di tempo, grazie anche a meccanismi emotivi di consolidamento".

La capacità di andare in bicicletta anche dopo molti anni che non la si usa più può essere attribuita a:

A. memoria semantica
B. memoria procedurale
C. memoria esplicita
D. memoria episodica
E. memoria visiva

242) "La sindrome fenilchetonurica o PKU è la più comune malattia pediatrica congenita dovuta a deficienza enzimatica, causata da diversi tipi di mutazioni recessive a carico di un gene localizzato sul cromosoma 12. Essa è legata all'incapacità di metabolizzare l'amminoacido fenilalanina. Il gene infatti codifica per un enzima che converte in tirosina l'amminoacido fenilalanina. In assenza di tale enzima la fenilalanina si accumula nel sangue e nelle urine, o viene trasformata in acido fenilpiruvico che causa seri danni al sistema nervoso centrale, ritardo mentale e morte precoce. La malattia può essere tenuta sotto controllo mediante una dieta povera di fenilalanina. Gli stati americani ed europei hanno istituito indagini su tutti i neonati per la diagnosi precoce della PKU".

Dalla lettura del brano si può affermare che:

A. il termine fenilchetonuria indica presenza di alti tassi di fenilalanina nel sangue e nelle urine
B. l'amminoacido tirosina si converte in fenilalanina grazie ad un gene localizzato sul cromosoma 12
C. una dieta povera di fenilalanina causa seri danni al sistema nervoso centrale e ritardo mentale
D. la PKU è una malattia genetica dominante dovuta all'alterazione di un singolo gene

E. gli stati americani ed europei raccomandano una dieta povera di fenilalanina per prevenire la PKU

243) "La capacità di provare dolore non può essere rimossa, ma capita, di rado, che qualche individuo ne sia privo dalla nascita. Una vita senza dolore potrebbe sembrare fortunata, ma non lo è. I bambini che non provano dolore non sono a disagio neppure quando stanno a lungo nella stessa posizione: la conseguente mancanza di movimento impedisce al sangue di arrivare alle articolazioni, che nell'adolescenza sono già deteriorate. Le persone che non possono sentire dolore muoiono quasi tutte prima dei trent'anni. Anche i dolori diffusi, o il semplice malessere, sono adattivi. Spingono all'inattività completa, e non solo al riposo delle parti danneggiate. [...] L'inattività favorisce anche, probabilmente, l'efficacia delle difese immunitarie, il ripristino dei tessuti danneggiati e altri adattamenti. I medicinali che fanno sentire meglio una persona malata interferiscono con questi benefici. Una sensazione di benessere indotta dai farmaci può indurre ad attività che interferiscono con gli adattamenti difensivi o con la guarigione".

Randolph M. Nesse e George C. Williams, *Perché ci ammaliamo*, Einaudi, Torino, 1999, p. 46

DUE delle seguenti proposizioni traggono le conclusioni del discorso riportato: le si riconosca.

1) la somministrazione di farmaci può talora risultare controproducente; 2) il dolore fisico, di per se stesso, è comunque qualcosa di sgradevole; 3) chi non sopporta il dolore tende a permanere nella stessa postura; 4) a qualche essere umano la sorte preclude la capacità di provare dolore; 5) a dispetto delle apparenze una vita senza dolore non è una vita fortunata; 6) la capacità di provare dolore non può essere rimossa.

A. La 2 e la 6
B. La 2 e la 3
C. La 2 e la 4
D. La 3 e la 4
E. La 1 e la 5

244) "Nei giardini europei di ogni epoca e stile, fino alla metà del XIX secolo circa, i labirinti erano un elemento essenziale per superare l'uniformità delle varie parti e raggiungere [...] un certo grado di varietà anche in uno spazio estremamente ridotto. [...] La differenza stava nella loro destinazione, nelle particolarità della loro semantica. Nei giardini monastici medievali i labirinti simboleggiavano la vita complessa e intricata dell'uomo. I sette peccati capitali e le sette virtù teologali incontravano l'uomo lungo questo percorso. [...] Pietro I costruì labirinti in tutti i giardini pietroburghesi più famosi, adornandoli immancabilmente con gruppi scultorei ispirati alle favole di La Fontaine. [...] Pietro [il Grande] voleva istruire i suoi sudditi alla cultura secolare europea, indispensabile ai Russi per poter comunicare liberamente con gli stranieri colti. Ma già sotto Pietro i labirinti avevano anche un altro scopo – il divertimento. Pietro amava portare nel labirinto i suoi ospiti e obbligarli a uscirne da soli. Nel periodo romantico i labirinti erano un pretesto per allungare l'itinerario delle passeggiate e cominciarono a cedere il posto ai parnasi [...]".

Dmitrij Sergeevic Lichacev, *La poesia dei giardini*, tr. it. Einaudi, Torino, 1996, pp. 34-35

SOLO UNA delle considerazioni sottostanti si attiene alle affermazioni di Lichacev. La si individui:

A. ai labirinti dei giardini potevano essere attribuite valenze simboliche ma non certo educative e ludiche

B. mirava sempre all'omogeneità del paesaggio e alla brevità delle passeggiate, la predisposizione di labirinti nei giardini
C. la predisposizione di labirinti nei giardini pietroburghesi rispondeva alla sola esigenza dell'istruzione del popolo russo
D. al variare delle epoche storiche, permanevano immutate le funzioni attribuite ai labirinti nei giardini
E. i labirinti dei giardini poterono simboleggiare le vicissitudini e gli erramenti cui si trova esposta l'esistenza umana

245) "Nelle favole di Hans Christian Andersen l'«infelicità emerge man mano che la scrittura diventa più padrona di sé. E anche nei racconti canonici è sempre possibile la doppia lettura: una ingenua, appunto per ragazzi, con finale apparentemente edificante; e una più sottile, più desolata, che spinge a una diversa, se non proprio opposta, interpretazione dell'esito conclusivo. È il caso di uno dei più famosi racconti: il brutto anatroccolo diventa un meraviglioso cigno, ma il lettore adulto è autorizzato a leggere tale metamorfosi come una implacabile sconfitta. La stessa cosa succede al Pinocchio di Collodi, che alla fine si trasforma in bravo ragazzo, fatto di carne e ossa: il burattino è morto, e con lui la gioia di vivere con innocenza e spensieratezza".

Vincenzo Cerami, "Così Andersen mise in fiaba il male di vivere", *Specchio, p. 60,* supplemento a La Stampa del 19-3-2005

La trasformazione del brutto anatroccolo in cigno può essere anche letta, in senso NON edificante, come un'implacabile sconfitta per... (Si scelga la MOTIVAZIONE che rispetta lo spirito delle parole di Cerami):

A. gli altri cigni, data la particolare bellezza del nuovo venuto e il favore da lui incontrato presso i bambini
B. il lettore, che vede smentite le sue ragionevoli aspettative circa l'immancabile, tragica fine del brutto anatroccolo
C. gli altri anatroccoli e tutti gli altri animali, che in precedenza avevano continuamente deriso e maltrattato il brutto anatroccolo
D. il brutto anatroccolo, per il quale la metamorfosi in cigno vale il passaggio da gioia, innocenza e spensieratezza al loro contrario
E. il brutto anatroccolo: non lui ma il cigno in cui ha avuto la fortuna di trasformarsi riesce a farsi accettare dal prossimo

246) "Il contrasto tra Rousseau e Nietzsche può essere illustrato proprio dal diverso atteggiamento che l'uno e l'altro esprimono rispetto alla naturalità e artificialità dell'uguaglianza e della diseguaglianza. Nel discorso sull'origine della diseguaglianza, Rousseau parte dalla considerazione che gli uomini sono nati uguali, ma la società civile, vale a dire la società che si sovrappone lentamente allo stato di natura attraverso lo sviluppo delle arti, li abbia resi diseguali. Nietzsche, al contrario, parte dal presupposto che gli uomini siano per natura diseguali (ed è un bene che lo siano, perché fra l'altro una società fondata sulla schiavitù come quella greca era, proprio in ragione dell'esistenza degli schiavi, una società evoluta) e soltanto la società, con la sua morale del gregge, con la sua religione della compassione e della rassegnazione, li ha resi tutti eguali. Quella stessa corruzione, che per Rousseau ha generato la diseguaglianza, ha generato, per Nietzsche, l'uguaglianza. Là dove Rousseau vede diseguaglianze artificiali, e quindi da condannare e da abolire perché in contrasto con la fondamentale eguaglianza della natura, Nietzsche vede un'eguaglianza artificiale, e quindi da esecrare in quanto riduttiva della benefica diseguaglianza che la natura ha voluto regnasse tra gli uomini. L'antitesi non potrebbe essere più radicale: in nome dell'eguaglianza naturale, l'egualitario condanna la diseguaglianza sociale; in nome della diseguaglianza naturale, l'inegualitario condanna l'uguaglianza sociale. (...) L'idea qui formulata, secondo cui la distinzione tra sinistra e destra corrisponde alla differenza tra egualitarismo e inegualitarismo (...) si pone ad un tale livello di astrazione che può servire tutt'al più a distinguere due tipi ideali. (...) Ripeto ancora una volta che non sto dicendo che una maggiore eguaglianza è un bene e una maggiore diseguaglianza un male. Come ho detto sin dall'inizio, sospendo ogni giudizio di valore (...). Del resto, se l'eguaglianza può essere interpretata negativamente come livellamento, la diseguaglianza può essere interpretata positivamente come riconoscimento della irriducibile singolarità di ogni individuo. Non c'è ideale che non sia acceso da grande passione. La ragione o meglio il ragionamento che adduce argomenti pro e contro per giustificare le scelte di ciascuno di fronte agli altri, e prima di tutto di fronte a se stessi, viene dopo. Per questo i grandi ideali resistono al tempo e al mutar delle circostanze e sono, l'uno all'altro, irriducibili. La spinta verso una sempre maggiore eguaglianza tra gli uomini è, come aveva osservato nel secolo scorso Tocqueville, irresistibile. (...) Mai come nella nostra epoca sono state messe in discussione le tre fonti principali di diseguaglianza, la classe, la razza, il sesso. La graduale parificazione delle donne agli uomini, prima nella piccola società famigliare, poi nella più grande società civile e politica, è uno dei segni più certi dell'inarrestabile cammino del genere umano verso l'eguaglianza".

Norberto Bobbio, *Destra e Sinistra*, Donzelli, Roma 1994

UNA sola di queste deduzioni è conseguente al testo riportato. Quale?

A. Le contrastanti concezioni di "stato di natura" di Rousseau e Nietzsche sono state assunte come fondamento di diversi progetti ideali
B. Se l'adesione al partito dell'eguaglianza è per lo più passionale, aderire al partito opposto è generalmente frutto di un procedimento, pur discutibile, di analisi razionale
C. Il vedere nella diseguaglianza il riconoscimento della irriducibile singolarità dell'individuo caratterizza il nicianesimo che, in quanto sconfitto dalla storia, è destinato a scomparire
D. Ai movimenti di sinistra, in quanto caratterizzati dall'utopia egualitaria, Bobbio riconosce una funzione inequivocabilmente e innegabilmente più positiva che ai movimenti di destra
E. Che la storia proceda verso una sempre maggiore eguaglianza implica che la concezione ispirata a Nietzsche, che sostiene la diseguaglianza, prima o poi cesserà di esistere

247) "In una certa regione il numero assoluto di soggetti che è stato guarito da una condizione morbosa, che definiremo come U, sempre mortale se non trattata, è molto elevato, ma varia da uno all'altro dei centri specializzati. Data l'importanza anche sociale della malattia U, il numero di questi centri è progressivamente aumentato negli ultimi vent'anni e attualmente è ritenuto sufficiente a trattare, secondo schemi condivisi e regolarmente aggiornati e controllati, tutti i pazienti che nella regione si ammalano della malattia in questione. La differenza del numero assoluto dei soggetti guariti nei diversi centri è però significativa, e ha probabilmente radici complesse".

Il testo GIUSTIFICA peraltro UNA SOLA delle seguenti ipotesi esplicative, quale?

A. Una mancata aderenza ai protocolli di terapia da parte di alcuni centri
B. L'insufficiente specializzazione di alcuni centri
C. Un differente aggiornamento dei diversi centri
D. Il diverso anno di inizio dell'attività del centro
E. L'effetto di schemi terapeutici diversi

---

248) "Arrivare a una comprensione del Furioso, non dico piena ma ricca, non è facile, come non lo è per ogni libro che abbia molte facce diverse. Occorrerebbe (...) poter afferrare la ricchezza poliedrica del mondo ariostesco nella sua molteplicità sfaccettata (...). E bisognerebbe poter apprezzare la maestria con cui il narratore struttura la sua opera intrecciando tanti fili e portandoli tutti avanti con perspicua chiarezza; (...) Bisognerebbe insomma possedere una cultura letteraria acquisita con il lavoro di una vita e insieme una umanità intelligente e una sensibilità acuta per l'arte (...) Un patrimonio quasi impossibile da mettere insieme, e chi può sperare di possederlo? Solo gli sciocchi possono sperare di raggiungere tanta profondità di comprensione perché in possesso di questa o di quella competenza settoriale, o perché asserviti all'ultimo metodo venuto di moda. Ma è sufficiente, per un'opera come l'Orlando Furioso, anche accontentarsi di meno, assai meno. Procurarsi le informazioni indispensabili, liberarsi di ideologismi e preconcetti scolastici, e leggere... con il gusto di leggere, sapendo che un'opera letteraria è frutto, e quindi può esser fonte, di mille interessi e piaceri diversi: godere con umiltà di quelle invenzioni, di quel narrare sapientemente orchestrato, di quella musicale armonia. Io, purtroppo, so poco o niente di musica, ignoro le nozioni elementari necessarie ad analizzare la struttura di un brano, e sono, lo so, incapace di spiegarmi tecnicamente le emozioni che mi procura l'ascolto. Ma non per questo rinuncio a sentir musica, anzi! Ascolto e riascolto, conscio che tanto di quell'arte e del godimento che essa potrebbe procurarmi mi è precluso per sempre; ma tuttavia ascolto, e godo quello che natura e cultura consentono. Non dovrebbe esser lo stesso per chi è poco esperto di letteratura, ma non per questo è disposto a rinunciare alla ricchezza di conoscenze e di gioia che un'opera letteraria come il Furioso racchiude?".

Giuseppe Petronio, *Il piacere di leggere*, Oscar Mondadori

UNA SOLA delle seguenti affermazioni è rigorosamente DEDUCIBILE dal testo di Giuseppe Petronio, quale?

A. È un atto di presunzione pretendere di esaurire la conoscenza del Furioso grazie alla padronanza di tecniche interpretative anche molto aggiornate
B. È sufficiente per apprezzare il Furioso un orecchio naturalmente educato a cogliere la sapiente orchestrazione della narrazione
C. È inutile, per chi ama la musica e la vuole godere, procurarsi le nozioni necessarie a comprenderne la struttura
D. È possibile godere della lettura del Furioso anche senza alcuna preparazione preventiva

E. Natura e cultura permettono di godere un'opera d'arte tanto a chi non ha competenze tecniche quanto a chi ne ha

249) "Sulla memorizzazione di immagini "visive" venne fatto da A. de Groot un esperimento relativo al gioco degli scacchi. Egli dispose i pezzi secondo posizioni prese da partite effettivamente giocate e mostrò la scacchiera ai soggetti per cinque secondi; poi tolse i pezzi e chiese ai soggetti di ricostruire le posizioni. I maestri e i grandi maestri furono capaci di ricostruire le posizioni (con circa 20-24 pezzi sulla scacchiera) quasi senza errori, mentre i principianti riuscirono a mala pena a sistemare in modo corretto qualche pezzo e i giocatori di medio calibro si collocarono a metà tra i campioni e i principianti. Ma il fatto notevole fu che quando si mostrarono ai maestri e ai grandi maestri altre scacchiere con lo stesso numero di pezzi disposti a caso, la loro capacità di ricostruire le posizioni non si rivelò maggiore di quella dimostrata dai principianti di fronte alle partite vere; i principianti, invece, si dimostrarono mediocri come lo erano stati precedentemente".

Herbert A. Simon, *Le scienze dell'artificiale*, Il Mulino, Bologna 1988

L'esperimento condotto avalla UNA SOLA delle seguenti ipotesi, quale?

A. L'informazione sulla scacchiera è meglio memorizzabile per i maestri perché registrata sotto forma di relazioni sensate e conosciute tra i pezzi
B. I campioni di scacchi hanno doti speciali per memorizzare le immagini visive
C. I fenomeni di visualizzazione dipendono essenzialmente dalla struttura neurologica individuale
D. Se non un maestro, un grande maestro può sicuramente registrare fino a 24 pezzi di informazione in cinque secondi
E. Oltre ad una eccezionale capacità di memorizzazione, i maestri degli scacchi possiedono una particolare capacità di concentrazione

250) "Ci sono diversi modi possibili di leggere Marshall McLuhan a poco più di trent'anni dalla pubblicazione originale di *Understanding Media,* che in italiano venne tradotto come *Gli strumenti del comunicare* perché media, nel 1967, era ancora una parola sconosciuta ai più... Leggere *Gli strumenti del comunicare* significa sentirsi invitati non ad accogliere delle idee ma a completarle, non a seguire un testo ma a starci dentro, un po' come certi cult movies sembrano piuttosto un invito a travestirci con i loro abiti che a seguire una storia. (...) Leggendolo attentamente ci si rende conto che l'asistematicità di McLuhan è più apparente che reale, e che al fondo quello che egli propone è una vera e propria filosofia della storia. Secondo McLuhan, si può leggere l'intera storia umana come una successione di forme di comunicazione (...). La prima rottura, in una socialità primitiva fatta di comunicazione essenzialmente verbale, è stata rappresentata per McLuhan dalla scrittura. Mentre nell'oralità la comunicazione è sempre partecipata, richiede non solo la compresenza, ma anche la co-attività di diversi interlocutori, la scrittura separa radicalmente l'emissione del messaggio dalla sua ricezione (...). L'alfabeto fonetico completa questa trasformazione (...). La scrittura prima, l'alfabeto fonetico poi, segnano il passaggio da società 'fredde' (con questo termine, preso dal linguaggio jazzistico, McLuhan definiva le forme di comunicazione partecipative, che trasmettono messaggi incompleti e invitano il ricettore a completarli) a società 'calde', basate su forme di comunicazione non partecipative, affidate generalmente a un solo senso, che bombardano la mente del ricettore con messaggi 'completi' e immutabili. Da allora, sulla base della dialettica 'caldo/freddo' si può, secondo McLuhan, riscrivere per intero i cicli della storia umana: alla calda antichità classica fa seguito un medioevo raffreddato dal ritorno delle società occidentali a forme di comunicazione in larghissima prevalenza orali; questo a sua volta si rovescia, con la stampa, in un'epoca di nuovo calda. Con la stampa, secondo McLuhan, che alla 'Galassia Gutenberg' ha dedicato uno dei suoi libri più noti, la separazione fra azione e reazione si esaspera ulteriormente (...). Alla fine dell'Ottocento, con l'elettrificazione, si ha di nuovo un rovesciamento (...); il telegrafo prima, poi il telefono e la radio, ci riportano alla simultaneità, ci propongono dei messaggi che non solo consentono, ma richiedono la nostra partecipazione, creano una possibilità di contatto di tipo orale, ma esteso all'intero pianeta (...). Il raffreddamento inaugurato da Edison viene coronato, secondo McLuhan, dalla televisione, medium apparentemente passivizzante ma che in realtà richiede un'alta partecipazione dello spettatore (...). Del personal computer McLuhan, morto nel 1980, non fece in tempo a occuparsi, ma è evidente a chi legga l'ultimo capitolo degli Strumenti che per McLuhan l'informatizzazione completava la fase di raffreddamento della civiltà avviata da Edison (...). È una filosofia della storia che deve molto a Marx, (...) ma McLuhan attribuisce la funzione rivoluzionaria non al movimento organizzato, ma alla forza stessa delle cose, al messaggio che sta nei media. Di qui il tono profetico, ma al tempo stesso conservatore. McLuhan si è proposto come profeta di una rivoluzione che c'è già stata, teorico radicale di uno sradicamento che è nei fatti. Per questo la parola chiave di McLuhan è 'consapevolezza' e i suoi testi si offrono come strumenti per prendere consapevolezza di quello che già è, per capire quello che, in fondo, già sappiamo".

Peppino Ortoleva,
L'uomo e il suo messaggio

Tra le affermazioni qui riportate individuare la sola coerente con il pensiero di McLuhan.

A. Da Edison fino al PC si conclude e culmina la fase di allontanamento dalla comunicazione orale primitiva, di cui si è ormai persa ogni caratteristica
B. La diffusione della stampa, la Galassia Gutenberg, ha permesso una personalizzazione dell'acquisizione del sapere
C. Più della radio, la televisione, affidandosi quasi esclusivamente alla vista, invita ad una recezione passiva e acritica
D. L'alfabeto fonetico rese possibile un nuovo tipo di comunicazione, più freddo perché meno condizionato dalla gestualità
E. *Gli Strumenti del comunicare* di McLuhan può essere considerato una forma di comunicazione fredda, in quanto le idee che vi sono espresse esigono di essere completate dal lettore

251) "Non è chiaro se l'effetto serra esista veramente e riscaldi la Terra ma di certo la polemica sull'argomento è rovente, come dimostra lo scontro in corso negli Usa sul film 'L'alba del giorno dopo', che mentre scrivo deve ancora uscire. Non esistono dubbi sul fatto che le attività antropiche causano l'emissione di anidride carbonica nell'atmosfera, dubbi e polemiche sorgono tuttavia quando si intende valutare sulla base di misure e di modelli teorici l'impatto che questa emissione ha sul clima. (...) In tempi ormai remoti la Terra ha subito variazioni climatiche brutali e ben documentate, basti pensare all'era glaciale, variazioni certo non legate all'attività dell'uomo. Lungo l'arco dei secoli la radiazione solare potrebbe subire o avere subito variazioni tali da alterare il clima terrestre ben al di fuori delle competenze del protocollo di Kyoto. Siamo condannati alla navigazione a vista e rimango scettico sia davanti al catastrofismo demagogico e scontato dei profeti di sventura sia verso il futuro radioso dei trionfalisti".

Tullio Regge, *Effetto serra. Un imprevisto ci salverà*, La Stampa, 29/4/2004

UNA SOLA delle seguenti affermazioni È AUTORIZZATA dall'articolo citato di Tullio Regge.

A. È cosa ben chiara per uno scienziato che il protocollo di Kyoto è un espediente demagogico scientificamente irrilevante
B. Le radiazioni solari non influenzano le variazioni climatiche
C. La convinzione che le attività antropiche causino emissione di anidride carbonica nell'atmosfera non ha alcun fondamento scientifico
D. Mai comunque sulla Terra si sono verificate variazioni climatiche evidenti e importanti come nel nostro tempo
E. La valutazione dell'impatto sul clima dell'emissione di anidride carbonica nell'atmosfera è dubbia e controversa

252) "Fa attenzione alle forme con cui costruisce il contadino. Perché sono patrimonio tramandato dalla saggezza dei padri. Cerca però di scoprire le ragioni che hanno portato a quella forma. Se i progressi della tecnica consentono di migliorare la forma, bisogna sempre adottare questo miglioramento. [...] Sii vero. La natura sopporta soltanto la verità. Va d'accordo con i ponti a travi reticolati in ferro, ma rifiuta i ponti ad archi gotici con torri e feritoie. Non temere di essere giudicato non moderno. Le modifiche al modo di costruire tradizionale sono consentite soltanto se rappresentano un miglioramento, in caso contrario attieniti alla tradizione. Perché la verità, anche se vecchia di secoli, ha con noi un legame più stretto della menzogna che ci cammina al fianco".

Adolf Loos, *Parole nel vuoto*, Adelphi, Milano 1990

UNO SOLO dei giudizi sotto riportati È a rigore ricavato dal discorso di Loos. Quale?

A. La natura ama la verità e accoglie male i frutti della tecnologia
B. Nelle forme tradizionali popolari c'è un senso che merita di essere riscoperto
C. Chi non comprende il senso della tradizione non può essere un vero innovatore
D. Siamo sempre più legati alle menzogne di moda che alle verità fuorimoda
E. Gli strumenti moderni impongono sempre una modernizzazione delle forme

253) "Molti [...] sosterrebbero che il modo migliore per aiutare i poveri è favorire la crescita dell'economia. Essi credono nell'economia del trickle down o permeabile, quella cioè che, goccia a goccia, dovrebbe prima o poi far arrivare i vantaggi della crescita anche ai poveri. La teoria economica del trickle down non è mai stata molto più di una credenza, un articolo di fede. Nell'Inghilterra del XIX secolo, l'indigenza sembrava in aumento anche se, nel complesso, il paese prosperava. La crescita degli anni Ottanta in America ci fornisce l'esempio drammatico più recente: in pieno progresso economico, i più poveri hanno visto ridursi ulteriormente i loro redditi reali. [...] E quando lasciai la Casa Bianca per andare alla Banca mondiale, portai con me lo stesso scetticismo nei confronti di questo tipo di politica: se non aveva funzionato negli Stati Uniti, perché mai avrebbe dovuto funzionare nei paesi in via di sviluppo? Se da una parte è vero che non è possibile ridurre in modo significativo la povertà senza una crescita economica sostenuta, non è vero l'opposto: non è detto che la crescita vada a vantaggio di tutti. Non è vero che l'alta marea solleva tutte le barche...".

Joseph E. Stiglitz, *La globalizzazione e i suoi oppositori*, Einaudi, Torino 2002

Quale delle seguenti affermazioni È COERENTE con il pensiero di Stiglitz?

A. La diminuzione della povertà non è un problema che riguardi l'economia
B. Crescita economica e diminuzione della povertà non sono correlate
C. Crescita economica e diminuzione della povertà sono inversamente proporzionali
D. La crescita economica è condizione necessaria a contrastare efficacemente la povertà
E. La crescita economica è condizione sufficiente a contrastare efficacemente la povertà

254) "È famoso come poeta dialettale piemontese, ma di professione faceva il medico. Edoardo Ignazio Calvo nacque a Torino il 13 ottobre 1773, nella casa dove suo padre visitava i pazienti. Per il figlio desiderava un futuro simile. Le insistenze paterne furono tali che si iscrisse alla facoltà di Medicina e si laureò con una tesi in latino sullo scorbuto. Sebbene avesse affrontato quegli studi controvoglia, alla professione si dedicò con intelligenza e capacità; proprio mentre curava i malati di tifo nell'antica sede dell'ospedale San Giovanni Battista, contrasse anche lui l'infezione, morendone esattamente due secoli fa. Nonostante [...] l'intensa attività letteraria (scrisse favole esopiche e satire politiche) trovò anche il tempo di scrivere un interessante lavoro scientifico a proposito di piante e animali velenosi, in cui si schierava contro le false credenze da Plinio in poi, e faceva una rassegna rapida delle testimonianze attendibili sui veleni presenti in natura".

Anna Buoncristiani, *Il poeta che sperimentò il vaccino antivaiolo*, Tutto Scienze-La Stampa, 28/4/2004

UNA SOLA delle seguenti considerazioni È AUTORIZZATA dall'articolo citato. Quale?

A. Il tifo era, nei secoli scorsi, una malattia sempre mortale
B. Non era possibile per un figlio, nei secoli passati, ribellarsi all'autorità paterna
C. L'esercizio di un'attività intensa in campo medico assorbe tutte le energie di chi vi si dedica generosamente
D. Capitava, nel '700, che uno studioso, pur giovane, desse un contributo originale alla cultura sia scientifica sia letteraria
E. Il ricorso alle erbe in campo medico, è sempre sicuro, in quanto fondato su incontrovertibili esperienze millenarie

255) "Dopo Mario Draghi arriva Antonio Catricalà. Dopo la Banca d'Italia, anche l'Antitrust bastona le banche per i costi troppo alti dei conti correnti. 'I correntisti spendono in media 182 euro l'anno, molto di più che nel resto d'Europa' accusa l'autorità presieduta da Catricalà, che da un anno ha ricevuto dall'istituto di via Nazionale la competenza della tutela della concorrenza bancaria e che ieri ha diffuso le conclusioni della sua indagine conoscitiva sul caro sportello. Tale indagine ha preso spunto da un'analisi avviata congiuntamente dalle due autorità e poi proseguita e approfondita autonomamente dall'Antitrust. Del resto anche la Banca d'Italia, come ha fatto sapere sabato il Governatore, ha sviluppato il suo monitoraggio. E non v'è dubbio che l'esito di entrambe le verifiche e dello studio fatto recentemente dalla Commissione di Bruxelles confermino, seppur con cifre e parametri diversi, la circostanza che il correntista italiano è penalizzato rispetto agli altri cittadini europei. Per l'Antitrust, che sollecita la portabilità del conto corrente, allo sportello in Italia si spendono in media circa 182 euro all'anno, contro per esempio i 35 euro dell'Olanda o i 65 di Belgio e Regno Unito, i 99 della Francia o i 108 della Spagna. E ciò perché il "nostro sistema creditizio è meno competitivo". La vera sorpresa sta nella scoperta fatta dagli uomini di Catricalà. E cioè la minore convenienza per il cliente dei conti correnti a canone, ovvero a costo fisso mensile o annuale, pubblicizzati dalle banche come i più economici. Dall'indagine infatti è emerso che i conti meno costosi sono in nove casi su dieci quelli 'a consumo', seguiti dai conti a canone con operazioni illimitate e infine, i più cari, quelli a canone con operazioni limitate. I più convenienti in assoluto, con costi inferiori del 60%, sono comunque i conti online. È stato fatto anche un sondaggio per tipologia familiare: i nuclei monoreddito spendono in media da 177,2 a 208,8 euro l'anno. Quelle bireddito circa 196,3 euro. I giovani in cerca del primo impiego 76,3 euro e i pensionati 96,6 euro".

Stefania Tamburello, *Caro-sportello, antitrust contro le banche,* Corriere della sera

In base al brano è deducibile che Antonio Catricalà:

A. è succeduto a Mario Draghi alla presidenza dell'Antitrust
B. presiede l'Antitrust
C. presiede una banca
D. è il presidente dell'Antitrust e della Banca d'Italia
E. presiede la Banca d'Italia

256) In base a quanto riportato nel brano, quale tra le seguenti affermazioni è esatta?

A. I conti correnti spagnoli forniscono un reddito inferiore rispetto ai conti correnti olandesi
B. È sempre più vantaggioso essere un correntista italiano che un correntista olandese
C. Nel Regno Unito i costi dei conti correnti sono sensibilmente più alti che in Belgio
D. Il costo medio per tenere aperto un conto corrente è superiore in Spagna che in Francia
E. I conti correnti a canone, ovvero a costo fisso mensile o annuale, sono i più economici

257) "Hong Kong, Singapore, Taiwan, Cina, Malaysia, Thailandia, Indonesia, Filippine, India, tutto il Centro e il Sudamerica, Australia, Nuova Zelanda, Sudafrica, Paesi europei dell'ex blocco comunista (Russia, Ungheria, Repubblica Ceca, Slovacchia e così via). A esclusione dei primi tre – che comunque sono tradizionalmente inclusi nell'area degli emergenti perché molto dipendenti dalle economie vicine e per l'alta volatilità dei loro mercati azionari – sono questi i Paesi emergenti, caratterizzati da un reddito pro capite inferiore alla media (secondo i dati della World Bank) e da un tasso di crescita dell'economia sensibilmente più elevato di quello dei Paesi già sviluppati: negli anni '90 il Pil dei Paesi asiatici è cresciuto al ritmo del 10% annuo, e la previsione della World Bank è che nel XXI secolo il tasso di sviluppo sia vicino al 7,5%, cioè tre volte la crescita stimata dei Paesi occidentali. Lo sviluppo in America Latina e nell'Est europeo, sebbene di molto inferiore a quello dei Paesi asiatici, dovrebbe essere doppio rispetto a quello dei Paesi occidentali. Gli investitori spaventati dalle borse emergenti dovrebbero ricordare che alla fine dell'Ottocento gli stessi Stati Uniti erano considerati dai ricchi europei un grande Paese emergente. Investirvi era un'avventura ai limiti dell'azzardo: frodi e fallimenti (inclusi quelli di alcuni enti pubblici come lo Stato del Mississippi) erano all'ordine del giorno. Ciononostante gli Stati Uniti sono emersi come la più forte economia mondiale e Wall Street si è rivelato il maggior investimento del XX secolo. Allo stesso modo, alla fine degli anni '60 il Giappone era un mercato emergente (o riemergente dalla sconfitta della seconda guerra mondiale); grazie alla determinazione e alla imprenditorialità dei suoi abitanti, ha prodotto un miracolo economico che lo ha proiettato rapidamente nel club delle grandi potenze. Un investimento di 10.000 dollari nella borsa giapponese nel 1962 si sarebbe trasformato in un capitale di 1.5 milioni di dollari alla fine del 1997, nonostante la pessima performance del Kabuto-cho (la borsa di Tokyo) negli anni '90".

Marco Liera e Andrea Beltratti,
Capire la borsa. Guida all'investimento,
Il Sole 24 ore

Quale di queste affermazioni è esatta, relativamente al brano?

A. Le economie emergenti garantiscono margini di guadagno molto alti
B. Nessun Paese africano appartiene alla sfera delle economie emergenti
C. Taiwan appartiene più che altro per convenzione, oltre che per la volatilità del suo mercato azionario, ai Paesi considerati emergenti
D. I tassi di crescita dei vari Paesi emergenti sono determinati dalla World Bank
E. Le Repubbliche islamiche appartengono anch'esse ai Paesi emergenti

258) Quale tra le seguenti affermazioni è ricavabile dal testo?

A. L'economia europea si avvia ad un lento declino
B. Nel corso del Novecento l'economia degli Stati Uniti ha fatto un tale balzo in avanti da superare quella europea
C. Sebbene abbiano un'economia in forte crescita, i Paesi asiatici non potranno mai superare gli Stati Uniti che sono la maggiore potenza economica mondiale
D. In futuro dovrebbe essere l'Africa la nuova economia emergente
E. Il prodotto interno lordo dell'America Latina cresce a un ritmo inferiore rispetto a quello dell'Europa dell'Est

259) Il Giappone:

A. non ha mai conosciuto tra il '62 e il '97 momenti di cattivo andamento della propria economia
B. è un Paese troppo piccolo per poter contare a livello globale pur avendo oggi un'economia piuttosto forte
C. tra il '62 e il '97 ha più che centuplicato il valore del proprio mercato azionario

D. è un paese con forti tradizioni politiche e sociali
E. ha conosciuto un miracolo economico nella seconda metà del Novecento grazie alla competitività delle sue tecnologie digitali

260) "Con la diffusione del cristianesimo, nel terzo e nel quarto secolo, l'educazione liberale impostata sui canoni greci – che aveva contraddistinto un uomo (e a volte una donna) di cultura durante i precedenti ottocento anni – venne sempre più considerata inadatta per i cristiani. Nel 415 Ipazia, una studiosa di matematica nota per la sua erudizione e per la sua bellezza, venne brutalmente assassinata da una banda di monaci al servizio dell'arcivescovo San Cirillo. Nel 529 l'Accademia di Atene, fondata da Platone circa mille anni prima, fu chiusa dalle autorità ecclesiastiche perché era troppo 'pagana'. Nell'Europa occidentale il declino della cultura fu accelerato dalle ripetute invasioni degli ostrogoti, dei visigoti, dei vandali e degli unni. Gli unni di Attila invasero l'Italia settentrionale nel 452. Roma stessa venne conquistata nel 476 dai goti di Odoacre e l'ultimo imperatore romano, Romolo Augustolo, fu da essi deposto. In seguito, ci furono poche opportunità per studiare la geometria e l'astronomia, dal momento che queste discipline possono essere apprese soltanto attraverso un costoso processo educativo formale, che richiede tempo, sforzi e insegnanti preparati. Presupposti di questo genere esistono solo quando c'è un'élite sufficientemente benestante e interessata a investire nello studio il tempo, il denaro e gli sforzi necessari. Nella nuova Europa cristiano-barbarica, con le sue élite militari ed ecclesiastiche, la cultura astratta aveva scarsa importanza. E per questo, senza un mercato di insegnanti e di studenti, non potevano svilupparsi istituzioni per l'apprendimento. L'Europa feudale, dopo tutto, non aveva bisogno di una matematica che andasse oltre i conti da mercato. Non è tanto l'assenza della matematica e della scienza in una società a essere sorprendente, ma piuttosto il fatto che tali forme di cultura si siano sviluppate di tanto in tanto in qualche luogo. L'oscurità che scese sull'Europa fu aggravata dalla conquista araba dell'Africa settentrionale e dell'Asia occidentale dopo il 622, evento che provocò l'interruzione degli ultimi legami commerciali tra l'Europa e le società più progredite dell'Oriente, isolando in questo modo il continente nella sua ignoranza. Il dominio totale del cristianesimo, una religione mistica con una teologia illogica, sfavorì lo sviluppo del pensiero logico anche (e forse soprattutto) presso i pochi che sapevano leggere. In confronto allo splendore intellettuale dell'Età Ellenistica, è come se in Europa, durante il Medio Evo, fosse stata 'spenta la luce'. A noi, che ci troviamo a vivere cinquecento anni dopo il Rinascimento, il fatto che l'Europa sia gradualmente uscita dalla sua ignoranza può sembrare un segno dell'inevitabilità del progresso. Ma anche se a un certo momento deve esserci stata una qualche apertura verso la conoscenza secolare, la rivoluzione scientifica che seguì può essere attribuita alla fiamma della matematica greca che fu tenuta accesa in Oriente. E la sopravvivenza di questa fiamma non era per niente inevitabile, anzi. Costantinopoli rimase la capitale dell'impero bizantino dopo la caduta di Roma. Romana quanto a struttura politica, greca quanto a lingua, cristiana quanto a religione, continuò a essere uno dei centri più importanti della cultura cristiana per più di mille anni. Tuttavia, la religione estese sempre più il suo dominio sulla vita intellettuale, e per quanto le antiche opere di Euclide e di Tolomeo fossero conservate nelle biblioteche, sempre meno furono coloro che si dedicarono al loro studio".

Secondo l'autore del brano, la diffusione della religione cristiana ha:

A. permesso la conservazione delle opere antiche
B. portato cultura e conoscenza in Europa
C. spostato l'attenzione degli studiosi dalla scienza all'etica
D. favorito lo studio della geometria e dell'astronomia
E. causato il declino della cultura scientifica

261) "Il cinema si esprime attraverso immagini in movimento, unite a una colonna sonora. L'illusione del movimento è data dal fatto che sullo schermo vengono proiettati 24 fotogrammi al secondo, a una velocità tre volte superiore al tempo di persistenza di un'immagine sulla retina (pari a 1/10 di secondo); in un tempo così rapido, naturalmente, l'occhio non riesce a distinguere separatamente ogni singolo fotogramma, ma li fonde insieme ricevendo l'impressione del movimento. L'immagine ha una forte adesione alla realtà, il movimento e il sonoro l'arricchiscono e ne rendono più viva ed efficace la fruizione. In questo modo il cinema giunge al ricevente in modo diretto, producendo l'impressione di trovarsi ad assistere all'azione nel momento stesso del suo svolgimento, di non essere di fronte a una finzione, ma alla realtà. Gli spettatori che hanno assistito alla prima proiezione pubblica (28 dicembre 1895) dell'arrivo di un treno alla stazione in uno dei primi filmati dei fratelli Lumière, gli inventori del cinematografo, fuggirono spaventati. Oggi il pubblico non è più così ingenuo, ma ugualmente si appassiona, come se fosse vera, alla storia proiettata sullo schermo, anche se riconosce la differenza fra immagine filmica e realtà ripresa, ben conosce come sia determinante il ruolo dell'autore (il regista) che rielabora i materiali di base, e sa che il cinema apre la porta su un'altra dimensione, del tutto immaginaria. La soggettività del cinema si manifesta su due piani: innanzitutto il mondo rappresentato è il risultato della fantasia e dell'elaborazione dell'autore; ma la soggettività interviene anche nel rapporto fra lo spettatore e quanto è proiettato sullo schermo, poiché ciascuno di noi coglie in modo personale la situazione rappresentata, la integra con quanto sa già e con le aspettative che si è costruito, e in questo modo partecipa alla definizione del senso del film".

Dal brano è possibile dedurre che il significato di un film:

A. è universale
B. non è univoco
C. non può essere diverso da quello progettato dal regista
D. è univoco
E. si presta a un'unica interpretazione

262) "Gli spin-off sono le scissioni di rami d'azienda, operazioni poste in essere per massimizzarne il valore. La scissione di una parte dell'attività (magari quella più profittevole e/o a maggiori potenzialità) può infatti essere interpretata positivamente dal mercato, che vede con maggiore chiarezza e focalizzazione un particolare business che altrimenti resterebbe in una situazione di opacità. Tipici esempi di scissioni sono gli spin-off dei rami immobiliari delle aziende (Unim scissa dall'Ina), ma anche delle attività su Internet degli ex monopolisti delle telecomunicazioni (Terra Networks da Telefonica de España oppure T-Online da Deutsche Telekom). Nelle operazioni di spin-off la creazione di valore può essere spettacolare ma talvolta eccessiva: valga per tutti l'esempio di Palm dalla 3Com del marzo 2000. 3Com è un'azienda californiana con due linee business: la prima è il computer networking, in cui subisce la durissima concorrenza del numero uno mondiale, Cisco. La seconda è la produzione di Pda (personal digital assistant), computer tascabili senza fili che hanno avuto uno straordinario successo a partire dal 1995: un business nel quale la 3Com è sempre stata leader mondiale con il marchio Palm Pilot. Nel novembre 1999 3Com, quotata al Nasdaq, ha una capitalizzazione di Borsa di oltre 10,5 miliardi di dollari. L'attesa dello spin-off di Palm fa salire la capitalizzazione fino a 42 miliardi all'inizio del marzo 2000. 3Com effettivamente scorpora la divisione Palm collocandone in borsa il 5% (e rimanendo proprietaria del restante 95%) giovedì 2 marzo 2000, a un prezzo di 38 dollari per azione. Il debutto di Palm al Nasdaq è spettacolare: la matricola apre le contrattazioni toccando un massimo a 165 dollari, per poi ripiegare in chiusura a 95. Un prezzo sufficiente a valutare Palm 53,4 miliardi, più di quanto valesse la 'mamma' 3Com".

Marco Liera e Andrea Beltratti, *Capire la borsa. Guida all'investimento*, Il Sole 24 ore

Secondo il brano:

A. la scissione di un ramo d'azienda che coinvolse Palm avvenne perché 3Com intendeva valorizzare un marchio già forte sul mercato
B. il marchio Palm nasce come spin-off nel momento in cui 3Com decise di investire nella propria produzione di Pda
C. il debutto di Palm al Nasdaq è deludente
D. 3Com decise di creare uno spin-off per valorizzare un marchio che sul mercato si era indebolito dopo aver conosciuto un notevole successo a partire dal 1995
E. il marchio Palm Pilot era uno spin-off di 3Com già prima del marzo 2000; a partire da quella data, cambiò nome in Palm

263) "Tutti noi siamo convinti di saper distinguere immediatamente e senza ambiguità, tra vari oggetti, quelli naturali e quelli artificiali: una roccia, una montagna, un fiume o una nube sono oggetti naturali; un coltello, un fazzoletto, un'automobile sono oggetti artificiali. Ma appena si analizzano tali giudizi ci si accorge che essi non sono né immediati né del tutto obiettivi. Sappiamo che il coltello è stato forgiato dall'uomo per un uso, per una prestazione progettata in precedenza. L'oggetto materializza quindi l'intenzione preesistente da cui ha tratto origine e la sua forma è giustificata dalla prestazione a cui era destinato ancor prima della sua effettiva realizzazione. Nulla di simile per il fiume o per la roccia che sappiamo o pensiamo modellati dal libero gioco di forze fisiche alle quali non sapremmo attribuire alcun 'progetto'. Tutto ciò naturalmente è valido se si ammette il postulato fondamentale del metodo scientifico secondo cui la Natura è oggettiva e non proiettiva".

Se si ammette il postulato fondamentale del metodo scientifico citato nel brano:

A. gli oggetti naturali possono essere considerati artificiali se usati per un fine determinato
B. la natura non agisce con un "progetto"

C. gli oggetti naturali sono modellati dal libero gioco di forze fisiche
D. è sicuramente corretta la distinzione fra oggetti naturali e artificiali
E. in natura tutto avviene per caso

---

264) "Io vorrei dire a questa generazione:
imparate a memoria qualche verso di verità o bellezza.
Potrebbe servirvi nella vita.
Mio marito non ebbe niente a che fare
col fallimento della banca: (…)
fu mandato in prigione e io rimasi con i bimbi,
a doverli nutrire, e vestire e mandare a scuola.
E io lo feci, e li avviai nel mondo ben puliti e robusti,
e tutto per la saggezza del poeta Pope:
– Recita bene la tua parte, in questo consiste l'onore –"

Edgar Lee Masters, *Spoon River Anthology*, trad. Fernanda Pivano, Einaudi, Torino

La signora George Reece, di cui questo è l'epitaffio, esprime qui la concezione che ha Edgar Lee Masters della vita e dell'arte, concezione che noi possiamo così interpretare (INDICARE l'affermazione INCONGRUENTE col testo citato):

A. noi uomini siamo come attori a cui è stata assegnata una parte. Che sia da protagonista o da comparsa non importa, importa interpretarla bene
B. chi è colpito dalla sventura e offeso dall'ingiustizia è costretto a subire gli eventi, e proprio per questo viene spinto alla disperazione
C. non è vero, come talora sembra, che siamo del tutto impotenti di fronte al destino: il poeta saggio ci insegna che sta a noi decidere se viverlo con viltà o con dignità
D. la poesia, se è rivelazione di una verità nella forma della bellezza, può costituire una inestimabile ricchezza per chi ne comprende e ne fa proprio il messaggio
E. nel mondo nessuno è padrone del proprio destino, ma tutti possono scegliere come viverlo ed è questo che conta

---

265) "Negli ultimi cento anni l'acidità della pioggia e della neve nella zona Est degli Stati Uniti e nel Nord dell'Europa è aumentata di più di 30 volte, con il risultato che il pH dei laghi e dei fiumi in queste zone è diminuito da 5,6 a circa 5,0. La pioggia acida si forma nell'atmosfera per reazione dell'acqua con gli ossidi di zolfo e azoto derivanti dalla combustione del carbone e del petrolio, che contengono appunto piccole quantità di zolfo e di azoto. Così la pioggia diventa in realtà una soluzione diluita di acidi fosforico e nitrico".

Quale delle seguenti affermazioni NON può essere dedotta dalla lettura del brano precedente?

A. Nell'acqua piovana è contenuto acido solforico
B. L'acido solforico si forma per interazione dell'acqua con ossidi di zolfo
C. Nell'acqua piovana è contenuto acido nitrico
D. Il pH dei laghi e dei fiumi è diminuito di 30 volte nelle zone interessate dalle pioggie acide
E. Gli ossidi di zolfo e di azoto derivano dalla combustione di impurità contenute nel carbone e nel petrolio

266) "Abbiamo incontrato scienziati che amano abbastanza la propria disciplina da non volerla privare dell'intelligenza delle donne. Ancora troppo pochi. Era il Natale del 2000, in Italia si discuteva dell'esito della Commissione Dulbecco che doveva suggerire se e come autorizzare la ricerca sulle cellule staminali. Per una donna il dibattito aveva una comicità surreale: ventiquattro signori, alcuni votati al celibato, litigavano sull'eventuale uso di embrioni senza consultare chi normalmente li fa, li partorisce, li accudisce e li trasforma in persone umane.
Basta dare un'occhiata alle ricerche sulle carriere femminili nei centri di ricerca statali, per vedere che le donne non contano. Anche nelle discipline in cui sono più numerose degli uomini, non fanno 'massa critica', smentendo così la teoria che sta dietro alle pari opportunità. Rimangono bassa manovalanza, quasi mai raggiungono posti di responsabilità. Rispetto al mondo della letteratura e delle arti, dove l'autorevolezza intellettuale e la creatività delle donne non sono più messe in discussione, il mondo scientifico è piuttosto conservatore. Dalla pubblicazione nel 1997 su 'Nature' dell'articolo di Christine Wennerås e Agnes Wold, biologhe dell'università di Göteborg, si sa che gli esperti chiamati dal Consiglio svedese per la ricerca medica ad approvare i progetti finanziati con fondi pubblici applicano alle candidate un fattore di discriminazione di 2,6. Nel senso che le ricerche proposte da donne ricevono finanziamenti soltanto se ottengono un punteggio di 2,6 volte superiore a quelle proposte da uomini. L'effetto di questa prassi, diffusa ovunque e non solo nella Svezia delle pari opportunità, è stato da un lato la discriminazione, dall'altro il perpetuarsi fino a pochi anni fa di una ricerca medica scriteriata, proprio nel senso di priva di criteri oggettivi, per cui il corpo-standard era quello maschile. I genetisti hanno propagandato questa visione.
Dopo la pubblicazione nel febbraio scorso della mappa del genoma, sono diventati più cauti. Era ora. Il libro *The Century of the Gene* elenca i vicoli ciechi imboccati storicamente dai genetisti. È emblematico James Bonner che nel 1965 pubblica un trattato sull'embriogenesi. A proposito dello sviluppo dell'embrione, Bonner ne colloca il programma genetico nel nucleo dello spermatozoo. Nella sostanza, questa posizione non rappresenta una novità: dopo duemila e passa anni, Bonner prende ancora per buona la tesi che Eschilo, nelle Eumenidi, attribuisce ad Apollo: «Non è colei che ha partorito, la madre del bambino che si dice sia stato da lei stessa generato: ella ha solo nutrito il seme che le è stato insediato. Vero creatore è colui che ha cosparso il seme»".

L'argomento centrale del brano è:

A. l'atteggiamento maschilista diffuso nel mondo della ricerca scientifica
B. le rivendicazioni femminili circa la gestione del potere nel mondo della ricerca scientifica
C. il confronto tra la situazione femminile nel campo delle arti e nel campo economico/scientifico
D. la ricerca scientifica nei centri di ricerca statali
E. la differenza intellettuale tra uomo e donna

267) Quale delle seguenti affermazioni NON è concorde con quanto sostenuto nel brano?

A. L'assunto della ricerca di James Bonner sull'embriogenesi ha radici culturali molto lontane nel tempo
B. Nell'università di Göteborg le ricerche proposte da uomini sono più

facilmente finanziate con fondi pubblici rispetto a quelle proposte da donne
C. La commissione Dulbecco aveva come oggetto la ricerca sulle cellule staminali
D. La pubblicazione della mappa del genoma non ha per nulla modificato la visione maschilista vigente in ambito scientifico
E. Secondo Apollo il vero creatore di un bambino è colui che ha cosparso il seme

268) In base al contenuto del brano, si può affermare con certezza che chi lo ha scritto:

A. è un genetista
B. detesta la letteratura greca
C. ha studiato all'università di Göteborg
D. lavora in un laboratorio svedese
E. considera le ricercatrici scientifiche meno potenti dei loro colleghi maschi

269) Perché nel brano la ricerca medica è definita "scriteriata"?

A. Perché tendenzialmente conservatrice
B. Perché priva di criteri oggettivi
C. Perché dimentica le sue radici umanistiche
D. Perché finanziata secondo criteri eticamente scorretti
E. Perché rivolta a premiare studi condotti da maschi

270) Secondo quanto espresso nel brano, da cosa risulta smentita la teoria delle pari opportunità?

A. Dal maschilismo preponderante anche nel campo della ricerca
B. Dal fatto che, secondo una ricerca, i progetti delle donne ricevono un punteggio discriminato di un fattore pari a 2,6 rispetto ai progetti degli uomini
C. Dal fatto che nelle discipline scientifiche il conservatorismo maschile è ancora preponderante
D. Dal fatto che la ricerca medica adotta ancora quello maschile come "corpo-standard"
E. Dal fatto che, anche nelle discipline in cui sono più numerose dei colleghi maschi, le donne non riescono a raggiungere in misura significativa posti di responsabilità

271) "...tra le cattive abitudini del pensiero scientifico occidentale possiamo annoverare le posizioni che chiamiamo atomismo, riduzionismo e determinismo. Dietro queste c'è l'idea che le totalità debbano essere comprese scomponendole nelle loro unità basilari, che le proprietà di unità microscopiche possano generare e spiegare il comportamento dei loro risultati macroscopici, che tutti gli eventi e gli oggetti abbiano cause precise, prevedibili e determinate. Queste idee ci sono state utili nello studio degli oggetti semplici, che sono costituiti di pochi componenti e che non sono influenzati dalla storia... Ma gli organismi sono molto di più che un semplice amalgama di geni. Essi hanno una storia che ha importanza e le parti che li compongono interagiscono tra di loro in maniera complessa. Gli organismi sono costituiti di geni che operano di concerto, influenzati dall'ambiente, tradotti in parti che la selezione vede, e in parti che sono ad essa invisibili."

Stephen Jay Gould, *Darwiniana*, in *Il pollice del panda*

Una sola delle seguenti affermazioni È DEDUCIBILE dal testo riportato.

A. La concezione atomista deve essere assolutamente rinnegata quando si studiano gli organismi complessi

B. Cercare le cause che spiegano e permettono di prevedere i fenomeni è sempre inutile nell'ambito della scienza biologica
C. Un organismo non è mai riducibile ai suoi componenti e pertanto deve essere studiato solo in una prospettiva storica
D. Lo studio degli organismi richiede criteri che non coincidono sempre con quelli del determinismo scientifico
E. La concezione determinista della scienza classica non ha alcuna utilità quando si debbano spiegare fenomeni biologici

272) "La tattica dell'onorevole Giolitti è stata sempre quella di una politica conservatrice fatta per mezzo dei condottieri dei partiti democratici: sia lusingandoli e addomesticandoli per mezzo di qualche attenzione individuale (siamo arrivati già alle nomine senatoriali) sia, quando si tratti di uomini personalmente disinteressati, come Turati e Bussolati, conquistandoli con qualche riforma che non intacchi seriamente gli interessi economici e politici dei gruppi dominanti nel governo. (...) Giolitti migliorò o peggiorò la situazione elettorale in Italia? La risposta non è dubbia per chi voglia giudicare senza le traveggole dell'amicizia. La trovò e la lasciò nell'Italia settentrionale quale si andava via via migliorando. La trovò cattiva e la lasciò peggiore nell'Italia meridionale."

G. Salvemini, *Il ministro della malavita e altri scritti sull'Italia giolittiana*, Feltrinelli, Milano, 1962

Delle seguenti considerazioni UNA sola è RIGOROSAMENTE DEDOTTA dalla tesi esposta da Salvemini. Quale?

A. Giolitti non riuscì a conquistare i condottieri più disinteressati dei partiti democratici
B. La politica di Giolitti non ebbe alcuna influenza sul costume politico dell'Italia meridionale
C. Le concessioni di Giolitti ai partiti progressisti non furono tali da intaccare seriamente gli interessi della classe dominante
D. Giolitti si impegnò a migliorare il costume elettorale solo nell'Italia settentrionale
E. I giudizi su Giolitti sono stati per lo più condizionati dalla benevolenza di chi gli fu amico

273) "Erra chi crede che la vittoria delle imprese consista nello essere giuste o ingiuste, perché tutto dì si vede il contrario: che non la ragione, ma la prudenza, le forze e la buona fortuna danno vinte le imprese. È ben vero che in chi ha ragione nasce una certa confidenza, fondata sulla opinione che Dio dia la vittoria alle imprese giuste, la quale fa gli uomini arditi e ostinati: dalle quali due condizioni nascono talvolta le vittorie. Così l'avere la causa giusta può per indiretto giovare, ma è falso che lo faccia direttamente".

Francesco Guicciardini, *Ricordi*, n. 147

UNO SOLO dei motivi elencati NON È rilevante, secondo Guicciardini, per il buon esito di un'impresa. Individuatelo:

A. l'ostinazione a perseguire una meta che si crede giusta
B. il fatto che la causa che si difende sia oggettivamente giusta
C. la fiducia in un Dio giusto
D. la determinazione nel lottare per ciò che si crede giusto
E. la buona sorte

274) "Chiunque scriva di storia è necessariamente obbligato a scegliere solo una piccola quantità delle testimonianze disponibili, e se questo viene fatto con onestà, si tratta di una prassi tanto ineccepibile quanto inevitabile. La necessità di semplificare ci ricorda tuttavia che la falsificazione si ottiene più facilmente attraverso le omissioni anziché per esplicite affermazioni. L'interpretazione del passato implicherà sempre una semplificazione, talvolta anche un eccesso di semplificazione (e di conseguenza la distorsione), ma esiste comunque una garanzia nel fatto che in seguito altri storici potrebbero criticare qualunque interpretazione non tenga conto di testimonianze pertinenti in grado di offrire una differente versione dei fatti".

Denis Mack Smith, *La storia manipolata*, Laterza, 2000

UNA SOLA delle norme operative qui elencate PUÒ essere dedotta dalla concezione espressa nel passo citato di Mack Smith.

A. Uno storico onesto deve operare delle scelte tra le testimonianze che ha a disposizione
B. Uno storico onesto deve essere rigorosamente obiettivo nel pronunciare giudizi
C. Uno storico onesto non ha il diritto di operare scelte tra le testimonianze che ha a disposizione
D. Uno storico onesto non deve mai far ricorso a semplificazioni
E. Uno storico onesto non deve tralasciare nessuna testimonianza

---

275) "Sul *Corriere della sera* di qualche giorno fa c'era la notizia che su Internet grandi motori di ricerca metteranno a nostra disposizione milioni di libri e ci si domandava se questo avrebbe comportato la scomparsa delle biblioteche a cui siamo abituati da secoli. [...] Ma il vero grande pericolo di questa trasformazione mi sembra un altro: [...] Chi farà la scelta? Quali criteri seguirà nel prendere e nello scartare? Alcune previsioni è facile farle. La storia è sempre stata scritta da chi ha il dominio politico, culturale e tecnologico. Egli ha imposto la sua lingua e la sua visione del mondo. [...] Oggi chi deciderà cosa è importante leggere e che cosa non lo è? Coloro che dominano la cultura mondiale con la loro potenza e con la loro lingua: gli anglosassoni. [...] Questo e non altro è il pericolo. La perdita di tutto ciò che è diverso, deviante, non capito, non visto, rifiutato. Perciò io dico ai governi, agli studiosi di tutti i paesi del mondo: per favore, salvate il nostro passato. [...] Lottate per inserire nella grande biblioteca tutto ciò che potete del vostro patrimonio nazionale, nella lingua originale. Tutto, non solo quello che vi pare buono e quello che vi pare cattivo ora. Perché saranno gli storici, gli studiosi, gli uomini del futuro a decidere cosa era o non era importante. La Chiesa cattolica medioevale non avrebbe messo il *Corano* tra i libri da salvare e oggi gli integralisti islamici non vi metterebbero la *Divina Commedia* [...]".

Francesco Alberoni, *Pubblico e privato*, Corriere della sera, 26/4/2004

Individuate, tra le considerazioni sotto elencate, LA SOLA RIGOROSAMENTE DEDOTTA dal testo citato di Alberoni.

A. Il Corano e la Divina Commedia sono opere a forte rischio di scomparsa
B. È naturale che su Internet non tutte le testimonianze del passato vengano conservate, e a ciò bisogna rassegnarsi e adeguarsi
C. Nella biblioteca di Internet, l'unico problema del lettore è quello di scegliere quale leggere tra milioni di testi

D. La scomparsa delle biblioteche tradizionali può e deve essere contrastata in tutti i modi
E. Gli italiani, come altri, dovrebbero battersi per salvare il proprio patrimonio culturale e la propria lingua

276) Tra le novelle di Verga "La chiave d'oro" è una delle più belle e delle meno conosciute. Ecco il racconto di Verga riassunto da Sciascia: un povero ladro di olive viene ammazzato da un campiere, nella proprietà di un canonico; il campiere, una specie di mafioso, scappa: e il canonico resta a far fronte alla "giustizia", cioè a un giudice che arriva minaccioso accompagnato da medico, cancelliere e sbirri. Fatto il sopralluogo, il Giudice accetta "un boccone": vale a dire un pranzo abbondante e accurato, che finisce col caffè "fatto con la macchina" e un moscadello vecchio "che avrebbe resuscitato un morto" (ma non quel povero morto rimasto sotto l'olivo). Il giorno dopo, un messo viene a dire al canonico che il Sig. Giudice aveva perso nel frutteto la chiave dell'orologio: "e che la cercassero bene che doveva esserci di certo". Il canonico capisce, compra una bella chiave d'oro da due onze, la manda al Giudice: "e il processo andò liscio per la sua strada", il canonico indenne, il campiere indultato poi da Garibaldi. E il canonico usava poi dire al Giudice: "Fu un galantuomo! Perché invece di perdere la sola chiave, avrebbe potuto farmi cercare anche l'orologio e la catena" … E alla non fatta giustizia del Giudice borbonico, succede l'indulto di Garibaldi. La parabola si compie spietatamente, tremendamente, con questa frase: "nel frutteto sotto l'albero vecchio dove è sepolto il ladro delle ulive, vengono cavoli grossi come teste di bambini".

da L. Sciascia "*Cruciverba*"

UNA sola delle seguenti affermazioni è deducibile dal testo.

A. L'indulto è un atto contrario alla giustizia
B. La chiave dell'orologio del giudice è stata persa nel frutteto durante il sopralluogo
C. L'unica persona onesta del racconto è il canonico; non ha compiuto reato
D. Il Giudice non accetta dal canonico nulla se non l'offerta di un pranzo
E. Garibaldi ristabilisce il rispetto delle leggi in Sicilia

277) "Credo di poter affermare che nella ricerca scientifica, né il grado di intelligenza né la capacità di eseguire e portare a termine con esattezza il compito intrapreso, siano i fattori essenziali per la riuscita e la soddisfazione personale. Nell'una e nell'altra contano maggiormente la totale dedizione e il chiudere gli occhi davanti alle difficoltà: in tal modo possiamo affrontare problemi che altri, più critici e più acuti, non affronterebbero… Il fatto che l'attività svolta in modo così imperfetto sia stata e sia tuttora per me fonte inesauribile di gioia, mi fa ritenere che l'imperfezione nell'eseguire il compito che ci siamo prefissi o ci è stato assegnato sia più consona alla natura umana così imperfetta che non la perfezione".

R. Levi Montalcini,
Elogio dell'imperfezione.

Quali sono, per la Montalcini, le doti essenziali per lo scienziato che vuole riuscire nella ricerca e trarne soddisfazione? (una sola risposta è rigorosamente deducibile dal testo).

A. Atteggiamento vigile e autocritico
B. Intelligenza e distacco
C. Passione e coraggio
D. Acume intellettuale ed efficienza
E. Forte coscienza dei propri limiti

278) "Non essendosi potuto fare in modo che quel che è giusto fosse forte, si è fatto in modo che quel che è forte fosse giusto". "Non essendosi potuto render forte la giustizia, si è giustificata la forza".

Pascal, *Pensieri*

I pensieri citati di Pascal possono essere definiti:

A. aforismi filosofici
B. affermazioni di principi etici
C. valutazioni comportamentali individuali
D. ammonizioni morali
E. riflessioni sulla storia dell'umanità

279) "Naturalmente li omini boni desiderano sapere; so che molti diranno questa essere opra inutile, ... omini i quali hanno solamente desiderio di corporal ricchezze, diletto, e interamente privati di quello della sapienza, cibo e veramente sicura ricchezza dell'anima; perché quant'è più degna l'anima che il corpo, tanto più degne fien le ricchezze de l'anima che del corpo. E spesso quando vedo alcun di questi pigliare essa opra in mano, dubito non sì come la scimia sel mettano al naso, o che mi domandino se è cosa mangiativa".

Leonardo da Vinci

Questo pensiero di Leonardo contiene una esplicita (UNA interpretazione è SBAGLIATA):

A. definizione dei valori propriamente umani
B. riflessione sulla natura dell'uomo
C. polemica con chi non crede nel valore del sapere
D. esortazione accorata a coltivare lo spirito
E. valutazione dei diversi tipi di ricchezze

280) Sempre più ricercatori italiani studiano in parte o *in toto* all'estero. Senza contare coloro che pur vivendo in Italia, esportano nel mondo la propria competenza nei settori più diversi, dalla filosofia alla scienza, alla tecnologia. Il problema è che non vi è solo una globalizzazione dell'economia, ma anche quella della scienza e della ricerca ed il ricercatore va dove vi sono più fondi e migliori condizioni di lavoro. Se non si interviene in Italia sulle risorse, sulle strutture e sul sistema di valutazione non sempre meritocratico, ha senso solo parziale parlare di:

A. brevetti in scadenza
B. fuga e mancato rientro dei cervelli
C. durata temporale dei brevetti
D. edilizia universitaria
E. riordino degli enti di ricerca

281) Fino ai primi anni Ottanta le case editrici di libri erano considerate parte di un segmento dai confini ben definiti all'interno del settore editoriale e si caratterizzavano per logiche gestionali particolari. I due elementi in comune fra l'editoria libraria, periodica e quotidiana erano le caratteristiche del contenuto (l'informazione, sotto forma di testo e immagini) e l'utilizzo della carta come supporto per trasferire le informazioni. I volumi delle tirature, la diversa durata del ciclo produttivo e le caratteristiche fisiche del prodotto determinavano strutture aziendali e processi molto dissimili tra loro. La principale differenza fra i prodotti dei tre segmenti era rappresentata – oltre che dalle caratteristiche fisiche – dalla durata del ciclo di vita dei singoli titoli, connessa alla frequenza di aggiornamento delle informazioni contenute. La necessità di sostituire il prodotto sul punto vendita con diversa frequenza aveva inoltre portato alla specializzazione dei canali di distribuzione: l'edicola per i titoli e le testate ad altissima rotazione, la libreria per i prodotti di catalogo. Il relativo isolamento delle case editrici di libri, la limitata possibilità di sfruttare sinergie fra i libri e gli altri prodotti editoriali da parte dei gruppi editoriali, la matrice culturale omogenea degli editori, la specificità delle professionalità richieste hanno contribuito al consolidamento di regole di funzionamento tipiche, spesso poco attente alle implicazioni economico-finanziarie delle scelte aziendali. Le strategie di molte case editrici anteponevano il raggiungimento di obiettivi sociali all'ottenimento di risultati competitivi ed economici. Parte degli editori reputava che la natura del prodotto non consentisse alle case editrici una gestione secondo economicità, mentre altri ritenevano che la "povertà" strutturale del settore non consentisse alle imprese grandi guadagni, ma neppure grandi perdite.

In base a quanto sostenuto nel brano, all'inizio degli anni Ottanta:

A. i diversi segmenti dell'editoria erano accomunati, dal punto di vista gestionale, solo dai contenuti e dai canali distributivi
B. all'interno del settore editoriale esistevano tre segmenti distinti caratterizzati da logiche gestionali diverse
C. il settore editoriale era uniformemente governato dalle stesse logiche editoriali
D. gli editori di libri erano isolati dagli altri editori che avevano basi culturali diverse tra loro
E. gli editori di libri e gli altri editori erano accomunati dalle stesse basi culturali

282) In base a quanto riportato nel brano, quale dei seguenti NON è uno dei motivi che determinano strutture aziendali diverse tra l'editoria libraria, quella periodica e quella quotidiana?

A. La specializzazione dei canali di distribuzione
B. Le testate ad altissima rotazione
C. I risultati economici
D. I volumi delle tirature
E. La diversa durata del ciclo produttivo

283) Nel brano si afferma che negli anni Ottanta:

A. le consistenti perdite economiche che caratterizzavano le case editrici portarono all'abbandono del perseguimento di obiettivi sociali
B. esistevano gli stessi canali distributivi per tutti i prodotti editoriali
C. le case editrici, vittime di un totale isolamento, operavano in un sistema di funzionamento che aveva come unico fine il risultato economico
D. le case editrici presentavano un ciclo produttivo dalla medesima durata
E. esistevano diversi canali distributivi in relazione ai differenti prodotti editoriali

284) Talete, il filosofo greco, aveva osservato, verso il 600 avanti Cristo, che una resina fossile che si trovava sulle rive del Baltico, che noi chiamiamo ambra e i greci chiamavano "elektron", acquisiva la capacità di attrarre piume, fili, batuffoli di lanugine, quando veniva strofinata con un pezzo di pelliccia. Fu l'inglese William Gilbert, lo studioso del magnetismo, a proporre per primo di chiamare tale forza attrattiva "elettricità", appunto dal greco "elektron". Egli scoprì che, oltre all'ambra, altri materiali, come il vetro, acquistavano proprietà elettriche se li si strofinava.

Chi fu il primo a proporre l'impiego del termine "elettricità"?

A. Lo studioso greco del magnetismo Gilbert
B. Sia Talete che Gilbert
C. Lo studioso inglese Talete
D. Il filosofo greco Talete
E. Lo studioso inglese Gilbert

285) Quali materiali, oltre all'ambra, acquistano proprietà elettriche se si strofinano?

A. Piume
B. Fili di cotone
C. Vetro
D. Legno
E. Pelliccia

286) Alla base del film c'è l'idea, che può essere originale oppure ispirarsi ad altre forme artistiche e letterarie; in quest'ultimo caso, l'idea andrà opportunamente rielaborata per poterla realizzare cinematograficamente, attraverso immagini in movimento. In ogni caso, al centro della storia che verrà sviluppata, ci deve essere un conflitto esteriore (tra personaggi, fra ambiente e personaggio ecc.) oppure interiore (sul piano morale, esistenziale, ideologico ecc.), per determinare la tensione drammatica del film. L'immagine filmica deve essere funzionale alla narrazione: ciascuna inquadratura racconta e comunica emozioni, da sola e in sequenza con altre inquadrature. Nel passaggio dall'idea alla stesura della sceneggiatura si definiscono sempre più precisamente l'argomento, i luoghi, l'epoca, i personaggi, le azioni. La sceneggiatura descrive tutte le scene in cui si dipana il film, le azioni e le battute dei personaggi. Preparatorio al film è lo Story board, che rappresenta, tramite vignette, tutte le scene. In genere la narrazione cinematografica condensa la storia, utilizzando frequentemente l'ellissi ed eliminando i momenti meno significativi, dato che il film dura mediamente da un'ora e trenta minuti a tre ore, pur se la storia narrata dura anni o secoli. A volte si può scegliere se far coincidere "tempo della storia" e "tempo della narrazione", costruendo il film in tempo reale, come avviene in *Mezzogiorno di fuoco* di Fred Zinnemann del 1952. Le battute, data la limitata durata di un film, devono essere particolarmente ricche di significato e sintetiche; attraverso di esse si stabiliscono i legami fra i personaggi, si comprendono antefatti, si svelano segreti; talvolta chi parla resta fuori campo, come accade per la voce del narratore nelle sequenze girate in soggettiva o nei documentari. Il registro adottato (solenne, scientifico, familiare, gergale ecc.) connota i personaggi e contribuisce all'ambientazione. Alcuni registi, tuttavia, preferiscono avere solo un canovaccio e procedere alla definizione della sceneggiatura nel corso delle riprese.

Secondo l'autore del brano, in un film i conflitti:

A. sono accompagnati da un'immagine filmica funzionale
B. contribuiscono all'ambientazione
C. sono utili per vivacizzare le sequenze in soggettiva
D. vengono espressi dalla voce fuori campo
E. possono essere esteriori o interiori

287) Secondo quanto si può dedurre dal brano, l'idea alla base di un film:

A. è originale se non è ricavata da altre opere artistiche o letterarie
B. è ellittica
C. trae sempre spunto da storie già raccontate

D. non deve mai trarre spunto da altre forme artistiche o letterarie
E. è sempre originale

288) "La scimmia è proverbiale per la sua curiosità. Il suo piccolo cervello affaccendato non può fare a meno di interessarsi a tutto ciò che è alla sua portata; e sotto questo aspetto, come sotto molti altri, l'uomo non è che una superscimmia. Il cervello umano è il pezzo di materia organizzato nel modo più meraviglioso di tutto l'universo conosciuto; la sua capacità di ricevere, organizzare e immagazzinare dati supera enormemente le necessità ordinarie della vita".
Secondo quanto sostenuto nel brano, perché l'essere umano si può definire una "superscimmia"?

A. Perché il cervello umano ha la stessa quantità di neuroni di quello di una scimmia
B. Perché ha la sua stessa capacità di ricevere e immagazzinare dati
C. A causa della sua curiosità, aspetto che ha in comune con le scimmie
D. Per l'organizzazione del suo cervello
E. Perché l'uomo deriva dalle scimmie

289) Il cervello umano:

A. è curioso come le scimmie
B. ha la stessa capacità di organizzare i dati delle scimmie
C. ha capacità superiori rispetto alle necessità ordinarie della vita
D. riceve e organizza solo i dati necessari alla vita
E. organizza l'universo in modo meraviglioso

290) Per che cosa è proverbiale la scimmia?

A. Per la sua curiosità
B. Perché è simile all'uomo
C. Per il suo cervello piccolo
D. Per la sua capacità di ricevere e immagazzinare dati
E. Per la sua capacità di saltare

291) "Per i creatori di miti tutti gli aspetti della natura erano essenzialmente umani per la loro imprevedibilità. Per maestosi e possenti che fossero le personificazioni, per sovrumani che apparissero i poteri di Giove o di Ishtar o di Iside o di Marduk o di Odino, queste divinità erano anche, proprio come i semplici esseri umani, frivole, capricciose, emotive, capaci di comportamenti violenti per motivi di poco conto, sensibili alle lusinghe come bambini. Fintantoché l'universo era controllato da tali divinità arbitrarie e imprevedibili, non vi era alcuna speranza di poterlo comprendere, ma solo una vaga speranza di potierselo rendere amico. Invece, secondo il nuovo modo di vedere dei pensatori greci di un'epoca più tarda, l'universo era una macchina governata da leggi inflessibili".
Secondo quanto si può dedurre dal brano, chi era Marduk?

A. Una divinità
B. Un semplice essere umano
C. Un pensatore greco
D. Un pianeta
E. Un bambino

292) Perché non si riteneva possibile comprendere le leggi che governavano il mondo, all'epoca dei miti?

A. Perché le divinità erano maestose e possenti
B. Perché l'universo era una macchina governata da leggi inflessibili
C. Perché neanche gli dei riuscivano a governarlo
D. Perché il mondo era soggetto alle misteriose leggi dell'universo
E. Perché le divinità erano arbitrarie e imprevedibili

293) Quale caratteristica, secondo l'autore, si adatta alla personalità di divinità come Giove o Ishtar?

A. La comprensione
B. L'inflessibilità
C. La frivolezza
D. La cattiveria
E. L'umanità

294) In un'epoca imprecisata, verso il 3500 avanti Cristo, fu inventata la ruota (forse, all'inizio, una ruota da vasaio per foggiare il vasellame); nel giro di qualche secolo, certo entro il 3000 avanti Cristo, si applicarono le ruote alle slitte, il che consentì di far rotolare i carichi, anziché trascinarli. La ruota, pur non essendo essa stessa una fonte diretta di energia, rese possibile un risparmio energetico attraverso la riduzione dell'attrito. All'incirca nella stessa epoca si cominciarono a usare primitive zattere e piroghe, che consentivano di utilizzare l'energia della corrente dei fiumi per il trasporto di carichi. Forse attorno al 2000 avanti Cristo si cominciarono a usare le vele per sfruttare il vento.

L'invenzione della ruota permise di:

A. trascinare i carichi anziché farli rotolare
B. fare a meno degli animali per i lavori più duri
C. avere un risparmio energetico
D. sfruttare l'energia del vento
E. creare un'altra fonte diretta di energia

295) L'impiego delle vele per sfruttare il vento ebbe inizio:

A. attorno al 2000 a.C., insieme all'introduzione della ruota
B. entro il 3000 a.C., insieme all'introduzione delle zattere e delle piroghe
C. molto prima del 3000 a.C., quando ancora non era stata scoperta la ruota
D. dopo il 2000 a.C., insieme all'applicazione della ruota alle slitte
E. dopo il 3000 a.C., dopo l'introduzione della ruota

296) Secondo l'autore del brano, le prime ruote furono verosimilmente impiegate per:

A. le piroghe
B. far rotolare i carichi
C. le slitte
D. il trasporto lungo i fiumi
E. il vasellame

297) Deve esser stata la pentola a pressione a suscitare in Papin l'idea di utilizzare il vapore facendogli compiere del lavoro. Egli introdusse un po' d'acqua in fondo a un tubo e la convertì in vapore riscaldandola. Il vapore, espandendosi energicamente, sospingeva verso l'alto uno stantuffo. La prima persona che tradusse quest'idea in un congegno utilizzabile in pratica fu però un ingegnere militare inglese, Thomas Savery. La sua macchina a vapore poteva essere usata per pompare l'acqua di una miniera o di un pozzo, o per far funzionare una ruota idraulica: pertanto egli la chiamò "l'Amica del Minatore". Era però pericolosa (perché la pressione elevata del vapore poteva far scoppiare recipienti e tubi) e aveva un basso rendimento (perché il calore del vapore andava perso tutte le volte che si raffreddava il contenitore).

Che cos'è l'Amica del Minatore?

A. Una macchina a vapore utilizzabile solo nelle miniere
B. Una ruota idraulica a basso rendimento
C. Una turbina elettrica

D. Una macchina a vapore polifunzionale
E. Una macchina idraulica

298) Quale fu l'intuizione di Papin sulla pentola a pressione?

A. Capire che la pressione elevata del vapore poteva far scoppiare recipienti e tubi
B. Capire che il calore del vapore andava perso tutte le volte che si raffreddava il contenitore
C. Usare il vapore per compiere del lavoro
D. Creare un congegno utilizzabile per scopi militari
E. Riscaldare un tubo usando uno stantuffo

299) Chi inventò l'Amica del Minatore?

A. I greci
B. Savery e Papin
C. Gli inglesi
D. Savery
E. Papin

300) "Il reddito di una nazione è la somma dei redditi di tutti gli abitanti di quel Paese. Un Paese dove la maggior parte della gente è povera sarà dunque un Paese povero o un Paese a basso reddito. Ciò è vero anche se nel Paese vi sono alcune persone che sono ricche o anche molto ricche".

In base a quanto riportato nel testo:

A. un Paese in cui la maggior parte della gente è povera sarà un Paese a basso reddito, indipendentemente dalla presenza o meno di persone ricche. Il reddito di una nazione, infatti, è costituito dalla somma dei redditi di tutti gli abitanti del Paese; pertanto, in un Paese povero, questo reddito sarà molto basso
B. non necessariamente la presenza di alcune persone che sono ricche o anche molto ricche, significa che il reddito nazionale del loro Paese sia sopra la media. Se vi sono anche dei poveri, poiché il reddito di una nazione è la somma dei redditi di tutti i suoi abitanti, il Paese potrebbe non essere ricco
C. sebbene in un Paese povero vi siano anche alcune persone ricche o molto ricche, ciò non vuol dire che il reddito di quel Paese si alzerà, ma rimarrà sempre un reddito piuttosto basso. Infatti, l'andamento del reddito è determinato dalla somma di tutti i redditi degli abitanti di quel dato Paese e se la popolazione è generalmente povera, il reddito non potrà essere alto
D. il fatto che in un Paese vi siano persone anche molto ricche, non significa che si tratta di un Paese ricco. Infatti, il reddito di una nazione è la somma dei redditi di tutti i suoi abitanti: se in maggioranza essi sono poveri, il Paese sarà a basso reddito
E. per valutare la ricchezza di una nazione, bisogna sommare i redditi di tutti i suoi abitanti poveri. Si potrebbe scoprire che un Paese in cui vi sono persone che sono ricche o anche molto ricche, è un Paese a basso reddito

RISPOSTE CORRETTE

1) B	51) D	101) C	151) C	201) A	251) E
2) C	52) E	102) E	152) B	202) E	252) B
3) B	53) E	103) A	153) A	203) A	253) D
4) D	54) E	104) E	154) B	204) B	254) D
5) D	55) A	105) D	155) C	205) A	255) B
6) E	56) E	106) D	156) D	206) A	256) D
7) D	57) B	107) A	157) B	207) B	257) C
8) A	58) C	108) A	158) B	208) C	258) B
9) C	59) E	109) B	159) C	209) B	259) C
10) D	60) B	110) C	160) A	210) A	260) E
11) C	61) B	111) A	161) E	211) E	261) B
12) B	62) E	112) B	162) E	212) B	262) A
13) B	63) A	113) C	163) A	213) D	263) B
14) B	64) C	114) A	164) E	214) E	264) B
15) B	65) B	115) D	165) C	215) A	265) D
16) A	66) A	116) E	166) B	216) C	266) A
17) D	67) A	117) E	167) D	217) E	267) D
18) E	68) C	118) B	168) E	218) A	268) E
19) E	69) C	119) C	169) C	219) E	269) B
20) D	70) E	120) A	170) B	220) E	270) E
21) C	71) C	121) D	171) E	221) E	271) D
22) B	72) A	122) B	172) B	222) B	272) C
23) E	73) B	123) B	173) C	223) A	273) B
24) D	74) A	124) B	174) A	224) B	274) A
25) E	75) B	125) D	175) A	225) E	275) E
26) C	76) C	126) C	176) C	226) C	276) A
27) E	77) C	127) C	177) D	227) E	277) C
28) C	78) C	128) E	178) B	228) C	278) E
29) E	79) A	129) B	179) D	229) D	279) D
30) A	80) D	130) D	180) A	230) D	280) B
31) C	81) A	131) D	181) B	231) E	281) B
32) D	82) E	132) C	182) B	232) B	282) A
33) C	83) B	133) C	183) C	233) C	283) E
34) D	84) C	134) C	184) E	234) A	284) E
35) C	85) E	135) A	185) B	235) E	285) C
36) A	86) C	136) C	186) E	236) C	286) E
37) E	87) E	137) B	187) C	237) C	287) A
38) B	88) D	138) B	188) B	238) E	288) C
39) A	89) D	139) B	189) E	239) A	289) C
40) A	90) E	140) D	190) E	240) C	290) A
41) B	91) B	141) C	191) A	241) B	291) A
42) B	92) C	142) B	192) E	242) A	292) E
43) A	93) E	143) C	193) D	243) E	293) C
44) D	94) A	144) E	194) C	244) E	294) C
45) E	95) A	145) E	195) C	245) E	295) E
46) D	96) B	146) D	196) C	246) A	296) E
47) E	97) E	147) C	197) E	247) D	297) D
48) C	98) C	148) E	198) E	248) A	298) C
49) E	99) E	149) A	199) E	249) A	299) D
50) D	100) A	150) A	200) A	250) E	300) D

CAPITOLO 2
Ragionamento critico

2.1 • I sillogismi

1) Completare correttamente il seguente sillogismo: "Tutte le api impollinano i fiori. Alcuni insetti non impollinano i fiori. Dunque ______ non sono api".

A. alcuni insetti
B. alcune api
C. tutti i fiori
D. tutti gli insetti
E. alcuni fiori

2) "Nessuna margherita è un animale – ogni cane è un animale – dunque ______ è una margherita". Si individui il corretto completamento del sillogismo proposto.

A. nessun cane
B. ogni animale
C. qualche animale
D. ogni margherita
E. qualche margherita

3) "Tutti i gatti sono istintivi e tutti gli animali istintivi sono mammiferi. Alcuni mammiferi possono nuotare. Dunque ____". Una sola delle deduzioni qui elencate completa correttamente il sillogismo:

A. gli animali che possono nuotare sono mammiferi
B. è impossibile che alcuni gatti non possano nuotare
C. tutti i mammiferi sanno nuotare
D. non è impossibile che alcuni gatti possano nuotare
E. è impossibile che alcuni gatti possano nuotare

4) "Nessun cane è alato. Alcuni animali sono alati". Indicare con quale delle seguenti conclusioni può essere completato il sillogismo proposto.

A. Alcuni cani sono animali
B. Alcuni animali alati sono cani
C. Nessun essere alato è un cane
D. Alcuni animali non sono cani
E. Alcuni esseri alati non sono animali

5) "Tutti i marescialli sono valorosi – nessun valoroso è delinquente, dunque ____ è maresciallo". Si individui il corretto completamento del sillogismo proposto.

A. nessun delinquente
B. qualche maresciallo
C. ogni delinquente
D. qualche delinquente
E. ogni maresciallo

6) "Nessun diamante è un essere parlante – qualche animale è un essere parlante – dunque ____ non è un diamante". Si individui il corretto completamento del sillogismo proposto.

A. nessun animale
B. qualche animale
C. ogni essere parlante
D. ogni diamante
E. ogni animale

7) "Tutti i leoni mangiano le verdure – alcuni felini non mangiano le verdure. Dunque ____ non sono leoni". Si individui il corretto completamento del sillogismo proposto.

A. le verdure

B. alcuni leoni
C. alcune verdure
D. i felini
E. alcuni felini

8) "Tutti i dentisti sono ricchi. Nessun ricco è una persona triste. Quindi ____ è un dentista". Si individui il corretto completamento del sillogismo proposto.

A. qualche ricco
B. quasi tutti i ricchi
C. ogni ricco
D. soltanto un ricco
E. nessuna persona triste

9) "Tutti i molussi hanno il perto, i tungsteni hanno il perto, quindi i tungsteni sono molussi". Il sillogismo proposto è ____

A. verosimile
B. vero
C. inesistente
D. vero o falso a seconda del significato di tungsteni
E. falso

10) "Nessun ingenuo è cattivo – qualche cattivo è adulto – dunque ____ non è ingenuo". S'individui il corretto completamento del sillogismo:

A. ogni cattivo
B. qualche adulto
C. qualche ingenuo
D. ogni adulto
E. qualche cattivo

11) "Tutti i condottieri sono coraggiosi; nessun coraggioso è dissimulatore; dunque ________ è condottiero". Si individui il corretto completamento del sillogismo:

A. nessun dissimulatore
B. qualche dissimulatore
C. nessun coraggioso
D. ogni dissimulatore
E. qualche condottiero

12) "Nessun minerale è animato – qualche esistente è animato – dunque ________ non è minerale". S'individui il corretto completamento del sillogismo:

A. ogni minerale
B. qualche minerale
C. ogni animato
D. qualche esistente
E. ogni esistente

13) "Tutti i piccioni mangiano le fave – alcuni uccelli non mangiano le fave – dunque ________ non sono piccioni". S'individui il corretto completamento del sillogismo:

A. alcune fave
B. tutti gli uccelli
C. le fave
D. alcuni uccelli
E. alcuni piccioni

14) "I bugiardi sono ingiusti – i bugiardi sono uomini – dunque ____ sono ingiusti". Si individui il corretto completamento del sillogismo:

A. alcuni bugiardi
B. i bugiardi
C. alcuni uomini
D. alcuni giusti
E. tutti gli uomini

15) "Nessuna pianta ha le ali – tutti gli alberi sono piante – dunque ____ ha le ali". Si individui il corretto completamento del sillogismo:

A. qualche pianta
B. ogni pianta
C. qualche albero
D. nessun albero
E. nessuna pianta

16) "Ogni uomo è mammifero – qualche animale è uomo – dunque ____ è mammifero". Si individui il corretto completamento del sillogismo:

A. ogni animale
B. ogni uomo
C. qualche uomo
D. ogni mammifero
E. qualche animale

17) "Nessun calciatore è zoppo – alcuni uomini sono zoppi – dunque ____ non sono calciatori". Si individui il corretto completamento del sillogismo:

A. tutti gli uomini
B. alcuni calciatori
C. alcuni uomini
D. alcuni zoppi
E. tutti gli zoppi

18) "Nessuna pianta è animale – ogni uomo è animale – dunque ____ è pianta". Si individui il corretto completamento del sillogismo:

A. qualche animale
B. ogni animale
C. qualche uomo
D. ogni pianta
E. nessun uomo

19) "Tutti gli eccessi sono biasimevoli – alcune passioni non sono biasimevoli – dunque ____ non sono eccessi". S'individui il corretto completamento del sillogismo:

A. alcuni eccessi
B. tutti i biasimevoli
C. alcune passioni
D. tutti gli eccessi
E. tutte le passioni

20) "Tutti i notai sono ricchi. Nessun ricco è una persona insicura. Quindi ____ è un notaio". Si individui il corretto completamento del sillogismo:

A. soltanto un ricco
B. qualche persona insicura
C. ogni ricco
D. qualche ricco
E. nessuna persona insicura

2.2 • Le negazioni

21) "È sbagliato negare che è falso che lo studente non abbia studiato". Basandosi sulla precedente affermazione, individuare quale delle seguenti alternative è esatta.

A. Si può affermare con certezza che lo studente ha studiato
B. Lo studente ha studiato
C. Lo studente è stato verosimilmente punito dal professore
D. Non si sa se lo studente abbia studiato
E. La frase proposta non ha senso

22) "Non è possibile dubitare della necessità di impedire che Marco non vada in palestra". Qual è il corretto significato della precedente affermazione?

A. L'affermazione proposta è priva di un senso logico
B. È necessario che Marco non vada in palestra
C. È necessario che la palestra impedisca a Marco di andarci
D. È necessario che la palestra permetta a Marco di andarci
E. È necessario che Marco vada in palestra

23) "Non è possibile negare la falsità della tesi secondo la quale il cerchio non è una figura perfetta". Qual è il corretto significato della precedente affermazione?

A. È falso affermare che il cerchio sia una figura perfetta
B. Non è possibile sapere con certezza se il cerchio sia una figura perfetta o meno

C. È corretto affermare che non si può sapere se il cerchio è una figura perfetta
D. Il cerchio non è una figura perfetta
E. Il cerchio è una figura perfetta

24) "È corretto negare che è vero che la *Dama con ermellino* non è stata dipinta da Leonardo da Vinci". Sulla base dell'affermazione proposta, quale delle frasi seguenti non è errata?

A. Non si può affermare che la "Dama con ermellino" sia stata dipinta da Leonardo da Vinci
B. La "Dama con ermellino" non è un dipinto
C. Non si sa chi abbia dipinto la "Dama con ermellino"
D. La "Dama con ermellino" è stata dipinta da Leonardo da Vinci
E. La "Dama con ermellino" non è stata dipinta da Leonardo da Vinci

25) La negazione logica della proposizione "Non è permesso ai minori di 18 anni di frequentare il parco comunale dalle ore 20.00 alle ore 8.00" è ____

A. chiunque può frequentare il parco comunale dalle ore 8.00 alle ore 20.00
B. il parco comunale è chiuso dalle ore 20.00 alle ore 8.00
C. solamente i minorenni possono frequentare il parco comunale dalle ore 20.00 alle ore 8.00
D. chiunque può frequentare il parco comunale dalle ore 20.00 alle ore 8.00
E. i maggiorenni possono frequentare il parco comunale dalle ore 20.00 alle ore 8.00

26) La negazione della frase "tutti sono alti e almeno uno non è triste" è ____

A. "qualcuno è alto o nessuno è triste"
B. "esiste almeno uno non alto e triste"
C. "tutti quelli che sono alti sono tristi"
D. "nessuno è alto e almeno uno è triste"
E. "qualcuno non è alto o tutti sono tristi"

27) "Non si può escludere che, se Umberto non avesse sostituito la ruota, l'auto avrebbe subito molti danni". In base alla precedente affermazione, quale delle seguenti è certamente vera?

A. È possibile che l'auto avrebbe subito molti danni qualora Umberto avesse sostituito la ruota
B. Se l'auto avesse subito molti danni, è possibile che Umberto non avrebbe sostituito la ruota
C. L'auto avrebbe riportato molti danni se Umberto non avesse sostituito la ruota
D. È possibile che l'auto avrebbe subito molti danni qualora Umberto non avesse sostituito la ruota
E. È possibile che l'auto non abbia subito alcun danno, sebbene Umberto abbia sostituito la ruota

28) La negazione della frase "gatto che miagola non graffia" è ____

A. "tutti i gatti che non miagolano non graffiano"
B. "esiste almeno un gatto che miagola e graffia"
C. "tutti i gatti che miagolano graffiano"
D. "esiste almeno un gatto che non miagola e graffia"
E. "tutti i gatti che non graffiano miagolano"

29) "I carabinieri non avevano avuto la possibilità di escludere che il locale potesse essere utilizzato per coprire serate a luci rosse". In base alla precedente affermazione, quale delle seguenti è certamente vera?

A. Il locale veniva utilizzato per coprire serate a luci rosse

B. È possibile che il locale potesse essere utilizzato per coprire serate a luci rosse
C. Il locale veniva utilizzato per addestrare le giovani a prostituirsi
D. Non è possibile che il locale potesse essere utilizzato per coprire serate a luci rosse
E. I carabinieri avevano la certezza che il locale venisse usato per coprire serate a luci rosse

30) Negare l'affermazione: "chi ama la propria città la tiene pulita".

A. Ci sono cittadini che amano la loro città e la puliscono
B. C'è almeno un cittadino che pulisce la propria città ma non la ama
C. C'è almeno un cittadino che ama la propria città ma non la tiene pulita
D. Non c'è alcun cittadino che ami e pulisca la sua città
E. Chi pulisce la propria città la ama

31) C'è una casa con almeno due porte; si consideri l'affermazione:
Esiste una chiave che apre tutte le porte di casa, ma non la porta della cantina.
Indicare quale tra le seguenti frasi costituisce la negazione dell'affermazione riportata sopra.

A. Per ogni chiave, esiste una porta che non è quella della cantina che viene aperta da quella chiave
B. Esiste una chiave che apre tutte le porte di casa, compresa quella della cantina
C. Nessuna chiave apre tutte le porte
D. Esiste una chiave che non apre nessuna porta, se non quella della cantina
E. Per ogni chiave, o esiste una porta che non è quella della cantina che non viene aperta da quella chiave, oppure quella chiave apre la porta della cantina

32) "L'esame grafologico non ha consentito di dimostrare l'impossibilità che l'autore della lettera minatoria sia la persona arrestata". Qual è il corretto significato della precedente affermazione?

A. L'esame grafologico ha dimostrato che l'autore della lettera minatoria non può essere la persona arrestata
B. È molto probabile che l'autore della lettera minatoria sia la persona arrestata
C. L'esame grafologico non ha dimostrato che l'autore della lettera non è la persona arrestata
D. L'esame grafologico ha dimostrato che l'autore della lettera è la persona arrestata
E. È impossibile che l'autore della lettera sia la persona arrestata

33) Alessandro afferma: "Se Rossi parte in pole position arriva primo". Quale delle seguenti proposizioni è la NEGAZIONE di quella di Alessandro?

A. Rossi può non vincere anche se parte in pole position
B. Se Rossi non parte in pole position non vince
C. Rossi può non partire in pole position e non vincere
D. Rossi può arrivare primo anche se non parte in pole position
E. Rossi non vince mai ogni volta che parte in pole position

34) "Non si può escludere che, se Marta non avesse vinto la lotteria, il marito l'avrebbe lasciata". In base alla precedente affermazione, quale delle seguenti è certamente vera?

A. È possibile che il marito di Marta l'avrebbe lasciata qualora lei non avesse vinto la lotteria

B. Se il marito di Marta l'avesse lasciata, è possibile che lei non avrebbe vinto la lotteria
C. È possibile che il marito di Marta l'avrebbe lasciata, qualora lei avesse vinto la lotteria
D. Se il marito di Marta non l'avesse lasciata, è possibile che lei avrebbe vinto la lotteria
E. Il marito di Marta l'avrebbe lasciata se lei non avesse vinto la lotteria

35) "Non si può escludere che, se Matteo non avesse chiamato la polizia, il ladro l'avrebbe fatta franca". In base alla precedente affermazione, quale delle seguenti è certamente vera?

A. È possibile che il ladro l'avrebbe fatta franca qualora Matteo non avesse chiamato la polizia
B. Il ladro l'avrebbe fatta franca se Matteo non avesse chiamato la polizia
C. È possibile che il ladro l'avrebbe fatta franca, qualora Matteo avesse chiamato la polizia
D. Il ladro l'avrebbe fatta franca, se Matteo avesse chiamato la polizia
E. Se il ladro l'avesse fatta franca, è possibile che Matteo non avrebbe chiamato la polizia

36) "Non si può escludere che, se Bruno non avesse perso il biglietto, l'addetto alla sicurezza l'avrebbe fatto entrare nel cinema". In base alla precedente affermazione, quale delle seguenti è certamente vera?

A. Se l'addetto alla sicurezza avesse fatto entrare Bruno nel cinema, è possibile che quest'ultimo non avrebbe perso il biglietto
B. Se l'addetto alla sicurezza avesse fatto entrare Bruno nel cinema, sicuramente quest'ultimo non avrebbe perso il biglietto
C. È possibile che l'addetto alla sicurezza avrebbe fatto entrare Bruno nel cinema, qualora quest'ultimo avesse perso il biglietto
D. È possibile che l'addetto alla sicurezza avrebbe fatto entrare Bruno nel cinema qualora quest'ultimo non avesse perso il biglietto
E. L'addetto alla sicurezza avrebbe fatto entrare Bruno nel cinema se quest'ultimo avesse mostrato il biglietto

37) "Non si può escludere che, se Rita non avesse avvertito del ritardo, i genitori si sarebbero preoccupati". In base alla precedente affermazione, quale delle seguenti è certamente vera?

A. Se i genitori si fossero preoccupati, certamente Rita non avrebbe avvertito del ritardo
B. I genitori si sarebbero preoccupati se Rita avesse dimenticato di avvertire del ritardo
C. È possibile che i genitori si sarebbero preoccupati, qualora Rita avesse avvertito del ritardo
D. È possibile che i genitori si sarebbero preoccupati qualora Rita non avesse avvertito del ritardo
E. Se i genitori si fossero preoccupati, è possibile che Rita non avrebbe avvertito del ritardo

38) "È senza dubbio corretta la teoria che nega la verità dell'affermazione secondo cui è possibile che la vita esista su altri pianeti". Dalla precedente affermazione si deduce che:

A. la verità è che la vita esiste su altri pianeti
B. gli astronomi effettuano osservazioni regolari e scientifiche
C. la vita esiste su altri pianeti
D. la vita non può esistere su altri pianeti

E. è possibile che la vita esista su altri pianeti

39) "Non si può escludere che, se Paolo non avesse lasciato a casa la macchina fotografica, la vacanza sarebbe stata indimenticabile". In base alla precedente affermazione, quale delle seguenti è certamente vera?

A. Se la vacanza fosse stata indimenticabile, Paolo non avrebbe lasciato a casa la macchina fotografica
B. È possibile che la vacanza sarebbe stata indimenticabile, qualora Paolo avesse lasciato a casa la macchina fotografica
C. La vacanza sarebbe stata indimenticabile se Paolo avesse avuto con sé la macchina fotografica
D. È possibile che la vacanza sarebbe stata indimenticabile qualora Paolo non avesse lasciato a casa la macchina fotografica
E. Se la vacanza fosse stata indimenticabile, è possibile che Paolo non avrebbe lasciato a casa la macchina fotografica

40) "La testimonianza del giardiniere non ha permesso di dimostrare l'impossibilità che Francesco amasse Maddalena". Qual è il corretto significato della precedente affermazione?

A. La testimonianza del giardiniere ha dimostrato che Francesco odiava Maddalena
B. È impossibile che Francesco non amasse Maddalena
C. La testimonianza del giardiniere non ha dimostrato che Francesco non amava Maddalena
D. È impossibile che Francesco amasse Maddalena
E. La testimonianza del giardiniere ha dimostrato che Francesco amava Maddalena

41) "L'esame del curriculum vitae non ha consentito di dimostrare l'impossibilità che il candidato possegga i requisiti per l'assunzione". Qual è il corretto significato della precedente affermazione?

A. L'esame del curriculum del candidato ha dimostrato che il candidato possiede i requisiti per l'assunzione
B. L'esame del curriculum del candidato ha dimostrato che il candidato non può possedere i requisiti per l'assunzione
C. L'esame del curriculum del candidato non ha dimostrato che il candidato può possedere i requisiti per l'assunzione
D. L'esame del curriculum vitae non ha dimostrato che il candidato non possiede i requisiti per l'assunzione
E. È impossibile che il candidato possegga i requisiti necessari per essere assunto

42) "Non si può negare che siano improponibili sia l'annullamento totale che la conferma totale dei risultati di quei dispositivi elettronici che impediscono agli automobilisti di violare impunemente i limiti di velocità". Qual è il corretto significato della precedente osservazione?

A. Nessuna delle altre alternative è corretta
B. Gli automobilisti possono violare impunemente i limiti di velocità
C. È proponibile l'annullamento parziale dei risultati di quei dispositivi elettronici che impediscono agli automobilisti di violare impunemente i limiti di velocità
D. I risultati di quei dispositivi elettronici che impediscono agli automobilisti di violare impunemente i limiti di velocità sono totalmente inaffidabili

E. È inaccettabile vietare agli automobilisti di violare impunemente i limiti di velocità

43) "Almeno una delle case di Parigi ha le tegole rosse". Negare questa affermazione significa affermare che:

A. a Parigi almeno due case hanno le tegole rosse
B. a Parigi quasi tutte, ma non tutte, le case hanno le tegole rosse
C. Parigi è l'unica città senza una casa con le tegole rosse
D. a Parigi tutte le case hanno le tegole rosse
E. a Parigi nessuna casa ha le tegole rosse

44) "È sbagliato non ammettere che le precauzioni prese non sono bastate per impedire il rovesciamento della barca". Basandosi sulla precedente affermazione, individuare quale delle seguenti alternative è esatta.

A. Si può affermare che le precauzioni prese sono state sufficienti per impedire il rovesciamento della barca
B. La barca si è rovesciata nonostante le precauzioni prese
C. Bisogna ammettere che non è stata presa alcuna precauzione per impedire il rovesciamento della barca
D. Le precauzioni che si possono prendere per impedire il rovesciamento di una barca sono inefficaci
E. Grazie alle precauzioni prese la barca non si è rovesciata

45) "In base alle notizie in suo possesso, il giornalista ha scritto che non è falsa l'ipotesi secondo cui l'incendio non è doloso". Basandosi sulla precedente affermazione, quale delle seguenti alternative è vera?

A. Sicuramente l'incendio non è doloso
B. L'incendio è doloso in base alle notizie in possesso del giornalista
C. L'incendio non è doloso in base alle notizie in possesso del giornalista
D. Non vi è nessun elemento valido per sostenere che l'incendio non sia doloso
E. Le notizie in possesso del giornalista lo hanno indotto in errore

46) "Non è possibile negare l'inesistenza di un'automobile dotata di freno a mano idraulico". Qual è il corretto significato della precedente affermazione?

A. Esiste almeno un'automobile dotata di freno a mano idraulico
B. Non esiste alcuna automobile dotata di freno a mano idraulico
C. Nessuna automobile è dotata di freno a mano meccanico
D. Tutte le automobili sono dotate di freno a mano idraulico
E. Le automobili dotate di freno a mano idraulico sono più diffuse di quelle dotate di freno a mano meccanico

47) "È assurdo contestare che è sbagliato non riconoscere che il film di Antonio è stato visto da molte persone". Basandosi sulla precedente affermazione, individuare quale delle seguenti alternative è esatta.

A. Il film di Antonio non è stato visto da molte persone
B. Molte persone hanno visto il film di Antonio
C. Non si può evitare di negare che non sia corretto non affermare che il film di Antonio sia stato visto da molte persone
D. Non è possibile stabilire se il film di Antonio sia stato visto da molte o poche persone

E. Il film di Antonio è stato contestato da molte persone

48) "È assurdo negare l'inesistenza di un testimone che abbia assistito al delitto della contessa". La precedente affermazione significa che:

A. si è in presenza di un caso poliziesco molto intricato
B. il delitto della contessa è stato visto da almeno un testimone
C. è sicuro che non esiste una persona che non sia stata testimone del delitto della contessa
D. non esiste alcun testimone che abbia assistito al delitto della contessa
E. al delitto della contessa hanno assistito molti testimoni

49) "Non si può non negare che il signor Rossi non manifesti in modo non chiaro la sua avversità verso il signor Verdi". Se la precedente affermazione è vera, allora è vero che:

A. il signor Rossi non manifesta in modo non chiaro la sua avversità verso il signor Verdi
B. il signor Rossi non può manifestare in modo non chiaro la sua avversità verso il signor Verdi
C. il signor Verdi è ostile al signor Rossi
D. il signor Rossi manifesta in modo non chiaro la sua avversità verso il signor Verdi
E. il signor Rossi manifesta in modo evidente e aperto la sua avversità verso il signor Verdi

50) La negazione di "ogni cane abbaia" è:

A. c'è un cane che non abbaia
B. se non abbaia non è un cane
C. ogni cane non abbaia
D. nessuna delle altre risposte
E. c'è un cane che abbaia

51) La frase "Non garantisco che sia insostenibile negare il contrario della veridicità delle mie affermazioni" significa:

A. io dico sempre il vero
B. io non conosco la verità
C. io mento
D. io posso dire il vero
E. io non so mentire

52) "Non esiste alcun elemento probatorio che consenta di eliminare la possibilità che l'imputato sia estraneo al fatto". Dalla precedente affermazione si deduce che:

A. l'imputato è estraneo al fatto
B. è possibile che l'imputato sia estraneo al fatto
C. è impossibile che l'imputato sia estraneo al fatto
D. vi sono prove sull'estraneità dell'imputato al fatto
E. l'imputato non è estraneo al fatto

53) "Non si può escludere che, se Davide non avesse perso gli occhiali, l'esecuzione del pezzo musicale sarebbe stata perfetta". In base alla precedente affermazione, quale delle seguenti è certamente vera?

A. È possibile che l'esecuzione del pezzo musicale sarebbe stata perfetta qualora Davide non avesse perso gli occhiali
B. È possibile che l'esecuzione del pezzo musicale sarebbe stata perfetta, qualora Davide avesse perso gli occhiali
C. L'esecuzione del pezzo musicale sarebbe stata perfetta se Davide avesse avuto con sé gli occhiali
D. Se l'esecuzione del pezzo musicale fosse stata perfetta, è possibile che Davide avrebbe trovato gli occhiali
E. Non si può escludere che, se Davide avesse perso gli occhiali, l'esecuzione

del pezzo musicale non sarebbe stata perfetta

54) "È assurdo contestare che è sbagliato non riconoscere che la mostra dei quadri di Picasso è stata visitata da molte persone". Basandosi sulla precedente affermazione, individuare quale delle seguenti alternative è esatta.

A. Non si può evitare di negare che non è corretto non affermare che la mostra dei quadri di Picasso è stata visitata da molte persone
B. La mostra dei quadri di Picasso è stata contestata da molte persone
C. Molte persone hanno visitato la mostra dei quadri di Picasso
D. Non è possibile stabilire se la mostra dei quadri di Picasso sia stata visitata da molte o poche persone
E. La mostra dei quadri di Picasso non è stata visitata da molte persone

55) "L'esame dei reperti ritrovati non ha consentito di dimostrare l'impossibilità che il gioiello scoperto sia d'oro". Qual è il corretto significato della precedente affermazione?

A. L'esame dei reperti ritrovati ha dimostrato che il gioiello scoperto non può essere d'oro
B. È impossibile che il gioiello scoperto sia d'oro
C. L'esame dei reperti ritrovati ha dimostrato che il gioiello scoperto è d'oro
D. L'esame dei reperti ritrovati non ha dimostrato che il gioiello scoperto non è d'oro
E. L'esame dei reperti ritrovati ha dimostrato che il gioiello scoperto non è d'oro

56) "Non si può escludere che, se Francesco non avesse perso il denaro, la trattativa si sarebbe risolta con un successo". In base alla precedente affermazione, quale delle seguenti è certamente vera?

A. Se la trattativa fosse stata un successo, è possibile che Francesco avrebbe trovato il denaro
B. È possibile che la trattativa sarebbe stata un successo, qualora Francesco avesse perso il denaro
C. La trattativa sarebbe stata un successo se Francesco avesse avuto con sé il denaro
D. È possibile che la trattativa sarebbe stata un successo qualora Francesco non avesse perso il denaro
E. Non si può escludere che, se Francesco avesse perso il denaro, la trattativa non sarebbe stata un successo

57) "Non si può escludere che, se Livio non si fosse ferito, la gara di atletica l'avrebbe vinta lui". In base alla precedente affermazione, quale delle seguenti è certamente vera?

A. La gara di atletica sarebbe stata vinta da Livio se fosse stato sano
B. Se la gara di atletica fosse stata vinta da Livio, quest'ultimo non si sarebbe ferito
C. È possibile che la gara di atletica sarebbe stata vinta da Livio qualora Livio non si fosse ferito
D. Se la gara di atletica non fosse stata vinta da Livio quest'ultimo sicuramente non si sarebbe ferito
E. È possibile che la gara di atletica l'avrebbe vinta Livio qualora Livio si fosse ferito

58) "Non si può escludere che, se Matteo non si fosse infortunato, avrebbe vinto". In base alla precedente affermazione, quale delle seguenti è certamente vera?

A. È possibile che Matteo avrebbe vinto qualora egli non si fosse infortunato

B. È possibile che Matteo avrebbe vinto, qualora egli si fosse infortunato
C. Se Matteo avesse vinto, è possibile che egli sarebbe stato esente da infortuni
D. Matteo avrebbe sicuramente vinto qualora egli non si fosse infortunato
E. Matteo avrebbe vinto se egli fosse stato esente da infortuni

59) "Nessun computer può sostituire il cervello umano". Se la precedente affermazione è FALSA, allora si può essere certi che:

A. non esistono computer che possono sostituire il cervello umano
B. esiste almeno un computer che può sostituire il cervello umano
C. esistono diversi computer che possono sostituire il cervello umano
D. il cervello umano è insostituibile
E. c'è solo un computer che può sostituire il cervello umano

60) "La visita ortopedica non ha consentito di dimostrare l'impossibilità che il legamento del pollice sia rotto". Qual è il corretto significato della precedente affermazione?

A. La visita ortopedica ha dimostrato che il legamento del pollice non può essere rotto
B. La visita ortopedica ha dimostrato che il legamento del pollice non può essere integro
C. La visita ortopedica ha dimostrato che il legamento del pollice è rotto
D. La visita ortopedica non ha dimostrato che il legamento del pollice non è rotto
E. La visita ortopedica non ha dimostrato che il legamento del pollice è rotto

61) "Non è possibile negare la falsità della tesi secondo la quale l'uomo non è un animale sociale". Qual è il significato corretto dell'affermazione precedente?

A. Non è possibile sapere con certezza se l'uomo sia un animale sociale o meno
B. L'uomo è un animale sociale
C. È corretto affermare che non si può sapere se l'uomo è un animale sociale
D. È falso affermare che l'uomo sia un animale sociale
E. L'uomo non è un animale sociale

62) È stata respinta la prova che nega che A è uguale a B, ma non è stata acquisita alcuna prova del contrario. Quindi:

A. A è sicuramente diverso da B
B. A è sicuramente uguale a B
C. A potrebbe essere uguale a B
D. A è diverso da B al 100%
E. A è uguale a B al 99%

63) "Non è impossibile che la bottiglia ritrovata sulla spiaggia possa contenere un messaggio". In base alla precedente affermazione, quale delle seguenti è certamente vera?

A. La bottiglia ritrovata sulla spiaggia potrebbe contenere un messaggio
B. La bottiglia ritrovata sulla spiaggia conteneva un messaggio
C. La bottiglia ritrovata sulla spiaggia non conteneva un messaggio
D. Non è possibile che il messaggio nella bottiglia fosse leggibile
E. La bottiglia ritrovata sulla spiaggia non poteva contenere un messaggio

64) Si consideri il famoso detto popolare: "Non tutte le ciambelle riescono col buco". Quale delle seguenti proposizioni è la NEGAZIONE di questo asserto?

A. In tutte le ciambelle è presente almeno un buco

B. Non tutti i dolci in cui è presente un buco sono ciambelle
C. In tutte le ciambelle non è presente alcun buco
D. In alcune ciambelle non è presente alcun buco
E. Non tutti i dolci in cui non è presente un buco sono ciambelle

65) Negare che "ogni uomo ha un nemico" equivale a dire che:

A. tutti gli uomini non hanno nemici
B. nessun uomo ha un nemico
C. esistono uomini senza nemici
D. tutti sono nemici di ogni uomo
E. ogni uomo non ha un nemico

66) Negare che "ogni cane ha almeno un padrone" equivale a dire che:

A. esistono cani senza padroni
B. ogni cane non ha un padrone
C. nessun cane ha un padrone
D. tutti sono padroni di ogni cane
E. tutti i cani non hanno padroni

67) Negare che "ogni gatto miagola" equivale a dire che:

A. c'è un gatto che miagola
B. se non miagola non è un gatto
C. ogni gatto non miagola
D. nessun gatto miagola
E. c'è un gatto che non miagola

68) Negare che "ogni uomo ha un cane" equivale a dire che:

A. tutti gli uomini non hanno cani
B. tutti i cani sono di ogni uomo
C. esistono uomini senza cane
D. ogni uomo non ha un cane
E. nessun uomo ha un cane

69) Dal punto di vista logico, negare che "ogni uomo ha un amico" equivale a dire che:

A. nessun uomo ha un amico
B. ogni uomo non ha un amico
C. esistono uomini senza amici
D. tutti gli uomini non hanno amici
E. tutti sono amici di ogni uomo

70) Negare la frase "Tutti gli arbitri vestono di nero" significa affermare che:

A. almeno un arbitro non veste di nero
B. almeno un arbitro veste di bianco
C. tutti gli arbitri vestono di bianco
D. numerosi arbitri non vestono di nero
E. qualche arbitro veste di nero

2.3 • Le deduzioni logiche

Implicazioni logiche

71) "I bambini sono buoni. Alcuni genitori sono alti. Chi è buono dorme. Non tutti i nonni bevono il caffè. Chi dorme sogna. Chi beve il caffè non dorme". Individua la conclusione corretta.

A. Alcuni bambini bevono caffè
B. I genitori sognano
C. I bambini sognano
D. Le persone alte sono genitori
E. I genitori bevono più caffè dei nonni

72) "Tutti i baristi sono affabili; Amedeo è un ottimista; tutte le persone ottimiste sono affabili". In base alle precedenti affermazioni, quale delle seguenti è necessariamente vera?

A. Amedeo è un barista
B. Tutti i baristi sono ottimisti
C. Chi non è un barista non è affabile
D. Nessun barista è ottimista
E. Amedeo è affabile

73) "I gatti sono ladri. Alcuni ladri vanno in giro di notte. I nottambuli vanno in giro di notte". Individuare la conclusione corretta.

A. È possibile che alcuni gatti siano nottambuli

B. I gatti derubano i nottambuli
C. Tutti i nottambuli sono ladri
D. I ladri miagolano
E. Tutti i gatti sono nottambuli

74) "Tutti gli attori sono vanitosi. Lorenzo è un attore". In base alle precedenti informazioni, quale delle seguenti affermazioni è certamente vera?

A. Lorenzo è vanitoso
B. Nessuna delle altre alternative è corretta
C. Tutte le persone vanitose sanno recitare
D. Lorenzo non è vanitoso
E. Tutte le persone vanitose sono attori

75) "Tutti gli attori di teatro sono artisti preparati; Sara è un'artista preparata; tutti gli artisti preparati hanno frequentato numerose scuole d'arte". In base alle precedenti affermazioni, quale delle seguenti è necessariamente vera?

A. Sara non ha frequentato numerose scuole d'arte
B. Chi ha frequentato numerose scuole d'arte è un artista preparato
C. Chi non ha frequentato numerose scuole d'arte non può essere un attore di teatro
D. Sara è un'attrice di teatro
E. Chi ha frequentato numerose scuole d'arte non può essere un attore di teatro

76) "Tutti i motociclisti sono estroversi. Valentino è audace. Tutti i motociclisti sono audaci". In base alle precedenti affermazioni, quale delle seguenti è necessariamente vera?

A. Valentino è estroverso
B. Nessun motociclista è audace e introverso
C. Valentino è un motociclista
D. Nessun motociclista è audace ed estroverso
E. Tutti gli estroversi sono audaci

77) "Tutti i baristi sono loquaci. Paolo è un barista". In base alle precedenti informazioni, quale delle seguenti affermazioni è certamente vera?

A. Paolo è loquace
B. Nessuna delle altre alternative è corretta
C. Paolo non ama bere
D. Tutte le persone loquaci sono baristi
E. Paolo ama bere

78) "Tutti gli avvocati sono buoni oratori. Alessandro è un buon oratore". In base alle precedenti informazioni, quale delle seguenti affermazioni è necessariamente vera?

A. Gli oratori sono più eloquenti degli avvocati
B. Nessuna delle altre risposte è corretta
C. I buoni oratori sono tutti avvocati
D. Alessandro non è un avvocato
E. Alessandro è un avvocato

79) "Tutti i medici lavorano in ospedale. Cesare lavora in ospedale". In base alle precedenti informazioni, quale delle seguenti affermazioni è necessariamente vera?

A. Cesare non è un medico
B. Cesare è un barelliere
C. Chi lavora in ospedale è medico
D. Cesare è un medico
E. Nessuna delle altre risposte è corretta

80) "Enrico è muscoloso; tutti gli atleti sono muscolosi; Daniele è un atleta". In base alle precedenti informazioni, quale delle seguenti affermazioni è necessariamente vera?

A. Enrico è un atleta
B. Chi è muscoloso è un atleta
C. Daniele è meno muscoloso di Enrico
D. Enrico è più muscoloso di Daniele
E. Daniele è muscoloso

81) "Tutti i calzolai sono meticolosi; Massimo è fortunato; tutte le persone fortunate sono meticolose". In base alle precedenti affermazioni, quale delle seguenti non è necessariamente vera?

A. Tutte le alternative sono vere
B. Massimo è un calzolaio
C. Massimo è meticoloso
D. Chi non è meticoloso non può essere un calzolaio
E. Non esistono persone fortunate non meticolose

82) "Fabio è intelligente; tutti i professori sono intelligenti; Pietro è un professore". In base alle precedenti informazioni, quale delle seguenti affermazioni è necessariamente vera?

A. Le persone intelligenti sono tutte professori
B. Pietro e Fabio lavorano nella stessa scuola
C. Tutte le persone intelligenti sono abili insegnanti
D. Pietro è intelligente
E. Fabio è un professore

83) "Tutti i pasticcieri sono grassi; Antonio è grasso; tutte le persone grasse sono socievoli". In base alle precedenti affermazioni, quale delle seguenti è necessariamente vera?

A. Chi non è socievole non è un pasticciere
B. Antonio è un pasticciere
C. Chi è socievole è grasso
D. Alcuni pasticceri sono magri
E. Chi non è socievole può essere grasso

84) Se tutti gli uomini hanno la barba e tutti i militari sono uomini, quale affermazione fra le seguenti è vera?

A. Tutti gli uomini fanno il servizio militare
B. Tutti gli uomini non hanno la barba
C. Tutti i militari non hanno la barba
D. Tutti i militari hanno la barba
E. Solo i militari portano la barba

85) "Tutti i vigili del fuoco sono atletici; Piero è coraggioso; tutte le persone coraggiose sono atletiche". In base alle precedenti affermazioni, quale delle seguenti è necessariamente vera?

A. Tutti i vigili del fuoco sono coraggiosi
B. Piero è atletico
C. Tutte le persone coraggiose sono vigili del fuoco
D. Piero è un vigile del fuoco
E. Non esistono vigili del fuoco coraggiosi

86) "Stefano è una persona paziente; tutti i cacciatori sono persone pazienti; Carlo è un cacciatore". In base alle precedenti informazioni, quale delle seguenti affermazioni è necessariamente vera?

A. Carlo è una persona paziente
B. Le persone pazienti sono cacciatori
C. Chi non caccia è impaziente
D. Stefano è un cacciatore
E. Stefano e Carlo sono cacciatori

87) "Marco ama i dolci; chi è magro non ama i dolci; chi è attivo è magro". Se le precedenti affermazioni sono vere, allora è certamente FALSO che:

A. le persone che amano i dolci non sono magre
B. Marco è attivo
C. chi è attivo non ama i dolci
D. non tutte le persone magre sono attive
E. Marco non è magro

88) "Tutti i cuochi amano la buona cucina. Tutti gli attori mangiano spesso al ristorante. Chi ama la buona cucina mangia spesso al ristorante". Se le precedenti informazioni sono vere, quale delle seguenti affermazioni è necessariamente vera?

A. Chi ama la buona cucina non può essere un attore
B. Tutti i cuochi mangiano spesso al ristorante
C. Chi mangia spesso al ristorante è un attore o un cuoco
D. Chi ama la buona cucina è un cuoco
E. Tutti gli attori amano la buona cucina

89) "Tutti i parrucchieri sono simpatici; Mauro è simpatico; tutti i parrucchieri sono baffuti". In base alle precedenti affermazioni, quale delle seguenti è necessariamente vera?

A. Mauro è un parrucchiere
B. Tutte le persone simpatiche sono baffute
C. Nessun parrucchiere è simpatico e privo di baffi
D. Tutte le persone baffute sono simpatiche
E. Mauro è baffuto

90) "Anna ha i capelli neri. Tutte le persone con i capelli neri sono simpatiche". Se le precedenti informazioni sono vere, quale delle seguenti affermazioni è necessariamente vera?

A. Anna è simpatica
B. Le persone simpatiche si chiamano Anna
C. Le persone simpatiche non hanno i capelli neri
D. Le persone che si chiamano Anna non sono simpatiche
E. Le persone con i capelli neri si chiamano Anna

91) "Giuseppe è sardo; tutte le persone con i capelli neri sono italiane; tutti i sardi sono italiani". Se le precedenti informazioni sono vere, quale delle seguenti è necessariamente vera?

A. Giuseppe ha i capelli neri
B. Tutte le persone con i capelli neri sono sardi
C. Tutti i sardi si chiamano Giuseppe
D. Tutti i sardi hanno i capelli neri
E. Giuseppe è italiano

92) "Cosimo è milanese; tutte le persone con gli occhi celesti sono italiane; tutti i milanesi sono italiani". Se le precedenti informazioni sono vere, quale delle seguenti è necessariamente vera?

A. Tutti i milanesi si chiamano Cosimo
B. Tutti i milanesi hanno gli occhi celesti
C. Cosimo ha i capelli neri
D. Tutte le persone con gli occhi celesti sono milanesi
E. Cosimo è italiano

93) "Giacomo ama la marmellata. La marmellata è un dolce. Chi ama la marmellata adora la montagna". Se le precedenti affermazioni sono vere, quale delle seguenti è necessariamente vera?

A. Giacomo mangia marmellata solamente quando va in montagna
B. Chi ama la marmellata non può non amare i dolci
C. Giacomo adora tutti i dolci
D. Giacomo adora la montagna solamente quando mangia la marmellata
E. Giacomo adora la montagna

94) Se "Francesco va a scuola e tutti i bambini che vanno nella stessa scuola hanno il motorino", quale delle seguenti affermazioni è vera?

A. La mamma di Francesco deve comprare un motorino

B. Francesco non usa mai il motorino
C. Francesco usa sempre il motorino
D. Il motorino di Francesco è nero
E. Non si può dire che Francesco non abbia il motorino

95) "Tutti coloro che amano la natura sono felici; Gennaro ama la natura; chi è felice non si ammala mai". Se le precedenti informazioni sono corrette, quale delle seguenti affermazioni NON rappresenta una conclusione corretta?

A. Gennaro non si ammala mai
B. Gennaro è felice
C. Chi è felice ama la natura
D. Gennaro non si ammala mai perché è felice
E. Gennaro è felice e non si ammala mai

96) "Tutti gli argentini amano il tango. Diego ama il tango". In base alle precedenti informazioni, quale delle seguenti affermazioni è certamente vera?

A. Diego non è argentino
B. Gli argentini non amano il tango
C. Nessuna delle alternative è corretta
D. Le persone che amano il tango sono tutte argentine
E. Diego è argentino

97) "Tutti i pompieri sono coraggiosi. Tutti i marinai sono coraggiosi. Tutti i marinai amano il mare". Se le precedenti informazioni sono corrette, quale delle seguenti informazioni addizionali consentirebbe di concludere che tutti i pompieri amano il mare?

A. Tutte le persone coraggiose amano il mare
B. Tutti i marinai sono anche pompieri
C. Chi ama il mare è un marinaio
D. Tutti i pompieri sanno nuotare
E. Non ci sono pompieri che siano anche marinai

98) "Andrea è una persona simpatica; tutti i giovani sono simpatici. Gino è un giovane". In base alle precedenti informazioni, quale delle seguenti affermazioni è necessariamente vera?

A. Andrea è giovane
B. Andrea e Gino sono giovani
C. Le persone simpatiche sono giovani
D. Chi non è giovane è antipatico
E. Gino è una persona simpatica

99) "Annamaria ama le patatine fritte; chi è magro non ama le patatine fritte; chi è attivo è magro". Se le precedenti affermazioni sono vere, allora è certamente FALSO che:

A. Annamaria non è magra
B. non tutte le persone magre sono attive
C. le persone che amano le patatine fritte non sono magre
D. Annamaria è attiva
E. chi è attivo non ama le patatine fritte

100) "Un recente studio ha mostrato che negli ultimi 20 anni il peso medio degli italiani è salito del 5%. Più in particolare, il peso medio dei cittadini del Centro-Nord è cresciuto del 6%, mentre quello dei cittadini del Meridione è cresciuto del 3%". Quale delle seguenti conclusioni può essere dedotta dalle informazioni riportate sopra?

A. I cittadini del Centro-Nord sono più numerosi dei cittadini del Meridione
B. Nessuna delle altre alternative è corretta
C. Alcuni cittadini del Centro-Nord sono immigrati dal Meridione
D. I cittadini del Centro-Nord hanno un peso medio superiore rispetto ai cittadini del Meridione

E. I cittadini del Centro-Nord sono mediamente aumentati di peso di 3 chilogrammi in più rispetto ai cittadini del Meridione

101) "Tutti i professori sono colti; Maurizio è colto; tutti i professori sono affascinanti". In base alle precedenti affermazioni, quale delle seguenti è necessariamente vera?

A. Tutte le persone affascinanti sono colte
B. Nessun professore è colto e privo di fascino
C. Maurizio è affascinante
D. Tutte le persone colte sono affascinanti
E. Maurizio è un professore

102) "Tutte le amiche di Alessandra sono veliste, e tutte le veliste sono abbronzate". Determinare, sulla base di queste sole informazioni, quale delle seguenti deduzioni è corretta.

A. Lisa non è abbronzata, quindi non è una delle amiche di Alessandra
B. Lisa non è velista, quindi non è abbronzata
C. Lisa è abbronzata quindi è una amica di Alessandra
D. Lisa non è amica di Alessandra, quindi non è abbronzata
E. Lisa è una velista abbronzata, quindi è amica di Alessandra

103) "Tutti gli studenti amano i libri. Chi partecipa ad assemblee è sovente un rivoluzionario. Alcuni rivoluzionari sono studenti". Se le precedenti affermazioni sono vere, quale delle seguenti deduzioni è infondata?

A. Chi ama i libri è un rivoluzionario
B. Alcuni studenti è probabile che partecipino ad assemblee
C. Chi partecipa alle assemblee può amare i libri
D. Non si può dire che chi studia non ama i libri
E. È possibile che alcuni rivoluzionari amino i libri

104) Al termine dell'ultima riunione di condominio, ognuno dei 12 inquilini seduti intorno al tavolo ha gridato: "Voi state tutti mentendo!". Ammesso che non si possa dire contemporaneamente il vero e il falso, quanti sono i coinquilini che dicono il vero?

A. 1
B. 2
C. 6
D. 0
E. 12

105) "Il Presidente Rossi promette che, se verrà eletto, non aumenterà le tasse per i cittadini". In quale dei seguenti casi si è certi che il Presidente Rossi non ha mantenuto la promessa?

A. Il Presidente Rossi non viene eletto e le tasse per i cittadini non aumentano
B. Il Presidente Rossi viene eletto e le tasse per i cittadini aumentano
C. Il Presidente Rossi non viene eletto e le tasse per i cittadini diminuiscono
D. Il Presidente Rossi viene eletto e le tasse rimangono invariate
E. Il Presidente Rossi non viene eletto e le tasse per i cittadini aumentano

●●○ Date le premesse, è vero che

106) "Se gli studenti si applicano, conseguiranno la promozione". Se quanto affermato è vero, quale delle seguenti affermazioni è sicuramente vera?

A. Se uno studente è promosso, allora si è applicato

B. Se uno studente è promosso, non è detto che si sia applicato
C. Verranno promossi solo gli studenti che si sono applicati
D. Se uno studente non si applica, verrà bocciato
E. Verranno bocciati tutti gli studenti che non si sono applicati

107) Se non è vero che è necessario essere maschio per essere alto più di 1.70 m, allora sarà sicuramente vero che:

A. è sufficiente essere maschio per essere più alto di 1.70 m
B. i maschi e le femmine sono più alti di 1.70 m
C. non è sufficiente essere maschio per essere più alto di 1.70 m
D. almeno una femmina è più alta di 1.70 m
E. è necessario non essere maschio per essere più alto di 1.70 m

108) Se l'affermazione "tutti i piloti sono persone colte" è FALSA, quale delle seguenti proposizioni è certamente vera?

A. Alcuni piloti non sono persone colte
B. Almeno un pilota non è una persona colta
C. Almeno un pilota è colto
D. Nessun pilota è una persona colta
E. I piloti leggono poco

109) "Non esiste torta senza ciliegina". Se la precedente affermazione è FALSA, quale delle seguenti affermazioni è vera?

A. Ogni torta ha una ciliegina
B. Esiste almeno una torta senza ciliegina
C. Tutte le torte sono senza ciliegina
D. Nessuna torta ha la ciliegina
E. Non vi sono ciliegine senza torta

110) "Se Francesco lavora, allora Anna non fa le pulizie". Se l'argomentazione precedente è vera, quale delle seguenti è certamente vera?

A. Anna e Francesco fanno le pulizie insieme
B. Se Anna fa le pulizie, allora Francesco lavora
C. Mentre Anna lavora, Francesco fa le pulizie
D. Se Francesco non lavora, allora Anna non fa le pulizie
E. Se Anna fa le pulizie, allora Francesco non lavora

111) Se non è vero che in ogni città italiana c'è almeno un rione in cui tutti i residenti sono stranieri allora si può affermare che:

A. in ogni città c'è almeno un residente italiano in tutti i rioni
B. c'è almeno una città italiana che ha almeno un residente italiano in ogni rione
C. in ogni città c'è almeno un rione in cui tutti i residenti sono italiani
D. c'è almeno una città che ha solo residenti italiani in ogni rione
E. in ogni città vi sono residenti italiani in tutti i rioni

112) "Non esiste una piazza senza fontana". Se la precedente affermazione è falsa, quale delle seguenti è necessariamente vera?

A. Esiste almeno una piazza con una fontana
B. Esiste almeno una piazza senza fontana
C. Tutte le piazze hanno una fontana
D. Tutte le piazze non hanno una fontana
E. Nessuna piazza ha una fontana

113) "Strada scivolosa in caso di versamento di olio". Se la precedente af-

fermazione è vera, allora è possibile dedurre che:

A. se non c'è un versamento di olio la strada non è scivolosa
B. se c'è un versamento di olio la strada non è scivolosa
C. se non c'è un versamento di olio la strada è scivolosa
D. se c'è un versamento di olio la strada è scivolosa
E. se c'è un versamento di olio non è detto che la strada sia scivolosa

114) "Renato indossa un paio di scarpe da ginnastica in questo momento". In base alla precedente informazione, quale delle seguenti affermazioni è sicuramente esatta?

A. Renato non fa mai ginnastica
B. Renato porta sempre le scarpe
C. Renato è spesso a piedi nudi
D. Renato non è a piedi nudi
E. Renato fa spesso ginnastica

115) "Se Michele rimane a lavorare allora Rossella studia con Cristina". Se la precedente affermazione è vera, allora è sicuramente vero che:

A. se Michele è rimasto a lavorare, significa che Rossella non ha studiato con Cristina
B. se Michele non rimane a lavorare allora Rossella non studia con Cristina
C. se Rossella ha studiato con Cristina, vuol dire che Michele è rimasto a lavorare
D. se Rossella non ha studiato con Cristina, significa che Michele non è rimasto a lavorare
E. Rossella studia con Cristina solo se Michele rimane a lavorare

116) "Chi non rispetta il codice della strada viene sanzionato amministrativamente". In base alla precedente affermazione, è necessariamente vero che:

A. chi non viene sanzionato amministrativamente ha rispettato il codice della strada
B. chi non viene sanzionato amministrativamente non è detto che non abbia rispettato il codice della strada
C. il codice della strada è rispettato da tutti
D. chi rispetta il codice della strada non viene sanzionato amministrativamente
E. chi viene sanzionato amministrativamente non ha rispettato il codice della strada

117) Se l'affermazione "Tutti i fiumi italiani hanno regime torrenziale" è falsa, quale delle seguenti proposizioni è necessariamente vera?

A. Almeno un fiume italiano non ha regime torrenziale
B. Nessun fiume italiano ha regime torrenziale
C. Almeno un fiume italiano ha regime torrenziale
D. Almeno due fiumi italiani non hanno regime torrenziale
E. Alcuni fiumi polacchi hanno regime torrenziale

118) Se l'affermazione "nessun contadino è sereno" è falsa, quale delle seguenti alternative è necessariamente vera?

A. Alcuni contadini sono sereni
B. Tutti i contadini sono sereni
C. Nessun contadino è agitato
D. Tutti i contadini sono agitati
E. Almeno un contadino è sereno

119) "Se i candidati si applicano, conseguiranno l'idoneità". Sulla base dell'af-

fermazione precedente, quale delle seguenti affermazioni è vera?

A. Se un candidato non si applica, non conseguirà l'idoneità
B. Conseguiranno l'idoneità solo candidati che si sono applicati
C. Se un candidato consegue l'idoneità è possibile che si sia applicato
D. Tutte le affermazioni sono vere
E. Se un candidato si applica, conseguirà il massimo risultato

120) Se "Archimede era un genio" allora è certo che:

A. dopo di lui non sono esistiti più geni
B. è esistito almeno un uomo che era un genio
C. solo i matematici greci erano geni
D. Archimede è l'uomo più intelligente che sia mai esistito
E. i greci erano dei geni

121) "Francesca prenderà un 8 se e solo se non commetterà errori di distrazione". Se la precedente affermazione è vera allora è certamente vero che:

A. se Francesca non commetterà errori di distrazione, non prenderà 8
B. se Francesca commetterà solo qualche errore di distrazione, allora prenderà 8
C. se Francesca non prenderà 8, non riuscirà a conseguire a fine anno la media dell'8
D. se Francesca non prenderà 8, vorrà dire che avrà commesso errori di distrazione
E. se Francesca commetterà un solo errore di distrazione, allora prenderà 8

122) Se "in una libreria ci sono diversi scaffali con libri di matematica e di chimica; negli scaffali dove ci sono almeno due libri ce ne è almeno uno di chimica" allora è vero che:

A. se in uno scaffale c'è un solo libro, questo è di chimica
B. il numero dei libri di matematica in uno scaffale è sempre inferiore al numero di libri di chimica
C. in uno scaffale che contiene due libri potrebbero non esserci libri di matematica
D. uno scaffale che contiene tre libri ne ha sempre due di matematica
E. in uno scaffale che contiene due libri c'è necessariamente un libro di matematica

123) "Chi non ha studiato, viene bocciato". In base alla precedente affermazione, è necessariamente vero che:

A. chi viene bocciato non ha studiato
B. chi non viene bocciato ha studiato
C. chi ha studiato può essere bocciato
D. chi ha studiato non viene bocciato
E. è sufficiente aver studiato per non essere bocciato

124) "La pallavolo è uno sport molto seguito a Cuba, ma ultimamente non riscuote più l'attenzione che aveva in passato". Quale delle seguenti affermazioni è vera, in base alle informazioni fornite?

A. A Cuba oggi ci sono sport più seguiti della pallavolo
B. A Cuba in passato c'era più interesse per lo sport
C. La pallavolo è lo sport più amato dai cubani
D. La pallavolo oggi non si pratica più a Cuba
E. La pallavolo in passato a Cuba riscuoteva maggiore interesse

125) Ugo dice: "Se questa sera non lavoro vengo al pub. Se Mara è tornata da Milano porto anche lei". La sera, al pub non c'è nessuno. Sicuramente:

A. Ugo lavora e Mara non è tornata da Milano
B. Mara è tornata da Milano e Ugo non lavora
C. Mara era stanca e Ugo ha rinunciato
D. Ugo lavora
E. Mara non è tornata da Milano

Date le premesse, non è necessariamente vero che

126) "Arturo andrà a sciare se e solo se comprerà gli scarponi". In base alla precedente affermazione, quale delle seguenti non è necessariamente vera?

A. Se Arturo non comprerà gli scarponi, non andrà a sciare
B. Se Arturo non comprerà gli scarponi allora non andrà a sciare
C. È sufficiente che Arturo compri gli scarponi perché vada a sciare
D. Se Arturo è andato a sciare allora ha comprato gli scarponi
E. Anche se Arturo comprerà gli scarponi, potrebbe non andare a sciare

127) "Paolo avrà una salute di ferro se e solo se prenderà le medicine". In base alla precedente affermazione, quale delle seguenti non è necessariamente vera?

A. Anche se Paolo prenderà le medicine, potrà non avere una salute di ferro
B. Se Paolo non prenderà le medicine, non avrà una salute di ferro
C. È sufficiente che Paolo prenda le medicine per avere una salute di ferro
D. È necessario che Paolo prenda le medicine per avere una salute di ferro
E. È sufficiente che Paolo non prenda le medicine per non avere una salute di ferro

128) "Solo se la rappresentazione teatrale è in atto, gli spettatori non parlano a voce alta". In base alla precedente affermazione, quale delle seguenti non è necessariamente vera?

A. Se la rappresentazione teatrale non è in atto, gli spettatori parlano a voce alta
B. Se gli spettatori non parlano ad alta voce significa che la rappresentazione teatrale è in atto
C. È sufficiente che la rappresentazione teatrale non sia in atto perché gli spettatori parlino a voce alta
D. Se gli spettatori parlano a voce alta allora vuol dire che la rappresentazione teatrale non è in atto
E. Se gli spettatori parlano a voce bassa allora vuol dire che la rappresentazione teatrale è in atto

Date le premesse, è falso che

129) "Sergio, Claudia, Nico e Adamo possiedono ciascuno un solo animale. I loro animali sono un coniglio, un canarino, un tigrotto e un pesce palla. L'animale di Nico ha 4 zampe; quello di Sergio ha il pelo; Adamo ha un uccellino e sia Claudia sia Nico non possiedono tigrotti". Quale delle seguenti affermazioni è falsa?

A. Adamo ha un canarino
B. Claudia ha un pesce
C. Sergio ha un coniglio
D. Sergio ha un tigrotto
E. Nico ha un coniglio

130) "I beati stanno giocando contro gli ubriachi. I beati hanno già vinto più partite degli ubriachi". Se gli ubriachi vincessero la partita in corso, quale delle seguenti affermazioni risulterebbe necessariamente falsa?

A. Gli ubriachi perderanno sicuramente la prossima partita
B. Il numero delle partite vinte dagli ubriachi potrebbe essere maggiore

rispetto al numero delle partite vinte dai beati
C. Gli ubriachi potrebbero sopravanzare i beati vincendo anche la prossima partita
D. Il numero delle partite vinte dagli ubriachi potrebbe comunque restare inferiore rispetto al numero di partite vinte dai beati
E. Il numero delle partite vinte dagli ubriachi potrebbe uguagliare il numero di partite vinte dai beati

131) Nel deserto ci sono 3 accampamenti:
- l'accampamento X si trova a 30 km ad ovest rispetto all'accampamento Z;
- l'accampamento Y si trova a 40 km a sud rispetto all'accampamento X;
- la distanza tra l'accampamento Z e l'accampamento Y è di 50 km.

La capacità di trasmissione radio varia da accampamento ad accampamento. Il segnale radio dall'accampamento X copre un raggio di 10 km; dall'accampamento Y copre un raggio di 20 km e dall'accampamento Z copre un raggio di 40 km.
Quale delle seguenti affermazioni NON è corretta?
A. Un soldato che riceve un segnale dall'accampamento X capta sempre il segnale dall'accampamento Z, ma non capta mai il segnale dall'accampamento Y
B. È possibile che un soldato capti un segnale trasmesso dall'accampamento Y e dall'accampamento X, ma non possa captare un segnale dall'accampamento Z
C. È impossibile per un soldato in pattugliamento nel deserto captare un segnale trasmesso da tutti e tre gli accampamenti
D. È possibile che un soldato capti un segnale trasmesso dall'accampamento Y e dall'accampamento Z, ma non possa captare un segnale dall'accampamento X
E. Un soldato che riceve un segnale dall'accampamento Y può non essere in grado di captare un segnale dall'accampamento Z e neanche di captare un segnale dall'accampamento X

132) "I sostenitori del vitalismo 'scientistico' sono stati numerosi ed annoverano nelle loro file scienziati di grande valore. Ma, mentre una cinquantina d'anni or sono i vitalisti si reclutavano fra i biologi (il più noto dei quali, H. Driesch, abbandonò l'embriologia per dedicarsi alla filosofia), oggi essi provengono soprattutto dalle scienze fisiche, come Elsasser e Polanyi. Ed è comprensibile che la stranezza degli esseri viventi abbia colpito i fisici in misura ancor maggiore dei biologi. Per quanto riguarda, ad esempio, Elsasser, il suo atteggiamento è in sintesi il seguente: le proprietà strane degli esseri viventi, l'invarianza e la teleonomia, non violano probabilmente la fisica, ma esse non sono spiegabili appieno in termini di forze fisiche e di interazioni chimiche, rilevate dallo studio dei sistemi non viventi. È dunque indispensabile ammettere che alcuni principi i quali si sommerebbero a quelli della fisica, operano nella materia vivente e non nei sistemi non viventi, dove di conseguenza essi, come principii elettivamente vitali, non possono essere reperiti. Sono questi principi (o leggi biotoni che, per usare la terminologia di Elsasser) che è necessario chiarire".
Sulla base della lettura del testo sopra riportato, quale delle seguenti affermazioni è FALSA?
A. Il vitalismo scientistico tenta di spiegare le proprietà strane degli esseri

viventi, quali l'invarianza e la teleonomia
B. I sostenitori del vitalismo scientifico al giorno d'oggi provengono prevalentemente dalle scienze fisiche
C. Elsasser definisce "leggi biotoniche" i principi che operano nella materia vivente
D. Elsasser sosteneva che tutti i fenomeni viventi sono spiegabili in termini di interazioni chimiche e forze fisiche
E. Elsasser ammette che alcuni principi sommantisi alle leggi della chimica e della fisica operano nella materia vivente e non nei sistemi non viventi

133) "Secondo il critico d'arte Giovanni Morelli, attivo negli ultimi decenni del XIX secolo, particolari considerati di solito senza importanza, o addirittura triviali, 'bassi', forniscono una chiave privilegiata per accedere ai prodotti più elevati dello spirito umano. «I miei avversari – scriveva ironicamente Morelli – si compiacciono di qualificarmi per uno il quale non sa vedere il senso spirituale di un'opera d'arte e per questo dà una particolare importanza a mezzi esteriori, quali le forme della mano, dell'orecchio, e persino, horribile dictu, di un così antipatico oggetto qual è quello delle unghie». Ma questi dati marginali sono, per Morelli, rivelatori, perché costituiscono i momenti in cui il controllo dell'artista, legato alla tradizione culturale, si allenta per cedere il posto a tratti puramente individuali, «che gli sfuggono senza che egli se ne accorga»".

Carlo Ginzburg, *Miti, Emblemi, Spie*

Le frasi sotto riportate sono state tutte, meno una, tratte dal saggio su Morelli del quale qui è stata citata una parte significativa. Individuare, perché incongruente, la frase indebitamente inserita:

A. I grandi artisti non sono influenzati dalle norme della tradizione, a cui per lo più si contrappongono
B. Data l'attenzione evidente per gli elementi inconsci dell'attività dell'artista, si può comprendere come Morelli abbia interessato Freud
C. I nostri piccoli gesti inconsapevoli possono rivelare il nostro carattere più di qualunque atteggiamento formale
D. Se la realtà è opaca, esistono zone privilegiate – spie, indizi – che consentono a un osservatore attento di decifrarla
E. Grazie al suo metodo indiziario Morelli fu in grado di proporre nuove attribuzioni nei principali Musei d'Europa

●●○ Date le premesse, si può dedurre che

134) Thomas Malthus scrisse nel "*Saggio sui principi della popolazione*" che la crescita di popolazioni di piante o animali, ivi compreso l'uomo, segue una progressione geometrica, mentre la capacità di aumentare le fonti di cibo segue una progressione aritmetica.

Quale delle seguenti risposte è logicamente collegata all'affermazione di Malthus?

A. Non esiste conflitto tra progressione aritmetica e progressione geometrica
B. Una popolazione in espansione si appropria delle fonti di cibo di altre popolazioni
C. Una popolazione in espansione scatena l'aggressività delle popolazioni confinanti
D. Le popolazioni si espandono occupando spazi appartenenti ad altre popolazioni confinanti più deboli
E. Le fonti di cibo limitano automaticamente l'espandersi di una popolazione

135) Da "Chi dorme non piglia pesci" segue logicamente:

A. chi piglia pesci non dorme
B. chi piglia pesci dorme
C. nessuna delle altre alternative proposte
D. chi non piglia pesci dorme
E. chi non piglia pesci non dorme

136) L'italiano che afferma che tutti gli italiani sono sempre bugiardi dice:

A. una affermazione perfettamente verificabile
B. il vero
C. una bugia
D. niente di nuovo
E. una cosa ovvia

137) "Dopo mesi di indagini, la guardia di finanza ha arrestato un professionista coinvolto in un giro di tangenti". Da quanto esposto, una sola delle deduzioni ricavate è indiscutibile:

A. qualcuno ha giocato sulla sua ingenuità
B. la sua è stata una debolezza passeggera
C. era in combutta con uno o più complici
D. tutti i professionisti sono corrotti
E. c'è stato un errore di persona

138) In un romanzo il nipote "con la sua ritrosa ironia" dice allo zio: "Tu, zione, corteggi la morte". Se ne deduce correttamente che:

A. lo zio desidera morire
B. lo zio teme che il nipote voglia la sua eredità
C. il nipote parla della morte come di una donna sgradevole
D. il nipote proietta sullo zio un suo desiderio inconscio
E. il nipote desidera la morte dello zio

139) Di un gruppo di persone si sa che non è vero che "tutti i maschi sono originari della Sicilia". Se ne può dedurre che in quel gruppo:

A. tutte le persone originarie della Sicilia sono femmine
B. c'è almeno un maschio che non è originario della Sicilia
C. tutte le femmine sono originarie della Sicilia
D. c'è almeno una persona originaria della Sicilia che non è maschio
E. c'è almeno una femmina che non è originaria della Sicilia

140) Lucia, Francesco e Roberta parlano dei loro viaggi futuri. Lucia afferma: "Se Roberta andrà a Londra, anch'io andrò a Londra". Francesco afferma: "Esattamente due di noi andranno a Londra". Da queste affermazioni possiamo dedurre con certezza che:

A. Lucia andrà a Londra
B. Lucia non andrà a Londra
C. Roberta e Lucia andranno a Londra
D. Roberta andrà a Londra
E. Francesco andrà a Londra

141) Se tutti gli elefanti hanno la proboscide e nessun quadrupede ha le piume, possiamo affermare che:

A. nessun elefante ha le piume
B. tutti i quadrupedi hanno le piume
C. tutti i quadrupedi hanno la proboscide
D. alcuni elefanti hanno le piume
E. nessun quadrupede ha la proboscide

142) "In un villaggio egiziano tutti i camerieri sono tedeschi e tutti i tedeschi sono biondi". Ne consegue che:

A. alcuni camerieri tedeschi sono biondi
B. tutti i biondi sono tedeschi

C. tutti i tedeschi sono camerieri
D. tutti i biondi sono camerieri
E. tutti i camerieri sono biondi

143) "Strada scivolosa in caso di ghiaccio". Se la precedente affermazione è vera allora è possibile dedurre che:

A. se c'è ghiaccio la strada non è scivolosa
B. se non c'è ghiaccio la strada è scivolosa
C. se non c'è ghiaccio la strada non è scivolosa
D. se c'è ghiaccio la strada è scivolosa
E. la strada è scivolosa solo in presenza di ghiaccio

144) Se tutti gli elefanti hanno la coda e nessun quadrupede ha le ali, possiamo affermare che:

A. tutti i quadrupedi hanno la coda
B. alcuni elefanti hanno le ali
C. alcuni quadrupedi hanno la coda
D. nessun quadrupede ha la coda
E. nessun elefante ha le ali

Condizione necessaria

145) "Se e solo se c'è umidità, apro la finestra". In base al precedente assunto, quale delle seguenti affermazioni è certamente vera?

A. Quando apro la finestra non è detto che ci sia umidità
B. A volte, anche se c'è umidità, non apro la finestra
C. Se apro la finestra c'è sempre umidità
D. Quando apro la finestra non so se c'è umidità
E. Se apro la finestra significa che c'è umidità

146) "Solamente dopo la riunione Aldo e Giacomo possono andare a cena". Se la precedente informazione è corretta, quale delle seguenti affermazioni NON rappresenta una conclusione corretta?

A. Anche se la riunione è terminata, può darsi che Aldo e Giacomo non siano andati a cena
B. Se la riunione è terminata, allora Aldo e Giacomo sono andati a cena
C. Se Aldo e Giacomo sono andati a cena, allora la riunione è terminata
D. Se Aldo e Giacomo non sono andati a cena, allora la riunione non è terminata
E. Se la riunione non è terminata, allora Aldo e Giacomo non possono andare a cena

147) Imparerai che per un intervallo *I* di numeri reali vale la seguente proprietà: *I* è compatto se e solo se è chiuso e limitato. Senza che tu debba conoscere il significato dei termini in oggetto, scegli tra le seguenti affermazioni l'unica che consegue necessariamente dalla proprietà enunciata.

A. Se *I* è limitato ma non compatto, allora *I* è chiuso
B. Se *I* non è chiuso oppure non è limitato, allora *I* è compatto
C. Se *I* è chiuso oppure è limitato, allora *I* è compatto
D. Se *I* è chiuso e compatto, allora *I* non è limitato
E. Se *I* non è limitato, allora *I* non è compatto

148) "Soltanto se vi è silenzio, Luca riesce ad addormentarsi". In base alla precedente affermazione, è necessariamente vero che:

A. se vi è silenzio, sicuramente Luca riesce ad addormentarsi
B. è sufficiente che vi sia silenzio perché Luca riesca ad addormentarsi

C. se Luca non riesce ad addormentarsi, significa che non vi è silenzio
D. Luca riesce ad addormentarsi anche se non vi è silenzio
E. se non vi è silenzio Luca non riesce ad addormentarsi

149) "Solo se conservati nel congelatore, i surgelati non subiscono alterazioni". In base alla precedente affermazione, quale delle seguenti alternative non è necessariamente vera?

A. Se non sono conservati nel congelatore, i surgelati subiscono alterazioni
B. Condizione necessaria perché i surgelati non subiscano alterazioni è che siano conservati nel congelatore
C. Se non vengono conservati nel congelatore, i surgelati subiscono alterazioni
D. I surgelati alterati non sono stati conservati nel congelatore
E. I surgelati non alterati sono stati conservati nel congelatore

150) "Se e solo se mangio i dolci, ingrasso". In base alla precedente informazione, quale delle seguenti affermazioni è certamente vera?

A. A volte, anche se mangio i dolci, non ingrasso
B. Quando ingrasso non è detto che io abbia mangiato i dolci
C. Se mangio dolci dimagrisco
D. Ingrasso solo prima di mettermi a dieta
E. Quando ingrasso è perché ho mangiato i dolci

151) "Solo se avvolti nella carta stagnola, gli alimenti cotti al forno non si deteriorano". In base alla precedente affermazione, quale delle seguenti non è necessariamente vera?

A. Le altre deduzioni sono tutte vere
B. Gli alimenti cotti al forno che si deteriorano non sono stati avvolti nella carta stagnola
C. Se non vengono avvolti nella carta stagnola, gli alimenti cotti al forno si deteriorano
D. Condizione necessaria perché gli alimenti cotti al forno non si deteriorino è che siano avvolti nella carta stagnola
E. Gli alimenti cotti al forno che non si deteriorano sono stati avvolti nella carta stagnola

152) "Se e solo se nevica, accendo il camino". In base alla precedente informazione, quale delle seguenti affermazioni è certamente vera?

A. Se accendo il camino significa che nevica
B. Quando accendo il camino non sempre sta nevicando
C. Accendo il camino solo dopo aver raccolto la legna
D. Se non accendo il camino significa che nevica
E. A volte, anche se nevica, non accendo il camino

153) "Solo se vado a dormire presto, rendo al massimo sul lavoro". In base alla precedente affermazione, è necessariamente vero che:

A. se vado a dormire tardi, sicuramente rendo al massimo sul lavoro
B. è possibile che renda al massimo sul lavoro anche se non vado a dormire presto
C. se non rendo al massimo sul lavoro, significa che non sono andato a dormire presto
D. se vado a dormire presto, sicuramente rendo al massimo sul lavoro
E. se non vado a dormire presto, non rendo al massimo sul lavoro

154) "Solamente dopo aver lavato la macchina si può lucidarla". Se la precedente informazione è corretta, quale delle seguenti affermazioni non rappresenta una conclusione corretta?

A. Se la macchina è stata lucidata allora è stata lavata
B. Se la macchina non è stata lucidata allora non è stata lavata
C. È possibile che, dopo aver lavato la macchina, non si possa lucidarla
D. Se la macchina non è stata lavata allora non può essere lucidata
E. Perché la macchina sia lucidata, è necessario che sia prima lavata

155) "Solo se l'amministratore mi procura le chiavi, posso aprire i cancelli". In base alla precedente affermazione, è necessariamente vero che:

A. se non posso aprire i cancelli, significa che l'amministratore non mi ha procurato le chiavi
B. se l'amministratore mi procura le chiavi, sicuramente posso aprire i cancelli
C. se l'amministratore non mi procura le chiavi, non posso aprire i cancelli
D. è impossibile aprire i cancelli se l'amministratore mi procura le chiavi
E. è possibile aprire i cancelli anche se l'amministratore non mi procura le chiavi

156) "Se e solo se la Polizia scorterà il pullman dei tifosi, l'ordine pubblico nella città sarà garantito". In base alla precedente affermazione, è necessariamente vero che:

A. se la Polizia scorta il pullman dei tifosi, l'ordine pubblico nella città non sarà garantito
B. se la Polizia non scorta il pullman dei tifosi, l'ordine pubblico nella città non sarà garantito
C. anche se il pullman dei tifosi viene scortato dalla Polizia, l'ordine pubblico nella città potrebbe non essere garantito
D. non è sufficiente che il pullman dei tifosi venga scortato perché l'ordine pubblico sia garantito nella città
E. per garantire l'ordine pubblico nella città, occorre che la Polizia scorti il pullman dei tifosi fino alla stazione dei treni

157) "Solo se la nave lancia l'SOS, arrivano i soccorsi". In base alla precedente affermazione, è necessariamente vero che:

A. se la nave non lancia l'SOS, i soccorsi non arrivano
B. se non arrivano i soccorsi, significa che la nave non ha lanciato l'SOS
C. se la nave lancia l'SOS, sicuramente arrivano i soccorsi
D. è possibile che arrivino i soccorsi anche se la nave non lancia l'SOS
E. è impossibile che arrivino i soccorsi se la nave lancia l'SOS

158) "Solo se Luisa telefona, Stefano le dà un passaggio in automobile". In base alla precedente affermazione, è necessariamente vero che:

A. è possibile che Stefano dia a Luisa un passaggio in automobile anche se lei non telefona
B. se Luisa non telefona, Stefano le dà un passaggio in automobile
C. se Stefano non dà un passaggio in automobile a Luisa, significa che lei non ha telefonato
D. se Luisa non telefona, Stefano non le dà un passaggio in automobile
E. se Luisa telefona, sicuramente Stefano le dà un passaggio in automobile

159) "Se torno a casa presto, vado a giocare a tennis". In base alla precedente affermazione, è necessariamente vero che:

A. vado a giocare a tennis solo se torno a casa presto
B. se vado a giocare a tennis, significa che sono tornato a casa presto
C. se torno a casa tardi, non vado a giocare a tennis
D. se torno a casa tardi, vado a giocare a tennis
E. se non sono andato a giocare a tennis, vuol dire che non sono tornato a casa presto

160) "Solo se l'insegnante assente telefona entro le ore nove, il preside provvede a chiamare un supplente". In base alla precedente affermazione, è necessariamente vero che:

A. è possibile che il preside provveda a chiamare un supplente anche se l'insegnante assente non telefona entro le ore nove
B. se l'insegnante assente non telefona entro le ore nove, il preside provvede a chiamare un supplente
C. se il preside non provvede a chiamare un supplente, significa che l'insegnante assente non ha telefonato entro le ore nove
D. se l'insegnante assente telefona entro le ore nove, sicuramente il preside provvede a chiamare un supplente
E. se l'insegnante assente non telefona entro le ore nove, il preside non provvede a chiamare un supplente

161) "È necessario che il tram sia in orario affinché Sabina arrivi in tempo al lavoro". Se la precedente informazione è vera, allora è possibile dedurre che:

A. se il tram non è in orario allora Sabina arriva in tempo al lavoro
B. se il tram non è in orario allora Sabina non arriva in tempo al lavoro
C. se Sabina non arriva in tempo al lavoro allora il tram non è in orario
D. se il tram è in orario allora Sabina arriva in tempo al lavoro
E. se Sabina arriva in tempo al lavoro allora il tram non è in orario

162) "Solo se il camino è acceso, si avverte l'atmosfera natalizia". In base alla precedente affermazione, è necessariamente vero che:

A. se il camino è acceso, sicuramente non si avverte l'atmosfera natalizia
B. se non si avverte l'atmosfera natalizia, significa che il camino non è acceso
C. se il camino non è acceso, non si avverte l'atmosfera natalizia
D. si può avvertire l'atmosfera natalizia anche con il camino spento
E. nessuna delle alternative è corretta

Condizione sufficiente

163) L'affermazione "quando mangio troppo mi viene mal di stomaco" implica che:

A. a volte capita che non abbia mal di stomaco pur avendo mangiato troppo
B. se ho mal di stomaco vuol dire che ho mangiato troppo
C. se non mi viene mal di stomaco allora non ho mangiato troppo
D. o mangio troppo o mi viene mal di stomaco
E. non ho mal di stomaco pur avendo mangiato troppo

164) Quale delle seguenti proposizioni equivale a dire che "condizione sufficiente affinché la proposizione Q sia vera è che sia vera la proposizione P"?

A. Se P è vera, allora Q è vera
B. Se Q è vera, allora P è vera
C. Se P è falsa, allora Q è falsa

D. P è vera se e solo se Q è vera
E. P è falsa se e solo se Q è falsa

165) "Se il mandorlo è in fiore, la rosa marcisce. Se la begonia marcisce il papavero sboccia. Inoltre o il mandorlo è in fiore o la begonia marcisce". In base alle precedenti affermazioni è sicuramente vero che:

A. il mandorlo è in fiore e il papavero sboccia
B. la rosa marcisce o il papavero sboccia
C. il papavero sboccia
D. la rosa marcisce e il papavero sboccia
E. la rosa e la begonia marciscono

166) "Se lascerò accesa la mia lampada troppo a lungo, la lampadina si fulminerà". Se la precedente affermazione è vera, quale delle seguenti alternative è necessariamente vera?

A. Se non lascerò la lampada accesa troppo a lungo, la lampadina non si fulminerà
B. Se la lampadina non si è fulminata, allora non ho lasciato la lampada accesa troppo a lungo
C. Se la lampadina si è fulminata, vuol dire che ho lasciato la lampada accesa troppo a lungo
D. Se la lampadina si è fulminata, allora non ho lasciato la lampada accesa troppo a lungo
E. Se la lampadina non si è fulminata, allora non è detto che io non abbia lasciato accesa la lampada troppo a lungo

167) "È sufficiente che piova perché i prezzi della frutta e della verdura diminuiscano". Se la precedente informazione è vera, quale delle seguenti affermazioni è certamente vera?

A. È necessario che piova perché i prezzi della frutta e della verdura diminuiscano
B. Se i prezzi della frutta e della verdura diminuiscono significa che è piovuto
C. È possibile che i prezzi della frutta e della verdura diminuiscano senza che sia piovuto
D. Se non piove allora i prezzi della frutta e della verdura non diminuiscono
E. Se i prezzi della frutta e della verdura aumentano significa che è piovuto

168) Condizione sufficiente, ma non necessaria, affinché al Liceo Pitagora l'anno scolastico si concluda con una festa è che le interrogazioni terminino entro la fine del mese di maggio. Determinare quale delle seguenti situazioni è INCOMPATIBILE con l'affermazione precedente.

A. Nel 2006 uno studente è stato interrogato il 4 giugno, e poi c'è stata la festa
B. Nel 2008 le interrogazioni sono terminate a marzo, e poi non c'è stata la festa
C. Nel 2010 uno studente è stato interrogato il 3 aprile, e poi non c'è stata la festa
D. Da quando esiste il Liceo Pitagora la festa c'è stata ad anni alterni
E. Nel 2003 uno studente è stato interrogato il 4 giugno, e poi non c'è stata la festa

169) "Se Gabriella è in ufficio, allora Tommaso è all'asilo nido". Se l'argomentazione precedente è vera, quale delle seguenti è certamente vera?

A. Se Gabriella è in ufficio, allora Tommaso non è all'asilo nido
B. Se Tommaso non è all'asilo nido, allora Gabriella non è in ufficio
C. Se Tommaso è all'asilo nido, allora Gabriella è in ufficio
D. Gabriella e Tommaso non possono mai essere all'asilo nido insieme

E. Se Gabriella non è in ufficio, allora Tommaso non è all'asilo nido

170) "Se Luigi continua a fumare, si ammalerà". Se l'affermazione precedente è vera, allora è vero anche che:

A. se Luigi non si ammalerà, significa che ha smesso di fumare
B. se Luigi si ammalerà, sarà a causa di un tumore
C. se Luigi smette di fumare, vivrà a lungo in buona salute
D. se Luigi si ammalerà, sarà a causa del fumo
E. se Luigi non si ammalerà, significa che non ha smesso di fumare

2.4 • Relazioni d'ordine: le parentele

171) "Sonia ha una sorella di nome Concetta ed un fratello di nome Michele, che ha sposato la sorella del marito di Sonia". Che relazione c'è tra Concetta e la moglie di Michele?

A. Sono sorelle
B. Sono cognate
C. Sono semplici conoscenti
D. Sono consuocere
E. Sono cugine acquisite

172) Se il padre di Luigi è fratello della madre di Marco, in che rapporto di parentela è Marco con la madre di Luigi?

A. Nipote
B. Cognato
C. Fratello
D. Cugino
E. Zio

173) Paola non ha sorelle. Chi è la sorella del figlio del nonno materno della figlia di Paola?

A. Paola stessa
B. Una cugina di Paola
C. Non esiste tale persona
D. La mamma di Paola
E. Una zia di Paola

174) "Mario è il secondogenito di una coppia con due figli, e sua moglie è figlia unica. Uno dei nonni del figlio di Mario ha una figlia che si chiama Francesca, la quale ha due anni meno di Mario". Date queste premesse, chi è la Francesca di cui si parla nel testo?

A. Una figlia di Mario
B. La moglie di Mario
C. La sorella di Mario
D. La madre di Mario
E. Una zia di Mario

2.5 • Relazioni d'ordine: le età

175) Franco è più giovane di Sandro; Alessio è più giovane di Franco ma è più vecchio di Marco. Chi è il più giovane dei quattro ragazzi?

A. Alessio
B. Sandro
C. Marco
D. Franco
E. I dati non sono sufficienti per rispondere

176) "Se Antonio, Mario e Luca sono tre fratelli: Antonio è maggiore di Mario, questi è minore di Luca che, a sua volta, è meno grande anche di Antonio", si ha che:

A. Mario è il più piccolo
B. Antonio è il più piccolo
C. Luca è il più grande
D. Mario è il mediano
E. Antonio e Mario sono coetanei

177) "J è più anziano di K ma più giovane di L. K e L sono entrambi più gio-

vani di M. N è più anziano di J. Se le precedenti informazioni sono corrette, X è più anziano di J se è anche vero che: 1) X è più anziano di N; 2) N è più giovane di L e X è più giovane di M; 3) X e M hanno la stessa età". Quali sono le condizioni sicuramente corrette?

A. Solo 1)
B. 1) e 3)
C. 1), 2) e 3)
D. Solo 3)
E. Solo 2)

178) "Laura ha tre sorelle, Flavia, Sara e Alice, e due fratelli, Diego e Vincenzo. Si sa che:

1) Diego è il maggiore di tutti;

2) Vincenzo è più grande di Sara e Flavia (non necessariamente in quest'ordine) ma più piccolo di Laura e Alice (non necessariamente in quest'ordine)".

In base alle informazioni precedenti è FALSO affermare che:

A. Laura è più grande di Sara
B. Flavia è più piccola di Alice
C. Alice non può essere la terza in ordine di età
D. Alice è più grande di Sara
E. Sara non può essere la seconda in ordine di età

2.6 • Relazioni d'ordine: collocazione di oggetti e/o individui

179) Se Mirco è più vicino ad Assunta che non a Benedetta, e Assunta è più vicina a Mirco che non a Benedetta, allora Benedetta è più vicina:

A. a nessuno
B. ad Assunta
C. le informazioni fornite non consentono di stabilirlo con certezza
D. sia a Mirco che ad Assunta
E. a Mirco

180) La maestra d'asilo mette in fila indiana sei bimbe, i cui nomi sono: Anna, Bianca, Claudia, Diana, Eva, Federica. Sapendo che Eva viene subito dopo Federica, che Bianca è la seconda della fila e che fra lei ed Anna vi è una sola bambina, si dica chi è l'ultima della fila.

A. Eva
B. Federica
C. Claudia
D. Anna
E. Diana

181) Al *Festival di San Romolo* la canzone di *Malva* riceve più voti di quella dei *Dromedari*, che a sua volta riceve più voti di quella di *Tito Acciaio*. La canzone di *Fred Fedeli* riceve più voti sia di quella dei Dromedari che di quella dei *Cognati Simili*.

Quale delle seguenti affermazioni è sicuramente corretta?

A. La canzone di *Malva* riceve più voti di quella dei *Cognati Simili*
B. La canzone di *Malva* riceve più voti di quella di *Fred Fedeli*
C. La canzone dei *Cognati Simili* riceve più voti di quella dei *Dromedari*
D. La canzone dei *Dromedari* riceve più voti di quella dei *Cognati Simili*
E. La canzone di *Fred Fedeli* riceve più voti di quella di *Tito Acciaio*

182) Se A viene prima di C, E viene prima di C, C viene prima di D e A viene prima di E, una delle seguenti affermazioni è falsa (F) mentre tutte le altre sono vere (V):

1) A è la prima della serie

2) E viene dopo D

3) E non è l'ultima della serie

4) E viene prima di D
5) L'ordine non è alfabetico
Quale tra le seguenti è dunque la sequenza corretta?

A. 1:V 2:V 3:V 4:V 5:F
B. 1:F 2:V 3:V 4:V 5:V
C. 1:V 2:V 3:V 4:F 5:V
D. 1:V 2:V 3:F 4:V 5:V
E. 1:V 2:F 3:V 4:V 5:V

2.7 • Abilità a ordinare eventi cronologici

183) Se oggi è lunedì, qual è il giorno successivo al giorno che precede il giorno prima di domani?

A. Sabato
B. Mercoledì
C. Martedì
D. Domenica
E. Lunedì

184) Se oggi è giovedì, qual è il giorno precedente al giorno che segue dopodomani?

A. Venerdì
B. Lunedì
C. Martedì
D. Domenica
E. Sabato

185) Nell'affollatissimo bar di Mario, ogni mattina il signor Rossi, il signor Verdi ed il signor Bianchi vanno a prendere un caffè. Il signor Rossi arriva sempre per primo e non ha fretta, il signor Verdi arriva sempre per secondo ed ha fretta, mentre il signor Bianchi arriva sempre per terzo ed ha molta fretta. I tre clienti, non appena hanno bevuto il proprio caffè, vanno via, pertanto possono incontrarsi al bar oppure no. Mario conosce le necessità dei suoi tre clienti abituali e cerca di soddisfarle, compatibilmente con la necessità di servire anche gli altri avventori. Pertanto, egli serve prima il signor Bianchi (che ha molta fretta), poi il signor Verdi (che ha fretta) e poi il signor Rossi (che non ha fretta).
In quale ordine sicuramente Mario non ha potuto servire i tre clienti abituali?

A. Sig. Rossi, sig. Bianchi e sig. Verdi
B. Sig. Rossi, sig. Verdi e sig. Bianchi
C. Sig. Bianchi, sig. Verdi e sig. Rossi
D. Sig. Bianchi, sig. Rossi e sig. Verdi
E. Sig. Verdi, sig. Rossi e sig. Bianchi

186) Gabriele si allena in piscina ogni lunedì, mercoledì e sabato. In uno dei rimanenti giorni della settimana Gabriele gioca a calcio. Sapendo che il giorno dopo gli allenamenti di nuoto Gabriele non svolge alcuna attività fisica, qual è il giorno in cui gioca a calcio?

A. Domenica
B. Mercoledì
C. Giovedì
D. Martedì
E. Venerdì

2.8 • Test di logica concatenativa

187) "Delle tre banche d'affari ABI, EBI e OBI almeno due sono svizzere. Si sa, inoltre, che se ABI è svizzera anche EBI lo è, che se OBI è svizzera lo è anche ABI, e che tra EBI e OBI almeno una è non svizzera". In base a queste informazioni, quale delle seguenti è sicuramente vera?

A. ABI non è svizzera e EBI è svizzera
B. OBI non è svizzera e EBI è svizzera
C. EBI non è svizzera e OBI è svizzera
D. ABI, OBI e EBI sono svizzere
E. OBI è svizzera e EBI non è svizzera

188) Aldo, Bruno, Carlo, Donato ed Eugenio durante una gita pernottano in una locanda dove hanno a disposizione tre camere singole e una doppia. Nessuno vuol dormire con Eugenio, perché russa troppo sonoramente. Aldo accetta di dividere la camera doppia solo con Carlo o con Bruno. Bruno dice che andrà nella doppia solo con Donato. Se ne deduce, necessariamente, che:

A. uno dei due, tra Aldo e Bruno, dormirà sicuramente nella camera doppia
B. Aldo e Bruno dormiranno nella camera doppia
C. nella camera doppia dormirà Aldo oppure Donato
D. Eugenio, Carlo e Donato dormiranno nelle camere singole
E. Eugenio, Aldo e Bruno dormiranno nelle camere singole

2.9 • Relazioni insiemistiche

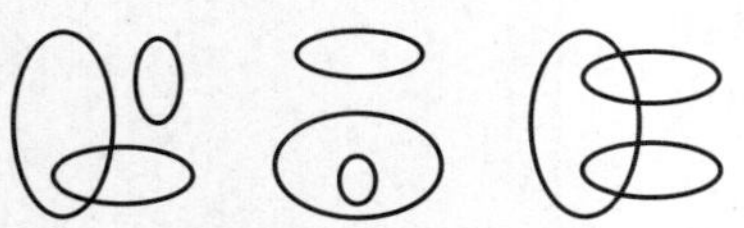

DIAGRAMMA 1 DIAGRAMMA 2 DIAGRAMMA 3

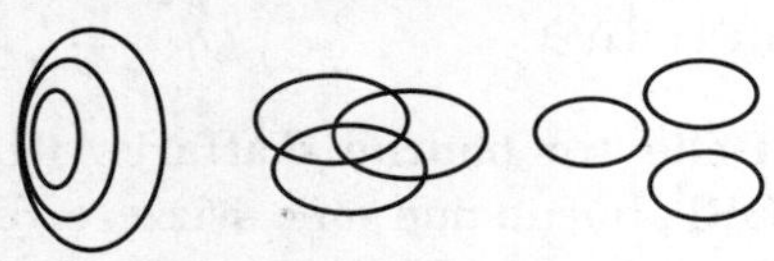

DIAGRAMMA 4 DIAGRAMMA 5 DIAGRAMMA 6

189) Individuare quale diagramma soddisfa la relazione insiemistica esistente fra i tre termini seguenti: Tramvieri, Edicolanti, Persone di nome Giorgio.

A. Diagramma 1
B. Diagramma 6
C. Diagramma 3
D. Diagramma 4
E. Diagramma 2

190) Individuare quale diagramma soddisfa la relazione insiemistica esistente fra i tre termini seguenti: Riviste settimanali, Edicole, Pubblicazioni periodiche.

A. Diagramma 3
B. Diagramma 5
C. Diagramma 4
D. Diagramma 1
E. Diagramma 2

191) Individuare quale diagramma soddisfa la relazione insiemistica esistente fra i tre termini seguenti: Elefanti, Animali, Baobab.

A. Diagramma 2
B. Diagramma 1
C. Diagramma 3
D. Diagramma 4
E. Diagramma 5

192) Individuare quale diagramma soddisfa la relazione insiemistica esistente fra i tre termini seguenti: Numeri positivi, Numeri negativi, Operazioni.

A. Diagramma 5
B. Diagramma 1
C. Diagramma 3
D. Diagramma 2
E. Diagramma 6

193) Individuare quale diagramma soddisfa la relazione insiemistica esistente fra i tre termini seguenti: Fotografie, Dipinti, Cornici.

A. Diagramma 6
B. Diagramma 4
C. Diagramma 5
D. Diagramma 1
E. Diagramma 3

194) Individuare quale diagramma soddisfa la relazione insiemistica esistente fra i tre termini seguenti: Deputati, Avvocati, Senatori.

A. Diagramma 1
B. Diagramma 3
C. Diagramma 5
D. Diagramma 2
E. Diagramma 6

195) Individuare quale diagramma soddisfa la relazione insiemistica esistente fra i tre termini seguenti: Feste religiose, Natale, Festa del lavoro.

A. Diagramma 4
B. Diagramma 2
C. Diagramma 6
D. Diagramma 5
E. Diagramma 3

196) Individuare quale diagramma soddisfa la relazione insiemistica esistente tra i tre termini seguenti: Satelliti, Pianeti, Stelle.

A. Diagramma 3
B. Diagramma 1
C. Diagramma 2
D. Diagramma 6
E. Diagramma 4

197) Individuare quale diagramma soddisfa la relazione insiemistica esistente fra i tre termini seguenti: Sigarette, Accendini, Tumori.

A. Diagramma 6
B. Diagramma 2
C. Diagramma 1
D. Diagramma 3
E. Diagramma 5

198) Individuare quale diagramma soddisfa la relazione insiemistica esistente fra i tre termini seguenti: Minorenni, Biondi, Bruni.

A. Diagramma 3
B. Diagramma 1
C. Diagramma 4
D. Diagramma 6
E. Diagramma 2

199) Individuare quale diagramma soddisfa la relazione insiemistica esistente fra i tre termini seguenti: Ristoranti, Locali pubblici, Camerieri.

A. Diagramma 5
B. Diagramma 4
C. Diagramma 2
D. Diagramma 3
E. Diagramma 1

200) Individuare quale diagramma soddisfa la relazione insiemistica esistente fra i tre termini seguenti: Americani, Architetti, Sportivi.

A. Diagramma 1
B. Diagramma 2
C. Diagramma 6
D. Diagramma 5
E. Diagramma 4

201) Individuare quale diagramma soddisfa la relazione insiemistica esistente fra i tre termini seguenti: Belgi, Inglesi, Nazioni.

A. Diagramma 1
B. Diagramma 2
C. Diagramma 6
D. Diagramma 4
E. Diagramma 3

202) Individuare quale diagramma soddisfa la relazione insiemistica esistente tra i tre termini seguenti: Uomini con i capelli rossi, Poeti, Libri.

A. Diagramma 4
B. Diagramma 2
C. Diagramma 6
D. Diagramma 1
E. Diagramma 3

203) Individuare quale diagramma soddisfa la relazione insiemistica esistente fra i tre termini seguenti: Riviste, Enciclopedie, Prodotti della casa editrice Mondadori.

A. Diagramma 3
B. Diagramma 2
C. Diagramma 4
D. Diagramma 6
E. Diagramma 5

204) Individuare quale diagramma soddisfa la relazione insiemistica esistente fra i tre termini seguenti: Abitazioni, Mobili, Tappeti.

A. Diagramma 1
B. Diagramma 6
C. Diagramma 5
D. Diagramma 3
E. Diagramma 2

205) Individuare quale diagramma soddisfa la relazione insiemistica esistente fra i tre termini seguenti: Alberi, Falegnami, Tavoli.

A. Diagramma 4
B. Diagramma 6
C. Diagramma 5
D. Diagramma 1
E. Diagramma 3

206) Individuare quale diagramma soddisfa la relazione insiemistica esistente fra i tre termini seguenti: Agricoltori, Trattori, Campi.

A. Diagramma 4
B. Diagramma 5
C. Diagramma 6
D. Diagramma 3
E. Diagramma 1

207) Individuare quale diagramma soddisfa la relazione insiemistica esistente fra i tre termini seguenti: Mucche, Pecore, Allevatori.

A. Diagramma 5
B. Diagramma 1
C. Diagramma 3
D. Diagramma 6
E. Diagramma 4

208) Individuare quale diagramma soddisfa la relazione insiemistica esistente fra i tre termini seguenti: Maestri di scuola, Inglesi, Analfabeti.

A. Diagramma 6
B. Diagramma 1
C. Diagramma 3
D. Diagramma 4
E. Diagramma 2

209) Individuare quale diagramma soddisfa la relazione insiemistica esistente fra i tre termini seguenti: Sedie, Oggetti di legno, Arredatori d'interni.

A. Diagramma 6
B. Diagramma 3
C. Diagramma 4
D. Diagramma 2
E. Diagramma 1

210) Individuare quale diagramma soddisfa la relazione insiemistica esistente fra i tre termini seguenti: Italiani, Inglesi, Filosofi.

A. Diagramma 2
B. Diagramma 1
C. Diagramma 3
D. Diagramma 4
E. Diagramma 6

211) Individuare quale diagramma soddisfa la relazione insiemistica esistente fra i tre termini seguenti: Competizioni sportive, Olimpiadi, Maratoneti.

A. Diagramma 1
B. Diagramma 3
C. Diagramma 4
D. Diagramma 2
E. Diagramma 5

212) Individuare quale diagramma soddisfa la relazione insiemistica esistente tra i tre termini seguenti: Cani, Cavalli, Quadrupedi dal pelo marrone.

A. Diagramma 6
B. Diagramma 1
C. Diagramma 2
D. Diagramma 3
E. Diagramma 5

213) Individuare quale diagramma soddisfa la relazione insiemistica esistente fra i tre termini seguenti: Agrumi, Bevande, Spremute.

A. Diagramma 3
B. Diagramma 6
C. Diagramma 1
D. Diagramma 2
E. Diagramma 4

214) Individuare quale diagramma soddisfa la relazione insiemistica esistente fra i tre termini seguenti: Capi d'abbigliamento, Giacche, Armadi.

A. Diagramma 4
B. Diagramma 6
C. Diagramma 2
D. Diagramma 3
E. Diagramma 1

215) Individuare quale diagramma soddisfa la relazione insiemistica esistente fra i tre termini seguenti: Delfini, Animali, Mammiferi.

A. Diagramma 3
B. Diagramma 4
C. Diagramma 6
D. Diagramma 5
E. Diagramma 1

216) Individuare quale diagramma soddisfa la relazione insiemistica esistente tra i tre termini seguenti: Anziani, Panettieri, Grissini.

A. Diagramma 2
B. Diagramma 4
C. Diagramma 3
D. Diagramma 6
E. Diagramma 1

217) Individuare quale diagramma soddisfa la relazione insiemistica esistente fra i tre termini seguenti: Uomini celibi, Uomini coniugati, Persone diplomate.

A. Diagramma 5
B. Diagramma 1
C. Diagramma 2
D. Diagramma 6
E. Diagramma 3

218) Individuare quale diagramma soddisfa la relazione insiemistica esistente fra i tre termini seguenti: Lavoratori dipendenti, Persone di nome Luigi, Residenti a Teramo.

A. Diagramma 2
B. Diagramma 1
C. Diagramma 5
D. Diagramma 3
E. Diagramma 4

219) Individuare quale diagramma soddisfa la relazione insiemistica esistente fra i tre termini seguenti: Fiumi, Gange, Laghi.

A. Diagramma 3
B. Diagramma 4
C. Diagramma 6
D. Diagramma 2
E. Diagramma 1

220) Individuare quale diagramma soddisfa la relazione insiemistica esistente fra i tre termini seguenti: Tovaglioli, Posate, Bicchieri.

A. Diagramma 2
B. Diagramma 4
C. Diagramma 3
D. Diagramma 6
E. Diagramma 1

221) Individuare quale diagramma soddisfa la relazione insiemistica esistente fra i tre termini seguenti: Disoccupati, Giovani, Impiegati.

A. Diagramma 1
B. Diagramma 2
C. Diagramma 5
D. Diagramma 4
E. Diagramma 3

222) Individuare quale diagramma soddisfa la relazione insiemistica esistente fra i tre termini seguenti: Bevitori di vino, Astemi, Olandesi.

A. Diagramma 1
B. Diagramma 3
C. Diagramma 2
D. Diagramma 5
E. Diagramma 4

223) Individuare quale diagramma soddisfa la relazione insiemistica esistente fra i tre termini seguenti: Città di mare, Città inglesi, Parigi.

A. Diagramma 2
B. Diagramma 4
C. Diagramma 1
D. Diagramma 6
E. Diagramma 3

224) Individuare quale diagramma soddisfa la relazione insiemistica esistente fra i tre termini seguenti: Panettieri, Fiorai, Rosette.

A. Diagramma 2
B. Diagramma 5
C. Diagramma 1
D. Diagramma 3
E. Diagramma 6

225) Individuare quale diagramma soddisfa la relazione insiemistica esistente fra i tre termini seguenti: Persone colte, Cantanti, Buongustai.

A. Diagramma 5
B. Diagramma 3
C. Diagramma 1
D. Diagramma 6
E. Diagramma 4

226) Individuare quale diagramma soddisfa la relazione insiemistica esistente fra i tre termini seguenti: Alpinismo, Atletica leggera, Danza.

A. Diagramma 6
B. Diagramma 5
C. Diagramma 1
D. Diagramma 4
E. Diagramma 2

227) Individuare quale diagramma soddisfa la relazione insiemistica esistente fra i tre termini seguenti: Libri di Storia, Libri con più di 500 pagine, Libri pubblicati nel 2005.

A. Diagramma 1
B. Diagramma 6
C. Diagramma 4
D. Diagramma 3
E. Diagramma 5

228) Individuare quale diagramma soddisfa la relazione insiemistica esistente fra i tre termini seguenti: Fiumi vietnamiti, Fiumi, Fiumi asiatici.

A. Diagramma 5
B. Diagramma 4
C. Diagramma 1

D. Diagramma 2
E. Diagramma 3

229) Individuare quale diagramma soddisfa la relazione insiemistica esistente fra i tre termini seguenti: Vocali, Consonanti, Parole.

A. Diagramma 3
B. Diagramma 4
C. Diagramma 6
D. Diagramma 5
E. Diagramma 1

230) Individuare quale diagramma soddisfa la relazione insiemistica esistente fra i tre termini seguenti: Oggetti in pelle, Borse da viaggio, Pellettieri.

A. Diagramma 5
B. Diagramma 4
C. Diagramma 6
D. Diagramma 1
E. Diagramma 3

231) Individuare quale diagramma soddisfa la relazione insiemistica esistente fra i tre termini seguenti: Sinfonie, Canzoni folkloristiche, Flauti.

A. Diagramma 3
B. Diagramma 2
C. Diagramma 1
D. Diagramma 6
E. Diagramma 4

232) Individuare quale diagramma soddisfa la relazione insiemistica esistente fra i tre termini seguenti: Pasta, Alimenti, Prima colazione.

A. Diagramma 1
B. Diagramma 2
C. Diagramma 3
D. Diagramma 5
E. Diagramma 6

233) Individuare quale diagramma soddisfa la relazione insiemistica esistente fra i tre termini seguenti: Giornalisti, Indro Montanelli, Scienziati.

A. Diagramma 2
B. Diagramma 1
C. Diagramma 4
D. Diagramma 3
E. Diagramma 5

234) Individuare quale diagramma soddisfa la relazione insiemistica esistente fra i tre termini seguenti: Editori, Arnoldo Mondadori, Giornali.

A. Diagramma 2
B. Diagramma 3
C. Diagramma 5
D. Diagramma 1
E. Diagramma 6

235) Individuare quale diagramma soddisfa la relazione insiemistica esistente fra i tre termini seguenti: Artisti, Cantanti, Mina.

A. Diagramma 1
B. Diagramma 3
C. Diagramma 4
D. Diagramma 5
E. Diagramma 6

236) Individuare quale diagramma soddisfa la relazione insiemistica esistente fra i tre termini seguenti: Olimpiadi, Palloni, Calciatori.

A. Diagramma 1
B. Diagramma 3
C. Diagramma 4
D. Diagramma 6
E. Diagramma 2

237) Individuare quale diagramma soddisfa la relazione insiemistica esistente fra i tre termini seguenti: Sciatori, Articoli sportivi, Piste da sci.

A. Diagramma 5
B. Diagramma 6
C. Diagramma 1
D. Diagramma 3
E. Diagramma 2

238) Individuare quale diagramma soddisfa la relazione insiemistica esistente fra i tre termini seguenti: Scarpe da ginnastica, Sportivi, Poliglotti.

A. Diagramma 2
B. Diagramma 1
C. Diagramma 6
D. Diagramma 4
E. Diagramma 3

239) Individuare quale diagramma soddisfa la relazione insiemistica esistente fra i tre termini seguenti: Telefilm, Cartoni animati, Registi.

A. Diagramma 1
B. Diagramma 2
C. Diagramma 6
D. Diagramma 4
E. Diagramma 5

240) Individuare quale diagramma soddisfa la relazione insiemistica esistente fra i tre termini seguenti: Penisole, Corea, Sicilia.

A. Diagramma 3
B. Diagramma 4
C. Diagramma 6
D. Diagramma 2
E. Diagramma 1

241) Individuare quale diagramma soddisfa la relazione insiemistica esistente fra i tre termini seguenti: Numeri primi, Numeri pari, Numeri dispari maggiori di 10.

A. Diagramma 1
B. Diagramma 3
C. Diagramma 6
D. Diagramma 4
E. Diagramma 2

242) Individuare quale diagramma soddisfa la relazione insiemistica esistente fra i tre termini seguenti: Laureati, Pensionati, Mecenati.

A. Diagramma 3
B. Diagramma 4
C. Diagramma 6
D. Diagramma 5
E. Diagramma 1

243) Individuare quale diagramma soddisfa la relazione insiemistica esistente fra i tre termini seguenti: Medicinali, Antibiotici, Infermieri.

A. Diagramma 2
B. Diagramma 1
C. Diagramma 6
D. Diagramma 5
E. Diagramma 3

244) Individuare quale diagramma soddisfa la relazione insiemistica esistente fra i tre termini seguenti: Giovani, Epatopatici, Bevitori di vino.

A. Diagramma 1
B. Diagramma 5
C. Diagramma 6
D. Diagramma 4
E. Diagramma 2

245) Individuare quale diagramma soddisfa la relazione insiemistica esistente fra i tre termini seguenti: Biondi, Calvi, Castani.

A. Diagramma 3
B. Diagramma 2
C. Diagramma 6
D. Diagramma 5
E. Diagramma 1

246) Individuare quale diagramma soddisfa la relazione insiemistica esistente fra i tre termini seguenti: Atleti, Tedeschi, Bruni.

A. Diagramma 5
B. Diagramma 3
C. Diagramma 4
D. Diagramma 1
E. Diagramma 2

247) Individuare quale diagramma soddisfa la relazione insiemistica esistente fra i tre termini seguenti: Pittori, Mario Sironi, Imitazioni.

A. Diagramma 1
B. Diagramma 6
C. Diagramma 3
D. Diagramma 2
E. Diagramma 4

248) Individuare quale diagramma soddisfa la relazione insiemistica esistente fra i tre termini seguenti: Tartarughe, Animali marini, Gatti.

A. Diagramma 6
B. Diagramma 2
C. Diagramma 3
D. Diagramma 4
E. Diagramma 1

2.10 • Test di logica verbale "binomiale"

249) Ci sono due persone di sesso diverso, una bionda e una mora. La persona bionda dice "Io sono un uomo" mentre la persona mora dice "Io sono una donna". Se almeno uno dei due mente quale delle seguenti affermazioni risulta necessariamente vera?

A. La donna è mora e l'uomo è biondo
B. Solo la donna mente
C. Solo l'uomo mente
D. La donna è bionda e l'uomo è moro
E. La donna è mora

250) Ci sono due persone di sesso diverso, una alta e una bassa. La persona bassa dice "Io sono una donna" mentre la persona alta dice "Io sono un uomo". Se almeno uno dei due mente quale delle seguenti affermazioni risulta necessariamente vera?

A. La donna è alta e l'uomo è basso
B. Sia la donna che l'uomo sono alti
C. La donna è bassa e l'uomo è alto
D. Sia la donna che l'uomo sono bassi
E. Solo l'uomo mente

2.11 • Altri esercizi di ragionamento critico

251) In una conferenza stampa, alla domanda se il nuovo acquisto, Petermass, avrebbe giocato nel grande incontro di sabato, l'allenatore ha risposto: "Solo se Fredericks non è in forma".
Tre dei giornalisti presenti hanno commentato la notizia nel modo seguente:

- **Jed ha scritto: "Se Fredericks è in forma, Petermass non giocherà."**
- **Ned ha scritto: "Se Fredericks non è in forma, Petermass giocherà."**
- **Ted ha scritto: "Se Petermass non giocherà significa che Fredericks è in forma".**

Chi di loro ha esposto i fatti nel modo giusto?

A. Solo Jed e Ted
B. Solo Ted
C. Solo Jed
D. Solo Jed e Ned
E. Solo Ned

252) Un produttore di software vuole installare alcuni programmi su quattro dischi da 2 G. Rior-

ganizza i programmi in ordine decrescente di dimensione e salva ogni programma nel primo disco disponibile che ha spazio sufficiente.
Quale dei seguenti procedimenti usa lo stesso metodo del ragionamento sopra esposto?

A. Un idraulico utilizza tubi lunghi 2 m e vuole tagliarli. Taglia alternativamente i pezzi più lunghi e più corti di cui ha ancora bisogno dal primo tubo disponibile che sia lungo abbastanza
B. Un idraulico utilizza tubi lunghi 2 m e vuole tagliarli. Riorganizza le misure che gli occorrono in ordine decrescente di lunghezza e taglia ogni lunghezza dal primo tubo disponibile che sia lungo abbastanza
C. Un idraulico utilizza tubi lunghi 2 m e vuole tagliarli. Prende le misure nell'ordine del suo elenco e taglia ogni lunghezza dal primo tubo disponibile che sia lungo abbastanza
D. Un idraulico utilizza tubi lunghi 2 m e vuole tagliarli. Riorganizza le misure che gli occorrono in ordine crescente di lunghezza e taglia ogni lunghezza dal primo tubo disponibile che sia lungo abbastanza
E. Un idraulico utilizza tubi lunghi 2 m e vuole tagliarli. Calcola la combinazione giusta per raggiungere 2 m e taglia i tubi di queste dimensioni. Per i restanti taglia la prossima lunghezza dal primo tubo disponibile che sia lunga abbastanza

253) È facile che, in futuro, pochi turisti visitino le città. Il Mining Museum è l'unica attrazione turistica che c'è in città che abbia mai attratto visitatori in numero considerevole. Ora il Museo sta per chiudere.
Quale delle seguenti frasi ricalca più fedelmente la struttura del ragionamento?

A. L'unico motivo per il quale mi viene il mal di testa è che sono allergico ai latticini. Non li sto più mangiando, quindi probabilmente smetterò di avere mal di testa
B. Ogni volta che vado in una casa dove c'è un gatto, comincio a starnutire. Tu hai un gatto in casa. Comincerei a starnutire se ci entrassi
C. Non posso mangiare nulla che contenga glutine di grano. Purtroppo la pasta è fatta con il grano e contiene glutine. Quindi non posso mangiare pasta
D. Se Moira fosse punta da un'ape e non prendesse subito queste medicine, potrebbe morire. Quindi dovrà portarsele sempre dietro
E. Il mio sfogo cutaneo è stato causato da questo detersivo in polvere. Lo sfogo iniziò quando ho cominciato a farne uso e ritornò quando smisi di usarlo

254) L'affermazione "per ogni persona c'è una persona che è più capace della prima" è equivalente a:

A. esiste una persona tale che ogni altra persona è più capace di lei
B. esiste una persona che è più capace di tutte le altre persone
C. non esiste alcuna persona tale che nessuno è più capace di lei
D. non per ogni persona ogni altra persona è più capace di lei
E. per ogni persona ogni altra persona è più capace di lei

255) Quale delle seguenti affermazioni ha lo stesso significato dell'asserzione "Chiunque può imparare a disegnare"?

A. Nessuno può imparare a disegnare

B. Esistono solo due persone che possono imparare a disegnare
C. Non tutti possono imparare a disegnare
D. Non esiste una persona che non possa imparare a disegnare
E. Esiste una persona che può imparare a disegnare

256) Quale delle seguenti frasi è logicamente equivalente a "Nessuno sport è dannoso per la salute"?

A. Vi è almeno uno sport dannoso alla salute
B. Non esiste uno sport dannoso per la salute
C. La vita sedentaria può essere dannosa per la salute
D. Vi è almeno uno sport che non è dannoso per la salute
E. Tutti gli sport fanno bene alla salute

257) Se un professore vuol far restare in classe esattamente le femmine di Milano, quale delle seguenti istruzioni deve impartire?

A. "Escano i maschi di Milano e le femmine non di Milano"
B. "Escano le femmine di Milano e i maschi non di Milano"
C. "Escano gli studenti non di Milano"
D. "Escano i maschi di Milano e gli studenti non di Milano"
E. "Escano i maschi non di Milano"

258) Dubito che tu abbia capito. Una sola delle cinque formulazioni traduce il concetto:

A. di certo non hai capito
B. probabilmente hai capito
C. di certo hai capito
D. spero che tu abbia capito
E. non sono certo che tu abbia capito

259) Quale delle seguenti affermazioni equivale a dire: "Non tutti i laureati in Medicina veterinaria fanno il veterinario"?

A. Non esiste un laureato in Medicina veterinaria che non faccia il veterinario
B. Tutti i laureati in Medicina veterinaria fanno un lavoro diverso dal veterinario
C. Vi è almeno un laureato in Medicina veterinaria che non fa il veterinario
D. Tutti i laureati in Medicina veterinaria fanno i veterinari
E. Nessun laureato in Medicina veterinaria fa il veterinario

260) L'affermazione "non tutti gli oggetti di lusso sono prodotti nelle gioiellerie" equivale a:

A. alcuni oggetti di lusso non sono prodotti nelle gioiellerie
B. tutti gli oggetti di lusso sono prodotti nelle gioiellerie
C. non tutti gli oggetti prodotti nelle gioiellerie sono oggetti di lusso
D. alcuni oggetti prodotti nelle gioiellerie non sono oggetti di lusso
E. tutti gli oggetti di lusso vengono prodotti fuori dalle gioiellerie

261) Quale delle seguenti frasi è logicamente equivalente a: "Gli assenti non hanno mai ragione"?

A. I presenti hanno talvolta torto
B. Chi ha torto è sempre assente
C. I presenti hanno sempre ragione
D. Gli assenti hanno sempre torto
E. I presenti hanno sempre torto

262) È impossibile nascondere l'inutilità dei continui divieti alla circolazione automobilistica in città. Qual è il corretto significato della precedente affermazione?

A. È utile vietare la circolazione automobilistica in città
B. È utile permettere la circolazione non automobilistica in città
C. È inutile permettere la circolazione non automobilistica in città
D. Non si può vietare la circolazione automobilistica in città
E. È impossibile affermare che si può nascondere l'inutilità dei continui divieti alla circolazione automobilistica in città

263) La frase "nell'ultimo campionato di calcio tutte le partite giocate dalla Football Stars sono finite in parità o con vittorie soltanto casalinghe" è logicamente equivalente a:

A. nell'ultimo campionato di calcio la Football Stars non può aver pareggiato partite casalinghe
B. nell'ultimo campionato di calcio la Football Stars ha sempre vinto in casa
C. nell'ultimo campionato di calcio la Football Stars ha sempre perso fuori casa
D. nell'ultimo campionato di calcio la Football Stars ha sempre pareggiato fuori casa
E. nell'ultimo campionato di calcio la Football Stars ha sempre vinto fuori casa

264) "La prima cosa che fa il naufrago Robinson Crusoe, appena approdato sull'isola, è costruirsi un calendario, per sapere quando è domenica e sentirsi idealmente parte di una comunità." (spiega Paolo Spinicci, professore di filosofia teoretica all'Università di Milano) Orologi e calendari hanno sempre avuto questa funzione: scandire il *tempo obiettivo* ma si sono scontrati con la difficoltà di tenere insieme gli eventi astronomici usati per definire l'anno, i mesi e i giorni, cioè la rivoluzione della Terra intorno al Sole, le fasi lunari e la rotazione della Terra su se stessa. In Editti nel 237 a. C., durante il regno di Tolomeo III Emergete, fu promulgato a Canopo un editto in cui si prescriveva l'inserzione di un giorno ogni quattro anni per evitare lo sfasamento del calendario rispetto al ciclo solare. Bisognava intervenire per impedire la *distruzione dell'ordine cosmico.* Oggi la necessità di questo aggancio tra tempo umano e tempo cosmico è avvertita in modo meno drammatico: il tempo, come dimostra l'ora legale, si plasma sulle esigenze della società, anche contro il corso del Sole. La marcia verso un orario uguale per tutti è stata lenta. Probabilmente è iniziata in Europa nel XIV secolo, con la diffusione degli orologi meccanici sui campanili. Ma quelli scandivano un tempo locale che valeva solo per il villaggio.

(Luca Fraioli, "*Tempi moderni. Così l'umanità ha deciso di sincronizzarsi*", in Il venerdì di Repubblica, n. 940, 24 marzo 2006)

Nel testo si sostiene che (s'identifichi la risposta corretta):

A. gli adattamenti del calendario erano eventi periodici frequenti a cui tutti erano abituati
B. l'ora legale poté affermarsi in Europa con il passaggio dalla società agricola a quella industriale
C. l'ora legale è fondata su un principio opposto a quello che ha determinato le riforme storiche dei calendari perché antepone le esigenze della società al corso del sole
D. le variazioni dei calendari erano avversate da alcune religioni perché determinavano la distruzione dell'ordine cosmico
E. i calendari, attraverso interventi aggiuntivi, riportavano la giornata al ritmo del sole esclusivamente per rispettare i ritmi dei riti religiosi

265) Quando l'agricoltura si diffuse a latitudini più elevate, venne inevitabilmente confinata in gran parte ad altipiani ben drenati e con terreni leggeri, sebbene questi fossero necessariamente meno produttivi delle terre basse e alluvionali: l'aratro semplice, infatti, non poteva domare questi terreni più ricchi.

(L. White, *Tecnica e società nel medioevo*, Il Saggiatore, Milano, 1967)

SOLO UNA, delle cinque considerazioni seguenti, è condivisa dall'autore. L'agricoltura primitiva si diffonde negli altipiani perché:

A. le terre basse erano più lavorabili ma poco ricche e quindi meno produttive
B. i terreni leggeri erano più facilmente arabili dei ricchi ma duri terreni di pianura
C. l'invenzione dell'aratro semplice aveva permesso di arare anche i pendii
D. i terreni a latitudini più elevate erano meno produttivi
E. il lavoro di aratura andava perso con le frequenti alluvioni

266) "All'inizio il bottone fu trattato come fosse un ornamento, fabbricato e venduto dai gioiellieri. Le donne erano disposte a spendere e a fare spendere talmente tanti denari ai famigliari per tale acquisto, da incorrere nel rigore delle leggi contro il lusso [...]. Progressivamente la funzione pratica dei bottoni passò in primo piano e i bottoni furono fatti di ottone o di rame, o di vetro [...]. I bottoni permisero per la prima volta alle donne del XIII secolo di portare vesti aderenti che danno slancio alla figura, e di modellare la forma del braccio con maniche strette. Al desiderio di sfoggiare comunque grande quantità di tessuto, indice di ricchezza, che l'uso dei bottoni evidentemente contrasta, si supplì con lo strascico e con la sovrapposizione di diversi capi di vestiario [...]. I bottoni però, oltre a permettere di aprire e chiudere lo scollo degli abiti e le maniche, resero quest'ultime addirittura completamente staccabili. [...] Il detto: "È un altro paio di maniche" ci giunge proprio dal Medioevo, quando per necessità pratica, o [...] per esigenza decorativa, le maniche potevano essere riposte in una cassapanca lontano dall'abito di cui facevano parte. Di solito in casa si portavano maniche di tipo modesto, più ricercato ed elegante quando si usciva."

(Da Chiara Frugoni, *Medioevo sul naso. Occhiali, bottoni e altre invenzioni medievali*, Laterza, Roma-Bari, 2001, pp. 102-103)

Solo UNA delle affermazioni seguenti è CORRETTAMENTE dedotta dalle premesse contenute nel brano. La si individui:

A. i bottoni consentirono alle donne medievali l'agognata economia di tessuto nella confezione dei loro abiti
B. l'introduzione dei bottoni consentì di dotare gli abiti femminili di maniche adeguate
C. nell'Alto Medioevo, prima dell'invenzione dei bottoni, a nessuno era venuto in mente di sovrapporre diversi capi di vestiario
D. con il passar del tempo i bottoni divennero sempre più elaborati nelle forme e nei materiali e conseguentemente sempre più costosi
E. l'introduzione dei bottoni non rispose originariamente ad un'impellente esigenza pratica

267) «Un giovanotto in vacanza telefona a casa e parla con il fratello. "Come sta il gatto Oscar?"
"Il gatto è morto, morto stamattina."
"Terribile... gli ero così affezionato, lo sai. Non potevi dirmelo in un modo più morbido?"
"E come?"
"Avresti potuto dirmi che il gatto stava sul tetto. La prossima volta che avessi chiamato, potevi dirmi che non eri riu-

scito a farlo scendere, e alla fine, per gradi, avresti potuto darmi la notizia."
"Hai ragione, mi dispiace."
"Lascia stare. Come sta la mamma?"
"......................"»

J. A. Paulos, *Penso, dunque rido. L'altra faccia della filosofia*, tr. it. Feltrinelli, Milano, 2004, p. 144

Si INDIVIDUI la conclusione che rispettando l'impalcatura logica e discorsiva della scenetta, le restituisce il suo tetro e cinico umorismo:

A. "È stupita, pensava di averlo mancato..."
B. "È sul tetto..."
C. "Non ha voluto cucinare il gatto..."
D. "È inciampata nel gatto..."
E. "È mancata..."

268) Quando si dice "maggioranza" si denota una procedura, la regola del gioco accettata in democrazia, la regola secondo la quale vengono adottate le decisioni. [...] Quando invece si parla di "minoranze", si parla di quei gruppi che esercitano una influenza determinante sul processo di formazione delle opinioni.

(*G. Sartori,* Democrazia e definizioni, *Il Mulino, Bologna 1959*)

L'autore definisce "minoranze" (SOLO UNA, delle cinque considerazioni proposte, è condivisa dall'autore):

A. le aggregazioni minoritarie che però influenzano giudizi e comportamenti collettivi
B. le procedure di votazione aventi esito negativo
C. l'insieme dei gruppi minoritari che non accettano le regole democratiche
D. gli oppositori ai cambiamenti di opinione imposti dalla maggioranza
E. i gruppi che non accettano le regole del gioco della democrazia

269) Se si fa pratica con uno strumento musicale, si migliorerà a suonare. Io non ho fatto pratica con il pianoforte, quindi non sono migliorato. Tra due mesi ho un esame. Quindi devo allenarmi ogni giorno se voglio che la mia prestazione sia buona.
Quale delle seguenti affermazioni ricalca maggiormente la struttura di questo ragionamento?

A. Chi fa un mestiere diventa più bravo a svolgerlo. Tutti i mastri artigiani hanno passato lungo tempo a praticare la propria arte. È impossibile diventare esperti senza fare pratica
B. Se ci si allena duramente in uno sport, si diventerà più bravi. Io non mi sono allenata duramente al trampolino, quindi non sono migliorata. C'è una gara il mese prossimo. Quindi devo lavorare sodo se voglio che la mia prestazione sia buona
C. L'allenamento rende perfetti. Mi sono allenato duramente a suonare il violino quindi, presto, dovrei essere perfetto. Tra poco tempo ho una gara che mi aspetto assolutamente di vincere
D. Se ci si allena duramente nella corsa si diventerà più veloci. Mi sono allenato duramente per diventare più veloce, e ho cominciato a vincere le gare. C'è una gara la prossima settimana. Se voglio vincere devo continuare ad allenarmi
E. Se si fa pratica con il violoncello, si diventerà più bravi a suonarlo. Dawn non ha fatto molta pratica ma è migliorata, quindi deve averne fatta abbastanza. Può anche riuscire a superare l'esame del terzo livello il mese prossimo

270) Tutti gli alberi hanno le foglie. La quercia è un albero. Quindi le querce hanno le foglie.

Quale delle seguenti affermazioni ricalca maggiormente la struttura di questo ragionamento?

A. Tutte le piante hanno le foglie. Quella foglia è una foglia di quercia. Quindi tutte le piante sono querce
B. Tutti gli alberi hanno le foglie. Quella pianta non è un albero. Quindi quella pianta non ha le foglie
C. Tutti gli alberi hanno le foglie. Quella pianta ha le foglie. Quindi quella pianta è un albero
D. Tutte le foglie crescono sugli alberi. Le piante hanno le foglie. Quindi le piante sono alberi
E. Tutte le querce hanno le foglie. Quell'albero ha le foglie. Quindi quell'albero è una quercia

---

271) Viaggiare in prima classe equivale a viaggiare con tutte le comodità. Monica non viaggia in prima classe, quindi non avrà tutte le comodità.
Quale delle seguenti affermazioni ha la stessa struttura logica del suddetto ragionamento?

A. Viaggiare in prima classe equivale a viaggiare con tutte le comodità. Monica viaggia in prima classe, quindi starà viaggiando con tutte le comodità
B. Indossare scarpe troppo strette equivale ad avere dolore ai piedi. Le scarpe di Monica non sono troppo strette, quindi Monica non avrà dolore ai piedi
C. Indossare delle scarpe troppo strette equivale ad avere dolore ai piedi. Monica ha dolore ai piedi, quindi le sue scarpe saranno troppo strette
D. Viaggiare in seconda classe equivale a viaggiare con molte altre persone. Monica non viaggia con molte altre persone, quindi non starà viaggiando in seconda classe
E. Viaggiare in seconda classe equivale a viaggiare con molte altre persone. Monica viaggia con molte altre persone, quindi starà viaggiando in seconda classe

---

272) Per poter richiedere il visto per una vacanza-lavoro in Australia sono necessari due requisiti: bisogna dimostrare di avere un conto corrente con un saldo di almeno € 1.000 e avere un'età massima di 30 anni. Giulia ha più di 30 anni, quindi non è idonea per richiedere tale visto. Quale delle seguenti affermazioni segue la stessa struttura logica del suddetto ragionamento?

A. Per candidarsi alla presidenza degli Stati Uniti, bisogna essere nati in territorio statunitense e bisogna avere un'età superiore ai 40 anni. John è nato negli Stati Uniti ed ha 50 anni, quindi è idoneo per candidarsi alla presidenza degli Stati Uniti
B. Una borsa di studio viene offerta solo agli studenti che si sono laureati con il massimo dei voti e che sono stati già ammessi a una scuola di dottorato. Marco non si è laureato con il massimo dei voti, quindi non è idoneo per richiedere la borsa di studio
C. Molte professioni hanno limiti d'età. L'esercito non recluta nessuno che abbia più di 30 anni. Giovanni ha 25 anni, quindi è idoneo per richiedere di arruolarsi nell'esercito
D. Per vincere una medaglia d'oro alle Olimpiadi, bisogna partecipare ai giochi olimpici. Rita ha vinto una medaglia d'oro, quindi deve aver partecipato alle Olimpiadi
E. Per apparire sulla copertina di una rivista bisogna essere famosi. Luca deve essere più famoso di quanto tutti pensassero, dato che è apparso sulla copertina di una rivista nel del mese di aprile

273) Analizzare le seguenti affermazioni:
1) Ci sono meno ratti che persone.
2) Non ci sono più persone che ratti.
3) Ci sono almeno tanti ratti quante persone.
4) Non ci sono più ratti che persone.
Due delle affermazioni sopra riportate si equivalgono. Quali?

A. 2 e 4
B. 2 e 3
C. 1 e 3
D. 1 e 4
E. 3 e 4

274) Puoi diventare un buon pianista se cominci a suonare quando sei ancora piccolo. Tu hai cominciato quando eri già adulto, quindi non puoi diventare un buon pianista. Quale delle seguenti affermazioni presenta la stessa struttura di questo ragionamento?

A. I bambini parlano fluentemente due lingue se cominciano a parlarle da quando sono molto piccoli. Mio figlio ha imparato due lingue quando era piccolo, quindi ora le parla correntemente
B. Puoi curarti il mal di testa se hai intenzione di provare l'agopuntura. Ma tu rifiuti di provare l'agopuntura, quindi non riuscirai a curare il mal di testa
C. Puoi diventare un buon cantante se hai un tono di voce perfetto. Tu sei un buon cantante, quindi devi avere un tono di voce perfetto
D. Puoi evitare di diventare sovrappeso se fai sufficiente esercizio fisico. Tu fai esercizio fisico sufficiente, quindi non diventerai sovrappeso
E. I bambini soffrono meno di otite se prendono l'olio di fegato di merluzzo. I miei figli soffrono pochissimo di otite, quindi non hanno bisogno di prendere l'olio di fegato di merluzzo

275) La teoria della relatività di Einstein è una teoria rivoluzionaria. Solo i grandi scienziati sanno formulare teorie rivoluzionarie, quindi Einstein dovrebbe essere definito un grande scienziato. Quale delle seguenti affermazioni ha la stessa struttura logica del suddetto ragionamento?

A. Il dipinto di Marco non è una grande opera d'arte. Solo i grandi artisti producono grandi opere d'arte, quindi Marco non può essere definito un grande artista
B. Il dipinto *Impressione. Levar del sole* di Monet è una grande opera in tutti i sensi. Solo chi è davvero un grande artista ha il talento per produrre grandi opere, quindi dovremmo definire Monet un grande artista
C. La grande arte scaturisce esclusivamente da grandi artisti. Leonardo da Vinci può essere definito un grande artista, quindi la *Gioconda* è una grande opera d'arte
D. Van Gogh è un grande artista. I grandi artisti producono grandi opere. Questa non è una grande opera d'arte, quindi non può essere stata dipinta da Van Gogh
E. Manet è un grande artista e i grandi artisti hanno prodotto le opere d'arte più importanti. Questo quadro è stato dipinto da Manet, quindi deve trattarsi di una grande opera d'arte

276) La quantità di tempo che le persone dedicano, nel corso della vita, a spostarsi da A a B è rimasta costante nella storia. Quindi, l'avvento di mezzi di trasporto ad alta velocità comporta semplicemente che le persone coprano distanze più lunghe.

Quale delle seguenti affermazioni ricalca al meglio la struttura di questo ragionamento?

A. L'aumento della proprietà immobiliare è sempre stato proporzionale all'aumento del reddito medio. Quindi, l'aumento della costruzione di immobili significa che la gente ha redditi più alti
B. Il rapporto tra la somma che serve per ripagare un mutuo e le spese totali di una famiglia è sempre stato costante. Quindi un aumento del prezzo del cibo comporta un aumento del debito
C. La proporzione tra case nuove e vecchie sul mercato è sempre stata costante. Quindi un aumento nello sviluppo immobiliare significa che più case vecchie saranno restaurate
D. Con un tasso d'interesse fisso sul mutuo, un aumento dei prezzi delle case comporterà un aumento dell'inflazione
E. L'entità di un mutuo ha sempre rappresentato circa 3 o 4 volte il reddito annuale di una persona. Quindi un aumento dei redditi medi risulterà in un aumento dell'entità dei mutui

277) Se Nusra dovesse trovare un lavoro che le interessa sul serio, deve essere preparata a guadagnare molto meno di adesso. Tuttavia, siccome non ha intenzione di sacrificare il suo stipendio attuale, non troverà un lavoro che le interessi.
Quale delle seguenti affermazioni ricalca al meglio il ragionamento su cui si fonda questa argomentazione?

A. Se Lopez vuole ottenere risultati migliori a scuola, deve lasciare il suo lavoro part-time. Dice sempre di voler andare meglio a scuola, quindi, ovviamente, dovrà lasciare il lavoro
B. Se Paul e Lisa vogliono avere un matrimonio felice, devono parlarsi di più. Durante le sedute di terapia di coppia, tuttavia, hanno dimostrato che per loro è impossibile riuscirci, quindi il loro matrimonio non sarà felice
C. Se Carl e Tesfa procederanno con il divorzio, devono essere sicuri di non voler dare un'altra chance al loro matrimonio. Entrambi hanno insistito sul fatto che il divorzio sia l'unica opzione, quindi è inutile fare altre sedute di terapia di coppia
D. Se Myra vuole cominciare un'attività in proprio, ha bisogno di almeno £ 5000 per coprire i costi iniziali. Ha solo £1000 a disposizione, quindi dovrà chiedere un prestito alla banca per il resto della somma
E. Se Julie e Mike vogliono adottare un bambino, devono essere in grado di dimostrare che hanno una relazione stabile. Sfortunatamente, il loro matrimonio non è mai stato propriamente stabile, quindi dovranno lavorare sodo per migliorarlo

278) Si considerino le seguenti affermazioni:
- **Rongfeldt non si trova più a nord di Sgybo**
- **Sgybo si trova più a sud di Rongfeldt**
- **Sgybo si trova a nord almeno quanto Rongfeldt**

Cosa si evince da queste tre affermazioni?

A. Nessuna delle tre è logicamente equivalente
B. La prima è logicamente equivalente alla terza, ma non alla seconda
C. La prima è logicamente equivalente alla seconda, ma non alla terza
D. La seconda è logicamente equivalente alla terza, ma non alla prima
E. Tutte e tre sono logicamente equivalenti

279) "Con i suoi canoni, Bach ci offre un primo esempio della nozione che qui definiremo degli Strani Anelli. Il fenomeno dello Strano Anello consiste nel fatto di ritrovarsi inaspettatamente, salendo o scendendo lungo i gradini di qualche sistema gerarchico, al punto di partenza (nel nostro esempio il sistema è quello delle tonalità musicali). (...) A mio avviso, le più belle e imponenti realizzazioni visive del concetto di Strano Anello si trovano nell'opera del grafico olandese M.C. Escher, vissuto tra il 1898 e il 1971. Escher ha creato alcuni disegni che sono tra i più intellettualmente stimolanti di tutti i tempi. Molti hanno la loro ispirazione in paradossi, illusioni o doppi sensi. I matematici furono tra i primi ammiratori dei disegni di Escher, e si capisce perché: spesso essi sono basati su princìpi matematici di simmetria o di regolarità... Ma in un disegno tipicamente escheriano c'è molto di più di semplici simmetrie e regolarità; c'è spesso un'idea di fondo che viene realizzata in forma artistica. In particolare lo Strano Anello è uno dei temi più frequenti dell'opera di Escher; (...) pensiamo all'interessante "Mani che disegnano", dove si vedono due mani ognuna delle quali disegna l'altra: è uno Strano Anello a due componenti. (...) Il concetto di Strani Anelli contiene quello di infinito: un anello infatti non è proprio un modo per rappresentare un processo senza fine in modo finito? (...) E come gli anelli di Bach e di Escher fanno appello ad intuizioni molto semplici e antiche come la scala musicale o la scala di un edificio, così la scoperta ad opera di K. Gödel di uno Strano Anello in un sistema matematico trae le sue origini da intuizioni semplici e antiche. La scoperta di Gödel, nella sua forma essenziale, comporta la traduzione in termini matematici di un antico paradosso della filosofia. Si tratta del cosiddetto paradosso di Epimenide, o paradosso del mentitore. Epimenide era un cretese che pronunciò questo paradosso immortale: "Tutti i Cretesi sono mentitori". Una versione più incisiva di questo enunciato è semplicemente: "Io sto mentendo"; o ancora: "Questo enunciato è falso".

Douglas R. Hofstadter, *Gödel, Hescher, Bach: un'eterna Ghirlanda Brillante*, Adelphi, 1992

Questo enunciato è un paradosso perché (UNA SOLA risposta è ESATTA):

A. non è lecito generalizzare giudicando gli uomini per categorie
B. Epimenide era considerato l'emblema stesso del mentitore
C. l'affermazione risulta contemporaneamente vera e falsa
D. Erodoto nega con fermezza che i Cretesi siano bugiardi
E. l'affermazione è contraddittoria, quindi è vero il suo contrario

280) Esistono ragionamenti induttivi e deduttivi. Quanti dei seguenti diversi ragionamenti sono INDUTTIVI?

Rag. 1) Tutte le volte che ho mangiato la pizza a Napoli l'ho trovata buonissima; un mio collega, di passaggio nella città partenopea per lavoro, ne è rimasto entusiasta; non c'è nessuno tra i miei amici che sono stati a Napoli che non vada matto per la pizza fatta laggiù. I napoletani sanno fare la pizza.

Rag. 2) Tutti quelli che pensano di poter fare a meno degli altri sono degli incoscienti. Luciana è convinta di poter vivere da sola in un rifugio alpino sperduto in alta quota; lei non si rende conto degli innumerevoli pericoli ai quali può andare incontro.

Rag. 3) Visitare il centro storico e lanciare la classica monetina nella fontana di Trevi è nei sogni d'ogni turista tedesco

in visita alla Capitale; Werner è un giovane turista tedesco appena arrivato a Roma e dunque non vede l'ora di trovarsi a tu per tu con la celebre fontana.
Rag. 4) Nessuna persona dabbene uscirebbe da un locale senza pagare il conto. Con la scusa di dover prendere qualcosa dalla macchina, Paolo, dopo aver cenato, ha lasciato a bocca asciutta il proprietario della pizzeria; non si può dire che Paolo sia una brava persona.

A. Nessuno
B. Due
C. Tre
D. Uno
E. Quattro

281) Esistono ragionamenti deduttivi e induttivi. Quanti dei seguenti diversi ragionamenti sono DEDUTTIVI?
Rag. 1) Quelli che pensano di poter giudicare gli altri sono stupidi; Marina trincia sempre giudizi sulle sue amiche; non si può dire che Marina sia intelligente.
Rag. 2) Tutti i cani che ho posseduto avevano un ottimo fiuto; Argo, il cane di mio nonno, è un eccellente cane da tartufi; Pallina, il barboncino della zia, riesce sempre a scovare la caramella nascosta nel giardino; i cani hanno un formidabile fiuto.
Rag. 3) Ho puntato sul tredici ed ho perso; ho puntato sul venti ed ho perso; ho puntato sul quattro ed ho perso; non ho fortuna nel gioco.
Rag. 4) Tutti quelli che si preparano a visitare un paese straniero farebbero bene a studiarne anche gli usi e costumi; Mario, da due mesi impegnato nella preparazione del suo viaggio in Cina, non dovrebbe dimenticare d'informarsi circa le consuetudini cinesi a tavola.

A. Nessuno
B. Tutti
C. Tre
D. Due
E. Uno

282) Se Marco ha due fratelli e tre sorelle, Maria, una delle sorelle di Marco, quante sorelle e fratelli avrà?

A. 3 sorelle e 2 fratelli
B. I dati forniti dal problema non consentono di stabilirlo con certezza
C. 2 sorelle e 3 fratelli
D. 2 sorelle e 2 fratelli
E. 3 sorelle e 3 fratelli

283) Si considerino le seguenti coppie: Carlo e Diana, Francesco e Giulia, Luigi e Mara. Chi è la compagna di Alessio?

A. Lucia
B. Belinda
C. Federica
D. Sabrina
E. Margherita

284) Quale dei seguenti ragionamenti è necessariamente corretto?

A. Chi beve vodka si ubriaca, Sergio non beve vodka, quindi Sergio non si ubriaca
B. Chi beve vodka si ubriaca, Sergio si ubriaca, quindi Sergio non beve vodka
C. I ragionamenti riportati nelle altre opzioni sono tutti corretti
D. Chi beve vodka si ubriaca, Sergio non si ubriaca, quindi Sergio non beve vodka
E. Chi beve vodka si ubriaca, Sergio si ubriaca, quindi Sergio beve vodka

285) Si considerino le seguenti coppie: Cosimo e Domenica, Franco e Giorgia, Luca e Maria. Chi è la compagna di Alessandro?

A. Carla
B. Maria
C. Giorgia

D. Giulia
E. Benedetta

286) Si dovrebbero addestrare ratti allo scopo di bonificare i campi minati. Alcuni esperimenti hanno dimostrato che i ratti sono troppo leggeri per saltare in aria e che amano compiere azioni ripetitive. L'impiego di animali consentirebbe lo svolgimento di compiti pericolosi con un uso minore di macchinari e, soprattutto, ridurrebbe il rischio di morte per gli esseri umani. Quale delle seguenti affermazioni esprime il principio alla base di questo ragionamento?

A. Si dovrebbero utilizzare le vespe per rilevare gas nocivi nell'aria grazie al loro olfatto sviluppato
B. Si dovrebbero addestrare i primati a compiere alcune mansioni ordinarie e ripetitive
C. Gli esseri umani dovrebbero utilizzare i roditori nonostante questi trasmettano malattie
D. In futuro i macchinari per bonificare i campi minati andrebbero eliminati
E. Chi non ama svolgere lavori ripetitivi non dovrebbe bonificare i campi minati

287) Lo schema riportato di seguito deve essere riempito con le lettere A, B, E, F, I, L, O, P, U.
Per riempire lo schema occorre osservare le seguenti regole:
- **nella prima colonna da sinistra vanno sistemate solo vocali in ordine alfabetico crescente dall'alto verso il basso;**
- **nella terza colonna da sinistra vanno sistemate solo consonanti in ordine alfabetico crescente dall'alto verso il basso;**
- **nella seconda e terza riga vanno sistemate lettere in ordine alfabetico crescente da sinistra verso destra.**

Quale lettera deve essere necessariamente collocata nel cerchio in posizione centrale?

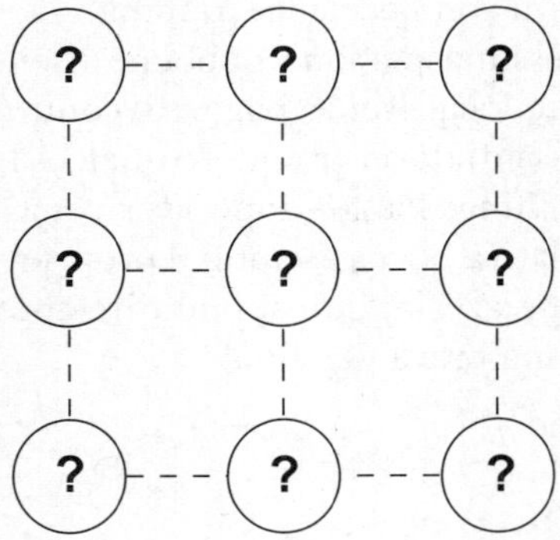

A. La lettera U
B. La lettera I
C. La lettera O
D. La lettera F
E. La lettera L

288) Una gallina ha fatto i pulcini. Maria dice: "Sono nati tre pulcini e sono gialli". Gianni dice: "Sono nati due pulcini gialli e due neri". Anna dice: "Sono nati solo pulcini gialli". Quanti pulcini sono nati, sapendo che una e una sola delle precedenti affermazioni è falsa?

A. 4
B. 2
C. 6
D. 3
E. Non è possibile stabilire il numero con certezza

289) Le spese mediche per gli interventi di chirurgia estetica non necessari dovrebbero essere interamente sostenute dai pazienti.
Quale delle seguenti affermazioni esprime il principio alla base di questo ragionamento?

A. I genitori di bambini con Bisogni Educativi Speciali (BES) dovrebbero poter usufruire di ulteriori sostegni

da parte dei servizi sociali e degli enti locali
B. Le protesi estetiche difettose considerate rischiose per la salute dovrebbero essere rimosse senza alcun costo per il paziente dal Servizio Sanitario Nazionale
C. Se si sceglie di cercare lavoro in una città lontana da quella di residenza si dovrebbero sostenere le spese di viaggio o di trasloco
D. Un paziente trasportato d'urgenza al pronto soccorso in ambulanza dovrebbe far ritorno a casa con mezzi propri se dimesso
E. Coloro che pur non essendo disabili parcheggiano deliberatamente nei posti riservati ai disabili non dovrebbero stupirsi di venire multati

290) In un racconto per bambini ci sono tre tipi di mostri, Bongles, Crannies e Dervies. Alcuni Bongles (ma non tutti) sono Crannies e tutti i Crannies sono Dervies.
Quale delle seguenti frasi sicuramente NON è vera?

A. Alcuni Bongles sono Dervies
B. Alcuni Dervies sono sia Bongles che Crannies
C. Tutti i Crannies sono Bongles o Dervies, o entrambi
D. Nessun Dervies è un Bongles
E. Alcuni Dervies non sono né Bongles né Crannies

291) Ogni automobilista in Inghilterra paga la stessa cifra per la tassa stradale, a prescindere da quanto in realtà usufruisca della strada: chi percorre poche miglia, come 1.000, paga la stessa cifra di chi ne percorre 20.000. È ingiusto. La tassa stradale dovrebbe essere frammentata e l'importo innalzato con un aumento della tassa sulla benzina. Questo cambiamento farebbe sì che quelli che usano di più la strada, devono pagare una cifra maggiore. Questo risultato non porterebbe solo a un sistema più giusto, ma anche a entrate maggiori.
Quale delle seguenti affermazioni illustra al meglio il principio su cui si fonda il ragionamento sopra riportato?

A. Chi guadagna più del doppio di un salario medio dovrebbe pagare molto di più per le cure dentistiche
B. Chi va a lavorare in treno ogni giorno dovrebbe pagare una tariffa minore rispetto a chi viaggia solo occasionalmente
C. Le tariffe telefoniche dovrebbero essere più alte per le aziende, rispetto ai privati, perché usano il sistema solamente per guadagnare soldi
D. Si dovrebbero ricevere cure mediche gratuite solo se non ci si può permettere di pagarle
E. I canali televisivi dovrebbero essere pagati con un abbonamento di modo che solamente chi li guarda paga per vederli

292) Il trattamento che molti paesi riservano agli immigrati non autorizzati spesso è crudele e cinico. Perfino i rifugiati provenienti da regioni devastate dalla guerra o colpite da una carestia possono ritrovarsi in prigione appena arrivano, o possono essere deportati verso il posto stesso da cui sono fuggiti. È una decisione terribile da dover prendere, ma se facciamo un'eccezione alla legge per una persona, dovremmo fare la stessa eccezione per tutti. Se si permette ad alcuni immigrati clandestini di rimanere, anche gli altri devono essere trattati allo stesso modo, e nessun paese – specialmente quelli che sono già sovrappopolati – può fisicamente ospitare il numero di persone che si raggiungerebbe. La legge deve essere applicata rigorosamente, anche se ciò implica mandare via persone davvero bisognose.

Quale delle seguenti affermazioni illustra al meglio il principio su cui si basa l'argomentazione sopra riportata?

A. La crescita del congestionamento del traffico urbano implica che in futuro il numero di macchine che possono entrare nei centri di alcune città dovrà essere limitato
B. Tutti i taccheggiatori devono essere perseguiti, perché in caso se ne lasci andare uno, tutti gli altri, giustamente, si aspetterebbero la stessa clemenza
C. Vista la regolamentazione anti-incendio, il numero di persone che possono andare al concerto deve essere controllato severamente
D. Non esiste una regola unica che possa essere applicata a tutti i prigionieri che chiedono la libertà per buona condotta: ogni caso è a sé e deve essere trattato con obiettività
E. Se non ci sono posti ospedalieri a sufficienza per tutti quelli che ne hanno bisogno, i casi più urgenti devono essere curati per primi, anche se altre persone hanno aspettato a lungo

293) Nei dibattiti sul clima, c'è una tendenza a sottovalutare soluzioni singole come l'energia eolica, carburanti alternativi, o investimenti nel trasporto pubblico, perché ognuna di queste, presa singolarmente, non risolverà la crisi climatica. Tuttavia, non esiste, e mai esisterà, un'unica soluzione al cambiamento climatico. Quando per un problema non esiste una soluzione unica, i tentativi di migliorare la situazione non dovrebbero essere scartati sulla base del fatto che non risolvano il problema nella sua interezza. Dovremmo lasciare da parte i battibecchi e andare in direzione della promozione di singole iniziative che hanno un qualunque effetto benefico, per quanto piccolo, sul cambiamento climatico.

Quale delle seguenti affermazioni illustra al meglio il principio su cui si fonda questo ragionamento?

A. Per affrontare il problema dell'obesità ci vuole una campagna nazionale che promuova un maggiore esercizio fisico, anche se dovesse essere dannoso per le articolazioni
B. La pace nel mondo può essere garantita solamente da un governo su scala mondiale
C. Le scuole dovrebbero tornare ai metodi tradizionali nell'insegnamento della lettura, dato che nuove iniziative non sono riuscite ad aumentare gli standard
D. Gli scienziati, non lo Stato, dovrebbero essere responsabili per la ricerca di soluzioni ai problemi ambientali
E. Il coprifuoco non dovrebbe essere rifiutato sulla base del fatto che, da solo, non risolverà il problema dei comportamenti antisociali

294) È necessario che la legge prevenga l'abuso di test genetici richiesti dalle compagnie assicurative. Nuovi test genetici possono rivelare la probabilità che un individuo soffra di patologie debilitanti o addirittura fatali nel corso della vita. Senza una regolamentazione, le compagnie assicurative potrebbero rendere questi test obbligatori e far pagare un'assicurazione più alta alle persone che sono a rischio. Tutto ciò sarebbe ingiusto. Nessuno sceglie i propri geni; si nasce con quelli. Le persone non dovrebbero essere penalizzate per cose su cui non hanno controllo.

Quale delle seguenti affermazioni illustra al meglio il principio su cui si fonda questo ragionamento?

A. Alcune persone hanno perso tutto nell'alluvione. Le loro compagnie di assicurazione sono responsabili delle loro perdite. Quindi il governo non dovrebbe aiutarli
B. Philip non dovrebbe essere aiutato a pagare i suoi debiti, per quanto possa dispiacere della sua situazione. Lo sapeva dall'inizio che la sua iniziativa imprenditoriale era molto rischiosa
C. Tre persone non sono state adeguatamente informate sulla possibilità di perdite economiche quando hanno preso parte al progetto. I loro consulenti finanziari dovrebbero perdere la licenza
D. I ritardi nei pagamenti, normalmente, vengono sanzionati con una multa. Ma il pagamento di Jamuna è stato trattenuto perché i dipendenti delle poste erano in sciopero, quindi non dovrebbe essere costretta a pagare la multa
E. Kylie non l'ha fatto di proposito sbagliare la propria contabilità, ma dovrebbe pagare comunque la multa. Avrebbe dovuto accertarsi che i conti fossero corretti

295) Non paghiamo una quota fissa per l'elettricità, il gas o il telefono indipendentemente da quanto li utilizziamo. Perché quindi a qualcuno viene richiesto di farlo quando si parla dell'acqua? Chi usa relativamente poca acqua non dovrebbe finanziare chi ne usa tanta. I contatori dell'acqua, quindi, dovrebbero essere introdotti in tutte le regioni non appena possibile.

Quale delle seguenti affermazioni evidenzia meglio il principio su cui si fonda questo ragionamento?

A. La strada nuova sarà finanziata dai pedaggi, invece che dalle tasse
B. La nostra città sta mettendo a disposizione dei bidoni per il riciclaggio in modo che i residenti che vogliono fare la raccolta differenziata possono farlo
C. Il governo sta risarcendo i proprietari delle case che sono state danneggiate dall'alluvione
D. Chi ha difficoltà a pagare la tassa della televisione può pagarla in rate mensili
E. Quando andiamo a mangiare fuori in gruppo dividiamo il conto per il numero di persone che hanno cenato

296) Un utilizzo sempre maggiore dei telefoni cellulari sul treno e al ristorante dimostra una grave mancanza di considerazione per le altre persone. Sì, certamente, è comodissimo riuscire a gestire la tua attività mentre sei in viaggio o stai aspettando il pranzo e, che ci piaccia o no, la tecnologia fa parte del nostro mondo. Ma nessuno ha voglia di ascoltare una parte della noiosa conversazione di qualcuno mentre sta mangiando o durante un viaggio. Chi sta telefonando si lamenterebbe subito se io cominciassi a leggere il giornale ad alta voce, disturbando la sua chiamata. Pertanto, visto che le persone dovrebbero trattare gli altri allo stesso modo in cui si aspettano di essere trattati dagli altri, i telefoni cellulari non dovrebbero essere utilizzati liberamente sui treni e nei ristoranti.

Quale delle seguenti affermazioni illustra al meglio il principio su cui si fonda questo ragionamento?

A. Ti lamenteresti se i tuoi figli ti facessero ascoltare la loro musica, quindi non dovresti imporre loro le tue scelte sulla musica

B. La calma e il relax sono la chiave per una vita felice; quindi dovremmo evitare motivi di stress non necessari che il mondo moderno tecnologico porta con sé
C. Nessuno dovrebbe cercare di riportare indietro le lancette dell'orologio, specialmente quando si parla di tecnologia; pertanto dovresti accettare qualche fastidio in nome del progresso e della comodità
D. Il fastidio di una persona è la comodità di un'altra: quindi dovremmo essere più tolleranti verso i comportamenti altrui
E. Sui treni non ci dovrebbero essere posti di prima classe, perché tutti i paganti dovrebbero essere trattati allo stesso modo

297) Se qualcosa che faccio causa la morte di qualcuno, ovviamente, io sono responsabile per questa morte. Sono, però, allo stesso modo, responsabile della morte di qualcuno se è il risultato di qualcosa che non ho fatto? Ad esempio, se sparo a qualcuno, la sua morte è avvenuta per colpa mia. Ma se mi rifiuto di dare dei soldi a una persona che sta morendo di fame e questa persona muore perché io non le ho dato i soldi per comprarsi da mangiare, sono responsabile della sua morte? Se io non fossi mai vissuto, questa persona sarebbe morta di fame comunque, mentre la persona a cui ho sparato non sarebbe morta per colpa mia. Quindi, fare qualcosa rende più responsabili per le conseguenze che ne derivano, rispetto a non fare qualcosa.

Quale delle seguenti affermazioni illustra il principio che sostiene l'autore nel passaggio sopra riportato?

A. Le persone più responsabili per l'alto tasso di criminalità sono quelle che infrangono la legge, non le autorità locali che non riescono a dare il giusto supporto ai programmi di prevenzione del crimine
B. Il programma per la prevenzione del crimine non funziona perché attribuisce la responsabilità dei crimini alle autorità locali, le quali hanno risorse insufficienti per attuarli
C. Molte persone che vengono mandate in prigione commettono altri crimini una volta usciti, il che dimostra che la prigione non riesce a far prendere consapevolezza ai criminali delle proprie azioni
D. Le condanne ai lavori socialmente utili funzionano meglio della prigione perché fanno sì che la mente dei detenuti si concentri sulle conseguenze dirette provocate da un comportamento anti-sociale
E. Il rifiuto da parte del governo di finanziare programmi di prevenzione del crimine li rende responsabili per l'alto tasso di criminalità

298) Se lo Stato stanzia dei finanziamenti per l'arte significa che una parte delle tasse pagate da ognuno sarà utilizzata per finanziare musei e teatri. Ma alcuni contribuenti non hanno mai messo piede in un museo o un teatro e quelli che invece godono di questi servizi solitamente se lo possono permettere senza problemi. Visto che nessuno dovrebbe essere forzato a sovvenzionare servizi che non usa, le tasse dei contribuenti non dovrebbero essere usate per finanziare l'arte.

Quale delle seguenti affermazioni è un'applicazione del principio su cui si fonda il ragionamento espresso in questo passaggio?

A. Senza il supporto del governo, molti aspetti della vita culturale della nazione sarebbero accessibili solamente ai benestanti

B. Il sistema dei trasporti di Londra non dovrebbe essere sovvenzionato dalle tasse dei contribuenti, perché alcuni di loro non vanno mai a Londra

C. L'istruzione dovrebbe essere finanziata dalle tasse dei contribuenti perché è un servizio che porta benefici alla nazione intera

D. Chi si può permettere un'assicurazione sanitaria privata dovrebbe comunque pagare un contributo al sistema sanitario pubblico

E. Se il finanziamento pubblico per le gallerie d'arte fosse revocato e sostituito da quote di iscrizione, chi è veramente interessato all'arte continuerebbe a visitarle

299) Recentemente è nata una grande preoccupazione per la questione delle trasfusioni di sangue. Alcuni donatori di sangue hanno contratto la MCJ, la forma umana della BSE, conosciuta come la "mucca pazza". C'è una bassissima possibilità che anche chi ha ricevuto il loro sangue abbia contratto la MCJ. Per quanto basso sia il rischio, non c'è niente che si possa fare per curare questa malattia e informare il paziente scatenerebbe il panico. Per questi motivi, il servizio sanitario nazionale non dovrebbe prendere provvedimenti per informare le persone che possono essere a rischio.

Quale delle seguenti affermazioni applica il principio utilizzato nel ragionamento sopra espresso?

A. Non informare i passeggeri del motivo per cui il treno è stato ritardato per cause di forza maggiore

B. Non informare i passeggeri di un aereo, durante una turbolenza, del rischio, seppure piccolo, che l'aereo sia danneggiato

C. Non informare un bambino piccolo che ha ottenuto un risultato scarso nel test diagnostico pedagogico

D. Non informare un bambino che è stato adottato dell'identità dei suoi genitori biologici

E. Non informare un paziente che ha contratto una malattia mortale

300) Lanciato nel gennaio 2008 come parte della risposta dell'amministrazione USA alla crisi finanziaria, il "Consiglio per una buona educazione finanziaria", sebbene non sia senza meriti, non è necessariamente il modo migliore per affrontare la situazione, specialmente nel caso del tracollo dei mutui subprime. È certamente vero che molti mutui subprime sono stati concessi a mutuatari che potevano non averne compreso i rischi. Spesso non si erano neanche accorti che la rata mensile sarebbe aumentata all'aumentare dei tassi di interesse. I mutuatari subprime che avevano un tasso regolabile, la cui restituzione del mutuo è aumentata solo del 7%, hanno rappresentato più del 40% delle riappropriazioni iniziate nel quarto trimestre del 2007. Si sarebbe potuta evitare questa situazione con una maggiore consapevolezza e una migliore educazione finanziaria dei mutuatari? Non abbiamo bisogno che un semplice Comitato ci dica qual è la soluzione più semplice: non concedere mutui subprime.

Quale delle seguenti affermazioni illustra il principio su cui si fonda questo ragionamento?

A. Non avrebbe senso ritirare i superalcolici dalla vendita se si potesse fare un lavoro migliore istruendo le persone sui pericoli che derivano dal consumo di questi prodotti

B. Creare comitati che analizzino i problemi causati dal consumo di superalcolici non è necessario. Sarebbe più efficace se i produttori di alcol applicassero delle etichette di avvertimento sui loro prodotti
C. Tentare di istruire le persone sui pericoli che derivano dal consumo di superalcolici non ha senso. Avrebbe più senso se le persone potessero semplicemente non comprarli
D. Tentare di istruire le persone sui pericoli che derivano dal consumo di superalcolici è inutile. Le persone, comunque, ignorerebbero questi avvertimenti
E. Creare comitati che analizzino i problemi causati dal consumo di superalcolici è inutile. Raramente, un comitato raggiungerebbe un consenso all'unanimità

RISPOSTE CORRETTE

1) A	51) D	101) B	151) B	201) C	251) C
2) A	52) B	102) A	152) A	202) D	252) B
3) D	53) A	103) A	153) E	203) A	253) A
4) D	54) C	104) A	154) B	204) B	254) C
5) A	55) D	105) B	155) C	205) B	255) D
6) B	56) D	106) B	156) B	206) C	256) B
7) E	57) C	107) D	157) A	207) D	257) D
8) E	58) A	108) B	158) D	208) C	258) E
9) E	59) B	109) B	159) E	209) E	259) C
10) B	60) D	110) E	160) E	210) C	260) A
11) A	61) B	111) B	161) B	211) D	261) D
12) D	62) C	112) B	162) C	212) D	262) E
13) D	63) A	113) D	163) C	213) D	263) D
14) C	64) A	114) D	164) A	214) C	264) C
15) D	65) C	115) D	165) B	215) B	265) B
16) E	66) A	116) A	166) B	216) E	266) E
17) C	67) E	117) A	167) C	217) E	267) B
18) E	68) C	118) E	168) B	218) C	268) A
19) C	69) C	119) C	169) B	219) D	269) B
20) E	70) A	120) B	170) A	220) D	270) D
21) B	71) C	121) D	171) B	221) E	271) B
22) E	72) E	122) C	172) A	222) B	272) B
23) E	73) A	123) B	173) A	223) C	273) B
24) D	74) A	124) E	174) B	224) E	274) B
25) D	75) C	125) D	175) C	225) A	275) B
26) E	76) B	126) E	176) A	226) A	276) E
27) D	77) A	127) A	177) B	227) E	277) B
28) B	78) B	128) D	178) C	228) B	278) B
29) B	79) E	129) C	179) C	229) C	279) C
30) C	80) E	130) B	180) A	230) D	280) D
31) E	81) B	131) B	181) E	231) D	281) D
32) C	82) D	132) D	182) E	232) B	282) C
33) A	83) A	133) A	183) E	233) A	283) B
34) A	84) D	134) E	184) E	234) A	284) D
35) A	85) B	135) A	185) D	235) C	285) E
36) D	86) A	136) C	186) E	236) D	286) A
37) D	87) B	137) C	187) B	237) B	287) D
38) D	88) B	138) A	188) C	238) B	288) D
39) D	89) C	139) B	189) C	239) C	289) C
40) C	90) A	140) A	190) E	240) D	290) D
41) D	91) E	141) A	191) A	241) B	291) E
42) C	92) E	142) E	192) E	242) D	292) B
43) E	93) E	143) D	193) A	243) A	293) E
44) B	94) E	144) E	194) B	244) B	294) D
45) C	95) C	145) E	195) B	245) C	295) A
46) B	96) C	146) D	196) D	246) A	296) A
47) B	97) A	147) E	197) A	247) D	297) A
48) D	98) E	148) E	198) A	248) E	298) B
49) D	99) D	149) D	199) C	249) D	299) B
50) A	100) A	150) E	200) D	250) A	300) C

CAPITOLO 3

Logica numerica

3.1 • Abilità di calcolo mentale

1) In un tamponamento a catena in autostrada sono coinvolte 13 automobili. Quanti sono i paraurti danneggiati?

A. 22
B. 26
C. 24
D. 18
E. 13

2) Stai partecipando ad una gara motociclistica. Ad un certo punto superi il terzo. In quale posizione ti trovi?

A. Quarto
B. Ultimo
C. Secondo
D. Terzo
E. Primo

3) Due interi hanno somma 5 e prodotto –24. Quanto vale il minore di tali interi?

A. 1
B. 8
C. –8
D. –3
E. 2

4) Un gioco ha le seguenti regole: se un numero è divisibile per 5 vale 5 punti; se è divisibile per 3 vale 4 punti. In base a tali regole, quale dei seguenti numeri vale di più?

A. 18
B. 42
C. 9
D. 276
E. 40

5) Due interi hanno somma 9 e prodotto 18. Quanto vale il minore di tali interi?

A. 4
B. 1
C. 2
D. 0
E. 3

6) Qual è il numero il cui quadruplo più tre è uguale a settantacinque?

A. 18
B. 17
C. 72
D. 20
E. 78

7) La somma di due numeri è –4. La loro differenza è 0. I due numeri sono…

A. –2 e 2
B. 3
C. –2 e –2
D. 4
E. 2 e 2

8) La somma di due numeri è 18. La loro differenza è –6. I due numeri sono…

A. 6 e –12
B. 6 e 12
C. –3 e –8
D. –6 e –12
E. –6 e 12

9) Se aumentiamo un numero di 175 unità e poi lo riduciamo di 77 unità, otteniamo 376. Che numero è?

A. 273
B. 275
C. 276
D. 278
E. 277

10) Se riduciamo un numero di 150 unità e poi lo aumentiamo di 175 unità, otteniamo 420. Che numero è?

A. 445
B. 410
C. 405
D. 415
E. 395

11) Sommando 10 al doppio di un numero si ottiene il suo quadruplo diminuito di 2. Qual è il numero?

A. 0
B. 8
C. 6
D. 4
E. 2

12) Qual è il numero che aggiunto a 7428 dà per risultato 9310?

A. 1902
B. 1872
C. 1890
D. 1892
E. 1882

13) Qual è il numero che diminuito di 724 dà per risultato 399?

A. 1123
B. 1121
C. 1124
D. 1122
E. 1128

14) Antonio vuole far rientrare tutte le sue pecore nei recinti dell'ovile. Inizialmente fa entrare 9 pecore in ciascun recinto, ma gli restano 2 recinti vuoti. Allora fa entrare 6 pecore in ciascun recinto, ma in questo modo 3 pecore non trovano spazio nei recinti.
Quante pecore possiede Antonio?

A. 54
B. 45
C. 36
D. 27
E. 63

15) Due interi hanno somma –4 e prodotto 4. Quanto vale il maggiore di tali interi?

A. –1
B. –3
C. I due numeri sono uguali
D. 2
E. 4

16) Due interi hanno somma 5 e prodotto 4. Quanto vale il maggiore di tali interi?

A. 1
B. 4
C. 2
D. 3
E. 5

17) Qual è il numero il cui quadruplo meno 2 è uguale a 26?

A. 30
B. 7
C. 28
D. 14
E. 25

18) Qual è il risultato della somma "1 + 2 + 3 + 4 + 5 + 6 + 7 + 8 + 9 + 10 + … + 26 = ?"

A. 351

B. 306
C. 406
D. 291
E. 320

19) Teresa vuole installare alcune mensole in una nicchia di 80 cm di larghezza dove riporvi 100 libri con spessore di 25 mm l'uno e 62 libri con spessore di 35 mm l'uno. Ha in progetto di acquistare 560 cm di legname per realizzare le mensole e non ha intenzione di riporre i due tipi di libri su una stessa mensola. Qual è il numero massimo di libri in più che Teresa può acquistare prima di dover installare altre mensole?

A. 15
B. 24
C. 12
D. 35
E. 32

20) La somma di due numeri è 7. La loro differenza è 7. I due numeri sono:

A. –2 e –5
B. 1 e 6
C. –1 e 6
D. 7 e 0
E. 0 e –7

21) Sostituisci ad ogni lettera una cifra in modo che il risultato della moltiplicazione sia esatto. "A7 × 1B = 17CD". Quanto vale la più bassa delle cifre inserite?

A. 6
B. 5
C. 0
D. 4
E. 3

22) Sostituisci ad ogni lettera una cifra in modo che il risultato della moltiplicazione sia esatto. "72 × A7 = 3BCD". Quanto vale la più alta delle cifre inserite?

A. 7
B. 9
C. 8
D. 5
E. 6

23) Francesco acquista dei bigliettini per invitare alcuni amici alla sua festa di compleanno. In cartoleria i bigliettini vengono venduti singolarmente al prezzo di € 0,43 l'uno, oppure in confezioni da 6 al prezzo di € 1,92 a confezione. Francesco acquista 8 confezioni. Dopo avere spedito gli inviti si rende conto che gli sono serviti solo 38 bigliettini.
Quanto ha speso Francesco più del necessario per acquistare i bigliettini di invito?

A. € 3,64
B. € 1,06
C. € 4,70
D. € 1,72
E. € 2,98

24) Se la parola "ognuno" è scritta bene, calcolate il risultato di "35 – 7 × 3", altrimenti calcolate il risultato di "31 – 42 + 17".

A. 27
B. 84
C. 6
D. 56
E. 14

25) Se la parola "abazzia" è scritta bene, calcolate il risultato di "5 + 11 × 5", altrimenti calcolate il risultato di "(31 – 4) : 3".

A. 31
B. 275
C. 9
D. 60
E. 30

26) Se la parola "coscente" è scritta bene, calcolate il risultato di "35 – 7 × 3", altrimenti calcolate il risultato di "31 – 42 + 17".

A. 84
B. 6
C. 14
D. 56
E. 10

27) Una regola di elaborazione trasforma l'ottupla (8, 6, 4, 5, 2, 9, 1, 7) in (6, 8, 4, 5, 2, 9, 1, 7) e quest'ultima in (6, 4, 8, 5, 2, 9, 1, 7). Individuare l'ottupla successiva secondo la stessa regola.

A. (6, 4, 8, 5, 2, 9, 1, 7)
B. (6, 4, 8, 2, 5, 9, 1, 7)
C. (6, 4, 8, 5, 9, 2, 1, 7)
D. (6, 4, 5, 8, 9, 2, 1, 7)
E. (6, 4, 5, 8, 2, 9, 1, 7)

28) Qual è il numero che diminuito di 90 dà per risultato 14?

A. 124
B. 114
C. 94
D. 134
E. 104

29) Due interi hanno somma –10 e prodotto 25. Quanto vale il minore di tali interi?

A. I due numeri sono uguali
B. 0
C. –1
D. –4
E. 2

30) Due interi hanno somma 10 e prodotto 9. Quanto vale il minore di tali interi?

A. 3
B. 4
C. 2
D. 5
E. 1

3.2 • Esercizi con frazioni e percentuali

31) Gaia ha letto i 4/5 del suo libro. Sapendo che ha letto 96 pagine, quante pagine le restano da leggere?

A. 35
B. 24
C. 40
D. 22
E. 36

32) Si vogliono ripartire 91 biscotti in tre piatti in modo che il primo piatto contenga un terzo dei biscotti del secondo e il secondo piatto un terzo dei biscotti del terzo piatto. Quanti biscotti conterrà il secondo piatto?

A. 33
B. 24
C. 21
D. 31
E. 30

33) Al supermercato le confezioni di caffè da 500 g sono sempre in offerta speciale, tuttavia le offerte variano di settimana in settimana:

- **Settimana 1: una confezione da 250 g in omaggio con l'acquisto di 2 confezioni;**
- **Settimana 2: 25% di sconto sul prezzo intero;**
- **Settimana 3: una confezione in omaggio con l'acquisto di 3 confezioni;**
- **Settimana 4: 10% di sconto sul prezzo indicato e ulteriori 100 g in omaggio;**
- **Settimana 5: con l'acquisto di una confezione, la seconda è a metà prezzo.**

Sebbene le quantità cambino, il costo del caffè per 100 g in ciascuna delle

offerte sopra elencate rimane invariato tutte le settimane, eccetto una: quale?

A. Settimana 1
B. Settimana 2
C. Settimana 3
D. Settimana 4
E. Settimana 5

34) Una palestra ha venduto 400 abbonamenti in ottobre e 480 in novembre. In dicembre si è registrato un decremento del 15% rispetto al mese precedente. A quanto ammonta la variazione percentuale degli abbonamenti venduti nel mese di dicembre rispetto a quelli di ottobre?

A. Non ci sono elementi sufficienti per rispondere
B. 1%
C. 5%
D. –5%
E. 2%

35) L'anno scorso le automobili straniere importate in Italia sono state 250.000, mentre quest'anno sono salite del 40%. Quest'anno si è registrato un 30% di importazioni dal mercato giapponese.
Quante sono state le auto straniere NON giapponesi importate quest'anno?

A. 420.000
B. 245.000
C. 210.000
D. 90.000
E. 270.000

36) In una comunità di 5000 persone il 5% dei membri viene colpito da una malattia infettiva, che richiede il ricovero nel 50% dei casi; quanti ricoveri sono avvenuti?

A. 150
B. 50
C. 200
D. 100
E. 125

37) Il cartello promozionale di un negozio recita:
Ogni 200 euro spesi, vi diamo un buono da 20 euro, spendibile al prossimo acquisto.
Tancredi, passando, riflette su quanto sia lo sconto effettivo praticato dal negozio. Quale osservazione è quella corretta?

A. Il massimo sconto ottenibile mediante questa promozione è del 20%
B. Il massimo sconto ottenibile mediante questa promozione è maggiore del 10%
C. Il massimo sconto ottenibile mediante questa promozione è minore del 10%
D. Il massimo sconto ottenibile mediante questa promozione è del 10%
E. Il massimo sconto ottenibile mediante questa promozione è minore del 2%

38) Il proprietario di una fabbrica di orecchini, in occasione della festa dell'8 marzo, vuole fare un regalo alle sue 100 dipendenti donne. Poiché sa che il 10% di esse porta un solo orecchino e che il rimanente si divide in parti uguali tra chi non ne porta affatto e chi ne porta due, quanti orecchini dovrà far preparare?

A. 100
B. 90
C. 45
D. 200
E. 180

3.3 • Esercizi con proporzioni

39) Tre ragazzi mangiano tre pizze in tre ore. Quante pizze mangiano nove ragazzi in nove ore?

A. 9
B. 15
C. 27
D. 22
E. 18

40) Se 4 impiegati compilano 24 pratiche in 10 minuti, quanti impiegati sarebbero teoricamente necessari per compilare 120 pratiche in 3000 secondi?

A. 10
B. 4
C. 6
D. 8
E. 15

41) Se due conigli mangiano 8 carote in un'ora, in quanto tempo 25 conigli mangeranno 50 carote?

A. 30 minuti
B. 50 minuti
C. 60 minuti
D. 40 minuti
E. 20 minuti

42) Tre panettieri preparano un cornetto rispettivamente in 4, 5 e 6 minuti. Quanto impiegano a preparare insieme 37 cornetti?

A. 2 ore
B. 1 ora e 35 minuti
C. 50 minuti
D. 2 ore e 30 minuti
E. 1 ora

43) Un impiegato può completare 28 pratiche per ogni ora. Se in un giorno lavorativo di 8 ore si accumulano 6720 pratiche da chiudere in giornata, quanti impiegati saranno necessari?

A. 28
B. 30
C. 32
D. 35
E. 34

44) Tre marinai sbucciano un sacco di patate rispettivamente in 6, 8 e 12 ore. Quante ore impiegano a sbucciare insieme le patate di 33 sacchi?

A. 88
B. 26
C. 24
D. 176
E. Non è possibile rispondere in base ai dati forniti

45) Se 6 muratori, lavorando allo stesso ritmo, impiegano 50 minuti per costruire un muretto, quanto impiegherebbe uno solo di essi per costruire lo stesso muretto?

A. 5 ore
B. 250 minuti
C. 2 ore
D. 4 ore
E. 270 minuti

46) Due meccanici sono in grado di riparare 6 automobili in 3 ore. Quanti meccanici saranno necessari per riparare 22 auto in 5 ore?

A. Almeno 7
B. Almeno 8
C. Almeno 6
D. Almeno 5
E. Almeno 10

47) Un solo pasticciere prepara 5 torte in 2 ore e mezza. Quanti pasticcieri dovrebbero lavorare, allo stesso ritmo, per preparare 12 torte in un'ora e mezza?

A. 6
B. 7
C. 3
D. 5
E. 4

48) Tre formiche spostano un mucchio di sabbia rispettivamente in 20, 30 e 60 giorni. Quanto tempo impiegano a spostare lo stesso mucchio di sabbia lavorando insieme?

A. 15 giorni
B. 10 giorni
C. 25 giorni
D. 5 giorni
E. 20 giorni

3.4 • Esercizi su medie

49) In una squadra di calcio vi sono 11 giocatori. L'età media è 22 anni. Durante una partita un giocatore viene espulso; l'età media dei giocatori rimasti diviene allora 21 anni. Che età ha il giocatore che è stato espulso?

A. 35 anni
B. 32 anni
C. 31 anni
D. 33 anni
E. 30 anni

50) In una prima ci sono 3 ragazzi per ogni 2 ragazze. L'età media dei ragazzi è 14 anni e 2 mesi, quella delle ragazze 13 anni e 4 mesi. Qual è l'età media della classe?

A. 13 anni e 4 mesi
B. Il risultato dipende dal numero di alunni della classe
C. 13 anni e 8 mesi
D. 13 anni e 10 mesi
E. 13 anni e 6 mesi

51) In un gruppo di 10 amici, 3 ragazzi hanno 24 anni ciascuno, 4 ragazzi hanno 27 anni ciascuno e 3 ragazzi hanno 30 anni ciascuno. Qual è l'età media del gruppo?

A. 26 anni
B. 25 anni
C. 27 anni
D. 28 anni
E. 27,5 anni

52) Filippo ha conseguito un voto di 3 punti superiore rispetto a quello di Rocco, Giovanni di sei punti inferiore rispetto a quello di Rocco. Quanto vale la media dei voti conseguiti da Filippo, Rocco e Giovanni?

A. È di 3 punti inferiore rispetto al voto conseguito da Rocco
B. È di due punti inferiore rispetto al voto conseguito da Rocco
C. È pari al voto conseguito da Rocco
D. È di un punto inferiore rispetto al voto conseguito da Rocco
E. È di un punto superiore rispetto al voto conseguito da Rocco

53) Uno studente modello ha calcolato la sua media su tutte le 9 materie, esclusa la matematica. Tale media è pari a 8. Dopo l'interrogazione la professoressa gli comunica che il suo voto finale in matematica è 7. Quale sarà la nuova media dello studente?

A. 8
B. 7
C. 7,5
D. 7,8
E. 7,9

54) Un calciatore ha disputato 6 partite segnando in media un gol a partita. Dopo la squalifica di un turno ritorna in campo ed in due partite segna 4 gol. Quale sarà la nuova media di realizzazione di gol per partita disputata?

A. 1,6
B. 1,5
C. 2
D. 1,25
E. 1,2

3.5 • Esercizi su progressioni aritmetiche e progressioni geometriche

55) La popolazione di una coltura batterica raddoppia ogni 2 minuti. Quanti minuti approssimativamente serviranno affinché tale popolazione cresca da 1.000 a 500.000 batteri?

A. 16
B. 12
C. 10
D. 14
E. 18

56) Su Marte il 12 novembre 10 marziani possiedono una cuffia; nei giorni successivi il numero dei marziani che possiedono una cuffia raddoppia ogni giorno. Qual è il primo giorno al termine del quale almeno 10.000 marziani avranno una cuffia?

A. 26 novembre
B. 24 novembre
C. 28 novembre
D. 25 novembre
E. 22 novembre

57) Una colonia di batteri vive sulla superficie di uno stagno, dove una volta al giorno ogni batterio si riproduce per scissione, cioè ogni giorno ogni batterio si divide in due dando origine a due batteri uguali. Se un biologo inizia la sua osservazione all'alba del 1° aprile 2010 e conta un solo batterio, mentre all'alba del 30 aprile 2010 osserva che un ottavo della superficie dello stagno è ricoperta dai batteri, in quale data la superficie dello stesso stagno sarà per la prima volta completamente ricoperta dai batteri?

A. All'alba del 3 maggio 2010
B. Dipende dalla superficie dello stagno
C. All'alba del 29 luglio 2010
D. Dopo il 1° dicembre 2010
E. All'alba del 7 maggio 2010

58) In uno stagno c'è una bellissima ninfea, che ogni giorno raddoppia la sua estensione e in 30 giorni copre tutto lo stagno. Quanto tempo impiega per coprirne la metà?

A. Dipende dalla grandezza dello stagno
B. 2 giorni
C. 15 giorni
D. 7 giorni
E. 29 giorni

59) Una pianta geneticamente modificata raddoppia la sua altezza ogni giorno. Al nono giorno comincia a ridurre la sua altezza con una velocità doppia. Dopo quanti giorni dall'inizio sarà ritornata alla sua altezza iniziale?

A. 15
B. 13
C. 12
D. 10
E. 14

60) Una palla è talmente elastica che, dopo ogni rimbalzo sul terreno, raggiunge i 2/5 dell'altezza precedente. Da quale altezza è stata fatta cadere se dopo 4 rimbalzi raggiunge ancora i 32 centimetri?

A. 2 metri
B. 12,5 metri
C. 60 metri
D. 5 metri
E. 10 metri

61) Un'ameba spaziale cade in un lago. Ogni giorno raddoppia la sua estensione e in 100 giorni diventa così grande da ricoprire l'intera superficie del lago. In quanti giorni ne aveva coperto un quarto?

A. Dopo 25
B. Dopo 96
C. Dopo 98
D. Dopo 88
E. Dopo 30

62) Se ad ogni generazione la popolazione mondiale si quadruplicasse, partendo da Adamo ed Eva, dopo quante generazioni si arriverebbe a 2048 persone?

A. 3
B. 5
C. 6
D. 2
E. 7

3.6 • Esercizi con equazioni e sistemi di equazioni di primo grado

63) Lucia noleggia una macchina per 18 euro più 0,10 euro per chilometro percorso. Carlo noleggia una macchina per 25 euro più 0,05 euro per chilometro percorso. A fine giornata, dopo aver percorso la stessa distanza pagano entrambi lo stesso importo. Quanti chilometri hanno percorso?

A. 150
B. 140
C. 135
D. 120
E. 100

64) Giacomo ha oggi 14 anni in più di Paolo. Se tra 10 anni Giacomo avrà il doppio degli anni di Paolo, quanti anni avrà Giacomo tra 5 anni?

A. 23
B. 19
C. 9
D. 21
E. 33

65) Papà e mamma Tuttosale hanno diversi figli, di cui 3 sono maschi. Se ogni figlio maschio avesse 3 sorelle, quanti sarebbero in tutto i membri della famiglia Tuttosale?

A. 17
B. 19
C. 8
D. 11
E. 14

66) Determinare quel numero il cui quadrato diviso a metà è uguale a 50.

A. 8
B. 7
C. 22
D. 10
E. 18

67) Andrea, Barbara, Camillo e Dario hanno ricevuto 450.000 euro in eredità. Ad Andrea spetta il doppio di Barbara, a Camillo spetta una volta e mezzo la cifra di Andrea e a Dario il triplo di Barbara. Quanto riceve Dario?

A. 200.000 euro
B. 150.000 euro
C. 120.000 euro
D. 100.000 euro
E. 250.000 euro

68) Se Francesco avesse 6 euro in più di Davide, essi avrebbero in totale 34 euro. Ma Francesco ha 6 euro meno di Davide. Quanti euro ha Francesco?

A. 8
B. 12
C. 10
D. 16
E. 14

69) Durante l'ultimo week-end, Pamela, Paola, Giuseppe e Gabriella hanno guadagnato insieme 405 euro. Pamela

ha lavorato il doppio del tempo di Paola; Paola ha lavorato la metà del tempo di Giuseppe; Gabriella ha lavorato il doppio del tempo di Pamela. Essi decidono di dividere i loro guadagni in modo imparziale. Quanti euro toccano a Pamela?

A. 90
B. 180
C. 120
D. 45
E. 150

70) Se un lingotto d'oro pesa 1/2 chilo più la metà del suo peso, quanto pesa il lingotto?

A. 2 chili
B. 200 grammi
C. 1 chilo
D. 1.500 grammi
E. 500 grammi

71) Due colleghi sono stati assunti nello stesso giorno: uno aveva il doppio dell'età dell'altro.
Anni dopo la ditta fallisce: in quel momento il maggiore ha 20 anni più del minore.
A quale età è stato assunto il minore?

A. 35 anni
B. 30 anni
C. 20 anni
D. 15 anni
E. 25 anni

72) Se: $X + Y = 3$; $X = 2Z + 13$; $Z + Y = 0$ allora Y è uguale a:

A. –10
B. +10
C. –4
D. –6
E. +3

73) Se: $X + Y = 6$; $X = Z + 2$; $Z + 2Y = 0$ allora Y è uguale a:

A. –4
B. +8
C. +4
D. –6
E. +10

74) Il costo di un'auto è dato da 9.000 euro più un terzo del costo stesso. Qual è il costo dell'auto?

A. 13.500 euro
B. 13.000 euro
C. 14.500 euro
D. 15.000 euro
E. 12.500 euro

75) La somma di due numeri, di cui il primo è triplo del secondo, è 456. Quanto valgono i due numeri?

A. 332 e 124
B. 336 e 120
C. 333 e 123
D. 330 e 126
E. 342 e 114

76) Due mele e due pere costano 1,10 €; tre mele e una pera costano 1,05 €. Allora tre pere e una mela costano:

A. 1,25 euro
B. 1,15 euro
C. 1,10 euro
D. 1,30 euro
E. 1,20 euro

77) Un gelataio prepara 20 kg di gelato e lo rivende nel corso della giornata in coni piccoli da 1,20 euro di due palline e coni grandi da 1,60 euro e di tre palline. Da ogni kg di gelato ha ricavato 12 palline; alla fine della giornata, ha incassato in totale 137,60 euro. Quanti coni grandi ha venduto?

A. 32

B. 24
C. 48
D. 17
E. 43

78) Un pensionato ha passato la sua vita per un quarto da ragazzo, per un ottavo da giovane, per metà al lavoro. Da 9 anni non lavora più. Quanti anni ha adesso?

A. 66
B. 70
C. 72
D. 74
E. 64

79) Se al doppio di un numero si aggiunge 4, si ottiene il triplo del numero considerato diminuito di 4. Di quale numero si tratta?

A. 6
B. 9
C. 11
D. 8
E. 10

80) La somma di tre numeri naturali consecutivi è 132. Quanto vale il minore dei tre numeri considerati?

A. I dati forniti dalla domanda non consentono di stabilirlo con certezza
B. 43
C. 41
D. 42
E. 40

81) Marco ha speso per il suo viaggio di nozze i 5/4 di quello che ha speso Claudia. Sapendo che la differenza tra il costo di un viaggio e l'altro è pari a 700 euro, quanto ha speso Marco?

A. 2.800 euro
B. 1.000 euro
C. 3.500 euro
D. 6.300 euro
E. 3.800 euro

82) Ad una domanda per un sondaggio 3/4 degli intervistati ha risposto 'SÌ', 1/5 ha risposto 'NO' e 4 hanno risposto 'NON LO SO'. Quanti sono gli intervistati?

A. 90
B. 78
C. 92
D. 80
E. 66

83) Si è chiesto a 440 studenti: "Quale squadra preferisci?". Le preferenze per la "Roma" erano i 3/8 di quelle per l'"Inter", e il loro numero complessivo era sette volte il numero delle scelte di altre squadre. Quanti hanno scelto altre squadre?

A. 120
B. 75
C. 105
D. 55
E. 280

84) Si è chiesto a 440 studenti: "Quale squadra preferisci?". Le preferenze per la "Roma" erano i 3/8 di quelle per l'"Inter", e il loro numero complessivo era sette volte il numero delle scelte di altre squadre. Quanti hanno scelto la "Roma"?

A. 105
B. 120
C. 280
D. 55
E. 85

3.7 • Le equazioni simboliche

85) Se 4 × # + 1 = 7 × (# – 2), allora # è uguale a:

A. 1/2
B. 5
C. 13
D. 9
E. 7

86) Se la lettera N identifica una qualunque cifra numerica (singola), la lettera P identifica una qualunque cifra (singola) pari e la lettera D identifica una qualunque cifra (singola) dispari, allora la scrittura DNND rappresenta un numero:

A. pari di 2 cifre
B. dispari di 4 cifre
C. pari di 4 cifre
D. divisibile per 2
E. dispari di 3 cifre

87) Se CIG significa cifra (singola) divisibile per 6, COG significa cifra (singola) divisibile per 9 e CEG significa cifra (singola) divisibile per 2, allora con quale scrittura può essere espresso il numero 94?

A. CEG CIG
B. CIG COG
C. COG CIG
D. CIG CEG
E. COG CEG

88) Se CUG significa cifra (singola) divisibile per 5, CIG significa cifra (singola) divisibile per 4 e CEG significa cifra (singola) divisibile per 3, allora con quale scrittura può essere espresso il numero 84?

A. CIG CIG
B. CEG CIG
C. CUG CIG
D. CUG CEG
E. CIG CUG

89) Se la lettera N identifica una qualunque cifra numerica (singola), la lettera P identifica una qualunque cifra (singola) pari e la lettera D identifica una qualunque cifra (singola) dispari, allora la scrittura DDD rappresenta un numero:

A. pari di quattro cifre
B. dispari di tre cifre
C. divisibile per due
D. divisibile per tre
E. pari di tre cifre

90) Se la lettera A identifica una qualunque cifra (singola), la lettera L identifica una qualunque cifra (singola) pari e la lettera Q identifica una qualunque cifra (singola) dispari, allora QALL è un numero:

A. dispari di quattro cifre
B. pari di due cifre
C. pari di quattro cifre
D. dispari di due cifre
E. pari di tre cifre

91) Se ZIP significa cifra (singola) divisibile per 5, ZAP significa cifra (singola) divisibile per 4 e ZOP significa cifra (singola) divisibile per 6, allora con quale scrittura può essere espresso il numero 84?

A. ZOP ZAP
B. ZIP ZAP
C. ZAP ZIP
D. ZAP ZAP
E. ZOP ZIP

92) Se BARI = 2, DENTE = 2, GINOCCHIO = 4, PREZZEMOLO = ?

A. 14
B. 4
C. 8
D. 6
E. 10

93) Se BARI = 4, DENTE = 5, GINOCCHIO = 9, PREZZEMOLO = ?

A. 8
B. 12
C. 14
D. 10
E. 18

94) Se 2 è "B", 5 è "E", 10 è "L", come si scrive "MESTOLO" usando numeri invece di lettere?

A. 5 – 11 – 10 – 13 – 17 – 18
B. 11 – 5 – 17 – 18 – 13 – 10 – 13
C. 11 – 5 – 17 – 18 – 13 – 11 – 13
D. 10 – 13 – 17 – 18 – 5 – 11 – 5
E. 11 – 5 – 18 – 17 – 13 – 10 – 13

95) Se 3 è "B", 12 è "E", 21 è "H", come si scrive "GIOCARE" usando numeri invece di lettere?

A. 33 – 34 – 24 – 6 – 5 – 7 – 12
B. 18 – 24 – 36 – 6 – 0 – 45 – 12
C. 18 – 24 – 36 – 6 – 1 – 45 – 12
D. 30 – 32 – 26 – 22 – 40 – 32
E. 18 – 24 – 33 – 6 – 1 – 45 – 12

96) Se ZAP significa cifra (singola) divisibile per 7, ZUP significa cifra (singola) divisibile per 5 e ZEP significa cifra (singola) divisibile per 4, allora con quale scrittura può essere espresso il numero 48?

A. ZEP ZUP
B. ZAP ZAP
C. ZUP ZEP
D. ZEP ZAP
E. ZEP ZEP

97) A ciascuna delle seguenti parole è associato un valore numerico, seguendo sempre lo stesso criterio logico. ANANAS → 3; SALSA → 3; MASSA → 3; NESSO → 4; MESTO → 5; MAESTRA → 6; Quale valore numerico andrebbe assegnato alla parola STATUTO mediante lo stesso criterio logico adoperato in precedenza?

A. 4
B. 6
C. 5
D. 3
E. 7

98) Sostituisci ad ogni lettera una cifra differente in modo che il risultato della moltiplicazione sia esatto: "A6 × 3B = 2C6D". Quanto vale la più bassa delle cifre inserite?

A. 3
B. 0
C. 5
D. 4
E. 2

99) Se:
❤ + ★ = 7 + ✸
✸ + ❤ = 3
6 + ❤ = 3
allora:

A. ❤ = 3
B. ❤ = 9
C. ★ = 16
D. ✸ = 0
E. ❤ = 16

3.8 • Esercizi con il calcolo combinatorio

100) Quanti terni si possono formare con 90 numeri differenti?

A. 45.040
B. 117.480
C. 640.560
D. 12.340
E. 13.520

101) Un pittore dispone di 8 colori e vuole colorare un suo disegno in tanti modi quanti sono possibili combinando due colori, senza mai ripetere le combinazioni: quante combinazioni differenti sono possibili?

A. 28
B. 21
C. 56
D. 48
E. 36

102) Quante parole, anche prive di senso, si possono ottenere anagrammando le lettere della parola "terno"?

A. 75
B. 100
C. 80
D. 60
E. 120

103) Un barista dispone di 6 liquori diversi. Mescolandone in parti uguali tre alla volta, quanti aperitivi diversi può preparare?

A. 18
B. 25
C. 15
D. 12
E. 20

104) Quanti anagrammi distinti è possibile ottenere con le lettere della parola "ZOO"?

A. 2
B. 4
C. 3
D. 6
E. 5

105) Quanti sono i numeri di quattro cifre che si possono scrivere usando solamente le tre cifre 5, 6, 7?

A. 85
B. 75
C. 90
D. 81
E. 60

106) Utilizzando solo i caratteri "0" e "1", quante sequenze diverse di 5 caratteri si possono scrivere?

A. 25
B. 38
C. 32
D. 36
E. 40

107) Dieci persone si incontrano ad una riunione di lavoro. All'inizio ed alla fine dell'incontro ciascuno stringe la mano a tutti gli altri. Quante strette di mano ci sono state complessivamente?

A. 45
B. 60
C. 90
D. 75
E. 80

108) Il numero di parole di tre lettere, anche prive di senso, che si possono ottenere usando 10 lettere, non necessariamente tutte distinte, è uguale a:

A. 600
B. 500
C. 900
D. 1.000
E. 800

109) Quante cinquine si possono formare con 90 numeri differenti?

A. 43.949.268
B. 128.428.968
C. 1.325.156
D. 1.248.168
E. 8.124.568

110) Quante parole, anche prive di significato, si possono scrivere con tre lettere diverse dell'alfabeto inglese?

A. 15.600
B. 13.500
C. 14.500

D. 12.600
E. 10.500

111) In quanti modi differenti 5 persone si possono sedere su 3 poltrone, libere e allineate, di un cinema?

A. 120
B. 30
C. 60
D. 70
E. 90

112) Ho a disposizione tanti cubi quanti ne voglio e dipingo ogni loro faccia con i colori rosso o verde. Quanti cubi diversi posso ottenere?

A. 10
B. 24
C. 64
D. 6
E. 36

113) Dipingiamo le quattro facce di un tetraedro regolare con quattro colori diversi: rosso, bianco, giallo, azzurro. Quanti diversi tetraedri possiamo ottenere?
N.B.: si considerino uguali due tetraedri se coincidono in seguito a opportuni movimenti rigidi di rotazione e traslazione

A. 24
B. 1
C. 16
D. 2
E. 6

114) Un negozio di giocattoli ordina al fornitore una partita di cubetti, chiedendo che tre facce siano colorate di nero e tre di bianco. Il padrone del negozio immaginava, erroneamente, che questa indicazione fosse sufficiente ad avere cubetti identici. Il fornitore, invece, si presenta con tutti i diversi tipi di cubetti che soddisfano i requisiti del negoziante.
Quanti sono i tipi diversi?

A. 3
B. 20
C. 2
D. 6
E. 12

3.9 • Esercizi con le probabilità

115) Paolo ha 10 paia di calzini accoppiati. Se perde 7 calzini, qual è il maggior numero di paia di calzini accoppiati che gli possono rimanere?

A. 5
B. 4
C. 7
D. 3
E. 6

116) Marco, Claudio, Luca e Paolo stanno giocando a poker con tutte le carte dall'otto (8, 9, 10, J, Q, K e asso). Che probabilità (%) ha Paolo di vedersi servito un colore (tutte e 5 le carte dello stesso seme)?

A. 0,5%
B. 0,09%
C. 0,3%
D. 1%
E. 0,01%

117) Lanciando due dadi contemporaneamente, qual è la probabilità di ottenere per somma 3?

A. 1/3
B. 1/18
C. 1/12
D. 1/36
E. 1/8

118) Estraendo una pallina da un'urna contenente 12 palline verdi, 15 rosse e

9 nere, calcolare la probabilità che essa sia rossa oppure nera.

A. 4/5
B. 2/3
C. 3/5
D. 1/5
E. 1/2

119) Estraendo una pallina da un'urna contenente 100 palline, di cui 25 blu, 15 rosse e 60 gialle, qual è la probabilità che esca una pallina rossa?

A. 5/20
B. 20/3
C. 20%
D. 3/20
E. 30%

120) Estraendo una carta da un mazzo di 40 carte, calcolare la probabilità che non esca una figura.

A. 5/7
B. 3/5
C. 4/5
D. 70%
E. 2/3

121) Nel lancio di un dado, qual è la probabilità che esca un numero dispari o maggiore di 4?

A. 1/7
B. 1/2
C. 1/4
D. 2/3
E. 1/3

122) Nel gioco della tombola, qual è la probabilità che esca alla seconda estrazione il numero 17, in caso non sia uscito nella prima estrazione?

A. 1/89
B. 1/90
C. 12/90
D. 8/90
E. 1

123) La probabilità che estraendo a caso uno dei novanta numeri della tombola, si estragga un numero divisibile per 2 e per 3 è:

A. 90/6
B. 4/90
C. 1/6
D. 1/3
E. 6/90

124) In un'urna sono contenute 50 palline numerate da 1 a 50. Estraendo una pallina dall'urna, determinare la probabilità che esca un numero divisibile per 7 compreso tra 15 e 45.

A. 8%
B. 40%
C. 30%
D. 15%
E. 20%

125) Estraendo una pallina da un'urna contenente 12 palline verdi, 18 rosse e 6 nere, calcolare la probabilità che essa sia verde oppure nera.

A. 1/2
B. 3/5
C. 4/5
D. 2/3
E. 3/4

126) Una scatola contiene 5 palline blu, 6 palline verdi e 7 palline gialle. Si supponga di essere bendati in modo da non poter sbirciare nella scatola: quante palline dovreste prendere al minimo per essere sicuri di averne almeno quattro dello stesso colore?

A. 24
B. 13
C. 21

D. 18
E. 10

127) Lanciando un dado, che probabilità c'è di ottenere un numero maggiore di 2?

A. 2/3
B. 2
C. 1/2
D. 2/6
E. 1/3

128) Calcolare la probabilità che nel lancio di due dadi il punteggio di una faccia sia doppio di quello dell'altra.

A. 1/6
B. 1/5
C. 1/4
D. 1/2
E. 1/3

129) La probabilità che nel lancio di due dadi si ottenga somma 5 rispetto a quella che si ottenga somma 10 è:

A. maggiore
B. un terzo
C. un mezzo
D. minore
E. uguale

130) La probabilità che, lanciando due dadi, il prodotto dei numeri usciti sia un multiplo di 5 è:

A. 11/36
B. 2/5
C. 1/3
D. 3/7
E. 1/4

3.10 • Esercizi su spazio, velocità e tempo

131) Un atleta ha ridotto il proprio tempo di percorrenza di una certa distanza del 20% al mese negli ultimi tre mesi. Se inizialmente copriva la distanza in 2'05", quanto impiega ora?

A. 1'04"
B. 1'15"
C. 1'12"
D. 50"
E. 70"

132) Un impiegato percorre tutte le mattine 10 minuti a piedi alla velocità di 6 km/h, poi fa un tragitto lungo dieci volte tanto in treno alla velocità di 120 km/h e infine una corsa in autobus di 5 minuti alla velocità di 60 km/h. Quanto vale complessivamente lo spazio percorso dall'impiegato?

A. 15,6 km
B. 18,6 km
C. 17 km
D. 18 km
E. 16 km

133) In un momento X, un treno che corre a 30 km/h precede un treno che corre a 50 km/h. Quanti km distano l'uno dall'altro se occorreranno 15 minuti al treno più rapido per raggiungere il più lento?

A. 5
B. 8
C. 6
D. 7
E. 2,5

134) Luca e Giovanni partono nello stesso momento sulla stessa strada di 300 km che collega Firenze a Milano. Luca parte da Firenze a 60 km/h, Giovanni parte da Milano e viaggia a 90 km/h. Dove e quando si incontreranno?

A. Dopo due ore, a 120 km da Milano
B. Dopo tre ore, a 120 km da Milano
C. Dopo quattro ore, a 120 km da Firenze

D. Dopo quattro ore, a 120 km da Milano
E. Dopo due ore, a 120 km da Firenze

135) Un uomo a cavallo parte alle 7 del mattino percorrendo in media 20 km/h. Un motociclista parte dallo stesso punto alle 11 e raggiunge l'uomo a cavallo dopo 2 ore. Qual è la velocità del motociclista?

A. 120 km/h
B. 80 km/h
C. 45 km/h
D. 60 km/h
E. 100 km/h

3.11 • Esercizi sulle pesate

136) Liam ha 6 accendini apparentemente identici, uno dei quali è però più pesante degli altri. Avendo a disposizione una bilancia a due piatti, quante pesate saranno sufficienti per essere certi di individuarlo?

A. 2
B. 3
C. 4
D. 5
E. 6

137) Il professor Albert, noto scienziato di fama internazionale, vuole sbalordire i suoi studenti con un esperimento. Egli possiede 22 palline identiche esternamente, tutte di peso uguale tranne una che ha un peso inferiore del 10% rispetto alle altre 21. Con una bilancia ultraprecisa con due piatti, il professor Albert afferma che egli sarà in grado di individuare la pallina meno pesante con sole 5 pesate e che non è possibile farlo con un numero inferiore di pesate.
Sta affermando il vero?

A. No, sono necessarie almeno 6 pesate
B. No, sono necessarie almeno 21 pesate
C. Sì, 5 è il numero minimo di pesate necessarie
D. No, in quanto bastano al massimo 4 pesate
E. No, sono necessarie almeno 11 pesate

138) Tre amici decidono di pesarsi su una bilancia pubblica, usando solo una moneta. Senza ragionare, non si sono accorti che potrebbero pesarsi direttamente uno per uno. Quindi, prima, salgono John e Ivan, e la bilancia segna 90 kg. Ivan scende e sale Kevin; ora la bilancia segna 95 kg. Infine John scende e Ivan risale; la bilancia segna 99 kg. I tre ragazzi rimangono quindi con il problema di calcolare il proprio peso singolarmente. Quanto pesa John?

A. 45 kg
B. 55 kg
C. 50 kg
D. 48 kg
E. 43 kg

139) Lucia possiede 13 anelli apparentemente identici, uno dei quali è però più pesante degli altri. Avendo a disposizione una bilancia a due piatti, quante pesate saranno sufficienti per essere certi di individuarlo?

A. 3
B. 6
C. 7
D. 8
E. 5

3.12 • Interpretazione di dati da tabelle (ragionamento critico-numerico)

Rispondere ai quesiti 140-144 facendo riferimento alla tabella di seguito riportata.

Assetto Finanziario (dati in migliaia di euro): la seguente tabella mostra il bilancio di un'azienda per gli anni 2004 e 2005.

Operazioni	2005	2004
Vendite	?	2122
Costi di vendita	–1989	–1764
Profitto Lordo	449	358
Spese Amministrazione	–182	–177
Profitto Netto	267	?

140) Qual era il valore delle vendite nel 2005 (in migliaia di euro)?

A. 2438
B. 2442
C. 2468
D. 2122
E. 2112

141) Qual era il valore del profitto netto nel 2004 (in migliaia di euro)?

A. 267
B. 192
C. 171
D. 252
E. 181

142) Il profitto netto nel 2005 è pari a circa:

A. il 30% delle vendite
B. il 10% delle vendite
C. il 20% delle vendite
D. il 5% delle vendite
E. il 25% delle vendite

143) Nel 2005 il rapporto tra profitto netto e lordo rispetto all'anno precedente:

A. è aumentato di circa il 10%
B. non si può dire nulla
C. si è ridotto di circa il 10%
D. si è ridotto di circa il 20%
E. è aumentato di circa il 20%

144) Qual è la voce che nel 2005 ha subito la variazione percentuale minore rispetto all'anno precedente?

A. Spese Amministrazione
B. Costi di vendita
C. Vendite
D. Profitto Lordo
E. Profitto Netto

Rispondere ai quesiti 145-149 facendo riferimento alla tabella di seguito riportata.

Stati dell'Unione Europea: nella seguente tabella sono mostrati dati relativi ad alcuni paesi dell'Unione Europea.

Paese	Superficie (km/q)	Popolazione (milioni)	Seggi nel Parlamento Europeo
Malta	316	0,4	5
Irlanda	70000	3,7	13
Finlandia	338000	5,2	14
Ungheria	93000	10	24
Belgio	30158	10,2	24
Spagna	504782	39,4	54
Italia	301263	57,7	78
Germania	356854	82,1	99

145) Per i paesi riportati in tabella, quale delle seguenti affermazioni è vera?

A. La Spagna è il paese più popoloso e Malta quello meno esteso
B. La Germania è il paese più esteso e la Spagna il più popoloso
C. Malta è il paese meno popoloso e la Finlandia il più esteso
D. La Spagna è il paese più esteso e la Germania è quello più popoloso
E. La Germania è il paese più popoloso e l'Irlanda il meno esteso

146) Quanto vale la densità di abitanti per chilometro quadrato in Finlandia?

A. 30 abitanti per chilometro quadrato
B. 0,5 abitanti per chilometro quadrato
C. 1,5 abitanti per chilometro quadrato
D. 10 abitanti per chilometro quadrato
E. 15 abitanti per chilometro quadrato

147) È vero che:

A. la superficie dell'Italia è circa il doppio di quella dell'Ungheria
B. la superficie dell'Ungheria è circa il doppio di quella del Belgio
C. la superficie dell'Italia è circa dieci volte quella del Belgio
D. la superficie della Spagna è circa il doppio di quella della Germania
E. la superficie della Finlandia è maggiore di quella della Germania

148) Quale paese ha la rappresentanza maggiore nel Parlamento Europeo in rapporto alla propria popolazione?

A. L'Italia
B. La Spagna
C. La Finlandia
D. Malta
E. La Germania

149) Sapendo che il Parlamento Europeo ha 732 seggi in totale, quale % di questi seggi è occupata da parlamentari italiani?

A. Circa il 3%
B. Circa il 17%
C. Circa l'11%
D. Circa il 7%
E. Circa il 20%

Rispondere ai quesiti 150-154 facendo riferimento alla tabella di seguito riportata.

Tariffe aeree: nella tabella sono riportate le tasse, le quote assicurative e le tariffe dei voli aerei per Barcellona da diversi aeroporti italiani. Il costo totale di un biglietto è la somma delle tasse aeroportuali, della quota assicurativa e della tariffa vera e propria.

Aeroporto di partenza	Tasse Aeroportuali	Quota Assicurativa	Tariffa per Barcellona	
			Sola Andata	Andata e Ritorno
Roma Fiumicino	€ 12,50	€ 2,50	€ 62,00	€ 100,00
Milano Malpensa	€ 11,00	€ 3,00	€ 55,00	?
Napoli	€ 9,50	€ 4,50	?	€ 120,00
Genova	€ 15,00	€ 2,50	€ 59,00	€ 75,90
Palermo	€ 11,00	€ 3,50	€ 100,00	€ 142,90

150) Sapendo che il volo andata e ritorno ha una tariffa doppia rispetto al volo di sola andata, quale sarà il totale delle spese (tasse, assicurazione e tariffa aerea) per un passeggero che acquista un biglietto di andata e ritorno da Milano?

A. Euro 124,00
B. Euro 110,00
C. Euro 69,00
D. Euro 114,00
E. Euro 121,00

151) Sapendo che il volo di sola andata ha una tariffa pari a 2/3 di quella del volo andata e ritorno, quale sarà il totale delle spese (tasse, assicurazione e tariffa aerea) per un passeggero che acquista un biglietto di sola andata da Napoli?

A. Euro 134,00
B. Euro 89,50
C. Euro 80,00
D. Euro 84,50
E. Euro 94,00

152) Se la compagnia che gestisce l'aeroporto di Genova, attuando una promozione, decide di offrire gratuitamente la quota assicurativa e di ridurre ad 1/3 le tasse aeroportuali, quale sarà il totale delle spese per due passeggeri che acquistano un biglietto ciascuno di sola andata da Genova?

A. Euro 148,00
B. Euro 128,00
C. Euro 64,00
D. Euro 133,00
E. Euro 161,80

153) Per quanto riportato in tabella, quale aeroporto presenta la migliore offerta di volo sola andata per Barcellona, considerando il totale delle spese (tasse, assicurazione e tariffa aerea)?

A. Milano Malpensa
B. Roma Fiumicino
C. Genova
D. Napoli
E. Palermo

154) Se, partendo da Palermo, con un volo di sola andata si ottiene uno sconto sulla tariffa del 30% ma si è soggetti ad una ulteriore spesa per adeguamento carburante pari ad euro 15,00, quale sarà il costo totale del biglietto aereo (tasse, assicurazione, tariffa ed adeguamento carburante)?

A. Euro 85,00
B. Euro 129,53
C. Euro 129,50
D. Euro 99,50
E. Euro 84,50

Rispondere ai quesiti 155-157 facendo riferimento alla tabella di seguito riportata.

Estratto di Conto Corrente: la seguente tabella riporta la lista dei movimenti su un conto corrente nel mese di febbraio.

Descrizione Operazione	Movimenti (€)		Data
	Dare	Avere	
Riporto Saldo Mese Gennaio		**20.345,76**	**30/01/2017**
Spese Tenuta Conto	2,00		01/02/2017
Spese Invio Postale Estratto Conto	1,80		01/02/2017
Prelievo Sportello Automatico	250,00		10/02/2017
Addebito Bolletta Telefonica	120,67		15/02/2017
Bonifico Vostro Favore		300,00	16/02/2017
Pagamento Carta di Credito	144,99		18/02/2017
Accredito Emolumenti		1.313,54	21/02/2017
Addebito Bolletta Energia Elettrice	86,42		25/02/2017
Interessi su Titoli		114,23	28/02/2017
Saldo al 28/02/2017		**21.467,65**	**28/02/2017**

155) A quanto ammonta la somma di denaro depositata sul conto corrente dopo l'addebito della bolletta telefonica del 15 febbraio?

A. Euro 20.091,96
B. Euro 19.971,29
C. Euro 20.720,23
D. Euro 19.554,88
E. Euro 20.345,76

156) In totale, qual è la somma di denaro che viene prelevata dal conto corrente durante tutto il mese di febbraio?

A. Euro 1727,77
B. Euro 250,00
C. Euro 520,12

D. Euro 605,88
E. Euro 265,66

157) A quanto ammonta la somma di denaro depositata sul conto corrente dopo l'addebito della bolletta di energia elettrica del 25 febbraio?

A. Euro 21.363,42
B. Euro 21.267,00
C. Euro 21.353,42
D. Euro 20.345,76
E. Euro 21.581,88

Rispondere ai quesiti 158-160 facendo riferimento alla tabella di seguito riportata.

Linee di lavorazione industriale: in tabella sono riportati i dati relativi a 5 linee di lavorazione industriale dello stesso prodotto.
Le ore di produzione giornaliere indicano il numero di ore in cui, in un giorno, la linea è tenuta in produzione. La produzione massima giornaliera indica, nelle ore di produzione giornaliere, quale sarebbe il quantitativo massimo di prodotti costruiti sulla linea se essa fosse efficiente al 100%: tale produzione non corrisponde a quella reale nelle ore di operatività della linea.

Linea	Ore di produzione giornaliere	Produzione massima giornaliera	Produzione reale giornaliera	Efficienza %
1	24	2880	2160	75%
2	18	3240	1944	?
3	18	2700	1080	40%
4	16	?	2304	80%
5	12	720	720	100%

158) Qual è l'efficienza della Linea 2?

A. 75%
B. 60%
C. 72%
D. 80%
E. 66%

159) Qual è la produzione massima giornaliera della Linea 4?

A. 1.080
B. 2.304
C. 2.880
D. 2.700
E. 2.512

160) Con tutte le linee a regime massimo, quanti pezzi si produrrebbero in un giorno?

A. 12.420
B. 11.844
C. 12.240
D. 8.208

3.13 • Interpretazione di dati da grafici

Rispondere ai quesiti 161-164 facendo riferimento al grafico di seguito riportato.

Suddivisione del Mercato: il seguente grafico a torta mostra la suddivisione del mercato tra alcune società che si occupano di nuove tecnologie.

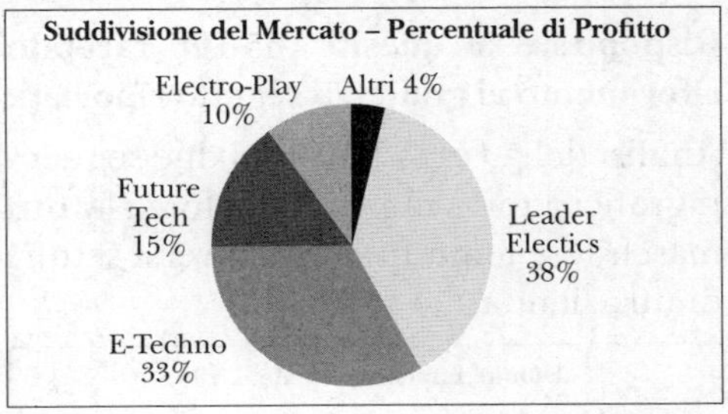

161) Oltre la metà del profitto del mercato è detenuto dalle seguenti compagnie:

A. Future Tech, Electro-Play e gli Altri
B. E-Techno e Future Tech
C. Leader Electrics e Future Tech

D. Leader Electrics e Electro-Play
E. E-Techno e Electro-Play

162) Se il profitto della Leader Electrics è pari a 95 milioni di euro, quanto sarà il profitto totale del mercato?

A. 240 milioni di euro
B. 200 milioni di euro
C. 250 milioni di euro
D. 190 milioni di euro
E. 185 milioni di euro

163) Quante volte è maggiore il profitto della Future Tech rispetto a quello della Electro-Play?

A. 3 volte
B. 2 volte
C. 1 volta e mezzo
D. 2 volte e mezzo
E. 3 volte e mezzo

164) Se il profitto della Electro-Play raddoppiasse a scapito della Future Tech, quale sarebbe la nuova quota di mercato di quest'ultima società?

A. 3%
B. 5%
C. 4%
D. 6%
E. 7%

Rispondere ai quesiti 165-168 facendo riferimento ai grafici di seguito riportati.

Analisi della Forza Lavoro: i due seguenti grafici a torta mostrano la forza lavoro maschile e femminile nei diversi settori di un'azienda.

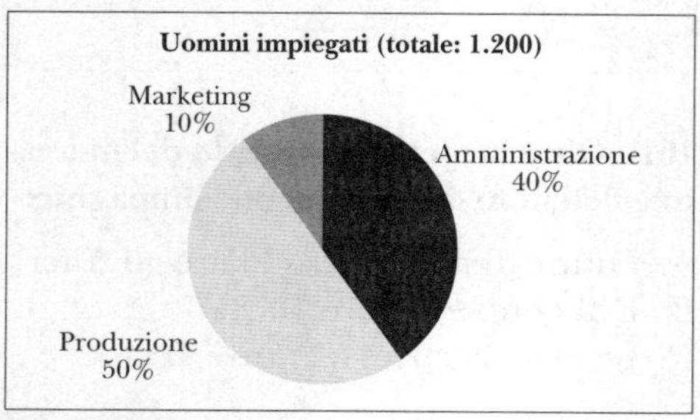

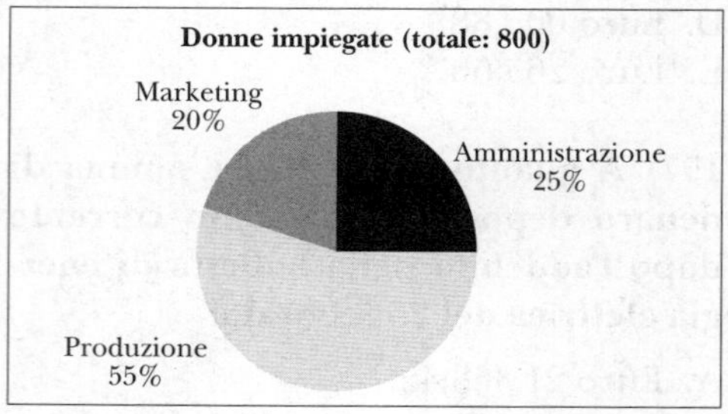

165) Qual è la percentuale di uomini impiegati nell'Amministrazione?

A. 50%
B. 10%
C. 25%
D. 20%
E. 40%

166) Quante donne sono impiegate nel Marketing?

A. 10
B. 20
C. 240
D. 160
E. 25

167) Quante persone in totale lavorano nella Produzione?

A. 1.040
B. 1.050
C. 105
D. 1.000
E. 1.100

168) Cosa si può dire con certezza sulla forza lavoro impiegata nel Marketing?

A. È superiore a quella impiegata nell'Amministrazione
B. È composta da 280 unità
C. È composta maggiormente da uomini
D. Nessuna delle altre affermazioni
E. La sua componente maschile è pari a 110 unità

Rispondere ai quesiti 169-172 facendo riferimento al grafico di seguito riportato.

Ripartizione delle Spese: il seguente grafico a torta mostra la ripartizione delle spese di una impresa che ha affrontato un piano di aggiornamento del proprio profilo aziendale (torta a sinistra). La sezione delle spese per la formazione è ulteriormente specificata nelle sue differenti voci nel grafico a torta sulla destra. Supponiamo che il totale delle spese affrontate dall'impresa sia pari a euro 60.000.

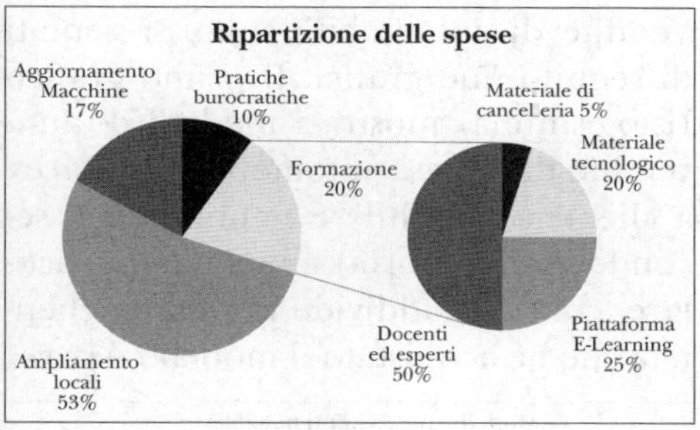

169) A quanto ammonterebbe la quota delle spese per l'ampliamento dei locali?

A. Euro 31.800
B. Euro 35.100
C. Euro 40.200
D. Euro 36.000
E. Euro 24.600

170) A quanto ammonterebbe la quota di spesa affrontata per il pagamento dei docenti e degli esperti di formazione?

A. Euro 5.500
B. Euro 10.000
C. Euro 6.000
D. Euro 5.000
E. Euro 8.000

171) Se le spese affrontate dall'impresa per l'acquisto della piattaforma e-learning fossero pari a euro 4.000, quanto sarebbe il totale delle spese per la formazione affrontate dall'impresa?

A. Euro 45.000
B. Euro 4.500
C. Euro 16.000
D. Euro 60.000
E. Euro 20.000

172) Se le spese di cancelleria affrontate dall'impresa fossero pari a euro 1.200, quanto sarebbe il totale delle spese affrontate dall'impresa?

A. Euro 24.000
B. Euro 40.000
C. Euro 100.000
D. Euro 20.000
E. Euro 120.000

Rispondere ai quesiti 173-174 facendo riferimento al grafico di seguito riportato.

Costo all'ingrosso: il seguente grafico a barre in pila mostra il costo totale di un prodotto a seconda del quantitativo di pezzi che viene acquistato. Ad un costo fisso si aggiunge, di volta in volta, un costo variabile che diminuisce all'aumentare del quantitativo di prodotti ordinati.

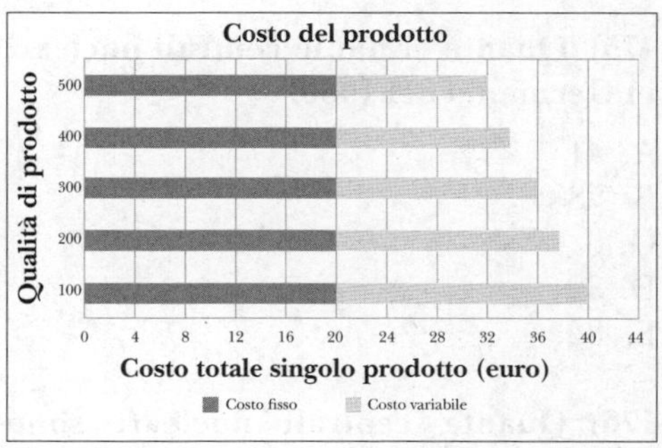

173) A quanto ammonta il costo fisso per un qualsiasi quantitativo di prodotti acquistato?

A. Euro 20,00

B. Euro 19,00
C. Euro 40,00
D. Euro 16,00
E. Euro 18,00

174) A quanto ammonta il costo variabile se acquistiamo 200 prodotti?

A. Euro 16,00
B. Euro 36,00
C. Euro 18,00
D. Euro 20,00
E. Euro 38,00

Rispondere ai quesiti 175-177 facendo riferimento al grafico di seguito riportato.

Numero di centrali nucleari: il seguente istogramma mostra il numero di centrali nucleari presenti in diversi paesi nel 1980 e nel 2000.

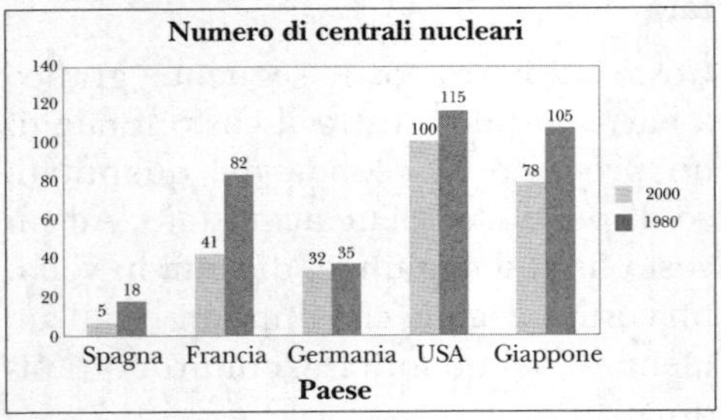

175) Quante erano le centrali nucleari in Germania nel 1980?

A. 41
B. 78
C. 6
D. 32
E. 82

176) Quante centrali nucleari sono state costruite in Giappone dal 1980 al 2000?

A. 25
B. 15
C. 27
D. 40
E. 30

177) Il numero delle centrali nucleari in Francia dal 1980 al 2000:

A. è raddoppiato
B. è diminuito del 41%
C. si è dimezzato
D. è aumentato del 41%
E. è triplicato

Rispondere ai quesiti 178-180 facendo riferimento ai grafici di seguito riportati.

Vendite di automobili: sono presentati di seguito due grafici. Il primo grafico (istogramma) mostra i modelli di auto venduti dalla casa automobilistica Racex a clientela maschile e femminile. Il secondo grafico (torta) mostra, in particolare, come si suddivide per età la clientela che ha acquistato il modello Arrow.

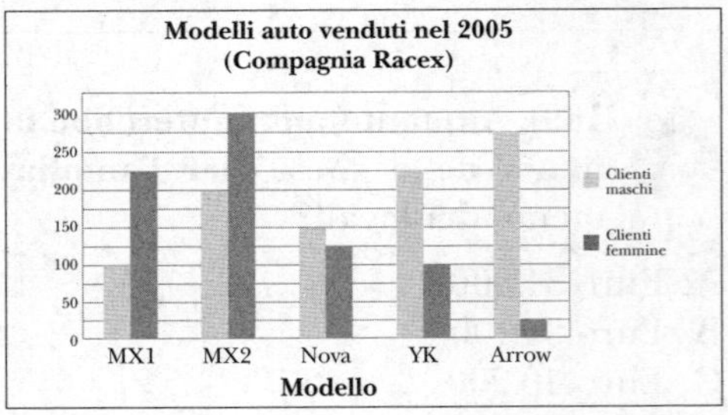

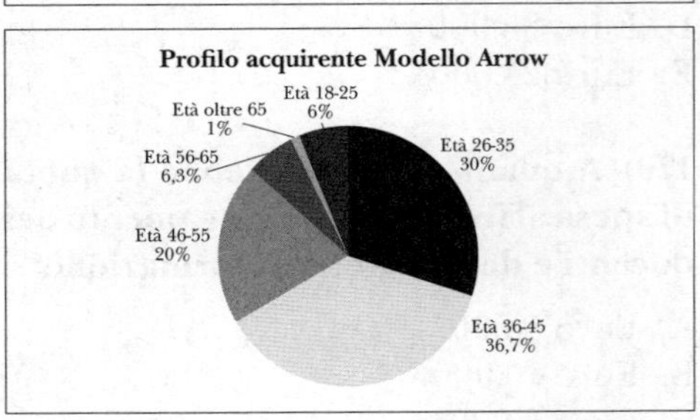

178) A quante unità ammonta la clientela femminile del modello Nova?

A. 100
B. 125
C. 150

D. 110
E. 140

179) Qual è la percentuale di vendite a clientela maschile del modello MX2?

A. 35%
B. 30%
C. 25%
D. 40%
E. 45%

180) Quante auto sono state vendute a clientela maschile?

A. 1050
B. 950
C. 1025
D. 975
E. 1000

Rispondere ai quesiti 181-185 facendo riferimento alla tabella e al grafico di seguito riportati.

Numero degli affiliati: la tabella riassume i dati del numero di affiliati di una società in diverse aree geografiche. Il grafico ad istogramma è in relazione con la tabella.

	2003	2004	2005
Giappone	24	25	26
USA e Canada	25	27	29
Europa	?	30	33
Cina	18	25	30
Totale	99	107	?

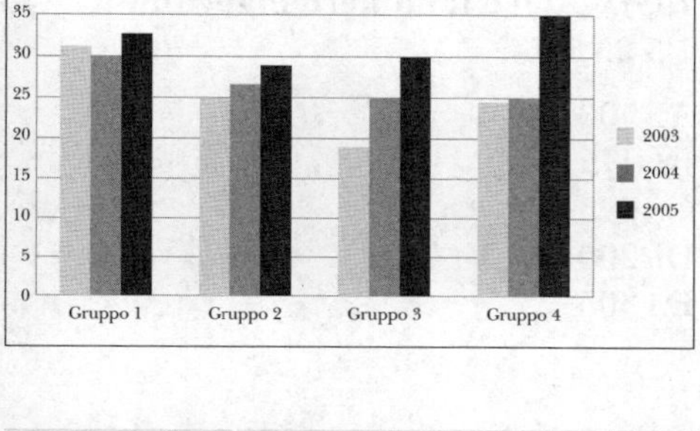

181) Qual è il totale degli affiliati nel 2005?

A. 117
B. 118
C. 116
D. 115
E. 114

182) Qual è il numero degli affiliati in Europa nel 2003?

A. 33
B. 32
C. 30
D. 29
E. 34

183) Nel grafico quale gruppo di dati rappresenta l'andamento, al variare degli anni, del numero di affiliati in Cina?

A. Gruppo 4
B. Nessuno dei gruppi
C. Gruppo 2
D. Gruppo 1
E. Gruppo 3

184) Il Gruppo 4 di dati del grafico rappresenta l'andamento, al variare degli anni, del numero di affiliati in:

A. Cina
B. Europa
C. nessuna delle aree indicate
D. Giappone
E. USA e Canada

185) Qual è il gruppo di dati, presente nel grafico, che non mostra una crescita costante, cioè un andamento in cui il numero di affiliati di un anno è sempre maggiore dell'anno precedente?

A. Gruppo 3
B. Gruppo 4
C. Gruppo 1

D. Tutti i gruppi mostrano una crescita costante
E. Gruppo 2

3.14 • Le serie numeriche (ragionamento numerico)

186) Qual è il numero mancante?
3 ? 9 12 15 18 21

A. 0
B. 8
C. 19
D. 6
E. 16

187) Qual è il numero mancante?
2 7 12 17 22 ? 32

A. 13
B. 28
C. 10
D. 27
E. 21

188) Qual è il numero mancante?
1 2 2 4 ? 8 8 16

A. 5
B. 3
C. 3
D. 4
E. 1

189) Qual è il numero mancante?
17 ? 18 15 19 14 20 13

A. 18
B. 19
C. 16
D. 15
E. 26

190) Qual è il numero mancante?
45 36 28 ? 15 10 6

A. 22
B. 10
C. 18
D. 13
E. 21

191) Qual è il numero mancante?
2 1 3 2 4 ? 5

A. 9
B. 10
C. 3
D. 6
E. 7

192) Qual è il numero mancante?
4 9 ? 25 36 49

A. 18
B. 28
C. 21
D. 16
E. 14

193) Qual è il numero mancante?
103 204 305 ? 507

A. 233
B. 244
C. 416
D. 190
E. 406

194) Qual è il numero mancante?
132 243 354 465 ?

A. 576
B. 230
C. 676
D. 130
E. 176

195) Qual è il numero mancante?
1 5 25 125 ?

A. 500
B. 475
C. 625
D. 200
E. 305

196) Qual è il numero mancante?
3 4 6 8 ? 24

A. 52
B. 130
C. 18
D. 0
E. 92

197) Completa la seguente successione:
"2, 1, 3, 5, 4, 6, 8, ..., ..."

A. 8, 9
B. 7, 9
C. 9, 10
D. 10, 9
E. 6,9

198) Completa la seguente successione: "7, 11, 13, 18, 19, ..., 25, 32"

A. 19
B. 22
C. 25
D. 20
E. 31

199) Completa la seguente successione: "85, 70, 50, 25, ..."

A. 0
B. –2
C. 5
D. –5
E. –10

200) Completa la seguente successione: "25, 37, 46, ..., 55"

A. 52
B. 45
C. 50
D. 43
E. 48

201) Completa la seguente successione: "51, 35, 27, 23, ..."

A. 29
B. 15
C. 33
D. 21
E. 27

202) Completa la seguente successione: "20, 27, 34, ..."

A. 43
B. 42
C. 41
D. 40
E. 45

203) Completa la seguente successione: "9, 6, 8, 5, 7, 4, ..."

A. 2
B. 5
C. 6
D. 9
E. 3

204) Completa la seguente successione: "5, 10, 12, 24, 26, ..., ..."

A. 52, 54
B. 50, 52
C. 48, 50
D. 48, 54
E. 44, 52

205) Completa la seguente successione: "23, 28, 40, ..., 57, 62, 74"

A. 47
B. 45
C. 51
D. 49
E. 43

206) Completa la seguente successione: "2, 4, 3, 9, 8, ..."

A. 64
B. 24
C. 13
D. 11
E. 18

207) Completa la seguente successione: "44, ..., 34, 29"

A. 43
B. 38
C. 39
D. 45
E. 42

208) Date le serie di numeri 9, 12, 15; 5, 12, 11 e 14, 18, 23, completare, seguendo la stessa regola, la serie 10, 24, ?, scegliendo il terzo elemento tra le alternative proposte di seguito.

A. 20
B. 21
C. 22
D. 25
E. 34

209) Individuare il numero mancante nella seguente serie: 42 39 37 34 ?

A. 38
B. 31
C. 43
D. 32
E. 33

210) Se x è il numero mancante nella seguente sequenza:
1, 1; 9, 3; 25, 5; 49, 7; x, 9; ...
dire quante tra le seguenti conclusioni sono corrette:
x > 9
x > 98
x < 100
x < 50

A. 2
B. 1
C. 0
D. 3
E. 4

211) Qual è il numero da inserire nella terza riga al posto di x?
... 16 8 4 2 1 2 ...
... 24 12 6 3 6 3 ...
... 112 56 28 14 7 x ...

A. x = 7
B. x = 14
C. x = 3
D. x = 2
E. x = 4

212) Completa la seguente successione: 3, ..., 12, 24

A. 8
B. 5
C. 2
D. 6
E. 4

213) Completa la seguente successione: 1, 1, 2, 3, 5, 8, 13, 21, ...

A. 42
B. 30
C. 34
D. 40
E. 29

214) Completa la seguente successione: 17, 31, 14, 24, ..., 17, 8

A. 11
B. 13
C. 31
D. 17
E. 8

215) Completa la seguente successione: 10, 25, 37, ..., 52

A. 10
B. 37
C. 46
D. 42
E. 31

3.15 • Le serie alfabetiche

216) Completa la seguente successione: A, C, E, G, ...

A. J
B. I
C. A
D. K
E. B

217) Completa la seguente successione: A, D, G, L, …

A. O
B. N
C. M
D. R
E. Q

218) Completa la seguente successione: E, L, Q, V, D, …, …

A. H, Q
B. I, P
C. H, P
D. I, Q
E. H, N

219) Completa la seguente successione: U, D, T, Q, C, S, S, …, …

A. V, K
B. O, S
C. D, I
D. T, S
E. O, N

220) Completa la seguente successione: …, R, N, H, D

A. T
B. U
C. V
D. S
E. Z

221) Completa la seguente successione: Z, U, R, N, G, …

A. B
B. Z
C. F
D. H
E. A

222) Completare la seguente successione, utilizzando l'alfabeto italiano: V; 11; T; 15; R; 19; ?; ?

A. S; 20
B. P; 23
C. O; 21
D. R; 22
E. T; 21

223) Completa la seguente successione: …, A, R, C, A

A. O
B. V
C. H
D. Q
E. B

224) Completa la seguente successione: B, E, H, …, P, S

A. T
B. R
C. M
D. V
E. O

225) Completa la seguente successione: Q, U, B, F, …, P, T

A. H
B. K
C. J
D. L
E. M

226) Completa la seguente successione: P, L, N, H, L, F, …

A. H
B. K
C. E
D. F
E. D

227) Completa la seguente successione: M, L, H, E, ...

A. A
B. D
C. B
D. C
E. F

228) Completa la seguente successione: U, S, P, L, ...

A. G
B. E
C. D
D. F
E. C

229) Individuare la lettera che completa la serie:
C A D E I ?

A. Q
B. P
C. O
D. C
E. R

230) Individuare la lettera che completa la serie:
F I G L H ?

A. N
B. M
C. O
D. C
E. S

231) Individuare la lettera che completa la serie:
A B D H ?

A. M
B. R
C. P
D. T
E. S

232) Individuare la lettera che completa la serie:
L N H L F H ?

A. L
B. F
C. N
D. D
E. O

233) Individuare la lettera che completa la serie:
B H E M H P ?

A. N
B. E
C. S
D. M
E. B

234) Individuare la lettera che completa la serie: D E G M ?

A. S
B. U
C. E
D. T
E. O

235) Individuare la lettera che completa la serie:
N M O I S ?

A. O
B. D
C. C
D. Z
E. A

3.16 • Le serie alfanumeriche

236) Completa la seguente successione: C8, H6, F11, K3, ...1

A. A
B. D
C. E
D. B
E. C

237) Completa la seguente successione: A17, G11, P2, K7, …

A. M5
B. M7
C. N6
D. N9
E. N5

238) Completa la seguente successione: C6, H16, F12, …

A. M18
B. L16
C. T40
D. J14
E. W38

239) Completa la seguente successione: G8, K12, S20, …

A. R32
B. F7
C. P12
D. N18
E. M18

240) Individuare, tra le alternative proposte, l'elemento che completa la seguente successione: 3, U, 13, R, 23, O, 33, ?

A. L
B. Q
C. M
D. N
E. 43

241) Completa la seguente successione: X, 7, V, 11, T, 15, R, 19, …, …

A. U, 23
B. S, 25
C. P, 23
D. V, 25
E. O, 25

242) Completa la seguente successione: D4, H8, N12, S…

A. 17
B. 16
C. 15
D. 13
E. 14

243) Completa la seguente successione: C3, B6, E12, D24, G48, …

A. H98
B. F88
C. G96
D. L98
E. F96

244) Proseguire la serie alfanumerica: 7n9n1o 1o3p5p 5q7q9r 9r1s3s 3t5t7u …

A. 9v1v7z
B. 7u8u1v
C. 7u9v1z
D. 7u9v1v
E. 7u1v9v

245) Proseguire la serie alfanumerica: 6b9v2c 3u6D9t 0e3s6f 7r0G3q 4h7p0i …

A. 1o4L7n
B. 4L7m8n
C. 2n5M8m
D. 1n4M7m
E. 2o5L1o

246) Completare correttamente la seguente successione, utilizzando l'alfabeto italiano: E; 5; I; 6; Q; 11; U; 17; ?; ?

A. D; 23
B. F; 29
C. E; 23
D. I; 26
E. D; 28

3.17 • Le serie numeriche nelle configurazioni grafico-geometriche

247) Quale dei seguenti numeri integra la serie?

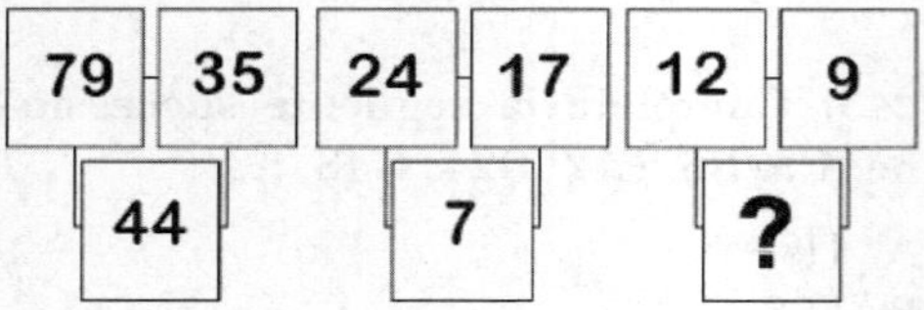

A. 77
B. 15
C. 3
D. 79
E. 89

248) Quale dei seguenti numeri integra la serie?

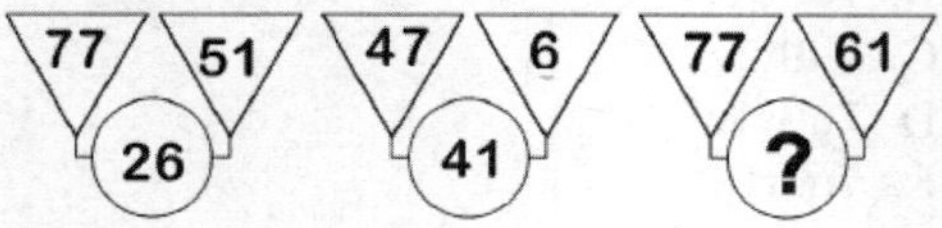

A. 16
B. 79
C. 77
D. 13
E. 3

249) Quale dei seguenti numeri integra la serie?

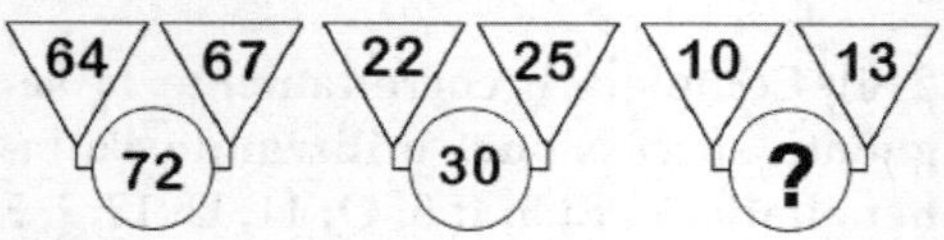

A. 18
B. 3
C. 16
D. 50
E. 77

250) Quale dei seguenti numeri completa la serie proposta?

A. 21
B. 26
C. 17
D. 3
E. 28

251) Quale dei seguenti numeri completa la serie proposta?

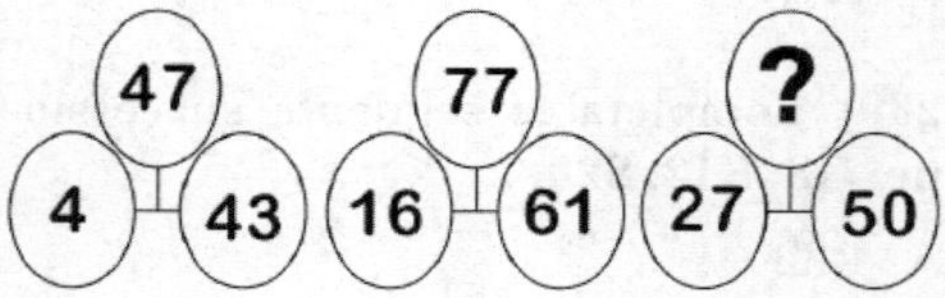

A. 77
B. 70
C. 68
D. 80
E. 78

252) Quale numero tra quelli proposti completa la serie?

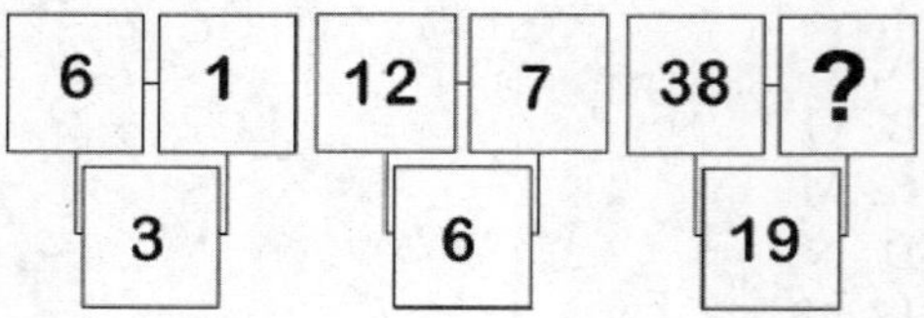

A. 43
B. 35
C. 33
D. 40
E. 31

253) Quale numero tra quelli proposti completa la serie?

41	23	36	14
82	46	72	?

A. 26
B. 28
C. 32
D. 38
E. 30

254) Quale numero tra quelli proposti completa la serie?

44	23	38	17
88	46	76	?

A. 28
B. 34
C. 30
D. 32
E. 36

255) Quale dei seguenti numeri integra la serie?

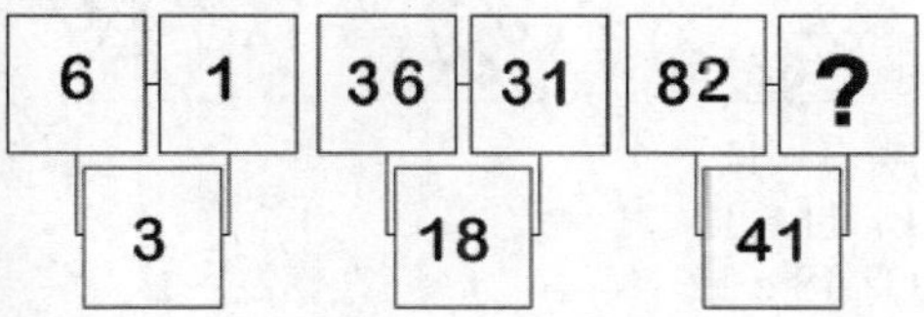

A. 1
B. 72
C. 3
D. 77
E. 50

256) Quale numero tra quelli proposti completa la serie?

10	20	28	25
30	60	84	?

A. 75
B. 70
C. 100
D. 78
E. 50

257) Quale numero tra quelli proposti completa la serie?

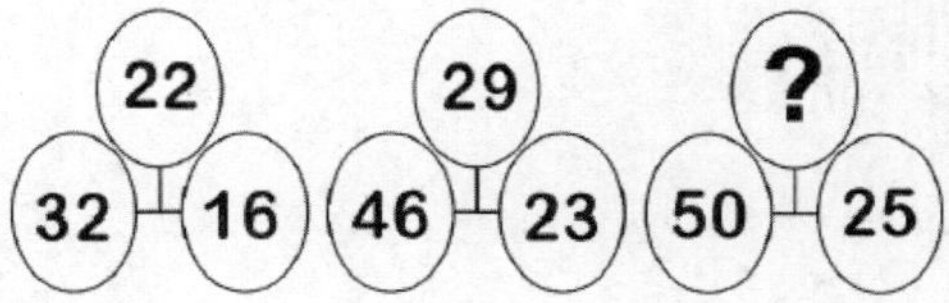

A. 31
B. 34
C. 32
D. 28
E. 29

258) Quale numero tra quelli proposti completa la serie?

30	10	14	35
90	30	42	?

A. 115
B. 110
C. 100
D. 95
E. 105

259) Quale dei seguenti numeri integra la serie?

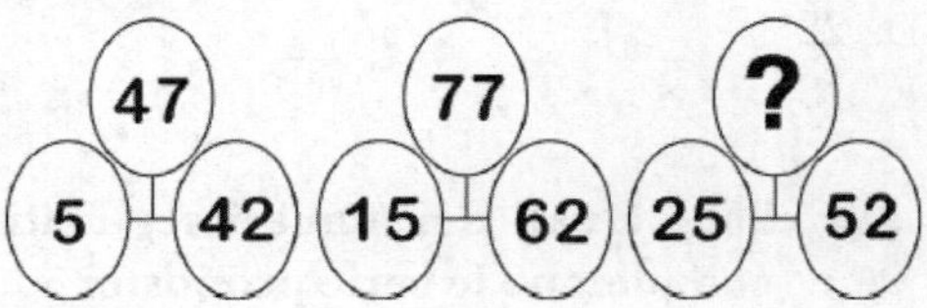

A. 77
B. 76
C. 71
D. 78
E. 29

260) Quale dei seguenti numeri integra la serie?

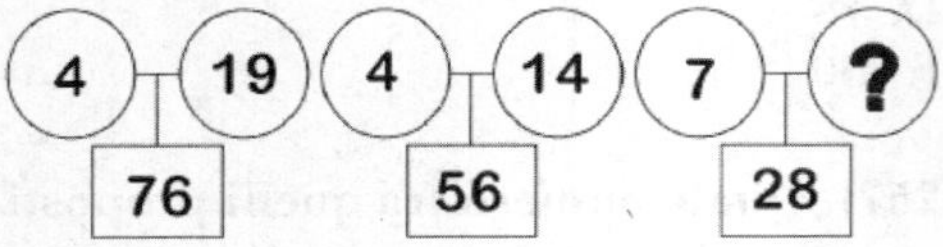

A. 76
B. 17
C. 90
D. 4
E. 8

261) Quale dei seguenti numeri completa la serie proposta?

17	27	39	54
30	40	52	?

A. 76
B. 67
C. 81
D. 32
E. 57

262) Quale numero tra quelli proposti completa la serie?

A. 14
B. 16
C. 20
D. 22
E. 18

263) Quali dei numeri seguenti completano le serie proposte?

12	22	30	27
36	66	90	?

13	23	31	28
39	69	93	?

A. 89 e 92
B. 81 e 84
C. 60 e 48
D. 75 e 78
E. 84 e 87

264) La coppia di numeri che completa le serie proposte è:

24	36	48	60
52	64	76	?

25	37	49	61
53	65	77	?

A. 66 e 89
B. 78 e 79
C. 38 e 39
D. 88 e 89
E. 74 e 75

265) Quale delle seguenti coppie di numeri integra le serie di seguito proposte?

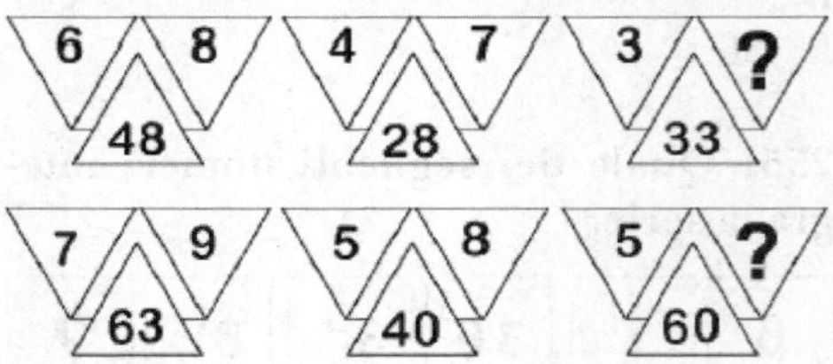

A. 5 e 11
B. 11 e 12
C. 48 e 12
D. 9 e 12
E. 56 e 12

266) Quali dei seguenti numeri integrano le serie proposte?

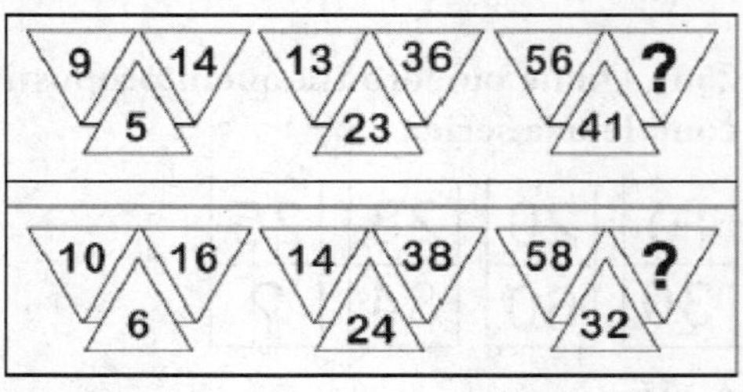

A. 26 e 19

B. 86 e 35
C. 62 e 55
D. 97 e 90
E. 47 e 40

267) Quale numero deve essere inserito nella serie numerica proposta?

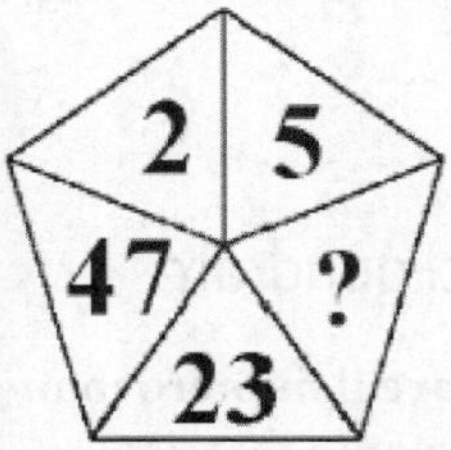

A. Il numero 6
B. Il numero 15
C. Il numero 9
D. Il numero 12
E. Il numero 11

268) Quale numero deve essere inserito nella serie numerica proposta?

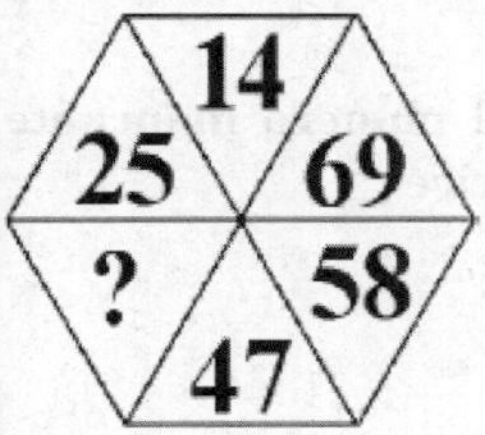

A. Il numero 81
B. Il numero 38
C. Il numero 40
D. Il numero 36
E. Il numero 45

269) Quale numero può essere inserito nella serie numerica proposta?

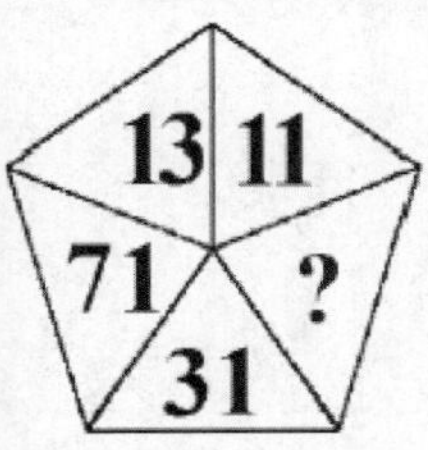

A. Il numero 49

B. Il numero 53
C. Il numero 51
D. Il numero 87
E. Il numero 67

270) Quale numero può essere inserito nella serie numerica proposta?

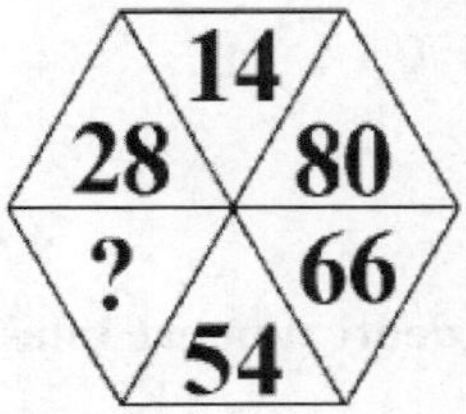

A. Il numero 40
B. Il numero 39
C. Il numero 41
D. Il numero 49
E. Il numero 45

3.18 • Le serie con configurazioni particolari

271) Quale dei seguenti numeri completa la serie proposta?

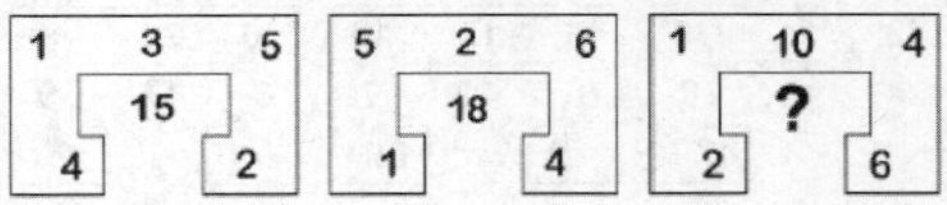

A. 23
B. 30
C. 29
D. 25
E. 27

272) Quale dei seguenti numeri integra la serie?

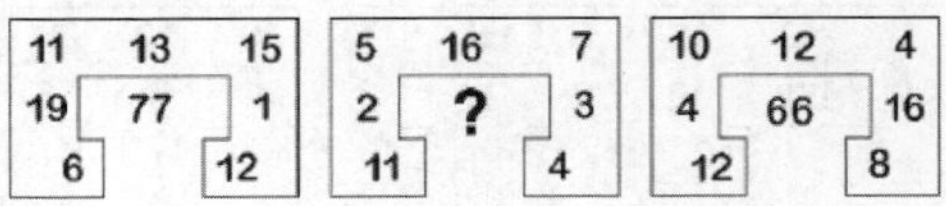

A. 38
B. 46
C. 48
D. 52
E. 50

273) Quale numero deve essere inserito al posto del "?" per completare la serie?

A. 18
B. 14
C. 12
D. 20
E. 16

274) Quale dei seguenti numeri integra la serie?

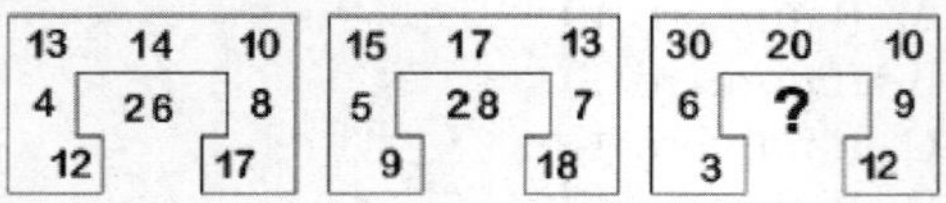

A. 28
B. 25
C. 30
D. 33
E. 35

275) Quale dei seguenti numeri integra la serie?

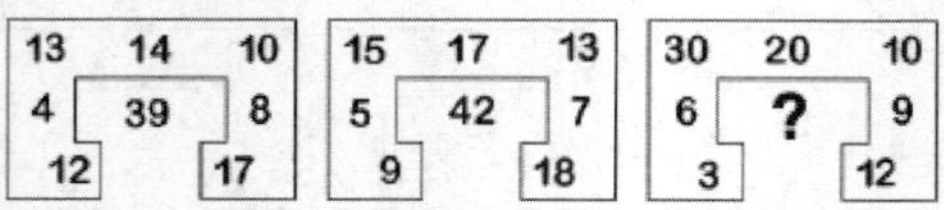

A. 45
B. 48
C. 60
D. 54
E. 43

276) Quale dei seguenti numeri integra la serie?

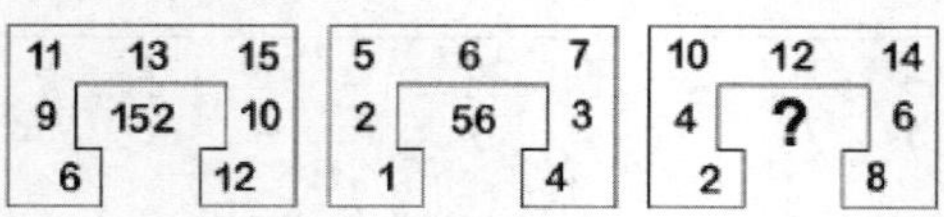

A. 150
B. 112
C. 30
D. 42
E. 75

277) Quale numero deve essere inserito al posto del "?" per completare la serie?

A. 30
B. 29
C. 28
D. 31
E. 32

3.19 • Le matrici quadrate

278) Individuare il numero mancante nella seguente matrice:

7 3 21
6 4 24
18 9 ?

A. 3
B. 45
C. 28
D. 504
E. 162

279) Individuare il numero mancante nella seguente matrice:

8 3 5
2 ? 0
7 0 7

A. 4
B. 0
C. 2
D. 5
E. 7

280) Individuare il numero mancante nella seguente matrice:

6 0 6
5 4 1
8 ? 2

A. 7
B. 0
C. 2
D. 6
E. 3

3.20 • Esercizi sugli insiemi e sulle ripartizioni

281) In un ristorante 15 avventori stanno seduti, 10 mangiano una torta. Con questi dati si può concludere con certezza che il numero totale *N* degli avventori è:

A. $N > 25$
B. $N = 25$
C. $N \geq 15$
D. $N < 15$
E. $N > 15$

282) Per il suo acquario Michele ha acquistato 50 pesci fra neon, guppy, black angel e clown loach. 46 non sono guppy, 33 non sono clown loach e i neon sono uno in più dei black angel. Quanti sono i neon?

A. 15
B. 13
C. 11
D. 12
E. 14

283) Cinquanta famosi matematici sono riuniti a congresso. Non tutti sono distratti. Però, presi a caso due matematici, almeno uno dei due è distratto. Dunque, necessariamente i congressisti distratti sono:

A. almeno 2, ma possono essere meno di 25
B. 49
C. 25
D. 50
E. più di 25, ma non si può dire quanti

284) Ad un ricevimento la contessa Viendalmare vuole sistemare i 40 invitati in tavoli da 4. Purtroppo la contessa si rende conto che comunque si dispongano gli invitati c'è sempre almeno un tavolo di sole donne. Quante sono almeno le donne invitate?

A. 39
B. 9
C. 31
D. 21
E. 10

285) Per la festa di compleanno di Luigi, Alessandra ha acquistato 80 dolci tra sfogliatelle, cannoli, cassatine e babà. 46 non sono cannoli, 55 non sono babà e le sfogliatelle sono 3 in più delle cassatine. Quante sono le sfogliatelle?

A. 6
B. 4
C. 5
D. 12
E. 11

286) Ad un corso universitario partecipano 80 studenti. Di questi, 45 parlano inglese e 60 sono ragazze. Determinare, sulla base di questa sola informazione, quale delle seguenti situazioni è impossibile.

A. I ragazzi che parlano inglese sono esattamente 13
B. Le ragazze che parlano inglese sono esattamente 23
C. Tutti i ragazzi parlano inglese
D. Nessuno dei ragazzi parla inglese
E. Il numero delle ragazze che parlano inglese è maggiore del numero dei ragazzi che parlano inglese

287) In una scatola ci sono 50 penne; non tutte sono penne rosse. Se però si prendono due penne qualsiasi dalla scatola, almeno una delle due è rossa. Quante sono le penne rosse contenute nella scatola?

A. 25
B. 26

C. 19
D. 39
E. 49

288) Una libreria ha 6 ripiani; ponendo su ciascuno di essi 21 libri, si occupano solo i primi 4 ripiani. Se si volesse occupare tutta la libreria, invece, quanti libri bisognerebbe disporre su ogni ripiano facendo in modo che il numero di libri sia lo stesso su ogni ripiano?

A. 14
B. 17
C. 18
D. 15
E. 16

289) In una casa editrice, in cui lavorano 50 redattori, stanno per essere pubblicate due nuove collane: Ammissioni universitarie e Concorsi pubblici. Sapendo che 30 redattori si occuperanno della collana Ammissioni universitarie, 20 della collana Concorsi pubblici, 5 di nessuna delle due collane, quanti redattori si occuperanno di entrambe le collane?

A. 10
B. 12
C. 20
D. 15
E. 5

290) "In un cinema ci sono 200 spettatori: 40 sono italiani, 50 sono donne, e 60 preferiscono i film di genere fantasy". Sulla base di queste informazioni, di quanti spettatori si può affermare con certezza che sono allo stesso tempo italiani, donne e amanti del genere fantasy?

A. Di cento
B. Di dieci
C. Di nessuno
D. Di cinquanta
E. Di quaranta

3.21 • Altri esercizi di logica numerica

291) Nel paese dove vivo, tutti i numeri telefonici sono composti da sei cifre e cominciano con 58. Per sbaglio ho strappato e buttato via un pezzettino di carta dove mi ero scritto il numero di telefono di un amico che vive qui vicino. L'unico pezzo che ho ritrovato è quello raffigurato qui sotto.
Quanti numeri di telefono possibili in questo paese sarebbero coerenti con il pezzetto del mio biglietto?

A. 2
B. 10
C. 22
D. 12
E. 11

292) In un dado normale, la somma delle facce opposte è 7. Di seguito sono raffigurate quattro prospettive dello stesso dado, in cui i numeri sono disposti in modo diverso da un dado normale. Sulla faccia che non si vede c'è il numero due.
Quanti puntini ci sono nella faccia opposta al numero due, in questo dado?

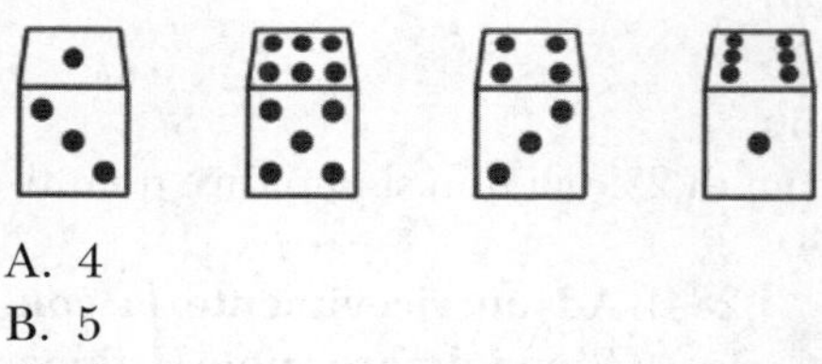

A. 4
B. 5
C. 6
D. 1
E. 3

293) Un nastro di 150 cm è annodato intorno a un libro che misura: 30 cm × 20 cm × 2 cm, come da figura sotto.
Dopo aver fatto e legato un nodo, sono avanzati 24 cm di nastro.
Un secondo pezzo di nastro, lungo anch'esso 150 cm, viene usato per legare un pacco di numerose copie del libro tutte impilate una sopra l'altra con le copertine che combaciano. Vengono legati con un nodo simile a quello usato per il primo pacco e, stavolta, non avanza nessun pezzo di nastro.
Quante copie ci sono nel secondo pacco?

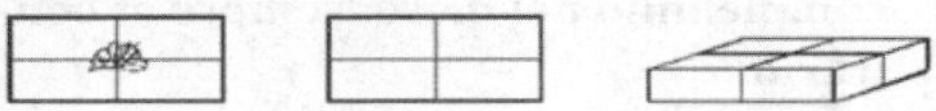

A. 15
B. 3
C. 12
D. 8
E. 4

294) La figura di seguito riportata mostra su una mappa la posizione di tre ornitologi. I quadrati sulla mappa sono lunghi 1000 m per lato.
Gli ornitologi stanno cercando un falcone ferito cui è stato impiantato un radiotrasmettitore.
Ogni ornitologo ha un dispositivo di tracciamento. L'indicatore della direzione non funziona ma la forza del segnale dà un'indicazione sulla distanza dall'uccello.
Gli ornitologi hanno le seguenti informazioni sulla distanza che li separa dall'uccello.

- **Gordon è nella posizione 22,06; la forza del segnale indica più di 500 m e meno di 2000 m.**
- **Helen è nella posizione 23,06; la forza del segnale indica più di 100 m e meno di 2000 m.**
- **Ingrid è nella posizione 23,08; la forza del segnale indica più di 1100 m e meno di 1800 m.**

In quale dei seguenti punti potrebbe trovarsi l'uccello?

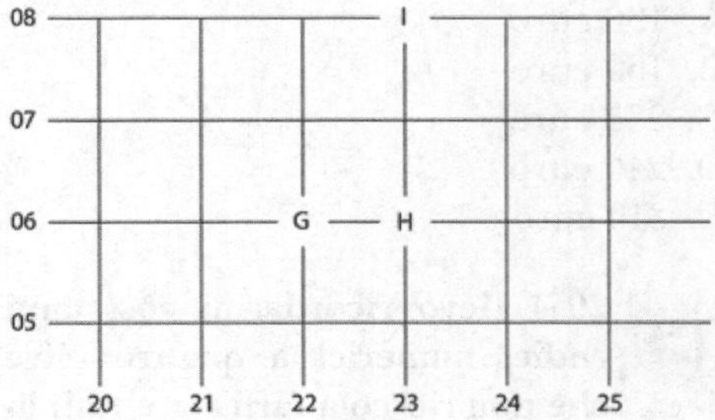

A. 24,07
B. 22,05
C. 22,07
D. 21,06
E. 23,07

295) 100 palline di cibo per polli servono a nutrire un pollo grosso e due piccoli per un giorno. 175 palline servono a nutrire due polli grossi e tre piccoli per un giorno.
Quale delle seguenti affermazioni non è vera?

A. Un pollo piccolo può essere nutrito per più di un giorno con 30 palline di cibo
B. Un pollo grosso ha bisogno del doppio di palline rispetto a un pollo piccolo
C. 50 palline di cibo sono sufficienti per nutrire un pollo grosso per un giorno
D. Due polli grossi e quattro piccoli hanno bisogno di 200 palline di cibo al giorno
E. Tre polli grossi e dieci piccoli hanno bisogno di 450 palline di cibo al giorno

296) In una gara a premi di sollevamento pesi il vincitore riceve 100 euro se riesce a sollevare 80 kg. Poi riceve 10 euro per i successivi 5 kg in più, 15 euro

per i secondi, e il premio aumenta di 5 euro per ogni unità addizionale da 5 kg che riesce a sollevare.
Il vincitore della gara ha sollevato 110 kg. Quanti soldi riceve?

A. 130 euro
B. 160 euro
C. 235 euro
D. 240 euro
E. 310 euro

297) Devo ricordarmi così tanti codici numerici a quattro cifre che non riesco a farli stare tutti in testa. Le banche dicono che non dovresti scrivere i PIN delle tue carte di credito e tenere il foglietto nel portafoglio insieme alle carte. Per ovviare a questo problema, ho ideato un codice che dovrebbe essere sufficientemente complicato da confondere qualunque ladro. Metto i numeri in codice in questo modo: 1 = A, 2 = B fino a 9 = I, 0 = J e poi scrivo i numeri in codice al contrario, quindi 1234 è scritto DCBA. Infine, in fondo a ogni numero in codice aggiungo una lettera in più dalla A alla J per definire a cosa si riferisce il codice: C sta per carta di credito; F sta per telefono; B per lucchetto della bici; E per carta della Banca Eastern e D per il tesserino per entrare nel palazzo dove lavoro (*Denton Building Society*). La mia lista si presenta così.
Qual è il codice del lucchetto della mia bici?

A	D	G	E	F
C	J	D	B	E
B	G	F	A	C
G	J	A	C	D
D	F	G	C	B

A. 7613
B. 4356
C. 3764
D. 5741
E. 4673

298) Un'insegnante di una scuola frequentata da ragazzi tra gli 11 e i 16 anni stabilisce un codice numerico per aprire la porta della classe. L'insegnante ha un metodo per ricordarselo. Utilizza:

- **le due cifre del suo mese di nascita a rovescio (ad esempio, febbraio è 02, a rovescio è 20);**
- **poi l'età dei bambini della sua classe all'inizio dell'anno con le cifre invertite;**
- **e infine, la data del giorno del suo compleanno nel mese, sempre al contrario.**

Quale dei seguenti non può essere il codice per aprire la porta?

A. 215150
B. 602124
C. 903121
D. 701131
E. 115191

299) I tre supermercati della zona in cui abito, in questo periodo, stanno proponendo tutti le seguenti offerte per i miei cereali preferiti che mangio a colazione.
Se compri un pacco standard, il secondo è a metà prezzo.
Il prezzo di un pacco standard è scontato di 1/3.
Il prezzo normale di un pacco standard ma con il 25% di prodotto in più.
Quali offerte sono equivalenti in termini di prezzo per quantità unitaria di cereali?

A. Solo 2 e 3
B. Solo 1 e 2
C. Solo 1 e 3
D. 1, 2 e 3
E. Nessuna

300) Un'indagine ha rivelato che, nel 1990, in Gran Bretagna, il 40% della popolazione adulta fumava. Inoltre, nel 1991, a seguito di una campagna antifumo, fumava solo il 30% della popolazione adulta britannica. Il numero dei fumatori era diminuito del 10%. Tuttavia, chi aveva organizzato la campagna, nei cartelloni pubblicitari, riportava una diminuzione del 25% del numero dei fumatori.
I cartelloni pubblicitari degli organizzatori della campagna riflettevano:

A. la variazione del numero di fumatori espressa come percentuale della popolazione nel 1991
B. la variazione del numero di fumatori espressa come percentuale dei fumatori nel 1990
C. la variazione della dimensione della popolazione espressa come percentuale della popolazione nel 1990
D. la variazione del numero di fumatori espressa come percentuale della popolazione nel 1990
E. la variazione del numero di fumatori espressa come percentuale dei fumatori nel 1991

RISPOSTE CORRETTE

1) C	51) C	101) A	151) E	201) D	251) A
2) D	52) D	102) E	152) B	202) C	252) C
3) D	53) E	103) E	153) A	203) C	253) B
4) E	54) D	104) C	154) D	204) A	254) B
5) E	55) E	105) D	155) B	205) B	255) D
6) A	56) E	106) C	156) D	206) A	256) A
7) C	57) A	107) C	157) C	207) C	257) A
8) B	58) E	108) D	158) B	208) C	258) E
9) D	59) C	109) A	159) C	209) D	259) A
10) E	60) B	110) A	160) A	210) A	260) D
11) C	61) C	111) C	161) C	211) B	261) B
12) E	62) B	112) A	162) C	212) D	262) B
13) A	63) B	113) D	163) C	213) C	263) B
14) B	64) A	114) C	164) B	214) A	264) D
15) C	65) C	115) E	165) E	215) C	265) B
16) B	66) D	116) B	166) D	216) B	266) D
17) B	67) B	117) D	167) A	217) A	267) E
18) A	68) A	118) B	168) B	218) B	268) D
19) E	69) A	119) D	169) A	219) E	269) B
20) D	70) C	120) D	170) C	220) C	270) A
21) D	71) C	121) D	171) C	221) E	271) A
22) C	72) B	122) A	172) E	222) E	272) C
23) E	73) A	123) C	173) A	223) E	273) A
24) E	74) A	124) A	174) C	224) C	274) C
25) C	75) E	125) A	175) D	225) D	275) A
26) B	76) B	126) E	176) C	226) A	276) B
27) E	77) A	127) A	177) A	227) A	277) A
28) E	78) C	128) A	178) B	228) B	278) E
29) A	79) D	129) A	179) D	229) B	279) C
30) E	80) B	130) A	180) B	230) B	280) D
31) B	81) C	131) A	181) B	231) B	281) C
32) C	82) D	132) E	182) B	232) D	282) C
33) A	83) D	133) A	183) E	233) D	283) B
34) E	84) A	134) E	184) C	234) B	284) C
35) B	85) B	135) D	185) C	235) E	285) D
36) E	86) B	136) A	186) D	236) E	286) B
37) C	87) E	137) D	187) D	237) A	287) E
38) A	88) A	138) E	188) D	238) C	288) A
39) C	89) B	139) A	189) C	239) B	289) E
40) B	90) C	140) A	190) E	240) A	290) C
41) A	91) D	141) E	191) C	241) C	291) E
42) E	92) B	142) B	192) D	242) A	292) D
43) B	93) D	143) A	193) E	243) E	293) E
44) A	94) B	144) A	194) A	244) D	294) C
45) A	95) B	145) D	195) C	245) A	295) E
46) D	96) E	146) E	196) C	246) E	296) C
47) E	97) C	147) C	197) B	247) C	297) C
48) B	98) B	148) D	198) C	248) A	298) B
49) B	99) C	149) C	199) D	249) A	299) E
50) D	100) B	150) A	200) A	250) A	300) B

CAPITOLO 4

Ragionamento astratto e attitudine visuo-spaziale

4.1 • Rotazioni mentali e orientamento spaziale

1) Individuare la figura che corrisponde alla prima composizione vista allo specchio.

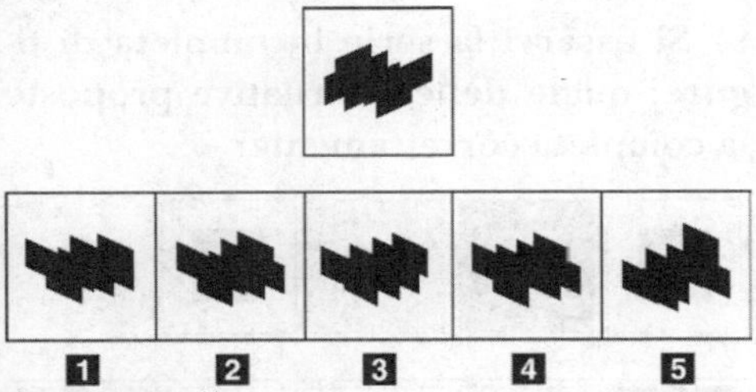

A. Figura 5
B. Figura 1
C. Figura 3
D. Figura 2
E. Figura 4

2) Individuare la figura che corrisponde alla prima composizione vista allo specchio.

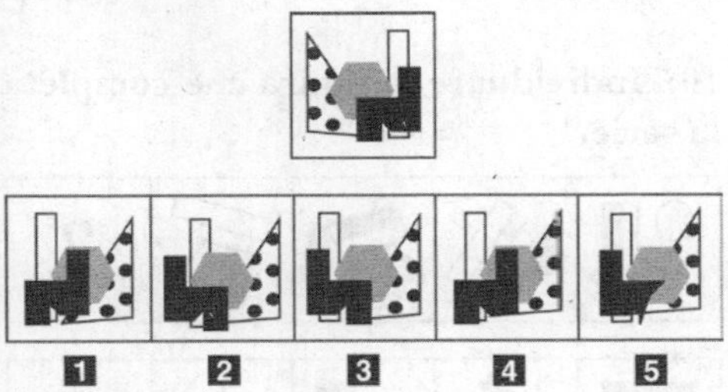

A. Figura 4
B. Figura 2
C. Figura 5
D. Figura 3
E. Figura 1

3) Quale, tra le figure proposte, è uguale a quella data ruotata in senso antiorario di 350°?

A. Figura 1
B. Figura 2
C. Figura 4
D. Figura 5
E. Figura 3

4.2 • Le serie

4) Individuare la figura che completa correttamente la prima serie.

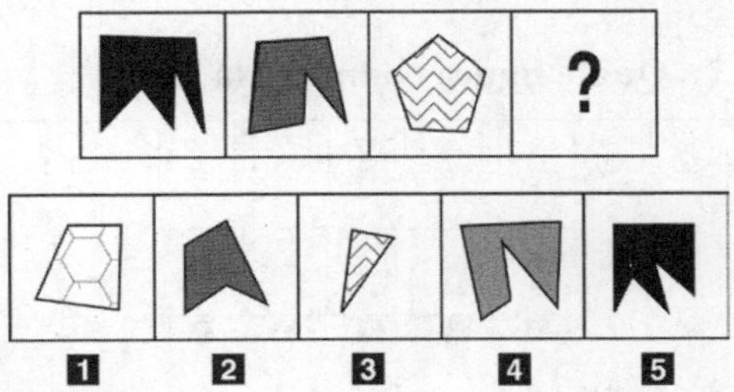

A. Figura 5
B. Figura 2
C. Figura 4
D. Figura 1
E. Figura 3

5) Completare correttamente la serie incompleta di figure.

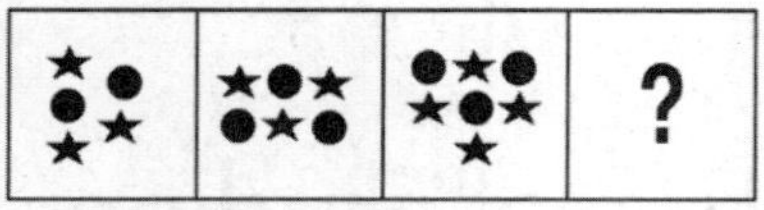

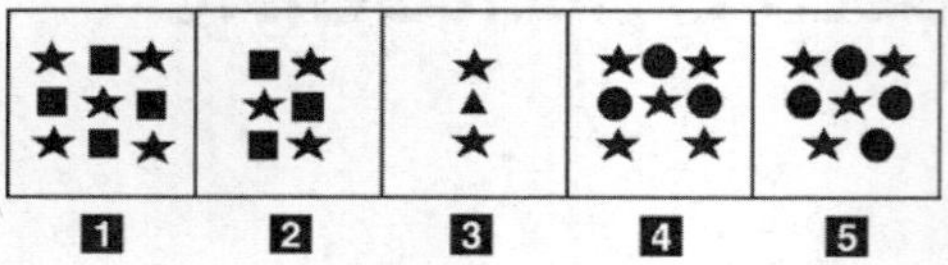

A. Figura 2
B. Figura 4
C. Figura 3
D. Figura 5
E. Figura 1

6) Individuare la figura che completa la serie proposta.

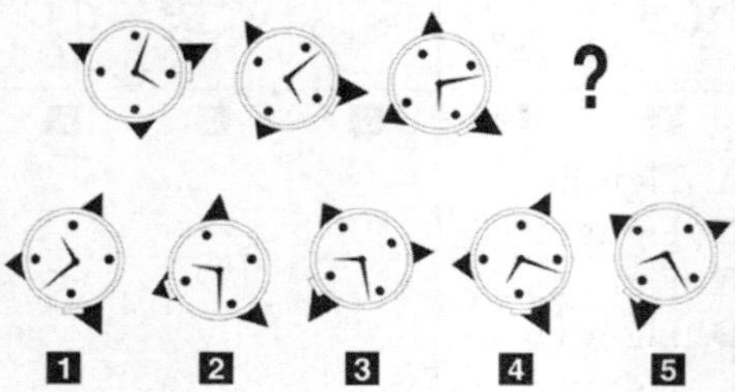

A. Figura 2
B. Figura 3
C. Figura 1
D. Figura 4
E. Figura 5

7) Quale figura completa la serie?

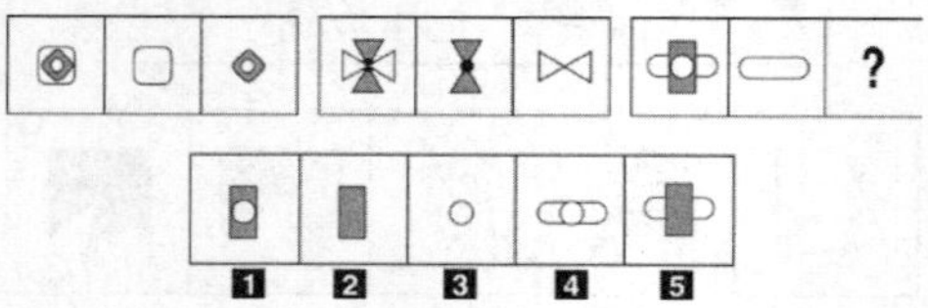

A. Figura 4
B. Figura 2
C. Figura 5
D. Figura 1
E. Figura 3

8) Individuare la figura che completa la serie.

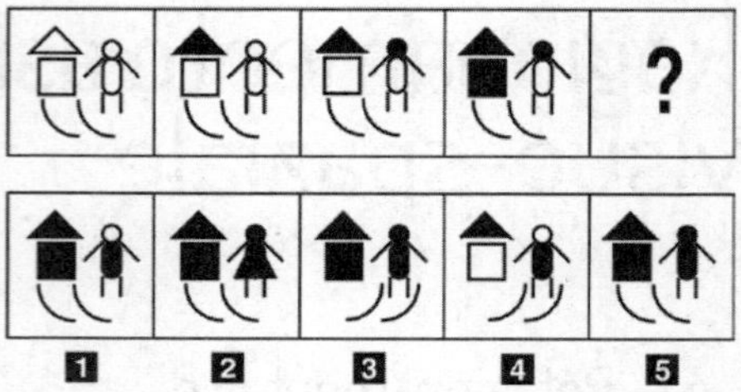

A. Figura 2
B. Figura 5
C. Figura 3
D. Figura 4
E. Figura 1

9) Si osservi la serie incompleta di figure: quale delle alternative proposte la completa correttamente?

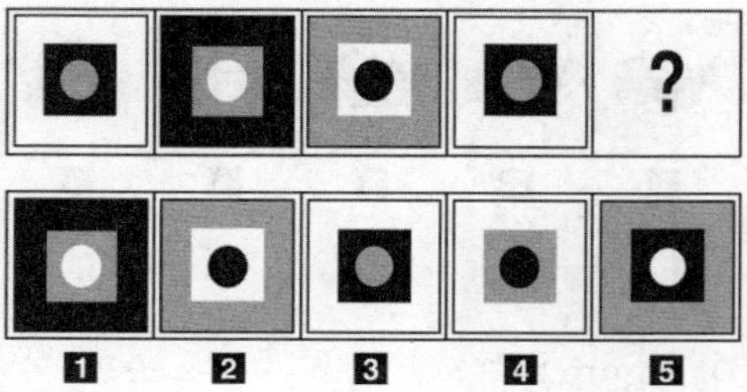

A. Figura 2
B. Figura 5
C. Figura 3
D. Figura 4
E. Figura 1

10) Individuare la figura che completa la serie.

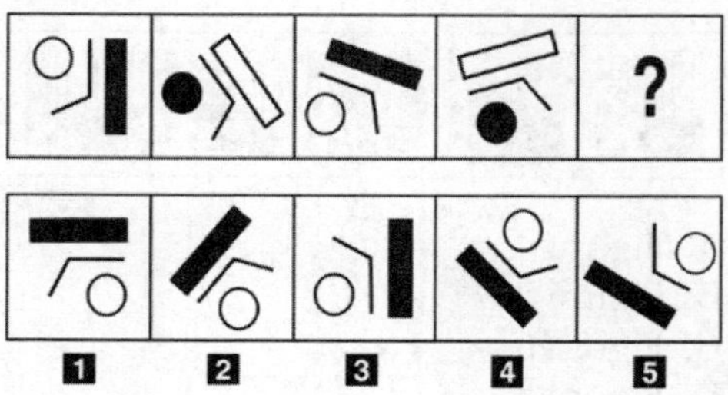

A. Figura 2
B. Figura 4

C. Figura 3
D. Figura 1
E. Figura 5

11) Individuare la figura che completa la serie.

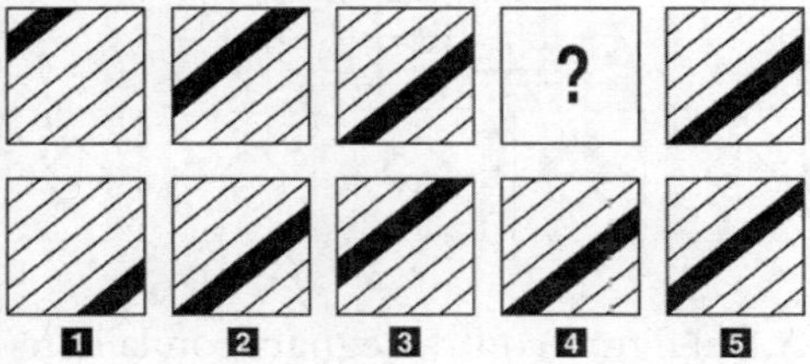

A. Figura 5
B. Figura 1
C. Figura 2
D. Figura 3
E. Figura 4

12) Individuare la figura che completa la serie.

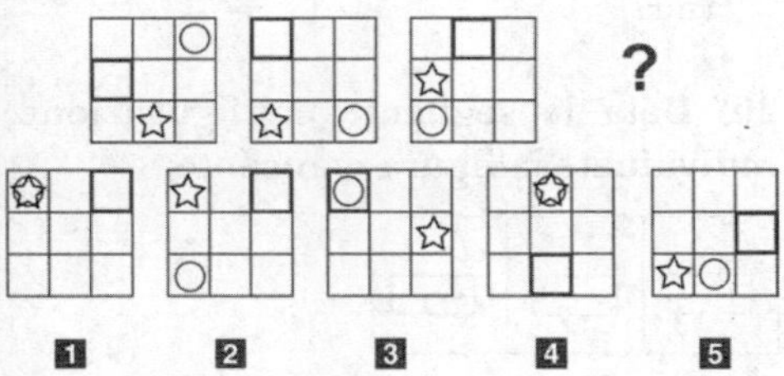

A. Figura 4
B. Figura 3
C. Figura 5
D. Figura 2
E. Figura 1

13) Uno solo dei disegni contrassegnati con lettere costituisce il logico completamento della serie di disegni numerata da 1 a 5. Quale?

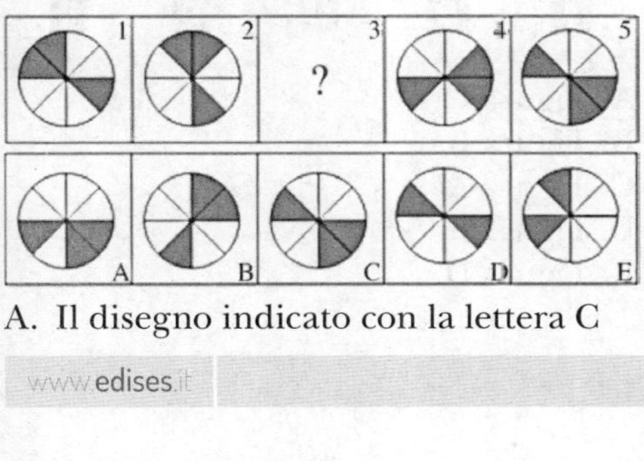

A. Il disegno indicato con la lettera C
B. Il disegno indicato con la lettera D
C. Il disegno indicato con la lettera A
D. Il disegno indicato con la lettera B
E. Il disegno indicato con la lettera E

14) Quale delle figure proposte integra correttamente la serie?

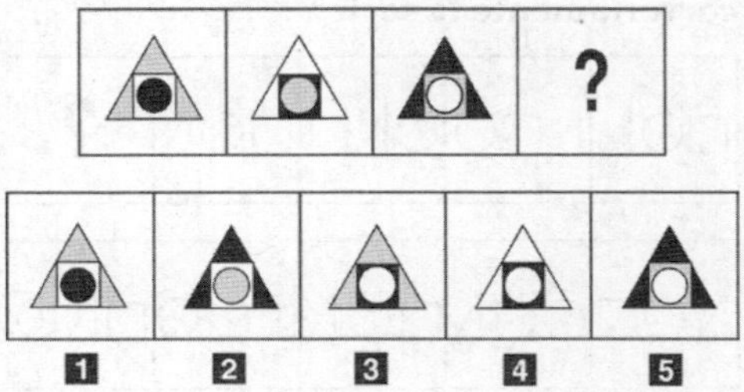

A. Figura 2
B. Figura 4
C. Figura 5
D. Figura 1
E. Figura 3

15) Quale dei disegni proposti integra correttamente la serie?

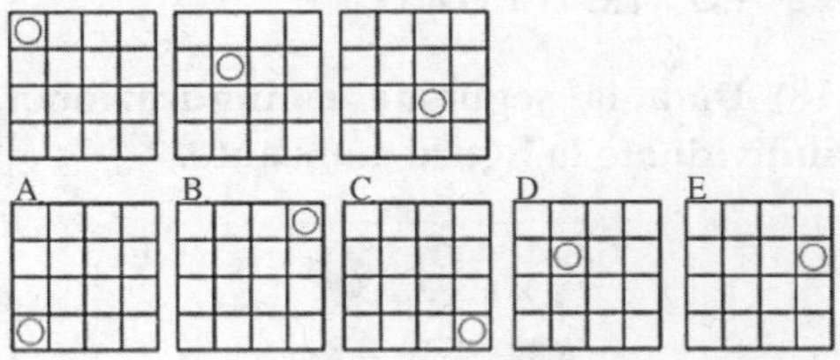

A. Il disegno indicato con la lettera E
B. Il disegno indicato con la lettera C
C. Il disegno indicato con la lettera D
D. Il disegno indicato con la lettera B
E. Il disegno indicato con la lettera A

16) Quale dei disegni proposti integra correttamente la serie?

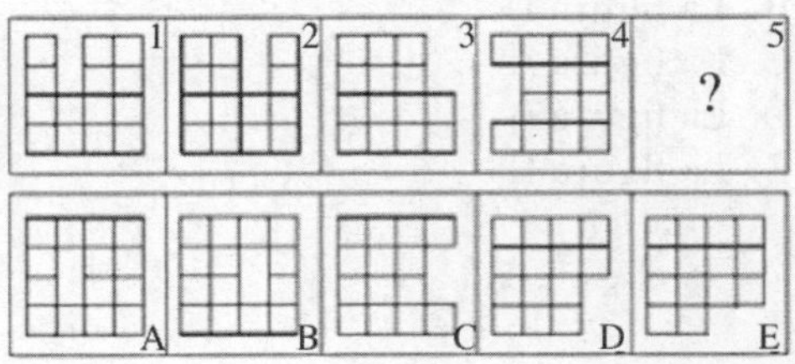

A. Il disegno indicato con la lettera C
B. Il disegno indicato con la lettera B
C. Il disegno indicato con la lettera A
D. Il disegno indicato con la lettera D
E. Il disegno indicato con la lettera E

17) Quale delle figure proposte integra correttamente la serie?

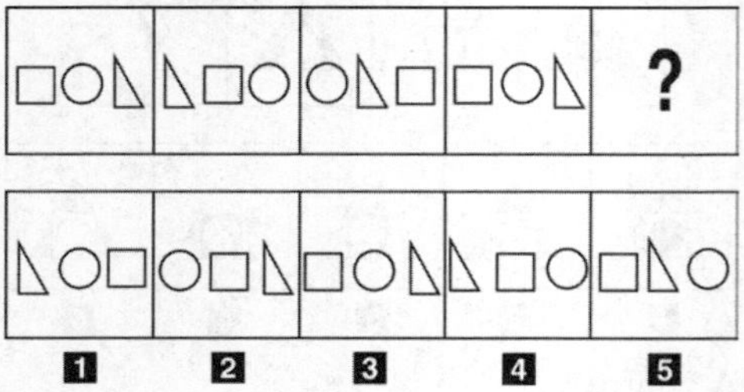

A. Figura 4
B. Figura 5
C. Figura 1
D. Figura 2
E. Figura 3

4.3 • Le matrici

18) Data la seguente configurazione, individuate la figura mancante.

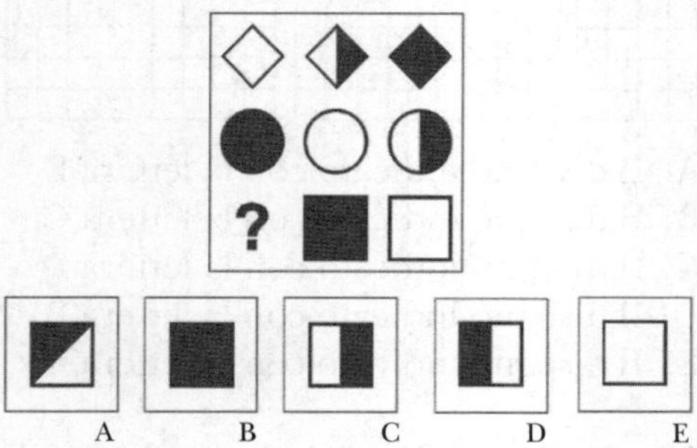

A. La figura C
B. La figura D
C. La figura A
D. La figura B
E. La figura E

19) Data la seguente configurazione, individuate la figura mancante.

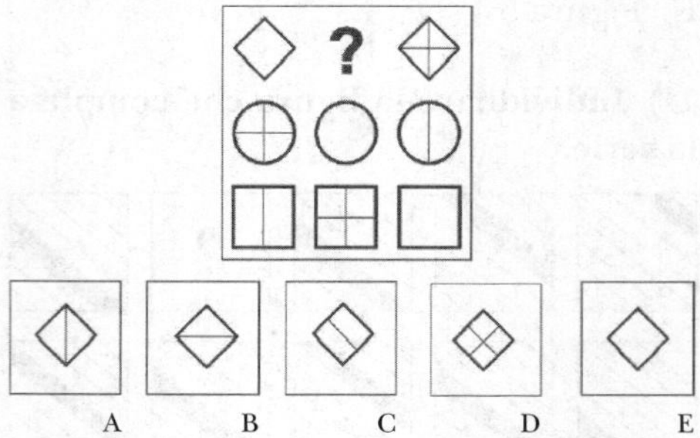

A. La figura contrassegnata con la lettera D
B. La figura contrassegnata con la lettera C
C. La figura contrassegnata con la lettera A
D. La figura contrassegnata con la lettera B
E. La figura contrassegnata con la lettera E

20) Data la seguente configurazione, individuate la figura mancante.

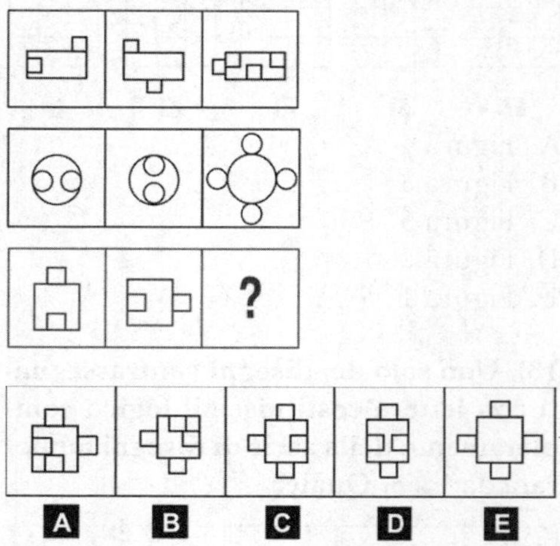

A. Figura C
B. Figura B
C. Figura A
D. Figura E
E. Figura D

21) Quale semicirconferenza integra correttamente la serie?

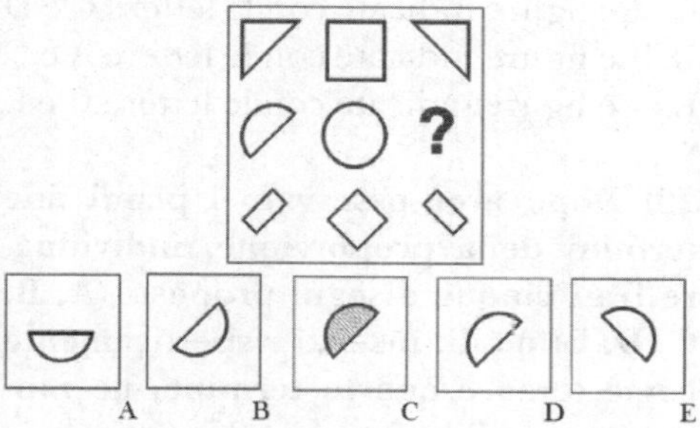

A. Quella contrassegnata con la lettera D
B. Quella contrassegnata con la lettera B
C. Quella contrassegnata con la lettera C
D. Quella contrassegnata con la lettera A
E. Quella contrassegnata con la lettera E

4.4 • Le proporzioni

22) Quale tra le figure proposte integra logicamente la proporzione che segue?

A. La figura indicata con la lettera E
B. La figura indicata con la lettera A
C. La figura indicata con la lettera C
D. La figura indicata con la lettera B
E. La figura indicata con la lettera D

23) Quale tra le figure proposte integra logicamente la proporzione che segue?

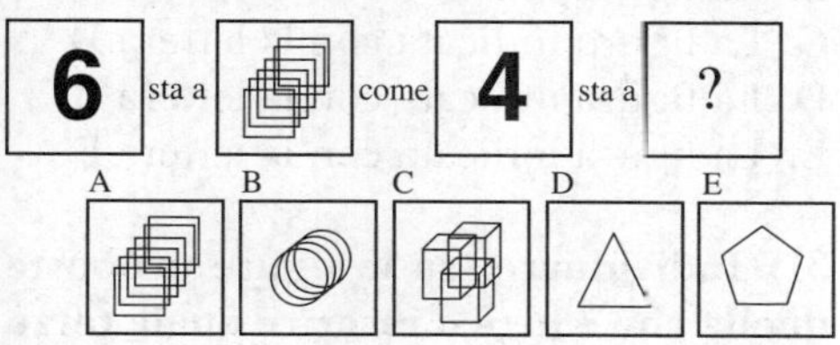

A. La figura indicata con la lettera A
B. La figura indicata con la lettera B
C. La figura indicata con la lettera C
D. La figura indicata con la lettera D
E. La figura indicata con la lettera E

24) Dopo aver osservato i primi due termini della proporzione, individuare fra i cinque disegni proposti (A, B, C, D, E) quali, inseriti rispettivamente come terzo e quarto termine, ne rappresentano il logico completamento.

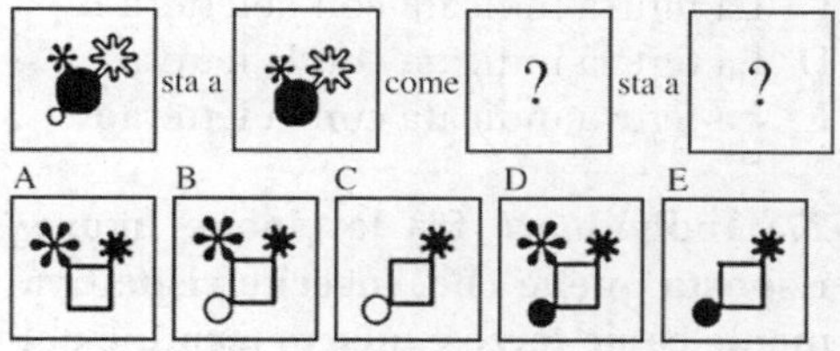

A. I disegni indicati con le lettere D e A
B. I disegni indicati con le lettere B e D
C. I disegni indicati con le lettere B e A
D. I disegni indicati con le lettere C e A
E. I disegni indicati con le lettere C e E

25) Quale tra le figure A, B, ... è corretto inserire come quarto termine della proporzione che segue?

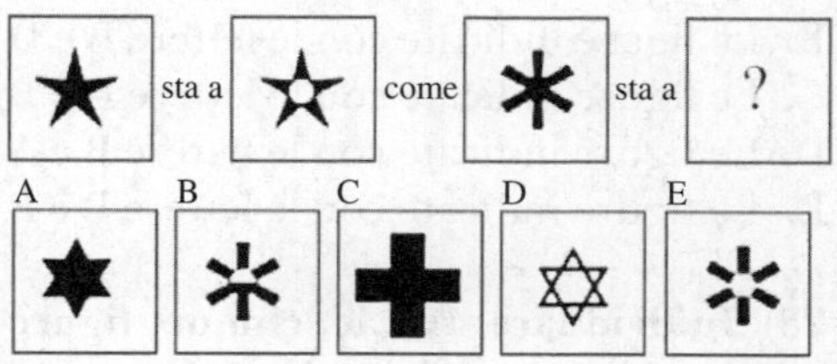

A. La figura A
B. La figura B
C. La figura D
D. La figura C
E. La figura E

26) Individuare fra le figure proposte quella che è logico inserire quale terzo termine della proporzione data:

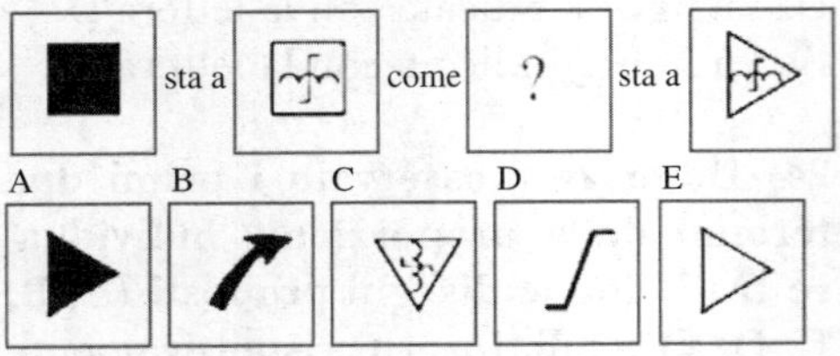

A. La figura indicata con la lettera D
B. La figura indicata con la lettera A
C. La figura indicata con la lettera B
D. La figura indicata con la lettera C
E. La figura indicata con la lettera E

27) Individuare fra le cinque figure/risposta quelle che, inserite rispettivamente come terzo e quarto termine della proporzione, ne rappresentano, per analogia, il logico completamento.

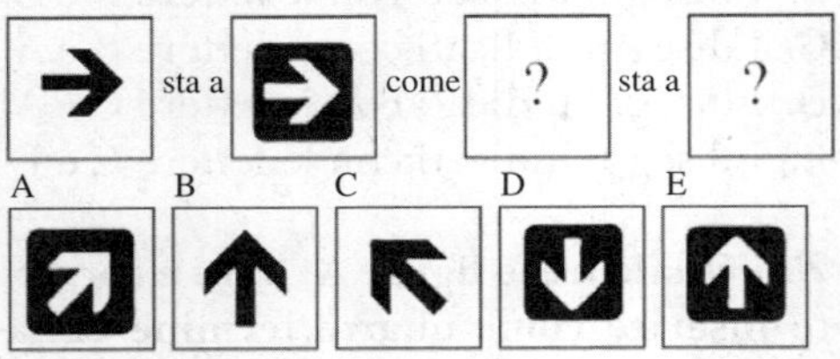

A. Le figure indicate con le lettere C e A
B. Le figure indicate con le lettere B e D
C. Le figure indicate con le lettere D e B
D. Le figure indicate con le lettere B e A
E. Le figure indicate con le lettere B e E

28) Individuare fra le cinque figure quelle che inserite rispettivamente come terzo e quarto termine della proporzione ne rappresentano, per analogia, il logico completamento.

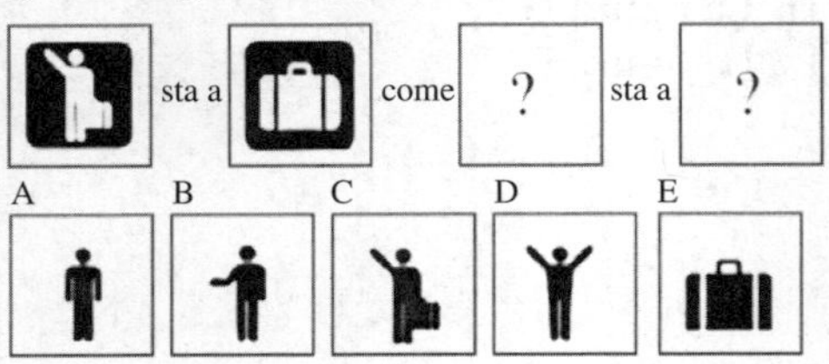

A. Le figure indicate con le lettere A e E
B. Le figure indicate con le lettere B e D
C. Le figure indicate con le lettere C e D
D. Le figure indicate con le lettere A e C
E. Le figure indicate con le lettere C e E

29) Dopo aver osservato i primi due termini della proporzione, individuare fra i cinque disegni proposti (A, B, C, D, E) quali, inseriti rispettivamente come terzo e quarto termine, ne rappresentano il logico completamento.

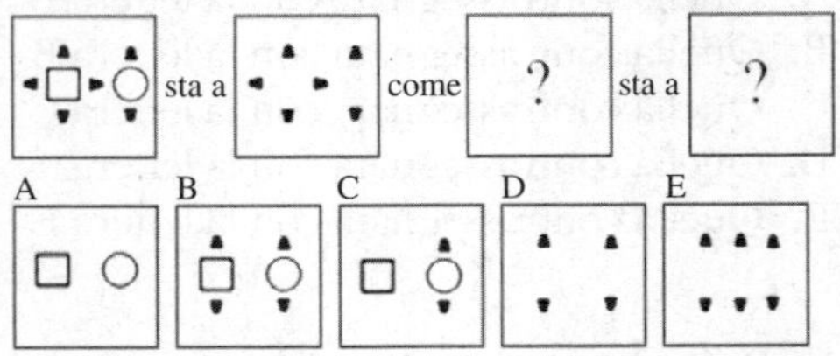

A. I disegni indicati con le lettere D e A
B. I disegni indicati con le lettere B e D
C. I disegni indicati con le lettere B e A
D. I disegni indicati con le lettere C e A
E. I disegni indicati con le lettere C e E

30) Individuare fra le figure proposte quella che è logico inserire quale terzo termine della proporzione data:

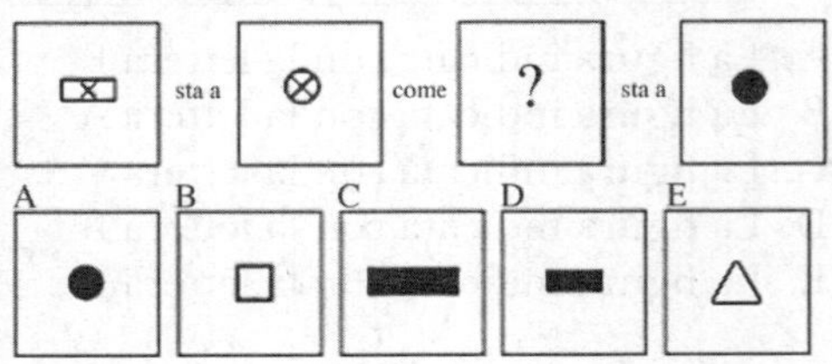

A. La figura indicata con la lettera C
B. La figura indicata con la lettera A
C. La figura indicata con la lettera D
D. La figura indicata con la lettera B
E. La figura indicata con la lettera E

31) Individuare fra le figure proposte quella che è logico inserire quale terzo termine della proporzione data:

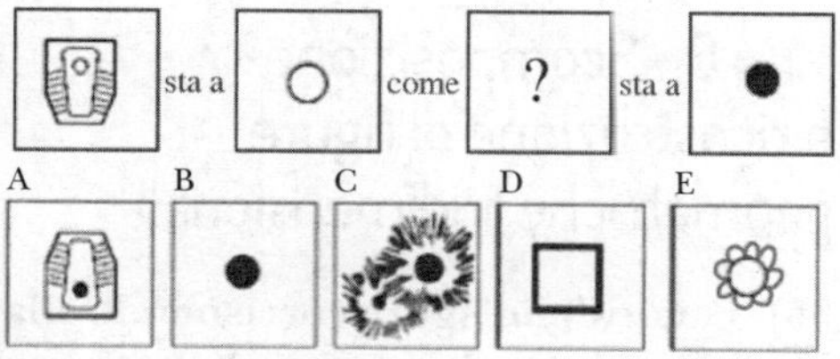

A. La figura che ne rappresenta il logico completamento è quella indicata con la lettera A
B. La figura che ne rappresenta il logico completamento è quella indicata con la lettera B
C. La figura che ne rappresenta il logico completamento è quella indicata con la lettera D
D. La figura che ne rappresenta il logico completamento è quella indicata con la lettera E
E. La figura che ne rappresenta il logico completamento è quella indicata con la lettera C

32) Individuare fra le figure proposte quella che è logico inserire quale quarto termine della proporzione data:

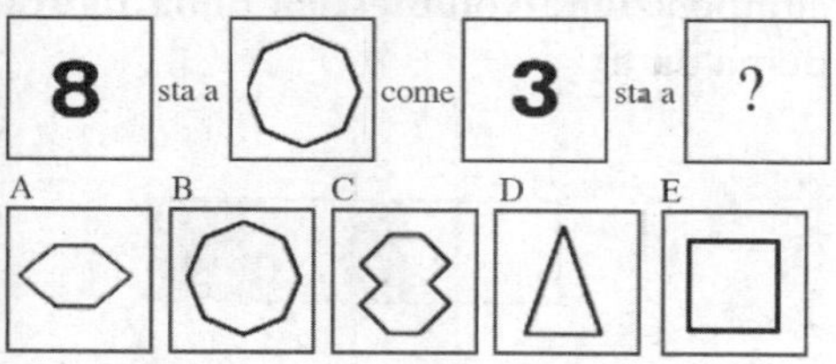

A. La figura indicata con la lettera A
B. La figura indicata con la lettera B
C. La figura indicata con la lettera E
D. La figura indicata con la lettera C
E. La figura indicata con la lettera D

33) Individuare fra le figure proposte quella che è logico inserire quale terzo termine della proporzione data:

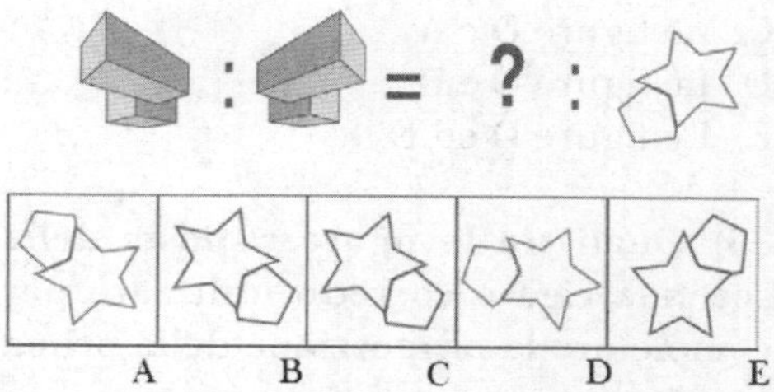

A. La figura indicata con la lettera C
B. La figura indicata con la lettera A
C. La figura indicata con la lettera D
D. La figura indicata con la lettera B
E. La figura indicata con la lettera E

34) Dopo aver osservato i primi due termini della proporzione, individuare fra i cinque disegni proposti (A, B, C, D, E) quali, inseriti rispettivamente come terzo e quarto termine, ne rappresentano il logico completamento.

A. I disegni indicati con le lettere D ed E
B. I disegni indicati con le lettere B e D
C. I disegni indicati con le lettere B e C
D. I disegni indicati con le lettere C e D
E. I disegni indicati con le lettere A e D

35) Quali tra le figure/risposta della seconda riga è corretto utilizzare per completare la proporzione della prima riga lasciata incompleta?

A. Le figure D e B
B. Le figure A ed E

C. Le figure D e A
D. Le figure C e D
E. Le figure D ed E

36) Quali tra le figure/risposta della seconda riga è corretto utilizzare per completare la proporzione della prima riga lasciata incompleta?

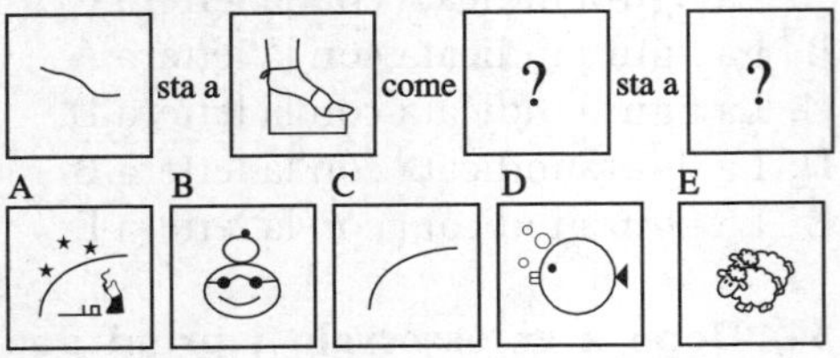

A. Le figure C e D
B. Le figure A e C
C. Le figure C e B
D. Le figure C e A
E. Le figure E e C

4.5 • Figure da scartare

37) Individuare la figura da scartare.

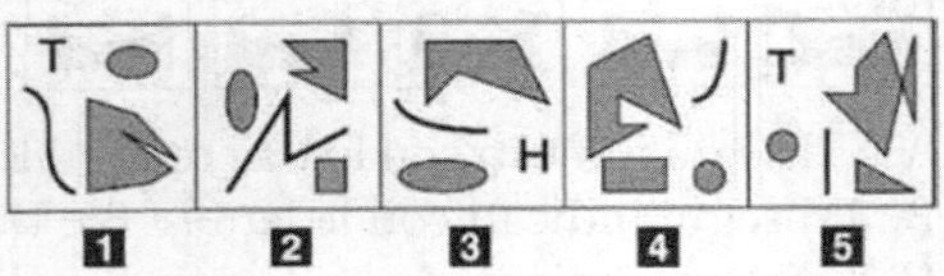

A. Figura 5
B. Figura 3
C. Figura 2
D. Figura 1
E. Figura 4

38) Individuare la figura da scartare.

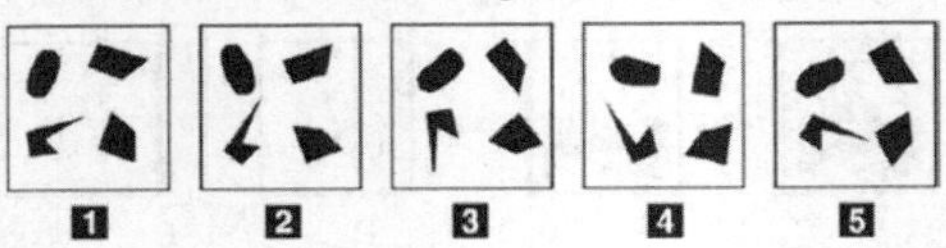

A. Figura 3
B. Figura 5
C. Figura 2
D. Figura 4
E. Figura 1

4.6 • Scomposizione e ricostruzione di figure geometriche tridimensionali

39) Quale delle figure corrisponde alla composizione volumetrica della figura piana data?

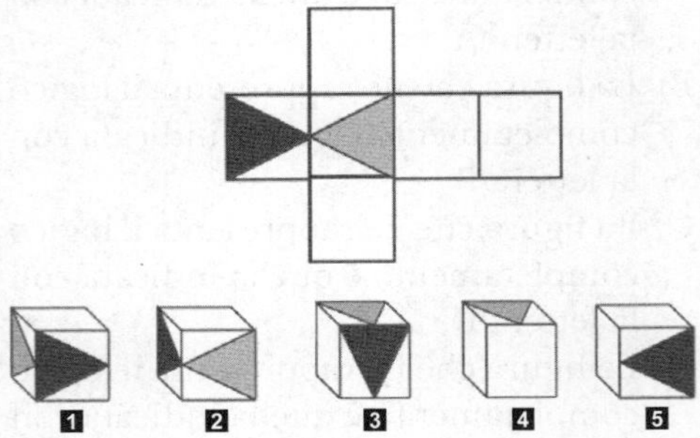

A. Figura 1
B. Figura 4
C. Figura 3
D. Figura 5
E. Figura 2

40) Quale delle figure corrisponde alla composizione volumetrica della figura piana data?

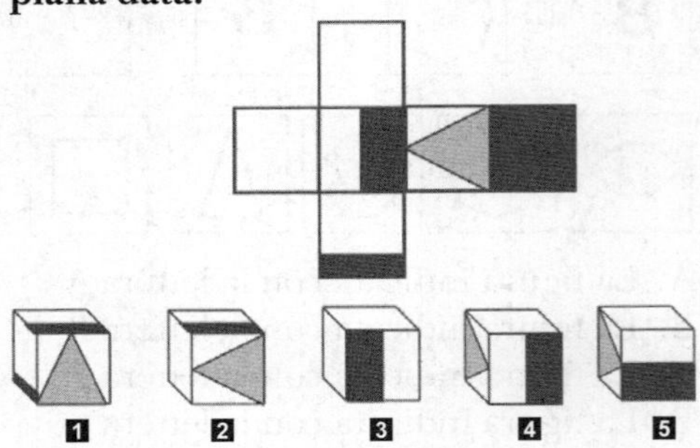

A. Figura 2
B. Figura 4
C. Figura 3
D. Figura 5
E. Figura 1

41) Dopo aver osservato attentamente il disegno proposto, indicare l'affermazione corretta.

A. Il solido proposto si compone di 17 facce
B. Il solido proposto si compone di 14 facce
C. Il solido proposto si compone di 18 facce
D. Il solido proposto si compone di 15 facce
E. Il solido proposto si compone di 16 facce

42) Lo sviluppo raffigurato qui di seguito è stato piegato per formare un cubo. Quale dei seguenti cubi è stato formato?

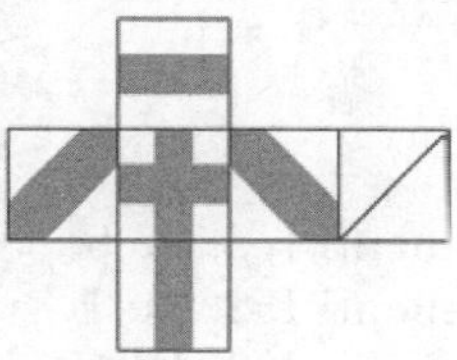

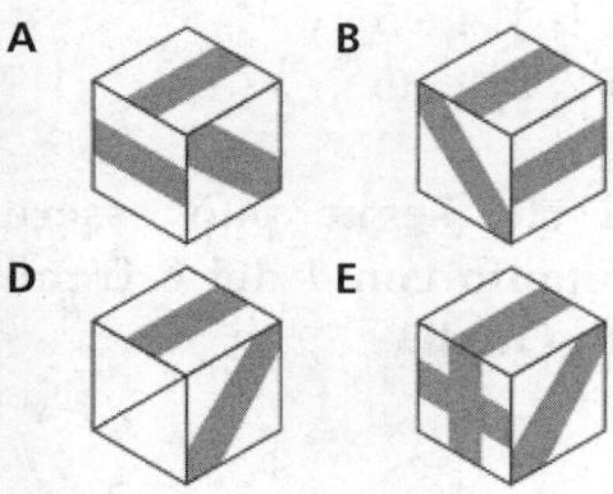

A. Figura D
B. Figura A
C. Figura E
D. Figura C
E. Figura B

43) Da quante facce è composto il solido 5?

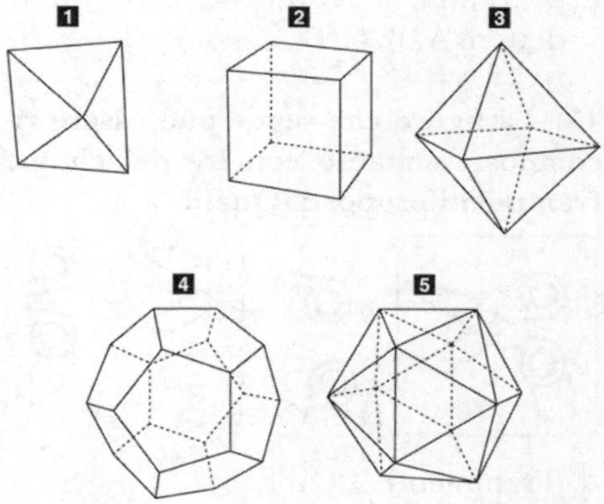

A. 10 facce
B. 20 facce
C. 12 facce
D. 18 facce
E. 16 facce

4.7 • Altri esercizi di ragionamento spaziale

44) La figura che segue può essere scomposta in 4 dei 6 frammenti riportati. Quali?

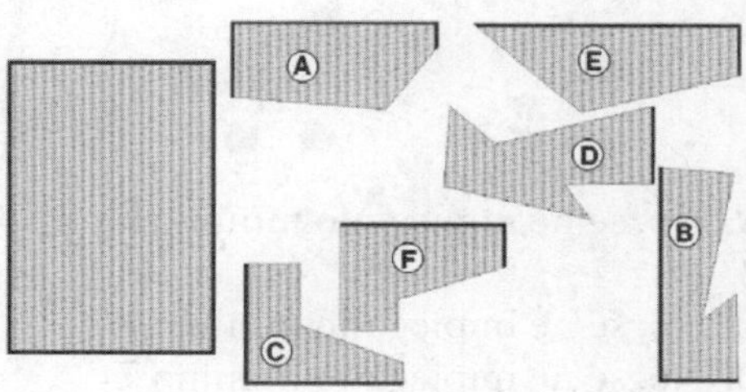

A. I frammenti contrassegnati con le lettere A, C, D, E
B. I frammenti contrassegnati con le lettere A, B, D, E
C. I frammenti contrassegnati con le lettere B, C, D, F

D. I frammenti contrassegnati con le lettere A, C, D, F
E. I frammenti contrassegnati con le lettere A, B, C, D

45) La figura che segue può essere ricomposta soltanto con tre dei cinque frammenti proposti. Quali?

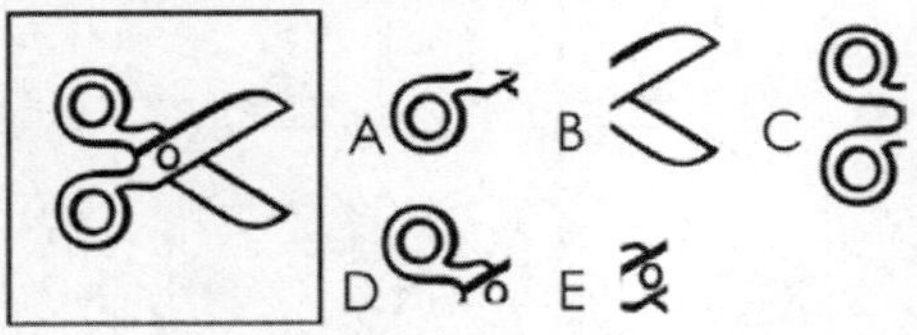

A. Frammenti A, C e E
B. Frammenti A, B e D
C. Frammenti B, C e D
D. Frammenti C, D e E
E. Frammenti A, B e C

46) È possibile con sole sei rette separare ciascun pallino da tutti gli altri?

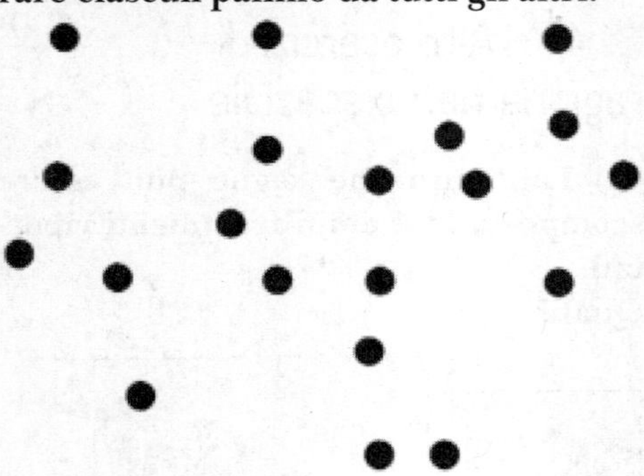

A. No, se ne impiegano minimo 9
B. Sì
C. No, se ne impiegano minimo 8
D. No, se ne impiegano minimo 7
E. No, se ne impiegano minimo 10

47) La figura che segue può essere scomposta in 4 degli 8 frammenti riportati. Quali sono i frammenti residui?

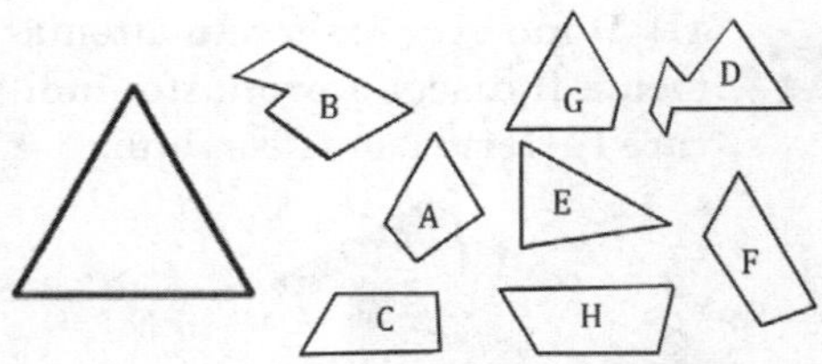

A. I frammenti contrassegnati con le lettere A, C, F, H
B. I frammenti contrassegnati con le lettere A, C, D, H
C. I frammenti contrassegnati con le lettere A, C, E, F
D. I frammenti contrassegnati con le lettere B, C, D, G
E. I frammenti contrassegnati con le lettere A, B, C, F

48) La figura che segue può essere ricomposta soltanto con 4 dei 6 frammenti proposti. Quali?

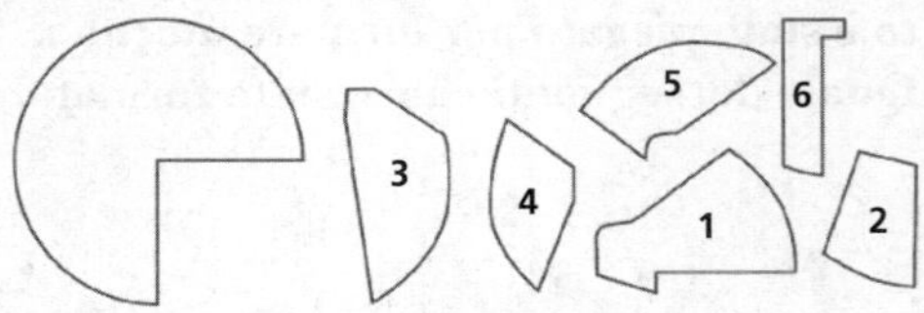

A. Frammenti 1, 3, 4 e 6
B. Frammenti 1, 2, 3 e 4
C. Frammenti 1, 2, 4 e 5
D. Frammenti 1, 3, 4 e 5
E. Frammenti 2, 3, 4 e 5

49) La figura che segue può essere ricomposta soltanto con 4 dei 6 frammenti proposti. Quali?

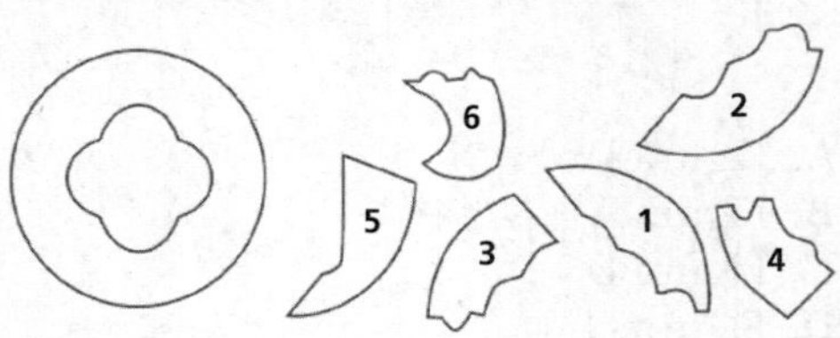

A. Frammenti 1, 2, 3 e 6
B. Frammenti 2, 4, 5 e 6
C. Frammenti 1, 2, 3 e 6

D. Frammenti 2, 3, 4 e 5
E. Frammenti 1, 2, 3 e 4

50) Osservando attentamente le cinque figure proposte è possibile notare che quattro di esse presentano elementi di omogeneità. Quali?

A. Figure A B D E
B. Figure B C D E
C. Figure A B C E
D. Figure A C D E
E. Figure A B C E

4.8 • Attenzione e precisione

51) Individuare quale delle serie di numeri o lettere è identica a quella data: 3663999936663

A. 3663399996663
B. 3663999936663
C. 3639969936663
D. 3663999396663
E. 3663993336663

52) Individuare quale delle cinque serie di numeri o lettere è identica a quella data: 88080080080808

A. 88080088080808
B. 88080080080808
C. 88080080080008
D. 80080080080808
E. 88080080080888

53) Individuare quale delle cinque serie di numeri o lettere è identica a quella data: ILLILIILIIILIILLI

A. ILLILIILIIILLLLI
B. ILLILILIIIILIILLI
C. ILLILIILILLIILLI
D. ILLILIILIIILIILLI
E. ILLILIILIIILIILLL

54) Individuare quale delle cinque serie di numeri o lettere è identica a quella data: MMNMNNNNMNNN

A. MMNMNNNNMNNNN
B. MMNNMNNNNMNNN
C. MMMNNNNNMNNN
D. MMNMNNNNNMNNN
E. MMNMNMNNMNNN

55) Individuare quale delle cinque serie di numeri o lettere è identica a quella data: RPRPPRRRRPRRPR

A. RPRPPRPRRPRRPR
B. RPRPPPRRRPRRPR
C. RPRPPRRRRPRRPR
D. RPRPPRRRRPRPPR
E. RPRPPPRRRPRRPR

56) Individuare la riga che contiene il maggior numero di lettere X:

A. YYXYXXXYYYXXXYYXYXY
B. YYXYYYYXXXYXXXXXYYY
C. YYYXXXXXXXXXYYYYYYY
D. XYYXXYXXYYXXXYXYYXY
E. XYYXXYXXYYYYXYXYYXY

57) Quale delle seguenti sequenze è identica a hy;opx97;th:13:32+tq:& ma proposta in senso contrario?

A. &:qt+23:31:ht;97xpo;yh
B. &:qt+23:31-th;79xpo;yh
C. &:qt+23:31:ht;79xpo;yh
D. &:qt+23;13:ht;79xpo;yh
E. &:qt+26:31:ht;79xpo;yh

58) Indicare in quale dei seguenti gruppi è riproposta l'identica stringa alfanumerica:
78AB+11AC-8A1H:1A1X-332&-7XK+233(/

A. 78AB+11AC-8A1H:1A1X-332@-7XK+233(/
B. 78AB+11AC-8A1H:1A1X-332&-7XK+233[/
C. 78AB+11AC-8A1H:1A1X-332&-7XK+233(/
D. 78AB+11AC-8A1H:1A1Y-332&-7XK+233(/
E. 78AB+11AC-8A1H:1A1X-332&-7XK+253(/

59) Individuare la riga che contiene il maggior numero di lettere B:

A. PPPPPBBBPBBPPPPBPPPP
B. PPBPBBPBPPBPPPBPPPPP
C. PPPBPPBBPPBBPPPBPPBP
D. PPPBPPPBPPPBPPPBPPBB
E. PPPBPPPBPPBBPPPBPPBP

60) Individuare la riga che contiene il maggior numero di lettere N:

A. VNVNNVNNVNV
B. VNVNVNVVNVN
C. VVNNVVNVNVN
D. NVVNNVNNVVV
E. VNVNNVNVVNV

61) Individuare la riga che contiene un numero di "×" uguale al numero di "+":

A. ×××+++××++×++××++
B. ××++××++×+×++××+
C. ×××+×××++++++×××+
D. ××+××+++××+×××++×++
E. ××++××++××+×++××+

62) Se dalla seguente sequenza "SSILVVTSAELIIAICSCL" si escludessero le lettere dei termini "STIVALI" e "SCIALLE", si otterrebbe la sequenza:

A. LSSLV
B. SSCIV
C. IACIV
D. SVSIV
E. SSLSV

63) Quale dei seguenti gruppi alfanumerici ripropone in senso inverso la sequenza "HgUmOsWFbH"?

A. HbFWOsmUgH
B. HbWFsOmUgH
C. HbFWsOmUgH
D. HbFWsOmgUH
E. HbFOsWmUgH

64) Se dalla seguente sequenza "VAAPEREPAPADEREPPPAI" si escludessero le lettere dei termini "PAPERE" e "PAPAVERI", si otterrebbe la sequenza:

A. PAAEDD
B. PAEPDE
C. PAAPPD
D. AAEPPD
E. APEEPD

65) Se dalla seguente sequenza "ELANPPOLOMZONOARODDMNA" si escludessero le lettere dei termini "POMODORO" e "MELANZANA", si otterrebbe la sequenza:

A. POLND
B. POLLD
C. POOND
D. POLNP
E. PONLR

66) Se dalla seguente sequenza "MCIANMCOCFACMENALECGNIE" si escludessero le lettere dei termini "MECCANICO" e "FALEGNAME", si otterrebbe la sequenza:

A. CCNM
B. GMCI
C. CMCNA
D. CNMCI
E. CNNCI

67) Quale delle seguenti alternative contiene una lettera ripetuta esattamente cinque volte?

A. WWTGWGTTGWTG
B. GGHTHTHGGTGT
C. XXXDQXDDDQQQ
D. EETRRETRETTR
E. MMNNIMNMNIII

68) Individuare la riga che contiene il maggior numero di lettere A:

A. AAVVVAVVAAAAAAAAAVVVAAAV
B. AAVVVAVAAAAAAAAAAVVVAAAV
C. VVAVAVAVVVAAAVAAVVVAAAA
D. AAVAAAVAAAVVVAVAAVVAVVA
E. VVAAAAAVVAAVAAAVAVAAAVV

69) Si osservi il testo che segue: "Using the links below you can obtain answers to the most common questions about the EUROPA site (FAQ). You can also consult recent statistics on the use of EUROPA and the results of surveys conducted among its users". Esso contiene:

A. 10 lettere "maiuscole"
B. 13 vocali "u"
C. 16 consonanti "s"
D. 8 vocali "a"
E. 15 vocali "i"

70) Quale delle seguenti sequenze è uguale a 143GM2900967HD?

A. 143GM2900976HD
B. 143GM2900967HD
C. 143GM2909067HD
D. 143GM2090967HD
E. 143GN2901967HD

71) In quale dei seguenti gruppi il numero 1 non segue il numero 9?

A. P H L G 1 9 A V Q B O J 9 1 9 U I-GLIJKS1UBW9
B. P H L G 1 9 A V Q B O J P 1 9 U I-GLIJK91UBW9
C. P H L 9 1 9 A V Q B O J L 1 9 U I-GLIJKS1UBW9
D. P H L G 1 9 A V Q B O J E 1 9 U I-GLIJKS1UBW9
E. P H L G 1 8 A V Q D O J E 9 1 U I-GLIJKS1UBW9

72) Quale dei seguenti gruppi alfanumerici, letto in senso contrario, è uguale a SK1LGWEGPOIDSFH?

A. HFSDIOMPEWGL1KS
B. HFSDIMPGEWGL1KS
C. HFSDIOPQEWGL1KS
D. HFSDIOPGEWGL1KS
E. HFSBIOPGEWFL1KS

73) In quale dei seguenti gruppi alfanumerici sono contenuti tutti gli elementi indicati nella seguente stringa: SD678YTTWIHIXD834RT9?

A. 34RT9SD678YPQIXD8TTW
B. 34RT9SD67LPIHIXD8TTW
C. 34RT9SD678YIHIXD8TTW
D. 34RT9SD968YIHIXD8TTW
E. 34RT9SS678YIHIYD8TTW

74) Considerando che il segno "+" identifica "-", il segno "-" identifica "+", il segno "×" identifica ":", il segno ":" identifica "×", in quale delle seguenti alternative è riproposta la seguente stringa: 32 + (12 × 4) - (216 × 6) + 39 = tenuto conto di quanto detto in precedenza?

A. 32 – (12 : 4) + (216 : 6) + 39 =
B. 32 – (12 : 4) - (216 : 6) – 39 =
C. 32 – (12 : 4) + (216 : 6) – 39 =
D. 32 – (12 × 4) + (216 × 6) – 39 =
E. 32 + (12 : 4) + (216 : 6) – 39 =

75) In quale dei seguenti gruppi il numero 2 è preceduto dalla lettera Q?

A. JKF2Z2ILZKQWLJFZQQN2CIJQFUEI
B. JKF2Z2I2QQWLJ2FZQN2QJQFUIRLE
C. JKF2Z2IQQWLJFZ2QCIJQILFUIRFE
D. JKF2Z2IQ2QWLJFZQN2CIJQFUIRVE
E. JKF2X2I2QQYLJFZQN2CIJTFUIRVE

76) "123456789ABCDEFGHILM-NOPQRSTUVZ". Da questo gruppo alfanumerico sono state prelevate le lettere che formano la parola "IMPOSTARE" ed i numeri "726". Restano pertanto le lettere e i numeri:

A. 134589BCDFGHLMQUVZ
B. 134589BCDFGHLNQUVZ
C. 134589BCDEGHLNQUVZ
D. 134689ABCDFGHLMNPQUVZ
E. 1345898BCFFGHMNQUVZ

77) Indicare quale dei seguenti gruppi numerici è identico a: 38823+8378+889 +89384+734822398

A. 38823+8378+889+89384+734838398
B. 38823+8378+889+89384+734838498
C. 38823+8378+889+89384+734822398
D. 38823+8378+889+89483+734822398
E. 38823+8478+889+89384+534822398

78) Indicare quale delle seguenti sequenze è uguale a: 7Y9K4VW9B5NH67

A. 7J9K4VW9B5NH67
B. 7Y9KU4W9B5NH67
C. 7Y9K4VW9B5NH67
D. 7Y9H4VW9B5NH67
E. 7Y9K4WW9D5NH67

79) Quante vocali e quante consonanti sono presenti rispettivamente nel termine "GASTROPROTETTORE"?

A. 6 e 10
B. 9 e 6
C. 8 e 8
D. 7 e 9
E. 10 e 7

80) In quale dei seguenti gruppi alfanumerici sono contenuti tutti gli elementi indicati nella seguente stringa: DF354F76HJ09LM1356SF?

A. 56SFDF364F76HJ09LM13
B. 56SFDF354F76HJ09LM13
C. 56SFDO354F76HJ09LM13
D. 56SFDP354F76HJ09LM13
E. 56SFCF355F76KJ09LM13

81) In quale dei seguenti gruppi il numero 1 non segue il numero 3?

A. LZ13XCVBN1MPI3PYT13RWQL-31IH
B. LZ31XCVBN1MPI3PYT13RWQL-1DIH
C. LZ13XCVBN1MPI31YT13RWQL-1DIH
D. LZ13XCVBN1MPI3PYT13RWQL-1DIH
E. LV31XCVBN1MPI3PYT16RWQL-1DIH

82) Considerando che il segno "+" identifica "–", il segno "-" identifica "+", il segno "×" identifica ":", il segno ":" identifica "×", in quale delle seguenti alternative è riproposta la seguente stringa: (40 × 3) + (320 × 80) = tenuto conto di quanto detto in precedenza?

A. (40 × 3) – (320 × 80) =
B. (40 : 3) – (320 × 80) =
C. (40 : 3) + (320 : 80) =
D. (40 : 3) – (320 : 80) =
E. (40 : 3) – (340 : 80) =

83) Indicare quale dei seguenti gruppi numerici è identico a: 87345+5613+689+18383+432923495

A. 87345+5613+689+18482+432923495
B. 87345+5613+689+18383+432923495
C. 87345+5613+689+18383+432934395
D. 87345+5613+689+18383+432934295
E. 87345+5613+686+18383+432923495

84) Quale delle seguenti sequenze è identica a -em;fh:17;ks:26+39-yd-=l: ma proposta in senso contrario?

A. :l=-yd-93+62:sk;77:hf;me-
B. =l-dy-93+62,sk;71:hf;me-
C. :l=-dy-93+62xks;71:hf;me-
D. :l=-dy-93+62:sk;71:hf;me-
E. :l=-dy+93+62:sh;71:hf;me-

85) Individuare la riga che contiene un numero di "punti esclamativi" uguale al numero di "punti interrogativi":

A. !!!???!!!???!!!???
B. !!??????!!!!??!!??
C. ?!!!!???!!!!!?!!!??????
D. !!!?!!???!!???!!!!???
E. !!!???!!!!!???!!!???

86) Quante volte è presente nel gruppo numerico che segue la sequenza 872? 3490887229838729011238725989087872868724247347845872598724872612561

A. 8
B. 7
C. 9
D. 14
E. 12

87) Individuare la stringa alfanumerica che contiene la lettera L preceduta da un numero pari:

A. K87I9SW41LFDG67LAGHH6568FV
B. NSGRS45L41F4317DSZ45L547ZS5
C. K87I9SW46LFDG67LAGHH6568FV
D. JE5LGHB658893VW421L35L5VFR8
E. XDR5479L8V54G65LJHU7I8JKHY5

88) In quale dei seguenti gruppi il numero 7 non segue il numero 9?

A. MZ97XCBL7UIH79OTUIH9RUIKR7Q
B. MZ79XCBL7UIH79OTUIH97UIKR7Q
C. MZ79XCBL7UIH97OTUIH9RUIKR7Q
D. MZ79XCBL7UIH79OTUIH9RUIKR7Q
E. MZ79XCBL7UIH97OTUIH9RUIKR7Q

89) Indicare in quale delle seguenti alternative viene rispettata la regola di alternanza "vocale-consonante".

A. oderaxetuixidic
B. oderaxetupafestxidic
C. oderaxetzixidic
D. oderaxetupafesixidic
E. odoraxitupafastxidic

90) Individuare tra le alternative quella che contiene un'inesattezza rispetto a:
Stambecchi Carla, Via Enrico Martini 18/A, Crema (CR)
Carbone Daniela, Via C.L. Prisco 22, Castellammare Di Stabia (NA)
Oppido Luigi, Via Stendhal 17, Crotone (KR)
Luigi Alessandrini, Via Botteghelle 76, San Giorgio a Cremano (NA)

A. Carbone Daniela, Via C.L. Prisco 22, Castellammare Di Stabia (NA)
B. Luigi Alessandrini, Via Botteghelle 76, San Giorgio a Cremano (NU)
C. Stambecchi Carla, Via Enrico Martini 18/A, Crema (CR)
D. Oppido Luigi, Via Stendhal 17, Crotone (KR)
E. Luigi Alessandrini, Via Botteghelle 76, San Giorgio a Cremano (NA)

91) Individuare tra le alternative quella che contiene un'inesattezza rispetto a: Colucci Maria, Via Orazio 37, Miggiano (LE)
Adami Carla, Via Cavour 42, Marina Di Nocera Terinese (CZ)
Pavon Rosa, Via Roma 20, Verona (VR)

A. Adami Carla, Via Cavour 42, Marina Di Nocera Terinese (CZ)
B. Pavon Massimo, Via Roma 20, Verona (VR)
C. Pavon Rosa, Via Roma 20, Verona (VR)
D. Colucci Maria, Via Orazio 37, Miggiano (LE)
E. nessuna alternativa risponde correttamente al quesito

92) Dopo aver osservato il disegno proposto indicare quale affermazione è corretta.

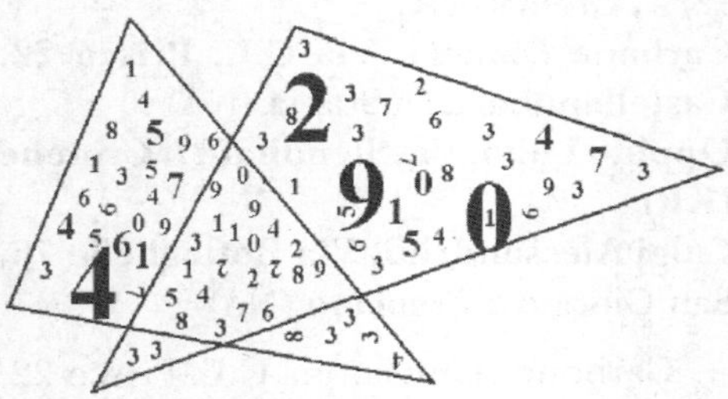

A. Il numero 9, contenuto in entrambe le figure, è presente 5 volte
B. Tra i numeri comuni alle due figure non è presente il 5
C. I numeri comuni alle due figure sono 21
D. In nessuna delle figure è presente il numero 8
E. I numeri comuni alle due figure sono 30

93) Indicare quale affermazione riferita al contenuto delle tre figure è corretta.

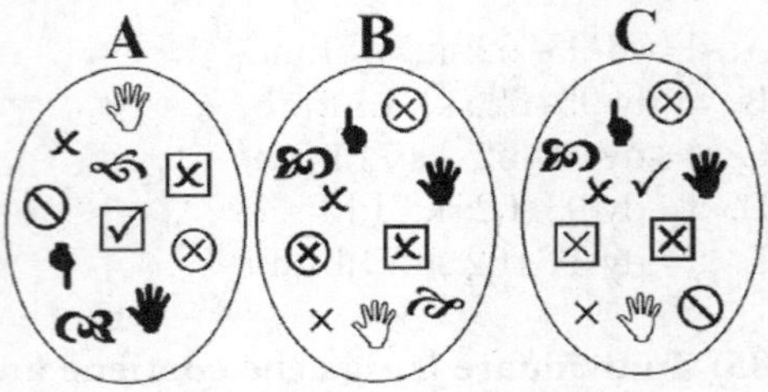

A. A e C contengono lo stesso numero di elementi
B. A rispetto a B contiene più mani
C. B e C contengono un numero diverso di elementi
D. Tutti i disegni contengono gli stessi elementi
E. A e B contengono un numero diverso di elementi

94) Dopo aver osservato attentamente il disegno, indicare quale affermazione non è corretta.

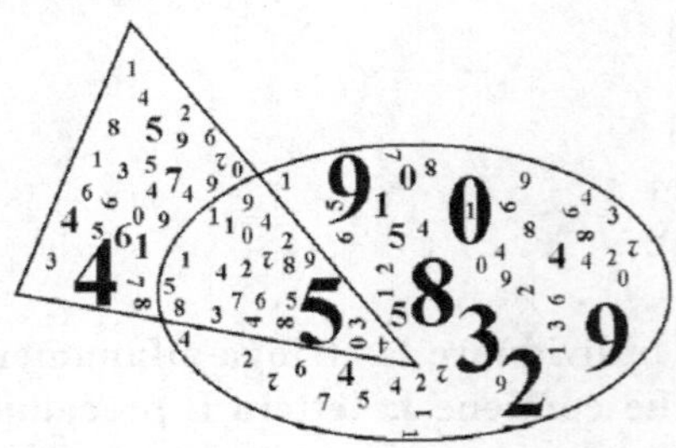

A. I numeri contenuti solo nel triangolo sono 51
B. I numeri contenuti nell'ellisse sono più di quelli contenuti nel triangolo
C. I numeri contenuti sia nell'ellisse che nel triangolo sono più di 20
D. I numeri contenuti sia nell'ellisse che nel triangolo sono meno di 30
E. I numeri contenuti solo nel triangolo sono meno di 60

95) Partendo dalla disposizione illustrata è possibile spostando tre sole graffe ottenere quattro quadrati?

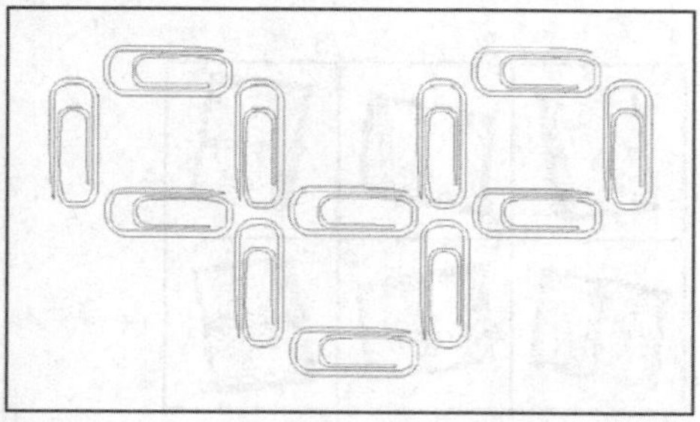

A. Sì, formando un quadrato grande suddiviso in quattro
B. No, è possibile formare solo tre quadrati adiacenti
C. Sì, è possibile formare quattro quadrati separati tra loro
D. No
E. No, è possibile formare solo due quadrati adiacenti

96) Dopo aver osservato attentamente le sei valigie apparentemente uguali indicare quale tra le seguenti affermazioni è errata.

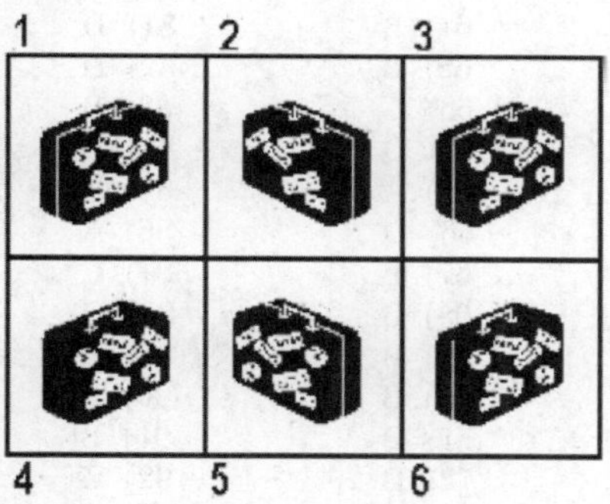

A. Almeno 4 valigie sono uguali
B. Le valigie 1 e 3 sono uguali
C. La valigia 6 è diversa da tutte le altre
D. La valigia 5 è uguale alla 1 e alla 3 viste allo specchio
E. La valigia 2 è diversa da tutte le altre

97) In quale figura è possibile collocare il punto nella giusta posizione?

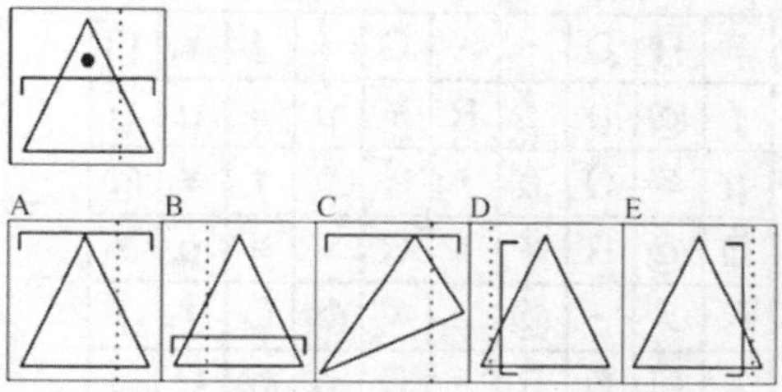

A. Nella figura D
B. Nella figura B
C. Nella figura A
D. Nella figura C
E. Nella figura E

98) In quale figura è possibile collocare il punto nella giusta posizione?

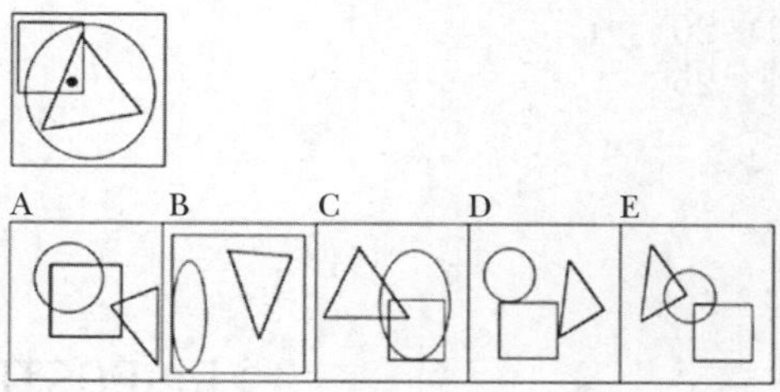

A. Nella figura B
B. Nella figura A
C. Nella figura C
D. Nella figura D
E. Nella figura E

99) Il numero di Π più il numero di μ è uguale a:

¥	R	Q	•	•	Q	»	*f*	¥	Π
f	@	μ	*f*	R	¥	μ	»	μ	μ
μ	¥	Q	μ	•	•	μ	*f*	¥	@
Q	@	R	¥	»	R	•	¥	μ	•
R	»	•	@	μ	¥	@	Q	*f*	*f*
¥	Π	Q	R	•	Q	μ	@	R	μ
Π	*f*	*f*	μ	¥	μ	•	¥	@	¥
R	@	Q	•	μ	¥	»	Π	Q	¥
•	»	R	μ	*f*	Q	Π	@	@	*f*
Q	¥	»	Q	R	Π	¥	Π	»	Q

A. 22
B. 18
C. 21
D. 20
E. 25

100) Dopo aver osservato attentamente le sei figure apparentemente uguali indicare quale tra le seguenti affermazioni è corretta.

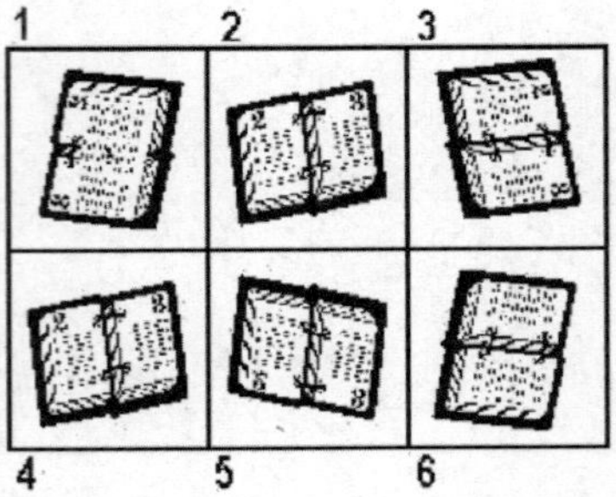

A. Le figure 2 e 4 sono diverse
B. La figura 6 è uguale alla 5 ruotata di 90 gradi
C. La figura 3 è uguale alla 2 e alla 4 ruotata di 90 gradi
D. Cinque figure sono uguali tra loro
E. Tre figure sono uguali fra loro

RISPOSTE CORRETTE

1) D	21) E	41) B	61) B	81) D
2) D	22) B	42) C	62) B	82) D
3) B	23) B	43) B	63) C	83) B
4) D	24) C	44) B	64) D	84) D
5) D	25) E	45) B	65) A	85) A
6) D	26) B	46) B	66) D	86) A
7) D	27) E	47) C	67) B	87) C
8) B	28) E	48) C	68) B	88) D
9) E	29) B	49) E	69) B	89) D
10) A	30) C	50) B	70) B	90) B
11) B	31) A	51) B	71) D	91) B
12) E	32) E	52) B	72) D	92) C
13) D	33) A	53) D	73) C	93) C
14) D	34) C	54) D	74) C	94) A
15) B	35) A	55) C	75) D	95) A
16) C	36) D	56) D	76) B	96) A
17) A	37) A	57) C	77) C	97) B
18) A	38) A	58) C	78) C	98) C
19) C	39) E	59) C	79) A	99) A
20) B	40) C	60) A	80) B	100) C

CULTURA GENERALE E STORICO-LETTERARIA

CAPITOLO 1 | Lingua

CAPITOLO 2 | Letteratura

CAPITOLO 3 | Storia

CAPITOLO 4 | Filosofia

CAPITOLO 5 | Storia dell'arte

CAPITOLO 6 | Educazione civica

CAPITOLO 1
Lingua

1.1 • Analisi grammaticale e logica

1) Quale frase contiene la congiunzione errata rispetto al contesto?

A. Ti ascolterò purché non mi fai perdere tempo
B. Pensi che debba comprare del pesce oppure della carne?
C. Posto che insisti ti ascolterò per questa volta
D. I tuoi amici non c'erano e neppure quelli di Mirco
E. Tu ed io andremo sempre d'accordo

2) Quale frase contiene il sostantivo nella forma plurale errata?

A. I chirurghi operano in ospedale
B. I drammaturghi lavorano a teatro
C. I filologhi sono studiosi di letteratura
D. Gli astronauti viaggiano nello spazio
E. Gli operatori ecologici si occupano del verde pubblico

3) Quale frase contiene la congiunzione errata rispetto al contesto?

A. Non l'ho aspettato e me ne sono andata
B. Siccome è tardi me ne vado
C. Visto che non vieni vado solo
D. Nonché fosse giugno faceva freddo
E. Nonostante il raffreddore sei sempre di buon umore

4) Quale frase contiene il sostantivo nella forma plurale errata?

A. Gli scombussoli mi irritano
B. Nei suoi versi sono evidenti gli echi simbolisti
C. Le rappresaglie terminarono con una vera strage
D. Non credo agli influssi astrali
E. Gli scarichi fognari sono intasati

5) Quale frase contiene il sostantivo nella forma plurale errata?

A. I lustrascarpe sedevano lungo il marciapiede
B. Il libro aveva i capiversi miniati in oro zecchino
C. Gli stuzzicadenti sono sempre meno diffusi
D. I capisquadra impartivano ordini a tutti gli altri
E. I chirurghi hanno un loro sindacato

6) Quale frase contiene il pronome errato rispetto al contesto?

A. Ci si siede o si resta in piedi?
B. Senti, lasciacimi abituare
C. Ci siete riuscito facilmente signore, complimenti
D. Eccovi, finalmente, vi aspettavo
E. Questa è la nostra casa, ve ne sono altre simili nei dintorni

7) Qual è la frase che contiene il pronome adeguato al contesto?

A. Non dargli retta: è pazza
B. Non darle retta a lei: è pazza
C. Non darle retta: è pazza
D. Non darla retta: è pazza
E. Non dargli retta a lei: è pazza

8) Quale frase contiene l'avverbio o la locuzione avverbiale errati?

A. Arrivò appena per tempo
B. Vuoi studiare sul serio o no?
C. Lo assalì all'improvviso
D. Parlava ininterrottamente
E. Salì sul treno appena in tempo

9) Quale frase contiene il sostantivo errato?

A. Ha un'incredibile dimestichezza con gli animali
B. Ero distrutto dalla stanchezza
C. Le tue prelibatezze mi tentano sempre
D. La flebilezza della sua voce è impressionante
E. La stipula del contratto è un momento cruciale

10) Quale frase contiene l'aggettivo nella forma errata?

A. Il suo comportamento è lodevole
B. Giulio ha davvero una pazienza ammirevole
C. Sarebbe auspichevole riuscire a partire presto
D. Questi discorsi stucchevoli non mi piacciono
E. Ho conosciuto i tuoi amici sportivi

11) Sono detti *verbi servili* quei verbi che reggono l'infinito di un altro verbo, del quale:

A. completano il significato
B. indicano una modalità
C. indicano un aspetto verbale
D. indicano un aspetto temporale
E. indicano il tempo

12) Fra le seguenti frasi individuare quella che contiene un predicato nominale:

A. la zia è arrivata ieri da Roma
B. fantasticare è sognare a occhi aperti
C. il presidente è in Senato
D. la mamma è entrata ora in casa
E. il sindaco è al Comune

13) Relativamente al valore d'uso dei modi e dei tempi verbali, si può affermare che l'infinito passato, rispetto al tempo della proposizione principale, indica:

A. un rapporto di anteriorità
B. un rapporto di posteriorità
C. un rapporto di contemporaneità
D. un valore sostantivato
E. un rapporto d'appartenenza

14) Relativamente al valore d'uso dei tempi verbali, si può affermare che il passato remoto indica:

A. un'azione che accadeva abitualmente nel passato
B. la durata di un'azione passata
C. qualcosa iniziato, avvenuto e terminato nel passato
D. un'azione compiuta in un periodo di tempo non ancora concluso
E. un'azione iniziata nel passato e conclusa nel presente

15) Relativamente al valore d'uso dei modi e dei tempi verbali, si può affermare che i verbi copulativi:

A. devono essere accompagnati da un complemento oggetto
B. devono essere accompagnati da un aggettivo o da un sostantivo
C. sono sempre accompagnati da un soggetto esplicito
D. anche da soli hanno sempre senso compiuto
E. sono a volte accompagnati da un soggetto

16) Fra le seguenti frasi, individuare quella il cui predicato esprime un'azione progressiva.

A. Il treno partirà in anticipo
B. Il freddo va aumentando
C. Il vaso viene lavato ogni giorno
D. Le nuvole si spostano
E. Il sole è tramontato

17) Tra le seguenti frasi, individuare quella che trasforma il seguente periodo ipotetico della possibilità in periodo ipotetico della realtà: "Se finissi di leggere, ti restituirei il libro".

A. Se finisco di leggere, ti restituisco il libro
B. Se avessi finito di leggere, ti avrei restituito il libro
C. Se finirò di leggere, ti restituirei il libro
D. Se finissi di leggere, ti restituirò il libro
E. Se avessi finito di leggere, ti restituirò il libro

18) Fra le seguenti frasi, individuare quella che trasforma il seguente periodo ipotetico della realtà in periodo ipotetico della possibilità: "Se sarò promosso, partirò per Atene".

A. Se fossi stato promosso, sarei partito per Atene
B. Se fossi promosso, partirei per Atene
C. Se sarò stato promosso, partirò per Atene
D. Se fossi promosso, sarei partito per Atene
E. Se fossi promosso, parto per Atene

19) Relativamente al valore d'uso dei modi e dei tempi verbali, si può affermare che i verbi servili:

A. servono per formare i tempi composti dei verbi
B. accompagnano un verbo al participio
C. vogliono sempre l'ausiliare "avere"
D. accompagnano un verbo all'infinito
E. accompagnano un verbo al presente

20) La voce verbale *ameremmo* è espressa nel:

A. modo condizionale, tempo presente, prima persona plurale
B. modo condizionale, tempo passato, seconda persona plurale
C. modo indicativo, tempo futuro anteriore, seconda persona plurale
D. modo indicativo, tempo futuro semplice, prima persona plurale
E. modo indicativo, tempo futuro semplice, seconda persona singolare

21) Tenendo presente le regole per l'uso dei pronomi personali, si leggano le seguenti frasi e si indichi quale è corretta:

A. ho incontrato la mia amica e ci ho svelato un segreto
B. ho incontrato la mia amica e ciò svelato un segreto
C. ho incontrato la mia amica e gli ho svelato un segreto
D. ho incontrato la mia amica e le ho svelato un segreto
E. ho incontrato la mia amica e ci ho detto un segreto

22) Nell'espressione "il bene altrui" il termine *altrui* è:

A. un pronome indefinito
B. un pronome relativo
C. un aggettivo possessivo
D. un aggettivo indefinito
E. un aggettivo identificativo

23) Nella frase "Silvio si ostina a credere al suo amico Tiziano piuttosto che a me" è presente un verbo di tipo…

A. riflessivo apparente
B. riflessivo proprio
C. intransitivo pronominale
D. riflessivo reciproco
E. difettivo sovrabbondante

24) Individuare quale, tra le frasi che seguono, contiene un verbo usato intransitivamente.

A. Ti raggiungerò al più presto possibile
B. Giovanni ti osservava con scetticismo
C. Ha sganciato il rimorchio e ha parcheggiato il veicolo
D. È corso a casa in fretta
E. Giovanni ti chiamava a gran voce

25) Il termine *chi* grammaticalmente può essere un:

A. aggettivo dimostrativo
B. pronome personale
C. aggettivo qualificativo
D. pronome relativo
E. sostantivo difettivo

26) Il termine *davvero* è:

A. una locuzione avverbiale
B. un avverbio di quantità
C. un avverbio di modo
D. un avverbio di affermazione
E. una locuzione di tempo

27) In relazione all'uso corretto delle particelle pronominali, si leggano le seguenti frasi e si individui quella esatta:

A. quei ragazzi sono indisciplinati: ci vuole il Preside per farli calmare
B. quei ragazzi sono indisciplinati: ci vuole il Preside per fargli calmare
C. quei ragazzi sono indisciplinati: ci vuole il Preside per farci calmare
D. quei ragazzi sono indisciplinati: ci vuole il Preside per farle calmare
E. quei ragazzi sono indisciplinati: ci vuole il Preside per farlo calmare

28) Il termine *passeggiata* è un sostantivo:

A. primitivo
B. derivato
C. promiscuo
D. alterato
E. relativo

29) Nella frase "non ti chiedi di che cosa io possa avere bisogno?", qual è la funzione grammaticale dei termini *che cosa*?

A. Aggettivo interrogativo
B. Pronome relativo
C. Aggettivo indefinito
D. Pronome interrogativo
E. Aggettivo qualificativo

30) Quale tra le seguenti frasi non contiene un verbo alla forma impersonale?

A. Si dice che questa valle sia un vero capolavoro della natura!
B. Sembra che stia molto bene dopo il trattamento in beauty-farm
C. Tocca sempre agli stessi occuparsi delle faccende di casa
D. Il gatto della zia Pierina siede comodamente sul divano
E. Si dice che quest'anno l'inverno porterà tanta neve

31) Nell'espressione "tutti sanno" che funzione grammaticale svolge il termine *tutti*?

A. Aggettivo dimostrativo
B. Pronome indefinito
C. Pronome dimostrativo
D. Aggettivo indefinito
E. Aggettivo interrogativo

32) Individuare in quale alternativa il vocabolo presenta il corretto posizionamento dell'accento tonico.

A. Epistòla
B. Dovéroso
C. Cilindràta
D. Abbàzia
E. Áncora

33) Individuare in quale alternativa il vocabolo NON presenta il corretto posizionamento dell'accento tonico.

A. Benevolènte
B. Schìvo
C. Arènile
D. Arpióne
E. Prìncipi

34) In base al posizionamento dell'accento tonico, la parola *scivolano* è:

A. bisdrucciola
B. sdrucciola
C. piana
D. tronca
E. grave

35) Individuare in quale alternativa il vocabolo NON presenta il corretto posizionamento dell'accento tonico.

A. Puntellaménto
B. Ricetrasmettitóre
C. Granduchéssa
D. Perpendicòlare
E. Nocciòlo

36) Individuare in quale alternativa il vocabolo NON presenta il corretto posizionamento dell'accento tonico.

A. Ristorànte
B. Sequenziàle
C. Ingiùria
D. Depravazìone
E. Ámbito

37) Quale tra le seguenti frasi contiene un errore?

A. Il presidente disse che non riusciva a esprimere qual'emozione provava di fronte al Parlamento finalmente libero
B. A quest'ora dovreste essere a scuola
C. Qualcun altro verrà al suo posto durante l'estate
D. Antonio era considerato da tutti un sant'uomo
E. Avrei bisogno di un'amica per sfogarmi

38) Identificare, tra le frasi seguenti, quella NON corretta.

A. Glie l'ha detto chiaro, ma non ha capito
B. Va bene, fate ciò che volete!
C. Gianni è un buon intenditore di vini
D. Ha telefonato il professor Rossi
E. La sto aspettando da un'ora

39) Indicare, tra le seguenti proposizioni, quella che contiene un errore.

A. I gattini dormivano con le pance all'aria nella cesta e la gatta li osservava con evidente soddisfazione
B. La quspide del campanile è ricoperta da mosaici variopinti che riflettono i raggi solari
C. Per mettere fine alla dipendenza dal petrolio si stanno sviluppando le energie alternative e rinnovabili
D. La nonna ogni anno prepara la marmellata di ciliegie che utilizza per le sue famose crostate
E. A causa dello sforzo s'è infiammato un tendine della gamba

40) Quale delle seguenti alternative è corretta dal punto di vista grammaticale?

A. Credo di aver visto riflettuta la sua effigie

B. Non credo sia possibile scalare quel monte, ormai abbiamo i bracci stanchi
C. Porta via tutte quelle valigie: lasci sempre da fare tutto a me
D. Non credo ha una sola parola di ciò che stai dicendo: non raccontare bugie
E. Non so cosa farmene di un'uomo come te

41) Indicare, tra le seguenti proposizioni, quella che contiene un errore.

A. Prima delle vacanze natalizie andremo in crociera ai Caraibi
B. L'impasto con cui la nonna faceva il pane veniva messo a lievitare in una speciale madia che destava la curiosità dei bambini di casa
C. La pignoleria eccessiva è un difetto molto antipatico
D. Luisa ha sparso con cura lo zucchero vaniliato sulla torta di mele
E. Mio figlio non ha avuto bisogno di una balia

42) Individuare, tra le frasi proposte, quella corretta.

A. Arrossì imbarazzato per i complimenti che la maestra di violino le aveva rivolto ad Antonio
B. Se mi fossi sentita meglio, sarei andata a pattinare
C. Sopra alla scrivania c'era molti volumi di storia, ma nessun vocabolario
D. Se mi alzavo prima, sarei arrivato in orario
E. Siamo in baglìa di politici corrotti

43) Completare la frase seguente utilizzando un aggettivo possessivo. "La... automobile consuma molto meno di questa".

A. Nuova
B. Tale
C. Prima
D. Vecchia
E. Loro

44) Identificare, tra le seguenti, la frase che NON contiene errori.

A. Carla ha lasciato uno sgabello nel prato
B. Ho visto un'enorme cane pastore
C. Incontrò un affascinante ragazza
D. Sei un'audace scalatore
E. Sei un'uomo proprio insopportabile

45) Si identifichi, fra le seguenti proposizioni, quella che NON contiene errori.

A. La ragazza cui ti ho parlato è un tipo interessante
B. La ragazza in cui ti ho parlato è un tipo interessante
C. La ragazza di cui ti ho parlato è un tipo interessante
D. La ragazza che ti ho parlato è un tipo interessante
E. La ragazza che ti parlo io è un tipo interessante

46) Completare la frase utilizzando il comparativo di minoranza dell'aggettivo. "Sono contenta per Davide: oggi mi sembrava...".

A. angosciatino
B. meno angosciato
C. più angosciato
D. angosciatissimo
E. angoscioso

47) Completare correttamente la frase seguente: "Dimmi qual è il secolo ... è vissuto Dante".

A. In cui
B. Che
C. Quanto
D. Perché

E. Quando

48) Si completi con un avverbio di modo la seguente frase: "Il gatto si sdraia ... sul divano".

A. Con pigrizia
B. Comodamente
C. Morbido
D. Sempre
E. Leggiadro

49) Completare la frase seguente con la forma verbale appropriata. "La tradizione vuole che Romolo... la città di Roma nel 753 a.C.".

A. Abbia fondato
B. Avrà fondato
C. Fondette
D. Ebbe fondato
E. Funse

50) Quale delle seguenti frasi è corretta dal punto di vista grammaticale?

A. Al tempo di Pericle, Atene era al zenit della sua potenza
B. Clara è una madre molto attenta ed esigente: per sua figlia pretende lo meglio!
C. Sotto il mio tetto spesso nidificano i rondini
D. Lo zefiro è un leggero venticello primaverile
E. D'inverno si verificano balzi di tempo improvvisi

51) "Ho visto con questi miei occhi tua sorella che usciva con l'ombrello, con apparente tranquillità". Indicare l'alternativa che riporta tutti e nel giusto ordine i complementi introdotti dalla preposizione *con* nella frase precedente.

A. Mezzo, unione, modo
B. Unione, compagnia, mezzo
C. Modo, mezzo, modo
D. Mezzo, modo, mezzo
E. Compagnia, mezzo, modo

52) Nella frase "Per il mio compleanno Dario mi ha regalato un libro di poesie di Nazim Hikmet", *di Nazim Hikmet* è un complemento:

A. d'agente
B. di limitazione
C. di specificazione
D. di argomento
E. di causa efficiente

53) Individua nella frase seguente il complemento di luogo: "Sulle colline della Toscana si trovano spesso incantevoli borghi medievali, come Capalbio".

A. Come Capalbio
B. Della Toscana
C. Borghi medievali
D. Sulle colline
E. Incantevoli borghi

54) Nella frase: "L'amica di tua sorella è una persona straordinaria dal carattere dolce", *dal carattere dolce* è un complemento di:

A. modo
B. specificazione
C. qualità
D. quantità
E. termine

55) Individua nella frase seguente il complemento di tempo: "L'inverno scorso, a memoria degli anziani, è stato il più rigido che abbiamo patito negli ultimi sessant'anni".

A. A memoria
B. Il più rigido
C. Negli ultimi sessant'anni
D. Degli anziani
E. Abbiamo patito

56) Nella frase "Maggio è il mese che preferisco per viaggiare in Grecia: il caldo e l'afa si fanno sentire solo per poche ore!", il complemento di tempo è:

A. maggio
B. per poche ore
C. il mese
D. in Grecia
E. il caldo e l'afa

57) Il soggetto di una frase:

A. è l'elemento sottinteso
B. si trova in prima posizione
C. è un nome
D. si accorda con il verbo
E. è seguito sempre da una virgola

58) Nella frase "I soldati romani combatterono coraggiosamente per la conquista di nuove terre per l'impero", *per la conquista* è un complemento di:

A. scopo
B. causa
C. termine
D. mezzo
E. moto

59) Individuare il complemento di stato in luogo nella frase seguente: "Oggi rimarrò in casa tutto il giorno, in città verrò domani".

A. in città
B. tutto il giorno
C. in casa
D. domani
E. oggi

60) Identificare il complemento distributivo nella seguente frase: "Negli ultimi tre anni sono risultati ammessi agli esami quattro studenti su cinque, ma molti non si sono presentati".

A. Negli ultimi tre anni
B. Quattro studenti
C. Su cinque
D. Molti
E. Risultati ammessi

61) Nella frase "Me lo mangio in un boccone" la parola *lo* è:

A. articolo
B. complemento oggetto
C. predicato verbale
D. soggetto
E. congiunzione

62) Nella frase "Per il mio matrimonio mi è stato regalato un preziosissimo servizio di porcellana", *di porcellana* è un complemento di:

A. materia
B. modo
C. specificazione
D. limitazione
E. qualità

63) Nella frase "A Parigi, il 14 luglio, ho assistito alle celebrazioni per l'anniversario della presa della Bastiglia", il complemento di tempo è:

A. per l'anniversario
B. a Parigi
C. il 14 luglio
D. alle celebrazioni
E. della presa

64) Quale proposizione subordinata contiene la frase "Lucia esce mentre dovrebbe restare a casa a studiare"?

A. Temporale
B. Finale
C. Concessiva
D. Condizionale
E. Avversativa

65) Qual è la proposizione concessiva nella frase "Sono certo che non mi ab-

bia ascoltato sebbene io abbia ragione quando insisto tanto"?

A. Sono certo
B. Che non mi abbia ascoltato
C. Sebbene io abbia ragione
D. Quando insisto tanto
E. Che non mi

66) Qual è la proposizione principale nella frase "Mario sa che è troppo tardi per chiedere scusa perché Marcella è arrabbiata"?

A. Mario sa
B. Che è troppo tardi
C. Per chiedere scusa
D. Perché Marcella è arrabbiata
E. Tardi per chiedere

67) Quale proposizione subordinata si trova nella frase "Il bambino è così timido da rimanere troppo spesso in silenzio"?

A. Proposizione consecutiva
B. Proposizione condizionale
C. Proposizione modale indiretta
D. Proposizione causale
E. Proposizione finale

68) Qual è il soggetto della frase "Anche se è necessario mentire è sempre una brutta cosa perché è disonesto"?

A. Anche se è necessario
B. Mentire
C. È sempre una brutta cosa
D. Perché è disonesto
E. Necessario

69) Qual è il verbo principale nella frase "Sarebbe interessante leggere i libri usciti di recente"?

A. Sarebbe
B. Interessante
C. Leggere
D. Usciti
E. Sarebbe interessante

70) Qual è il vocativo nella frase "Senti, cara Silvia, devi dirmi perché hai insultato Lucio"?

A. Senti
B. Cara Silvia
C. Devi dirmi
D. Perché hai insultato Lucio
E. Lucio

71) Quale delle seguenti frasi NON è corretta?

A. Adesso ti dico come sono andate le cose
B. Lascia che ti dico come sono andate le cose
C. Ho deciso che non ti dico come sono andate le cose
D. Se sapessi come sono andate le cose te lo direi
E. Se tu mi ascoltassi capiresti come sono andate le cose

72) Qual è il soggetto della frase "Confessare è sempre un gesto lodevole perché è onesto"?

A. È sempre un gesto lodevole
B. Perché è onesto
C. È sempre
D. Confessare
E. Un gesto lodevole

73) Quale proposizione subordinata contiene la frase "Anche se mi odia non lo condanno"?

A. Causale
B. Oggettiva
C. Condizionale
D. Concessiva
E. Temporale

74) Qual è l'inciso nella frase "Ti confesso di aver scoperto la verità Marta, mia cara, quando sono tornata"?

A. Ti confesso
B. Di aver scoperto la verità
C. Mia cara
D. Quando sono tornata
E. Marta

75) Completare, con una subordinata che indichi una condizione di anteriorità, la frase "Penserà davvero...".

A. Che finirai
B. Che hai finito
C. Che avrai finito
D. Che finissi
E. Che finiresti

76) Qual è la proposizione causale nella frase "Gli fecero la multa per aver parcheggiato male quando è arrivato dopo aver finito la riunione"?

A. Gli fecero la multa
B. Per aver parcheggiato male
C. Quando è arrivato
D. Dopo aver
E. Finito la riunione

77) "Le cronache ci riferiscono che la partita, giocata a porte chiuse, si è svolta regolarmente e senza aver bisogno di una sorveglianza particolare". Qual è, in questo periodo, la subordinata relativa?

A. E senza aver bisogno
B. Che la partita si è svolta regolarmente
C. Giocata a porte chiuse
D. Le cronache ci riferiscono
E. Di una sorveglianza particolare

78) Nel periodo "Nonostante ci fosse il mare mosso, l'equipaggio sfidò le onde per raggiungere l'isola", individuare la corretta definizione della proposizione *Nonostante ci fosse il mare mosso.*

A. Coordinata alla subordinata di primo grado
B. Subordinata di primo grado
C. Principale
D. Subordinata di secondo grado
E. Strumentale

79) Nel periodo "La temperatura continuava a salire e, poiché l'acqua scarseggiava, Fabio si recò al pozzo", individuare la corretta definizione della proposizione *Fabio si recò al pozzo.*

A. Principale
B. Coordinata alla principale
C. Subordinata di primo grado
D. Coordinata alla subordinata di primo grado
E. Subordinata di secondo grado

80) Quale delle alternative proposte è una subordinata strumentale che completa correttamente la seguente proposizione? "Andrai dalla nonna...".

A. Perché devi lasciarle il regalo
B. Così da farle un po' di compagnia
C. Usando il tram?
D. Correndo come al solito?
E. Perché devi chiederle scusa

81) Quale delle seguenti frasi contiene un complemento di mezzo o strumento?

A. Usciva sempre con l'ombrello
B. Lo raggirò con scuse subdole
C. Col tempaccio di oggi resto in casa
D. Il caffè con il latte non mi piace
E. L'ho visto correre felice per i campi

82) Quale delle seguenti frasi contiene un complemento di compagnia o unione?

A. Non è certo con la vigliaccheria che uscirai dai guai

B. Con tutto quello che hai che cosa vuoi ancora?
C. Mi sono spaventato con tutte queste esplosioni!
D. Sono entrato nell'ascensore con il direttore
E. Abbiamo parlato spesso dell'inflazione

83) Completare correttamente il paragone di minoranza nella frase *Annarita studia...*

A. meno di me
B. meno svogliatamente adesso
C. con minor fatica
D. meno che prima
E. sempre meno

84) Quale delle seguenti frasi contiene una proposizione oggettiva?

A. Esci prima che sia troppo tardi!
B. Va'! E che Dio ti protegga!
C. Pretendo di sapere dove è mia figlia!
D. Man mano che parlava capivamo
E. Vieni a sentire cosa racconta Tina

85) Quale delle frasi seguenti contiene una proposizione dichiarativa?

A. In ciò l'uomo si distingue dalle bestie, che ha l'uso della ragione
B. Di lui mi colpì tutto: l'intelligenza, l'umanità, la creatività, l'umiltà
C. Mi disturba molto sapere che ti ha confessato il nostro segreto
D. Non desidero altro che morire velocemente
E. Ti sei preparato per l'esame?

86) Quale delle frasi seguenti contiene una proposizione eccettuativa?

A. Dorme tutto il giorno, se non lo si obbliga a fare qualcosa
B. Dorme tutto il giorno, invece che combinare qualcosa
C. Dorme tutto il giorno, senza pentirsene
D. Dorme tutto il giorno, a meno che non lo si obblighi a fare qualcosa
E. Dorme tutto il giorno, è un nullafacente

87) Qual è il complemento di tempo determinato nella frase "Nell'arco della notte furono accompagnati oltre la frontiera da un discreto gruppo di soldati; poi camminarono per il bosco due ore prima di giungere alla meta desiderata"?

A. Nella frase non c'è un complemento di tempo determinato
B. Nell'arco della notte
C. Prima di giungere
D. Due ore
E. Poi camminarono

88) Quale complemento è "*Ti*" nella frase "Ti voglio sposare"?

A. Non è un complemento, è un pronome personale
B. Complemento diretto
C. Complemento di termine
D. Complemento di specificazione
E. Complemento di denominazione

89) Qual è il complemento di termine nella frase "Il maestro discute con gli alunni il programma di testo e poi riferisce al preside i cambiamenti decisi"?

A. Con gli alunni
B. Al preside
C. Ci sono due complementi di termine: "alunni" e "preside"
D. Non c'è il complemento di termine
E. I cambiamenti decisi

90) Quale delle seguenti frasi contiene un complemento di età?

A. Non la vedevo da anni ormai

B. Passarono molti anni
C. Ho conosciuto una donna sui trent'anni
D. Ieri ho visto la tua vecchia nonna
E. Mi sono guardata allo specchio ed ho notato il passare degli anni

91) Quale delle frasi seguenti non è corretta?

A. Ho paura che tu sei spacciato
B. Penso che tu sia spacciato
C. So che tu sei spacciato
D. Sono sicuro che tu sei spacciato
E. Temo tu sia spacciato

92) Nella frase "Il sole, stella luminosa, brilla nel cielo" l'*apposizione* è:

A. cielo
B. luminosa
C. sole
D. stella
E. brilla

93) Nel seguente periodo "vorremmo che tu fossi gentile e giocassi con gli altri bambini" indicare che proposizione è "*che tu fossi gentile*".

A. Coordinata alla principale
B. Infinitiva oggettiva
C. Subordinata implicita
D. Infinitiva soggettiva
E. Subordinata temporale

94) Quante proposizioni sono presenti nel periodo "Giacomo disse che sarebbe tornato il giorno dopo, ma nessuno lo vide"?

A. 2
B. 3
C. 4
D. 5
E. 1

95) Nel periodo "Andava ad una velocità tale che gli fu impossibile evitare l'ostacolo", la proposizione "*che gli fu impossibile*" è:

A. una finale
B. una temporale
C. una causale
D. una consecutiva
E. una relativa

96) "Mi sembrava che fosse inutile insistere troppo su un'iniziativa che si rivelava perdente in partenza"; da quante proposizioni è formato il periodo precedente?

A. Quattro
B. Tre
C. Sette
D. Cinque
E. Due

97) Nella frase "dal molo partono ogni due ore i battelli per Favignana" che funzione logica svolge l'espressione "*i battelli*"?

A. Complemento di mezzo
B. Complemento oggetto
C. Complemento di unione
D. Soggetto
E. Complemento di materia

98) Che complemento indiretto è contenuto nella frase "ho ricevuto un bellissimo vaso di cristallo"?

A. Complemento di specificazione
B. Complemento di materia
C. Complemento di causa
D. Complemento di causa efficiente
E. Complemento di unione

99) Nella frase "A dispetto delle malelingue, i due si sono fidanzati" l'espressione "*A dispetto delle malelingue*" è:

A. complemento di concessione

B. complemento di specificazione
C. complemento di fine
D. complemento di termine
E. complemento di colpa

100) Quante proposizioni sono presenti nella frase "Giulia, come si accorse di essere seguita, accelerò il passo perché lo sconosciuto non la raggiungesse"?

A. 4
B. 5
C. 6
D. 3
E. 7

1.2 • Uso dei verbi

101) Quale frase contiene un verbo riflessivo?

A. Quando si rese conto dell'accaduto era troppo tardi
B. L'imputato si accusò davanti alla giuria
C. La tela si strappò e il quadro fu danneggiato
D. Si dice che "l'erba del vicino è sempre più verde"
E. La cascina è stata abbattuta

102) Quale frase contiene un verbo al passivo?

A. È stato denunciato un crimine efferato
B. È stato lui ad accusarmi
C. È stato facile scoprire la verità
D. È chiaro che Massimo è innocente
E. Il lago era scuro

103) Quale frase contiene un verbo al passivo?

A. Mio cugino è stato sullo Stelvio
B. Mio cugino è stato assieme a te
C. Mio cugino è stato eletto sindaco
D. Mio cugino è stato sincero con me
E. Mio cugino è stato a Cuba

104) Quale frase contiene il tempo verbale errato?

A. Non si lasciò andare allo sconforto e reagì con coraggio
B. Quando avevo analizzato il tuo resoconto ne parleremo assieme
C. Sebbene avesse già distrutto tre auto gliene comprarono un'altra nuova
D. La lusingava costantemente, nel vano tentativo di sedurla
E. Da piccolo ero molto coccolato dai miei nonni

105) Quale frase contiene un verbo al passivo?

A. Che ne pensi di ciò che è successo?
B. Lascia che te lo dica: è tutto un equivoco
C. Quando è arrivato portava con sé l'esito dell'esame
D. È stato estratto il numero vincente
E. Appena ho saputo sono corso da voi

106) Quale frase contiene un verbo in forma riflessiva apparente?

A. Si cospargeva il corpo di unguenti profumati
B. Il gatto si leccava accuratamente per ripulirsi
C. Si graffiava con le unghie per la rabbia
D. Si deturpava truccandosi in modo vistoso e pesante
E. Si appoggiò al muro

107) Quale frase contiene il modo verbale errato?

A. Posto che fosse troppo tardi tornammo a casa
B. Tornando a casa si rese conto di quanto fosse tardi

C. Voltatosi per salutare non scorse più sua madre
D. Abbandonando la sua terra provava una sensazione dolorosa
E. Affacciatosi dal finestrino del treno, cominciò a piangere

108) Quale frase contiene un verbo riflessivo?

A. Indignarsi non serve in questi casi
B. Si è risentito per la tua risposta
C. Quando ha appreso la notizia si è irritato
D. Pettinati e usciamo: è tardi!
E. In certi momenti si teme sempre il peggio

109) Individuare quale, tra le seguenti voci verbali, è un condizionale presente attivo.

A. Sciogliesti
B. Discutesti
C. Raddrizzeresti
D. Indulgesti
E. Comprasti

110) La frase "Sono venuti in molti a congratularsi per il tuo successo" contiene un verbo:

A. riflessivo indiretto
B. riflessivo diretto
C. intransitivo pronominale
D. riflessivo reciproco
E. riflessivo apparente

111) Individuare quale fra le seguenti forme verbali è un trapassato prossimo.

A. Si arrese
B. Si è arresa
C. Si era arresa
D. Si fu arresa
E. Si arrenderà

112) Individuare tra le seguenti forme verbali il congiuntivo passato passivo del verbo *prendere*:

A. siate stati presi
B. foste stati presi
C. sareste stati presi
D. siate presi
E. sarete presi

113) Indicare, tra le seguenti alternative, qual è un participio passato.

A. Cognato
B. Commento
C. Asciutto
D. Distrutto
E. Selciato

114) Individuare, fra le seguenti voci verbali, il congiuntivo imperfetto del verbo *porre*, terza persona plurale.

A. Abbiano posto
B. Pongano
C. Ponessero
D. Porrebbero
E. Avessero posto

115) Il congiuntivo presente attivo del verbo *udire*, seconda persona plurale, è:

A. udite
B. udirete
C. udiste
D. abbiate udito
E. udiate

116) La frase "Quel cappotto blu non ti sta affatto bene: provati questo rosso" contiene un verbo:

A. intransitivo pronominale
B. riflessivo diretto
C. riflessivo reciproco
D. riflessivo indiretto
E. transitivo

117) Quale delle seguenti forme verbali è un congiuntivo passato?

A. Avessero espulso
B. Espellessero
C. Espellevano
D. Abbiano espulso
E. Espelliranno

118) Individuare quale fra le seguenti forme verbali è un trapassato prossimo.

A. Siate giunti
B. Foste giunti
C. Eravate giunti
D. Siete giunti
E. Giungete

119) Individuare quale fra le seguenti forme verbali NON è un tempo passato.

A. Pensò
B. Pensato
C. Aver pensato
D. Pensando
E. Pensaste

120) Individuare quale fra le seguenti forme del verbo *parere* è SCORRETTA.

A. Parirò
B. Paio
C. Paiono
D. Sono parso
E. Parso

121) Individuare quale fra le seguenti forme verbali è al modo imperativo.

A. Fai
B. Facciate
C. Fanno
D. Facendo
E. Fatto

122) Individuare, fra le seguenti alternative, il participio presente.

A. Eloquenti
B. Galante
C. Perdenti
D. Guanti
E. Fanti

123) La forma corretta dell'indicativo passato remoto, seconda persona plurale, di *vivere* è:

A. viveste
B. vivete
C. vivevate
D. vivesse
E. vivrete

124) Quale delle seguenti voci è l'indicativo passato remoto attivo del verbo *giocare*, prima persona singolare?

A. Avevo giocato
B. Giocai
C. Ho giocato
D. Ebbi giocato
E. Avrò giocato

125) La corrispondente forma attiva di *saranno incoronati* è:

A. incoronano
B. incoroneranno
C. hanno incoronato
D. avranno incoronato
E. sono incoronati

126) Si individui fra le seguenti la frase che contiene un verbo riflessivo.

A. La cascina è stata abbattuta
B. Non si può gridare qui dentro
C. Tobia si è tagliato i baffi
D. Siete tutte spettinate
E. Sono stata tutto il pomeriggio con Raffaele

127) Qual è il passato remoto indicativo attivo, prima persona singolare, del verbo *ridere*?

A. Risi
B. Ho riso

C. Ridetti
D. Ridevo
E. Ebbi riso

128) La prima persona plurale del congiuntivo presente del verbo *essere* è:

A. saremo
B. siano
C. saremmo
D. siamo
E. fossimo stati

129) Quale delle seguenti voci è l'indicativo passato remoto attivo, prima persona singolare, del verbo *amare*?

A. Ho amato
B. Ebbi amato
C. Amai
D. Fui amato
E. Amo

130) Individuare fra le seguenti forme verbali il congiuntivo trapassato passivo, terza persona singolare del verbo *bere*.

A. Ho bevuto
B. Sono stato bevuto
C. Avessi bevuto
D. Fosse stato bevuto
E. Bevvi

131) Quale frase contiene un verbo riflessivo?

A. Senti, si sanno i risultati?
B. Si vocifera che abbia un amante
C. Se sale sull'albero cadrà
D. Rendersi interessanti non è sempre facile
E. Si vendono francobolli

132) Quale frase contiene un verbo riflessivo?

A. Devo avvertirti che la situazione è molto grave
B. Mi hanno detto di comunicarti le direttive recenti
C. Devi assicurarti che sia tutto a posto
D. Rintracciarti è stato un vero problema
E. Si dice che il marito l'abbia lasciata

133) Quale frase contiene un verbo al passivo?

A. Sono stata tutta la sera con Maria
B. Sono stata accusata ingiustamente
C. Sono stata incosciente a non pensarci
D. Sono stata indecisa fino all'ultimo momento
E. È stata un'ingiustizia punire quel ragazzo

134) Quale frase contiene il tempo verbale errato?

A. E se lo ascoltassi e mi fidassi di lui?
B. Che cosa avrebbe fatto se non ti avesse incontrato?
C. Non so che cosa gli abbia detto
D. Sapevo che andrebbe a finire così
E. E se venissi a casa tua?

135) Quale frase contiene un verbo impersonale?

A. Certi accadimenti mi sconcertano per la loro violenza incontenibile
B. Nei momenti di bisogno si rivolge sempre ai suoi amici più cari
C. Accadde che il cane non lo riconobbe e lo azzannò
D. Certe necessità sono difficili da soddisfare
E. Non conviene inimicarsi i vicini di casa

136) Quale frase contiene un verbo impersonale?

A. Cadde dalle scale e si ferì
B. Se ne andò senza salutare

C. Accadde che la zia svenne
D. Se ne infischia della nostra opinione
E. Certe richieste sono difficili da esaudire

137) Quale frase contiene l'ausiliare errato?

A. Con il suo comportamento è leso la sua dignità
B. Mi sono dovuto arrangiare da solo
C. Ha preferito arrangiarsi come poteva
D. Se fossi riuscito a dissuaderlo avremmo risolto il problema
E. Hanno adempiuto alla loro promessa

138) Quale frase contiene un verbo impersonale?

A. Non conviene inimicarsi i colleghi di lavoro
B. Dedicarsi allo studio è formativo
C. Mi riconosco perfettamente nel tuo modo di pensare
D. Cadde dalle scale e si ruppe un braccio
E. Quando si apprende una notizia del genere ci si stupisce

139) Quale frase contiene un verbo riflessivo?

A. Uscì dalla doccia e si asciugò
B. Uscì e si dimenticò le chiavi
C. Si fermò e la aspettò
D. Si sospetta che il colpevole sia fuggito
E. Dal tuo discorso si desume che hai le idee chiare

140) Quale frase contiene un verbo in forma riflessiva reciproca?

A. Si guardavano allo specchio
B. Si guardavano inteneriti
C. Si guardavano bene dal parlare
D. Si guardavano la punta delle scarpe
E. Si guardavano le spalle

141) Individuare fra le seguenti alternative il verbo intransitivo.

A. Abolire
B. Affidare
C. Abbacinare
D. Abbisognare
E. Lodare

142) Indicare, tra le seguenti voci verbali, il futuro anteriore.

A. Avrai demolito
B. Avresti demolito
C. Hai demolito
D. Avevi demolito
E. Demolisti

143) Individuare fra le seguenti alternative il verbo transitivo.

A. Crepitare
B. Saltellare
C. Rompere
D. Singhiozzare
E. Squittire

144) La corrispondente forma passiva di (io) *difesi* è:

A. ero difeso
B. fui difeso
C. fossi difeso
D. sia difeso
E. ho difeso

145) Indicare nella seguente frase la qualità del verbo *essere*: "Laura è partita ieri".

A. servile
B. ausiliare
C. copula
D. transitivo
E. riflessivo

146) La corrispondente forma passiva di *lodassimo* è:

A. fummo lodati

B. fossimo stati lodati
C. fossimo lodati
D. saremmo lodati
E. saremo lodati

147) Individuare, fra le seguenti alternative, il participio presente.

A. Paziente
B. Fumante
C. Frangente
D. Altisonante
E. Istante

148) L'indicativo futuro attivo di *apparire* è:

A. apparirei
B. sarò apparso
C. apparirò
D. apparsi
E. apparve

149) Individuare quale tra le seguenti forme verbali è un congiuntivo presente.

A. Presentano
B. Sentano
C. Attentano
D. Fumano
E. Parlano

150) La prima persona singolare del condizionale presente attivo di *vedere* è:

A. vedessi
B. avrei visto
C. vidi
D. vedrei
E. vedrò

1.3 • Ortografia

151) Quale frase contiene un errore di punteggiatura?

A. Gli intimò: "Fermati!".
B. Gli suggerì, di fermarsi
C. Gli disse di fermarsi.
D. Gli sussurrò: "Perché non ti fermi?".
E. Gli implorò: "Ti prego, fermati"

152) Quale frase contiene un errore ortografico?

A. Alla mostra esponevano arazi stupendi
B. Non mi aspettavo la sua defezione
C. La sua espressione ieratica fa sempre effetto
D. Quella di ieri sera è stata una vera apoteosi
E. La tua ospitalità non ha eguali

153) Quale frase contiene un errore di punteggiatura?

A. Sai, Marisa, che sei una gran rompiscatole?
B. Non so se sai cosa è successo: un vero disastro
C. Non so, non sono molto convinta sai; della tua proposta
D. Di lei, certo, non mi fido; forse di lui mi fiderei
E. Ieri sera ho provato a chiamarti, ma invano

154) Qual è l'esatta divisione in sillabe di *riacciuffare*?

A. Ri-acciu-ffa-re
B. Ria-cci-uf-fa-re
C. Ri-ac-ciu-ffa-re
D. Ri-ac-ciuf-fa-re
E. R-iacc-iuff-are

155) Quale frase contiene un errore di punteggiatura?

A. Senti, Stefano caro, devo, confessarti una cosa
B. Senti, se non sei d'accordo dillo subito
C. Se senti Maura, ma se la senti oggi, avvisami

D. Certo, se ne sentissi parlare ti avviserei
E. Se sentissi ciò che provo per te, saresti più gentile

156) Quale frase contiene un errore ortografico?

A. Sulla pelle comparve un grosso edema
B. Lo minacciò brandendo un ferro incandescente
C. Le imposte sul redito sono davvero elevate
D. Non volle indietreggiare e fu colpito
E. Quando iniziò la guerra, tutto divenne difficile

157) Qual è l'esatta divisione in sillabe di *pinguino*?

A. Pin-gu-i-no
B. Pi-ngui-no
C. Pin-gui-no
D. Pin-gu-i-no
E. P-ing-ui-no

158) Quale frase contiene un errore di punteggiatura?

A. Devo pensarci un momento... No, non lo ricordo
B. Mi piacerebbe andare a sciare. Sei d'accordo?
C. Che bella casa!
D. E se fosse troppo tardi! Che cosa faremmo?
E. La cena è pronta. Si accomodi

159) Quale frase contiene un errore ortografico?

A. Il boato scquassò l'aria
B. Tolse la vernice con l'acquaragia
C. L'inquinamento acustico è tremendo
D. Si stava dilungando troppo
E. Il freddo divenne pungente

160) Quale frase contiene un errore ortografico?

A. Era imbevuto di ideologia e non ragionava
B. Ho una libreria di truciolare impiallacciato
C. Luca è un millantatore e non mi fido di lui
D. Il cloro è un potente disinfettante per l'acqua
E. Gli scoiattoli d'inverno vanno in letargo

161) Quale frase contiene un errore ortografico?

A. Nella scansia trovarono l'arma del delitto
B. La rimproverava con fare irritante e insopportabile
C. Lalla lo stava lodando con fare cansonatorio
D. La conferenza illustrava scoperte inedite e originali
E. Bisogna riordinare la stanza

162) Quale frase contiene un errore ortografico?

A. Questi sofismi mi annoiano
B. Perquoteva il povero animale senza pietà
C. Il suo quoziente di intelligenza è molto alto
D. La sua voce querula è fastidiosa
E. Un quadro di Monet non ha prezzo

163) Quale frase contiene un errore ortografico?

A. Sembra una ragazza loquace
B. Entrò con incedere maestoso
C. Il suo carattere acidioso lo danneggia
D. Il dolore era davvero lacerante
E. L'acqua minerale è in frigorifero

164) Qual è l'esatta divisione in sillabe di *occhialuto*?

A. Oc-chia-lu-to
B. O-cchia-lu-to
C. Oc-chi-a-lu-to
D. O-cchi-a-lu-to
E. Occh-i-alut-o

165) Quale frase contiene un errore ortografico?

A. Gli sforzi bellici non sortirono alcun risultato
B. La sua negligenza mi irritava sempre più
C. Cercava di abellirsi truccandosi in modo pesante
D. Indossava abiti succinti e audaci
E. Il sincronismo sul tandem è necessario

166) Qual è l'esatta divisione in sillabe di *affluente*?

A. Af-flue-nte
B. Af-flu-en-te
C. Af-fluen-te
D. A-fflu-en-te
E. Aff-luen-te

167) Quale frase contiene un errore ortografico?

A. Le tue insinuazioni sono davvero disgustose
B. Era il capo indiscusso dell'intero gruppo
C. Ho cercato un inbianchino per ridipingere il salotto
D. Ci ritrovammo in una zona desolata e impervia
E. Quella salita era così erta che decisi di fermarmi

168) Quale frase contiene un errore di punteggiatura?

A. Ecco, ecco, che cosa mi nascondeva quel malvagio
B. Ecco qui: ti ho portato ciò che volevi
C. Ecco tutta la verità; non ho altro da aggiungere
D. Senti, stavolta mi hai davvero seccata!
E. Non ci posso credere ... sei proprio tu!

169) Quale frase contiene un errore ortografico?

A. Rita è proprio una ragazza combattiva e volitiva
B. Tuo fratello Raffaele è proprio un reietto
C. Con il latte caiato si produce un tipo di formaggio
D. Lo imbavagliarono e lo lasciarono legato nel garage
E. Marianna e Raffaele sono gemelli omozigoti

170) Qual è l'esatta divisione in sillabe di *deflagrazione*?

A. De-flag-ra-zi-o-ne
B. De-fla-gra-zi-o-ne
C. De-flag-ra-zio-ne
D. De-fla-gra-zio-ne
E. Def-lag-razio-ne

171) Quale frase contiene un errore ortografico?

A. Lo scoppio della bomba provocò una stragge
B. Il pastore ricondusse il gregge nella stalla
C. Devi sostituire il giunto del lavandino del bagno
D. Gli concessero il prestito con molte agevolazioni
E. Vinse il primo premio della lotteria nazionale

172) Quale frase contiene un errore di punteggiatura?

A. Aspettami! Sono quasi pronta
B. Aspettami? Sono quasi pronta
C. Aspettami: sono quasi pronta
D. Aspettami, sono quasi pronta
E. Aspettami ... sono quasi pronta

173) Quale frase contiene un errore di punteggiatura?

A. Lascia stare, non importa
B. Ho deciso di partire; domani mi informerò sull'orario dei treni
C. Dopo quella riunione; non si sono più parlati
D. E tu? Che cosa ci fai qui?
E. Pronto? Mi passa il titolare?

174) Quale frase contiene un errore di punteggiatura?

A. Lo vide, lo riconobbe, ma non volle salutarlo
B. La casa in cui ebbe i natali è stata demolita. Che tristezza...
C. Non ti allontanare: è pericoloso
D. Proferì queste parole: "L'accordo è nullo"
E. Lo vide, lo riconobbe! e non volle salutarlo

175) Quale frase contiene un errore ortografico?

A. Avvisami quando saranno arrivati
B. La deficenza di questo settore mi preoccupa
C. La scena rupestre immortalata era sublime
D. Per rinfrancarsi dall'ardore meridiano si sedettero
E. Il telecomando del digitale terrestre non funziona più

176) Quale frase contiene un errore di punteggiatura?

A. Oh no, ancora, tu!
B. Basta! Vattene!
C. Senti, smettila!
D. Ora no, dopo
E. Smettila, per piacere

177) Quale frase contiene un errore ortografico?

A. L'acacia proiettava la sua ombra sul prato
B. La pacatezza è una grande dote
C. Si è acaparrato tutto
D. L'adempimento dei propri doveri è fondamentale
E. La libertà di pensiero è un diritto fondamentale

178) Quale frase contiene un errore di punteggiatura?

A. Ascolta; tu passa da me e le telefoneremo insieme
B. Dopo la lite se ne andò; solo più tardi ne riparlammo
C. Ho appreso la notizia: è stata una sciagura tremenda
D. Se non ti amassi, sai, me ne sarei già andato
E. Perché mi parli così? Cosa ti ho fatto?

179) Quale frase contiene un errore di punteggiatura?

A. Se proprio insisti, mi fermo a cena da te stasera
B. Se ne sei certo, ma proprio certo, allora ti credo
C. Ora, sono proprio stanco; lasciami stare
D. Vuoi che ti segua ora? A quest'ora della notte?
E. Vogliamo uscire stasera? Dai, ti aspetto

180) Qual è l'esatta divisione in sillabe di *iattura*?

A. Iat-tu-ra
B. I-at-tura
C. I-a-ttu-ra
D. Ia-ttu-ra
E. Iatt-u-r-a

181) Quale frase contiene un errore ortografico?

A. Dobbiamo ammodernare l'appartamento del nonno
B. Si ammanta di onestà ma è una persona squallida e interessata
C. Mi guardava e ammiccando con l'occhio mi invitava a sedurlo
D. Devo presentare le mie rimmostranze per il suo comportamento
E. Il turpiloquio non è ammesso in questa scuola

182) Qual è l'esatta divisione in sillabe di *psichiatra*?

A. Psi-chi-a-tra
B. Psi-chiat-ra
C. Psi-chi-a-tr-a
D. Psi-chia-tra
E. Ps-i-chia-tra

183) Quale frase contiene un errore ortografico?

A. Le effemeridi di geometria piana
B. I canidi sono una specie
C. L'ecuinozio è vicino
D. Il suo razzismo mi preoccupa
E. Il genocidio è un delitto immondo

184) Qual è l'esatta divisione in sillabe di *impiastro*?

A. Im-pia-stro
B. Im-pias-tro
C. I-mpia-stro
D. I-mpias-tro
E. Imp-ia-s-tro

185) Quale frase contiene un errore ortografico?

A. Le sue azioni sono sempre interessate e studiate
B. Con quel discorso mi hai messo un'ansia addosso!
C. Era tale la tenzione che non riuscivo a leggere
D. Nell'ansa del fiume era attraccata una barchetta
E. L'agenda annuale è molto utile

186) Qual è l'esatta divisione in sillabe di *transizione*?

A. Tran-si-zio-ne
B. Tran-si-zi-o-ne
C. Tran-siz-i-one
D. Trans-i-zio-ne
E. Tra-nsi-zi-o-ne

187) Qual è l'esatta divisione in sillabe di *acrobazie*?

A. A-cro-ba-zie
B. Ac-ro-ba-zi-e
C. A-cro-ba-zi-e
D. A-cro-baz-ie
E. Acr-o-ba-zie

188) Quale frase contiene un errore di punteggiatura?

A. Ero certo, Marisa, che stavi mentendo
B. Lo sapevo, Carlo: non posso mai fidarmi di te
C. Sapevo, Gilda; che mi avresti telefonato
D. Confessa! Chi ha sottratto il denaro dalla cassa?!
E. Non avevo dubbi sulla tua onestà, credimi

189) Quale frase contiene un errore ortografico?

A. Gli agglomerati urbani sono orrendi

B. La negoziazione andò per le lunghe
C. Dovette pagare una franchigia salata
D. Ha seri problemi di deglutizione
E. Il traffico urbano è snervante

190) Quale frase contiene un errore di punteggiatura?

A. Ciao. Mi Chiamo Laura. E tu come ti chiami?
B. Se ne andò. Anni dopo lo rincontrai: mi parve invecchiato
C. Incredibile! Non posso credere alle mie orecchie!
D. Dai, dai che ce la fai!
E. Il film in programmazione non è adatto ai bambini, mi spiace

191) Qual è l'esatta divisione in sillabe di *superstizioso*?

A. Su-per-sti-zio-so
B. Su-per-sti-zi-o-so
C. Su-pers-ti-zio-so
D. Su-pers-ti-zi-o-so
E. Supers-ti-zi-oso

192) Quale frase contiene un errore ortografico?

A. I tuoi ragionamenti capziosi mi disturbano
B. Il suo atteggiamento coercittivo mi spaventa
C. Le sue ragioni sono inoppugnabili e finirà per avere la meglio
D. La sua gloria imperitura segnerà il trionfo della giustizia sul male
E. Il notebook rosa che hai acquistato è davvero carino

193) Quale frase contiene un errore di punteggiatura?

A. Voglio sapere, adesso, dove sei stato
B. Sai dirmi l'ora, per favore?
C. Sai dirmi, con certezza, dove si trova?
D. Voglio, sapere adesso, dove sei stato
E. Buongiorno! Vorrei sapere, per piacere, il prezzo del cappotto in vetrina

194) Quale dei seguenti termini NON è scritto correttamente?

A. Giaggiolo
B. Liliacee
C. Efferratezza
D. Impiastro
E. Intermittenza

195) Quale frase contiene un errore ortografico?

A. Avevo le gambe completamente anchilosate
B. Le tue chimere non mi interessano affatto
C. Mi preoccupa la sua continua inchietudine
D. Si sporcò con gli acquerelli che le avevo regalato
E. Non voleva saperne di negoziare

196) Quale frase contiene un errore ortografico?

A. Hanno rivocato lo spirito di un morto
B. Le spese sono state ridimensionate
C. La ricchezza va ridistribuita
D. Le tue rimostranze mi seccano molto
E. Questa stanza è stata messa a soqquadro

197) Quale frase contiene un errore di punteggiatura?

A. Eppure l'ho visto, ne sono convinta!
B. Basta! Devi finirla con queste storie!
C. Era esasperata. Così decise di andarsene
D. Mi disse. "Arrangiati!"
E. Ed io le risposi: non preoccuparti, è tutto a posto

198) Quale frase contiene un errore di punteggiatura?

A. Ne sono proprio convinto: è così, davvero
B. Tra poco, tra qualche giorno, vedrò mia madre
C. Davvero, sei andato a cena con lui, ieri sera?
D. Se vuoi, ma solo se vuoi, puoi fermarti da me
E. Ero stanca, proprio tanto stanca

199) Quale frase contiene un errore ortografico?

A. Mi intimidiva col suo sguardo incuietante
B. Si mise a percuotere l'animale con violenza
C. Qualcuno dovrebbe avvertirlo dell'accaduto
D. La quiete dopo la tempesta è davvero incantevole
E. Quel cane è innocuo

200) Quale frase contiene un errore di punteggiatura?

A. Dimmi; Marco sai dove si trova Fulvio?
B. Tacque; da allora non parlò più
C. Questo è tutto; fammi sapere cosa ne pensi
D. Se ne andarono, te l'ho detto, se ne andarono tutti
E. Ed io gli risposi: sei sicuro di averla incontrata?

RISPOSTE CORRETTE

1)	A	41)	D	81)	B	121)	A	161)	C
2)	C	42)	B	82)	D	122)	C	162)	B
3)	D	43)	E	83)	A	123)	A	163)	C
4)	A	44)	A	84)	C	124)	B	164)	A
5)	B	45)	C	85)	A	125)	B	165)	C
6)	B	46)	B	86)	D	126)	C	166)	B
7)	C	47)	A	87)	A	127)	A	167)	C
8)	A	48)	B	88)	B	128)	D	168)	A
9)	D	49)	A	89)	B	129)	C	169)	C
10)	C	50)	D	90)	C	130)	D	170)	D
11)	B	51)	A	91)	A	131)	D	171)	A
12)	B	52)	C	92)	D	132)	C	172)	B
13)	A	53)	D	93)	B	133)	B	173)	C
14)	C	54)	C	94)	B	134)	D	174)	E
15)	B	55)	C	95)	D	135)	C	175)	B
16)	B	56)	B	96)	A	136)	C	176)	A
17)	A	57)	D	97)	D	137)	A	177)	C
18)	B	58)	A	98)	B	138)	E	178)	A
19)	D	59)	C	99)	A	139)	A	179)	C
20)	A	60)	C	100)	A	140)	B	180)	A
21)	D	61)	B	101)	B	141)	D	181)	D
22)	C	62)	A	102)	A	142)	A	182)	D
23)	C	63)	C	103)	C	143)	C	183)	C
24)	D	64)	E	104)	B	144)	B	184)	A
25)	D	65)	C	105)	D	145)	B	185)	C
26)	D	66)	A	106)	A	146)	C	186)	A
27)	A	67)	A	107)	A	147)	B	187)	C
28)	B	68)	B	108)	D	148)	C	188)	C
29)	D	69)	A	109)	C	149)	B	189)	D
30)	D	70)	B	110)	C	150)	D	190)	A
31)	B	71)	B	111)	C	151)	B	191)	A
32)	C	72)	D	112)	A	152)	A	192)	B
33)	C	73)	D	113)	D	153)	C	193)	D
34)	A	74)	C	114)	C	154)	D	194)	C
35)	D	75)	C	115)	E	155)	A	195)	C
36)	D	76)	B	116)	D	156)	C	196)	A
37)	A	77)	C	117)	D	157)	C	197)	D
38)	A	78)	B	118)	C	158)	A	198)	C
39)	B	79)	B	119)	D	159)	A	199)	A
40)	C	80)	C	120)	A	160)	B	200)	A

CAPITOLO 2
Letteratura

2.1 • Letteratura antica (dalle origini al Cinquecento)

1) In quale canto della *Divina Commedia* si incontrano Paolo Malatesta e Francesca da Rimini?

A. Nel canto V del Purgatorio
B. Nel canto V del Paradiso
C. Nel canto V dell'Inferno
D. Nel canto X dell'Inferno
E. Nel canto VI dell'Inferno

2) In quale lingua è espressa la lirica d'amore dei Trovatori?

A. In lingua d'oil
B. In lingua d'oc
C. In volgare
D. In italiano
E. In dialetto

3) Quando appaiono i primi testi in volgare di una qualche importanza letteraria?

A. Nel XIV secolo
B. Nel XII secolo
C. Nel XIII secolo
D. Nell'XI secolo
E. Nel XVI secolo

4) Fra i primissimi documenti in lingua volgare se ne trova uno molto particolare; di quale si tratta?

A. L'indovinello veronese
B. Il Cantico di Frate Sole
C. La disputa della rosa e della viola
D. Donna de Paradiso
E. La Divina Commedia

5) Quale fra queste è un'opera di San Francesco d'Assisi?

A. Gentil donzella, di pregio nomata
B. Meravigliosamente Dolente, triste e pien di smarrimento
C. Gioiosamente canto
D. Il Cantico di Frate Sole
E. Donna de Paradiso

6) Nella Commedia da chi è mandato Virgilio affinché faccia da guida a Dante?

A. Da Beatrice
B. Da Dio
C. Da Cristo
D. Da San Tommaso
E. Da Catone Uticense

7) Chi è il poeta di *Al cor gentil rempaira sempre amore*?

A. Guido Cavalcanti
B. Guido Guinizzelli
C. Dante Alighieri
D. Lapo Gianni
E. Francesco Petrarca

8) A chi appartengono i seguenti versi? "Tanto gentile e tanto onesta pare / la donna mia quand'ella altrui saluta, / ch'ogne lingua deven tremando muta / (...)"

A. Francesco Petrarca
B. Guido Cavalcanti
C. Guido Guinizzelli
D. Dante Alighieri
E. Pietro Bembo

9) La corte di Federico II di Svevia fu culla di un'importante scuola letteraria; quale?

A. La scuola barocca
B. La scuola toscana
C. La scuola siciliana
D. La scuola stilnovista
E. La scuola fiorentina

10) In quale opera Dante usa la terzina di endecasillabi a rima incatenata?

A. Nelle Rime
B. Nel De vulgari eloquentia
C. Nella Monarchia
D. Nella Divina Commedia
E. Nel Convivio

11) In quale corrente letteraria troviamo il motivo della donna angelo?

A. Nel Dolce stil novo
B. Nel Petrarchismo
C. Nel Marinismo
D. Nel Futurismo
E. Nel Verismo

12) Quale fra le seguenti è una ballata di Guido Cavalcanti?

A. S'i fosse foco, arderei 'l mondo
B. Al cor gentil rempaira sempre amore
C. Perch'i' no spero di tornar giammai
D. Donne ch'avete intelletto d'amore
E. Amore, che ne la mente mi ragiona

13) Chi è l'autore del *Milione*?

A. Marco Polo
B. Giovanni Verga
C. Niccolò Machiavelli
D. Brunetto Latini
E. Giovanni Boccaccio

14) Di quanti libri consta il *De vulgari eloquentia*?

A. Sarebbe dovuto essere di quattro libri, ma Dante scrisse solo il primo e parte del secondo
B. Di quattro libri
C. Di due libri
D. Di tre libri
E. Di cinque libri

15) In quanti cerchi è suddiviso l'Inferno dantesco?

A. In trentatré cerchi
B. In nove cerchi
C. In trentaquattro
D. In diociotto cerchi
E. In dieci cerchi

16) Per Machiavelli che cosa l'uomo può opporre alla fortuna?

A. La costanza
B. La fede
C. La virtù
D. Non può opporre nulla
E. L'amore

17) Chi è la donna cantata nel *Canzoniere* di Francesco Petrarca?

A. Laura
B. Beatrice
C. Fiammetta
D. Simonetta
E. Francesca

18) Chi è l'autore dei seguenti versi? "Erano i capei d'oro a l'aura sparsi, / che 'n mille dolci nodi gli avolgea, / e 'l vago lume oltre misura ardea / ei quei begli occhi, ch'or ne son sì scarsi, / (...)"

A. Giacomo Leopardi
B. Francesco Petrarca
C. Gaspara Stampa
D. Pietro Bembo
E. Dante Alighieri

19) Quale tra queste è una novella del *Decameron*?

A. Lisabetta da Messina
B. Le ninfe
C. La caccia e l'insidia di Cupido
D. La predica delle Profezie
E. Il Filostrato

20) Dove nacque Torquato Tasso?

A. A Parma
B. A Napoli
C. A Ferrara
D. A Bologna
E. A Sorrento

21) La corte estense a quale poeta è legata?

A. A Angelo Poliziano
B. A Torquato Tasso
C. A Pietro Bembo
D. A Pico della Mirandola
E. A Carlo Goldoni

22) La *Gerusalemme liberata* si svolge:

A. durante la caduta dell'impero romano d'oriente
B. durante la seconda crociata
C. durante la caduta dell'impero romano d'occidente
D. durante la prima crociata
E. durante la prima guerra punica

23) Il nome di Pietro Bembo è legato:

A. al Dolce stil novo
B. al Romanticismo
C. al Petrarchismo
D. alla corte Estense
E. al Verismo

24) Francesco Guicciardini scrisse:

A. Dei Delitti e delle pene
B. I Discorsi sopra la prima deca di Tito Livio
C. L'Arte della guerra
D. La Storia d'Italia
E. Il Canzoniere

25) A quale opera si riallaccia *L'Orlando furioso*?

A. Alla Gerusalemme liberata di Torquato Tasso
B. All'Orlando innamorato del Boiardo
C. All'Aminta di Torquato Tasso
D. Al Principe di Niccolò Machiavelli
E. Al Decameron di Boccaccio

26) Quali tra questi non è un personaggio de *L'Orlando furioso*?

A. Tancredi
B. Agramante
C. Angelica
D. Brandimarte
E. Medoro

27) Nella poesia, per Pietro Bembo, chi è il modello da seguire?

A. Dante
B. Ariosto
C. Petrarca
D. Tasso
E. Boccaccio

28) Nella prosa, per Pietro Bembo, chi è il modello da seguire?

A. Ariosto
B. Petrarca
C. Boccaccio
D. Machiavelli
E. Dante

29) Che cosa ha scritto Michelangelo Buonarroti?

A. Il Diario
B. Le Rime
C. Le Vite d'artisti
D. L'Estetica
E. I Masnadieri

30) Quale fra le seguenti opere non è di Niccolò Machiavelli?

A. Il Ruzzante
B. L'Arte della guerra
C. Le Istorie fiorentine
D. Le Lettere
E. Il Principe

31) I *Discorsi sopra la prima deca di Tito Livio* di Machiavelli riguardano:

A. il problema della dittatura
B. la costituzione dello Stato
C. il rovesciamento del potere costituito
D. lo Stato come istituzione
E. il ritorno allo status quo ante

32) Qual è la maggiore raccolta italiana di novelle dopo il *Decameron*?

A. Novelle per un anno di Luigi Pirandello
B. Le novelle di Giovanni Verga
C. Le novelle di Gabriele D'Annunzio
D. Quattro libri delle novelle di Matteo Maria Boiardo
E. I fioretti di San Francesco d'Assisi

33) Chi ha scritto il *Convivio*?

A. Bembo
B. Boccaccio
C. Dante
D. Petrarca
E. Castiglione

34) La *Mandragola* di Machiavelli è:

A. un trattato d'erboristeria
B. un dramma
C. una tragedia
D. una commedia
E. una novella

35) "Le donne, i cavalier, l'arme, gli amori ..." è il celebre incipit di:

A. Orlando Innamorato
B. Orlando Furioso
C. Eneide
D. La Chanson de Roland
E. Il Canzoniere

36) In quale canto della *Commedia* si trova Pia de' Tolomei?

A. Nel secondo dell'Inferno
B. Nel quinto del Purgatorio
C. Nel quinto dell'Inferno
D. Nel terzo del Purgatorio
E. Nel primo del Paradiso

37) Quanti sono i protagonisti del *Decameron* di Boccaccio?

A. 10 (7 donne e 3 uomini)
B. 7 (3 donne e 4 uomini)
C. 10 (5 donne e 5 uomini)
D. 6 (4 donne e 2 uomini)
E. 10 (3 donne e 7 uomini)

38) In quale poema epico è narrata la vicenda di Ulisse?

A. Odissea
B. Eneide
C. Iliade
D. Il canto dei Nibelungi
E. Le mille e una notte

39) Come si chiama il protagonista del *Don Chisciotte della Mancia*?

A. Don Chisciotte
B. Sancho Panza
C. El Cid
D. Alonso Quijano
E. Dulcinea del Toboso

40) Il sonetto di Dante *Guido i vorrei/che tu Lapo ed io* a quale Guido si riferisce?

A. Guido Malatesta
B. Guido Guinizzelli
C. Guido Gozzano
D. Nessuno tra quelli citati
E. Guido Cavalcanti

41) Chi viene preso come modello di Principe nell'opera di Machiavelli?

A. Cesare Borgia
B. Lorenzo de' Medici
C. Giuliano de' Medici
D. Federico II di Svevia
E. Cesare Beccaria

42) Di chi sono i versi "Rosa fresca aulentissima (...)"?

A. Cielo d'Alcamo
B. Giacomo Leopardi
C. Gaspara Stampa
D. Giovanni Boccaccio
E. Francesco Petrarca

43) Un'opera fra le seguenti venne dedicata a Lorenzo de' Medici:

A. Canzoniere
B. Dialogo sui massimi sistemi
C. Il Principe
D. Principi filosofici
E. Dei delitti e delle pene

44) Quale poema mitologico di Poliziano è considerato la prima opera teatrale in volgare di un argomento pagano?

A. Favola d'Orfeo
B. Orlando innamorato
C. Nencia da Barberino
D. Orazia
E. Alla lucciola

45) Quale fra le seguenti opere di Tommaso d'Aquino è considerata tra le più intense della filosofia medievale?

A. Itinerarium mentis in Deum
B. Summa Theologiae
C. Chronicon
D. Pange Lingua
E. Nessuna delle altre

46) La Maga Circe è:

A. un personaggio dell'Eneide
B. un personaggio dell'Iliade
C. un personaggio dell'Odissea
D. un personaggio dell'Orlando Furioso
E. una celebre cartomante televisiva

47) "A correr miglior acque alza le vele" è l'inizio di quale opera?

A. Sepolcri
B. Eneide
C. Adelchi
D. Purgatorio (di Dante)
E. Orlando Furioso

48) Chi dilania Lucifero nell'Inferno dantesco?

A. Bruto e Cassio
B. Giuda
C. Giuda, Bruto e Cassio
D. Bruto
E. Giuda e Cassio

49) Nel verso di Dante "Lucevan li occhi suoi più che la stella" è presente una:

A. similitudine
B. metafora
C. sineddoche
D. metonimia
E. ellissi

50) Chi scrisse l'*Oratio de homini dignitate*?

A. Coluccio Salutati
B. Giovanni Pico della Mirandola
C. Cristoforo Landino
D. Marsilio Ficino
E. Dante Alighieri

51) Nelle *Stanze per la giostra* di Poliziano cosa significa la parola "stanza"?

A. Discorso in versi
B. Endecasillabo
C. Sonetto
D. Canzone

E. Strofa

52) **Quale delle seguenti opere di Francesco Petrarca NON è in latino?**

A. L'Africa
B. I Trionfi
C. Il Secretum
D. Le epistole
E. De viris illustribus

53) **Quale dei seguenti romanzi non è un romanzo picaresco?**

A. Moll Flanders, di Daniel Defoe
B. Don Chisciotte della Mancia, di Miguel de Cervantes
C. Il cavaliere inesistente, di Italo Calvino
D. I viaggi di Gulliver, di Jonathan Swift
E. Il viaggiatore sfortunato, di Thomas Nashe

54) **A quale genere letterario appartiene l'*Orlando Furioso*?**

A. Romanzo
B. Poema cavalleresco
C. Dramma pastorale
D. Tragedia
E. Commedia dell'arte

55) **A quale genere appartiene il Filocolo di Boccaccio?**

A. Poemetto in terza rima
B. Raccolta di egloghe
C. Romanzo in prosa
D. Elegia
E. Poema in ottave

56) **Chi ha scritto le *Considerazioni sui discorsi del Machiavelli*?**

A. Giovanni Boccaccio
B. Giovanni della Casa
C. Francesco Guicciardini
D. Ludovico Ariosto
E. Angelo Poliziano

57) **Chi è il guardiano del Purgatorio dantesco?**

A. Giuda Iscariota
B. Catone Uticense
C. Mercurio
D. Diomede
E. Il Minotauro

58) **In quale canto della *Divina Commedia* Dante conia il termine "dolce stil novo"?**

A. XIV del Purgatorio
B. XXXIII del Purgatorio
C. XXIV del Purgatorio
D. III del Paradiso
E. V dell'Inferno

59) **Chi è l'autore de *Gli Asolani*?**

A. Guicciardini
B. Ariosto
C. Bembo
D. Pretarca
E. Machiavelli

60) **Chi è Morgante, il protagonista della omonima opera di Luigi Pulci?**

A. Un re persiano
B. Un gigante che Orlando converte al cristianesimo
C. La spada di Orlando
D. Il fedele cane di Orlando
E. Un soldato saraceno

2.2 • Letteratura moderna

61) **Chi fu il massimo esponente del Barocco letterario italiano?**

A. Galileo Galilei
B. Giambattista Marino
C. Torquato Tasso
D. Ludovico Ariosto
E. Guido Cavalcanti

62) Nel 1816 scoppia in Italia una polemica letteraria; quale?

A. La polemica classico-illuminista
B. La polemica illuminista
C. La polemica classicista
D. La polemica classico-romantica
E. La polemica tardo-barocca

63) A chi sono indirizzate le lettere di Jacopo Ortis?

A. A Ugo Foscolo
B. A Teresa
C. A Lorenzo Alderani
D. A Napoleone
E. Al giovane Werther

64) A chi Foscolo attribuisce la sua traduzione del *Viaggio sentimentale di Yorick* di L. Sterne?

A. A Ettore Schmitz
B. A Didimo Chierico
C. Ad Alberto Pincherle
D. A se stesso
E. Ad Angelo Dalmistro

65) Quale delle seguenti opere NON è di Ugo Foscolo?

A. Le Grazie
B. A Zacinto
C. I dolori del giovane Werther
D. A Luigia Pallavicini caduta da cavallo
E. All'amica risanata

66) Quale dei seguenti non fa parte degli *Inni sacri* di Manzoni?

A. La Pentecoste
B. Il Natale
C. La Crocifissione
D. La Risurrezione
E. La Passione

67) Il titolo della prima redazione dei *Promessi Sposi* era:

A. Questo matrimonio non s'ha da fare
B. Lorenzo e Lucia
C. Gli Sposi Promessi
D. Lucia e Fermo
E. Fermo e Lucia

68) *Non son chi fui, perì di noi gran parte*, *A Zacinto*, *In morte del fratello Giovanni* e *Alla sera* di quale raccolta di Foscolo fanno parte?

A. Delle Odi
B. Dei Sonetti
C. Delle Grazie
D. Della Notizia intorno a Didimo Chierico
E. Dei Sepolcri

69) Quale fu il motivo che portò alla stesura dei *Sepolcri* di Foscolo?

A. L'emanazione dell'editto di Nantes
B. L'emanazione dell'editto di Saint-Cloud
C. La morte di Napoleone
D. La morte dell'amica Luigia Pallavicini
E. La soppressione della cattedra di cui era titolare su ordine di Napoleone

70) Chi ha scritto la *Bassvilliana*?

A. Pietro Metastasio
B. Ugo Foscolo
C. Vittorio Alfieri
D. Vincenzo Monti
E. Alessandro Manzoni

71) Una fra le seguenti non è una tragedia di Vittorio Alfieri; quale?

A. Saul
B. Mirra
C. Prometeo
D. Antigone
E. Caio Gracco

72) Che cos'è il *Giorno* di Giuseppe Parini?

A. Un poema allegorico

B. Un poema satirico
C. Una tragedia
D. Una commedia sullo stile di Goldoni
E. Un dramma

73) Da quante liriche sono composte le *Odi* di Giuseppe Parini?

A. 29
B. 10
C. 19
D. 129
E. 20

74) Gaetano Filangieri fu:

A. uno scapigliato
B. un romantico
C. un classicista
D. un illuminista
E. un verista

75) Da chi fu scritta la *Scienza della legislazione*?

A. Pietro Verri
B. Cesare Beccaria
C. Gaetano Filangieri
D. Alessandro Verri
E. Niccolò Machiavelli

76) Quale giornale aveva come scopo la diffusione dell'utile e la guerra ai pregiudizi?

A. Il Caffè
B. Lacerba
C. Il Politecnico
D. Il Regno
E. L'Osservatore veneto

77) Solo una fra le seguenti opere è di Carlo Goldoni; quale?

A. Mirra
B. Mandragola
C. Giorno
D. Bottega del caffè
E. Gerolamo Medebach

78) Quale movimento ha fede nella ragione?

A. Il Romanticismo
B. L'Illuminismo
C. Il Decadentismo
E. Il Verismo
E. Il Futurismo

79) Quando fu l'epoca dei "lumi"?

A. Verso la metà dell'Ottocento
B. All'inizio del Settecento
C. Verso la metà del Settecento
D. All'inizio del Novecento
E. All'inizio dell'Ottocento

80) Quale fu il maggiore poeta dell'Arcadia?

A. Giambattista Felice Zappi
B. Pietro Metastasio
C. Giambattista Vico
D. Francesco Redi
E. Gian Vincenzo Gravina

81) Quale fra le seguenti opere non è di Pietro Metastasio?

A. Semiramide
B. Didone abbandonata
C. Mandragola
D. Catone in Utica
E. Artaserse

82) L'accademia dell'Arcadia nasce come reazione:

A. all'antimarinismo del Chiabrera
B. al marinismo
C. al Romanticismo
D. all'Illuminismo
E. al Verismo

83) Qual è il tema della poesia del Marino?

A. La meraviglia
B. La paura
C. L'educazione

D. La morale
E. La religione

84) Che cosa ha scritto Alessandro Tassoni?

A. La secchia rapita
B. Didone abbandonata
C. Marzo 1821
D. Saul
E. Semiramide riconosciuta

85) Chi ha riformato il melodramma?

A. Pirandello
B. Metastasio
C. Brecht
D. Alfieri
E. Goldoni

86) Tommaso Campanella è autore di:

A. La Scienza nuova
B. Dialogo sopra i due Massimi Sistemi del Mondo
C. Le Confessioni
D. La città del sole
E. De rerum natura iuxta propria principia

87) In che anno Alessandro Manzoni si convertì al Cattolicesimo?

A. 1848
B. 1850
C. 1861
D. 1800
E. 1810

88) Chi fra i seguenti autori scrisse opere in francese tra cui le *Mémoires*?

A. Vittorio Alfieri
B. Luigi Pirandello
C. Italo Svevo
D. Carlo Goldoni
E. Giovanni Pascoli

89) Ludovico di Breme fu:

A. un letterato del Romanticismo italiano
B. un letterato del Romanticismo tedesco
C. un illuminista
D. un classicista
E. un futurista

90) A che cosa si riferiva Manzoni con l'espressione "Risciacquare i panni in Arno"?

A. Queste parole non furono mai pronunciate dal Manzoni
B. Al fatto di spostare la capitale d'Italia a Roma
C. Al fatto di ripulire la parlata toscana
D. Al fatto di imparare la parlata toscana e riscrivere i *Promessi Sposi* secondo quella
E. Al fatto di eliminare l'inflessione toscana da tutti i testi narrativi

91) "Ei fu, siccome immobile…". Chi è il personaggio a cui questi versi si ispirano?

A. Giuseppe Garibaldi
B. Alessandro Magno
C. Achille
D. Napoleone Bonaparte
E. Ettore

92) "A egregie cose il forte animo accendono l'urne de' forti…": cosa ispira queste parole del Foscolo nel carme *Dei Sepolcri*?

A. La visita a Santa Croce
B. Un sogno in cui gli apparve Dante
C. La morte di un amico
D. La lettura di un epitaffio sulla tomba di Parini
E. La visita a Santa Chiara

93) "Questo matrimonio non s'ha da fare…": chi pronuncia questa famosa frase?

A. L'Innominato

B. Uno dei bravi di Don Rodrigo
C. Don Rodrigo
D. Don Abbondio
E. Fra' Cristoforo

94) Quale tra i seguenti autori non è annoverabile tra gli Illuministi?

A. Vittorio Alfieri
B. Carlo Goldoni
C. Giuseppe Parini
D. Vincenzo Monti
E. Cesare Beccaria

95) Nell'opera *I dolori del giovane Werther* di Goethe, il protagonista come muore?

A. Viene ucciso da Albert, eterno rivale
B. Cade da cavallo mentre scappa dalla casa di Lotte
C. Si uccide con un colpo di pistola
D. Di dolore, quando scopre che Lotte e Albert si sono sposati
E. Ingerisce un potente veleno dinanzi agli occhi di Lotte

96) Di quale genere letterario *I promessi sposi* sono il più celebre esempio italiano?

A. Romanzo d'appendice
B. Romanzo storico
C. Romanzo gotico
D. Romanzo d'avventura
E. Romanzo d'amore

97) Il personaggio della Monaca di Monza nel celebre romanzo di Alessandro Manzoni è realmente esistito?

A. Sì, si tratta di Marianna De Leyva, religiosa italiana e protagonista di uno scandalo che sconvolse Monza
B. No, è un personaggio inventato dal Manzoni
C. Sì, Manzoni trae fedelmente l'identità della Monaca di Monza dalla storia dell'epoca
D. Sì, si tratta di una giovane donna spagnola che scelse di ritirarsi in monastero a Monza
E. Sì, si tratta di una ragazza costretta alla prostituzione da un potente barone; per sfuggirvi si nascose in un convento di Monza

98) Come si chiama l'amante della Monaca di Monza nel romanzo *I promessi sposi*?

A. Emilio
B. Tullio
C. Egidio
D. Ovidio
E. Servio

99) Chi è l'autore de *Dei delitti e delle pene*?

A. Alessandro Manzoni
B. Cesare Beccaria
C. Carlo Imbonati
D. Giuseppe Parini
E. Alessandro Verri

100) L'autore del carme *In morte di Carlo Imbonati* è:

A. Alessandro Manzoni
B. Giacomo Leopardi
C. Ugo Foscolo
D. Giovanni Parini
E. Vittorio Alfieri

101) A quale sonetto appartengono i versi "Né mai più toccherò le sacre sponde ove il mio corpo fanciulletto giacque," (...)?

A. Alla sera
B. Il sabato del villaggio
C. All'Italia
D. A Zacinto
E. Il cinque maggio

102) Di chi fu la celebre traduzione dell'*Iliade*?

A. Cesare Beccaria
B. Ugo Foscolo
C. Vittorio Alfieri
D. Giuseppe Parini
E. Vincenzo Monti

103) Di chi fu precettore Parini?

A. Carlo Imbonati
B. Alessandro Manzoni
C. Cesare Beccaria
D. Vittorio Alfieri
E. Gabriele D'Annunzio

104) Chi è la protagonista de *La locandiera* di Carlo Goldoni?

A. Colombina
B. La Pisana
C. Lucia
D. Mirandolina
E. Proserpina

105) Chi ha scritto *La scienza nuova*?

A. Galileo Galilei
B. Giambattista Vico
C. Isaac Newton
D. Cartesio
E. Charles Darwin

106) Qual è la struttura metrica più diffusa ed esemplare della lirica arcadica?

A. La canzonetta
B. La canzone
C. Il sonetto
D. Il carme
E. La prosa

107) Quale fra questi aggettivi è il più appropriato a descrivere la filosofia di Tommaso Campanella?

A. Empirista
B. Razionalista
C. Sensista
D. Idealista
E. Romantico

108) Chi è l'autore del *Dialogo sopra i due massimi sistemi del mondo tolemaico e copernicano*?

A. Cartesio
B. Giambattista Vico
C. Galileo Galilei
D. Leonardo da Vinci
E. Marco Polo

109) L'autore dell'*Adone* è:

A. Ludovico Ariosto
B. Torquato Tasso
C. Alessandro Tassoni
D. Gian Battista Marino
E. Carlo Goldoni

110) La parola "utopia" fu coniata da:

A. Galileo Galilei
B. Tommaso Campanella
C. Tommaso Moro
D. Giordano Bruno
E. Leonardo da Vinci

111) Chi è l'autore delle *Vite de' più eccellenti pittori, scultori ed architetti*?

A. Leonardo da Vinci
B. Benvenuto Cellini
C. Michelangelo Buonarroti
D. Raffaello Sanzio
E. Giorgio Vasari

112) Chi è l'autore dei *Sonetti Lussuriosi*?

A. Catullo
B. Pietro Bembo
C. Baldassarre Castiglione
D. Pietro Aretino
E. Ovidio

113) Nelle tragedie Manzoni abolì:

A. l'unità di luogo

B. le unità classicistiche di tempo, luogo e azione
C. l'unità di azione
D. le unità classicistiche di tempo e di luogo
E. le unità classicistiche di tempo e azione

114) A quale opera manzoniana appartengono i seguenti versi? "Sparse le trecce morbide / sull'affannoso petto, / lenta le palme, e rorida / di morte il bianco aspetto / giace la pia, col tremolo / sguardo cercando il ciel. / (...)".

A. Il Conte di Carmagnola
B. L'Adelchi
C. La Pentecoste
D. I Promessi Sposi
E. Spartaco

115) Nel Cinquecento la lirica è investita da un particolare fenomeno; quale?

A. Dal sensismo
B. Dal classicismo
C. Dal petrarchismo
D. Dal realismo
E. Dal verismo

116) Chi è il poeta del sonetto *Mesta e pentita de' miei gravi errori*?

A. Gaspara Stampa
B. Isabella di Morra
C. Michelangelo Buonarroti
D. Francesco Berni
E. Vittorio Alfieri

117) Chi è l'autore del sonetto *Crin d'oro crespo e d'ambra tersa e pura*?

A. Francesco Petrarca
B. Pietro Bembo
C. Gaspara Stampa
D. Giovanni Della Casa
E. Francesco Berni

118) Di che cosa fa uso la poesia barocca?

A. Della metafora
B. Della sinestesia
C. Dell'analogia
D. Dell'onomatopea
E. Della parodia

119) A che cosa si opponeva l'Arcadia?

A. All'artificiosità della poesia barocca
B. Al petrarchismo
C. Ai modelli classici
D. Ad un modello di poesia semplice
E. Alla commedia dell'arte

120) L'opera più importante di Giambattista Marino, *L'Adone*, è composta da:

A. venti capitoli
B. dieci capitoli
C. venti canti
D. tre atti
E. tre cantiche

121) Dove è nato Giambattista Marino?

A. Roma
B. Napoli
C. Palermo
D. Firenze
E. Pisa

122) Quale dei seguenti non fu un carattere essenziale dell'Illuminismo?

A. L'universalismo
B. La divulgazione
C. Il primato della ragione
D. L'anticlericalismo
E. Il cosmopolitismo

123) In Italia, i principali centri della cultura illuministica furono:

A. Milano e Napoli
B. Roma e Napoli
C. Roma e Milano
D. Roma e Firenze
E. Firenze e Milano

124) Gli illuministi napoletani si interessarono soprattutto di studi:

A. filosofici e linguistici
B. letterari e storici
C. scientifici
D. giuridici ed economici
E. archeologici

125) Quali sono le *tre tragedie della libertà* scritte da Vittorio Alfieri?

A. Filippo – Antigone – Polinice
B. L'uno – I pochi – I troppi
C. La congiura de' pazzi – Virginia – Timoleone
D. Merope – Saul – Mirra
E. Nessuna delle risposte è corretta

126) In quale delle seguenti opere Vittorio Alfieri, studiando i limiti che i regimi tirannici pongono all'esplicazione della personalità, giunge a giustificare il tirannicidio?

A. Della virtù sconosciuta
B. L'antidoto
C. Il divorzio
D. Del principe e delle lettere
E. Della tirannide

127) Nel 1775, Vittorio Alfieri fece rappresentare la sua prima tragedia, che ebbe un successo tale da indurlo a dedicarsi quasi esclusivamente al tema tragico. Di quale opera si tratta?

A. Cleopatra
B. Agamennone
C. Maria Stuarda
D. Saul
E. Timoleone

128) Come venivano chiamate le sedi distaccate da Roma dell'Arcadia?

A. Appendici
B. Colonie
C. Riserve
D. Province letterarie
E. Distaccamenti

129) Chi ha scritto il celebre verso "Bagnar co' soli e rasciugar co' fiumi" a chiusura del sonetto su Maria Maddalena?

A. Vittorio Alfieri
B. Giuseppe Artale
C. Pietro Verri
D. Vincenzo Monti
E. Giuseppe Parini

130) Carlo Maria Maggi, poeta e commediografo, è noto soprattutto per aver scritto quattro commedie in dialetto:

A. siciliano
B. torinese
C. veneziano
D. milanese
E. napoletano

131) Un'importante opera poetica di Giuseppe Parini è la raccolta delle:

A. Odi
B. Rime
C. Canzoni
D. Poesie
E. Odi barbare

132) Vittorio Alfieri fu un importante autore di:

A. melodrammi
B. romanzi
C. tragedie
D. commedie
E. poesie

133) Quale personaggio dei Promessi Sposi "*aveva una raccolta di libri considerabile, poco meno di trecento volumi: tutta roba scelta, tutte opere delle più riputate, in varie materie; in ognuna delle quali era più o meno versato*"?

A. Azzeccagarbugli
B. Federico Borromeo
C. L'Innominato
D. Don Ferrante
E. Fra' Cristoforo

134) Nel 1827 e nel 1840 uscirono la prima e la seconda edizione di un famoso romanzo che l'autore aveva sottoposto, nel frattempo, a un'accurata revisione linguistica. Di quale romanzo si tratta?

A. Fermo e Lucia
B. I Promessi sposi
C. Don Chisciotte
D. Il ritratto di Dorina Grey
E. Nessuna delle risposte è corretta

135) Quale delle seguenti NON è un'opera di Pietro Verri?

A. Meditazioni sulla felicità
B. Le avventure di Saffo poetessa di Mitilene
C. Il mal di milza
D. Il gran Zoroastro
E. Meditazioni sull'economia politica

136) In una nota opera di Alessandro Verri si narra che le ombre di antichi uomini illustri uscissero nella notte dalle rovine sepolcrali e discutessero sulla grandezza e gli errori di Roma. Di quale opera si tratta?

A. Saggio sulla storia d'Italia
B. La vita di Erostrato
C. Notti romane
D. I sepolcri
E. Il consesso degli imperatori

137) "... pare che gli uomini siano fabbri delle proprie sciagure; ma le sciagure derivano dall'ordine universale..." Questi versi fanno parte di una famosa opera, di quale autore?

A. Parini
B. Foscolo
C. Leopardi
D. Manzoni
E. Goldoni

138) *Il Marchese*, *Il Servitore*, il *Cavaliere* sono personaggi di una fra le seguenti opere. Quale?

A. La locandiera
B. I Dolori del giovane Werther
C. La morte di Ermengarda
D. I Malavoglia
E. La Certosa di Parma

139) Quale fra i seguenti autori era convinto della superiorità della forma artistica rispetto a qualunque altra manifestazione del sapere?

A. Parini
B. Beccaria
C. Manzoni
D. Leopardi
E. Foscolo

140) Secondo Foscolo chi siede a custodia dei sepolcri?

A. Le Pimplèe
B. Le Avernali
C. Le Epimelidi
D. Le Pegee
E. Le Potameidi

141) Da quale opera furono ispirate *Le ultime lettere di Jacopo Ortis* di Ugo Foscolo?

A. "I dolori del giovane Werther" di J.W. Goethe
B. "Il giorno" di G. Parini
C. "Le mie prigioni" di S. Pellico
D. "I canti di Ossian" di J. Macpherson
E. "Il ritratto di Dorian Gray" di O. Wilde

2.3 • Letteratura contemporanea

142) A che cosa è ispirato *Zang Tumb Tumb* di Marinetti?

A. All'industria
B. Al cannone
C. All'assedio di Adrianopoli
D. Alla guerra
E. Alle crociate

143) Chi ha scritto *Elias Portolu*, *Cenere* e *Cosima*?

A. Grazia Deledda
B. Dacia Maraini
C. Giuseppe Verga
D. Luigi Pirandello
E. Elsa Morante

144) Chi è il protagonista di *Senilità* di Italo Svevo?

A. Zeno Cosini
B. Emilio Brentani
C. Mattia Pascal
D. Alfonso Nitti
E. Anna Karenina

145) Quale fra le seguenti opere NON è di Italo Svevo?

A. La coscienza di Zeno
B. Una vita
C. Senilità
D. Dedalus
E. Diario per la fidanzata

146) Una fra queste NON è un'opera di Ignazio Silone; quale?

A. Un viaggio a Parigi
B. Fontamara
C. Pane e vino
D. Il segreto di Luca
E. Novelle della Pescara

147) Di che anno è *Gli indifferenti* di Alberto Moravia?

A. 1939
B. 1929
C. 1959
D. 1960
E. 1930

148) Una fra queste NON è un'opera di Salvatore Quasimodo; quale?

A. Ed è subito sera
B. Giorno dopo giorno
C. Il falso e il vero verde
D. Il porto sepolto
E. Con il piede straniero sopra il cuore

149) Chi è il protagonista de *La luna e i falò* di Cesare Pavese?

A. Valino
B. Anguilla
C. Cinto
D. Nuto
E. Santa

150) Chi ha scritto *Il barone rampante*?

A. Andrea De Carlo
B. Pier Vittorio Tondelli
C. Italo Svevo
D. Italo Calvino
E. Arrigo Boito

151) Chi ha scritto *Ragazzi di vita* e *Una vita violenta*?

A. Pier Paolo Pasolini
B. Pier Vittorio Tondelli
C. Aldo Busi
D. Andrea De Carlo
E. Vasco Pratolini

152) Come si chiama il movimento letterario nato in Francia nella seconda metà dell'Ottocento sotto l'influsso del Positivismo, che prevede l'applicazione

del metodo sperimentale al lavoro dello scrittore?

A. Esistenzialismo
B. Astrattismo
C. Naturalismo
D. Classicismo
E. Decadentismo

153) Quale fra queste NON è un'opera di Leonardo Sciascia?

A. Nuovo commento
B. A ciascuno il suo
C. Il giorno della civetta
D. Todo modo
E. Una storia semplice

154) Chi è l'autore de *La tregua*?

A. Italo Calvino
B. Luigi Pirandello
C. Giovanni Verga
D. Primo Levi
E. Giosuè Carducci

155) Di quale celebre romanzo è autore Giorgio Bassani?

A. Un Fenoglio alla prima guerra mondiale
B. Il Bell'Antonio
C. Il giardino dei Finzi Contini
D. Conversazione in Sicilia
E. Il giardino delle vergini suicide

156) Quale fra i seguenti romanzi NON è di Alberto Moravia?

A. La Romana
B. La Ciociara
C. Il Bell'Antonio
D. Agostino
E. Gli indifferenti

157) Qual è la raccolta di versi più celebre di Umberto Saba?

A. Il Canzoniere
B. I Canti
C. I Canti orfici
D. Le Rime
E. Novelle per un anno

158) Chi è l'autore di *Ossi di seppia*?

A. Giuseppe Ungaretti
B. Eugenio Montale
C. Salvatore Quasimodo
D. Edoardo Sanguineti
E. Dino Campana

159) Chi è Zeno Cosini?

A. Un drammaturgo
B. Il protagonista del romanzo "La coscienza di Zeno"
C. Un romanziere
D. Lo pseudonimo di Ettore Schmitz
E. Un poeta

160) Quale romanzo di Italo Svevo fu concepito come una confessione psicoanalitica?

A. Una vita
B. Senilità
C. La coscienza di Zeno
D. Corto viaggio sentimentale
E. Le confessioni di un vegliardo

161) Quale autore ha ricevuto il Nobel nel 1934?

A. Luigi Pirandello
B. Giosuè Carducci
C. Eugenio Montale
D. Salvatore Quasimodo
E. Dario Fo

162) Qual è il tema di *Sei personaggi in cerca d'autore* di Pirandello?

A. Il parricidio
B. L'adulterio
C. L'incesto
D. L'incomunicabilità
E. L'uxoricidio

163) A quale poesia del Pascoli appartengono i seguenti versi? "(...) Ritor-

nava una rondine al tetto: / l'uccisero: cadde tra spini: / ella aveva nel becco un insetto: / la cena de' suoi rondinini. / (...) Anche un uomo tornava al suo nido: / l'uccisero; disse: Perdono; / e restò negli occhi aperti un grido: / portava due bambole in dono... (...)".

A. Il gelsomino notturno
B. X Agosto
C. La cavallina storna
D. Lavandare
E. La grande proletaria si è mossa

164) Come definisce Pascoli la propria poetica?

A. Del Bambinello
B. Dell'Adolescente
C. Del Forte sentire
D. Del Fanciullino
E. Del Bimbetto

165) A quale poesia di Gabriele D'Annunzio appartengono i seguenti versi? "Taci. Su le soglie / del bosco non odo / parole che dici / umane; ma odo / parole più nuove / che parlano gocciole e foglie / lontane. (...)".

A. Nella belletta
B. La sera fiesolana
C. La pioggia nel pineto
D. I pastori
E. Sogno di un tramonto d'autunno

166) Chi ha scritto l'*Ulisse*?

A. Omero
B. James Joyce
C. Vincenzo Monti
D. Italo Svevo
E. Giuseppe Ungaretti

167) Chi è l'autore de *Il Gattopardo*?

A. Antonio Fogazzaro
B. Gabriele D'Annunzio
C. Giuseppe Tomasi di Lampedusa
D. Luigi Capuana
E. Alberto Moravia

168) A quale corrente letteraria appartiene Luigi Capuana?

A. Al Simbolismo
B. Al Verismo
C. All'Estetismo
D. Al Sensismo
E. Allo Sperimentalismo

169) Qual è il nome della barca della famiglia Malavoglia?

A. Provvidenza
B. Pinta
C. Assunta
D. Fortuna
E. Trinacria

170) Quale fra questi è un romanzo di Luigi Capuana?

A. Storia di una capinera
B. I Viceré
C. Confessioni d'un italiano
D. Giacinta
E. Canne al vento

171) Da quale sonetto di Giosuè Carducci sono tratti i seguenti versi? "L'albero a cui tendevi / la pargoletta mano, / il verde melograno / da' bei vermigli fior, / nel muto orto solingo / rinverdì tutto or ora, / e giugno lo ristora / di luce e di calor. / (...)".

A. Pianto antico
B. San Martino
C. Davanti San Guido
D. Alla stazione in una mattina d'autunno
E. Giambi ed Epodi

172) Dove lavora Rosso Malpelo nell'omonima novella di Giovanni Verga?

A. Su una nave di pescatori
B. In miniera

C. In una cava
D. Nei campi
E. In una fattoria

173) Quale terra è protagonista della raccolta di novelle *Vita dei campi* di Giovanni Verga?

A. La Lombardia
B. La Sicilia
C. La Calabria
D. La Puglia
E. Il Veneto

174) Quale fra questi autori è considerato un classicista?

A. Giovanni Pascoli
B. Alessandro Manzoni
C. Giosuè Carducci
D. Attilio Bertolucci
E. Emilio Praga

175) Per gli Scapigliati qual è l'oggetto della poesia?

A. La patria
B. Il sentimento
C. I temi già introdotti dal tardo Romanticismo
D. Il vero
E. La natura

176) A quale canzone di Leopardi appartengono i seguenti versi? "La donzelletta vien dalla campagna, / in sul calar del sole, / col suo fascio dell'erba; e reca in mano / un mazzolin di rose e viole, onde, siccome suole, ornare ella si appresta / dimani, al dì di festa, il petto e il crine. (...)".

A. Le ricordanze
B. La sera del dì di festa
C. La quiete dopo la tempesta
D. Il sabato del villaggio
E. Canti pisano-recanatesi

177) Lo *Zibaldone* di Leopardi è:

A. un diario che comprende riflessioni di ogni genere
B. un'opera in versi
C. una raccolta di racconti dialogizzati
D. una canzone dei grandi idilli
E. una poesia

178) Di chi è l'opera *Seminario sulla gioventù*?

A. Andrea Camilleri
B. Pier Vittorio Tondelli
C. Andrea De Carlo
D. Roberto Pazzi
E. Aldo Busi

179) Chi ha scritto le *IX Ecloghe*?

A. Cesare Segre
B. Umberto Eco
C. Andrea Zanzotto
D. Giovanni Giudici
E. Roberto Pazzi

180) Quale fra queste opere NON è di Umberto Eco?

A. Sette anni di desiderio
B. Lector in fabula
C. Il pendolo di Foucault
D. Il gioco del rovescio
E. Vertigine della lista

181) Chi è l'autore del *Mistero buffo*?

A. Umberto Eco
B. Dario Fo
C. Franca Rame
D. Roberto Benigni
E. Vincenzo Consolo

182) L'opera di Italo Calvino *Marcovaldo ovvero le stagioni in città*:

A. è una raccolta di venti racconti
B. è un romanzo
C. fa parte della trilogia "I nostri antenati"

D. è una novella
E. è una favola

183) Chi è il protagonista di *Una vita violenta* di Pasolini?

A. Guglielmo da Baskerville
B. Andrea
C. Anguilla
D. Tommasino
E. Ntoni

184) Chi è l'autore di *Horcynus Orca*?

A. Giovanni Testori
B. Stefano D'Arrigo
C. Alberto Arbasino
D. Nanni Balestrini
E. Antonio Tabucchi

185) Chi è l'autore di *Ambleto, Macbetto, Edipus*?

A. Nanni Balestrini
B. Stefano D'Arrigo
C. Edoardo Sanguineti
D. Giovanni Testori
E. Petronio Arbitro

186) Chi è l'autore del libro di poesie *Verrà la morte e avrà i tuoi occhi*?

A. Giacomo Leopardi
B. Cesare Pavese
C. Andrea De Carlo
D. Alda Merini
E. Elsa Morante

187) *Le ceneri di Gramsci* di Pasolini è:

A. un libro di poesia
B. un romanzo
C. un film
D. un trattato politico
E. una raccolta di immagini

188) Chi è l'autore di *Gente di mare, Giorni di guerra* e *L'Italiano errante per l'Italia*?

A. Leonardo Sciascia
B. Elio Vittorini
C. Beppe Fenoglio
D. Giovanni Comisso
E. Primo Levi

189) Chi è l'autore di "Lavorare stanca"?

A. Antonio Fogazzaro
B. Elio Vittorini
C. Cesare Pavese
D. Edoardo Sanguineti
E. Franco Fortini

190) Chi è l'autore de *La scomparsa di Majorana*?

A. Nero Wolfe
B. Elio Vittorini
C. Agatha Christie
D. Leonardo Sciascia
E. Pier Paolo Pasolini

191) Chi ha scritto *La pelle*?

A. Curzio Malaparte
B. Dacia Maraini
C. Alberto Moravia
D. Dino Campana
E. Giorgio Caproni

192) Chi ha scritto *Il segreto di Luca*?

A. Giovanni Testori
B. Susanna Tamaro
C. Stefano Benni
D. Ignazio Silone
E. Sandro Penna

193) In quale romanzo è protagonista Arturo Bandini?

A. "L'isola di Arturo" di Elsa Morante
B. "Chiedi alla polvere" di John Fante
C. "Sostiene Pereira" di Antonio Tabucchi
D. "Il Libro dell'inquietudine" di Fernando Pessoa

E. "Il piacere" di Gabriele D'Annunzio

194) Chi è l'autore del romanzo *Viaggio al termine della notte*?

A. James Joyce
B. Jules Verne
C. Marcel Proust
D. Luois-Ferdinand Céline
E. Mark Twain

195) Qual è il vero nome di Aldo Palazzeschi?

A. Aldo Grasso
B. Aldo Giurlani
C. Aldo Corazzini
D. Aldo Moretti
E. Aldo Giuliani

196) Chi è l'autore del romanzo *Il castello di Udine*?

A. Marcel Proust
B. Carlo Emilio Gadda
C. Vasco Pratolini
D. Cesare Pavese
E. Enzo Siciliano

197) Chi è l'autrice di *Canne al vento*?

A. Dacia Maraini
B. Elsa Morante
C. Oriana Fallaci
D. Grazia Deledda
E. Alda Merini

198) *Tra un fiore colto e l'altro donato l'inesprimibile nulla* è un componimento di:

A. Eugenio Montale
B. Giuseppe Ungaretti
C. Salvatore Quasimodo
D. Aldo Palazzeschi
E. Charles Baudelaire

199) Qual è il titolo della poesia *M'illumino d'immenso*?

A. Mattina
B. Meriggio estivo
C. La sera
D. Pace
E. L'aurora

200) Di quale raccolta di poesie di Giovanni Pascoli fa parte *Gelsomino notturno*?

A. Primi poemetti
B. Myricae
C. Carmina
D. Poemi conviviali
E. I canti di Castelvecchio

RISPOSTE CORRETTE

1) C	41) A	81) C	121) B	161) A
2) B	42) A	82) B	122) B	162) D
3) C	43) C	83) A	123) A	163) B
4) A	44) A	84) A	124) D	164) D
5) D	45) B	85) B	125) C	165) C
6) E	46) C	86) D	126) E	166) B
7) B	47) D	87) E	127) A	167) C
8) D	48) A	88) D	128) B	168) B
9) C	49) A	89) A	129) B	169) A
10) D	50) B	90) D	130) D	170) D
11) A	51) E	91) D	131) A	171) A
12) C	52) B	92) A	132) C	172) C
13) A	53) D	93) B	133) D	173) B
14) A	54) B	94) D	134) B	174) C
15) B	55) C	95) C	135) B	175) D
16) C	56) C	96) B	136) C	176) D
17) A	57) B	97) A	137) B	177) A
18) B	58) C	98) C	138) A	178) E
19) A	59) C	99) B	139) E	179) C
20) E	60) B	100) A	140) A	180) D
21) B	61) B	101) D	141) A	181) B
22) D	62) D	102) E	142) C	182) A
23) C	63) C	103) A	143) A	183) D
24) D	64) B	104) D	144) B	184) B
25) B	65) C	105) B	145) D	185) D
26) A	66) C	106) A	146) E	186) B
27) C	67) E	107) C	147) B	187) A
28) C	68) B	108) C	148) D	188) D
29) B	69) B	109) D	149) B	189) C
30) A	70) D	110) C	150) D	190) D
31) D	71) C	111) E	151) A	191) A
32) D	72) B	112) D	152) C	192) D
33) C	73) C	113) D	153) A	193) B
34) D	74) D	114) B	154) D	194) D
35) B	75) C	115) C	155) C	195) B
36) B	76) A	116) A	156) C	196) B
37) A	77) D	117) B	157) A	197) D
38) A	78) B	118) A	158) B	198) B
39) D	79) C	119) A	159) B	199) A
40) E	80) B	120) C	160) C	200) E

CAPITOLO 3
Storia

3.1 • Storia antica e medievale

1) Come si chiamava l'ultimo re di Roma?

A. Tullio Ostilio
B. Tarquinio il Superbo
C. Servio Tullio
D. Anco Marzio
E. Tarquinio Prisco

2) Nel 476 Odoacre, re degli Eruli, depone l'ultimo imperatore romano d'Occidente. Chi era costui?

A. Romolo Augustolo
B. Giulio Nepote
C. Giuliano
D. Valente
E. Petronio Massimo

3) Nel 73 a.C. l'Italia fu sconvolta da una ribellione servile, chi ne era alla guida?

A. Crasso
B. Silla
C. Spartaco
D. Pompeo
E. Publio Clodio

4) I giochi olimpici iniziarono:

A. nel 776 a.C. in Grecia
B. durante il Rinascimento
C. nel 1896 ad Atene
D. nel Medioevo
E. nel 770 a.C. ad Atene

5) Qual è il libro sacro dell'Islam?

A. Il Libro dei Mutamenti
B. La Bibbia
C. La Torah
D. Il Corano
E. Le dieci Tavole

6) Come si chiamava il grande condottiero mongolo che tra il 1206 e il 1227 si impadronì di gran parte dell'Asia?

A. Timur Lenk detto "Tamerlano"
B. Batu Kahn
C. Gengis Khan
D. Kubilay Kahn
E. Khasar Khajiun

7) Da chi fu combattuta la battaglia di Maratona del 490 a.C.?

A. Da romani e greci
B. Da ateniesi e persiani
C. Da bizantini e ottomani
D. Da romani e macedoni
E. Da bizantini e greci

8) Chi era Teodorico il Grande?

A. Re dei Visigoti
B. Re degli Eruli
C. Re dei Vandali
D. Re ostrogoto d'Italia
E. Re degli Unni

9) Nel 529 d.C. venne costruito il Monastero di Montecassino. Chi era il fondatore del monastero?

A. San Francesco d'Assisi
B. Benedetto da Norcia

C. Domenico di Guzmán
D. Ignazio di Loyola
E. Ugo Capeto

10) Nel 728 il sovrano longobardo Liutprando cedette formalmente a papa Gregorio II dei territori che andarono a formare il primissimo nucleo del potere temporale della Chiesa, che sarebbe durato fino al 1870. Come si chiama questa donazione?

A. Donazione di Benevento
B. Donazione di Roma
C. Donazione di Ravenna
D. Donazione di Sutri
E. Donazione del Sannio

11) In quale anno Carlo Magno venne incoronato Imperatore?

A. 800
B. 771
C. 788
D. 811
E. 801

12) Carlo Magno la scelse come suo luogo di residenza preferito, impreziosendola con un maestoso palazzo imperiale ed una cappella nella quale diede ordine di essere sepolto. Di che città si tratta?

A. Ravenna
B. Parigi
C. Worms
D. Lione
E. Aquisgrana

13) Chi era Attila?

A. Un generale dell'impero bizantino
B. Un generale romano
C. Il re degli Unni
D. Il re dei Vandali
E. Il re degli Ostrogoti

14) Carlo Magno fu incoronato imperatore da papa:

A. Pasquale I
B. Stefano IV
C. Adriano I
D. Leone III
E. Leone X

15) Il 31 agosto 1302 fu firmato un accordo fra Carlo di Valois, come capitano generale di Carlo II d'Angiò, e Federico III d'Aragona che concluse di fatto la prima fase dei Vespri siciliani e delle guerre tra Aragonesi ed Angioini per il possesso dell'Italia meridionale. Come si chiamava tale accordo?

A. Pace di Catania
B. Pace di Messina
C. Pace di Caltabellotta
D. Trattato di Tarascon
E. Patto di famiglia

16) Quale regione dei balcani l'Imperatore Traiano conquistò tra il 101 ed il 106 d.C. facendone una nuova provincia romana?

A. Dalmazia
B. Illiria
C. Macedonia
D. Dacia
E. Cilicia

17) Da quale popolo fu fondata la città di Cartagine?

A. Fenici
B. Etruschi
C. Greci
D. Numidi
E. Celti

18) Complessivamente quante campagne militari ci furono tra Roma e Cartagine?

A. Quattro guerre puniche

B. Tre guerre puniche
C. Due guerre puniche
D. Sei guerre puniche
E. Cinque guerre puniche

19) Gli Aztechi furono una delle grandi civiltà precolombiane che si sviluppò nella regione meso-americana dell'attuale:

A. California
B. Nicaragua
C. Colombia
D. Messico
E. Perù

20) Nel 1284 la battaglia della Meloria segnò la fine della potenza della città di:

A. Venezia
B. Pisa
C. Genova
D. Amalfi
E. Napoli

21) Chi fu il primo re di Israele?

A. David
B. Salomone
C. Saul
D. Samuele
E. Golia

22) Nel 732 d.C. si svolge la battaglia di Poitiers nella quale l'esercito franco arresta l'invasione araba. Chi fu il re franco che fermò l'invasione?

A. Carlo Magno
B. Pipino il Breve
C. Carlo Martello
D. Ludovico il Pio
E. Giovanni II

23) Con quale esito si concluse la battaglia di Canne tra cartaginesi e romani nel 216 a.C.?

A. Vittoria dei Romani che allontanano definitivamente la minaccia cartaginese
B. Grave sconfitta dei Romani
C. Sconfitta dei Romani e sacco di Roma
D. Sconfitta dei Romani e rivolta delle popolazioni italiche
E. Trionfo epocale per i Romani

24) Come si chiama la più grande unità amministrativa dei possedimenti stranieri della antica Roma?

A. Diocesi
B. Colonia
C. Prefettura
D. Provincia
E. Regione

25) Chi erano gli "Opliti"?

A. Soldati dell'Impero Persiano
B. Soldati della fanteria pesante greca antica
C. Rematori schiavi dell'antica Grecia
D. Una formazione di cavalleria pesante nell'esercito macedone
E. Ufficiali dell'Impero Romano

26) In quale anno si svolse ad Atene il processo contro Socrate e fu decretata la sua condanna a morte?

A. Nel 400 a.C.
B. Nel 399 a.C.
C. Nel 309 a.C.
D. Nel 409 a.C.
E. Nel 398 a.C.

27) Nel 367 a.C. a Roma, con le leggi Licinie-Sestie, viene permesso:

A. il festeggiamento dei ludi secolari
B. l'uso delle armi anche a donne e bambini
C. l'accesso ai giochi olimpici anche alle donne
D. l'accesso alle magistrature ai plebei
E. l'accesso ai palazzi imperiali ai plebei

28) Chi successe alla morte di Carlo Magno?

A. Ludovico il Pio
B. Carlomanno
C. Lotario
D. Carlo il Calvo
E. Desiderio

29) Come si chiamava la tassa che nel Medioevo obbligava a pagare una parte dei terreni posseduti?

A. Sul macinato
B. Fondiaria
C. Decima
D. Agraria
E. Sul grano

30) Nel 494 a.C. la plebe romana, stanca di combattere per una città che non le riconosce i propri diritti, si ritira in armi sul Monte sacro (secessione della plebe). Quali furono le cause che fecero rientrare a Roma i plebei?

A. L'abolizione della monarchia e l'introduzione di organi assembleari elettivi a suffragio universale (maschile)
B. Due concessioni fondamentali: il diritto per i plebei di riunirsi in una propria assemblea (*concilium plebis*) e il diritto di nominare i propri magistrati (tribuni della plebe)
C. L'accesso a tutte le cariche pubbliche anche per i plebei
D. La distribuzione di terre demaniali a cittadini poveri contro un modesto canone di affitto annuo
E. Due concessioni fondamentali: terre demaniali per i meno abbienti e accesso alle cariche pubbliche

31) L'imperatore Caracalla nel 212 d.C. concesse la cittadinanza romana:

A. alle popolazioni galliche e iberiche
B. a tutta la popolazione italica
C. alle popolazioni barbare della Germania
D. a tutti i sudditi dell'impero romano
E. alla popolazione alamanna

32) Che cosa fu il Grande Scisma d'Occidente del 1378?

A. Il tentativo francese di creare una Chiesa nazionale autonoma
B. La separazione formale tra la Chiesa di Roma e la Chiesa di Bisanzio
C. I cardinali francesi si opposero al ritorno del papa a Roma ed elessero un proprio antipapa ad Avignone
D. La riforma luterana e l'inizio del protestantesimo
E. Il tentativo inglese di creare una Chiesa anglicana autonoma

33) Genserico era il re di quale popolo?

A. Dei Visigoti
B. Dei Vandali e degli Alani
C. Dei Longobardi
D. Dei Goti
E. Degli Unni

34) Con quale provvedimento il cristianesimo divenne la religione ufficiale dell'Impero romano?

A. Editto di Milano
B. Concilio di Nicea
C. Concilio di Costantinopoli
D. Editto di Tessalonica
E. Nessuno tra i provvedimenti citati

35) L'antica capitale dell'Impero Azteco era Tenochtitlan, situata dove oggi sorge:

A. Città del Messico
B. Città del Guatemala
C. Managua
D. San Francisco
E. Hermosillo

36) In quale anno si consumò definitivamente lo scisma d'Oriente, tra il Papa e il Patriarca di Costantinopoli?

A. 1309
B. 1215
C. 1054
D. 1096
E. 1000

37) Il 1° dicembre 1167, con il giuramento di Pontida, i Liberi Comuni si alleano contro l'imperatore:

A. Ottone IV di Brunswick
B. Federico I Hohenstaufen detto il Barbarossa
C. Federico II duca di Svevia
D. Enrico VI di Hohenstaufen
E. Enrico I d'Inghilterra

38) Chi vinse la famosa battaglia di Salamina?

A. Le navi genovesi sconfissero la flotta pisana al largo della Corsica
B. Le navi veneziane sconfissero la flotta saracena al largo di Cipro
C. Le navi greche sconfissero la flotta persiana nel golfo di Eleusi
D. Le navi romane sconfissero la flotta cartaginese nei pressi delle isole Baleari
E. Le navi genovesi sconfissero la flotta amalfitana al largo del golfo di Napoli

39) Quali forze si affrontarono nella battaglia di Isso (nell'Anatolia centrale) nel 333 a.C.?

A. Le truppe di Filippo di Macedonia sconfissero le truppe della Lega panellenica
B. Le forze di Giulio Cesare sconfissero quelle di Gneo Pompeo Magno
C. Le truppe di Solimano il Magnifico sbaragliarono quelle persiane dell'Impero Safavide
D. Le forze di Alessandro Magno, sovrano di Macedonia, affrontarono e sconfissero i persiani di Dario III
E. Le truppe italo tedesche dell'Afrika Korps sconfissero quelle alleate

40) Quale fra questi condottieri non è cartaginese?

A. Asdrubale
B. Annibale Barca
C. Massinissa
D. Scipione l'Africano
E. Annibale Magone

41) Che cos'è il *cursus honorum*?

A. È la carriera politica del cittadino romano dove tutte le cariche della magistratura devono essere ricoperte, in ordine crescente e a distanza di almeno due anni l'una dall'altra
B. È la carriera militare nell'esercito romano
C. È l'elezione dei due consoli che restano in carica per un anno e non possono essere subito rieletti
D. È la nomina onorifica attribuita ai "grandi" dal Senato romano
E. È la preparazione alle alte cariche del Senato

42) Quale Papa nel 1312 ordinò la soppressione dell'Ordine dei Templari?

A. Benedetto XI
B. Clemente V
C. Gregorio XII
D. Innocenzo VI
E. Gregorio VII

43) Il *De bello gallico* è lo scritto sicuramente più conosciuto di:

A. Publio Cornelio Tacito
B. Marco Aurelio
C. Gaio Sallustio Crispo
D. Gaio Giulio Cesare

E. Marco Tullio Cicerone

44) Cosa si intendeva nell'antica Persia con il termine "Satrapo"?

A. Un vassallo di corte
B. Un importante consigliere politico e religioso dell'imperatore persiano
C. Un funzionario amministrativo che governava le ripartizioni amministrative dell'impero chiamate satrapie
D. Un funzionario che accertava il reddito dei cittadini
E. Uno schiavo

45) Come si chiamava il condottiero gallico che verrà da Cesare catturato ed imprigionato nel carcere romano di Tulliano?

A. Vercingetorige
B. Brenno
C. Genserico
D. Orgetorige
E. Ladislao

46) "Ra", il sole, fu una divinità molto importante di quale popolo?

A. Persiano
B. Ittita
C. Egizio
D. Assiro
E. Babilonese

47) Quando si svolse la prima guerra punica combattuta tra Roma e Cartagine?

A. Fra il 149 a.C. e il 146 a.C.
B. Dal 29 a.C. al 19 a.C.
C. Dal 219 a.C. al 202 a.C.
D. Dal 264 a.C. al 241 a.C.
E. Dal 222 a.C. al 238 a.C.

48) Quale fu il primo imperatore romano a non essere di origine italica?

A. Caligola poiché nato ad Anzio
B. Caracalla poiché nato in Gallia
C. Aureliano poiché nato in Illiria
D. Diocleziano poiché nato in Dalmazia
E. Traiano poiché nato in Hispania

49) In quale anno fu assassinato Caio Giulio Cesare?

A. 56 d.C.
B. 44 a.C.
C. 96 d.C.
D. 135 a.C.
E. 54 d.C.

50) Il centro della civiltà etrusca era:

A. Toscana
B. Emilia Romagna
C. Umbria
D. Lazio
E. Campania

3.2 • Storia moderna

51) Quali erano le quattro Repubbliche Marinare?

A. Bari - Pisa - Genova - Venezia
B. Amalfi - Genova - Venezia - Ragusa
C. Amalfi - Genova - Pisa - Venezia
D. Amalfi - Bari - Genova - Venezia
E. Bari - Genova - Pisa - Ragusa

52) Quale dei seguenti caratteri non fu dell'Illuminismo?

A. Il misticismo
B. Il cosmopolitismo
C. L'anticlericalismo
D. Il sensismo
E. Il razionalismo

53) Nel 1743 Austria, Inghilterra e regno di Sardegna firmano il Trattato di Worms con lo scopo di:

A. dichiarare guerra alla Spagna
B. cacciare gli Aragona dall'Italia
C. dichiarare guerra alla Prussia
D. cacciare i Borbone dall'Italia

E. allontanare il papa dalla sede italiana

54) Chi era Martin Lutero?

A. Un teologo tedesco
B. Uno dei capi della rivolta contadina in Germania, un riformatore estremista
C. Un teologo svizzero e fondatore della Chiesa Riformata Svizzera
D. Un umanista e teologo francese
E. Un monaco agostiniano docente di teologia biblica presso l'università di Wittenberg

55) Quale fra questi personaggi storici non è stato un capo riformatore religioso?

A. Giovanni Calvino
B. Erasmo da Rotterdam
C. Martin Lutero
D. Filippo Melantone
E. Ulrico Zwingli

56) Come si concluse il tentativo di Filippo II di Spagna di invadere l'Inghilterra nel 1588?

A. Con la vittoria dell'Inghilterra e la sollevazione del Portogallo
B. Con la vittoria sulla flotta inglese e l'ascesa spagnola a grande potenza marittima
C. Con la sollevazione dell'Irlanda e la cacciata degli inglesi
D. Con la distruzione della "Invincibile Armada" spagnola e l'affermazione del predominio sui mari da parte dell'Inghilterra
E. Con la vittoria sulla flotta inglese e l'alleanza col Portogallo

57) In che anno Francia e Spagna firmano la pace dei Pirenei che pone fine alla guerra franco-spagnola?

A. Nel 1660
B. Nel 1659
C. Nel 1759
D. Nel 1669
E. Nel 1559

58) Quale delle seguenti non era una delle roccaforti del culto protestante nel corso del XVI secolo?

A. La Rochelle
B. Cognac
C. Saint-Germain
D. Montauban
E. La Charité sur Loire

59) Quale regione italiana era diventata la signoria di Cesare Borgia, detto il Valentino?

A. Romagna
B. Umbria
C. Marche
D. Abruzzi
E. Toscana

60) Nel 1534 in Inghilterra il Parlamento, con l'Atto di Supremazia, riconosce come capo della Chiesa d'Inghilterra re:

A. Carlo V
B. Enrico VIII
C. Enrico III
D. Guglielmo II
E. Giorgio I

61) Come si chiama l'isolotto del fiume Bidasoa al confine fra Spagna e Francia dove cominciarono le trattative per porre fine alla guerra franco-spagnola?

A. Isola dei fagiani
B. Isola delle femmine
C. Isola dei Pirenei
D. Isola della pace
E. Isola delle lontre

62) Mantova dal 1328 al 1707 fu governata:

A. dagli Estensi
B. dai Visconti
C. dai Gonzaga
D. dai Malatesta
E. dai Medici

63) Tra chi fu combattuta la battaglia di Lepanto del 1571?

A. Tra aragonesi e l'Impero Ottomano
B. Tra francesi e aragonesi
C. Tra austriaci e francesi
D. Tra l'Impero ottomano e la Lega Santa
E. Tra l'Impero ottomano e gli austriaci

64) Chi era il fondatore della Compagnia di Gesù?

A. Domenico di Guzmán
B. Ignazio di Loyola
C. Josemaría Escrivá de Balaguer
D. Antonio Rosmini
E. Martin Lutero

65) Quale potenza europea ha permesso la spedizione di Cristoforo Colombo che ha portato alla scoperta delle Americhe?

A. Portogallo
B. Francia
C. Inghilterra
D. Spagna
E. Repubblica Marinara di Genova

66) Quale, fra i seguenti uomini politici, non partecipò alla redazione della dichiarazione di indipendenza degli Stati Uniti d'America (1776)?

A. Roger Sherman
B. Robert Livingston
C. George Washington
D. John Adams
E. Thomas Jefferson

67) Nel 1664 gli inglesi tolsero New Amsterdam agli olandesi ribattezzandola:

A. New York
B. Boston
C. Baltimora
D. Filadelfia
E. Washington

68) Quale popolo, nel 1536, fondò alla foce del Rio de la Plata la città di Buenos Aires?

A. Portoghesi
B. Messicani
C. Francesi
D. Spagnoli
E. Inglesi

69) Con l'affissione alla porta del duomo di Wittenberg delle Tesi, Lutero dichiara pubblicamente la rottura con la chiesa di Roma dando origine allo scisma protestante. In che anno furono affisse?

A. 1567
B. 1517
C. 1541
D. 1535
E. 1534

70) In che cosa consisteva la questione delle indulgenze?

A. È la concezione che suddivide la storia umana e quella del Popolo di Dio in particolare, in differenti periodi, età, ere o "dispensazioni". In ciascuno di quei periodi Dio avrebbe impartito particolari grazie, stabilito leggi, istituzioni, privilegi ecc. da considerarsi solo propri a quei periodi e non ad altri
B. Esiste un numero determinato di persone destinate ad essere in eterna comunione con Dio, mentre il resto

dell'umanità segue la via del peccato fino alle sue estreme e giuste conseguenze
C. Verso il 1500 si diffuse la pratica dell'acquisto dell'indulgenza, ovvero il "peccatore" poteva comprare l'indulgenza in modo da accelerare il passaggio dell'anima dal purgatorio al paradiso
D. È lo studio della salvezza nel senso della liberazione dal male e dalle conseguenze della morte o come sopravvivenza dell'anima
E. È il divieto di predicazione ai questuanti, il dovere di residenza come condizione per la rendita dei benefici ecclesiastici e l'obbligo di residenza dei vescovi nelle loro diocesi

71) Come si concluse la famosa "disfida di Barletta" tenutasi il 13 febbraio 1503 tra tredici cavalieri italiani di stanza a Barletta ed altrettanti francesi?

A. Con la vittoria dei francesi
B. Con la vittoria degli italiani
C. Morirono tutti i cavalieri
D. L'intervento papale mise fine allo scontro senza vinti né vincitori
E. L'intervento delle popolazioni del luogo mise fine allo scontro senza né vinti né vincitori

72) Chi erano gli ugonotti?

A. Puritani inglesi emigrati negli Stati Uniti
B. Un corpo speciale dell'esercito del Re di Francia
C. Protestanti svizzeri
D. Protestanti francesi
E. Protestanti inglesi

73) Chi viene considerato il fondatore della scienza politica moderna?

A. Francesco Guicciardini
B. Lorenzo de' Medici
C. Girolamo Savonarola
D. Francesco Mario Pagano
E. Niccolò Machiavelli

74) In che anno terminò il cosiddetto scisma d'Occidente?

A. Nel 1427
B. Nel 1517
C. Nel 1417
D. Nel 1327
E. Nel 1527

75) Nel 1773 l'affondamento nel porto di Boston dei carichi di tè inglese diede inizio:

A. alla guerra d'indipendenza americana
B. ad una politica fiscale oppressiva da parte dell'Inghilterra
C. al cosiddetto massacro di Boston, un conflitto a fuoco durissimo tra inglesi e coloni in rivolta
D. alla guerra di successione
E. alla rivolta degli schiavi neri provenienti dalle colonie africane

76) In che anno il Congresso di Filadelfia approva la Dichiarazione d'indipendenza degli Stati Uniti d'America?

A. Nel 1775
B. Nel 1773
C. Nel 1783
D. Nel 1776
E. Nel 1789

77) Quando fu stipulato il trattato di Tordesillas?

A. Nel 1487
B. Nel 1494
C. Nel 1501
D. Nel 1498
E. Nel 1594

78) Nel 1534 in Inghilterra venne dichiarato l'Atto di Supremazia ad opera del re Enrico VIII. Di cosa si trattava?

A. Dell'atto di supremazia della corona di Inghilterra su quella di Scozia
B. Della scissione della chiesa anglicana da quella cattolica, proclamata per decreto dallo stesso re
C. È un testo normativo che sanciva il passaggio per eredità delle cariche feudali maggiori
D. Chiariva i rapporti con i feudatari e regolamentava le questioni giurisdizionali interne e con gli Stati esteri
E. Dell'atto di supremazia della corona d'Inghilterra sulle colonie americane

79) L'editto di Nantes fu un decreto che pose termine alla serie di guerre di religione che avevano devastato la Francia dal 1562 al 1598, emanato dal re di Francia:

A. Francesco II
B. Carlo IX
C. Luigi XIII
D. Enrico IV
E. Enrico VIII

80) In quale periodo regnò Elisabetta I d'Inghilterra?

A. Nella prima metà del Seicento
B. Nella prima metà del Cinquecento
C. Nella seconda metà del Cinquecento
D. Nella seconda metà del Seicento
E. Nella prima metà del Settecento

81) In che periodo si svolsero i lavori del Concilio di Trento?

A. 1542 – 1561
B. 1545 – 1563
C. 1527 – 1560
D. 1536 – 1572
E. 1537 – 1545

82) La forma di governo che caratterizzava lo Stato moderno era:

A. l'assolutismo monarchico
B. la monarchia parlamentare
C. la repubblica
D. la democrazia
E. nessuna risposta è corretta

83) In quale avvenimento storico si colloca la storia di Giovanna D'Arco, la "pulzella d'Orleans"?

A. Durante la guerra dei Tre Enrichi
B. Durante la guerra dei Sette Anni
C. Durante la guerra dei Trenta Anni
D. Nella guerra delle Due Rose
E. Nella guerra dei Cent'Anni tra Francia e Inghilterra

84) Il capo della chiesa anglicana è:

A. il patriarca di Edimburgo
B. il cardinale più anziano del sinodo
C. il re d'Inghilterra
D. il papa
E. l'arcivescovo di Canterbury

85) Nel 1508 l'imperatore Massimiliano e il re di Francia Luigi XII costituirono la Lega antiveneziana di Cambrai alla quale aderirono anche:

A. Gonzaga, Savoia e Borbone
B. Spagna, Papato, Ungheria, Savoia, Gonzaga e Firenze
C. Spagna, Ungheria, Olanda, Papato
D. Spagna, Austria, Papato e Firenze
E. Gonzaga, Savoia, Borbone e Papato

86) Quale nazione nel XVII secolo contese all'Inghilterra il dominio marittimo del Mare del Nord?

A. Russia
B. Polonia
C. Danimarca
D. Svezia
E. Prussia

87) Nel corso della Rivoluzione Francese per "Terrore" si intende:

A. il periodo durante il quale i giacobini attuarono una fortissima repressione politica
B. il tentativo dei contadini di abolire con la forza la feudalità nelle campagne
C. il tentativo della borghesia di ripristinare con la forza il potere monarchico
D. il periodo durante il quale i girondini attuarono una fortissima repressione politica
E. la paura che serpeggiava fra i nobili

88) In che anno papa Giulio II costituì la lega santa antifrancese composta da Venezia, Spagna, Confederazione elvetica e Inghilterra?

A. Nel 1510
B. Nel 1495
C. Nel 1511
D. Nel 1523
E. Nel 1532

89) La guerra delle due rose fu una sanguinosa lotta dinastica combattuta in Inghilterra tra il 1455 ed il 1485 tra due diversi rami della casa regnante dei Plantageneti:

A. Stuart e Tudor
B. Tudor e York
C. Lancaster e York
D. Stuart e Windsor
E. Windsor e Lancaster

90) Il predominio spagnolo su tutta l'Italia venne definito nel 1559 con la pace di:

A. Augusta
B. Cateau-Cambrésis
C. Noyon
D. Lodi
E. Cambrai

91) In che anno Luigi XIV di Francia (detto Re Sole) sottomise alla monarchia la Chiesa cattolica francese (Chiesa gallicana)?

A. 1789
B. 1775
C. 1815
D. 1682
E. 1816

92) In quale anno le truppe fiorentine si impadroniscono di Pisa ponendo fine alla Repubblica Pisana?

A. Nel 1492
B. Nel 1517
C. Nel 1406
D. Nel 1618
E. Nel 1815

93) Nel 1660 in Inghilterra fu restaurata la monarchia ad opera di:

A. Elisabetta I
B. Oliver Cromwell
C. Giorgio I
D. Giacomo II
E. Carlo II

94) Chi entrò a far parte del Consiglio di Stato di Luigi XIII nel 1624, divenendone la figura preminente?

A. Concino Concini
B. Il cardinal Richelieu
C. Il duca di Sully
D. Il cardinal Mazarino
E. Il duca d'Orléans

95) Che cosa sancì il Concilio di Trento?

A. Negò validità alla dottrina protestante affermando, fra le altre cose, che la Bibbia e l'insegnamento della Chiesa sono sullo stesso piano e che deve esistere un ordine sacerdotale distinto dai fedeli

B. Negò validità alla dottrina protestante introducendo però un nuovo rito della Messa, che portò al superamento, di fatto, del latino e delle pratiche religiose medievali
C. Accettò in seno alla Chiesa cattolica una parte della dottrina protestante abolendo alcune pratiche cattoliche come le indulgenze, i pellegrinaggi, la venerazione dei santi e delle reliquie
D. Negò validità alla dottrina protestante affermando che la salvezza cristiana non può ottenersi senza la liberazione economica, politica, sociale e ideologica, come visibili segni della dignità umana
E. Approvò la teoria calvinista della predestinazione degli Eletti e venne evidenziato il ruolo della libertà umana nella propria salvezza

96) Con la pace di Westfalia del 1648 quale potenza ottenne il predominio sul Baltico?

A. Polonia
B. Danimarca
C. Svezia
D. Russia
E. Germania

97) La guerra di successione spagnola fu determinata dal fatto che:

A. Carlo II d'Asburgo, per evitare che la Spagna passasse in mano francese, aveva indicato come legittimo erede al trono di Spagna l'imperatore austriaco Giuseppe I d'Asburgo
B. Carlo II, morto nel novembre del 1700, aveva designato come erede universale suo nipote Filippo d'Angiò, pronipote di Luigi XIV, con la clausola che le due corone di Francia e di Spagna non potessero mai essere riunite
C. Luigi XIV non voleva affidare al nipote il trono di Spagna, come contenuto nel testamento di Carlo II d'Asburgo
D. Carlo II d'Asburgo, morto senza eredi discendenti, aveva indicato nel suo testamento come erede al trono di Spagna Luigi XIV
E. Carlo II d'Asburgo, per evitare che la Spagna passasse in mano francese, aveva indicato come legittimo erede al trono di Spagna Leopoldo d'Asburgo

98) La Costituzione francese del 1791 prevedeva:

A. un sistema monocamerale senza diritto del re di interferire sul parlamento
B. un sistema bicamerale, con una camera elettiva e una di nomina regia
C. un sistema bicamerale cui spettava il potere legislativo, con il diritto di veto sospensivo per il re
D. il potere esecutivo esercitato dal re, ma sottoposto al controllo dell'Assemblea legislativa, e il potere giudiziario esercitato dai magistrati non più di nomina regia
E. un sistema monocamerale cui spettava il potere legislativo, con diritto di veto definitivo per il re

99) Carlo V abdicò, cedendo i suoi domini ereditari del ramo spagnolo, a favore del figlio:

A. Filippo III
B. Ferdinando il Cattolico
C. Filippo II
D. Ferdinando d'Asburgo
E. Filippo il Bello

100) Quale fra queste città non è mai stata una Repubblica Marinara?

A. Palermo

B. Amalfi
C. Pisa
D. Genova
E. Venezia

3.3 • Storia contemporanea

101) Agostino Depretis fece approvare un sistema di tariffe doganali che aveva lo scopo di difendere l'industria italiana e la produzione di cereali. Come venne chiamata questa politica economica?

A. Esterofilia
B. Protezionismo
C. Liberismo
D. Attendismo
E. Agri-riformismo

102) Il Giappone coinvolge nella guerra gli USA quando attacca a sorpresa la base aeronavale di Pearl Harbor, nelle isole Hawaii. In quale anno avviene questo attacco?

A. 1940
B. 1943
C. 1944
D. 1941
E. 1938

103) Quando fu fondato il Comecon, sigla con la quale si indica il Consiglio di mutua assistenza economica, attraverso cui l'URSS indirizzava e controllava le politiche economiche degli Stati del blocco orientale?

A. Negli anni Ottanta
B. All'inizio del Novecento
C. Nel secondo dopoguerra
D. Negli anni della Prima guerra mondiale
E. Negli anni Settanta

104) I punti cardine del "New Deal", il programma attuato dal Presidente americano Roosevelt negli anni compresi tra i due conflitti mondiali, furono il sostegno all'agricoltura, la lotta alla disoccupazione e lo sviluppo del sindacalismo. L'enunciato proposto è corretto?

A. No, il "New Deal" aveva come punti cardine il sostegno all'industria a scapito dell'agricoltura e l'ostilità al sindacalismo
B. No, il "New Deal" non fu attuato negli anni compresi tra i due conflitti mondiali, ma negli anni Sessanta
C. No, il "New Deal" non fu avviato dal Presidente Roosevelt, ma dal Presidente Carter
D. Sì
E. No, il "New Deal" aveva come punto cardine solo il sostegno alla piccola e media industria

105) Luigi Einaudi e Benedetto Croce, nel secondo dopoguerra italiano, furono esponenti di rilievo:

A. del Partito socialista italiano
B. del Partito comunista italiano
C. del Partito liberale italiano
D. della Democrazia cristiana
E. del Partito radicale italiano

106) Gli USA, nel 1949, costituirono un'alleanza militare di difesa, la NATO, alla quale si contrappose, nel 1955, un'alleanza sottoscritta tra l'URSS e i Paesi dell'Europa orientale nota come Patto di Varsavia. È corretto l'enunciato proposto?

A. Sì
B. No, nel 1949 venne costituito il Patto di Varsavia e nel 1955, di conseguenza, la NATO
C. No, la NATO venne costituita nell'immediato primo dopoguerra

D. No, il Patto di Varsavia venne costituito soltanto nel 1985, a seguito della dissoluzione dell'URSS
E. No, le date proposte nel quesito sono errate

107) La politica del New Deal varata dal Presidente americano Franklin Delano Roosevelt è spesso associata alle teorie di quale celebre economista?

A. Karl Marx
B. John Maynard Keynes
C. Adam Smith
D. David Ricardo
E. John Stuart Mill

108) In quale anno il Gran Consiglio del Fascismo approvò le leggi razziali e in cosa consistevano?

A. Furono deliberate nel 1928. Si trattava di una serie di provvedimenti che limitavano gravemente la libertà dei soli musulmani stranieri in Italia
B. Emanate nel 1921, si prefiggevano di espellere tutti gli stranieri dall'Italia e dalle colonie di Libia e Tunisia
C. Furono deliberate nel 1938. Si trattava di una serie di provvedimenti che limitavano gravemente la libertà degli Ebrei italiani e decretavano l'espulsione dal Paese degli Ebrei stranieri
D. Furono deliberate nel 1945. Si trattava di una serie di provvedimenti che limitavano la libertà di culto degli Ebrei italiani ma che di fatto non vennero mai applicate
E. Furono deliberate nel 1928. Si trattava di una serie di provvedimenti che limitavano la possibilità, per gli Ebrei italiani, di lavorare presso industrie militari

109) Il Presidente statunitense che, d'intesa col comando militare supremo, decise di stroncare ogni ulteriore resistenza giapponese ordinando i bombardamenti atomici di Hiroshima e Nagasaki dell'agosto 1945 fu:

A. Carter
B. Truman
C. Roosevelt
D. Nixon
E. Kennedy

110) Carlo Rosselli, traendo ispirazione dalla Rivoluzione liberale di Piero Gobetti, tentò una sintesi delle più profonde esigenze liberali e socialiste e si propose di combattere il fascismo promuovendo un radicale rinnovamento della società italiana; fu su questi ideali che a Parigi fondò:

A. la camera del popolo
B. la Concentrazione antifascista
C. il Tribunale speciale per la difesa dello Stato
D. i gruppi di Giustizia e Libertà
E. il gruppo di Forza Nuova

111) Una delle grandi opere che fornirono le infrastrutture per il rilancio della produzione italiana nei primi anni del Novecento fu il traforo del Sempione, terminato nel 1906 quando a capo del governo vi era:

A. Giolitti
B. Depretis
C. Einaudi
D. Gramsci
E. Spadolini

112) Da chi era presieduto il Governo italiano che presentò al Parlamento, nel 1899, alcune leggi eccezionali che prevedevano pesanti limitazioni al diritto di associazione, di riunione e alla libertà di stampa?

A. Giuseppe Garibaldi

B. Luigi Pelloux
C. Camillo Benso di Cavour
D. Gabriele D'Annunzio
E. Vittorio Emanuele II

113) La Perestrojka, ossia la riforma dello Stato secondo principi tendenzialmente democratici, fu operata in Unione sovietica dal segretario generale del PCUS Michail Gorbaciov, eletto nel:

A. 1975
B. 1995
C. 1965
D. 1985
E. 1995

114) Nel 1945 in Italia, subito dopo la liberazione, si forma un governo provvisorio guidato da un leader del Partito d'Azione e del CLN; di chi si tratta?

A. Giovanni Leone
B. Ferruccio Parri
C. Giuseppe Saragat
D. Enrico Mattei
E. Giovanni Spadolini

115) In quale data Hitler fu chiamato a presiedere il governo?

A. Aprile 1922
B. Luglio 1943
C. Gennaio 1933
D. Dicembre 1939
E. Marzo 1938

116) Artefici della Carta Atlantica, nella quale vennero fissati, nell'agosto 1941, i principi di una politica comune tra Inghilterra e Stati Uniti, furono:

A. Truman e Carter
B. Truman e Churchill
C. Roosevelt e Churchill
D. Nixon e Churchill
E. Truman e Roosevelt

117) Nel 1978 un illustre statista democristiano, che si adoperava per un incontro tra le forze politiche del centro e della sinistra, fu rapito e ucciso. Chi era?

A. Aldo Moro
B. Giacomo Matteotti
C. Alcide De Gasperi
D. Enrico Mattei
E. Enrico Berlinguer

118) L'Italia si decise ad intervenire nel primo conflitto mondiale al fianco dell'Intesa nel 1915 (patto di Londra) dietro la promessa:

A. della sola Istria
B. della sola Dalmazia
C. tra l'altro, del Trentino e del Sud-Tirolo
D. dell'Istria e di Fiume
E. della sola città di Fiume

119) In quale anno 12 Paesi europei firmarono l'importante trattato di Maastricht, istitutivo dell'Unione Europea e riguardante inoltre l'unificazione monetaria dell'Europa?

A. Nel 1980
B. Nel 1992
C. Nel 1948
D. Alla fine degli anni Sessanta
E. Alla fine degli anni Novanta

120) Per quello che riguarda la riforma elettorale, Giolitti estese il diritto di voto:

A. a tutti i cittadini, maschi e femmine
B. a tutti i cittadini maschi
C. anche ai cattolici e ai socialisti
D. a tutti i cittadini maschi con un reddito superiore alle ventimila lire annue
E. a tutti i cittadini maschi che avessero compiuto 22 anni

121) Nel corso del secondo conflitto mondiale, quando fu annunciato l'armistizio tra il Regno d'Italia e gli anglo-americani?

A. 8 settembre 1943
B. 25 luglio 1943
C. 6 giugno 1944
D. 4 novembre 1940
E. 25 aprile 1945

122) Chi era il "cancelliere di ferro"?

A. Conrad Adenauer
B. Franz von Papen
C. Paul von Hindenburg
D. Bernhard von Bülow
E. Otto von Bismark

123) In quale anno vi fu la marcia fascista su Roma?

A. 1924
B. 1919
C. 1922
D. 1920
E. 1921

124) In quale anno fu costruito il muro di Berlino?

A. 1961
B. 1968
C. 1953
D. 1946
E. 1951

125) Alla caduta del fascismo chi era sul trono italiano?

A. Umberto II
B. Umberto I
C. Vittorio Emanuele II
D. Vittorio Emanuele III
E. Vittorio Emanuele I

126) In quale battaglia della Prima Guerra Mondiale venne fermata l'avanzata tedesca, che si era spinta fino alle porte di Parigi, facendo fallire il "Piano Schlieffen"?

A. Battaglia della Somme
B. Battaglia della Marna
C. Battaglia di Verdun
D. Battaglia di Vichy
E. Battaglia di Parigi

127) Il nome in codice con il quale i nazisti intendevano l'invasione dell'Unione Sovietica era:

A. Operazione Compass
B. Operazione Torch
C. Operazione Leone Marino
D. Operazione Barbarossa
E. Operazione Steppa

128) L'americano Neil Armstrong, con la missione Apollo 11, è il primo uomo a mettere piede sulla Luna. Che anno era?

A. 1969
B. 1967
C. 1971
D. 1968
E. 1972

129) La definizione del XX secolo come "secolo breve" è di:

A. Max Weber
B. Ernesto Galli della Loggia
C. Eric J. Hobsbawn
D. Giovanni Sabbatucci
E. Michel Foucault

130) Nel 1893 Giolitti è costretto a dimettersi:

A. perché la sua coalizione perse le elezioni
B. perché coinvolto nello scandalo della Banca Romana
C. perché era fallito l'ennesimo tentativo italiano di penetrare in Abissinia

D. per la feroce repressione di alcuni moti popolari
E. per gravi motivi di salute che lo portarono in breve tempo alla morte

131) La Conferenza di Parigi del gennaio del 1919 segnò:

A. la fine della Terza guerra di Indipendenza
B. l'inizio della guerra fredda
C. l'inizio della Seconda guerra mondiale
D. la fine della Prima guerra mondiale
E. l'inizio dell'era fascista

132) Dove fu sconfitto Napoleone Bonaparte prima di essere esiliato a Sant'Elena?

A. Austerlitz
B. Waterloo
C. Lipsia
D. Battaglia delle Piramidi
E. Battaglia di Montpellier

133) In quali anni si svolse la Prima Guerra Mondiale?

A. 1914-1918
B. 1915-1918
C. 1914-1917
D. 1914-1919
E. 1914-1920

134) Verso la metà del 1800 chi è stato in Italia il maggior esponente del partito neoguelfo?

A. Giuseppe Mazzini
B. Maurizio Quadrio
C. Carlo Cattaneo
D. Camillo Benso, conte di Cavour
E. Vincenzo Gioberti

135) Da quali potenze fu invasa la Polonia nel 1939?

A. Urss e Lituania
B. Germania e Urss
C. Germania e Finlandia
D. Germania e Ungheria
E. Urss e Cina

136) In che anno avvennero gli attentati mafiosi in cui trovarono la morte i giudici Giovanni Falcone e Paolo Borsellino?

A. Nel 1999
B. Nel 1994
C. Nel 1978
D. Nel 1992
E. Nel 1982

137) Quando e in quale località gli Stati Uniti furono attaccati a sorpresa dai giapponesi nel corso del secondo conflitto mondiale?

A. Il 23 agosto 1939 nelle Isole Midway
B. Il 10 giugno 1940 a Guadalcanal
C. Il 7 dicembre 1941 a Pearl Harbor
D. Il 10 luglio 1943 nelle Filippine
E. Il 25 novembre 1940 nel Mar dei Caraibi

138) Nel 1982 chi era Presidente della Repubblica italiana?

A. Giuseppe Saragat
B. Sandro Pertini
C. Giovanni Leone
D. Antonio Segni
E. Alcide de Gasperi

139) Nel giugno del 1924 il segretario dei Socialisti riformisti fu rapito e ucciso dai fascisti dopo aver pubblicamente denunciato in Parlamento i brogli e le intimidazioni squadriste durante le elezioni del 1924. Chi era?

A. Carlo Rosselli
B. Eugenio Colorni
C. Giovanni Amendola
D. Giacomo Matteotti

E. Giuseppe Di Vittorio

140) In che anno fu eletto papa Giovanni Paolo II?

A. 1978
B. 1982
C. 1979
D. 1985
E. 1971

141) Il piano Marshall:

A. fu varato dal Presidente Wilson insieme all'istituzione della Società delle Nazioni
B. fu varato dagli USA nel secondo dopoguerra
C. fu alla base del New Deal
D. venne pensato da Hitler per attaccare l'URSS
E. indirizzò lo sviluppo urbanistico di Londra

142) Dove e in quale anno fu assassinato John Fitzgerald Kennedy?

A. Nel 1967 a Houston
B. Nel 1961 a Chicago
C. Nel 1965 a Boston
D. Nel 1963 a Dallas
E. Nel 1968 a Washington

143) In quale anno avvenne il colpo di stato in Cile?

A. 1973
B. 1968
C. 1975
D. 1977
E. 1976

144) Qual è l'opera più famosa e rappresentativa scritta da Karl Marx?

A. Il 18 Brumaio di Luigi Bonaparte
B. Manoscritti economico-filosofici
C. Il Capitale
D. La Guerra Civile in Francia
E. Sulla questione ebraica

145) Chi vinse la battaglia di El Alamein nel nord Africa?

A. Gli italiani comandati dal generale Rodolfo Graziani
B. Le truppe italo-tedesche comandate da Erwin Rommel
C. Gli inglesi comandati da Bernard Law Montgomery
D. Le truppe alleate comandate dal generale Claude Auchinleck
E. Gli inglesi comandati dal duca di Wellington

146) Quale movimento politico fu fondato a Parigi nel 1929 da un gruppo di esuli antifascisti, tra cui emerse come leader Carlo Rosselli?

A. Giustizia e Libertà
B. Mazzini Society
C. Concentrazione Antifascista
D. Brigate Garibaldi
E. Forza Nuova

147) In quale anno morì Stalin?

A. 1961
B. 1949
C. 1955
D. 1953
E. 1950

148) Chi è il maggior rappresentante del pensiero politico federalista del Risorgimento?

A. Felice Cavallotti
B. Carlo Cattaneo
C. Gabriele Rosa
D. Giuseppe Mazzini
E. Giuseppe Garibaldi

149) Quale fra questi filosofi aderì al fascismo?

A. Luigi Pareyson

B. Benedetto Croce
C. Giovanni Gentile
D. Gioele Solari
E. Benvenuto Donati

150) Chi era Augusto Pinochet?

A. Dittatore del Cile dal 1973 al 1990
B. Capo delle forze armate argentine fino al 1983
C. Dittatore del Paraguay fino al 1989
D. Dittatore del Venezuela dal 1948 al 1958
E. Presidente della repubblica cilena dal 1950 al 1995

151) Come si chiama il luogo dove avvenne il 17 aprile 1961 un tentativo di invasione di Cuba effettuato da 1.511 esuli cubani emigrati negli Stati Uniti (Brigata 2506)?

A. Baia di Guantanamo
B. Isola della Gioventù (Isla de la Juventud)
C. Baia dei porci
D. Sierra Maestra
E. Baia di Hudson

152) Di quale paese era originario Ernesto "Che" Guevara?

A. Cuba
B. Argentina
C. Messico
D. Nicaragua
E. Bolivia

153) In quale anno Silvio Berlusconi vinse le elezioni legislative e formò il suo primo governo?

A. 1992
B. 1998
C. 1996
D. 1994
E. 1990

154) Quale nazione araba invase il Kuwait nel 1990?

A. Iraq
B. Giordania
C. Iran
D. Siria
E. Emirati arabi

155) In quale anno Firenze fu sommersa da più di tre metri d'acqua dell'Arno rimanendo isolata dal resto del Paese?

A. Nel 1955
B. Nel 1966
C. Nel 1978
D. Nel 1969
E. Nel 1968

156) Qual era la sede del governo della Repubblica Sociale Italiana?

A. Venezia
B. Verona
C. Milano
D. Salò
E. Torino

157) Quale termine viene generalmente riferito agli attacchi suicidi eseguiti dai piloti giapponesi contro le navi alleate verso la fine della campagna del Pacifico nella seconda guerra mondiale?

A. Samurai
B. Kamikaze
C. Yamato
D. Shogun
E. Harakiri

158) Charles De Gaulle esortò i francesi alla resistenza lanciando un drammatico appello dai microfoni di:

A. Radio Francia
B. Radio Parigi Libera
C. Radio Maquis
D. Radio Londra
E. Radio Resistenza

159) La sera di domenica 29 luglio 1900 a Monza venne assassinato il re d'Italia Umberto I per opera di:

A. Gaetano Bresci
B. Mario Buda
C. Sacco e Vanzetti
D. Tito Zaniboni
E. Pietro Acciarito

160) In quale città si assisté al massacro di Piazza Tien'anmen del 1989?

A. Shenzhen
B. Hong Kong
C. Shanghai
D. Canton
E. Pechino

161) Nel 1969, Yasser Arafat divenne il Presidente del Comitato Esecutivo dell'Organizzazione:

A. Movimento per la jihad islamica in Palestina
B. Hamas
C. OLP (Organizzazione per la Liberazione della Palestina)
D. Congresso Islamico Mondiale
E. Al Qaida

162) Che cosa si trova a Guantanamo?

A. La sede della "Quarta Internazionale" comunista
B. Una base navale degli Stati Uniti
C. Una base militare cubana
D. Un aeroporto civile teatro di un sanguinoso attentato
E. Una base missilistica russa

163) Quanti giorni durò il pontificato di Giovanni Paolo I?

A. 20 giorni
B. 45 giorni
C. 60 giorni
D. 33 giorni
E. 100 giorni

164) Chi era il comandante delle truppe italiane durante la guerra italo-etiopica?

A. Rodolfo Graziani
B. Pietro Badoglio
C. Italo Balbo
D. Giovanni Messe
E. Luigi Capello

165) Come si chiamò il programma di riforme politiche varato dal presidente Franklin Delano Roosevelt per uscire dalla crisi economica iniziata con la Grande Depressione del 1929?

A. Nuova Politica Economica
B. New Deal
C. Piano Marshall
D. Piano Quinquennale
E. Stand-up America

166) Chi fu il dirigente a capo dell'ENI negli anni Cinquanta?

A. Giovanni Agnelli
B. Giangiacomo Feltrinelli
C. Enrico Mattei
D. Adriano Olivetti
E. Giancarlo Camerana

167) Chi era Mustafa Kemal Atatürk?

A. Gran Visir dell'Impero ottomano
B. Fondatore e primo presidente della Repubblica Turca
C. Un ammiraglio turco, di origine albanese
D. Il capo di stato maggiore dell'esercito ottomano durante la Prima guerra mondiale
E. Fondatore e primo presidente della Repubblica Greca

168) Quale tra i soggetti politici di seguito indicati non fu esponente della Sinistra storica?

A. Marco Minghetti

B. Agostino Depretis
C. Francesco Crispi
D. Benedetto Cairoli
E. Giuseppe Zanardelli

169) Chi fu l'ultimo segretario del Partito Comunista Italiano che ne sancì lo scioglimento al XX Congresso Nazionale e la contestuale costituzione del Partito Democratico della Sinistra (PDS)?

A. Enrico Berlinguer
B. Alessandro Natta
C. Fausto Bertinotti
D. Giorgio Napolitano
E. Achille Occhetto

170) Quale dei seguenti partiti non era rappresentato nell'Assemblea Costituente?

A. Partito d'Azione
B. Partito Socialista Italiano
C. Partito Nazionale Fascista
D. Democrazia Cristiana
E. Partito Liberale Italiano

171) In quale anno fu eletto come Presidente del PCUS Mikhail Gorbaciov?

A. Nel 1982
B. Nel 1985
C. Nel 1987
D. Nel 1991
E. Nel 1980

172) In quale nazione scoppiò il cosiddetto "affare Dreyfus"?

A. Austria
B. Belgio
C. Germania
D. Francia
E. Inghilterra

173) Quando e dove venne assassinato Lev Trotsky?

A. Nel 1929 ad Alma Ata
B. Nel 1940 a Città del Messico
C. Nel 1933 a Parigi
D. Nel 1944 a New York
E. Nel 1940 a San Pietroburgo

174) Come si chiamava la linea di fortificazioni in cemento, ostacoli anti-carro, postazioni di mitragliatrici e altre difese, che la Francia costruì lungo i suoi confini con la Germania?

A. Linea Maginot
B. Linea Gotica
C. Linea Sigfrido
D. Linea Barbara
E. Muraglia occidentale

175) In quale anno si svolse la crisi dei missili a Cuba?

A. 1962
B. 1958
C. 1969
D. 1975
E. 1960

176) Chi fu il politico italiano che propose nel 1944 alle forze antifasciste di cooperare con il governo Badoglio in un governo d'unità nazionale allo scopo di fronteggiare l'invasione dei tedeschi (Svolta di Salerno)?

A. Alcide De Gasperi
B. Ferruccio Parri
C. Palmiro Togliatti
D. Ugo La Malfa
E. Giovanni Spadolini

177) Quale fra i seguenti paesi non apparteneva al Patto di Varsavia siglato nel 1955?

A. Bulgaria
B. Jugoslavia
C. Cecoslovacchia
D. Polonia
E. Ungheria

178) Che cosa s'intende con "Operazione Overlord"?

A. L'attacco sovietico alla Finlandia
B. L'attacco tedesco alla Norvegia
C. La battaglia degli alleati a Montecassino
D. Lo sbarco in Normandia
E. Il bombardamento tedesco della città di Londra

179) Tra i sovrani di casa Savoia che regnarono in Italia dal 1861 al 1946, l'unico che poté fregiarsi anche dei titoli di Re d'Albania e Imperatore d'Etiopia fu:

A. Umberto II
B. Umberto I
C. Vittorio Emanuele II
D. Vittorio Emanuele III
E. Vittorio Emanuele I

180) Chi fu l'autore dei "Quaderni dal carcere"?

A. Giovanni Amendola
B. Piero Gobetti
C. Antonio Gramsci
D. Giacomo Matteotti
E. Sandro Pertini

181) Quando venne fondato l'Istituto per la Ricostruzione Industriale (IRI)?

A. 1922
B. 1933
C. 1950
D. 1961
E. 1946

182) Di quale partito italiano era un importante esponente Giovanni Spadolini?

A. Partito Socialista Italiano
B. Partito Liberale Italiano
C. Partito Repubblicano Italiano
D. Partito Socialista Democratico Italiano
E. Democrazia Cristiana

183) Charles De Gaulle al potere in Francia fonda la Quinta Repubblica. Che anno era?

A. 1958
B. 1962
C. 1946
D. 1968
E. 1950

184) All'insediamento del regime fascista chi viene nominato ministro della pubblica istruzione che attuerà una significativa riforma scolastica nel 1923?

A. Armando Diaz
B. Giuseppe Bottai
C. Alessandro Casati
D. Dino Grandi
E. Giovanni Gentile

185) Agli inizi degli anni Ottanta quale nazione tentò di occupare le isole Falkland?

A. Inghilterra
B. Argentina
C. Cile
D. Brasile
E. Spagna

186) Cosa designava il Concordato con la Chiesa firmato nel 1984 dall'allora Presidente del Consiglio Bettino Craxi?

A. La religione cattolica non era più riconosciuta come religione dello Stato italiano
B. Ribadiva senza sostanziali modifiche quanto era stato deciso dal precedente concordato del 1929
C. L'abolizione del foro ecclesiastico, della manomorta e del diritto d'asilo, di cui ancora godevano i luoghi consacrati
D. Riconosceva il Cattolicesimo come religione dello Stato italiano

E. Negazione degli effetti civili del vincolo matrimoniale celebrato in forma canonica

187) Giulio Andreotti è stato uno dei principali esponenti della Democrazia Cristiana. Per quante volte ha ricoperto l'incarico di Primo ministro?

A. Undici
B. Cinque
C. Sette
D. Nove
E. Tre

188) Da quale organizzazione internazionale fu espulsa l'URSS dopo l'invasione della Finlandia nel 1939?

A. Comunità Economica Eurasiatica
B. Fondo Monetario Internazionale
C. Nazioni Unite
D. Società delle Nazioni
E. Commonwealth

189) Che cosa avvenne il 12 dicembre 1969 in Italia?

A. Un tentativo di colpo di Stato (Golpe Borghese)
B. Il sequestro di Aldo Moro
C. La strage di Piazza Fontana
D. La caduta del governo democristiano guidato da Mariano Rumor
E. L'attentato a Giovanni Paolo II

190) Quale nuova organizzazione fu fondata a Milano il 23 marzo 1919?

A. Fronte nazionale
B. Fasci di combattimento
C. Partito nazionale
D. Ordine Nuovo
E. Brigate internazionali

191) Dal giugno 1942 al febbraio 1943 un gruppo di studenti cristiani tedeschi si oppose in modo nonviolento al regime della Germania nazista fino a quando non vennero arrestati, processati e condannati a morte mediante decapitazione. Come si faceva chiamare il gruppo?

A. Orchestra Rossa
B. Neu Beginnen (Nuovo Inizio)
C. Circolo di Kreisau
D. Rosa Bianca
E. Teste di cuoio

192) Da chi fu redatto il "Manifesto di Ventotene" durante il periodo di confino negli anni '40?

A. Altiero Spinelli ed Ernesto Rossi
B. Riccardo Bauer e Silvio Trentin
C. Carlo Rosselli e Nello Rosselli
D. Norberto Bobbio e Aldo Garosci
E. Sandro Pertini e Primo Levi

193) Di chi era la formula "il socialismo in un solo paese"?

A. Trotsky
B. Kamenev
C. Stalin
D. Bucharin
E. Lenin

194) Il 14 gennaio 1963, dopo circa un anno e mezzo di trattative, il generale De Gaulle pone ufficialmente il veto francese all'adesione alla CEE:

A. della Grecia
B. dell'Inghilterra
C. della Turchia
D. del Portogallo
E. dell'Italia

195) Quale industria venne nazionalizzata in Italia nel 1962?

A. L'Alitalia
B. Le poste italiane
C. Le Ferrovie dello Stato
D. L'industria elettrica (ENEL)

E. La Fiat

196) Da quale politico italiano fu scritto il "memoriale di Yalta"?

A. Pietro Nenni
B. Alcide De Gasperi
C. Palmiro Togliatti
D. Ferruccio Parri
E. Giulio Andreotti

197) In quale anno fu fondato lo Stato d'Israele?

A. 1935
B. 1948
C. 1961
D. 1975
E. 1945

198) Quanti giorni durò l'insurrezione popolare che condusse alla cacciata dei tedeschi dalla città di Napoli nel 1943?

A. Cinque giorni
B. Dieci giorni
C. Due settimane
D. Una settimana
E. Quattro giorni

199) Da quali nazioni venne combattuta la "guerra dei sei giorni" nel 1967?

A. Israele contro Egitto, Siria e Giordania
B. Israele contro Egitto, Siria e Libano
C. Israele contro Egitto e Libia
D. Egitto contro Giordania e Libano
E. Libano contro Giordania e Siria

200) In quale anno le truppe statunitensi si ritirarono dal Vietnam?

A. 1985
B. 1968
C. 1975
D. 1979
E. 1965

RISPOSTE CORRETTE

1) B	41) A	81) B	121) A	161) C
2) A	42) B	82) A	122) E	162) B
3) C	43) D	83) E	123) C	163) D
4) A	44) C	84) C	124) A	164) B
5) D	45) A	85) B	125) D	165) B
6) C	46) C	86) D	126) B	166) C
7) B	47) D	87) A	127) D	167) B
8) D	48) E	88) C	128) A	168) A
9) B	49) B	89) C	129) C	169) E
10) D	50) A	90) B	130) B	170) C
11) A	51) C	91) D	131) D	171) B
12) E	52) A	92) C	132) B	172) D
13) C	53) D	93) E	133) A	173) B
14) D	54) E	94) B	134) E	174) A
15) C	55) B	95) A	135) B	175) A
16) D	56) D	96) C	136) D	176) C
17) A	57) B	97) B	137) C	177) B
18) B	58) C	98) D	138) B	178) D
19) D	59) A	99) C	139) D	179) D
20) B	60) B	100) A	140) A	180) C
21) C	61) A	101) B	141) B	181) B
22) C	62) C	102) D	142) D	182) C
23) B	63) D	103) C	143) A	183) A
24) D	64) B	104) D	144) C	184) E
25) B	65) D	105) C	145) C	185) B
26) B	66) C	106) A	146) A	186) A
27) D	67) A	107) B	147) D	187) C
28) A	68) D	108) C	148) B	188) D
29) C	69) B	109) B	149) C	189) C
30) B	70) C	110) D	150) A	190) B
31) D	71) B	111) A	151) C	191) D
32) C	72) D	112) B	152) B	192) A
33) B	73) E	113) D	153) D	193) C
34) D	74) C	114) B	154) A	194) B
35) A	75) A	115) C	155) B	195) D
36) C	76) D	116) C	156) D	196) C
37) B	77) B	117) A	157) B	197) B
38) C	78) B	118) C	158) D	198) E
39) D	79) D	119) B	159) A	199) A
40) D	80) C	120) B	160) E	200) C

CAPITOLO 4
Filosofia

1) Chi distinse le virtù in due categorie, cioè virtù etiche e dianoetiche?

A. Platone
B. Plotino
C. Aristotele
D. Socrate
E. Nessuna risposta è corretta

2) Individuate l'abbinamento errato.

A. Darwin – Positivismo sociale
B. Husserl - Fenomenologia
C. Gentile - Attualismo
D. Boutroux - Contingentismo
E. Gioberti - Ontologismo

3) Chi propose la teoria contrattualistica dello Stato?

A. Pascal
B. Kant
C. Hobbes
D. Leibniz
E. Cartesio

4) Il linguaggio proposto da Neurath era chiamato:

A. materialista
B. essenzialista
C. fisicalista
D. esistenzialista
E. spiritualista

5) Chi opera la distinzione tra "apollineo" e "dionisiaco"?

A. Croce
B. Boutroux
C. Schelling
D. Nietzsche
E. Pascal

6) Individuate l'abbinamento errato.

A. Positivismo - Boutroux
B. Neoplatonismo - Plotino
C. Illuminismo - Rousseau
D. Neoidealismo - Croce
E. Esistenzialismo - Sartre

7) Chi tra i seguenti prese spunto dal razionalismo cartesiano?

A. Pascal
B. Spinoza
C. Leibniz
D. Tutti filosofi citati
E. Nessuno tra quelli citati

8) Una delle seguenti filosofie non è dell'età ellenistica, quale?

A. Lo scetticismo
B. L'epicureismo
C. Lo stoicismo
D. Il probabilismo
E. L'eleatismo

9) Chi fu arso sul rogo in Campo dei Fiori a Roma?

A. Bernardino Telesio
B. Tommaso Campanella
C. Niccolò Cusano
D. Marsilio Ficino
E. Giordano Bruno

10) Individuate tra i seguenti quale filosofo affermò che la realtà "emana" dall'Uno-Dio.

A. Pitagora

B. Platone
C. Aristotele
D. Sant'Agostino
E. Plotino

11) Chi tra i seguenti può essere considerato un esponente della scuola di Mileto?

A. Zenone di Elea
B. Eraclito di Efeso
C. Empedocle
D. Anassagora
E. Anassimene

12) Il concetto di "dotta ignoranza" è stato affermato da:

A. Bernardino Telesio
B. San Tommaso
C. Sant'Agostino
D. Marsilio Ficino
E. Niccolò Cusano

13) La filosofia di Giordano Bruno può essere definita per certi aspetti "panteistica" perché:

A. la natura costituisce tutta la realtà
B. Dio è in tutta la natura
C. l'uomo è parte della natura
D. rivaluta la natura
E. afferma che la vera realtà è quella ultraterrena

14) Lo scopo della filosofia cartesiana era di:

A. liberare il pensiero da ogni metafisica
B. fondare la nuova scienza
C. dimostrare che tutto, tranne il proprio pensare, può essere messo in discussione
D. liberare la filosofia da ogni possibile dubbio
E. scardinare l'aristotelismo

15) Individuate l'abbinamento esatto.

A. Destra hegeliana - Feuerbach
B. Sinistra hegeliana - Conradi
C. Empirismo - Locke
D. Strutturalismo - Sartre
E. Esistenzialismo - Lacan

16) Quali prove addusse Cartesio a dimostrazione dell'esistenza di Dio?

A. Le prove a posteriori addotte anche da San Tommaso
B. La sola prova "ex contigentia" addotta anche da San Tommaso
C. La sola prova ontologica già proposta da Sant'Anselmo
D. La prova cosmologica e la prova ontologica
E. La prova ideologica, la prova cosmologica e la prova ontologica

17) Quale dualismo propose Cartesio?

A. Il dualismo materia-forma
B. Il dualismo mondo delle idee-mondo sensibile
C. Il dualismo sostanza pensante-sostanza estesa
D. Il dualismo Dio-mondo
E. Il dualismo anima-corpo che caratterizza l'uomo

18) Chi, secondo Blaise Pascal, è sospeso tra miseria e grandezza?

A. Il mondo
B. L'uomo
C. Il peccatore
D. Il filosofo
E. Chi non crede in Dio

19) Su che cosa conviene scommettere, secondo Blaise Pascal?

A. Sull'esistenza di Dio
B. Sulla salvezza dell'uomo
C. Sul progresso della società

D. Sulla definitiva vittoria della libertà
E. Sulla definitiva vittoria della Chiesa

20) Quali attributi della sostanza divina sono conoscibili dall'uomo, secondo Baruch Spinoza?

A. L'onnipotenza e l'onniscienza
B. L'attività creatrice e la Provvidenza
C. Il pensiero e l'estensione
D. Le idee e le cose
E. Le Sacre Scritture

21) Qual è il punto d'approdo della filosofia empirista di David Hume, che sostiene l'impossibilità di una conoscenza avente caratteri di universalità e di necessità?

A. Il dogmatismo
B. Lo scetticismo
C. L'utilitarismo
D. L'affermazione che la scienza è l'unica forma possibile di conoscenza
E. La teologia

22) La filosofia degli Illuministi fu essenzialmente:

A. empirista
B. razionalista
C. utilitarista
D. idealista
E. eclettica

23) Quale dei seguenti caratteri non fu dell'Illuminismo?

A. Il razionalismo
B. Il cosmopolitismo
C. L'anticlericalismo
D. Il sensismo
E. Il misticismo

24) Quale delle seguenti opere non fu scritta da Kant?

A. Critica della ragion pura
B. Critica della ragion pratica
C. Critica del giudizio
D. L'ideologia tedesca
E. La fondazione della metafisica dei costumi

25) Da chi Kant affermò di essere stato svegliato dal "sonno dogmatico"?

A. Da Locke
B. Da Berkeley
C. Da Cartesio
D. Da Marx
E. Da Hume

26) Come furono definiti da Kant lo spazio e il tempo?

A. Schemi della mente
B. Forme a priori della sensibilità
C. Categorie dell'intelletto
D. Idee della metafisica
E. I fondamenti della scienza

27) Qual è la giusta partizione della celebre opera di Kant *Critica della ragion pura*?

A. "Estetica trascendentale", "Analitica trascendentale, "Fenomenologia dello Spirito"
B. "Estetica trascendentale", "Analitica trascendentale", "Dialettica trascendentale"
C. "Analitica trascendentale" e "Dialettica trascendentale"
D. "Estetica trascendentale", "Filosofia della Natura", "Dialettica trascendentale"
E. "Estetica trascendentale", "Analitica trascendentale", "Fondazione della metafisica dei costumi"

28) In quale ambito, secondo Kant, è possibile la conoscenza?

A. Nell'ambito della storia, perché questa è prodotta dall'uomo
B. Nel solo ambito scientifico

C. Nel solo ambito fenomenico
D. Esclusivamente per quanto riguarda il mondo umano
E. Nell'ambito della teologia

29) In quale parte della *Critica della ragion pura* Kant tratta dei paralogismi della psicologia, delle antinomie della cosmologia e delle prove teologiche dell'esistenza di Dio?

A. Nell'"Estetica trascendentale"
B. Nell'"Analitica trascendentale"
C. Nella "Dialettica trascendentale"
D. In nessuna in particolare, ma in tutta l'opera
E. In nessuna perché questi temi sono trattati in un'altra opera

30) Che cos'è il "noumeno" per Kant?

A. Dio
B. L'esperienza sensibile
C. La cosa in sé, che è puramente pensabile ma non conoscibile
D. Una qualsiasi idea dell'intelletto
E. L'intelletto, dal greco "nous "

31) Com'è la legge morale per Kant?

A. Categorica
B. Conforme alla norma divina
C. Relativa al tempo e al luogo
D. Fondata sull'utile individuale
E. Assoluta, universale e formale

32) Quale categoria di giudizi è esaminata nell'opera *Critica del giudizio*?

A. I giudizi determinanti
B. I giudizi analitici
C. I giudizi riflettenti
D. I giudizi sintetici
E. I giudizi sintetici a priori

33) Che cos'è lo Stato per Hegel?

A. È il risultato di un contratto sociale
B. È l'oggettivazione più alta dell'eticità
C. È una delle istituzioni dell'eticità
D. È l'organizzazione dell'egemonia della classe dominante
E. È il punto d'approdo del processo di realizzazione dello Spirito

34) Quali sono le manifestazioni dello Spirito Assoluto, secondo Hegel?

A. Nell'ordine, l'arte, la filosofia, la scienza
B. Nell'ordine, l'arte, la religione, lo Stato
C. Nell'ordine, l'arte, la religione, la filosofia
D. Nell'ordine, la religione, la politica, la filosofia
E. Nell'ordine, la famiglia, la Chiesa, lo Stato

35) Francis Bacon propose:

A. la teoria critica della società
B. la teoria degli idòla
C. il criticismo
D. l'esistenzialismo
E. la teoria degli universali

36) Che cosa Marx apprezzò di Hegel?

A. Il metodo dialettico
B. La storia come realizzazione dello Spirito
C. L'idealismo
D. La filosofia della Natura
E. L'affermazione che le istituzioni sono una realizzazione dello Spirito

37) Quali scelte di vita radicali sono possibili per Kierkegaard?

A. La vita estetica e la vita contemplativa
B. La vita nel mondo, l'ascesi e la vita per la scienza
C. La vita individuale e la vita sociale
D. La scelta estetica, la scelta etica e la scelta religiosa
E. La scelta sociale, la scelta estetica e la scelta etica

38) Quale dei seguenti filosofi non fu un positivista?

A. Auguste Comte
B. Herbert Spencer
C. Jeremiah Bentham
D. John Stuart Mill
E. Gabriel Marcel

39) Quale filosofo auspicò l'avvento di un "superuomo", non più asservito alla morale dei vinti e dei deboli?

A. Gentile
B. Darwin
C. Nietzsche
D. Hegel
E. Schopenhauer

40) Come definì Gioberti la propria filosofia?

A. Spiritualismo
B. Idealismo
C. Esistenzialismo
D. Intuizionismo
E. Ontologismo

41) Quale dialettica propose Benedetto Croce?

A. La dialettica degli opposti
B. La dialettica negativa
C. La dialettica trascendentale
D. La dialettica delle classi sociali
E. La dialettica dei distinti

42) Chi propose la filosofia dell'attualismo?

A. Giovanni Gentile
B. Benedetto Croce
C. Antonio Rosmini
D. Vincenzo Gioberti
E. Emile Boutroux

43) Com'è definita la filosofia di Boutroux?

A. Evoluzionismo spiritualistico
B. Positivismo
C. Spiritualismo
D. Contingentismo
E. Esistenzialismo

44) Com'è stato definito lo spiritualismo di Bergson?

A. Spiritualismo oggettivo
B. Spiritualismo evoluzionistico
C. Soggettivismo
D. Intuizionismo
E. Ontologismo

45) Chi teorizzò la società aperta?

A. I filosofi del Circolo di Vienna
B. Karl Popper
C. Ludwig Wittgenstein
D. La scuola di Francoforte
E. Herbert Marcuse

46) Quale dei seguenti filosofi non appartenne alla scuola di Francoforte?

A. Max Horkheimer
B. Theodor W. Adorno
C. Martin Heidegger
D. Herbert Marcuse
E. Erich Fromm

47) Chi disse "Io penso quindi esisto"?

A. Galilei
B. Hume
C. Aristotele
D. Cartesio
E. Newton

48) L'Athenaeum, usato per ospitare poeti, filosofi e letterati invitati a cimentarsi in dibattiti, aprì i battenti a Roma al tempo:

A. della dominazione bizantina
B. del re Tarquinio il Superbo
C. dell'imperatore Adriano
D. del consolato di Giulio Cesare
E. dell'imperatore Romolo Augustolo

49) Per Socrate il processo di apprendimento è aiutato da un metodo paragonabile alla:

A. retorica, ovvero la capacità di persuadere
B. maieutica, ovvero all'opera dell'artigiano
C. dialettica, ovvero all'arte del discorso
D. dialettica, intesa come tesi, antitesi, sintesi
E. maieutica, ovvero all'opera della levatrice

50) Come viene definita la terza parte del sistema filosofico di Hegel?

A. Filosofia dello spirito soggettivo
B. Fenomenologia dello spirito
C. Filosofia dello spirito assoluto
D. Filosofia dello spirito oggettivo
E. Critica della ragion pratica

51) Chi fu il principale esponente della scuola eleatica?

A. Parmenide
B. Socrate
C. Sant'Agostino
D. Talete
E. Democrito

52) Quale tra i seguenti pensatori non rientra tra i Presocratici?

A. I filosofi della Scuola di Mileto
B. I Pitagorici
C. I filosofi della Scuola Eleatica
D. Empedocle
E. Crisippo

53) Parmenide di Elea:

A. sostenne che la realtà naturale è formata dall'aggregarsi dei 4 elementi fondamentali: acqua, terra, aria e fuoco
B. sostenne che la realtà naturale è formata dalle omeomerie, particelle elementari o "semi" simili tra loro
C. sostenne che la realtà è mossa da una forza esterna, il "nous", che armonizza e disciplina il tutto
D. sostenne che se ragione ed essere coincidono, perché non si può pensare il nulla, l'essere è e il non-essere non è
E. sostenne che la realtà è mossa per l'azione di due forze contrarie: l'amore, aggregante, e l'odio, disgregante

54) Leucippo, uno dei fondatori della teoria atomistica della materia, fu il maestro di:

A. Parmenide
B. Eraclito
C. Democrito
D. Cartesio
E. Euripide

55) I Sofisti:

A. furono tra i primi a proporre una concezione meccanicistica e materialistica della realtà
B. furono tra i primi a sostenere che la conoscenza deriva dall'esperienza
C. furono tra i primi a negare l'esistenza di idee innate o di un pensiero a priori
D. furono tra i primi a privilegiare il ruolo della ragione nel processo conoscitivo
E. furono tra i primi a sistematizzare l'istruzione

56) Chi tra questi non fu uno dei più importanti sofisti del V secolo?

A. Protagora
B. Gorgia
C. Ippia di Elide
D. Prodico di Ceo
E. Zenone di Elea

57) Quale tra le seguenti affermazioni riguardo Socrate è falsa?

A. Nacque ad Atene nel 469 a.C.e morì nel 399

B. Dalla madre, levatrice, ricavò l'arte della maieutica, ovvero di dialogare per trovare dentro di sé la verità
C. La sua certezza consisteva nella validità universale e assoluta del bene
D. In Atene fondò la sua scuola, l'Accademia, che verrà chiusa per volere dell'imperatore bizantino Giustiniano
E. Socrate venne accusato nel 399 a.C. da alcuni personaggi vicini al regime democratico di non riconoscere gli dei di Atene e di corruzione dei giovani

58) Quale tra le seguenti affermazioni riguardo Platone è falsa?

A. Platone concepì le idee gerarchicamente: l'idea suprema è quella del Bene, che illumina tutte le altre idee
B. Alla base della filosofia di Platone è il dualismo tra mondo delle idee e mondo delle cose
C. La conoscenza per Platone procede attraverso quattro gradi: la sensazione, l'opinione, la matematica e la filosofia
D. Secondo Platone una repubblica ideale deve avere tre classi: i governanti, i guerrieri e i produttori.
E. Secondo Platone, Dio è unico e incorporeo logos creatore del mondo, poiché è il luogo delle idee divine, archetipi sui quali è modellata la creazione

59) Quale tra le seguenti opere non fu scritta da Platone?

A. Protagora
B. Apologia di Socrate
C. Saggi
D. Critone
E. Fedro

60) Chi è l'autore de *La Repubblica*?

A. Platone
B. Socrate
C. Epicuro
D. Democrito
E. Aristotele

61) Chi fondò ad Atene una sua scuola chiamata Liceo?

A. Platone
B. Aristotele
C. Zenone di Cizio
D. Plotino
E. Epicuro

62) Aristotele (indicare l'affermazione corretta):

A. nel 510 venne nominato console
B. accusato di tradimento dai suoi nemici venne incarcerato a Pavia e giustiziato
C. all'età di diciotto anni si trasferì ad Atene per studiare presso l'Accademia platonica, dove rimase per vent'anni, dapprima come allievo di Platone e poi come maestro
D. voleva realizzare una "città dei filosofi", Platonopoli, progetto osteggiato però dai consiglieri imperiali
E. partecipò attivamente alla vita politica della sua città, non solo combattendo in battaglia, ma entrando a far parte del Consiglio dei Cinquecento

63) Le principali correnti filosofiche dell'epoca alessandrina furono:

A. lo scetticismo, l'atomismo e lo stoicismo
B. lo scetticismo, l'epicureismo e l'empirismo
C. lo scetticismo, l'epicureismo e lo stoicismo
D. l'ermetismo, l'epicureismo e lo stoicismo

E. l'ermetismo, l'empirismo e lo stoicismo

64) Il maggior esponente della Scolastica fu:

A. Aristotele
B. Sant'Agostino
C. Marsilio Ficino
D. San Tommaso d'Aquino
E. Sant'Anselmo d'Aosta

65) In quale opera San Tommaso d'Aquino indica le cinque prove dell'esistenza di Dio?

A. In "Questioni disputate"
B. In "Summa Theologiae "
C. In "Commento alle sentenze"
D. In "L'ente e l'essenza"
E. In "L'unità dell'intelletto contro gli avvertisti"

66) Chi scrisse l'opera *Theologia platonica* (1469-74)?

A. Platone
B. Aristotele
C. Marsilio Ficino
D. Niccolò Cusano
E. Giordano Bruno

67) Niccolò Cusano, nella sua celebre opera *De docta ignorantia*, quale fondamentale concetto introdusse?

A. Quello secondo cui l'uomo è al centro del mondo e di ogni interesse
B. Quello secondo cui l'uomo è microcosmo e compendio dell'universo
C. Quello dell'esistenza di Dio nella natura
D. Quello del rapporto fede-ragione
E. Quello di universo infinito e privo di un centro, anzi dotato di infiniti centri

68) Il naturalismo rinascimentale ebbe tra i suoi principali esponenti:

A. Bernardino Telesio, Giordano Bruno e Tommaso Campanella
B. Niccolò Cusano, Giordano Bruno e Tommaso Campanella
C. Marsilio Ficino, Giordano Bruno e Tommaso Campanella
D. Bernardino Telesio, Marsilio Ficino e Tommaso Campanella
E. Bernardino Telesio, Niccolò Cusano e Giordano Bruno

69) Chi affermò per primo l'autonomia della scienza respingendo qualsiasi principio di autorità del sapere?

A. Francis Bacon
B. Giordano Bruno
C. Galileo Galilei
D. Cartesio
E. Aristotele

70) Quale tra le seguenti affermazioni riguardo Galileo Galilei non è esatta?

A. Può essere considerato il fondatore della scienza moderna
B. Affermò l'autonomia della scienza, evitando qualsiasi confusione tra religione e ricerca scientifica
C. È autore dell'opera "La nuova astronomia"
D. Fu attaccato dalla Chiesa e processato per aver riproposto la teoria eliocentrica di Copernico
E. Morì, malato e ormai cieco, l'8 gennaio 1642

71) Quale tra le seguenti affermazioni riguardo Cartesio non è esatta?

A. È considerato il padre della filosofia moderna per aver proposto un nuovo metodo di ricerca
B. Il suo vero nome è René Descartes, nacque nel 1548 e morì sul rogo in Campo dei Fiori a Roma, nel 1600

C. Il metodo che Cartesio cercò e che ritenne di aver trovato doveva avere 4 regole: quella dell'evidenza, quella dell'analisi, quella della sintesi e quella dell'enumerazione
D. "Cogito ergo sum", penso dunque sono, è la prima verità assolutamente certa
E. L'errore dipende dalla volontà umana, che è libera e quindi assai più estesa dell'intelletto

72) Secondo Pascal:

A. l'uomo è sospeso tra miseria e grandezza, non possiede la verità ma ne è alla continua ricerca
B. le idee derivano dall'esperienza, fonte di conoscenza e si distinguono in idee semplici e idee complesse
C. le cose consistono nel loro essere percepite e ogni oggetto non è che l'insieme di idee e impressioni che possediamo di esso
D. l'esperienza è fonte di ogni conoscenza
E. la scienza deve fondarsi su leggi universali e necessarie

73) L'espressione latina *homo homini lupus* ("l'uomo è un lupo per l'uomo") riassume la condizione dell'uomo nello stato di natura descritto da quale filosofo?

A. Baruch Spinoza
B. Blaise Pascal
C. Thomas Hobbes
D. Leibniz
E. John Locke

74) Chi scrisse il *Trattato teologico-politico*?

A. Thomas Hobbes
B. Galileo Galilei
C. Baruch Spinoza
D. Cartesio
E. Blaise Pascal

75) Quale tra le seguenti affermazioni riguardo Leibniz è falsa?

A. Individuò due diversi ordini di verità: le verità di ragione e le verità di fatto
B. Superando il dualismo di Cartesio e il monismo di Spinosa, propose la metafisica delle monadi
C. Riteneva che quello attuale è il migliore dei mondi possibili
D. La Monade suprema è Dio
E. Riteneva che la nostra conoscenza è puramente fenomenica, cioè noi conosciamo le cose per come ci appaiono

76) Locke, Berkeley e Hume possono considerarsi i più importanti:

A. empiristi
B. naturalisti
C. illuministi
D. idealisti
E. positivisti

77) L'opera *Critica della ragion pura* di Kant:

A. è divisa in due grandi parti: Critica della ragion pratica e Critica del giudizio
B. è divisa in due grandi parti: Ricerche sull'intelletto umano e Ricerche sui principi della morale
C. è divisa in due grandi parti: Dottrina degli elementi e Dottrina del metodo
D. è divisa in due grandi parti: Saggi morali e politici e Storia naturale della religione
E. è divisa in due grandi parti: Dialoghi sulla religione naturale e Storia d'Inghilterra

78) I tre più grandi esponenti dell'Idealismo sono:

A. Johann Gottlieb Fichte, Friedrich Wilhelm Schelling e G. Wilhelm Hegel

B. Johann Gottlieb Fichte, Ludwig Feuerbach e G. Wilhelm Hegel
C. Ludwig Feuerbach, Friedrich Wilhelm Schelling e G. Wilhelm Hegel
D. Arthur Schopenhauer, Friedrich Wilhelm Schelling e G. Wilhelm Hegel
E. Johann Gottlieb Fichte, Friedrich Wilhelm Schelling e Arthur Schopenhauer

79) Quali sono i tre momenti della dialettica hegeliana?

A. La tesi, la negazione e la sintesi
B. La tesi, l'analisi e la sintesi
C. La tesi, la contro-tesi e l'analisi
D. L'analisi, la teologia e la logica
E. La conoscenza, la negazione e la sintesi

80) Quale tra le seguenti affermazioni è falsa?

A. Ludwig Feuerbach fu il più importante esponente della cosiddetta Sinistra hegeliana
B. Secondo Ludwig Feuerbach Dio non è che l'essenza del desiderio mutata in realtà
C. Ludwig Feuerbach nacque nel 1804 e morì nel 1872
D. Le principali opere di Ludwing Feuerbach sono "Il Capitale" e il "Manifesto del partito comunista"
E. Uno dei concetti fondamentali della filosofia di Ludwig Feuerbach è quello di alienazione

81) Chi fu, insieme ad Engels, uno dei fondatori del socialismo scientifico?

A. Hegel
B. Marx
C. Schopenhauer
D. Feuerbach
E. Kierkegaard

82) Quali tra le seguenti affermazioni è falsa?

A. Il Positivismo è un movimento filosofico e culturale, caratterizzato da un'esaltazione della scienza, che nasce in Francia nella prima metà dell'Ottocento e che si impone, a livello europeo e mondiale, nella seconda parte del secolo
B. Il nome "positivismo" deriva dall'omonima opera di William James
C. Il Positivismo fu ispirato da un'incondizionata fiducia nella ragione scientifica
D. Si possono distinguere un positivismo sociale, un positivismo evoluzionistico e un positivismo utilitaristico
E. Il massimo esponente del positivismo sociale fu Auguste Comte

83) Chi è l'autore di *Così parlò Zarathustra*?

A. John Dewey
B. Friedrich Nietzsche
C. Sören Kierkegaard
D. Auguste Comte
E. Charles Robert Darwin

84) "L'Ente è e crea l'esistente e L'Esistente ritorna all'ente" è la doppia formula sulla quale si basa la metafisica di quale importante filosofo italiano?

A. Antonio Rossini
B. Vincenzo Gioberti
C. Benedetto Croce
D. Giovanni Gentile
E. Nessuno tra questi

85) Chi fu il fondatore della fenomenologia?

A. Edmund Husserl
B. Henry Bergson
C. Emile Boutroux
D. Karl Jaspers
E. Martin Heidegger

86) Karnap, Neurat e Schlick furono tra i maggiori esponenti di quale gruppo?

A. Il circolo di Vienna
B. La scuola di Francoforte
C. La scuola di Vienna
D. Il circolo di Francoforte
E. Nessuno di questi

87) Secondo Kant:

A. le categorie hanno un uso soltanto trascendentale
B. i concetti puri possono applicarsi ad intuizioni pure tramite gli schemi
C. spazio e tempo sono condizioni oggettive della sensibilità
D. il termine trascendentale significa che è fondato su forme a priori che non derivano dall'esperienza ma sono costitutive dell'esperienza stessa
E. nessuna delle affermazioni è attribuibile a Kant

88) Secondo Leibniz:

A. il principio di ragion sufficiente si applica alle verità contingenti, non a quelle di ragione
B. la sua concezione della sostanza coincide con quella di Aristotele
C. le verità di fatto hanno il loro fondamento nell'esperienza e obbediscono al principio di ragion sufficiente secondo il quale ogni evento ha una sua ragione che va ricercata nella serie di eventi che lo hanno preceduto
D. gli infiniti individui della stessa specie si distinguono solo grazie all'intelletto
E. le sostanze aumentano e diminuiscono per aggregazione e separazione

89) Secondo quale filosofo tutto è formato da atomi, persino l'anima?

A. Socrate
B. Democrito
C. Eraclito
D. Anassagora
E. Empedocle

90) Platone ricorre al noto "mito della caverna" per spiegare:

A. la divisione delle classi politiche
B. l'amore
C. il dualismo tra mondo delle idee e mondo delle cose
D. i diversi gradi della conoscenza
E. la morale

91) L'ipostasi è:

A. nella filosofia di Plotino (205-270 d.C.) e dei neoplatonici, ciascuna delle tre sostanze principali del mondo intelligibile (l'Uno, l'Intelletto e l'Anima)
B. tutto ciò che è relativo, contingente o storicamente determinato in entità assoluta, metafisica
C. il luogo ideale fuori dello spazio ove Platone colloca il mondo delle idee
D. la dottrina che ripone il bene nella felicità
E. la difficoltà o l'incertezza che incontra il ragionamento di fronte a due argomenti opposti entrambi possibili

92) *De docta ignorantia* è un'opera di:

A. Marsilio Ficino
B. Niccolò Cusano
C. Bernardino Telesio
D. Giordano Bruno
E. Platone

93) *Lettere provinciali* è un'opera di:

A. Hobbes
B. Spinoza
C. Pascal
D. Leibniz
E. Locke

94) Cosa intende Kant per “appercezione trascendentale”?

A. Una forma di coscienza universale che racchiude in sé la totalità dell’essere
B. L’atto unificatore dell’intelletto attraverso cui il soggetto conoscente prende coscienza di conoscere
C. La coincidenza di virtù e dovere
D. La comprensione di quei princìpi dimostrabili e chiari nella loro evidenza originaria
E. Una forma inferiore di sapere, poiché vede le cose dall’esterno, mettendone insieme le qualità senza coglierne la vera essenza

95) Quali sono, secondo San Tommaso d’Aquino, le cinque vie assolutamente razionali per dimostrare l’esistenza di Dio?

A. La via ex ignorantia, la via ex causa, la via ex contingentia, la via ex gradu e la via ex fine
B. La via ex motu, la via ex theologia, la via ex contingentia, la via ex gradu e la via ex fine
C. La via ex motu, la via ex causa, la via ex natura, la via ex gradu e la via ex fine
D. La via ex motu, la via ex causa, la via ex contingentia, la via ex gradu e la via ex fine
E. La via ex motu, la via ex causa, la via ex principia e la via ex fine

96) Quale filosofo fu a proporre la cosiddetta metafisica delle monadi?

A. Locke
B. Leibniz
C. Hume
D. Berkeley
E. Kant

97) Quali furono i maggiori esponenti del positivismo evoluzionistico?

A. Darwin e Spencer
B. Kierkegaard e Comte
C. Darwin e Comte
D. Kierkegaard e Spencer
E. Darwin e Kierkegaard

98) Qual è il nome della corrente di pensiero sviluppatasi a partire dagli anni Venti a Vienna e che ebbe come suoi fondatori un gruppo di studiosi conosciuto sotto il nome di “Circolo di Vienna”?

A. Esistenzialismo
B. Nuovo positivismo
C. Attualismo
D. Neopositivismo logico
E. Essenzialismo

99) Come si chiama la corrente filosofica sorta in Germania negli anni Venti, e sviluppatasi soprattutto in Francia dopo la seconda guerra mondiale, incentrata sulla nozione di esistenza come modo di essere peculiare dell’uomo?

A. Idealismo
B. Razionalismo
C. Esistenzialismo
D. Attualismo
E. Positivismo

100) Come si chiama la dottrina della conoscenza scientifica proposta dal filosofo Karl Popper?

A. Razionalismo critico
B. Razionalismo intuitivo
C. Razionalismo storico
D. Razionalismo epistemologico
E. Razionalismo essenziale

101) Chi scrisse la *Dialettica negativa*?

A. Max Horkheimer
B. Herbert Marcuse
C. Bertrand Russell

D. Theodor W. Adorno
E. Karl Popper

102) Chi è considerato il maggior esponente del contemporaneo "esistenzialismo cristiano"?

A. Ludwig Wittgenstein
B. Rudolf Karnap
C. Otto Neurath
D. Moritz Schlick
E. Gabriel Marcel

103) I più importanti esponenti del neoidealismo italiano furono:

A. Gioberti e Rosmini
B. Croce e Gentile
C. Croce e Rosmini
D. Gioberti e Gentile
E. Nessuno di questi

104) Chi volle definire la sua filosofia ontologismo?

A. Benedetto Croce
B. Antonio Rosmini
C. Vincenzo Gioberti
D. Giovanni Gentile
E. Antonio Aliotta

105) Cosa intende Marx con il termine "plusvalore"?

A. La differenza tra il valore prodotto dal lavoratore e il valore del suo salario
B. La somma del valore prodotto dal lavoratore e del suo salario
C. La differenza tra il valore del salario del lavoratore e quello del capitalista
D. La somma dei salari di tutti i lavoratori
E. Il valore del salario del capitalista

106) Quale filosofo riteneva che l'esperienza fosse la fonte di ogni conoscenza?

A. Kant
B. Schelling
C. Hegel
D. Fichte
E. Hume

107) La Scuola di Elea si sviluppò nella città di Elea, nella Magna Grecia, intorno alla figura di:

A. Zenone di Elea
B. Parmenide
C. Eraclito di Efeso
D. Empedocle
E. Anassagora

108) Che tipo di struttura esibiscono quasi tutte le opere di Platone?

A. Dialogica
B. Di saggi
C. Epistolare
D. Teatrale
E. Di romanzi

109) Epicuro, per liberare l'uomo da paure e timori e rendergli possibile la felicità, cosa propose?

A. La fede
B. L'ipostasi
C. La dottrina del tetrafarmaco
D. La dottrina dell'aponia
E. La dottrina dell'edonismo

110) Da cosa è rappresentato secondo Epicuro l'ideale etico?

A. Dall'amore
B. Dall'amicizia
C. Dall'atarassia
D. Dal piacere
E. Dall'ipostasi

111) Qual è quella dottrina filosofica che fa consistere la saggezza nel riconoscimento di un ordine razionale e provvidenziale del mondo, nell'adeguarsi a esso accettando con impassibilità i beni

e i mali che non dipendono dalla volontà dell'uomo, nel vincere le passioni in quanto contrarie alla ragione, nel considerare la virtù come unico vero bene e come sola felicità?

A. L'Epicureismo
B. Lo Stoicismo
C. Il Platonismo
D. Il Neoplatonismo
E. Lo Scetticismo

112) La riflessione di Sant'Agostino partiva dalla constatazione di cosa?

A. Dell'esistenza di Dio
B. Dell'immortalità dell'anima
C. Della fede
D. Del dubbio
E. Dell'ignoranza dell'uomo

113) Chi è considerato il primo filosofo dell'arte, in quanto scrisse un'apposita opera sulla questione dell'arte?

A. Platone
B. Aristolele
C. Epicuro
D. Cleante
E. Crisippo

114) Per gli Stoici il mondo è costituito da due principi materiali in stretto rapporto tra loro. Quali sono?

A. Il bene e il male
B. L'acqua e il fuoco
C. L'aria e la terra
D. Il fuoco e la materia
E. L'aria e l'acqua

115) Per Democrito, gli atomi, con la reciproca unione e separazione, determinano:

A. la nascita e la morte delle cose
B. la crescita e lo sviluppo delle cose
C. l'essere e il non essere delle cose
D. la trasformazione delle cose
E. la distruzione delle cose

116) Democrito ritiene che vi siano infiniti mondi che perpetuamente nascono e muoiono poiché:

A. gli atomi sono in numero limitato
B. esistono infiniti creatori
C. gli atomi sono infiniti
D. il numero di atomi cresce continuamente
E. gli atomi si muovono ad una elevata velocità

117) Galileo nacque nel secolo:

A. XIV
B. XV
C. XVI
D. XVII
E. XIII

118) Galileo ha inventato:

A. il metodo induttivo
B. il metodo sperimentale
C il metodo analitico
D. il metodo deduttivo
E. il metodo consequenziale

119) Galileo riteneva necessario verificare ripetutamente e con accuratezza:

A. solo le misure delle grandezze fisiche di una classe di fenomeni
B. solo il peso dei corpi
C. la durata dei fenomeni naturali
D. le leggi fisico-matematiche che riteneva di aver scoperto
E. l'attrito dinamico dei corpi

120) Secondo il pensiero di Leibniz:

A. l'esistenza di un creatore, parlando razionalmente, non è né chiara né certa, ma rimane un interrogativo
B. Dio è causa immanente di tutte le cose: non produce il mondo distaccandolo da sé, ma lo conserva in sé

C. la bontà, la verità e la giustizia sono tali solo perché Dio le ha determinate con un atto libero della sua volontà: se avesse voluto creare un mondo in cui i buoni fossero stati sempre infelici e i malvagi felici, questo sarebbe stato giusto
D. le verità di fatto hanno il loro fondamento nell'esperienza e obbediscono al principio di ragion sufficiente secondo il quale ogni evento ha una sua ragione, e una sola, che va ricercata nella serie di eventi che lo hanno preceduto
E. in un ipotetico stato di natura gli uomini tendono all'anarchia, per cui lo stato naturale dell'uomo è la "guerra di tutti contro tutti" ("bellum omnium contra omnes"), uno stato in cui "ogni uomo è lupo per gli altri uomini" ("homo homini lupus")

121) Parmenide affermava che:

A. la dimensione divina è inaccessibile agli uomini, ed è per questo che è necessario occuparsi di questioni più concrete, come la ricerca dell'utile comune
B. l'essere è unico, immutabile, immobile ed eterno, perché, se si ammettessero la molteciplità, il movimento e il divenire, si passerebbe continuamente dall'essere al non-essere e viceversa
C. proprio perché non tutto ciò che è pensato esiste, significa che non c'è corrispondenza tra pensare ed essere. Ciò implica che non vi è corrispondenza neanche tra essere e pensare: se l'essere, cioè, esistesse (considerata la non corrispondenza tra pensare ed essere) non sarebbe pensabile
D. ogni virtù corrisponde ad un sapere, ad una certezza priva di ombre e di dubbi
E. gli atomi si differenziano tra loro per misura e forma, contatto, per l'ordine in cui sono disposti e per la posizione in cui si trovano

122) Secondo Marx:

A. l'Assoluto, cioè il principio della realtà, si sviluppa con un processo che va dalla natura, cioè dal prevalere dell'oggettività (dal non-io), allo spirito, cioè al prevalere della soggettività (all'io, alla coscienza)
B. non c'è differenza tra "ratio essendi" e "ratio cognoscendi", le leggi del pensiero ci danno la realtà e se la dialettica è la legge del pensiero sarà anche la legge della realtà
C. alla base della credenza in Dio sta l'enigma dell'origine della vita: proprio perché non è spiegabile con cause naturali, l'uomo attribuisce tale origine a Dio
D. è l'uomo che pone un Dio metafisico, ma poi vive come se lui fosse stato posto da un Dio. Questo processo viene definito "ipostatizzazione" e altro non è che l'inversione fra soggetto e predicato
E. gli uomini, nel produrre i mezzi necessari alla loro sussistenza, si organizzano in classi dando vita a determinati rapporti sociali, che sono rapporti di proprietà

123) A proposito di quale filosofo parliamo di materialismo storico?

A. Marx
B. Schopenhauer
C. Kierkegaard
D. Comte
E. Bentham

124) A proposito di quale filosofo parliamo di Idealismo etico?

A. Schelling
B. Hegel
C. Fichte
D. Feuerbach
E. Marx

125) A proposito di quale filosofo parliamo di Idealismo estetico?

A. Schelling
B. Fichte
C. Hegel
D. Feuerbach
E. Marx

126) A proposito di quale filosofo parliamo di Idealismo assoluto?

A. Fichte
B. Schelling
C. Hegel
D. Feuerbach
E. Marx

127) Quale tra le seguenti è un esempio di teoria scientifica basata sulla falsificabilità?

A. La teoria delle stratificazioni sociali di Marx
B. La teoria dell'evoluzione di Darwin
C. La teoria eliocentrica di Copernico
D. La teoria del razionalismo critico di Popper
E. La teoria della psicologia individuale di Adler

128) Riguardo al rapporto tra fenomeno e noumeno, si può affermare che la posizione di Schopenhauer differisce da quella kantiana in quanto:

A. per Kant il fenomeno è l'unico dato conoscibile all'intelletto umano, e il noumeno non è pensabile neanche come puro concetto; per Schopenhauer il fenomeno è semplice apparenza mentre il noumeno può venir pensato, e razionalmente compreso, come "inconoscibile"
B. per Kant il fenomeno è l'unico dato conoscibile all'intelletto umano, e il noumeno assume la funzione di un concetto limite; per Schopenhauer, invece, il fenomeno, inteso come rappresentazione, è pura apparenza; e il noumeno, inteso come volontà, è in qualche modo esperibile
C. per Kant il fenomeno è semplice apparenza mentre il noumeno può venir pensato, come "inconoscibile"; per Schopenhauer il fenomeno è l'unico dato conoscibile all'intelletto umano, e il noumeno è pensabile come concetto-limite
D. per Kant il noumeno è l'unico dato conoscibile, il fenomeno è pura apparenza
E. le loro posizioni non differiscono

129) Il numero, per i Pitagorici, è il principio delle cose e consiste nella costanza del rapporto, non nel rapporto stesso. Si tratta, dunque, della scoperta della quantità costante che può essere colta solo:

A. dall'aritmetica
B. dall'intelletto
C. dalla sensibilità
D. dalla matematica
E. dalla scienza

130) Per i neopositivisti gli strumenti della scienza sono:

A. i questionari e le inchieste
B. l'essenzialismo e lo storicismo
C. linguaggio e logica
D. la ricerca empirica e lo sviluppo della tecnica
E. la razionalità scientifica e la tendenza empiristica

131) La differenza sostanziale tra il positivismo e il neopositivismo è data da:

A. il privilegio della razionalità
B. una maggiore rilevanza attribuita all'aspetto logico linguistico della scienza e una più marcata tendenza empiristica
C. una più marcata tendenza empiristica
D. l'esigenza della costruzione di un sistema unitario del sapere
E. non c'è alcuna differenza

132) La gnoseologia platonica si configura come una forma di innatismo in quanto:

A. colloca nell'Iperuranio la sede delle idee
B. sostiene che le idee siano stabili e universali
C. contrappone le idee alla conoscenza
D. sostiene che la conoscenza non deriva dai sensi ma dal possesso di forme ideali preesistenti l'esperienza
E. contrappone la scienza all'opinione

133) Quale dei seguenti filosofi non fu un presocratico?

A. Talete
B. Eraclito
C. Abelardo
D. Anassimandro
E. Anassagora

134) Il termine filosofia, dal greco "*philo-sophía*", letteralmente significa:

A. amore del sapere
B. amore per le lettere
C. amore per l'arte
D. amore per l'antichità
E. amore del pensiero

135) Parmenide affermò che:

A. tutto si trasforma, tutto scorre: non ci si può bagnare due volte nella stessa acqua
B. conosci te stesso
C. l'essere è e il non-essere non è
D. l'Ente crea l'esistente e l'esistente ritorna all'Ente
E. non bisogna aver paura della morte, perché quando c'è la morte non ci siamo noi e quando ci siamo noi non c'è la morte

136) I Sofisti si ritenevano maestri di:

A. dialettica
B. politica
C. saggezza
D. etica
E. psicologia

137) Chi dei seguenti filosofi non fu un Sofista?

A. Gorgia
B. Crizia
C. Protagora
D. Prodico
E. Anassimene

138) La maieutica socratica aveva come scopo:

A. aiutare l'interlocutore a trovare la verità dentro di sé
B. aiutare l'interlocutore a dire sempre la verità
C. raggiungere il Sommo Bene
D. coltivare l'arte del dialogo
E. praticare la virtù

139) Uno dei seguenti miti non fu utilizzato da Platone per spiegare il suo pensiero, quale?

A. Il mito di Eros
B. Il mito della caverna
C. Il mito della biga alata
D. Il mito del Demiurgo
E. Il mito di Adone

140) Platone bandiva dalla sua repubblica ideale:

A. i politici di professione
B. gli artigiani
C. i guerrieri
D. gli artisti
E. i filosofi

141) Quale tra le seguenti è l'espressione filosofica più diretta della crisi della società europea dopo la prima guerra mondiale?

A. Empirismo
B. Illuminismo
C. Criticismo
D. Esistenzialismo
E. Nessuna risposta è corretta

142) La scuola peripatetica fu fondata da:

A. Aristotele
B. Platone
C. Socrate
D. Zenone di Cizio
E. Talete

143) Che cos'è il "sinolo" per Aristotele?

A. Lo Stato ideale, unione del popolo e del suo monarca
B. Unione inscindibile di materia e forma
C. Unione inscindibile di potenza e atto
D. L'individuo-uomo, unione inscindibile di anima e corpo
E. L'idea nella sua universalità

144) Tra le seguenti definizioni di Dio, quale non fu data da Aristotele?

A. Atto puro
B. Pensiero di pensiero
C. Forma pura
D. Motore immobile
E. Creatore

145) In quale opera appartenente al naturalismo rinascimentale si sostiene che la natura va indagata direttamente secondo i suoi stessi principi e viene proposta l'osservazione diretta della realtà, "servendosi dei sensi"?

A. In "De docta ignorantia" di Niccolò Cusano
B. In "Gli eroici furori" di Giordano Bruno
C. In "De rerum natura iuxta propria principia" di Bernardino Telesio
D. In "De libero arbitrio" di Sant'Agostino
E. In "Città del Sole" di Tommaso Campanella

146) Quale filosofo attribuì all'arte una funzione di catarsi?

A. Platone
B. Aristotele
C. Socrate
D. Empedocle
E. Seneca

147) *Atarassia* nel pensiero epicureo indica:

A. l'assenza di passioni
B. la mancanza di criteri di scelta
C. l'assenza di preoccupazioni
D. la paura della verità
E. lo stato di imperturbabilità del saggio

148) Il *dialogo* per Socrate:

A. è un piacere della vita
B. è innanzitutto uno strumento di persuasione
C. mira a raggiungere una verità oggettiva
D. mira a scacciare il dubbio
E. serve a creare confusione e incertezza nell'interlocutore

149) Qual è il significato del termine "epoché"?

A. Neutralità
B. Carattere di un periodo storico
C. Giudizio
D. Sospensione del giudizio
E. Negazione

150) L'affermazione "nessuno commette il male volontariamente" è riferibile al pensiero di:

A. Socrate
B. Platone
C. Aristotele
D. Tommaso d'Aquino
E. Protagora

151) La "monade" per Leibniz è:

A. unità divisibile della sostanza spirituale
B. sostanza composta di parti
C. atomo materiale
D. unità indivisibile della sostanza spirituale
E. nessuna definizione risulta corretta

152) Affermando dell'Assoluto di Schelling che era come "la notte in cui tutte le vacche sono nere", Hegel intendeva criticare:

A. la concezione dell'Assoluto come unità indistinta di Natura e Spirito
B. l'impossibilità di conoscere l'Assoluto sia con l'intelletto che con la ragione
C. la concezione dell'Assoluto come distinzione tra natura e spirito
D. l'intenzione di sottovalutare la Natura a favore del primato dello Spirito
E. nessuna risposta è corretta

153) Quale dei seguenti filosofi ha scritto una lettera sulla tolleranza?

A. Descartes
B. Roscellino
C. Locke
D. Kant
E. Hobbes

154) Come terza prova dell'esistenza di Dio Descartes propone una rielaborazione dell'argomento ontologico di:

A. Socrate
B. Agostino
C. Anselmo d'Aosta
D. Duns Scoto
E. Platone

155) Nella filosofia di Aristotele il termine "sostanza prima" significa:

A. anima
B. Dio
C. genere
D. individuo
E. spirito

156) Il termine "dialettica" nel pensiero del celebre filosofo Aristotele significa:

A. sintesi di idee contrapposte
B. procedimento razionale non dimostrativo
C. tecnica dell'argomentazione corretta
D. arte di vivere in modo felice
E. ragionamento risolutivo

157) Nel pensiero di Plotino la materia è:

A. dotata di anima
B. assoluta privazione
C. la prima ipostasi
D. estensione e movimento
E. nessuna definizione risulta corretta

158) Quale filosofo medievale ha sostenuto il principio dell'analogicità dell'essere?

A. Tommaso d'Aquino
B. Platone
C. Abelardo

D. Ockham
E. Epicuro

159) "Al governo devono andare persone che non amino governare". Si tratta di una citazione di:

A. Platone
B. Epicuro
C. Zenone
D. Seneca
E. Aristotele

160) In che cosa consiste il "giusnaturalismo"?

A. In una dottrina che scredita il diritto naturale
B. In una dottrina che sostiene l'esistenza di norme di diritto naturale anteriori a ogni norma di diritto positivo
C. In una dottrina che sostiene la legittimità delle norme del diritto positivo e la loro superiorità in caso di conflitto con quelle del diritto naturale
D. In un'azione di controllo da parte dello Stato sugli atti della Chiesa e sulle materie che non riguardano la fede
E. In una dottrina che non riconosce l'esistenza del diritto naturale

161) Per quale filosofo l'ascesa all'Uno avviene attraverso l'esaltazione delle facoltà umane, chiamata "eroico furore"?

A. Platone
B. Bruno
C. Campanella
D. Nietzsche
E. Kant

162) Con il termine "antinomia" Kant intende:

A. il conflitto tra ragione e sentimento
B. il conflitto tra virtù e felicità per il raggiungimento della santità
C. il contrasto tra imperativi categorici e imperativi ipotetici
D. il conflitto della ragione con se stessa a causa dei suoi procedimenti
E. nessuna definizione risulta corretta

163) Tra le voci elencate, che si riferiscono alla natura delle "idee" in Platone, individuare l'affermazione errata:

A. sono modelli eterni e immutabili delle cose sensibili
B. costituiscono l'essenza delle cose
C. sono l'oggetto del sapere vero, colto dalla sola intelligenza
D. sussistono solo in unione con le realtà sensibili
E. sono tutte affermazioni corrette

164) Quale tra i filosofi sotto indicati affermò che l'anima è l'"*entelechia* di un corpo organico"?

A. Aristotele
B. Platone
C. Epicuro
D. Socrate
E. Democrito

165) "I felici sono felici per il possesso della giustizia e della temperanza e gli infelici per il possesso della cattiveria". Quale dei seguenti filosofi così connette la felicità alla virtù anziché al piacere?

A. Socrate
B. Aristotele
C. Platone
D. Epicuro
E. Empedocle

166) Che cosa sono le "Idee" di cui parla Platone?

A. Gli esemplari eterni degli oggetti sensibili
B. I concetti presenti nella mente umana

C. Le norme assolute dell'agire
D. I principi a priori della conoscenza umana
E. Nessuna definizione risulta corretta

167) Quale secolo vide il massimo sviluppo della Scolastica?

A. XV secolo
B. III secolo
C. XIII secolo
D. XVIII secolo
E. XVI secolo

168) Eraclito poneva l'origine del mondo:

A. nell'acqua
B. nell'aria
C. nella terra
D. nel divenire continuo delle cose
E. nella staticità delle cose

169) "Non far passare la fede in primo luogo è presunzione, ma non far appello in seguito alla ragione è negligenza". Quale filosofo scrisse queste parole, attraverso le quali egli affermò il primato della fede sulla ragione (*credo ut intelligam*) e considerò l'approfondimento razionale come coronamento della fede (*fides quaerens intellectum*)?

A. San Tommaso d'Aquino
B. Sant'Anselmo d'Aosta
C. Bacone
D. Sant'Agostino
E. Marsilio Ficino

170) La legge di natura è per Hobbes:

A. la legge del più forte
B. un insieme di precetti scoperto dalla ragione
C. il diritto all'uso della forza
D. il diritto di ciascun individuo sugli altri individui umani
E. l'insieme delle norme sociali

171) Quale filosofo parla di "bene sommo" per indicare la coincidenza di virtù e felicità?

A. Hobbes
B. Sant'Agostino
C. Pascal
D. Kant
E. Habermas

172) Chi ha scritto "agisci in modo che la massima della tua volontà possa sempre valere nello stesso tempo come principio di una legislazione universale"?

A. Moore
B. Sant'Agostino
C. Ricoeur
D. Kant
E. Rousseau

173) Che cosa intende Kant per "eteronomia"?

A. La morale altruistica
B. L'obbligazione etica derivante dal volto di altri
C. La dipendenza della volontà dal desiderio e dall'oggetto del desiderio
D. La facoltà di iniziare da sé la serie dei propri effetti
E. La distinzione tra analisi e sintesi

174) Quale dottrina formularono i due filosofi greci Leucippo e Democrito?

A. L'idealismo
B. Lo strutturalismo
C. L'animismo
D. L'atomismo
E. Lo strumentalismo

175) Quale tra i seguenti filosofi sostenne le famose tre tesi apparentemente paradossali, e cioè che nulla esiste, che se anche qualcosa esistesse sarebbe inconoscibile, e che se anche fosse conoscibile non sarebbe esprimibile e comunicabile agli altri, tesi che in realtà

documentano una complessa polemica contro la filosofia eleatica in quanto filosofia dell'unico essere e della verità?

A. Eraclito
B. Zenone
C. Protagora
D. Gorgia
E. Parmenide

176) Il *Proslogion* è un'opera di:

A. Agostino
B. Anselmo d'Aosta
C. Boezio
D. Bonaventura da Bagnoregio
E. Tommaso d'Aquino

177) In quale delle seguenti correnti filosofiche può essere collocato il pensiero di Seneca?

A. Epicureismo
B. Scetticismo
C. Stoicismo
D. Atomismo
E. Seneca non appartiene ad alcuna corrente di pensiero

178) Quale dei seguenti positivisti distinse, nell'ambito della sociologia, la statica, che esamina le condizioni dell'ordine sociale, e la dinamica, che studia invece il progresso, i mutamenti e quindi la filiazione delle idee?

A. Hobbes
B. Saint-Simon
C. Comte
D. Stuart Mill
E. Non sono positivisti i filosofi citati

179) Nell'opera filosofica di Pascal, che cosa si intende per "*esprit de finesse*"?

A. L'interesse dell'uomo per gli studi in ambito morale e gnoseologico
B. Lo spirito di contraddizione presente nella mente degli uomini illustri, animati dal desiderio di innovazione e cambiamento
C. La facoltà attraverso cui l'uomo riesce a cogliere le verità della religione e della morale
D. Il gusto estetico proprio degli uomini e delle epoche storiche dell'umanità
E. L'interesse dell'uomo per lo sviluppo tecnologico

180) Quale, tra questi filosofi, autore del *Novum Organum*, fu il promotore di un rinnovamento della filosofia e della scienza, che non è più intesa come contemplazione della natura ma come dominio operativo su di essa?

A. Bacone
B. Cartesio
C. Galileo
D. Liebmann
E. Locke

181) Quale filosofo propone come "morale provvisoria" obbedire alle leggi del proprio paese, essere risoluti e coerenti, vincere piuttosto se stessi che la fortuna?

A. Agostino di Ippona
B. Zenone lo stoico
C. Kierkegaard
D. Cartesio
E. Comte

182) Quale filosofo del Settecento ha identificato la natura umana – non più "sostanza" – con il sentimento, l'abitudine, la credenza e ha ritenuto la ragione una specie di istinto che porta l'uomo a chiarire ciò che si accetta e si crede?

A. Voltaire
B. Rousseau
C. Hume
D. Kant
E. Montesquieu

183) Quale tra questi concetti è centrale nella filosofia di Sören Kierkegaard?

A. Il concetto di classe
B. Il concetto di essenza
C. Il concetto di Dasein
D. Il concetto di esistenza
E. Il concetto di religione

184) Chi ha detto "l'esistenzialismo è un umanismo"?

A. Rousseau
B. Heidegger
C. Barth
D. Sartre
E. Marx

185) Chi ha scritto *L'unico e la sua proprietà*?

A. Proudhon
B. Feuerbach
C. Stirner
D. Kierkegaard
E. Horkheimer

186) La gnoseologia è:

A. l'indagine filosofica sulla conoscenza
B. lo studio dell'animo umano
C. la fase iniziale dell'indagine scientifica
D. l'indagine filosofica sulla verità
E. lo studio del linguaggio

187) Chi ha introdotto la nozione di "rottura epistemologica"?

A. Stirner
B. Kuhn
C. Popper
D. Bachelard
E. Sartre

188) Quale di questi autori ha trattato il tema della "malafede"?

A. Sartre
B. Kierkegaard
C. Pascal
D. Camus
E. Nessuno tra quelli citati

189) Lo strumentalismo è la dottrina filosofica formulata da:

A. Kant
B. Bergson
C. Sartre
D. Dewey
E. Adorno

190) Lukàcs con "coscienza di classe" intende:

A. la consapevolezza di appartenenza a un gruppo
B. la consapevolezza della realtà sociale e delle sue contraddizioni
C. la convinzione dell'impossibilità di alleanze fra borghesia e proletariato
D. la militanza nei partiti di massa della borghesia o del proletariato
E. l'idea che la realtà si muova in un'unica direzione

191) Il celebre "paradosso delle classi" fu formulato da:

A. Wittgenstein
B. Frege
C. Boole
D. Russell
E. Carnap

192) Jaspers ha svolto, nel 1946, una requisitoria sulle responsabilità del popolo tedesco di fronte al nazismo con lo scritto:

A. Il buio tedesco
B. Dell'origine e del fine della storia
C. La colpa della Germania
D. L'autoaffermazione dell'Università tedesca
E. Cecità

193) "Anapodittico" significa:

A. falso
B. evidente, che non necessita di dimostrazione
C. suscettibile di dimostrazione
D. contraddittorio
E. ambiguo

194) "Il mondo è tutto ciò che accade". Si tratta di una citazione di:

A. Wittgenstein
B. Deleuze
C. Aristotele
D. Heidegger
E. McLuhan

195) Nel pensiero di Schopenhauer il suicidio è:

A. una forma di liberazione
B. un atto di viltà
C. una delle massime manifestazioni della volontà di vivere
D. un atto di ribellione
E. un atto di presunzione

196) Il "feticismo delle merci" fu analizzato da:

A. Marx nel "Capitale"
B. Freud in "Totem e tabù"
C. Marx nell'"Ideologia tedesca"
D. Lenin in "Materialismo ed empiriocriticismo"
E. Nietzsche in "Così parlò Zarathustra"

197) Quale di queste opere non è di Sartre?

A. La nausea
B. Le mani sporche
C. A porte chiuse
D. Dietro il muro
E. L'età della ragione

198) A causa della tecnica possono andare smarrite sia l'essenza dell'uomo che l'essenza della verità. *La questione della tecnica* è un saggio del 1953 di:

A. Scheler
B. Lévinas
C. Heidegger
D. Habermas
E. Gadamer

199) "Dove *voi* vedete cose ideali, *io* vedo cose umane, ahi troppo umane". Così si è espresso:

A. Schopenhauer
B. Kierkegaard
C. Feuerbach
D. Nietzsche
E. Benjamin

200) Quale filosofo parla di "evoluzione creatrice"?

A. Heidegger
B. Husserl
C. Bergson
D. Sartre
E. Freud

RISPOSTE CORRETTE

1) C	41) E	81) B	121) B	161) B
2) A	42) A	82) B	122) E	162) D
3) C	43) D	83) B	123) A	163) D
4) C	44) D	84) B	124) C	164) A
5) D	45) B	85) A	125) A	165) C
6) A	46) C	86) A	126) C	166) A
7) D	47) D	87) D	127) D	167) C
8) E	48) C	88) C	128) B	168) D
9) E	49) E	89) B	129) B	169) B
10) E	50) C	90) D	130) C	170) B
11) E	51) A	91) A	131) B	171) D
12) E	52) E	92) B	132) D	172) D
13) B	53) C	93) C	133) C	173) C
14) C	54) C	94) B	134) A	174) D
15) C	55) E	95) D	135) C	175) D
16) E	56) E	96) B	136) C	176) B
17) C	57) D	97) A	137) E	177) C
18) B	58) E	98) D	138) A	178) C
19) A	59) C	99) C	139) E	179) C
20) C	60) A	100) A	140) D	180) A
21) B	61) B	101) D	141) D	181) D
22) B	62) C	102) E	142) A	182) C
23) E	63) C	103) B	143) B	183) D
24) D	64) D	104) C	144) E	184) D
25) E	65) B	105) A	145) C	185) C
26) B	66) C	106) E	146) B	186) A
27) B	67) B	107) B	147) E	187) D
28) C	68) A	108) A	148) E	188) A
29) C	69) C	109) C	149) D	189) D
30) C	70) C	110) C	150) A	190) B
31) E	71) B	111) B	151) D	191) D
32) C	72) A	112) D	152) A	192) C
33) B	73) C	113) B	153) C	193) B
34) C	74) C	114) D	154) C	194) A
35) B	75) E	115) A	155) D	195) C
36) A	76) A	116) C	156) B	196) A
37) D	77) C	117) C	157) B	197) D
38) E	78) A	118) B	158) A	198) C
39) C	79) A	119) D	159) A	199) D
40) E	80) D	120) D	160) B	200) C

CAPITOLO 5
Storia dell'arte

1) L'affresco raffigurante il *Trionfo della divina Provvidenza* a Palazzo Barberini a Roma è di:

A. Salvator Rosa
B. Carlo Maratta
C. Pietro da Cortona
D. Annibale Carracci
E. Luca Giordano

2) Chi è l'autore del trattato *De architectura* del I secolo a.C.?

A. Strabone
B. Tolomeo
C. Tacito
D. Virgilio
E. Vitruvio

3) Il tempio greco era detto periptero quando:

A. la cella presentava un colonnato antistante
B. la cella presentava un colonnato sia sul fronte sia sul retro
C. la cella era completamente circondata da una doppia fila di colonne
D. la cella era completamente circondata da una fila di colonne
E. nessuna delle alternative è corretta

4) Quale dei seguenti artisti NON appartiene al movimento dell'Art Nouveau?

A. Gustav Klimt
B. Victor Horta
C. Henry van de Velde
D. Paul Cézanne
E. Otto Wagner

5) Dipinse *Amor Sacro* e *Amor Profano*:

A. Giorgione
B. Dalí
C. Ingres
D. Tiziano
E. Giovanni Bellini

6) Il dipinto raffigurante *Il Bacio* del 1859 è stato realizzato da:

A. Pablo Picasso
B. Francesco Hayez
C. Giovanni Segantini
D. Pellizza da Volpedo
E. Gustav Klimt

7) Il Cenacolo di Leonardo da Vinci si trova a:

A. Parigi, al Louvre
B. Firenze, nella Chiesa di Santa Maria Novella
C. Pisa, nel Duomo
D. Milano, nel Refettorio di Santa Maria delle Grazie
E. Roma, nei Musei Vaticani

8) Sant'Apollinare in Classe è a:

A. Siena
B. Roma
C. Ravenna
D. Firenze
E. Padova

9) *La Primavera* di Botticelli è conservata al/alla:

A. Galleria Palatina (Firenze)

B. Louvre (Parigi)
C. Galleria degli Uffizi (Firenze)
D. National Gallery (Londra)
E. Mauritshuis Royal Picture Gallery (L'Aja)

10) Ha avuto un "periodo blu":

A. Kokoschka
B. Klimt
C. Die Brücke
D. Picasso
E. Van Gogh

11) In quale museo è conservata la *Venere di Milo?*

A. National Gallery (Londra)
B. Louvre (Parigi)
C. Galleria degli Uffizi (Firenze)
D. British Museum (Londra)
E. Staatliche Museen (Berlino)

12) "Tecnica pittorica che consiste nello stendere colori diluiti in acqua su uno strato di intonaco fresco che, asciugandosi, forma una superficie dura e compatta che fissa il colore". A quale tecnica si riferisce la precedente definizione?

A. Graffito
B. Calcografia
C. Gouache
D. Acquerello
E. Affresco

13) Fidia è:

A. l'autore del David
B. l'autore del Partenone
C. l'episkopos/direttore dei lavori del Partenone
D. lo scultore delle metope del tempio di Olympia
E. l'autore del Discobolo

14) Tra il 1787 e il 1791, Antonio Canova esegue a Roma un famoso monumento funerario. Si tratta del:

A. monumento a Maria Cristina d'Austria
B. monumento a Paolina Borghese
C. monumento a Clemente XIII
D. monumento a Innocenzo XII
E. monumento a Gregorio XIII

15) Giotto da Bondone eseguì alcuni cicli di affreschi. Quale di questi non gli appartiene?

A. Storie della Vita di San Francesco, Assisi
B. Cappella Bardi e Peruzzi, Firenze, Santa Croce
C. Storie della vita di Cristo, Padova, Cappella dell'Arena
D. Allegoria del Buono e del Cattivo Governo, Siena
E. Nessuno tra quelli citati

16) Pittore surrealista belga autore tra l'altro de *L'impero delle luci*:

A. Charles Braque
B. Marc Chagall
C. René Magritte
D. André Breton
E. Paul Cézanne

17) Annibale Carracci affresca a Roma nel 1597-1602 la Galleria Farnese. Tra i temi rappresentati nel ciclo di affreschi vi è:

A. Ricchezza e povertà
B. La Carità Romana
C. Susanna e i vecchioni
D. Polifemo
E. La caduta dei Giganti

18) A dare il via al fenomeno dell'iconoclastia fu:

A. l'imperatore Costantino

B. il Concilio di Nicea
C. l'imperatrice bizantina Irene
D. l'imperatore bizantino Leone V l'Armeno
E. l'imperatore bizantino Leone III

19) Quale ordine architettonico fu ideato dai Romani?

A. Ordine tuscanico
B. Ordine dorico
C. Ordine corinzio
D. Ordine composito
E. Ordine ionico

20) Il *vaso François* è il capolavoro della:

A. arte moderna
B. arte geometrica
C. arte ellenistica
D. età arcaica
E. ceramica a figure rosse

21) L'affresco raffigurante la *Nascita della Vergine* del 1513 nel Chiostro dei Voti della Santissima Annunziata a Firenze è stato eseguito da:

A. Cesare Cesariano
B. Andrea Orcagna
C. Paolo Uccello
D. Domenico Ghirlandaio
E. Andrea del Sarto

22) Quale tra questi pittori appartiene alla corrente divisionista?

A. Giovanni Boldini
B. Giovanni Fattori
C. Tranquillo Cremona
D. Giovanni Segantini
E. Nessuno tra quelli citati

23) Quale tra questi pittori appartiene al movimento dei *Fauves*?

A. Pablo Picasso
B. Henri de Toulouse Lautrec
C. Pierre Bonnard
D. Maurice Denis
E. André Derain

24) Quale di questi musei francesi ospita prevalentemente collezioni d'arte contemporanea?

A. Musée du Louvre
B. Musée Jacquemart-André
C. Musée National de Cluny
D. Musée d'Orsay
E. Nessuna delle risposte è corretta

25) Quale di questi artisti fa parte del gruppo dei pittori del futurismo?

A. Adriano Cecioni
B. Angelo Morbelli
C. Antonio Mancini
D. Virgilio Guidi
E. Gino Severini

26) *La Storia di Nastagio degli Onesti*, tratta da una novella del *Decamerone* di Boccaccio, è stata dipinta da:

A. Piero della Francesca
B. Domenico Ghirlandaio
C. Sandro Botticelli
D. Paolo Uccello
E. Pinturicchio

27) *L'Assunzione della Vergine* di Tiziano del 1516-18 è conservata a:

A. Palazzo Farnese, Roma
B. Scuola di San Rocco, Venezia
C. Galleria Borghese, Roma
D. Gallerie dell'Accademia, Venezia
E. Santa Maria dei Frari, Venezia

28) Artemisia Gentileschi, pittrice caravaggesca figlia di Orazio, è protagonista di un celebre processo per stupro contro un pittore del suo tempo. Si tratta di:

A. Isidoro Bianchi
B. Taddeo Zuccari
C. Giovanni Lanfranco

D. Guido Reni
E. Agostino Tassi

29) Il *ritratto di Alessandro Magno* è opera di:

A. Skopas
B. Fidia
C. Policleto
D. Lisippo
E. Prassitele

30) Il dipinto fiammingo *Veduta di Delft* (1659-60) è opera di:

A. Pieter De Hooch
B. Jan Vermeer
C. Jan Davidsz de Heem
D. Franz Hals
E. Gerrit Van Honthorst

31) Gli affreschi raffiguranti il Buono e il Cattivo Governo nel Palazzo Pubblico di Siena furono realizzati da:

A. Stefano Fiorentino
B. Ambrogio Lorenzetti
C. Giotto di Bondone
D. Simone Martini
E. Sano di Siena

32) Una cuspide è:

A. un tipo di scultura
B. un arredo di sacrestia
C. un dipinto a più scomparti
D. un elemento architettonico
E. un elemento decorativo

33) Nel seguente elenco di famosi musei, abbinati alle città che li ospitano, c'è un errore. Quale?

A. Prado – Madrid
B. Capodimonte – Napoli
C. Metropolitan – New York
D. Ermitage – Mosca
E. Bargello – Firenze

34) Si collochino nel giusto ordine cronologico i seguenti movimenti artistici.

A. Pop Art, Espressionismo, Impressionismo, Neoclassicismo
B. Impressionismo, Pop Art, Espressionismo, Neoclassicismo
C. Neoclassicismo, Impressionismo, Espressionismo, Pop Art
D. Impressionismo, Espressionismo, Neoclassicismo, Pop Art
E. Neoclassicismo, Impressionismo, Pop Art, Espressionismo

35) Quale tra questi pittori fa parte del movimento degli espressionisti?

A. Claude Monet
B. Edgar Degas
C. Georg Grosz
D. Pierre Auguste Renoir
E. Edvard Munch

36) Il grande dipinto raffigurante *Il Quarto Stato* è stato realizzato nel 1901 da:

A. Telemaco Signorini
B. Francesco Hayez
C. Giovanni Segantini
D. Pellizza da Volpedo
E. Giovanni Fattori

37) Quale dei seguenti architetti ha legato il suo nome al Bauhaus?

A. Le Corbusier
B. Frank Lloyd Wright
C. Giles Gilbert Scott
D. Walter Gropius
E. Alvar Aalto

38) La Basilica di San Vitale è a:

A. Genova
B. Roma
C. Ravenna
D. Firenze
E. Padova

39) La *Monna Lisa* di Leonardo è conservata al:

A. British Museum (Londra)
B. Louvre (Parigi)
C. Galleria degli Uffizi (Firenze)
D. National Gallery (Londra)
E. Mauritshuis Royal Picture Gallery (L'Aja)

40) Il noto dipinto *Le déjeuner sur l'herbe* è stato realizzato nel 1863 da:

A. Pierre Auguste Renoir
B. Claude Monet
C. Edouard Manet
D. Eugène Delacroix
E. Théodore Géricault

41) Il tempietto di San Pietro in Montorio di Bramante è a:

A. Orvieto
B. Roma
C. Ravenna
D. Firenze
E. Siena

42) Gli affreschi raffiguranti il *Giudizio Universale* nel Duomo di Orvieto furono realizzati da:

A. Lorenzo Lotto
B. Ambrogio Lorenzetti
C. Luca Signorelli
D. Michelangelo Buonarroti
E. Domenico Ghirlandaio

43) Giotto da Bondone ebbe numerosi seguaci. Quale di questi fu un suo allievo?

A. Gherardo Starnina
B. Simone Martini
C. Taddeo di Bartolo
D. Sano di Pietro
E. Taddeo Gaddi

44) Giorgio Vasari (1511-1574), pittore e biografo, scrive nel 1567:

A. De Abaco
B. I Commentari
C. La mia vita
D. Vite de' più eccellenti pittori scultori et architetti
E. De Perspectiva pingendi

45) Come è denominata la piazza principale delle città greche sulla quale prospettano gli edifici rappresentativi?

A. Platea
B. Foro
C. Acropoli
D. Agorà
E. Peristilio

46) Quale tra questi artisti è uno dei fondatori del movimento dell'"Arts and Crafts"?

A. William Hogarth
B. John Ruskin
C. William Morris
D. William Turner
E. William Blake

47) *Le storie della vita di Sant'Orsola* (1490-98) sono state eseguite da:

A. Bernozzo Gozzoli
B. Cosmé Tura
C. Carlo Crivelli
D. Vittore Carpaccio
E. Francesco del Cossa

48) Gli affreschi del Chiostro Verde di Santa Maria Novella a Firenze sono stati eseguiti da:

A. Andrea Bonaiuti
B. Andrea Orcagna
C. Paolo Uccello
D. Domenico Ghirlandaio
E. Andrea del Sarto

49) Quale tra questi pittori appartiene alla corrente divisionista?

A. Giuseppe Bezzuoli
B. Giovanni Fattori
C. Tranquillo Cremona
D. Giuseppe Pellizza da Volpedo
E. Giovanni Boldini

50) Quale tra questi pittori appartiene al movimento dei "Fauves"?

A. Paul Sérusier
B. Henri de Toulouse Lautrec
C. Pierre Bonnard
D. Maurice Denis
E. Henri Matisse

51) Con quale significato viene inizialmente coniato il termine "gotico"?

A. Romanico
B. Classico
C. Barbaro
D. Orientale
E. Visigoto

52) Il pittore de la *Maja desnuda*:

A. El Greco
B. Salvador Dalí
C. Goya
D. Joan Miró
E. Velazquez

53) *La lezione di Anatomia del dr. Nicolas Tulp* è opera di:

A. Gustav Klimt
B. Jan Vermeer
C. Frans Hals
D. Rembrandt Van Rijn
E. Gerrit Dou

54) Il celebre dipinto fiammingo *Donna in blu con una lettera* (1664) è opera di:

A. Gerrit Dou
B. Jan Vermeer
C. Jan Davidsz de Heem
D. Frans Hals
E. Gerrit Van Honthorst

55) Il ciborio è:

A. un piatto etrusco
B. un paramento liturgico
C. un tipo di tessuto
D. un'edicola architettonica
E. una tecnica incisoria

56) Il *Discobolo* è opera dello scultore greco:

A. Sotades
B. Mirone
C. Fidia
D. Policleto
E. Dedalo

57) Il più grande pittore macchiaiolo fu:

A. Felice Casorati
B. Pellizza da Volpedo
C. Sergio Bonfantini
D. Giovanni Fattori
E. Francesco Clemente

58) La tecnica di quale pittore del XX secolo consisteva nel far sgocciolare il colore sulla tela?

A. Roy Lichtenstein
B. Mark Rothko
C. Jackson Pollock
D. Georges Braque
E. Piet Mondrian

59) Il tema religioso dell'Ascensione si riferisce:

A. alla Trinità
B. al Cristo
C. alla Vergine
D. allo Spirito Santo
E. ai Santi Pietro e Paolo

60) Non fu un esponente della Pop Art:

A. Warhol
B. Fioroni
C. Mondrian
D. Schifano
E. Hamilton

61) Qual è l'esatta sequenza cronologica delle artiste sotto elencate?

A. Rosalba Carriera, Mary Cassatt, Artemisia Gentileschi, Antonietta Raphael Mafai
B. Artemisia Gentileschi, Rosalba Carriera, Mary Cassatt, Antonietta Raphael Mafai
C. Rosalba Carriera, Artemisia Gentileschi, Mary Cassatt, Antonietta Raphael Mafai
D. Artemisia Gentileschi, Antonietta Raphael Mafai, Rosalba Carriera, Mary Cassatt
E. Artemisia Gentileschi, Rosalba Carriera, Antonietta Raphael Mafai, Mary Cassatt

62) Il più grande pittore naïf italiano:

A. Alberto Savinio
B. Giorgio de Chirico
C. De Pisis
D. Ligabue
E. Morandi

63) Quale di questi musei non è stato progettato da Renzo Piano?

A. Museo della Scienza e della Tecnica, Amsterdam
B. Centro Paul Klee, Berna
C. Mart, Rovereto
D. Centro Pompidou, Parigi
E. Fondazione Beyeler, Basilea

64) L'archeologo Schliemann è famoso per:

A. aver riportato alla luce i resti di Pompei
B. gli scavi nell'isola di Creta
C. aver scoperto i resti dell'antica Troia
D. gli studi sulle catacombe cristiane
E. la ricostruzione topografica dell'antica Atene

65) A quale stile architettonico associ la Torre di Pisa?

A. Classico
B. Rinascimentale
C. Neoclassico
D. Gotico
E. Romanico

66) Elemento caratterizzante la novità della ricerca pittorica di Giotto è:

A. l'uso del contrasto cromatico
B. l'eleganza sinuosa della linea di contorno
C. la nuova concezione spaziale basata sulla evidenza della terza dimensione e dei rapporti volumetrici
D. l'annullamento della spazialità mediante l'uso del fondo d'oro e di una luminosità diffusa e inconsistente
E. la rappresentazione di immagini astratte e ieratiche riferibili alla tradizione bizantina

67) Gli affreschi della sala baronale del Castello della Manta di Saluzzo raffigurano:

A. la resurrezione di Cristo
B. il ciclo dei Mesi
C. l'adorazione dei Magi
D. la Vergine nel roseto
E. la fontana della giovinezza

68) Quale architetto associ al Tempio Malatestiano?

A. Gianlorenzo Bernini
B. Francesco di Giorgio Martini
C. Giuliano da Sangallo
D. Leon Battista Alberti
E. Giuseppe Piermarini

69) Quale delle seguenti denominazioni NON corrisponde a un tipo di volta?

A. Volta a schifo
B. Volta a botte
C. Volta ogivale
D. Volta capriata
E. Volta a padiglione

70) Guarino Guarini è il maggior esponente dell'architettura barocca:

A. senese
B. napoletana
C. romana
D. torinese
E. genovese

71) Il termine "capriccio" indica:

A. la rappresentazione di figure mitologiche
B. un paesaggio di pura fantasia dove sono liberamente accostati monumenti o rovine
C. una scena di soggetto pastorale arcadico
D. un paesaggio privo di figure umane
E. una composizione con fiori e frutta

72) Caposcuola del Realismo francese è:

A. Henri Matisse
B. il pittore Gustave Courbet
C. il pittore Eugène Delacroix
D. il pittore Edouard Manet
E. lo scultore Gustave Rodin

73) Quale tra questi pittori appartiene alla Scapigliatura?

A. Simone Martini
B. Plinio Nomellini
C. Tranquillo Cremona
D. Giovanni Segantini
E. Domenico Induno

74) Dipinse le celebri *Ninfee*:

A. Pierre Auguste Renoir
B. Claude Monet
C. Eugène Delacroix
D. Georges Seurat
E. Paul Signac

75) Quale impressionista francese è autore tra l'altro dei notissimi dipinti *L'altalena* e *Bambina con annaffiatoio*?

A. Gustave Moreau
B. Rembrandt
C. Alfred Sisley
D. Pierre Auguste Renoir
E. Edgar Degas

76) Il Buon Pastore è:

A. una scultura bronzea del V secolo a.C.
B. una scultura marmorea del IV secolo d.C.
C. opera di un artista e tratta un tema mai apparso prima nell'arte
D. una scultura in marmo di epoca ellenistica
E. una scultura di Lisippo

77) Quale tra questi artisti ha redatto il *Manifesto dello spazialismo*?

A. Renzo Piano
B. Fortunato Depero
C. Lucio Fontana
D. Giulio Paolini
E. Renato Guttuso

78) Ebbe un periodo "tahitiano":

A. Camille Corot
B. Jacob Pissarro
C. Paul Cézanne
D. Paul Gauguin
E. Manet

79) Quale di questi artisti fa parte del movimento della Land Art?

A. Kira Perov
B. Bill Viola

C. Keith Haring
D. Mark Rothko
E. Richard Long

80) La *net.art* come movimento artistico si sviluppa:

A. nel 2005
B. all'inizio degli anni '90
C. verso la metà degli anni '90
D. nel 2001
E. durante gli anni '80

81) A quale periodo risalgono le pitture rupestri della grotta di Lascaux?

A. Neolitico
B. Età del ferro
C. Paleolitico
D. Età del bronzo
E. Mesolitico

82) La cappella medicea eseguita da Michelangelo si trova nella chiesa fiorentina di:

A. San Filippo Neri
B. San Lorenzo
C. Santa Croce
D. Santa Maria del Fiore
E. Santa Maria Novella

83) In quale paese straniero ha lavorato il pittore genovese Luca Cambiaso?

A. Cina
B. Francia
C. Spagna
D. Portogallo
E. Malta

84) Villa Savoye fu progettata da:

A. Le Corbusier
B. Walter Gropius
C. Frank Lloyd
D. Ludwig Mies van der Rohe
E. Alvar Aalto

85) La stagione dell'arte di Tell el-Amarna, la nuova capitale fondata dal faraone "eretico" Akhenaton, in quale periodo della storia egizia si colloca?

A. Antico Regno
B. Medio Regno
C. Nuovo Regno
D. Tolemaico
E. Romano

86) Cosa si intende per "colmata persiana"?

A. Il tumulo funerario per i caduti persiani a Maratona
B. Il riempimento della trincea effettuata a Mileto in occasione della rivolta ionica
C. Il riempimento contenente le offerte dei Persiani nell'agorà di Atene
D. Il complesso votivo dedicato dai Persiani nell'Artemision di Efeso
E. Il riempimento contenente i detriti dei monumenti distrutti dai Persiani sull'acropoli di Atene

87) Il *Doriforo* di Policleto è:

A. un kouros arcaico portatore di lancia
B. un gruppo scultoreo di età ellenistica
C. un tipo scultoreo ideato in area pergamena
D. una celeberrima statua di età classica
E. un prezioso originale bronzeo di età severa

88) La colonna coclide collocata davanti a Palazzo Chigi a Roma celebra le imprese di un imperatore. Quale?

A. Traiano
B. Antonino Pio
C. Marco Aurelio
D. Adriano
E. Settimio Severo

89) Chi è l'autore dell'affresco "Allegoria del Buon Governo" nel Palazzo pubblico di Siena?

A. Giotto
B. Simone Martini
C. Duccio di Buoninsegna
D. Ambrogio Lorenzetti
E. Cimabue

90) Quale dei seguenti mosaici romani riflette gli orientamenti stilistici dell'arte giustinianea?

A. Santa Costanza
B. Santa Pudenziana
C. Santa Maria Maggiore
D. Santi Cosma e Damiano
E. San Lorenzo Fuori le Mura

91) Chi partecipò con Brunelleschi al concorso per la formella della porta del Battistero di Firenze?

A. Domenico Ghirlandaio
B. Lorenzo Ghiberti
C. Leon Battista Alberti
D. Giovanni Pisano
E. Andrea del Verrocchio

92) Quale città tedesca conserva il *Codex Egberti* e numerose altre opere legate alla committenza del vescovo Egberto?

A. Essen
B. Treviri
C. Augusta
D. Hildesheim
E. Magonza

93) Si indichi la sequenza cronologicamente esatta:

A. Ciclo dei Mesi di Ferrara – Portale maggiore del duomo di Monreale – Monumento funebre a Margherita di Lussemburgo – Pulpito del battistero di Pisa
B. Monumento funebre a Margherita di Lussemburgo – Ciclo dei Mesi di Ferrara – Portale maggiore del duomo di Monreale – Pulpito del battistero di Pisa
C. Monumento funebre a Margherita di Lussemburgo – Pulpito del battistero di Pisa – Ciclo dei Mesi di Ferrara – Portale maggiore del duomo di Monreale
D. Portale maggiore del duomo di Monreale – Ciclo dei Mesi di Ferrara – Pulpito del battistero di Pisa – Monumento funebre a Margherita di Lussemburgo
E. Portale maggiore del duomo di Monreale – Monumento funebre a Margherita di Lussemburgo – Ciclo dei Mesi di Ferrara – Pulpito del battistero di Pisa

94) I mosaici della chiesa di San Salvatore in Chora (Kariye Camii) di Istanbul sono tra i capolavori dell'arte bizantina. Risalgono all'epoca:

A. preiconoclasta
B. macedone
C. comnena
D. del regno latino di Costantinopoli
E. paleologa

95) Quale dei seguenti edifici può essere definito gotico?

A. Il duomo di Parma
B. Il battistero di Pisa
C. L'abbazia di Fossanova
D. L'abbazia di Sant'Antimo
E. San Nicola a Bari

96) La sinopia è:

A. la rappresentazione di una figura di profilo
B. una tecnica pittorica
C. un motivo ornamentale gotico costituito da un fiore

D. il disegno preparatorio per l'affresco
E. un metodo per staccare una pittura dal muro

97) Jan van Eyck fu contemporaneo di:

A. Cavallini
B. Simone Martini
C. Gentile da Fabriano
D. Mantegna
E. Perugino

98) Quale tra questi pittori attivi a Firenze mostra di essere stato influenzato dall'arte fiamminga?

A. Masolino da Panicale
B. Sandro Botticelli
C. Domenico Ghirlandaio
D. Filippo Lippi
E. Paolo Uccello

99) Il gruppo marmoreo di *Apollo e Dafne* di Gian Lorenzo Bernini si trova a:

A. Roma, Galleria Spada
B. Parigi, Museo del Louvre
C. Berlino, Altes Museum
D. Londra, British Museum
E. Roma, Galleria Borghese

100) Quale prelato, poi elevato agli onori degli altari, fissò in un apposito trattato le regole per l'architettura della Controriforma?

A. Luigi Gonzaga
B. Federico Borromeo
C. Carlo Borromeo
D. Ignazio di Loyola
E. Filippo Neri

101) Di quali secoli il termine "gotico" indica il percorso artistico?

A. X-XI
B. XI-XII
C. XII-XIII
D. XIII-XIV
E. XII-XV

102) La luce nelle cattedrali gotiche è:

A. completamente assente sotto forma naturale, sostituita da quella di enormi candelabri
B. soffusa e proveniente solo dal rosone posto sulla facciata
C. proveniente dal rosone della facciata e da vetrate colorate lungo le navate, espressione della grazia divina che si contrappone al buio simbolo del peccato
D. concentrata solo sull'altare maggiore, ad indicare la strada della salvezza
E. proveniente da piccole finestre poste in alto sulle navate, come nelle chiese romaniche

103) Quale dei seguenti elementi non è caratteristico dell'architettura gotica?

A. Guglie
B. Archi a sesto acuto
C. Pilastri poderosi
D. Muri sottili
E. Ampie finestre

104) Che cos'è un "rosone"?

A. Una grande finestra circolare, aperta nel centro della facciata di molte chiese
B. Un elemento architettonico posto al centro dell'abside
C. Un elemento decorativo del fusto delle colonne bizantine
D. La rosa dei venti, che adorna molte opere architettoniche civili
E. Il mosaico che raffigura il miracolo di San Francesco e del roseto senza spine

105) Quale tra i seguenti elementi già apparsi nell'architettura romanica, diventa caratteristico dell'architettura gotica?

A. Pilastri poderosi e massicci
B. Muri spessi
C. Finestre piccole
D. Abside poligonale
E. Facciata a spioventi

106) Quale tra le seguenti costruzioni europee non è gotica?

A. Cattedrale di Notre-Dame a Parigi
B. Cattedrale di Spira
C. Cattedrale di Canterbury
D. Cattedrale di Chartres
E. Cattedrale di Winchester

107) In Italia l'architettura gotica:

A. presenta le stesse caratteristiche del gotico francese
B. ha grande sviluppo perché espressione della società comunale
C. si rifà a modelli antichi
D. è caratterizzata da un accentuato verticalismo
E. stenta ad affermarsi perché la tradizione romanica era troppo forte e ben radicata nelle diverse realtà regionali

108) Quale tra i seguenti artisti non opera in età gotica?

A. Piero della Francesca
B. Duccio di Boninsegna
C. Giovanni Pisano
D. Benedetto Antelami
E. Giotto

109) Nicola Pisano:

A. è l'architetto del Duomo di Siena
B. è l'autore del ciclo di affreschi con le "Storie di S. Francesco" nella basilica superiore di Assisi
C. scolpì il gruppo della Madonna col Bambino
D. è l'autore della Madonna Rucellai
E. scolpì il Pulpito per il Duomo di Siena

110) La *Domus Aurea* fu costruita come residenza di:

A. Traiano
B. Caligola
C. Nerone
D. Vespasiano
E. Adriano

111) Giotto lavorò a:

A. Napoli
B. Assisi
C. Firenze
D. Padova
E. tutte le alternative sono vere

112) La profondità prospettica, evidente nelle pitture di Giotto, è ottenuta:

A. in modo empirico
B. con precise regole matematiche elaborate dall'artista
C. grazie a una camera ottica
D. tramite la tecnica dello sfumato
E. attraverso la prospettiva scientifica elaborata da Brunelleschi

113) Indicare quale opera architettonica, tra le seguenti, è stata progettata da Giotto.

A. Basilica di Santa Maria Novella a Firenze
B. Basilica di San Francesco ad Assisi
C. Campanile del Duomo di Firenze
D. Duomo di Firenze
E. Basilica di Santa Croce a Firenze

114) Indicare l'artista autore della Fontana maggiore a Perugia:

A. Nicola Pisano
B. Wiligelmo
C. Perugino

D. Arnolfo di Cambio
E. Raffaello

115) L'autore del *Crocifisso di San Domenico ad Arezzo* è:

A. Duccio di Boninsegna
B. Giotto
C. Cimabue
D. Donatello
E. Brunelleschi

116) Simone Martini:

A. è il rappresentativo scultore dell'arte gotica
B. si formò nella scuola di Cimabue
C. si caratterizza per l'eleganza dei suoi dipinti e la preziosità dei colori
D. nacque a Firenze verso la fine del XIII secolo
E. morì a Siena verso la metà del XIV secolo

117) Indicare l'affermazione corretta. Cimabue:

A. fu allievo di Giotto
B. è autore del Crocifisso del Duomo di Lucca
C. affrescò le pareti della Cappella degli Scrovegni
D. fu il maestro di Duccio di Boninsegna
E. affrescò il transetto della Basilica superiore di Assisi

118) Qual è lo stile del duomo di Siena?

A. Gotico
B. Rinascimentale
C. Eclettico
D. Romanico
E. Barocco

119) Giotto:

A. nacque nei primi anni del XIV secolo
B. lavorò al grande ciclo assisiate dal 1300 al 1350
C. nacque a Siena nel 1267
D. fu allievo di Cimabue e ne ereditò il senso della volumetria delle figure
E. non conobbe mai Cimabue

120) Duccio di Boninsegna è stato:

A. un architetto
B. uno scultore
C. un pittore
D. un mosaicista
E. un miniaturista

121) Chi ha ideato il *Modulor*, una scala di proporzioni basata sulle misure dell'uomo?

A. Frank Lloyd Wright
B. Ludwig Mies van der Rohe
C. Alvar Aalto
D. Frank Gehry
E. Le Corbusier

122) L'arco cronologico del Rinascimento è:

A. XV secolo – prima metà del XVI secolo
B. XV – XVI secolo
C. XIV – XVI secolo
D. XV – XVII secolo
E. XVI – XVII secolo

123) Quale artista nel XVI secolo ha usato per primo il termine "Rinascimento" applicato alle arti figurative?

A. Lorenzo Ghiberti
B. Leonardo da Vinci
C. Giorgio Vasari
D. Giotto
E. Filippo Brunelleschi

124) Indicare l'affermazione errata tra le seguenti.

A. Il Rinascimento attua una vera e propria riscoperta dell'arte antica

B. Durante il Rinascimento l'uomo è al centro della riflessione degli artisti
C. Con gli artisti del Rinascimento si determina il nuovo approccio alla natura
D. Il Rinascimento vede un grande sviluppo in pittura di una prospettiva di tipo empirico
E. Nel Rinascimento gli artisti si formavano nelle botteghe

125) Chi vinse il concorso indetto a Firenze per la nuova porta del Battistero?

A. Brunelleschi
B. Ghiberti
C. Donatello
D. Masaccio
E. Giovanni Pisano

126) Indicare quale tra le seguenti opere fiorentine non è di Filippo Brunelleschi.

A. Cupola di Santa Maria del Fiore
B. Sagrestia Vecchia di San Lorenzo
C. Ospedale degli Innocenti
D. Cappella Pazzi in Santa Croce
E. Porte del Battistero

127) Che cos'è l'"assemblage"?

A. Una tecnica pittorica che usa colori stemperati con acqua e gomma arabica
B. Una tecnica che usa oggetti incollati o inscatolati in un contenitore
C. Una tecnica artistica che consiste nel modellare pezzi di carta assemblandoli
D. Una tecnica pittorica in cui si dà rilievo alle immagini passando da toni scuri a toni chiari
E. Una tecnica pittorica che consiste nel far sgocciolare il colore sulla tela distesa per terra

128) Il dipinto *Canto d'amore* è un'opera di:

A. René Magritte
B. Salvador Dalí
C. Marc Chagall
D. Carlo Carrà
E. Giorgio de Chirico

129) Quali materiali e tecniche sono tipici degli artisti della Pop Art?

A. Tecniche tradizionali della scultura
B. Ogni tipo di tecnica e di materiale
C. Tecniche di derivazione orientale
D. Tecnologie computerizzate
E. Nessuna delle alternative è corretta

130) *La Maddalena* è opera di:

A. Brunelleschi
B. Leonardo
C. Michelangelo
D. Donatello
E. Masaccio

131) Indicare quale delle seguenti affermazioni su Masaccio è corretta.

A. Fu un innovatore della scultura
B. Fu sicuramente allievo di Masolino
C. Dipinse le Storie della vera Croce nella chiesa di San Francesco ad Arezzo
D. Collaborò con Masolino per la realizzazione della Pala di Sant'Anna Metterza
E. Fu un grande pittore del XVIII secolo

132) Indicare quale tra i seguenti artisti fu influenzato dalla pittura fiamminga del XV secolo.

A. Tiziano
B. Masaccio
C. Masolino
D. Botticelli
E. Piero della Francesca

133) Quale tra le seguenti opere fu eseguita da Piero della Francesca?

A. Storie della vera croce per la Chiesa di San Francesco ad Arezzo

B. Affreschi per la Cappella Brancacci a Firenze
C. Camera degli Sposi a Mantova
D. Storie di San Francesco per la Basilica Superiore di Assisi
E. La Primavera

134) Quale di questi artisti non operò nella Cappella Sistina?

A. Botticelli
B. Piero della Francesca
C. Domenico Ghirlandaio
D. Perugino
E. Michelangelo

135) Determinare le esatte corrispondenze tra opere ed artisti:

1. Nascita di Venere
2. Pala di Montefeltro
3. Trittico di San Giovenale
4. Madonna del Parto
5. Madonna Sistina

a. Piero della Francesca
b. Raffaello
c. Botticelli
d. Bellini (Giovanni)
e. Masaccio

A. 1-b, 2-d, 3-a, 4-c, 5-e
B. 1-c, 2-a, 3-e, 4-d, 5-b
C. 1-d, 2-a, 3-c, 4-e, 5-b
D. 1-d, 2-b, 3-c, 4-a, 5-e
E. 1-e, 2-c, 3-a, 4-d, 5-b

136) Determinare le esatte corrispondenze tra opere ed artisti:

1. San Giorgio
2. Sagrestia vecchia di San Lorenzo a Firenze
3. Affreschi per la chiesa di Santa Maria del Carmine a Firenze
4. Camera degli Sposi
5. Affreschi della libreria Piccolomini nel Duomo di Siena

a. Pinturicchio
b. Donatello
c. Mantegna
d. Brunelleschi
e. Masaccio

A. 1-a, 2-b, 3-c, 4-d, 5-e
B. 1-b, 2-d, 3-e, 4-a, 5-c
C. 1-b, 2-d, 3-e, 4-c, 5-a
D. 1-e, 2-a, 3-b, 4-d, 5-c
E. 1-e, 2-d, 3-c, 4-b, 5-a

137) Quale dei seguenti artisti non opera nel tardo Rinascimento?

A. Donatello
B. Michelangelo
C. Leonardo da Vinci
D. Raffaello
E. Vasari

138) Quale tra le seguenti affermazioni sulla vita di Leonardo è errata?

A. Nacque nei pressi di Firenze nel 1452
B. Dal 1482 al 1499 operò alla corte di Ludovico il Moro
C. Fu pittore, architetto, orafo, scienziato ma non fece mai un'opera scultorea
D. La sua formazione ebbe luogo in una delle più famose botteghe fiorentine del XV secolo, quella del Verrocchio
E. Morì ad Amboise, in Francia, nel 1517

139) La tecnica dello "sfumato" in pittura fu introdotta da:

A. Raffaello
B. Giorgione
C. Michelangelo
D. Leonardo
E. Masaccio

140) Quale delle seguenti opere non è di Leonardo?

A. Madonna del Garofano
B. Vergine delle Rocce

C. Dama con l'ermellino
D. Madonna Benois
E. Madonna del Cardellino

141) Quale di queste opere è di Leonardo?

A. Madonna della Scala
B. Annunciazione
C. Madonna del Belvedere
D. Bacco e Arianna
E. Venere dormiente

142) Quale delle seguenti affermazioni sulla vita di Michelangelo è errata?

A. Nacque in provincia di Arezzo nel 1475
B. Morì a Firenze poco dopo aver scolpito il "David"
C. Compì i primi studi artistici nella bottega del Ghirlandaio
D. La sua ultima opera è la "Pietà Rondanini"
E. In gioventù trascorse un periodo di tempo nel "giardino di San Marco" alla corte di Lorenzo il Magnifico

143) Appena scolpito, il *David* di Michelangelo fu collocato:

A. nel Duomo di Firenze
B. nella Chiesa di Santa Croce a Firenze
C. nella Basilica di San Pietro a Roma
D. in piazza della Signoria a Firenze
E. davanti al Duomo di Firenze

144) La costruzione del palazzo di Versailles ebbe inizio sotto il regno di quale sovrano:

A. Luigi XIV
B. Luigi XVI
C. Luigi XVIII
D. Luigi XIII
E. Luigi XV

145) Indicare quale opera scultorea tra le seguenti è stata realizzata da Michelangelo:

A. Apollo e Dafne
B. San Giorgio
C. Amore e Psiche
D. Maddalena
E. Pietà di San Pietro

146) Raffaello fu allievo di:

A. Leonardo
B. Mantegna
C. Perugino
D. Parmigianino
E. Michelangelo

147) L'ultima opera pittorica eseguita da Raffaello fu:

A. Affreschi nella Stanza della Segnatura
B. Madonna del Granduca
C. Lo Sposalizio della Vergine
D. La trasfigurazione
E. Affreschi nella Stanza di Eliodoro

148) Quale dei seguenti artisti non fece mai un progetto per la nuova Basilica di San Pietro?

A. Bramante
B. Brunelleschi
C. Baldassarre Peruzzi
D. Raffaello
E. Michelangelo

149) Determinare l'esatta corrispondenza tra opere e artisti:

1. Vergine delle rocce
2. Battaglia dei Centauri
3. Madonna di Senigallia
4. Morte della Vergine
5. Cacciata di Eliodoro dal tempio

a. Piero della Francesca
b. Raffaello
c. Leonardo

d. Michelangelo
e. Mantegna

A. 1-b, 2-c, 3-e, 4-d, 5-a
B. 1-c, 2-d, 3-b, 4-a, 5-e
C. 1-c, 2-d, 3-a, 4-e, 5-b
D. 1-c, 2-b, 3-e, 4-a, 5-d
E. 1-b, 2-c, 3-d, 4-e, 5-a

150) Quale papa nominò Raffaello architetto della fabbrica di San Pietro?

A. Giulio II
B. Leone X
C. Pio IX
D. Paolo III
E. Giulio I

151) A quale dei seguenti architetti appartiene il progetto per San Pietro a croce greca, con quattro absidi semicircolari all'interno e poligonali all'esterno, quattro cupolette e una grande cupola centrale?

A. Raffaello
B. Antonio da Sangallo il giovane
C. Bramante
D. Michelangelo
E. Baldassarre Peruzzi

152) Raffaello nella sua pittura ricerca costantemente:

A. la bellezza ideale, la perfezione e la serenità classica
B. il tormento e la forza espressiva dei personaggi
C. il massimo del realismo anche se imperfetto
D. il legame con la pittura di Caravaggio
E. l'utilizzo di colori poco comuni

153) Il "manierismo" indica i fenomeni artistici occorsi tra:

A. la morte di Raffaello (1520) e l'inizio del Barocco
B. la morte di Michelangelo (1564) e la prima attività di Caravaggio
C. il XIX e il XX secolo
D. la composizione da parte del Vasari delle "Vite" e il primo Barocco
E. la nascita di Tiziano e la morte del Parmigianino

154) Quale tra i seguenti architetti non operò durante il Manierismo?

A. Andrea Palladio
B. Giorgio Vasari
C. Bartolomeo Ammannati
D. Antonio Bramante
E. Pellegrino Tibaldi

155) Determinare l'esatta corrispondenza tra opere e artisti:

1. Palazzo degli Uffizi a Firenze
2. Palazzo Pitti a Firenze
3. Palazzo Chiericati a Vicenza
4. Villa Giulia a Roma
5. Villa Madama a Roma

a. Vignola
b. Ammannati
c. Palladio
d. Romano
e. Vasari

A. 1-e, 2-b, 3-c, 4-a, 5-d
B. 1-e, 2-c, 3-b, 4-d, 5-a
C. 1-b, 2-e, 3-a, 4-c, 5-d
D. 1-d, 2-a, 3-c, 4-b, 5-e
E. 1-d, 2-b, 3-c, 4-a, 5-e

156) Non è una caratteristica della pittura manierista:

A. un sapiente uso della luce, che sottolinea espressioni e movimenti
B. una costruzione artificiosa e complessa
C. un uso non sistematico della prospettiva
D. le espressioni delle figure molto accentuate, fino a diventare grottesche

E. la visione dell'uomo come "copula mundi", ovvero centro del mondo, e nuova importanza per il suo ruolo nel mondo

157) Quale delle seguenti opere architettoniche non è attribuibile a Palladio?

A. Basilica di Vicenza
B. Palazzo Te
C. Villa Foscari
D. Chiesa di San Giorgio Maggiore
E. Palazzo Chiericati

158) Pittore post-impressionista, autore tra l'altro de *Il caffè di notte*:

A. Edouard Manet
B. Toulose Lautrec
C. Paul Cézanne
D. Edgar Degas
E. Claude Monet

159) Quale delle seguenti opere è di Giorgione?

A. La casa sulle Cascate
B. La Madonna del Cardellino
C. La Vergine delle rocce
D. La Venere di Urbino
E. La Tempesta

160) Tiziano fu allievo di:

A. Leonardo
B. Tintoretto
C. Giorgione
D. Parmigianino
E. Giovanni Bellini

161) Quale tra i seguenti artisti realizzò vari ritratti di Carlo V?

A. Giorgione
B. Raffaello
C. Pinturicchio
D. Leonardo
E. Tiziano

162) Tra le seguenti affermazioni su Giorgione una è errata, indicare quale.

A. È il primo dei grandi pittori veneti del Cinquecento
B. È un pittore del Rinascimento legato alla corte di Giulio II
C. Dipinge soggetti di carattere prevalentemente profano e quindi di diversa interpretazione
D. Secondo la tradizione fu allievo di G. Bellini
E. Nei suoi quadri, presta attenzione ai paesaggi

163) La cosiddetta "pittura tonale" fu introdotta nel Cinquecento da quale dei seguenti artisti?

A. Leonardo
B. Pontormo
C. Parmigianino
D. Giorgione
E. Tiziano

164) Tra le seguenti opere del Cinquecento veneto, qual è del Tintoretto?

A. I tre filosofi
B. Bacco e Arianna
C. Ritratto di Carlo V a cavallo
D. Venere di Urbino
E. Miracolo di San Marco

165) Quale dei seguenti artisti collaborò con Raffaello nelle Stanze vaticane?

A. Michelangelo
B. Giorgio Vasari
C. Giorgione
D. Giulio Romano
E. Bronzino

166) Le sale dei *Cavalli*, dei *Giganti* e di *Psiche* si trovano:

A. nel Palazzo Te a Mantova
B. nei Palazzi Vaticani
C. nel Palazzo Chiericati a Vicenza

D. nel Palazzo degli Uffizi a Firenze
E. a Villa Giulia a Roma

167) Le opere di quale pittore manierista sono caratterizzate da figure allungate e sinuose?

A. Parmigianino
B. Bronzino
C. Pontormo
D. Rosso Fiorentino
E. Giulio Romano

168) Indicare l'affermazione errata tra le seguenti. Andrea Palladio:

A. è il maggiore architetto veneto del '500
B. è il maggiore scultore veneto del '500
C. nacque a Padova ma visse e operò a Vicenza e a Venezia
D. scrisse i "Quattro Libri dell'Architettura"
E. deve la sua preparazione culturale al colto e raffinato letterato vicentino Gian Giorgio Trissino

169) Giulio Romano progettò e realizzò:

A. la Villa Farnesina
B. Palazzo Te (Mantova)
C. Palazzo Pitti (Firenze)
D. Palazzo Farnese (Roma)
E. Duomo di Milano

170) Individuare l'affermazione errata. Il Palazzo degli Uffizi:

A. si trova a Firenze
B. fu realizzato da Giorgio Vasari
C. fu costruito dal 1560 al 1585
D. è collegato a Palazzo Vecchio e a Palazzo Pitti dal corridoio Vasariano
E. nacque come museo per accogliere le collezioni d'arte medicee

171) Quale artista nel 1564 fu incaricato di censurare le "nudità" del *Giudizio Universale* di Michelangelo?

A. Daniele da Volterra
B. Parmigianino
C. Raffaello
D. Bronzino
E. Sebastiano del Piombo

172) Determinare l'esatta corrispondenza tra opere e artisti.

1. La tempesta
2. Supplizio di Marsia
3. Madonna dal collo lungo
4. Ultima cena (o Festino in casa Levi)
5. Deposizione di Volterra

a. Parmigianino
b. Giorgione
c. Tiziano
d. Rosso Fiorentino
e. Veronese

A. 1-b, 2-c, 3-a, 4-e, 5-d
B. 1-c, 2-b, 3-e, 4-a, 5-d
C. 1-d, 2-c, 3-a, 4-e, 5-b
D. 1-b, 2-c, 3-e, 4-a, 5-d
E. 1-a, 2-b, 3-c, 4-d, 5-e

173) In pittura, Federico Barocci a quale corrente aderisce?

A. Naturalismo
B. Rinascimento
C. Arte della Controriforma
D. Romanticismo
E. Manierismo

174) Quale dei seguenti elementi NON si ritrova comunemente nell'architettura greca classica?

A. Volta
B. Colonna
C. Timpano
D. Modanatura
E. Capitello

175) Quale delle seguenti affermazioni sulla vita di Caravaggio è errata?

A. Nacque in provincia di Bergamo
B. Svolse gran parte della sua attività a Roma
C. Lavorò sotto la protezione del cardinale Del Monte
D. Nel 1606 fu condannato a morte con l'accusa di omicidio
E. Dopo la condanna a morte si rifugiò a Napoli dove morì nel 1610

176) Nei dipinti del Caravaggio la luce:

A. è guizzante, mobile e tintorettesca
B. è chiara, intensa e veronesiana
C. è crepuscolare e leonardesca
D. immobilizza le immagini dando plasticità ai personaggi
E. è teatrale e dona movimento e senso di concitazione alle figure

177) Quale delle seguenti affermazioni sulla *Morte della Vergine* del Caravaggio è errata?

A. Fu dipinta tra il 1605 e il 1606
B. Fu commissionata dai frati Carmelitani scalzi per la Chiesa di Santa Maria della Scala
C. Si conserva agli Uffizi
D. Colloca il fatto narrato in un ambiente cupo e spoglio, in una dimensione quotidiana
E. Fu rifiutato dai committenti perché ritenuto scandaloso

178) La *Vocazione di San Matteo*, il *Martirio di San Matteo*, *San Matteo e l'Angelo*, costituiscono la decorazione eseguita dal Caravaggio per:

A. la Cappella Contarelli nella chiesa di San Luigi dei francesi
B. la Chiesa di Sant'Agostino
C. la Cappella Cerasi in Santa Maria del Popolo
D. la Chiesa di Santa Maria della Scala
E. l'altare maggiore della Basilica di San Pietro

179) Quale tra le seguenti opere caravaggesche fu rifiutata dai committenti perché rappresentava un santo come un vecchio rozzo e analfabeta?

A. Maddalena
B. Riposo durante la fuga d'Egitto
C. San Matteo e l'angelo
D. Martirio di San Pietro
E. Martirio di San Matteo

180) Caravaggio morì nel 1610 a:

A. Napoli
B. Messina
C. Malta
D. Siracusa
E. Porto Ercole

181) Quale delle seguenti opere fu dipinta dal Caravaggio a Napoli?

A. Bacchino malato
B. Vocazione di San Matteo
C. Martirio di San Matteo
D. Sette opere di misericordia
E. Madonna dei pellegrini

182) Il pittore norvegese de *L'urlo* realizzato nel 1893 è:

A. Peder Balke
B. Edvard Munch
C. Johan Christian Dahl
D. Christian Norberg-Schulz
E. Sverre Fehn

183) Quale tra le seguenti non è una caratteristica del Barocco?

A. La ripresa della pittura "dal vero", di una resa realistica del mondo
B. L'ostentazione del lusso
C. Il virtuosismo tecnico
D. Il coinvolgimento emotivo dello spettatore

E. In pittura, il contrasto tra ombre dense e luci improvvise

184) A quale architetto si deve il completamento della Basilica di San Pietro?

A. Michelangelo
B. Antonio da Sangallo il giovane
C. Baldassarre Peruzzi
D. Carlo Maderno
E. Andrea Palladio

185) Indicare quale tra le seguenti affermazioni sul Bernini è errata.

A. Si dedicò principalmente all'attività pittorica
B. Fu architetto, scultore, pittore, scenografo, commediografo. Realizzò dunque quell'unione di tutte le arti che è uno degli ideali seicenteschi
C. Espresse i valori della Controriforma cattolica
D. Si formò sul patrimonio classico con cui venne a contatto trasferendosi a Roma dalla nativa Napoli
E. È stato definito "l'artista dei papi"

186) Quale tra i seguenti artisti non ha mai eseguito una scultura raffigurante David?

A. Donatello
B. Verrocchio
C. Canova
D. Bernini
E. Michelangelo

187) Bernini fu mai nominato architetto della fabbrica di San Pietro?

A. No, mai
B. Sì, prima di Carlo Maderno
C. No, ma si occupò del *Colonnato* di Piazza San Pietro
D. Sì, dopo che Urbano VIII ne aveva saggiato la bravura nel suo Monumento Funebre
E. Sì, alla morte di Carlo Maderno

188) Scegliete la serie in cui sono correttamente disposti in ordine cronologico i seguenti architetti europei:

A. Viollet-le-Duc, Bernini, Gaudí, Herrera, Bramante
B. Herrera, Bramante, Bernini, Gaudí, Viollet-le-Duc
C. Bernini, Bramante, Viollet-le-Duc, Gaudí, Herrera
D. Gaudí, Viollet-le-Duc, Bramante, Herrera, Bernini
E. Bramante, Herrera, Bernini, Viollet-le-Duc, Gaudí

189) Quale affermazione è errata? Il *Baldacchino di San Pietro* (opera del Bernini):

A. poggia su quattro colonne tortili
B. è costruito con il bronzo tolto dal tetto del pronao del Pantheon
C. gli fu commissionato da papa Alessandro VII
D. è sormontato da volute a "dorso di delfino"
E. costituisce l'esordio del Bernini in campo architettonico

190) Il Monumento funebre di Urbano VIII, opera del Bernini:

A. è un'opera totalmente innovativa rispetto agli altri monumenti funerari
B. è realizzato in marmo bianco e pietra serena
C. è fiancheggiato dalle statue allegoriche dell'Onestà e della Saggezza
D. è realizzato in marmo e in bronzo
E. deriva da schemi compositivi quattrocenteschi

191) Il Colonnato di Piazza San Pietro:

A. è l'opera più importante del Borromini

B. è a pianta circolare
C. fu progettato per la prima volta da Michelangelo
D. è opera di Carlo Maderno
E. fu commissionato nel 1657 al Bernini da Papa Alessandro VII

192) Indicare l'affermazione errata tra le seguenti sull'affresco *Il Trionfo della Divina Provvidenza* (conosciuto anche come *la Gloria dei Barberini*), opera di Pietro da Cortona.

A. Decora la volta del salone di Palazzo Barberini
B. È un'opera leggibile e razionale in quanto fortemente naturalistica
C. Intende creare uno spettacolo teatrale
D. Mira a suscitare la meraviglia dello spettatore
E. Crea un prototipo per la pittura decorativa di molte regge italiane e straniere

193) Indicare l'affermazione errata tra le seguenti. Pietro da Cortona:

A. affrescò la Stanza della Stufa in Palazzo Pitti
B. decorò la galleria di Palazzo Pamphilj
C. progettò la facciata di Santa Maria della Pace a Roma
D. decorò la volta del salone della Reggia di Caserta
E. decorò la volta del salone di Palazzo Barberini

194) Uno dei maggiori esponenti del Barocco fu:

A. Jan van Eyck
B. Pieter Paul Rubens
C. Jacques-Louis David
D. Roger van der Weyden
E. Walter Gropius

195) Quale delle seguenti opere scultoree è di Stefano Maderno e non di Bernini?

A. David
B. Apollo e Dafne
C. Estasi di Santa Teresa
D. Ratto di Proserpina
E. Rilievo di Santa Cecilia

196) In gioventù chi fu il grande protettore di G. L. Bernini?

A. Il cardinale Del Monte
B. Il cardinale Scipione Borghese
C. Papa Innocenzo X Pamphilj
D. Urbano VIII
E. Francesco Borromini

197) Il *Cristo velato* è una scultura marmorea di:

A. Michelangelo Buonarroti
B. Gian Lorenzo Bernini
C. Giuseppe Sanmartino
D. Giovanni da Nola
E. Antonio Canova

198) Quale delle seguenti affermazioni sul Neoclassicismo è errata?

A. Indica il periodo nel corso del quale si è convinti di poter raggiungere un "nuovo Classicismo" attraverso il recupero dell'arte antica
B. Indica un tipo di arte che esprime il moto delle passioni umane, il dramma della vita con esasperata teatralità, riprendendo motivi dell'arte classica
C. Il suo maggior teorico è il tedesco Johann Joaquim Winckelmann
D. Si sviluppa contemporaneamente all'Illuminismo
E. Identifica anche un periodo di nuovo fervore di studi sull'antico, grazie alle recenti scoperte archeologiche di Ercolano (1709) e Pompei (1748)

199) La basilica di Superga:

A. si trova a Roma
B. fu costruita da Luigi Vanvitelli
C. è di gusto neoclassico
D. fu costruita dal Borromini
E. fu eretta per volontà di Vittorio Amedeo II come ex-voto per la liberazione di Torino dall'assedio francese del 1706

200) La Reggia di Caserta:

A. fu eretta per volontà di Ferdinando III di Borbone
B. ha pianta circolare
C. è l'opera più importante di Luigi Vanvitelli
D. ha quattro torrette angolari e una cupola centrale
E. fu costruita a imitazione della residenza reale francese, il Palazzo del Louvre

RISPOSTE CORRETTE

1)	C	41)	B	81)	C	121)	E	161)	E
2)	E	42)	C	82)	B	122)	A	162)	B
3)	D	43)	E	83)	C	123)	C	163)	D
4)	D	44)	D	84)	A	124)	D	164)	E
5)	D	45)	D	85)	C	125)	B	165)	D
6)	B	46)	C	86)	E	126)	E	166)	A
7)	D	47)	D	87)	D	127)	B	167)	A
8)	C	48)	C	88)	C	128)	E	168)	B
9)	C	49)	D	89)	D	129)	B	169)	B
10)	D	50)	E	90)	C	130)	D	170)	E
11)	B	51)	C	91)	B	131)	D	171)	A
12)	E	52)	C	92)	B	132)	E	172)	A
13)	C	53)	D	93)	D	133)	A	173)	C
14)	C	54)	B	94)	D	134)	B	174)	A
15)	D	55)	D	95)	C	135)	B	175)	E
16)	C	56)	B	96)	D	136)	C	176)	D
17)	D	57)	D	97)	C	137)	A	177)	C
18)	E	58)	C	98)	D	138)	C	178)	A
19)	D	59)	B	99)	E	139)	D	179)	C
20)	D	60)	C	100)	C	140)	E	180)	E
21)	E	61)	B	101)	E	141)	B	181)	D
22)	D	62)	D	102)	C	142)	B	182)	B
23)	E	63)	C	103)	C	143)	D	183)	A
24)	D	64)	C	104)	A	144)	A	184)	D
25)	E	65)	E	105)	D	145)	E	185)	A
26)	C	66)	C	106)	B	146)	C	186)	C
27)	E	67)	E	107)	E	147)	D	187)	E
28)	E	68)	D	108)	A	148)	B	188)	E
29)	D	69)	D	109)	E	149)	C	189)	C
30)	B	70)	D	110)	C	150)	B	190)	D
31)	B	71)	B	111)	E	151)	C	191)	E
32)	D	72)	B	112)	A	152)	A	192)	B
33)	D	73)	C	113)	C	153)	A	193)	D
34)	C	74)	B	114)	A	154)	D	194)	B
35)	E	75)	D	115)	C	155)	A	195)	E
36)	D	76)	B	116)	C	156)	E	196)	B
37)	D	77)	C	117)	E	157)	B	197)	C
38)	C	78)	D	118)	A	158)	C	198)	B
39)	B	79)	E	119)	D	159)	E	199)	E
40)	C	80)	C	120)	C	160)	E	200)	C

CAPITOLO 6
Educazione civica

1) Un cittadino che abbia 40 anni può aspirare ad essere eletto:

A. Presidente della Repubblica
B. solo alla carica di Deputato
C. sia alla carica di Senatore sia alla carica di Deputato
D. a qualunque incarico citato
E. solo alla carica di Senatore

2) A quale organo la Costituzione attribuisce la funzione giudiziaria?

A. Alla Magistratura
B. Al Governo
C. Alla Corte Suprema
D. Al Parlamento
E. Al Ministero dell'Interno

3) La sede della Camera dei Deputati è:

A. Palazzo Madama
B. Palazzo Montecitorio
C. Palazzo Farnese
D. Palazzo Chigi
E. La Consulta

4) In quale anno è stato introdotto l'istituto del divorzio in Italia?

A. Nel 1948 con la Costituzione
B. Nel 1975 e confermato col referendum del 1980
C. Nel 1980
D. Nel 1970 e confermato con un referendum popolare nel 1974
E. Nel 1975

5) A quale organo dell'Esecutivo è affidata la potestà regolamentare?

A. Solo al Presidente del Consiglio
B. Al Consiglio dei Ministri ed ai Ministri
C. Solo al Consiglio dei Ministri
D. Solo ai Ministri
E. Solo ai Ministri senza portafoglio

6) A norma del dettato costituzionale la Camera dei Deputati e il Senato della Repubblica sono eletti per cinque anni; tale periodo è indicato con il termine:

A. legislatura
B. governatorato
C. reggenza
D. quinquennio istituzionale
E. direttorio

7) In Italia le nomine dei magistrati:

A. sono stabilite dalla Corte di Cassazione
B. sono di esclusiva competenza dei nove giudici costituzionali eletti dal Parlamento in seduta comune
C. hanno luogo per concorso
D. sono di competenza del Presidente della Repubblica
E. sono stabilite esclusivamente dal Consiglio superiore della magistratura

8) Nell'ambito dell'ONU, quale dei seguenti organi ha sede a L'Aia?

A. l'Assemblea Generale
B. il Consiglio europeo
C. la Corte di giustizia
D. il Consiglio di Sicurezza
E. il Segretario generale

9) Il 16 marzo 2013 chi sono stati eletti Presidenti di Camera e Senato?

A. Emma Bonino e Enrico Letta
B. Annamaria Cancellieri e Nicola Mancino
C. Elsa Fornero e Angelino Alfano
D. Laura Boldrini e Pietro Grasso
E. Rosy Bindi e Renato Schifani

10) Chi ha il potere di sciogliere anticipatamente le Camere?

A. Il Ministro dell'Interno
B. Il Senato
C. Il Presidente del Consiglio dei Ministri
D. Il Presidente della Corte Costituzionale
E. Il Presidente della Repubblica

11) Secondo la Costituzione italiana, chi ha la sovranità?

A. Il popolo che la esprime delegando il potere decisionale o esercitandolo direttamente
B. Il Presidente della Repubblica
C. La Corte Costituzionale
D. Direttamente il popolo italiano
E. Il Parlamento

12) Dove è la sede del Parlamento Europeo?

A. A Monaco, in Germania
B. A Strasburgo, in Francia
C. A Madrid, in Spagna
D. A Ginevra, in Svizzera
E. A Roma, in Italia

13) Secondo quanto dispone la Costituzione, le Camere possono essere convocate in via straordinaria?

A. Ciascuna Camera può essere convocata in via straordinaria solo per iniziativa del suo presidente
B. Sì, ciascuna Camera può essere convocata in via straordinaria per iniziativa del suo presidente o del Presidente della Repubblica o di un terzo dei suoi componenti
C. Ciascuna Camera può essere convocata in via straordinaria solo per iniziativa del Presidente della Repubblica
D. No, le Camere non possono essere convocate in via straordinaria
E. Solo la Camera dei deputati per iniziativa del suo presidente

14) Il Parlamento in seduta comune NON si riunisce per:

A. eleggere i senatori a vita
B. eleggere il Presidente della Repubblica
C. assistere al giuramento di fedeltà alla Repubblica e di osservanza della Costituzione del Presidente della Repubblica
D. eleggere un terzo dei membri del Consiglio Superiore della Magistratura
E. eleggere cinque membri della Corte costituzionale

15) Una Costituzione si dice flessibile quando le norme costituzionali possono essere abrogate o modificate:

A. solo da leggi speciali
B. solo da una particolare procedura
C. da leggi ordinarie
D. da leggi regionali
E. da altre leggi costituzionali

16) Quali sono i principali organi dell'ONU?

A. Parlamento, Consiglio dei ministri, Consiglio di Sicurezza
B. Assemblea generale, Consiglio di sicurezza, Segretario generale
C. Assemblea generale, Assemblea decisionale, Cancellierato
D. Parlamento, Camera dei Comuni, Premierato
E. Consiglio di sicurezza e Assemblea generale

17) È possibile appartenere contemporaneamente alle due Camere?

A. No, la Costituzione italiana vieta l'appartenenza contemporanea alle due Camere
B. Sì, lo prevede espressamente la Costituzione italiana
C. La Costituzione italiana prevede la possibilità di contemporanea appartenenza alle due Camere soltanto per chi abbia illustrato la patria per particolari meriti
D. La Costituzione italiana prevede la possibilità di contemporanea appartenenza alle due Camere soltanto per chi abbia superato i sessanta anni di età
E. La Costituzione italiana prevede la possibilità di contemporanea appartenenza alle due Camere soltanto per gli ex Presidenti della Repubblica

18) Tutti i cittadini che abbiano compiuto 18 anni formano il corpo elettorale; quale differenza c'è tra elettorato attivo ed elettorato passivo?

A. Il cittadino elettore fa parte dell'elettorato attivo; il cittadino eletto fa parte dell'elettorato passivo
B. Il cittadino che vota è elettore attivo, quello che si astiene è elettore passivo
C. Il cittadino con 18 anni compiuti ma che ha meno di 25 anni fa parte dell'elettorato passivo; i cittadini con più di 25 anni formano l'elettorato attivo
D. Il cittadino elettore fa parte dell'elettorato passivo; il cittadino eletto fa parte dell'elettorato attivo
E. Il cittadino che abbia compiuto 18 anni fa parte dell'elettorato attivo, mentre il cittadino che non abbia ancora raggiunto la maggior età fa parte dell'elettorato passivo

19) Le leggi sono promulgate:

A. dalla Camera dei deputati
B. dal Senato della Repubblica
C. da entrambe le Camere
D. dal Presidente della Repubblica
E. dal Presidente del Consiglio dei ministri

20) Cosa si intende per "cittadinanza"?

A. Il diritto a possedere una carta d'identità
B. Il documento che dichiara l'appartenenza di una persona ad uno Stato
C. L'appartenenza di un cittadino ad uno Stato, e quindi l'insieme dei diritti e doveri che un cittadino possiede nei confronti di tale Stato
D. L'appartenenza di una persona ad una città che si trova in un determinato Stato
E. Il Comune di residenza

21) Quale fra i seguenti simboli non rientra nell'emblema della Repubblica Italiana?

A. Ruota dentata
B. Rami di quercia
C. Rami d'olivo
D. Stella
E. Rami di alloro

22) La Corte Costituzionale è l'organo che giudica sulla:

A. legittimità delle leggi e dei regolamenti amministrativi
B. legittimità delle leggi e degli altri atti aventi forza e valore di legge
C. legittimità delle leggi e degli altri atti aventi forza di legge rispetto al Trattato della Unione Europea
D. lesione dei diritti fondamentali dell'uomo
E. costituzionalità dei disegni di legge

23) Dove ha sede la Presidenza del Consiglio dei Ministri?

A. A Palazzo Chigi, a Roma
B. A Palazzo Grazioli, a Roma
C. A Palazzo Madama, a Roma
D. A Palazzo del Quirinale, a Roma
E. Alla Farnesina

24) Quale organo rappresenta e difende lo Stato in giudizio?

A. La Corte Costituzionale
B. Il Consiglio di Stato
C. L'Avvocatura di Stato
D. Il Parlamento in seduta comune
E. Il Consiglio superiore della magistratura

25) Il singolo Ministro è:

A. un ufficio del Consiglio dei Ministri
B. un organo politico ed amministrativo
C. un organo giurisdizionale
D. un organo solo amministrativo
E. alle dirette dipendenze delle Camere

26) Una legge pubblicata sulla Gazzetta Ufficiale, salvo diversi termini in essa stabiliti, entra in vigore:

A. dopo un mese dal giorno della pubblicazione
B. il giorno stesso della pubblicazione
C. dopo sei mesi dalla pubblicazione
D. dopo quindici giorni dalla pubblicazione
E. dopo una settimana dalla pubblicazione

27) Quando è stata costituita l'ONU?

A. Nel 1955
B. Nel 1918
C. Nel 1945
D. Nel 1935
E. Nel 1948

28) Quale dei seguenti è l'organo di indirizzo e controllo politico-amministrativo dell'Amministrazione comunale?

A. Difensore civico comunale
B. Consiglio comunale
C. Segretario Comunale
D. Giunta comunale
E. Sindaco

29) In base alla Costituzione italiana, la libertà personale è:

A. inviolabile
B. sacra
C. assoluta
D. totale
E. soggettiva

30) In Belgio il Parlamento è formato da Senato e:

A. Duma
B. Camera dei rappresentanti
C. Bundestag
D. Assemblea della Repubblica
E. Assemblea rappresentativa

31) È un atto avente forza di legge emanato dal potere esecutivo per delega del potere legislativo:

A. il referendum
B. il Decreto del Presidente della Repubblica
C. il Decreto legislativo
D. il Decreto ingiuntivo
E. il Decreto Legge

32) La capacità di eleggere e di essere eletti Senatori si acquista, rispettivamente:

A. a 18 e a 40 anni
B. a 25 e a 50 anni
C. a 21 e a 50 anni
D. a 25 e a 40 anni
E. a 18 e a 50 anni

33) Il compenso spettante al lavoratore subordinato come corrispettivo della sua prestazione di lavoro, è definito:

A. indennità integrativa
B. retribuzione
C. fondo di assistenza
D. benefit
E. salario

34) L'amnistia si ha quando:

A. viene condonata in tutto o in parte la pena inflitta
B. lo Stato rinuncia ad accertare e/o punire alcuni tipi di reato
C. viene concessa al condannato la possibilità di uscire dal carcere o dal riformatorio
D. il condannato a pene detentive viene ammesso alla libertà condizionata
E. il condannato all'ergastolo usufruisce di una riduzione della pena

35) Quale dei seguenti non ha ricoperto la carica di Presidente della Repubblica?

A. Giulio Andreotti
B. Francesco Cossiga
C. Enrico De Nicola
D. Oscar Luigi Scalfaro
E. Giovanni Leone

36) I primi dodici articoli della Costituzione italiana contengono:

A. i principi fondamentali
B. i diritti e doveri dei cittadini
C. l'ordinamento della Repubblica
D. la formazione delle leggi
E. i rapporti etico-sociali

37) Da chi sono svolte le funzioni del Presidente della Repubblica nel caso che egli non possa adempierle?

A. Dal Presidente del Consiglio dei ministri
B. Da nessuno; si indice necessariamente l'elezione del nuovo Presidente della Repubblica
C. Dal Presidente della Camera dei deputati
D. Dal Presidente del Senato
E. Dal Presidente della Corte Costituzionale

38) La crisi di Governo si determina quando:

A. un Ministro viene indagato
B. il Governo perde la fiducia delle Camere
C. la situazione economica del Paese è critica
D. le opposizioni lo richiedono
E. il Presidente della Repubblica sfiducia il Parlamento

39) La capacità d'agire:

A. spetta ad un individuo per il solo fatto di esistere, a prescindere dalla durata della sua esistenza
B. è l'idoneità di un soggetto ad essere titolare di diritti e doveri
C. è l'idoneità di un soggetto a stare in giudizio nell'ambito di un processo penale o civile
D. è l'idoneità di un soggetto a compiere validamente atti giuridici
E. spetta agli individui che abbiano compiuto 15 anni

40) Il disegno di legge è una proposta di legge presentata al Parlamento:

A. dal Consiglio di Stato
B. da almeno 50.000 elettori
C. da qualunque parlamentare
D. da almeno cinque Consigli regionali
E. dal Governo

41) Tra gli istituti specializzati dell'ONU, quale opera per favorire la cono-

scenza e la comprensione reciproca fra i popoli?

A. Fondo Monetario Internazionale (FMI)
B. Organizzazione Internazionale del Lavoro (OIL)
C. Organizzazione Mondiale della Sanità (OMS)
D. Organizzazione delle Nazioni Unite per l'Educazione, la Scienza e la Cultura (UNESCO)
E. Alto Commissariato delle Nazioni Unite per i rifugiati (UNHCR)

42) Che cosa s'intende per diritto soggettivo?

A. Una situazione giuridica soggettiva di vantaggio
B. Una situazione di fatto
C. Uno status giuridico
D. Una situazione giuridica soggettiva di svantaggio
E. Una situazione giuridica oggettiva di svantaggio

43) Nell'ordine delle cariche della Repubblica italiana il terzo posto è consuetudinariamente assegnato al:

A. Presidente del Consiglio
B. Presidente della Corte Costituzionale
C. Presidente della Camera dei deputati
D. Presidente del Senato della Repubblica
E. Presidente del Consiglio Superiore della magistratura

44) Quale delle seguenti istituzioni ha il compito di controllare le finanze dell'Unione Europea?

A. Banca centrale europea
B. Corte dei conti europea
C. Comitato economico e sociale europeo
D. Parlamento europeo
E. Corte di giustizia dell'Unione Europea

45) A chi appartengono il litorale, la spiaggia, le rade e i porti?

A. All'Amministrazione provinciale
B. Al demanio dello Stato
C. All'Amministrazione regionale
D. Al Comune
E. Al Ministero dei trasporti

46) Cosa stabilisce la Costituzione italiana in merito ai rapporti tra lo Stato e la Chiesa cattolica?

A. La Costituzione italiana all'art. 7 stabilisce che la Chiesa cattolica si trova in posizione di completa dipendenza dallo Stato italiano
B. La Costituzione italiana non affronta in alcun modo la questione dei rapporti tra Stato e Chiesa cattolica
C. La Costituzione italiana recita che "lo Stato e la Chiesa cattolica sono, ciascuno nel proprio ordine, indipendenti e sovrani"
D. Che in proposito non hanno alcun valore i Patti Lateranensi
E. Che i rapporti tra lo Stato e la Chiesa cattolica devono essere stabiliti da leggi ordinarie

47) Il Presidente della Repubblica italiana può sciogliere le Camere?

A. Sì, lo scioglimento delle Camere costituisce l'unica funzione attribuita al Presidente della Repubblica dalla Costituzione
B. No, la Costituzione non prevede alcun caso in cui le Camere possano essere sciolte
C. No, l'unico organo legittimato a sciogliere le Camere è il Presidente del Consiglio dei ministri
D. Sì, la Costituzione italiana prevede che il Presidente della Repubblica possa sciogliere le Camere, o anche una sola di esse

E. No, l'unico organo legittimato a sciogliere le Camere è il vice presidente di ciascun ramo del Parlamento

48) La nostra Costituzione è "rigida", quindi è immutabile?

A. No, in qualsiasi momento il Parlamento può approvare una modifica alla Costituzione come un qualsiasi altro provvedimento legislativo
B. Può essere modificata, ma può farlo solo il Presidente della Repubblica
C. No, la revisione è possibile ma solo mediante particolari procedure e maggioranze
D. Certo
E. No, la revisione è possibile solo mediante il referendum costituzionale

49) Le leggi entrano in vigore:

A. quindici giorni dopo la loro pubblicazione, a meno che le stesse leggi non stabiliscano un termine diverso
B. in ogni caso, quindici giorni dopo la loro pubblicazione
C. subito dopo la loro promulgazione
D. subito dopo la loro approvazione da parte del Parlamento
E. subito dopo la loro approvazione da parte delle Commissioni permanenti

50) Una forma di regime nella quale tutto il potere statale è nelle mani di un unico uomo si definisce:

A. democrazia
B. autocrazia
C. aristocrazia
D. oligarchia
E. anarchia

51) La Corte di Cassazione è un organo:

A. legislativo
B. esecutivo
C. amministrativo
D. giudiziario
E. rappresentativo

52) Il giudice di appello sulle sentenze dei tribunali amministrativi regionali è:

A. la Cassazione
B. la Corte dei Conti
C. la Corte Costituzionale
D. la Corte d'Assise
E. il Consiglio di Stato

53) Qual è la durata della legislatura?

A. La Costituzione italiana prescrive che la Camera dei deputati e il Senato della Repubblica sono eletti, rispettivamente, per sette anni e per sei anni
B. La Costituzione italiana stabilisce che la legislatura duri tre anni
C. La Costituzione italiana prescrive che la Camera dei deputati e il Senato della Repubblica sono eletti per cinque anni
D. La Costituzione italiana prevede che la legislatura duri quattro anni
E. La Costituzione prevede che la legislatura duri fin quando non vengono sciolte le Camere

54) Tra i principi fondamentali della Costituzione italiana non c'è il principio:

A. privatista
B. solidarista
C. internazionalista
D. democratico
E. lavorista

55) Nel nostro ordinamento non esiste l'istituto:

A. della mozione di sfiducia
B. del referendum abrogativo
C. del referendum costituzionale
D. del voto di fiducia costruttivo
E. del referendum confermativo

56) Che cos'è l'ordinamento giuridico?

A. L'insieme delle leggi costituzionali di uno Stato
B. L'insieme delle norme imposte ad un gruppo sociale dall'autorità sovrana
C. L'ordinamento gerarchico della Magistratura
D. L'ordinamento dei poteri dello Stato
E. Una forma di governo

57) Quale delle seguenti affermazioni, in materia di diritti e doveri dei cittadini, non è conforme a quanto prescritto dalla Costituzione italiana?

A. Non è ammessa la pena di morte
B. La responsabilità penale è personale
C. L'imputato non è considerato colpevole sino alla condanna definitiva
D. Tutte le pene possono tendere alla rieducazione del condannato
E. La scuola è aperta a tutti

58) Prima di assumere le sue funzioni, il Presidente della Repubblica presta giuramento di fedeltà alla Repubblica e di osservanza della Costituzione; dinanzi a chi presta tale giuramento?

A. Dinanzi al Parlamento in seduta comune
B. Dinanzi al Presidente del Senato
C. Dinanzi ai senatori a vita
D. Dinanzi al Presidente del Consiglio dei ministri
E. Dinanzi al Palazzo del Quirinale

59) Le leggi regionali possono essere fonte del diritto penale?

A. Sì, perché la Costituzione riconosce alle Regioni la potestà legislativa
B. No, perché la Costituzione non riconosce alle Regioni la potestà legislativa
C. Sì, perché le leggi regionali rientrano tra le fonti del diritto
D. Sì, ma soltanto riguardo ai reati penali commessi nell'ambito del proprio territorio
E. No, perché la potestà legislativa in materia penale spetta solo allo Stato

60) Perché ne sia garantita l'autonomia di giudizio, la magistratura costituisce un ordine autonomo, che non dipende:

A. dal Governo, ma dipende solo dal Parlamento
B. né dal Parlamento né dal Governo
C. dal Parlamento, ma dipende solo dal Governo
D. dal Parlamento, ma dal Governo e dal Presidente della Repubblica
E. dal Parlamento né dal Governo, ma solo dal Presidente della Repubblica

61) Che cosa è necessario per riformare un articolo della Costituzione italiana?

A. Due deliberazioni da parte di entrambe le Camere e la maggioranza assoluta nella seconda votazione in ciascuna Camera
B. Un'unica deliberazione di entrambe le Camere e la maggioranza dei due terzi al Senato
C. Un'unica deliberazione a Camere riunite alla presenza del Presidente della Repubblica
D. Due deliberazioni a Camere riunite alla presenza del Presidente della Repubblica
E. Un decreto legge approvato dal Consiglio dei Ministri ed emanato dal Presidente della Repubblica

62) Quando è stato riformato il diritto di famiglia, dopo il 1945?

A. Nel 1948
B. Nel 1955
C. Nel 1980
D. Nel 1975
E. Nel 1974

63) Quanti elettori possono richiedere un referendum abrogativo?

A. Settantamila elettori
B. Cinquantamila elettori
C. Cinquecentomila elettori
D. Centomila elettori
E. Trentamila elettori

64) In Italia la Festa della Repubblica si celebra il giorno:

A. 1° maggio
B. 5 luglio
C. 8 settembre
D. 2 giugno
E. 14 luglio

65) Non è una Regione a statuto speciale:

A. Trentino-Alto Adige
B. Friuli-Venezia Giulia
C. Veneto
D. Valle d'Aosta
E. Sicilia

66) Ha sede a Lussemburgo e verifica il finanziamento delle attività dell'Unione Europea; di quale organo si tratta?

A. Corte dei Conti dell'Unione Europea
B. Mediatore europeo
C. Fondo monetario internazionale
D. Segretario Generale
E. Eurostat

67) Quale organo dell'ONU ha il potere decisionale?

A. L'Assemblea generale
B. La Corte Suprema
C. Il Gran Consiglio degli Stati
D. Il Consiglio di sicurezza
E. La Corte internazionale di giustizia

68) La Dichiarazione universale dei diritti umani è stata emanata:

A. nel 1948
B. nel 1987
C. nel 2003
D. nel 1789
E. nel 1816

69) Da chi fu discussa, elaborata ed approvata la Costituzione italiana?

A. Dal Parlamento
B. Dall'Assemblea Costituente
C. Dal Consiglio dei Ministri
D. Dal Senato della Repubblica
E. Dal Gran Consiglio del fascismo

70) La Costituzione italiana prevede l'esistenza dei partiti politici?

A. Sì, l'art. 49 dispone la facoltà di tutti i cittadini di associarsi liberamente in partiti
B. No, l'esistenza dei partiti è una consuetudine storica
C. No, i partiti politici sono espressione della democrazia moderna
D. Sì, ma solo di quelli che già esistevano al momento dell'approvazione della carta costituzionale
E. Sì, nelle disposizioni transitorie e finali

71) Come si chiama l'atto giudiziario col quale una persona viene informata che il Pubblico Ministero sta indagando nei suoi confronti?

A. Indagini preliminari
B. Istruttoria
C. Ipotesi di reato
D. Incidente probatorio
E. Informazione di garanzia

72) I membri del Consiglio Superiore della Magistratura nominati dal Parlamento sono detti:

A. membri laici
B. membri togati
C. membri politici

D. membri esterni
E. membri parlamentari

73) Chi ha l'obbligo di esercitare l'azione penale?

A. Il Giudice di pace
B. Il Consiglio di Stato
C. Il Pubblico Ministero
D. Il Giudice naturale
E. Il Guardasigilli

74) Una imposta che incide sull'imponibile attraverso un'aliquota stabile e costante si dice:

A. verticale
B. proporzionale
C. progressiva
D. reale
E. orizzontale

75) A quale organo la Costituzione attribuisce la funzione legislativa?

A. Alla Magistratura
B. Al Governo
C. Al Presidente del Consiglio
D. Al Parlamento
E. Ai singoli ministri

76) Quanto dura in carica il Presidente della Repubblica?

A. 10 anni
B. 7 anni
C. 4 anni
D. 5 anni
E. 3 anni

77) Quanti Paesi firmarono il Trattato di Roma che, nel 1957, diede vita all'odierna Unione Europea?

A. 6 Paesi
B. 5 Paesi
C. 10 Paesi
D. 8 Paesi
E. 25 Paesi

78) Cosa sono i dazi doganali?

A. Imposte che possono essere messe solo sui beni importati sui territori nazionali
B. Imposte che possono essere messe solo sui beni importati o in transito sui territori nazionali
C. Imposte che possono essere messe sui beni importati o esportati sui territori nazionali
D. Imposte che possono essere messe solo sui beni in transito
E. Imposte che possono essere messe solo sui beni esportati

79) La Costituzione italiana, trattando dei diritti e doveri dei cittadini, affronta il tema della famiglia. In proposito all'art. 29 sancisce che la Repubblica riconosce i diritti della famiglia come società naturale fondata:

A. sull'educazione dei figli
B. sul matrimonio
C. sul rispetto dei coniugi
D. sulla salute
E. sulla fedeltà dei coniugi

80) Un terzo dei giudici della Corte Costituzionale è nominato:

A. dall'Associazione Nazionale Magistrati
B. dall'Ordine degli Avvocati
C. dal Consiglio Superiore della Magistratura
D. dal Presidente della Repubblica
E. dal popolo chiamato ad esprimersi tramite referendum

81) Quali impugnazioni si possono adire contro le sentenze?

A. L'Appello ed il ricorso in Cassazione
B. La richiesta di grazia
C. L'Appello ed il Riesame
D. Il ricorso al Presidente della Repubblica

E. Il ricorso al Giudice monocratico

82) L'IRPEF è un'imposta:

A. proporzionale
B. determinata in misura fissa
C. fluttuante
D. relativa
E. progressiva

83) Il titolo V della Costituzione italiana è stato oggetto di riforma costituzionale nel 2001. Su quale ambito verte?

A. Le garanzie poste per preservare la Costituzione
B. L'ordinamento degli Enti Locali
C. L'ordinamento giurisdizionale
D. I rapporti tra Governo italiano e Unione Europea
E. I diritti e doveri dei cittadini in materia di rapporti etico-sociali

84) Quante regioni sono previste dalla Costituzione italiana?

A. 15
B. 32
C. 21
D. 20
E. 22

85) In quale data l'euro è entrato in circolazione?

A. Il 1° gennaio 2002
B. Il 1° gennaio 2000
C. Il 1° gennaio 2001
D. Il 1° gennaio 2003
E. Il 1° gennaio 1999

86) Indicare il più giovane Presidente degli Stati Uniti d'America:

A. Theodore Roosevelt
B. Barack Hussein Obama
C. John Fitzgerald Kennedy
D. Bill Clinton
E. Ronald Reagan

87) Il diritto al lavoro di tutti i cittadini è sancito:

A. dal diritto sindacale
B. dalla Costituzione
C. dal Codice civile
D. dalla Gazzetta Ufficiale
E. dal Codice penale

88) Uno degli elementi che differenziano la Camera dei Deputati dal Senato della Repubblica è dato dai requisiti richiesti ai cittadini per esercitare la capacità di voto e per essere eletti. Non si può essere eletti senatori se non al superamento:

A. dei 25 anni di età
B. dei 50 anni di età
C. dei 40 anni di età
D. dei 21 anni di età
E. dei 35 anni di età

89) La durata di ciascuna Camera può essere prorogata?

A. Sì, ma soltanto in caso di deficit del bilancio dello Stato
B. No, mai
C. Sì, ogniqualvolta se ne ravvisi l'opportunità, col parere favorevole del Presidente della Repubblica
D. No, se non per legge e soltanto in caso di guerra
E. Sì, sempre

90) Ai sensi del dettato costituzionale, è senatore di diritto e a vita, salvo rinunzia:

A. chi è stato Presidente del Senato
B. solo chi ha illustrato la patria per meriti civili o sociali
C. chi è stato Presidente della Repubblica
D. chi ha ricoperto la carica di Presidente del Consiglio dei Ministri
E. tutti i senatori che abbiano compiuto 80 anni

91) Dove ha sede il Senato della Repubblica?

A. A Palazzo Madama
B. A Palazzo Montecitorio
C. A Palazzo del Quirinale
D. A Palazzo Venezia
E. A Palazzo Chigi

92) È un elemento costitutivo dello Stato:

A. il Presidente della Repubblica
B. la sovranità
C. la Corte Costituzionale
D. il Governo
E. il Parlamento

93) A cosa si riferisce l'espressione semestre bianco?

A. Ai primi sei mesi del mandato del Presidente della Repubblica
B. Ai primi sei mesi di una legislatura
C. Al periodo durante il quale le Camere devono interrompere i lavori parlamentari
D. Al periodo durante il quale le Camere devono approvare tutti i disegni di legge in discussione
E. Al periodo durante il quale il Presidente della Repubblica italiana non può sciogliere le Camere

94) Qual è l'organo deliberativo del Comune?

A. Il Consiglio comunale
B. La Giunta comunale
C. Il Sindaco
D. Il Segretario comunale
E. Il Commissario prefettizio

95) Nella Costituzione italiana la revisione è possibile, anche se solo mediante particolari procedure e maggioranze; questa revisione può essere applicata all'intero dettato costituzionale?

A. Sì, il principio affermato vale per tutto il dettato costituzionale
B. La relativa decisione è rimessa alla discrezione del Presidente della Repubblica
C. Sì e questo principio è ribadito all'art. 143 Cost.
D. No, l'art. 139 Cost. afferma che la forma repubblicana non può essere oggetto di revisione
E. La relativa decisione è rimessa alla discrezione della Corte Costituzionale

96) Quale dei seguenti Ministri è anche comunemente detto Guardasigilli?

A. Ministro della Giustizia
B. Ministro della Difesa
C. Ministro dell'Interno
D. Ministro degli Esteri
E. Ministro dell'Economia

97) Tra gli istituti specializzati dell'ONU, quale coordina gli sforzi dei vari Paesi per difendere la salute?

A. Fondo monetario internazionale (FMI)
B. Organizzazione per l'alimentazione e l'agricoltura (FAO)
C. Organizzazione mondiale della sanità (OMS)
D. Fondo internazionale d'emergenza per l'infanzia (UNICEF)
E. Programma delle Nazioni Unite per lo sviluppo (UNDP)

98) Qual è la forma di governo dell'Unione Europea?

A. Federale
B. Parlamentare
C. Presidenziale
D. Direttoriale
E. Repubblicana

99) Come si intitola la seconda parte della Costituzione italiana?

A. Ordinamento della Repubblica
B. Diritti e doveri dei cittadini
C. Garanzie costituzionali
D. Disposizioni transitorie e finali
E. Rapporti tra Stato e Chiesa

100) Quale dei seguenti Paesi non fa parte della cosiddetta zona euro?

A. Irlanda
B. Malta
C. Portogallo
D. Danimarca
E. Lussemburgo

101) Quale dei seguenti non è un vizio imputabile all'atto amministrativo?

A. L'incompetenza assoluta
B. La violazione di legge
C. L'eccesso di potere
D. L'incompetenza relativa
E. L'illegittimità costituzionale

102) Cosa prevede la Convenzione di Schengen?

A. La libera circolazione delle merci nei Paesi dell'Unione Europea
B. La libera circolazione delle persone all'interno dei Paesi aderenti all'Unione Europea
C. La pari dignità sociale dei cittadini dell'Unione
D. Il riconoscimento dei diritti inviolabili dell'uomo
E. La delineazione dei nuovi confini politici dell'Europa

103) Qual è la sede permanente della Corte Costituzionale?

A. Il Palazzo Chigi di Ariccia
B. Il Palazzo Barberini a Roma
C. Il Palazzo della Consulta a Roma
D. Il Palazzo Sforza a Milano
E. Castel Sant'Angelo a Roma

104) Quale dei seguenti Paesi è membro permanente del Consiglio di sicurezza dell'ONU?

A. La Spagna
B. Il Cile
C. La Grecia
D. Il Regno Unito di Gran Bretagna
E. Cuba

105) Nel dicembre 1991 si è verificato in Italia l'unico caso di richiesta di messa in stato d'accusa di un Presidente della Repubblica: di chi si trattava?

A. Francesco Cossiga
B. Oscar Luigi Scalfaro
C. Giovanni Leone
D. Giorgio Napolitano
E. Giuseppe Saragat

106) Cosa s'intende per Prodotto Interno Lordo?

A. L'insieme delle spese e delle entrate di uno Stato
B. Il valore complessivo dei beni e dei servizi che vengono prodotti in un Paese
C. L'ammontare totale dei debiti contratti dallo Stato
D. La spesa che lo Stato sostiene per il mantenimento dei Ministeri
E. Il valore complessivo dei beni acquistabili dai cittadini

107) Per scrutinio palese si intende una procedura di votazione:

A. per iscritto
B. per acclamazione
C. per alzata di mano
D. segretata
E. per lettura orale dinanzi all'Assemblea

108) Il referendum abrogativo non è ammesso:

A. per le leggi tributarie e di bilancio
B. per le leggi di amnistia
C. per le leggi di indulto
D. per la ratifica dei trattati internazionali
E. tutte le alternative sono vere

109) Cosa s'intende per Bilancia dei Pagamenti?

A. La registrazione delle transazioni di un Paese con il Resto del mondo
B. Il bilancio dello Stato
C. L'insieme dei crediti vantati da uno Stato nei confronti di un altro
D. Il disavanzo pubblico
E. La registrazione delle entrate di moneta derivanti dalla vendita di beni e servizi

110) In che anno è stata votata la legge che ha consentito ai Savoia di rientrare in Italia?

A. 2005
B. 2001
C. 2002
D. 2003
E. 2004

111) La consuetudine, tra le fonti del diritto, si pone:

A. tra le fonti primarie
B. all'ultimo livello della scala gerarchica
C. al primo livello della scala gerarchica
D. tra le fonti secondarie
E. tra le fonti sub-primarie

112) Con l'espressione semplificazione amministrativa si vuole indicare il processo di cambiamento delle procedure della Pubblica Amministrazione teso a:

A. renderla decentrata e autonoma
B. fornire un codice di comportamento per i pubblici dipendenti
C. permettere la vigilanza sul rispetto della tutela dei dati sensibili
D. renderla più efficiente, trasparente e vicina ai cittadini e alle imprese
E. permettere un più semplice controllo degli atti amministrativi da parte dei cittadini

113) Il Consiglio Atlantico, organo supremo della NATO, ha sede a:

A. Bruxelles
B. Ginevra
C. New York
D. Strasburgo
E. Roma

114) Quale tra le seguenti personalità politiche italiane NON è mai stato eletto Presidente della Repubblica?

A. Giuseppe Saragat
B. Giovanni Gronchi
C. Giovanni Spadolini
D. Luigi Einaudi
E. Carlo Azeglio Ciampi

115) Quale dei seguenti noti personaggi del mondo politico, in un discorso del 1950, propose per la prima volta un'unione dei Paesi europei?

A. Il Primo ministro britannico Winston Churchill
B. Il ministro degli Affari Esteri francesi Robert Schuman
C. Il Presidente della Repubblica Italiana Giovanni Leone
D. Il Presidente della Repubblica democratica tedesca Walter Ulbricht
E. Il Presidente del Consiglio italiano Alcide De Gasperi

116) Il Governo dimissionario deve limitare la propria attività:

A. all'amministrazione straordinaria
B. alle competenze assegnategli dal Parlamento
C. agli affari pendenti
D. allo scioglimento tempestivo delle Commissioni straordinarie istituite durante la legislatura
E. all'ordinaria amministrazione

117) Come viene chiamato in Germania il Capo del Governo?

A. Cancelliere
B. Lord Major
C. Segretario di Stato
D. Capo del Bundestag
E. Presidente

118) Di quanti articoli si compone la nostra Costituzione?

A. 150
B. 438
C. 491
D. 139
E. 135

119) Quale trattato firmato il 7 febbraio 1992 ha istituito l'Unione Europea?

A. Trattato di Londra
B. Trattato di Maastricht
C. Trattato di Schengen
D. Trattato di Lisbona
E. Trattato di Roma

120) Quale organo istituzionale può disporre inchieste parlamentari su materie di pubblico interesse?

A. Solo la Camera dei deputati
B. Solo il Senato della Repubblica
C. Ciascuna delle due Camere
D. Solo il Consiglio dei ministri
E. Solo la Magistratura

121) Come si definiscono le sentenze della Corte Costituzionale che negano l'incostituzionalità di una legge?

A. Sentenze di rigetto
B. Sentenze costitutive
C. Sentenze nomofilattiche
D. Sentenze di accoglimento
E. Sentenze negative

122) I Paesi membri dell'ONU aventi diritto di veto sono:

A. tutti gli Stati membri del Consiglio di Sicurezza
B. Stati Uniti, Russia, Cina, Italia, Gran Bretagna, Francia
C. Stati Uniti e Gran Bretagna
D. Stati Uniti, Russia, Cina, Gran Bretagna, Francia
E. Stati Uniti, Russia, Cina, Giappone, Gran Bretagna, Francia

123) In base alla Costituzione italiana, chi giudica sulle accuse promosse contro il Presidente della Repubblica?

A. Il Parlamento in seduta plenaria
B. La Magistratura ordinaria
C. L'Avvocatura di Stato
D. La Corte Costituzionale
E. La Suprema Corte di Cassazione

124) Quale dei seguenti è organo di consulenza giuridico-amministrativa e di tutela della giustizia nell'amministrazione?

A. La Corte dei Conti
B. Il Consiglio di Stato
C. Il Presidente della Repubblica
D. Il Consiglio Nazionale dell'Economia e del Lavoro
E. Il Consiglio Superiore della Magistratura

125) Quanti anni restano in carica i giudici della Corte costituzionale?

A. 5 anni
B. 10 anni
C. 9 anni
D. 7 anni
E. A vita

126) Quale delle seguenti affermazioni è corretta in base al dettato costituzionale?

A. Solo i provvedimenti restrittivi della libertà personale devono essere motivati
B. Tutti i provvedimenti giurisdizionali devono essere motivati
C. Solo i provvedimenti amministrativi devono essere motivati
D. Alcuni provvedimenti giurisdizionali possono essere motivati a discrezione del giudice
E. Tutti i provvedimenti emessi dalle autorità di pubblica sicurezza devono essere motivati e sono immediatamente ricorribili per Cassazione

127) Secondo la Costituzione italiana, lo Stato italiano e la Chiesa sono:

A. sovrani e indipendenti, ciascuno nel proprio ordine
B. dipendenti, nel senso che l'ordinamento della Chiesa deve essere conforme a quello dello Stato italiano
C. sovrani ciascuno nel proprio ordine, ma la Chiesa dipende economicamente dallo Stato italiano
D. indipendenti, ma l'ordinamento della Repubblica deve tenere conto dei principi della religione cattolica, che è la religione di Stato
E. dipendenti, nel senso che l'ordinamento dello Stato deve essere conforme ai principi della Chiesa

128) Secondo la Costituzione italiana, la Repubblica richiede espressamente l'adempimento dei doveri inderogabili di solidarietà politica, economica e:

A. umana
B. nazionale
C. popolare
D. cristiana
E. sociale

129) Prima di assumere le proprie funzioni, i ministri prestano giuramento:

A. nelle mani del Presidente del Consiglio dimissionario
B. sul Vangelo e sulla Costituzione
C. davanti al popolo italiano rappresentato dal senatore a vita più anziano
D. nelle mani del Presidente della Repubblica
E. in nome del popolo italiano

130) Secondo quanto dispone la Costituzione, in Italia l'amnistia è concessa con:

A. decreto del Ministero dell'Interno
B. legge
C. decreto del Presidente della Repubblica
D. sentenza del Tribunale
E. ordinanza del Sindaco di Roma Capitale

131) Perché le stelle della bandiera europea sono dodici?

A. Il dodici è un antico numero simbolico che rappresenta l'armonia e la solidarietà
B. Tanti erano i Paesi membri quando è stata istituita la bandiera
C. Dodici sono le ore del giorno
D. Dodici sono i Paesi che hanno adottato la moneta unica
E. Non c'è una particolare motivazione

132) Quale dei seguenti è un requisito indispensabile perché uno Stato possa essere accettato nell'Unione Europea?

A. Rispetto dei parametri di Maastricht
B. Sottoscrizione del Trattato di Kyoto
C. Stabilità della democrazia
D. Essere membro permanente del Consiglio di Sicurezza dell'ONU
E. Avere la bilancia commerciale in attivo da almeno cinque anni

133) Secondo quanto sancisce la Costituzione, quale, fra i seguenti atti, non è di competenza del Presidente della Repubblica?

A. Dirigere la politica generale del Governo
B. Promulgare le leggi
C. Presiedere il Consiglio Superiore della Magistratura
D. Nominare, nei casi indicati dalla legge, i funzionari dello Stato
E. Sciogliere le Camere

134) Quale dei seguenti è un organo ausiliario del Governo?

A. La Banca d'Italia
B. Il Consiglio Superiore della Magistratura
C. L'Autorità per la tutela della concorrenza e il mercato
D. La Corte dei Conti
E. La Corte Costituzionale

135) Il disegno di legge deferito a una Commissione per l'esame e l'approvazione è rimesso all'Assemblea se lo richiede:

A. 1/10 dei componenti della Commissione
B. 1/10 dei componenti di una Camera
C. il Presidente della Camera dei deputati
D. il Presidente del Senato della Repubblica
E. il Presidente del Consiglio dei Ministri

136) In Italia, coloro che sono dichiarati falliti perdono il diritto di voto?

A. Sì, definitivamente
B. No, non subiscono alcuna limitazione
C. No, perché il diritto di voto è un diritto inalienabile
D. Sì, per i tre anni successivi alla dichiarazione di fallimento
E. Sì, finché dura lo stato di fallimento, e comunque per non oltre cinque anni dalla data della sentenza dichiarativa di fallimento

137) I conflitti di merito fra ministri sono risolti:

A. dalla Corte Costituzionale
B. dal Presidente del Consiglio
C. dal Consiglio dei ministri
D. dal Presidente della Repubblica
E. dalla Magistratura ordinaria

138) La norma giuridica ha carattere coercitivo perché:

A. il suo rispetto si impone con la forza o minacciando di usarla
B. è spontaneamente accettata dall'uomo
C. deve essere osservata dai cittadini solo in casi eccezionali
D. essa si fonda esclusivamente sull'uso della bonaria persuasione
E. deve essere imposta all'uomo in quanto incapace di autogestirsi

139) Cosa sanciscono in generale le leggi?

A. Solo i doveri dei cittadini
B. Solo i diritti dei cittadini
C. La posizione di preminenza dello Stato nei confronti dei cittadini
D. I diritti e i doveri dei cittadini
E. Solo le materie non espressamente trattate dalla Costituzione

140) Cosa s'intende per dovere giuridico?

A. Un comportamento consuetudinario degli individui
B. L'obbligo di obbedire ad una norma giuridica che regola i rapporti tra gli uomini
C. Un comportamento dipendente dalla volontà degli individui
D. Un atto imposto caso per caso mediante sentenza della Magistratura competente
E. Un atto facoltativo

141) Lo Stato autoritario è:

A. una forma di governo in auge esclusivamente nell'età medievale
B. una elaborazione teorica del tutto inesistente
C. una forma di Stato tuttora esistente in alcune parti del mondo
D. espressione delle forze militari nei Paesi in cui esse detengono il potere
E. una forma di governo in auge esclusivamente in età moderna

142) Lo Stato è rappresentativo se:

A. rappresenta le classi sociali meno abbienti
B. rappresenta effettivamente tutti i cittadini aventi diritti al voto
C. il popolo esercita la sovranità attraverso i suoi rappresentanti
D. rappresenta esclusivamente le classi sociali produttive
E. rappresenta tutti i cittadini maggiorenni e con un titolo di studio superiore

143) Cosa sono i diritti derivati?

A. Sono diritti che traggono origine dai diritti naturali e fondamentali
B. Non esistono
C. Sono una elaborazione teorica dei maggiori studiosi di diritto
D. Sono diritti in attesa di riconoscimento a seguito di approvazione mediante un provvedimento legislativo
E. Sono i diritti espressi nella Parte prima della Costituzione

144) Fino a quando i figli sono soggetti alla potestà genitoriale?

A. Fino al compimento del 18° anno
B. Fino al termine degli studi compiuti presso una scuola secondaria di secondo grado
C. Fino al conseguimento della laurea
D. Fino al compimento del 21° anno
E. Fino al raggiungimento della piena indipendenza economica

145) Nella forma di governo presidenziale:

A. il Presidente della Repubblica emana le leggi
B. il Presidente della Repubblica è eletto dal popolo
C. il Presidente della Repubblica può sciogliere le Camere
D. il Parlamento elegge il Presidente della Repubblica
E. la formazione del Governo si ha con l'incarico dato dal Parlamento al leader di maggioranza

146) Il diritto di sciopero nei servizi pubblici essenziali:

A. può essere esercitato in qualsiasi momento senza preavviso
B. non è regolato da alcuna norma
C. è assolutamente vietato
D. può essere esercitato solo in particolari periodi dell'anno
E. è disciplinato da apposita legge

147) Qualora un membro del Parlamento sia colto nell'atto di commettere un delitto può essere privato della

libertà personale senza autorizzazione della Camera alla quale appartiene?

A. No, in quanto è sempre necessaria l'autorizzazione a procedere della Camera di appartenenza
B. Sì, sempre
C. Sì, se per quel delitto è previsto l'arresto obbligatorio in flagranza
D. Sì, ma solo se si tratti di un delitto punibile con almeno dieci anni di reclusione
E. Sì, ma solo se si tratti di un delitto punibile con l'ergastolo

148) In base alla Costituzione, quale dei seguenti soggetti non fa parte del Consiglio dei ministri?

A. Presidente del Consiglio
B. Ministro dell'Interno
C. Guardasigilli
D. Presidente della Camera
E. Ministro dell'Economia

149) Quale dei seguenti non è un organo della Regione?

A. Tribunale Amministrativo Regionale
B. Governatore
C. Consiglio regionale
D. Giunta regionale
E. Presidente della Giunta

150) In quali casi la Repubblica riconosce e garantisce i diritti inviolabili dell'uomo?

A. Solo nelle formazioni sociali in cui si svolge la sua personalità
B. Sempre, sia come singolo individuo sia nelle formazioni sociali dove si svolge la sua personalità
C. Solo nelle ipotesi in cui tali diritti siano espressamente riconosciuti e garantiti dalle convenzioni internazionali sui diritti inviolabili dell'uomo
D. Solo come singolo individuo
E. Solo nei casi espressamente previsti dalla legge e dalla Costituzione

151) Qualora la Corte dei Conti rilevi un'illegittimità in un atto del Governo, a chi deve riferire?

A. Al Presidente del Consiglio
B. Alle Camere
C. Alla Magistratura
D. Al Presidente della Repubblica
E. Al Presidente della Camera dei deputati

152) Quale delle seguenti affermazioni riguardo al Presidente della Repubblica è falsa?

A. Presiede il Consiglio Superiore della Magistratura
B. Ha il comando delle forze armate
C. Presiede la Corte Costituzionale
D. Può inviare messaggi alle Camere
E. Può concedere la grazia e commutare le pene

153) Secondo la Costituzione, a chi spetta il compito di accreditare i rappresentanti diplomatici di altri Paesi in Italia?

A. Al Presidente della Repubblica
B. Al ministro degli Esteri
C. Al Presidente del Consiglio dei ministri
D. Al ministro della Giustizia
E. Al Parlamento in seduta comune

154) Cosa prevede l'articolo 11 della Costituzione italiana?

A. Il riconoscimento del cattolicesimo come religione di Stato
B. Il diritto di sciopero
C. L'uguaglianza morale e giuridica dei coniugi
D. Il ripudio della guerra da parte dell'Italia
E. La libertà di insegnamento

155) Non è ammesso il referendum popolare per le leggi:

A. che disciplinano la materia elettorale
B. tributarie e di bilancio
C. costituzionali
D. disciplinanti l'ordinamento della Magistratura
E. in materia penale

156) Le decisioni sulle promozioni dei magistrati spettano:

A. al ministro della Giustizia
B. al Consiglio Superiore della Magistratura
C. agli organi di giurisdizione amministrativa
D. al Presidente della Repubblica
E. ad alcun organo, in quanto le promozioni dei magistrati sono automatiche

157) Il Presidente della Repubblica alla scadenza del mandato è rieleggibile?

A. No, alla scadenza del mandato il Presidente diventa senatore a vita
B. Sì, ma solo in seguito ad accordo unanime del Parlamento
C. Sì, in quanto il testo costituzionale non pone alcun espresso divieto al riguardo
D. Sì, ma solo per una volta
E. No, alla scadenza del mandato il Presidente non può ricoprire alcuna carica istituzionale

158) Qual è lo specifico compito per il quale è stato istituito il Mediatore europeo?

A. Difendere i cittadini e le organizzazioni della UE dalla cattiva amministrazione
B. Garantire che le istituzioni e gli organi della UE rispettino il diritto alla privacy
C. Verificare il finanziamento delle attività europee
D. Controllare la politica monetaria europea
E. Garantire il dialogo tra le istituzioni UE e i cittadini dell'Unione

159) Il numero dei ministeri è determinato:

A. dal Presidente del Consiglio dei ministri
B. dal Presidente della Repubblica
C. dai regolamenti interni alle Camere
D. dalla legge
E. dal ministro per i Rapporti col Parlamento

160) Il Presidente della Repubblica delibera lo stato di guerra: è contenuta questa affermazione nella Costituzione italiana?

A. Sì
B. No, è il Parlamento a deliberare lo stato di guerra
C. No, è il Consiglio Supremo di Difesa a deliberare lo stato di guerra
D. No, è il Presidente del Consiglio dei ministri a deliberare lo stato di guerra
E. No, perché la Costituzione vieta espressamente che il Paese possa entrare in guerra

161) In base al dettato costituzionale, le confessioni religiose diverse dalla Cattolica hanno il diritto di organizzarsi secondo propri statuti?

A. No
B. Sì, purché non contrastino con l'ordinamento giuridico italiano
C. La Costituzione non prevede nulla al riguardo
D. Sì, sempre e senza alcuna limitazione
E. Sì, ma solo per le confessioni religiose che riconoscano nella figura del

Pontefice il capo della Chiesa mondiale

162) Le nomine dei magistrati hanno luogo in via ordinaria:

A. per sorteggio
B. per elezione popolare
C. per nomina ministeriale
D. per decisione del Consiglio Superiore della Magistratura
E. per concorso

163) In base al dettato costituzionale, il voto contrario di entrambe le Camere su una proposta avanzata dal Governo importa l'obbligo di dimissioni?

A. No
B. Sì, perché in tal caso è venuto meno il legame con i partiti della maggioranza
C. No, a meno che il voto sia espresso da una maggioranza qualificata di 2/3 dei votanti
D. No, a meno che il voto sia espresso da una maggioranza qualificata di 2/3 dei membri
E. Sì, ma solo nei casi espressamente previsti da leggi costituzionali

164) Quanto dura in carica il Parlamento europeo?

A. Dieci anni
B. Sei anni
C. Cinque anni
D. Quattro anni
E. Tre anni

165) Quale organo dell'Unione Europea è composto dai Capi di Governo di tutti gli Stati membri?

A. La Commissione europea
B. Il Parlamento europeo
C. La Corte di Giustizia
D. Il Consiglio europeo
E. La Corte dei Conti

166) Nel 1988 fu attribuito il premio Nobel per la pace al corpo armato internazionale di cui l'ONU dispone e che è conosciuto col nome di:

A. teste di cuoio
B. caschi blu
C. baschi verdi
D. giubbe rosse
E. elmi gialli

167) Quale Paese, tra quelli sottoelencati, il 23 giugno 2016, con un referendum, ha espresso la volontà di uscire dall'Unione Europea?

A. Croazia
B. Regno Unito
C. Germania
D. Grecia
E. Svezia

168) Ha sede a Lussemburgo e verifica il finanziamento delle attività dell'Unione Europea. Di quale organo si tratta?

A. Mediatore europeo
B. Fondo monetario internazionale
C. Corte dei Conti dell'Unione Europea
D. Segretario generale
E. Corte internazionale di giustizia

169) In ossequio al principio della divisione dei poteri è corretto affermare che in Italia:

A. il potere esecutivo è attribuito al Parlamento
B. il potere giudiziario è attribuito al Governo
C. il potere legislativo è attribuito al Parlamento
D. il potere esecutivo è attribuito alla Magistratura
E. il potere legislativo è attribuito al Governo

170) In diritto costituzionale, per *vacatio legis* s'intende:

A. il periodo di tempo intercorrente tra la pubblicazione della legge e la sua entrata in vigore
B. il periodo di tempo intercorrente tra la data di proposizione di una questione di legittimità costituzionale di una legge e la pubblicazione della sentenza che ne dichiara l'illegittimità
C. il periodo di tempo intercorrente tra l'indizione delle elezioni politiche e l'insediamento del nuovo Governo
D. il periodo di tempo intercorrente tra la remissione del mandato da parte del Presidente della Repubblica e la nomina del nuovo Capo dello Stato
E. il periodo di tempo che va dall'atto col quale viene disposto lo scioglimento delle Camere alla riunione delle nuove Camere

171) Come viene definita la chiusura, totale o parziale, da parte dei datori di lavoro, dei luoghi in cui normalmente si svolge l'attività lavorativa allo scopo di rendere impossibile lo svolgimento della prestazione da parte dei propri dipendenti?

A. Sciopero a scacchiera
B. Picchettaggio
C. Sit-in
D. Serrata
E. Sabotaggio

172) Chi è il più alto funzionario dell'ONU?

A. Il rappresentante degli USA nel Consiglio di sicurezza
B. Il rappresentante della Cina nel Consiglio di sicurezza
C. Il Cancelliere dell'Assemblea generale
D. Il Segretario generale
E. Il rappresentante della Russia nel Consiglio di sicurezza

173) La Romania è uno Stato membro dell'Unione Europea?

A. No, ma è candidato ad entrare a far parte dell'Unione
B. Sì, dal 1° gennaio 2007
C. Sì, dal 1° gennaio 2010
D. Sì, è uno dei dieci Stati che sono entrati a far parte dell'Unione nel 2004
E. No, non ha ancora manifestato la volontà di entrare a far parte dell'Unione

174) L'estradizione in Italia non è ammessa:

A. per reati politici
B. per reati contro il patrimonio
C. in alcun caso
D. per i cittadini dell'Unione Europea
E. per reati contro la morale pubblica

175) Come viene definito il mezzo al quale le parti possono ricorrere per sottrarre alla giurisdizione ordinaria la decisione di una lite, realizzando così una sorta di giustizia privata, dettata cioè da un privato anziché da un giudice dello Stato?

A. Processo
B. Giudizio abbreviato
C. Arbitrato
D. Giudizio direttissimo
E. Giudizio immediato

176) Il referendum abrogativo è un tipico istituto della:

A. democrazia rappresentativa
B. democrazia diretta
C. democrazia sostanziale
D. democrazia formale
E. democrazia garantista

177) Quale degli Stati di seguito indicati non è membro della NATO?

A. Cina
B. Grecia
C. Italia

D. Stati Uniti
E. Gran Bretagna

178) Per quale motivo in Italia il 2 giugno si celebra la festa della Repubblica?

A. Non vi è un motivo particolare
B. Perché è la data di promulgazione della Costituzione
C. Perché è la data in cui nel 1946, a seguito del referendum istituzionale, l'Italia divenne una Repubblica
D. Perché è la data in cui fu firmato l'armistizio con gli Alleati alla fine della Seconda Guerra Mondiale
E. Perché è la data in cui, nel 1861, l'Italia fu unificata

179) Dividendo il valore complessivo del reddito nazionale netto per il numero delle persone residenti in un determinato Paese si ottiene:

A. il Prodotto Interno Lordo
B. il reddito pro-capite
C. il Prodotto Nazionale Lordo
D. il valore di contingentamento
E. la rendita fondiaria

180) Una Commissione parlamentare incaricata di procedere direttamente all'approvazione della legge, lavora in sede:

A. redigente
B. referente
C. accusatoria
D. deliberante
E. promulgativa

181) Per l'elezione della Camera dei Deputati bisogna aver compiuto 18 anni. È stato così sin dall'inizio della Repubblica?

A. Sì, per gli uomini. Fino al 1975 le donne votavano a 21 anni
B. No, fino al 1975 bisognava aver compiuto 30 anni
C. No, fino al 1971 bisognava avere almeno 21 anni
D. No, fino al 1975 bisognava avere almeno 21 anni
E. Sì

182) Il referendum previsto dagli artt. 132 e 134 della Costituzione italiana per la modificazione territoriale di Regioni, Province e Comuni è detto:

A. referendum abrogativo
B. referendum sospensivo
C. referendum consultivo
D. referendum costituzionale
E. referendum istituzionale

183) Cosa è una Città metropolitana?

A. Viene così definita una città con più di 5 milioni di abitanti
B. Si tratta di un'unione di Comuni appartenenti anche a Regioni diverse purché limitrofe
C. Si tratta di un organismo relativamente giovane destinato ad accorpare le competenze amministrative di tutti i Comuni che vogliano aderirvi
D. Si tratta semplicemente di un sinonimo di capitale (nel senso che la città di Roma, capitale d'Italia, può anche essere definita città metropolitana)
E. Si tratta di un nuovo organismo che comprende le aree di più Comuni, regolato da uno Statuto e con funzioni che riguardano il traffico, le infrastrutture, la difesa dell'ambiente

184) Tra gli esponenti storici della politica italiana di seguito elencati, quale non ha ricoperto la carica di Presidente della Repubblica?

A. Sandro Pertini
B. Enrico Berlinguer
C. Giovanni Gronchi
D. Antonio Segni
E. Giuseppe Saragat

185) La pubblica amministrazione è alle dipendenze:

A. dei ministeri
B. del Presidente della Repubblica
C. del popolo
D. del Parlamento
E. della magistratura

186) Con quali strumenti lo Stato tutela i beni culturali?

A. Non esistono ancora strumenti specifici per tutelare i beni culturali della nazione
B. Con l'espromissione, uno strumento giuridico che garantisce l'acquisizione del bene alla Regione di competenza
C. Col vincolo di interesse storico e artistico, con l'espropriazione, con la prelazione in caso di vendita, col divieto di esportazione
D. Con un apposito decreto, detto decreto conservativo, che garantisca appunto la conservazione del bene
E. Semplicemente demandando alle Regioni la tutela e la salvaguardia dei beni di interesse storico e artistico presenti sul proprio territorio

187) Le petizioni sono rivolte al Parlamento:

A. esclusivamente dai parlamentari
B. dai cittadini
C. da almeno cinque Consigli regionali
D. congiuntamente dal Consiglio regionale e da almeno 50.000 elettori
E. dai sindaci delle Città metropolitane

188) Da quale organo istituzionale è approvata la legge ordinaria?

A. Dalla Camera dei deputati
B. Dal Senato della Repubblica
C. Dal Consiglio dei ministri
D. Dal Parlamento
E. Dalla Corte costituzionale

189) Il massimo organo del potere esecutivo è:

A. il Governo
B. il Parlamento
C. il Presidente del Senato della Repubblica
D. il Presidente della Camera dei deputati
E. il Presidente della Repubblica

190) L'agenzia dell'ONU, con sede a Parigi, che incoraggia la collaborazione tra le nazioni nelle aree dell'educazione, della scienza, della cultura e della comunicazione è:

A. la FAO
B. la BEI
C. l'UNESCO
D. il GAT
E. l'UNICEF

191) La giustizia, per espresso dettato costituzionale, è amministrata:

A. in nome della nazione
B. in nome della Repubblica
C. in nome del popolo
D. in nome dell'ordinamento giuridico
E. in nome della democrazia

192) L'Italia è una Repubblica:

A. popolare
B. liberale
C. sociale
D. democratica
E. federale

193) Da quanti parlamentari deve essere firmata una mozione di sfiducia verso il Governo per poter essere presentata alle Camere?

A. Un quinto dei componenti della Camera dei deputati
B. Un decimo dei componenti di una delle due Camere

C. Un quinto dei componenti di una delle due Camere
D. Un ventesimo dei componenti di una delle due Camere
E. Un decimo dei componenti del Senato della Repubblica oppure un ventesimo dei componenti della Camera dei deputati

194) È ammissibile in Italia l'espropriazione della proprietà privata?

A. Soltanto nei casi espressamente previsti dalla legge, per motivi di interesse generale e salvo indennizzo
B. Sì, per motivi di utilità pubblica ma pagandone il prezzo di mercato
C. Sì, ogni qualvolta lo Stato lo ritenga opportuno
D. No, la proprietà privata può essere ceduta dal privato allo Stato solo per donazione
E. No, ma lo Stato può requisire temporaneamente la proprietà per fini di interesse generale

195) Può il Presidente della Repubblica rifiutarsi di promulgare una legge?

A. Sì, sempre
B. No, può solo chiedere alle Camere una nuova deliberazione
C. Sì, perché ha il potere di veto
D. No, mai
E. Sì, purché vi sia una richiesta in tal senso del Governo

196) In che anno la Comunità Economica Europea (CEE) è diventata Unione Europea (UE)?

A. 1957
B. 1992
C. 1993
D. 1999
E. 2001

197) Cosa prevedono i Criteri di Copenhagen?

A. I programmi di sviluppo economico della Unione Europea
B. Le garanzie di sostegno tra i Paesi della Unione Europea in caso di aggressione esterna
C. Le tappe per l'unificazione monetaria dell'Unione Europea
D. I parametri che deve rispettare uno Stato candidato all'adesione all'Unione Europea
E. I parametri che deve raggiungere uno Stato per poter entrare nel Consiglio di sicurezza dell'ONU

198) Di quale istituzione internazionale è organo la Corte Internazionale di Giustizia dell'Aja?

A. Dell'ONU
B. Della NATO
C. Dell'UE
D. Della FAO
E. Dell'OPEC

199) Quale organo fissa la data della prima riunione delle Camere neoelette?

A. Il Presidente del Parlamento in seduta plenaria
B. Il Presidente della Repubblica
C. Il Presidente del Consiglio dei ministri
D. Il Presidente della Corte Costituzionale
E. I presidenti delle due Camere congiuntamente

200) La prima forma di Stato dotata di Costituzione scritta nacque:

A. in Francia
B. in Gran Bretagna
C. in Svizzera
D. in Italia
E. negli Stati Uniti d'America

RISPOSTE CORRETTE

1)	C	41)	D	81)	A	121)	A	161)	B
2)	A	42)	A	82)	E	122)	D	162)	E
3)	B	43)	C	83)	B	123)	D	163)	A
4)	D	44)	B	84)	D	124)	B	164)	C
5)	B	45)	B	85)	A	125)	C	165)	D
6)	A	46)	C	86)	C	126)	B	166)	B
7)	C	47)	D	87)	B	127)	A	167)	B
8)	C	48)	C	88)	C	128)	E	168)	C
9)	D	49)	A	89)	D	129)	D	169)	C
10)	E	50)	B	90)	C	130)	B	170)	A
11)	A	51)	D	91)	A	131)	A	171)	D
12)	B	52)	E	92)	B	132)	C	172)	D
13)	B	53)	C	93)	E	133)	A	173)	B
14)	A	54)	A	94)	A	134)	D	174)	A
15)	C	55)	D	95)	D	135)	B	175)	C
16)	B	56)	B	96)	A	136)	E	176)	B
17)	A	57)	D	97)	C	137)	C	177)	A
18)	A	58)	A	98)	B	138)	A	178)	C
19)	D	59)	E	99)	A	139)	D	179)	B
20)	C	60)	B	100)	D	140)	B	180)	D
21)	E	61)	A	101)	E	141)	C	181)	D
22)	B	62)	D	102)	B	142)	C	182)	C
23)	A	63)	C	103)	C	143)	A	183)	E
24)	C	64)	D	104)	D	144)	A	184)	B
25)	B	65)	C	105)	A	145)	B	185)	A
26)	D	66)	A	106)	B	146)	E	186)	C
27)	C	67)	D	107)	C	147)	C	187)	B
28)	B	68)	A	108)	E	148)	D	188)	D
29)	A	69)	B	109)	A	149)	A	189)	A
30)	B	70)	A	110)	C	150)	B	190)	C
31)	C	71)	E	111)	B	151)	B	191)	C
32)	D	72)	A	112)	D	152)	C	192)	D
33)	B	73)	C	113)	A	153)	A	193)	B
34)	B	74)	B	114)	C	154)	D	194)	A
35)	A	75)	D	115)	B	155)	B	195)	B
36)	A	76)	B	116)	E	156)	B	196)	C
37)	D	77)	A	117)	A	157)	C	197)	D
38)	B	78)	C	118)	D	158)	A	198)	A
39)	D	79)	B	119)	B	159)	D	199)	B
40)	E	80)	D	120)	C	160)	B	200)	E

CAPITOLO 7
Geografia

7.1 • Geografia d'Italia

1) Escludendo la Sicilia e la Sardegna, quale tra le regioni italiane vanta la maggiore lunghezza del proprio litorale?

A. Puglia
B. Campania
C. Liguria
D. Toscana
E. Calabria

2) L'isola di Lipari appartiene al territorio della Provincia di:

A. La Spezia
B. Grosseto
C. Napoli
D. Messina
E. Reggio Calabria

3) L'Abruzzo:

A. non ha sbocchi sul mare
B. è bagnato dal Mar Adriatico
C. è bagnato dal Mar Tirreno
D. è bagnato dal Mar Ionio
E. è bagnato dal Mar Ligure

4) Il Cilento fa parte del territorio della regione:

A. Lazio
B. Sicilia
C. Puglia
D. Campania
E. Calabria

5) In Italia sono presenti alcuni vulcani, tra i quali il maggiore per altitudine è:

A. Vesuvio
B. Stromboli
C. Etna
D. Vulcano
E. Campi Flegrei

6) Qual è il porto principale delle Marche?

A. San Benedetto del Tronto
B. Pesaro
C. Porto Ferraio
D. Ancona
E. Senigallia

7) Il fiume Volturno si getta nel Mar Tirreno in territorio:

A. laziale
B. calabro
C. toscano
D. campano
E. ligure

8) Quale caratteristica particolare presentano i seguenti rilievi della Campania: Vesuvio, Campi Flegrei?

A. Sono entrambi isolotti vulcanici
B. Sono i rilievi più alti della regione
C. Sono entrambi al confine col Lazio
D. Sono di origine vulcanica
E. Sono entrambi vulcani spenti

9) Qual è l'unica regione dell'Italia peninsulare che non è bagnata dal mare?

A. Umbria
B. Marche
C. Abruzzo
D. Molise
E. Basilicata

10) Tarquinia, nel Lazio, è una nota:

A. località archeologica
B. località termale
C. località balneare
D. località montana
E. località naturale

11) Indicare quale, tra le seguenti regioni italiane, ha una maggiore superficie territoriale.

A. Veneto
B. Marche
C. Lombardia
D. Molise
E. Basilicata

12) In relazione alle vie di comunicazione, la Valle d'Aosta è:

A. una regione ben collegata con gli Stati confinanti
B. una regione isolata perché priva di vie di comunicazione importanti
C. una regione isolata e di difficile accesso
D. una regione isolata perché chiusa tra le montagne, senza possibilità di valichi o trafori
E. una regione collegata al resto d'Italia esclusivamente da vie di comunicazione aeree

13) Qual è il nome del noto Parco Nazionale presente in Basilicata?

A. Parco Nazionale dello Stelvio
B. Parco Nazionale del Gran Sasso
C. Parco Nazionale della Maiella
D. Parco Nazionale del Pollino
E. Parco Nazionale del Circeo

14) Quale città friulana è nota per i suoi cantieri navali?

A. Udine
B. Gorizia
C. Monfalcone
D. Porto Marghera
E. Sacile

15) Per quale prodotto dolciario è nota la città di Sulmona?

A. I cantucci
B. Gli amaretti
C. I confetti
D. Il marzapane
E. I torroni

16) Il Golfo di Squillace e l'Aspromonte si trovano:

A. in Abruzzo
B. in Emilia-Romagna
C. in Liguria
D. in Calabria
E. in Campania

17) In quale regione italiana si trova il Golfo di Manfredonia?

A. In Veneto
B. In Liguria
C. In Sardegna
D. In Sicilia
E. In Puglia

18) La Calabria è bagnata da due mari; quali?

A. Mar Adriatico e Mar Ionio
B. Mar Tirreno e Mar Adriatico
C. Mar Ionio e Mar Egeo
D. Mar Tirreno e Mar Ionio
E. Mar Adriatico e Mar Ligure

19) È il più grande dei laghi italiani e prealpini, è di origine glaciale e si trova nell'Italia settentrionale. Si tratta del:

A. lago Trasimeno
B. lago di Varano
C. lago di Massaciuccoli
D. lago di Garda
E. lago di Bolsena

20) Come si presentano le coste del litorale marchigiano?

A. Lunghe, sabbiose e paludose
B. Lunghe e sabbiose ovunque ad eccezione del promontorio roccioso del Conero
C. Tratti bassi e sabbiosi si alternano a tratti frastagliati
D. Per la maggior parte alte e frastagliate
E. Tratti alti e sabbiosi

21) Le Alpi rappresentano la più imponente catena montuosa interamente in territorio europeo. Quale tra le seguenti è la più alta vetta alpina?

A. Il Monte Cimone
B. La Maiella
C. Il Gran Sasso
D. Il Monte Bianco
E. Il Monte Rosa

22) In quale regione italiana è situato il promontorio del Gargano?

A. Calabria
B. Campania
C. Toscana
D. Puglia
E. Sicilia

23) Cosa si estrae dalle miniere del Sulcis, in Sardegna?

A. Piombo
B. Ferro
C. Zinco
D. Carbone
E. Manganese

24) La Penisola Salentina si trova nel territorio della:

A. Calabria
B. Puglia
C. Campania
D. Sicilia
E. Sardegna

25) Le province di Bergamo e Sondrio si trovano in:

A. Friuli-Venezia Giulia
B. Veneto
C. Lombardia
D. Piemonte
E. Trentino-Alto Adige

26) Con quale delle seguenti regioni italiane confina la Valle d'Aosta?

A. Lombardia
B. Friuli-Venezia Giulia
C. Piemonte
D. Toscana
E. Emilia-Romagna

27) Quale autostrada collega direttamente Salerno e Reggio Calabria?

A. A3
B. A1
C. A4
D. A12
E. A11

28) Cos'è e dove si trova il Gennargentu?

A. Un fiume che scorre nella Maremma toscana
B. Un altopiano situato nella zona del Polesine, in Veneto
C. Un lago di origine alpina situato nel Trentino-Alto Adige
D. Un massiccio montuoso situato nell'area centro-orientale della Sardegna
E. Un centro turistico molto rinomato della Calabria

29) Quale tra le seguenti località italiane si trova più a sud?

A. Viareggio
B. Piombino
C. Sorrento

D. Madonna di Campiglio
E. Sondrio

30) In quale delle seguenti regioni italiane il francese è la lingua ufficiale accanto all'italiano?

A. Valle d'Aosta
B. Liguria
C. Toscana
D. Veneto
E. Trentino-Alto Adige

31) La zona di Valenza, in provincia di Alessandria, è nota per la produzione di:

A. strumenti a percussione
B. scarpe
C. oro e filigrana
D. cuoio e pelli
E. violini

32) Nel sistema orografico italiano la vetta più alta è costituita:

A. dal Velino
B. dal Monte Bianco
C. dalla Maiella
D. dal Gran Sasso
E. dal Monte Matese

33) Quale autostrada collega direttamente Genova e Livorno?

A. A7
B. A4
C. A12
D. A10
E. A3

34) Il Lago di Garda appartiene al Trentino-Alto Adige?

A. No, è un lago totalmente veneto
B. Sì, anche se solo la parte settentrionale
C. Sì, per intero
D. No, appartiene solo al Veneto e alla Lombardia
E. No, appartiene in parte al Trentino e in parte al Friuli

35) La Val Venosta si trova:

A. in Abruzzo
B. in Trentino-Alto Adige
C. in Campania
D. in Toscana
E. nel Lazio

36) In quale città italiana si trova l'aeroporto di Caselle?

A. Torino
B. Milano
C. Firenze
D. Bologna
E. Genova

37) In quali regioni si estende il Parco Nazionale del Gran Paradiso?

A. Lombardia e Trentino-Alto Adige
B. Piemonte e Valle d'Aosta
C. Liguria e Toscana
D. Lombardia e Valle d'Aosta
E. Veneto ed Emilia-Romagna

38) Quale tra le seguenti affermazioni riferite allo Stretto di Messina è errata?

A. Collega il Mar Ionio con il Mar Tirreno
B. Separa le due città di Messina e Reggio Calabria
C. Separa la Sicilia dalla Calabria
D. Collega il Mar Ionio con il Mar Adriatico
E. Separa la Sicilia dal continente

39) In Valle d'Aosta qual è la lingua ufficiale, oltre all'Italiano?

A. Il Francese
B. Lo Slavo
C. Il Tedesco
D. Il Ladino
E. L'Albanese

40) Quale tra le seguenti isole non appartiene all'arcipelago delle Egadi?

A. Salina
B. Levanzo
C. Marettimo
D. Favignana
E. Maraone

41) In quali regioni si trovano i giacimenti di gas naturale più produttivi?

A. In Italia gli unici giacimenti di gas naturale produttivi sono quelli della Toscana e quelli della Basilicata
B. I giacimenti di gas naturale più produttivi sono quelli della Puglia, seguiti da quelli del Molise, del Lazio e dell'Abruzzo
C. I giacimenti di gas naturale più produttivi sono quelli del Piemonte, seguiti da quelli della Lombardia, del Veneto e della Calabria
D. I giacimenti di gas naturale più produttivi sono quelli dell'Emilia-Romagna, seguiti da quelli delle Marche, della Calabria, dell'Abruzzo e della Puglia
E. I giacimenti di gas naturale più produttivi sono quelli della Lombardia, seguiti da quelli dell'Emilia-Romagna e della Puglia

42) Situato nelle Alpi Graie, il Gran Paradiso è una delle cime più elevate dell'intero arco alpino; in particolare esso:

A. ha un'altezza inferiore a quella del Gran Sasso
B. ha un'altezza superiore a quella del Monte Rosa
C. si trova in Trentino-Alto Adige
D. ha un'altezza superiore a quella del Monte Bianco
E. supera i 3.500 m di altitudine

43) Da dove nasce il fiume Ticino? Di quale lago è contemporaneamente immissario ed emissario?

A. Nasce dal Monte Navone ed è immissario ed emissario del Lago di Como
B. Nasce dal Monviso ed è immissario ed emissario del Lago di Iseo
C. Nasce dal Monte Rosa ed è immissario ed emissario del Lago d'Orta
D. Nasce dal Passo di Novena ed è immissario ed emissario del Lago Maggiore
E. Nasce dal Passo di Novena ed è immissario ed emissario del Lago di Como

44) Tra le cime più alte della catena degli Appennini vi è La Maiella che si trova:

A. nell'Appennino Tosco-Emiliano
B. nell'Appennino Ligure
C. nell'Appennino Abruzzese
D. nell'Appennino Calabro
E. nell'Appennino Umbro

45) In quale regione italiana si trovano i Monti Ernici, i Monti Simbruini e i Monti Cimini?

A. Nel Lazio
B. In Basilicata
C. In Friuli-Venezia Giulia
D. In Emilia-Romagna
E. In Umbria

46) L'antico nome Lucania a quale regione si riferisce?

A. Basilicata
B. Calabria
C. Sicilia
D. Puglia
E. Campania

47) Gli Appennini sono un sistema montuoso che attraversa tutta l'Italia, di cui costituisce l'ossatura. Dove si trovano il Gran Sasso e La Maiella?

A. Nell'Appennino Abruzzese
B. Nell'Appennino Ligure
C. Nell'Appennino Calabro
D. Nell'Appennino Tosco-Emiliano
E. Nell'Appennino Umbro

48) Per quale prodotto agricolo è nota la città siciliana di Bronte?

A. I semi di lino
B. Le noci
C. La barbabietola da zucchero
D. Il pistacchio
E. Le melanzane

49) Dove si innalza il massiccio del Cervino? A quale sezione delle Alpi appartiene?

A. Si innalza al confine tra la Valle d'Aosta e il cantone svizzero del Vallese ed appartiene alle Alpi Pennine
B. Si innalza in Valle d'Aosta ed appartiene alle Alpi Graie
C. Si innalza in Piemonte ed appartiene alle Alpi Graie
D. Si innalza in Piemonte ed appartiene alle Alpi Pennine
E. Si innalza in Lombardia ed appartiene alle Alpi Pennine

50) L'agricoltura ligure si è specializzata in poche colture pregiate; quali?

A. Olivo, risicoltura, barbabietole da zucchero
B. Floricoltura, primizie, olivo, vite
C. Floricoltura, risicoltura, allevamento
D. Primizie, orzo e granoturco, agrumi
E. Risicoltura, olivo e allevamento

51) Quale ambiente prevale dal punto di vista fisico in Trentino-Alto Adige?

A. Il Trentino-Alto Adige è una regione montuosa per il 55% e per il rimanente 45% collinare
B. Il Trentino-Alto Adige è una regione montuosa per il 90% e per il rimanente 10% collinare
C. Il Trentino-Alto Adige è una regione interamente montuosa
D. Il Trentino-Alto Adige è una regione montuosa per l'85%, collinare per il 10% e per il rimanente 5% pianeggiante
E. Il Trentino-Alto Adige è una regione collinare per il 90% e per il rimanente 10% montuosa

52) In quale regione italiana si trovano le zone del Sannio e dell'Irpinia?

A. In Toscana
B. In Emilia-Romagna
C. In Calabria
D. In Campania
E. In Umbria

53) Il Lago Omodeo, il Lago del Flumendosa e il Lago del Coghinas si trovano:

A. in Lombardia
B. in Abruzzo
C. in Sardegna
D. in Calabria
E. in Sicilia

54) Quale, tra le regioni italiane di seguito elencate, ha accesso diretto al mare?

A. Umbria
B. Piemonte
C. Trentino-Alto Adige
D. Marche
E. Lombardia

55) Tra i principali monti italiani si deve ricordare l'Adamello con i suoi 3.554 m; dove si trova?

A. Nell'Appennino Calabro

B. Nelle Alpi Retiche
C. Nelle Alpi Graie
D. Nell'Appennino Abruzzese
E. Nelle Alpi Pennine

56) Quale città italiana è nota per la produzione di violini?

A. Mantova
B. Brescia
C. Bergamo
D. Cremona
E. Volterra

57) Quale tra i gruppi di seguito proposti comprende esclusivamente città appartenenti alla Toscana?

A. San Donà di Piave, Abano Terme, Viareggio, Pieve di Cadore
B. Varese, Empoli, Vigevano, Piombino
C. Aversa, Capua, Volterra, Chianciano Terme
D. Montepulciano, Poggibonsi, Pontedera, Colle di Val d'Elsa
E. Arezzo, Grosseto, Vigevano, Volterra, Solda

58) Quali tra quelle proposte di seguito sono vette appenniniche?

A. Adamello, Ortles, Pizzo dei Tre Signori
B. Velino, Vettore e Terminillo
C. Monte Bianco, Monte Rosa e Cervino
D. Marmolada, Monviso, Gran Paradiso
E. Monte Rosa, Monte Matese, Gran Sasso

59) Quale, tra le seguenti località balneari liguri, è situata nella Riviera di Ponente?

A. Lerici
B. Rapallo
C. Portofino
D. Finale Ligure
E. Portovenere

60) Tra i rilievi del territorio italiano vi sono vette che superano i 4.000 m di altitudine?

A. Sì, tra esse il Terminillo e il Monte Cervino
B. Sì, tra esse il Velino e il Pizzo Bernina
C. Sì, tra esse il Monte Rosa e il Gran Paradiso
D. No, l'unica vetta che si avvicina ai 4.000 m è il Monte Bianco
E. Sì, tra esse il Matese e il Monte Rosa

61) In quale regione italiana si trova il Maschio Angioino, possente castello duecentesco ricostruito nel XV secolo?

A. In Campania e precisamente a Napoli
B. In Puglia e precisamente a Brindisi
C. In Abruzzo e precisamente a Teramo
D. Nel Lazio e precisamente a Viterbo
E. In Umbria e precisamente a Cannara

62) In Italia in notevole sviluppo è l'ittiocoltura, sia in acque dolci che in mare. Le Valli di Comacchio si ricordano per:

A. trote
B. anguille
C. storioni
D. branzini
E. spigole

63) A chi è intitolato l'aeroporto di Genova?

A. Andrea D'Oria
B. Cristoforo Colombo
C. Renzo Piano
D. Niccolò Paganini
E. Leonardo da Vinci

64) Qual è la più settentrionale delle seguenti località?

A. Napoli
B. Isernia

C. Benevento
D. Salerno
E. Amalfi

65) In quale città si trova la reggia settecentesca costruita sul modello del palazzo di Versailles?

A. Cesena
B. Palermo
C. Venezia
D. Caserta
E. Napoli

66) A quale regione appartiene il Polesine che nel 1951 fu colpito da una disastrosa alluvione costringendo 160.000 persone a lasciare la propria abitazione?

A. Lombardia
B. Sicilia
C. Veneto
D. Campania
E. Liguria

67) Quale di queste isole è nota per la lavorazione del vetro?

A. Burano
B. Ischia
C. Lampedusa
D. Murano
E. Elba

68) Trova la risposta esatta. L'arcipelago delle isole Eolie è formato dalle seguenti isole:

A. Alicudi, Filicudi, Lipari, Lampedusa, Salina, Stromboli, Vulcano
B. Alicudi, Filicudi, Lipari, Panarea, Salina, Stromboli, Vulcano
C. Alicudi, Filicudi, Lipari, Panarea, Pantelleria, Stromboli, Vulcano
D. Alicudi, Isola di San Pietro, Lipari, Panarea, Salina, Stromboli, Vulcano
E. Alicudi, Filicudi, Lipari, Panarea, Salina, Procida, Vulcano

69) Di quale regione è originaria la bresaola, nota specialità gastronomica?

A. Abruzzo
B. Toscana
C. Calabria
D. Lombardia
E. Piemonte

70) Per quale prodotto agricolo è nota l'isola di Pantelleria?

A. Mandorle
B. Pistacchi
C. Grano
D. Riso
E. Capperi

71) In quale isola italiana si ritirò Giuseppe Garibaldi?

A. Isola d'Elba
B. Caprera
C. Lampedusa
D. Capri
E. Lipari

72) Dove si trovano le Cinque Terre?

A. Nella riviera ligure di Ponente
B. Nel golfo di Genova
C. In Sardegna
D. Nella riviera ligure di Levante
E. Costiera Amalfitana

73) Le Isole Eolie comprendono ben due vulcani attivi. Quali?

A. Filicudi e Vulcano
B. Stromboli e Vulcano
C. Lampedusa e Vulcano
D. Vesuvio e Stromboli
E. Lipari e Stromboli

74) Qual è l'unica zona pianeggiante di una certa entità della Sicilia?

A. La pianura di Gela
B. La piana di Catania
C. La Conca d'oro

D. La pianura di Trapani
E. La pianura di Milazzo

75) In quale zona d'Italia il fenomeno del bradisismo è più accentuato?

A. Napoli
B. Pozzuoli
C. Venezia
D. Ancona
E. Friuli

76) Qual è la pianura italiana più estesa dopo quella padana?

A. Tavoliere delle Puglie
B. Campidano
C. Pianura Veneta
D. Agro Pontino
E. Pianura Pisana

77) Quali sono i fiumi più importanti della Campania?

A. Volturno, Garigliano, Fortore, Calore
B. Volturno, Garigliano, Basento
C. Volturno, Garigliano, Sele, Biferno
D. Volturno, Garigliano, Aniene, Liri
E. Volturno, Garigliano, Sele, Calore, Ofanto

78) Quale città della Puglia è nota come una delle capitali del Barocco in Italia?

A. Bari
B. Taranto
C. Lecce
D. Foggia
E. Brindisi

79) Le Grotte di Frasassi, il più vasto complesso di cavità carsiche d'Italia di recente ritrovamento, si trovano in:

A. Puglia
B. Abruzzo
C. Friuli-Venezia Giulia
D. Marche
E. Umbria

80) Di quale regione italiana è originaria la specialità gastronomica nota come "pesto"?

A. Piemonte
B. Liguria
C. Toscana
D. Puglia
E. Calabria

81) Quali sono le caratteristiche delle coste adriatiche italiane?

A. Coste a terrazzamenti
B. Frastagliate e molto articolate
C. Alte e frastagliate
D. Rocciose e alte
E. Basse, sabbiose e ricche di lagune

82) Qual è il Carnevale italiano più noto nel mondo?

A. Putignano
B. Venezia
C. Viareggio
D. Ivrea
E. Verona

83) In quale regione si trova Castel del Monte, fatto costruire da Federico II di Svevia nel XIII secolo?

A. Campania
B. Puglia
C. Napoli
D. Calabria
E. Sicilia

84) Quale regione dell'Italia Settentrionale non confina con Stati esteri?

A. Lombardia
B. Veneto
C. Friuli-Venezia Giulia
D. Emilia-Romagna
E. Liguria

85) Di quale valle toscana è originaria la mucca da cui si ottiene la famosa bistecca alla fiorentina?

A. Val di Chiana
B. Valdarno
C. Val di Cecina
D. Val d'Orcia
E. Val di Chio

86) Quale metodo è stato usato per sfruttare al meglio il territorio scosceso della costa ligure?

A. Trattamento a maggese
B. Sistema di coltivazione idroponica
C. Disboscamento
D. Vegetazione spontanea
E. Terrazzamento

87) Cosa sono i "caruggi" e dove si trovano?

A. Vie strette tipiche della città di Genova
B. Rioni di Venezia
C. Tipiche barche genovesi
D. Una specialità gastronomica veneta
E. Sentieri montani delle Alpi Cozie

88) Quali sono i fiumi principali della Liguria?

A. Reno e Taro
B. Secchia e Panaro
C. Scrivia e Trebbia
D. Trebbia e Po
E. Magra e Bormida

89) Qual è il clima della Pianura Padana?

A. Artico
B. Alpino
C. Tropicale
D. Continentale
E. Mediterraneo

90) Dopo il Po, il fiume più importante d'Italia è:

A. Ticino
B. Adige
C. Adda
D. Tevere
E. Arno

91) Oltre a quella toscana, esiste anche la Maremma:

A. umbra
B. laziale
C. marchigiana
D. emiliana
E. ligure

92) Di quale città marchigiana è originaria la specialità gastronomica nota come "le olive ..."?

A. Ancona
B. Ascoli
C. Pesaro
D. Urbino
E. Macerata

93) Dove si trova il Parco tecnologico del Gran Sasso realizzato a 1400 metri di profondità?

A. Abruzzo
B. Marche
C. Umbria
D. Lazio
E. Puglia

94) Dove abita oggi la maggioranza dei veneziani?

A. Padova
B. Treviso
C. Mestre e Marghera
D. Lungo il Canal Grande
E. Sul delta del Po

95) Che cos'è e dove si trova Pantalica?

A. È un'isola della Sicilia meridionale
B. È l'area industriale più estesa nella Piana di Catania

C. È la più importante necropoli in Europa per vastità e numero di tombe scavate nelle pareti rocciose
D. È un tipo di pesca del tonno della Sicilia orientale
E. È una tecnica di coltivazione degli agrumi tipica della Sicilia centrale

96) In quale regione si trova il Cadore?

A. Nel Veneto
B. Nel Trentino-Alto Adige
C. In Lombardia
D. In Piemonte
E. In Liguria

97) Come si chiama il valico tra l'Appennino Ligure e le Alpi Marittime?

A. Il Passo del Turchino
B. Il Passo dei Giovi
C. Il Passo del Bracco
D. Il Passo di Cadibona
E. Il Passo di Cento Croci

98) Quale tra le seguenti affermazioni riferite all'Italia è errata?

A. L'Italia ha numerosi vulcani attivi nel suo territorio
B. Tre quarti del territorio italiano sono coperti da colline e montagne
C. L'Italia ha numerosi arcipelaghi
D. L'Italia è divisa in tre zone: continentale, peninsulare e insulare
E. L'Italia confina con la Francia, la Svizzera, la Germania, e la Slovenia

99) Come si chiama il vento da nord che attraversa i monti?

A. Tramontana
B. Grecale
C. Scirocco
D. Maestrale
E. Ponente

100) A quale fascia climatica appartiene l'Italia?

A. Equatoriale
B. Temperata
C. Calda
D. Fredda
E. Tropicale

7.2 • Geografia europea ed extraeuropea

101) Dove vivono i Valloni?

A. Belgio
B. Valle d'Aosta
C. Svizzera
D. Valtellina
E. Danimarca

102) Di quale arcipelago fa parte l'isola di Formentera?

A. Cicladi
B. Canarie
C. Baleari
D. Azzorre
E. Capo Verde

103) Dove si trova l'Ile de la Cité?

A. Strasburgo
B. Lione
C. Marsiglia
D. Parigi
E. Tours

104) Su quale mare si affaccia la città di Valencia?

A. Mar Mediterraneo
B. Oceano Atlantico
C. Golfo di Guascogna
D. Nessun mare
E. Oceano Pacifico

105) Il mare del Nord separa:

A. Svezia e Polonia

B. Gran Bretagna e Norvegia
C. Gran Bretagna e Islanda
D. Svezia e Finlandia
E. Finlandia e Norvegia

106) Quale città sorge sul fiume Tago?

A. Barcellona
B. Siviglia
C. Valencia
D. Lisbona
E. Madrid

107) Qual è il fiume più lungo della Francia?

A. Garonna
B. Rodano
C. Senna
D. Mosella
E. Loira

108) In quale paese dell'Europa dell'est si parla una lingua latina?

A. Polonia
B. Romania
C. Bulgaria
D. Ungheria
E. Slovacchia

109) Qual è la capitale della Scozia?

A. Glasgow
B. Aberdeen
C. Dundee
D. Edimburgo
E. Moray

110) Quale fiume bagna la città di Madrid?

A. Guadalquivir
B. Manzanarre
C. Tago
D. Ebro
E. Segura

111) Quale fiume bagna Vienna, Budapest e Belgrado?

A. Danubio
B. Moldava
C. Elba
D. Vistola
E. Loira

112) Dove sfocia il Danubio?

A. Mar di Marmara
B. Mar Baltico
C. Mar Egeo
D. Mar Nero
E. Mar Caspio

113) Dove si trova la città di Coimbra?

A. Spagna
B. Portogallo
C. Marocco
D. Tunisia
E. Algeria

114) Dove sfocia la Senna?

A. Mar Mediterraneo
B. Mare del Nord
C. Canale della Manica
D. Oceano Atlantico
E. Oceano Pacifico

115) Quanti Cantoni formano la Confederazione Elvetica?

A. Ventisei
B. Cinquanta
C. Dodici
D. Quattro
E. Quindici

116) Quale delle seguenti non è una regione dell'Austria?

A. Carinzia
B. Tirolo
C. Baviera
D. Stiria
E. Burgenland

117) Dove si trova la città di Liegi?

A. Paesi Bassi
B. Belgio
C. Germania
D. Francia
E. Danimarca

118) In quale dei seguenti paesi non si estende la regione della Lapponia?

A. Norvegia
B. Russia
C. Finlandia
D. Polonia
E. Svezia

119) Qual è il fiume principale dell'Irlanda?

A. Shannon
B. Brosna
C. Suck
D. Bandon
E. Corrib

120) Su quale mare si affaccia la Polonia?

A. Mar Bianco
B. Mar Nero
C. Mare del Nord
D. Mar Baltico
E. Mar Caspio

121) Dove si trova il territorio della Bretagna?

A. Nel nord est della Francia
B. Nel nord ovest della Francia
C. Nel sud dell'Inghilterra
D. A est della Scozia
E. A ovest dell'Inghilterra

122) Quale dei seguenti fiumi sfocia nel mar Baltico?

A. Danubio
B. Reno
C. Senna
D. Oder
E. Loira

123) Dove si trova la città di Lipsia?

A. Germania
B. Belgio
C. Francia
D. Paesi Bassi
E. Finlandia

124) Qual è il lago più grande d'Europa?

A. Lago di Silvaplana
B. Onega
C. Lago dei Ciudi
D. Iso-Saimaa
E. Ladoga

125) Quale città spagnola è il capoluogo della Catalogna?

A. Siviglia
B. Valencia
C. Barcellona
D. Malaga
E. Madrid

126) Quale delle seguenti città si trova più a nord?

A. Amsterdam
B. Londra
C. Bruxelles
D. Parigi
E. Milano

127) Quale delle seguenti città si trova più a sud?

A. Madrid
B. Lisbona
C. Roma
D. Sofia
E. Riga

128) Quale delle seguenti città si trova più a est?

A. Milano
B. Praga
C. Vienna
D. Varsavia
E. Ginevra

129) Qual è la capitale dello Yemen?

A. San'a
B. Amman
C. Damasco
D. Riyadh
E. Kabul

130) Dove si trova la città di Marrakech?

A. Algeria
B. Tunisia
C. Marocco
D. Portogallo
E. Libia

131) Dove si trovano le isole Canarie?

A. A sud della Sicilia
B. A ovest del Portogallo
C. A sud della Spagna
D. A sud-ovest del Marocco
E. A est del Portogallo

132) Di quale stato la Repubblica democratica del Congo fu colonia fino al 1960?

A. Belgio
B. Francia
C. Spagna
D. Gran Bretagna
E. Germania

133) Quale fiume forma le Cascate Vittoria?

A. Senegal
B. Zambesi
C. Niger
D. Congo
E. Nilo

134) Dove si trova il mar Rosso?

A. A sud della Somalia
B. A est dell'Egitto
C. A est dell'Arabia Saudita
D. A nord di Israele
E. A nord del Libano

135) Qual è la montagna più alta dell'Africa?

A. Kilimangiaro
B. Kenia
C. Karisimbi
D. Camerun
E. Shimbiris

136) Come si chiama il vento caldo e secco che soffia nei deserti libici?

A. Garbino
B. Tramontana
C. Scirocco
D. Ghibli
E. Libeccio

137) Quale delle seguenti non è una provincia del Canada?

A. Québec
B. Nuovo Galles
C. Nuova Scozia
D. Alberta
E. Kingston

138) Dove si trova la località balneare di Acapulco?

A. Messico
B. Brasile
C. Hawaii
D. Australia
E. California

139) Come si chiama il "*quartiere nero*" di New York?

A. Queens
B. Manhattan
C. Bronx

D. Brooklyn
E. Harlem

140) Quale dei seguenti laghi non è nord-americano?

A. Ontario
B. Ladoga
C. Erie
D. Lago Superiore
E. Michigan

141) In quale dei seguenti mari si trova lo Stato del Madagascar?

A. Oceano Indiano
B. Oceano Pacifico
C. Mar Glaciale artico
D. Oceano Atlantico
E. Mar Rosso

142) Qual è il principale fiume dell'Argentina?

A. Paraguay
B. Paranà
C. Uruguay
D. Rio Negro
E. Chubut

143) Qual è il golfo più grande del mondo?

A. Golfo di Guinea
B. Golfo del Messico
C. Golfo del Bengala
D. Golfo d'Alaska
E. Golfo Persico

144) A quale arcipelago appartiene la Giamaica?

A. Caroline
B. Piccole Antille
C. Ebridi
D. Grandi Antille
E. Delle Hawaii

145) In quale paese scorrono i fiumi Tigri ed Eufrate?

A. Iraq
B. Egitto
C. Giordania
D. Libano
E. Somalia

146) Dove si trova la città di Pyongyang?

A. Vietnam
B. Corea del Sud
C. Cina
D. Corea del Nord
E. Giappone

147) Dove sfocia il fiume Gange?

A. Nel Mare Arabico
B. Nel Golfo del Bengala
C. Nel Golfo Persico
D. Nel Mar Caspio
E. Nel Mar Nero

148) Quale tropico passa per Taiwan?

A. Nessuno
B. Tropico del Capricorno
C. Tropico del Cancro
D. Equatore
E. Greenwich

149) Quale mare separa Stoccolma da Riga?

A. Il Mar Baltico
B. Il Mare del Nord
C. Il Mar di Norvegia
D. Il Mare di Barents
E. Il Mar Glaciale Artico

150) Quale delle seguenti città non si trova in Afghanistan?

A. Kunduz
B. Herat
C. Kabul
D. Kandahar
E. Jalandhar

151) Quale dei seguenti non è uno dei principali porti dell'India?

A. Bombay
B. Calcutta
C. Rangoon
D. Madras
E. Chennai

152) Dove si trova la penisola del Labrador?

A. Canada
B. India
C. Indocina
D. Somalia
E. Giappone

153) A chi appartiene la Groenlandia?

A. Canada
B. Danimarca
C. Stati Uniti
D. Russia
E. Alaska

154) Qual è la capitale della Slovacchia?

A. Nitra
B. Praga
C. Brno
D. Bratislava
E. Presov

155) Con quale delle seguenti nazioni non confina il Brasile?

A. Argentina
B. Cile
C. Perù
D. Bolivia
E. Colombia

156) Dove si può gustare la "soupe à l'oignon"?

A. Parigi
B. Vienna
C. Lisbona
D. Stoccolma
E. Riga

157) Quale delle seguenti è la principale risorsa del Venezuela?

A. Silicio
B. Petrolio
C. Nichel
D. Caolino
E. Rame

158) Il Sudafrica è noto per i giacimenti di:

A. piombo
B. zinco
C. diamanti
D. rame
E. zaffiri

159) Qual è il pescato più caratteristico del fiume Volga?

A. Storione
B. Salmone
C. Aringa
D. Merluzzo
E. Trota

160) Dove si parla il fiammingo?

A. Terra del Fuoco
B. Danimarca
C. Finlandia
D. Belgio
E. Francia

161) Qual è la lingua ufficiale dell'Angola?

A. Francese
B. Portoghese
C. Spagnolo
D. Inglese
E. Tedesco

162) Qual è lo Stato indipendente più piccolo del mondo?

A. La Città del Vaticano

B. La Repubblica di San Marino
C. Il Principato di Andorra
D. Il Regno del Lesotho
E. L'isola di Cuba

163) Dove si trova la residenza ufficiale del Presidente della Repubblica francese?

A. Opéra
B. Arco di Trionfo
C. Centre Pompidou
D. Eliseo
E. Versailles

164) Che cosa compare sulla bandiera della Turchia?

A. Una stella e una mezzaluna
B. Un sole e una mezzaluna
C. Due mezzelune
D. Un sole e una luna
E. Una mezzaluna

165) Quale delle seguenti bandiere non è tricolore?

A. Bulgaria
B. Germania
C. Austria
D. Belgio
E. Italia

166) Qual è la moneta della Finlandia?

A. Euro
B. Corona finlandese
C. Scellino finlandese
D. Dollaro finlandese
E. Sterlina

167) Qual è la forma di governo di Cuba?

A. Monarchia costituzionale
B. Dittatura
C. Repubblica socialista
D. Repubblica marxista
E. Democrazia

168) Qual è la religione più diffusa nelle Filippine?

A. Cattolica
B. Buddista
C. Musulmana
D. Animista
E. Induista

169) Qual è la religione più diffusa in Gran Bretagna?

A. Induista
B. Protestante
C. Cattolica
D. Anglicana
E. Animista

170) Come si chiama il tropico del Sud?

A. Tropico del Capricorno
B. Tropico del Cancro
C. Circolo artico
D. Circolo antartico
E. Equatore

171) Quale dei seguenti non è uno strato dell'atmosfera solare?

A. Ozonosfera
B. Fotosfera
C. Cromosfera
D. Corona
E. Biosfera

172) Da dove spira il vento di tramontana?

A. Est
B. Sud
C. Nord
D. Ovest
E. Sudovest

173) Come si chiama la zona compresa fra il tropico del Cancro e il tropico del Capricorno?

A. Zona tropicale
B. Zona boreale

C. Zona australe
D. Zona mediana
E. Zona equatoriale

174) Il tratto di mare compreso tra la Francia settentrionale e le coste meridionali dell'Inghilterra è denominato:

A. Bocche di Bonifacio
B. Golfo di Biscaglia
C. Mar Baltico
D. Canale della Manica
E. Canale di Suez

175) La Normandia, la Bretagna, la Provenza, la Borgogna sono tutte regioni che si trovano in:

A. Ucraina
B. Polonia
C. Francia
D. Spagna
E. Austria

176) Lourdes e Santiago de Compostela, mete di pellegrinaggio di milioni di fedeli, si trovano rispettivamente in:

A. Francia e Portogallo
B. Francia e Spagna
C. Belgio e Spagna
D. Spagna e Portogallo
E. Francia e Belgio

177) Quale tra queste isole greche è la più vicina all'Italia?

A. Corfù
B. Rodi
C. Creta
D. Cefalonia
E. Samotracia

178) Dove si trova il lago di Ginevra?

A. In Austria
B. In Germania
C. Al confine tra Svizzera e Francia
D. Nella Francia del nord
E. In Svizzera

179) In quale Stato si trova il lago Balaton?

A. Romania
B. Ungheria
C. Bulgaria
D. Croazia
E. Repubblica Ceca

180) La città di Minsk è la capitale:

A. della Russia
B. della Bosnia ed Erzegovina
C. della Bielorussia
D. dell'Ucraina
E. della Bulgaria

181) Dove vivono gli abitanti delle Province Basche?

A. In Portogallo
B. Nella Francia meridionale
C. Nella Repubblica di Andorra
D. In Belgio
E. A Nord della Spagna

182) In quale nazione si trova Greenwich, dove si è convenuto di far passare il meridiano a longitudine "0"?

A. Inghilterra
B. Francia
C. Irlanda
D. Italia
E. Islanda

183) Qual è il fiume più lungo della Polonia?

A. Bug
B. Vistola
C. Oder
D. Warta
E. Nogat

184) Lo Skagerrak è:

A. una città danese

B. un fiume norvegese
C. il nome del braccio del Mare del Nord situato fra lo Jütland (Danimarca) e la Norvegia
D. il fiordo su cui sorge Oslo
E. un dialetto svedese

185) A quale nazione appartengono le isole Baleari?

A. Portogallo
B. Marocco
C. Algeria
D. Spagna
E. Olanda

186) Dove si trova lo Stretto di Bering?

A. È lo stretto che separa la Svezia dalla Danimarca
B. È lo stretto che separa l'America Centrale dall'America del Sud
C. È lo stretto che separa Gibilterra dall'Africa
D. È lo stretto che separa la Scozia dall'Islanda
E. È il passaggio marittimo tra l'Asia (Siberia) e l'America (Alaska)

187) L'Everest, la montagna più alta del mondo, si trova in:

A. Tanzania
B. Nepal
C. Perù
D. Pirenei
E. Australia

188) Quale fiume bagna la città di Budapest?

A. Reno
B. Moldava
C. Danubio
D. Elba
E. Rodano

189) A quali nazioni appartengono le isole Frisone?

A. Irlanda e Regno Unito
B. Svezia e Norvegia
C. Spagna e Portogallo
D. Germania e Danimarca
E. Belgio e Olanda

190) Su quali mari si affaccia la Germania?

A. Mare del Nord e Mar Baltico
B. Mar Bianco e Mare d'Azov
C. Mare del Nord e Oceano Atlantico
D. Mar Baltico e La Manica
E. Mare del Nord e Mar di Norvegia

191) Come si chiama l'altopiano su cui è sorta Ankara, la capitale della Turchia?

A. Tibetano
B. Andino
C. Anatolico
D. Etiope
E. Argentino

192) Quale metropoli si estende su due continenti?

A. Copenhagen
B. Helsinki
C. San Pietroburgo
D. Istanbul
E. Città del Messico

193) In quale zona dell'Europa si possono trovare estese coste a fiordo?

A. Danimarca
B. Scozia
C. Portogallo
D. Norvegia
E. Germania

194) Quale mare bagna il Golfo di Biscaglia?

A. Mar Tirreno
B. Oceano Atlantico
C. Mar Nero
D. Mar Mediterraneo
E. Mare del Nord

195) Qual è e dove si trova il deserto più esteso della Terra?

A. Sahara/Africa
B. Gobi/Asia
C. Deserto Libico/Africa
D. Deserto del Sinai/Arabia
E. Deserto di Atacama/Sud America

196) Quali sono le principali penisole d'Europa?

A. Penisola Iberica, Italia, Norvegia, Penisola Balcanica
B. Penisola Iberica, Italia, Scandinavia, Penisola Balcanica
C. Spagna, Italia, Scandinavia, Penisola Balcanica
D. Penisola Iberica, Italia, Scandinavia, Peloponneso
E. Bretagna, Italia, Scandinavia, Penisola Balcanica

197) Cosa separa la penisola arabica dal continente asiatico?

A. L'Oceano Pacifico
B. Il Mar Nero
C. Il Mar Rosso
D. Il Golfo Persico
E. Il Canale di Suez

198) Quali nazioni attraversa il fiume Reno e dove sfocia?

A. Liechtenstein, Germania, Belgio, Paesi Bassi/Mar Baltico
B. Germania, Austria, Polonia/Mar del Nord
C. Liechtenstein, Francia, Belgio, Paesi Bassi/Mar del Nord
D. Paesi Bassi, Belgio, Germania/Mar Baltico
E. Liechtenstein, Germania, Francia, Paesi Bassi/Mar del Nord

199) Quali mari collega il Canale di Suez?

A. Mar Nero e Mar Rosso
B. Mar Mediterraneo e Mar Rosso
C. Mar Mediterraneo e Oceano Atlantico
D. Mar Mediterraneo e Oceano Indiano
E. Mar Mediterraneo e Oceano Pacifico

200) Lo Stato più esteso degli Stati Uniti d'America è:

A. l'Alaska
B. il Texas
C. il New Mexico
D. la Louisiana
E. l'Arkansas

RISPOSTE CORRETTE

1) A	41) D	81) E	121) B	161) B
2) D	42) E	82) B	122) D	162) A
3) B	43) D	83) B	123) A	163) D
4) D	44) C	84) D	124) E	164) A
5) C	45) A	85) A	125) C	165) C
6) D	46) A	86) E	126) A	166) A
7) D	47) A	87) A	127) B	167) C
8) D	48) D	88) C	128) D	168) A
9) A	49) A	89) D	129) A	169) D
10) A	50) B	90) B	130) C	170) A
11) C	51) C	91) B	131) D	171) E
12) A	52) D	92) B	132) A	172) C
13) D	53) C	93) A	133) B	173) A
14) C	54) D	94) C	134) B	174) D
15) C	55) B	95) C	135) A	175) C
16) D	56) D	96) A	136) D	176) B
17) E	57) D	97) D	137) B	177) A
18) D	58) B	98) E	138) A	178) C
19) D	59) D	99) A	139) E	179) B
20) B	60) C	100) B	140) B	180) C
21) D	61) A	101) A	141) A	181) E
22) D	62) B	102) C	142) B	182) A
23) D	63) B	103) D	143) C	183) B
24) B	64) B	104) A	144) D	184) C
25) C	65) D	105) B	145) A	185) D
26) C	66) C	106) D	146) D	186) E
27) A	67) D	107) E	147) B	187) B
28) D	68) B	108) B	148) C	188) C
29) C	69) D	109) D	149) A	189) D
30) A	70) E	110) B	150) E	190) A
31) C	71) B	111) A	151) C	191) C
32) B	72) D	112) D	152) A	192) D
33) C	73) B	113) B	153) B	193) D
34) B	74) B	114) C	154) D	194) B
35) B	75) B	115) A	155) B	195) A
36) A	76) C	116) C	156) A	196) B
37) B	77) E	117) B	157) B	197) D
38) D	78) C	118) D	158) C	198) E
39) A	79) D	119) A	159) A	199) B
40) A	80) B	120) D	160) D	200) A

SIMULAZIONI D'ESAME

TEST CISIA • TOLC-SU

TEST 1

Comprensione del testo e conoscenza della lingua italiana

Il punto sulle cellule staminali

(Modificato da: *Luciano Conti e Elena Cattaneo, "Il punto sulle staminali", Le Scienze,* ottobre 2011)

Nell'uomo, come in tutte le forme di vita multicellulari, la rigenerazione dei tessuti è un processo fisiologico di rinnovamento cellulare necessario per la sopravvivenza dell'organismo. Per tessuti come il sangue e l'epidermide si tratta di un ricambio quotidiano con cellule giovani che sostituiscono quelle vecchie. In altri tessuti, come il tessuto nervoso e il muscolo cardiaco, questo ricambio è assai più ridotto. Alla base di questi processi rigenerativi ci sono popolazioni di cellule di riserva localizzate nei diversi tessuti, tanto più abbondanti quanto maggiore è la capacità e la necessità rigenerativa di quel tessuto. Si tratta delle cellule staminali, cellule immature in grado di moltiplicarsi ripetutamente generando cellule identiche a se stesse. Oltre a replicarsi, le cellule staminali hanno anche la capacità di differenziarsi (specializzarsi) nelle diverse tipologie cellulari mature dei tessuti e degli organi in cui si trovano.

Normalmente lo sviluppo dei mammiferi procede a senso unico, con cellule prima immature che successivamente si differenziano divenendo meno versatili. Le primissime fasi dello sviluppo sono caratterizzate dalla comparsa di cellule speciali, le cellule staminali embrionali (cellule ES), presenti esclusivamente nella blastocisti, uno stadio precoce dello sviluppo embrionale dei mammiferi.

Nell'uomo le cellule ES, circa un centinaio per blastocisti, possono essere isolate da blastocisti generate con le tecniche di fecondazione *in vitro* e, nei paesi dove la legge lo permette, donate alla ricerca perché in sovrannumero o difettose. In questi casi, si preleva dalla blastocisti la massa cellulare interna che viene messa in coltura. Dopo alcuni giorni, le cellule ES cominceranno a proliferare generando una linea di cellule identiche tra loro, capaci di dividersi in modo illimitato pur conservando un elevato potenziale differenziativo. Queste cellule, infatti, possono dare origine a tutti i tipi cellulari differenziati – circa 220 – dell'organismo umano adulto, ma anche generare le cellule staminali adulte che permangono nei diversi tessuti dell'organismo. Per questa ragione, le cellule ES sono definite pluripotenti. Le cellule ES presentano segni particolari unici: nucleo di grandi dimensioni, citoplasma ridotto e soprattutto la presenza di proteine specifiche, come i fattori di trascrizione Oct4 e Nanog e molte altre, che ne definiscono e istruiscono la pluripotenza. La straordinarietà delle cellule ES è tutta nella loro incredibile e molteplice capacità differenziativa.

Possono essere infatti convertite in cellule della pelle, dei vasi sanguigni, dell'osso, del muscolo, del cuore, del pancreas e del fegato.

Secondo la classificazione proposta da Giulio Bizzozero, medico e istologo dell'Ottocento, accettata fino agli anni '50 del Novecento, i tessuti umani possono essere suddivisi in labili, stabili e perenni.
In base a questa classificazione, il sangue è un tessuto labile, in quanto è dotato di un'estrema capacità rigenerativa, assicurata da una consistente riserva di "cellule staminali professioniste" presenti nel midollo osseo (cellule ematopoietiche). Ogni giorno queste cellule sono capaci di produrre 2,5 miliardi di eritrociti, 2,5 miliardi di piastrine e 1 miliardo di leucociti per chilogrammo di peso corporeo in modo da sostituire le cellule "usurate".
Un altro tessuto labile ricco di cellule staminali è l'epidermide, che ogni minuto perde, e quindi rigenera, 30.000 cellule del suo strato più superficiale.
Una posizione intermedia hanno i tessuti stabili, o potenzialmente rinnovabili, le cui cellule esprimono una capacità rigenerativa solo in seguito a lesione. Ne è un esempio il fegato, un organo prevalentemente ghiandolare la cui attività rigenerativa è nota da moltissimo tempo.
All'estremo opposto troviamo il tessuto nervoso, tessuto considerato perenne per eccellenza che, a fronte dei circa 100 miliardi di neuroni presenti nel cervello umano adulto, subisce una perdita di circa 85.000 neuroni sottocorticali al giorno, che non sono più sostituiti. In realtà già nel 1965, Joseph Altman e Gopal Das avevano descritto la formazione di nuovi neuroni nell'ippocampo adulto, l'area cerebrale deputata alla memoria e all'apprendimento, sollevando la possibilità che alcune aree circoscritte del cervello maturo possano rigenerare, sebbene in modo parziale. Questa scoperta non fu riconosciuta dalla comunità scientifica fino agli inizi degli anni '90 quando gli esperimenti di Samuel Weiss e Brent Reynolds confermarono che anche il cervello adulto possiede una riserva di elementi staminali, le cellule staminali neurali. Si tratta di un numero esiguo di cellule scarsamente attive, che sostengono la produzione di un numero limitato di nuovi neuroni ogni giorno e solo in due aree specifiche del cervello: l'ippocampo e la zona sottoventricolare dei ventricoli laterali.
Nel 2006, Shinya Yamanaka e collaboratori, in Giappone, hanno riprogrammato cellule adulte facendole ritornare ad uno stadio pluripotente simile a quello delle cellule ES. Queste nuove cellule staminali sono state denominate con l'acronimo iPS (da *induced pluripotent stem cell*, cellule staminali pluripotenti indotte). Questo risultato è stato ottenuto grazie all'espressione, in fibroblasti adulti, di soli quattro geni codificanti per i fattori di trascrizione associati allo stadio di pluripotenza (*oct4*, *sox2*, *klf4* e *c-myc*). Soprattutto, queste cellule sembrano mantenere molte caratteristiche delle staminali embrionali vere, inclusa la potenzialità differenziativa, anche se sembra ormai chiaro che le cellule iPS non sono proprio identiche alle cellule ES.
La prova che il DNA delle cellule specializzate mantiene la straordinaria capacità di parlare alfabeti diversi (e più giovani), se sollecitato con segnali appropriati, stravolge molti dogmi della biologia.
Oggi non c'è scienziato al mondo che non consideri la scoperta della riprogrammazione cellulare come una tra le più rivoluzionarie degli ultimi decenni.

1) Secondo il brano presentato, le cellule staminali adulte:

A. possono dare origine a tutti i tipi cellulari specializzati dell'organismo

B. danno origine solo ai tipi cellulari del tessuto cui appartengono
C. danno origine a un nuovo individuo
D. possono dividersi una sola volta prima di andare incontro al differenziamento
E. danno sempre origine ad un solo tipo di cellula specializzata

2) Secondo il brano proposto, la classificazione di Bizzozero dei tessuti in labili, stabili e perenni:

A. è stata messa in discussione dalla scoperta che il tessuto nervoso contiene elementi staminali
B. prevedeva la presenza di elementi deputati al rinnovamento cellulare in tutti i tessuti
C. è stata messa in discussione dalla scoperta che il fegato è costituito da cellule che si moltiplicano attivamente in seguito alle lesioni
D. è sempre valida
E. è stata messa in discussione dalla scoperta che il tessuto nervoso perde ogni giorno migliaia di neuroni

3) Secondo il brano presentato, cellule staminali pluripotenti possono avere origine in tutti i seguenti modi, tranne uno. Quale?

A. Dalla divisione delle cellule differenziate
B. Da cellule staminali pluripotenti preesistenti
C. Dalle cellule ES pluripotenti
D. Dalla divisione delle iPS pluripotenti
E. Dalla riprogrammazione delle cellule differenziate

4) L'espressione in fibroblasti adulti di 4 geni codificanti fattori di trascrizione che ne inducono la conversione:

A. permette di riportare le cellule alla potenzialità dello zigote
B. impedisce alle cellule di autorinnovarsi
C. permette di riprogrammare cellule mature in cellule pluripotenti
D. permette di riprogrammare cellule mature in cellule ES
E. non modifica la potenzialità differenziativa delle cellule

5) Le cellule staminali neurali:

A. danno origine a circa 1 miliardo di neuroni al giorno
B. sono in numero esiguo e poco attive
C. sono equamente distribuite in tutte le aree cerebrali
D. sono pluripotenti
E. si trovano solo nell'ippocampo

Il significato della storia

Per Delacroix, capo riconosciuto della "scuola romantica", la storia non è esempio o guida dell'agire umano, è un dramma che è cominciato con l'umanità e dura nel presente. La storia contemporanea è lotta politica per la libertà. "La libertà guida il popolo" è il primo quadro politico nella storia della pittura moderna: esalta l'insurrezione che, nel luglio del 1830, ha posto fine al terrore bianco della restaurata monarchia borbonica. Nel quadro che esalta le giornate di luglio c'è un entusiasmo sincero e un significato politico ambiguo. Per Delacroix e in genere per i romantici libertà è indipendenza nazionale. Nella vasta tela del 1830 la donna che sventola il tricolore sulle barricate è, allo stesso tempo, la Libertà e la Francia. E chi combatte per la libertà? Popolani e intellettuali borghesi: nel nome della Libertà-Patria si suggella la "union sacrée" dei popolani scamiciati e dei borghesi in cilindro. Non è un quadro storico: non rappresenta un fatto o una situazione. Non è un quadro allegorico: di allegorico non c'è che la figura della Libertà-Patria. È un quadro realistico, che culmina con una tirata retorica. Persino la figura allegorica è un misto di realismo e retorica: una figura "ideale" che, per l'occasione, s'è vestita con gli stracci della popolana e, invece della simbolica spada, impugna un fucile d'ordinanza. Nelle note realistiche si scende alla caratterizzazione sociale delle figure per dimostrare che ragazzi, giovani, adulti, operai, contadini, intellettuali, soldati legittimisti e soldati ribelli, tutti sono popolo e tutti affratella il tricolore. È proprio con il romanticismo di Delacroix che l'arte comincia a proporsi di essere, a tutti i costi, del proprio tempo.

(Da: G. C. Argan, *L'arte moderna 1770/1970*, Sansoni)

6) Quale delle seguenti affermazioni NON può essere dedotta dal brano?

A. "La libertà guida il popolo" è stato dipinto nel secondo semestre del 1830
B. Delacroix inizia a far sì che l'arte appartenga al proprio tempo
C. Clero, monarchia e borghesia sono legati da una "union sacrée"
D. Delacroix reinterpreta in chiave realistica la figura allegorica della libertà, raffigurandola con un fucile
E. "La libertà guida il popolo" non ha un significato politico univoco

7) Standando al testo, il dipinto di Delacroix è considerato il primo quadro politico nella storia della pittura moderna perché:

A. nessuno prima di Delacroix aveva messo sullo stesso piano popolani e borghesi
B. nessuno prima di Delacroix aveva osato celebrare la caduta di una dinastia reale
C. vi si trova un riferimento a un preciso evento politico
D. pur non rappresentando fedelmente un evento, ha una tirata retorica
E. esalta il sostegno popolare all'instaurazione della monarchia borbonica

8) Come è definito il quadro di Delacroix?

A. Globalmente retorico
B. Realistico
C. Allegorico
D. Storico
E. Sociale

9) Stando al contenuto del brano, quale significato attribuisce Delacroix alla storia?

A. Quello di essere un dramma in continuo divenire
B. Quello di essere un esempio per l'uomo
C. Quello di essere una guida per le azioni dell'uomo
D. Quello di non rappresentare fatti o situazioni
E. Quello di essere il compimento di un destino di indipendenza nazionale

10) La figura allegorica della donna che sventola il tricolore sulle barricate è descritta dall'autore del brano come un misto di realismo e retorica perché:

A. imbraccia un fucile e non una spada, e proprio nel fucile sta il vero messaggio finale del quadro, ossia quello di esortare il popolo a combattere
B. la donna guerriera è un cliché tipico dell'arte francese, che Delacroix riprende per dare al suo quadro nazionalistico un carattere decisamente radicato nella cultura francese
C. tramite questa figura si completa l'identificazione tra Libertà, Francia

e donna del popolo, dato che Delacroix voleva celebrare la Francia come Paese libero e "popolano"
D. essa incarna il messaggio finale del dipinto, che è quello di esortare i francesi a combattere, altrimenti i popolani conquisteranno nuovamente il potere
E. la donna rappresenta la Libertà e la Francia, ma è raffigurata in maniera realistica, come una popolana che combatte per il suo Paese

Specialità olimpiche

Una certa specialità olimpica prevede che, a ogni edizione dei Giochi, vengano assegnate esattamente tre medaglie (oro, argento e bronzo) ad altrettanti atleti. In ciascuna edizione, ogni Stato partecipante ha diritto a partecipare a questa competizione con uno e un solo atleta. Sempre con riferimento alla medesima specialità olimpica, è inoltre noto che:

1) considerando le ultime tre edizioni dei giochi, l'Austria ha ottenuto nel complesso tre medaglie, mentre Belgio e Canada hanno ottenuto due medaglie ciascuno;
2) nell'ultima edizione, la medaglia d'argento è andata alla Danimarca;
3) nella penultima edizione, la medaglia d'oro è andata all'Estonia;
4) nella terzultima edizione, la medaglia di bronzo è andata all'Austria;
5) considerando le ultime tre edizioni dei Giochi, nessun Paese ha mai vinto due volte la stessa medaglia.

11) Nella terzultima edizione quali Stati hanno occupato il podio? (L'ordine non deve necessariamente coincidere con quello di premiazione).

A. Austria, Belgio e Canada
B. Austria, Canada e Danimarca
C. Austria, Belgio e Danimarca
D. Austria, Danimarca ed Estonia
E. Austria, Belgio ed Estonia

12) Considerando le ultime tre edizioni dei Giochi, il podio è stato occupato esclusivamente da nazioni europee:

A. solo in occasione dell'ultima edizione
B. solo in occasione della terzultima edizione
C. in due edizioni, ma è impossibile determinare quali
D. in una e una sola edizione, ma è impossibile determinare quale
E. solo in occasione della penultima edizione

La storia del cavallo poliploide

Si dice che ancor oggi per gettare nell'imbarazzo i signori del premio Nobel basti menzionare i cavalli poliploidi. Vero o no, verso la fine degli Anni Ottanta il dottor P.U. Posif, il grande genetista erewhoniano, ricevette il premio per le sue manipolazioni del DNA del comune cavallo da tiro (*Equus caballus*). Si disse che egli aveva apportato un grande contributo all'ancor giovane scienza della trasportologia. In ogni caso vinse il premio per aver creato (nessun'altra parola potrebbe render giustizia a un'operazione di scienza applicata che quasi usurpava l'attività divina), creato, dico, un cavallo di dimensioni esattamente doppie di quelle del comune Clydesdale. Era lungo il doppio, alto e largo il doppio: era un poliploide, con un numero di cromosomi quadruplo del normale. Posif sostenne sempre che c'era stato un tempo in cui questo animale straordinario, quando era ancora un puledro, poteva reggersi sulle quattro zampe. Dovette certo essere uno spettacolo fantastico!

Fatto sta che quando fu esposto al pubblico e ripreso e immortalato da tutti gli strumenti di comunicazione della civiltà moderna, il cavallo non si reggeva affatto in piedi. Per farla breve, era *troppo pesante.* Pesava, naturalmente, otto volte un normale Clydesdale. Per le sue comparse in pubblico o alla televisione, il dotto Posif faceva sempre chiudere gli idranti, che erano altrimenti costantemente necessari per mantenere l'animale alla normale temperatura di un mammifero; ma c'era sempre il timore che le parti più interne cominciassero a cuocere. Dopo tutto, la pelle e il pannicolo adiposo della povera bestia erano spessi il doppio del normale, mentre la sua superficie era solo quattro volte quella di un cavallo comune, sicché esso non si raffreddava adeguatamente. Ogni mattina il cavallo doveva essere sollevato sulle zampe con una piccola gru e infilato in una sorta di scatola a ruote dove poggiava su una serie di molle, calibrate per alleggerirlo di metà del suo peso. Il dotto Posif sosteneva che l'animale era straordinariamente intelligente. Aveva, naturalmente, otto volte più cervello (in peso) di qualsiasi altro cavallo, ma io non ebbi mai l'impressione che si occupasse di problemi più complessi di quelli che interessano gli altri cavalli. Aveva pochissimo tempo libero, tutto preso com'era sempre a sbuffare in parte per raffreddarsi, in parte per ossigenare il suo corpo ottuplo. Dopo tutto la sua trachea aveva una sezione soltanto quadrupla di quella normale. Poi c'era l'alimentazione. Ogni giorno doveva ingerire in qualche modo una quantità pari a otto volte quella sufficiente a un comune cavallo, e doveva far scendere tutto quel cibo lungo un esofago che aveva un calibro solo quadruplo del normale. Anche i vasi sanguigni avevano dimensioni relativamente ridotte, e ciò rendeva più difficile la circolazione e imponeva al cuore un lavoro supplementare. Una bestia infelice! Questo apologo mostra ciò che inevitabilmente accade quando interagiscono due o più variabili le cui curve siano discrepanti. Questo è ciò che produce l'interazione tra cambiamento e tolleranza. Ad esempio, la crescita graduale di una popolazione (di automobili o di persone) non ha effetti manifesti su un sistema di trasporto finché *improvvisamente* la soglia di tolleranza viene superata e il traffico s'ingorga. Il cambiamento di una delle variabili rivela un valore critico dell'altra. Nel caso del cavallo immaginario, lunghezza, superficie e volume (o massa) sono in discrepanza perché le loro curve di crescita hanno caratteristiche mutuamente non lineari. La superficie varia come quadrato della lunghezza e il volume come cubo della lunghezza, sicché la superficie varia come volume elevato alla potenza di 2/3. Per il cavallo (e per tutte le creature reali) la faccenda si fa più seria, poiché per rimanere in vita devono essere assicurate molte dinamiche interne. C'è una logistica interna del sangue, del cibo, dell'ossigeno e delle scorie, e una logistica dell'informazione, sotto forma di messaggi neurali e ormonali. Nelle cose viventi il fenomeno della crescita aggiunge un ulteriore ordine di complessità ai problemi della grandezza. La crescita altererà le proporzioni dell'organismo? I problemi relativi ai limiti della crescita sono risolti in modi assai diversi dalle diverse creature. Un caso semplice è quello delle palme, che non modificano la circonferenza per compensare l'altezza. Una quercia, che tra il legno e la corteccia ha un tessuto che cresce (il cambio), si sviluppa in altezza e in larghezza durante tutta la sua esistenza. Una palma del cocco, invece, dove il tessuto soggetto a crescita si trova solo all'apice del fusto (la cosiddetta insalata dei miliardari, e ottenerla significa uccidere la palma), presenta solo uno sviluppo in altezza accompagnato da un lento ingrossamento alla base del tronco. Per quest'organismo la limitazione dell'altezza è semplicemente un normale aspetto dell'adattamento a una nicchia. È la pura e semplice instabilità meccanica provocata da un'altezza eccessiva non compensata da una circonferenza adeguata che normalmente la conduce alla morte.

13) L'autore del Testo si propone di mostrare che:

A. i processi di crescita di vegetali ed animali trovano un limite esclusivamente nel tempo di invecchiamento delle cellule
B. le difficoltà di ossigenazione e di smaltimento del calore corporeo del cavallo poliploide derivavano da diverse natura e conformazione degli organi interni
C. il cavallo poliploide non riusciva a reggersi sulle proprie zampe perché il suo corpo aveva dimensioni eccessive rispetto a quelle delle zampe
D. quando, in un qualsiasi fenomeno, vi sono parametri legati da leggi non lineari, uno di questi non può variare a piacere, senza rendere impossibile la sussistenza del fenomeno stesso
E. i parametri che legano tra loro i diversi aspetti di un fenomeno fisico sono sempre tra loro indipendenti

14) Il cavallo poliploide pesava otto volte un cavallo normale, e non riusciva a reggersi sulle zampe, perché:

A. il cavallo era troppo alto, e le zampe si flettevano per carico di punta
B. il cavallo si debilitava per l'insufficiente smaltimento del calore corporeo
C. il peso è proporzionale al volume, ed il volume è proporzionale al cubo della lunghezza
D. le zampe del cavallo non avevano articolazioni adeguate
E. la quantità di cibo necessaria a nutrire un corpo così grande era tale da appesantirlo eccessivamente

15) Il cavallo poliploide, quando era ancora un puledro, riusciva a reggersi in piedi sulle proprie zampe, poiché:

A. faceva meno fatica a respirare
B. aveva dimensioni adeguate a sopportare il peso corporeo
C. essendo giovane, aveva più energia
D. da giovane, aveva una muscolatura più resistente
E. aveva meno calorie da smaltire

16) Secondo quanto è affermato nel testo, a cosa si deve il limite della vita di una palma?

A. Al fatto che l'apparato radicale non si sviluppa adeguatamente
B. Al fatto che la chioma non si sviluppa a sufficienza per mantenerla in vita
C. Al fatto che la palma cresce più in altezza che in diametro del tronco
D. Al deperimento organico delle funzioni vegetative
E. All'indebolimento progressivo del legno

17) Quale tra le seguenti cause concorre a determinare l'infelicità del cavallo?

A. Non era amato dal suo padrone
B. Aveva dimensioni e peso simili a quelle di un cavallo normale
C. Aveva sempre freddo
D. Non poteva riprodursi
E. Faticava ad ingoiare il cibo

La torbiera?

Un ambiente pericoloso, minaccioso, oscuro. Persino Frodo, il protagonista del *Signore degli anelli,* ha corso il rischio di morire in una torbiera (le "Paludi morte"). Eppure, visti con gli occhi di un ricercatore, pochi ambienti sono più affascinanti di queste distese di muschi in decomposizione, di piccoli cespugli e di specie vegetali e animali molto adattate.
E le torbiere non sono neppure ambienti marginali: coprono infatti 400 milioni di ettari delle terre emerse, in gran parte nelle nazioni più vicine al Polo Nord, come Russia e Finlandia, e rappresentano circa il 50% delle zone umide del mondo.
Le torbiere si creano quando il territorio umido, come un lago non molto profondo o una palude, è lentamente ricoperto da uno strato di muschi che, nel giro di migliaia di anni, vanno a riempire l'intero bacino. L'ambiente che si forma è una strana combinazione di morte e vita, perché il muschio, di solito del genere *Sphagnum,* è sepolto nelle profondità a mano a mano che i suoi piccoli steli crescono verso la luce. Si forma così un tappeto di piante vive che ricopre metri e metri di materiale spugnoso che si decompone a fatica. Lontani dall'ossigeno dell'aria, infatti, i muschi e i resti organici sepolti rimangono intatti per secoli. È un ambiente a volte estremamente acido, che quindi ospita specie adatte a un ecosistema particolare. Le piante, per esempio, devono riuscire a sopravvivere con poco azoto, che si trova solo nei terreni ricchi di materiale organico decomposto. Per questo nelle torbiere vivono spesso piante carnivore come la Drosera, che estraggono l'azoto dalle loro prede: piccoli animali come insetti o ragni.
L'estrema immobilità delle torbiere le ha trasformate in un vero e proprio archivio vivente. Scavare nello strato, profondo metri, di stagni morti o in via di decomposizione, permette di risalire, quasi anno per anno, ai cambiamenti di vegetazione avvenuti nel corso dei secoli (spesso la torba ha cominciato a depositarsi oltre 10 mila anni fa). Il polline, le foglie o i fiori delle piante testimoniano le modifiche nel clima della regione.
E a volte è possibile trovare corpi umani, le "mummie delle torbiere", che secondo alcuni studi sono abitanti locali dell'età del ferro, forse sacrificati durante misteriose cerimonie.

(M. Ferrari, «Focus»)

18) La torbiera viene definita come una combinazione di morte e di vita perché:

A. insetti e ragni si nutrono di piante morte
B. in superficie vi sono piante vive e in profondità materiale in lentissima decomposizione
C. le specie animali che vi si trovano si nutrono di materiale in decomposizione
D. in superficie vi è materiale in lenta decomposizione e in profondità piante vive
E. le specie vegetali che vi si trovano prosperano grazie al materiale in decomposizione

19) Quale delle seguenti affermazioni sulle torbiere è FALSA?

A. Non vi si trovano piante d'alto fusto
B. Costituiscono circa la metà delle zone umide del mondo
C. Coprono più di 300 milioni di ettari delle terre emerse
D. Spesso costituiscono un ambiente acido
E. Sono tipiche di zone particolarmente ricche di luce

20) Dal brano si può dedurre che:

A. il vaiolo è la più antica malattia nota, risalendo al Neolitico
B. il vaiolo resiste in Bangladesh e in Somalia
C. prima che venisse debellato si conoscevano almeno due forme di vaiolo
D. attualmente gli ultimi ceppi di vaiolo sono custoditi nella sede dell'OMS
E. l'esercito si è aggiudicato le ultime dosi di vaccino disponibili contro il vaiolo

21) Dalla lettura del brano si può ragionevolmente desumere che:

A. si teme un'epidemia di vaiolo imminente nell'esercito USA
B. i ceppi superstiti del virus del vaiolo si trovano solo in un laboratorio
C. non ci sono più stati casi di vaiolo successivi al 1977
D. la ditta Dynport ha numerose sedi negli USA
E. non ci sono più stati casi conosciuti di vaiolo successivi al 1975

22) Quale delle seguenti affermazioni può essere dedotta dal brano?

A. La ditta Dynport è fornitrice attuale della U.S. Army
B. L'interruzione della vaccinazione della popolazione mondiale non è anteriore al 1977
C. La ditta Dynport ha stretti rapporti con l'OMS
D. Dato che la popolazione mondiale non è più vaccinata contro il vaiolo, la notizia che quest'anno l'esercito statunitense riceverà trecentomila dosi di vaccino contro il vaiolo non ha senso
E. I fautori della non distruzione degli ultimi ceppi del virus del vaiolo erano animati da mero interesse scientifico

L'educatore

Ogni riflessione che riguardi l'educatore dovrebbe opportunamente iniziare con un'accurata ricognizione attorno alla figura professionale, cioè attorno alle origini, al ruolo, alle competenze, alle normative di riferimento, ai percorsi formativi e altro ancora. Sarebbe una ricognizione indispensabile per delineare con precisione l'oggetto di studio, facendolo diventare un punto fermo iniziale, dal quale far discendere ogni ulteriore, più o meno originale e organica, riflessione.
Fare ciò sarebbe opportuno, auspicabile e, in un certo qual modo, esaustivo se ci trovassimo al cospetto di una figura professionale definibile con completezza e precisione nei suoi tratti teorici e solare nelle sue manifestazioni operative. Una figura, cioè, esente dal dover obbligatoriamente affrontare (per convincere se stessa e gli altri della propria essenzialità e originalità) alcune annose e difficili questioni. Per esempio, la questione dei valori dei quali dovrebbe, o non dovrebbe, essere portatrice, testimone, e divulgatrice; la questione del rapporto esistente tra l'agire educativo "spontaneo" e quello "artificiale", il problema della ricerca e della dichiarazione delle fonti che la legittimerebbero a "formare" i soggetti in un certo modo e non in altri e via discorrendo.
Inoltre, la figura dell'educatore professionale è una figura costitutivamente incerta, alle volte quasi sfuggente, costantemente in via di definizione, restia a qualsiasi tentativo di stabilizzazione all'interno di una rassegna esaustiva di compiti e funzioni: una figura – parafrasando Zygmunt Bauman – liquida, malgrado i tentativi di pensarla e descriverla come solida, ma non per questo una figura eterea. Quella dell'educatore è una "debolezza" strutturale, non eludibile da qualsivoglia riflessione e non eliminabile

a seguito di qualsivoglia riflessione. Ma è una debolezza essenziale e salutare, che rappresenta anche la sua (paradossale) intrinseca forza, se interpretata come una costante apertura di possibilità, una ricerca ininterrotta sul senso dell'agire educativo, una costante messa in discussione del proprio orizzonte di finalità, degli obiettivi, dell'universo dei soggetti e delle esperienze di vita ritenuti destinatari e/o co-costruttori dell'azione educativa.
L'educatore è incerto perché l'educare (professionale e non) è stato ed è sempre incerto, ma anche perché, oggi, la figura professionale è la risultante di molte chiamate in causa, di molte assunzioni di responsabilità. E questo sia per il ventaglio di compiti progressivamente attribuiti alla figura (riabilitazione, prevenzione e promozione educativa), sia per soggetti (individuali, collettivi, comunitari) di riferimento: dalle famiglie problematiche a senza dimora, dalla depravazione culturale di contesti territoriali agli anziani portatori di Alzheimer, dagli ex detenuti agli studenti "normali". Tant'è che oggi possiamo affermare – con tranquilla inquietudine – che tutta l'esistenza di tutte le persone è potenzialmente interessabile dal pensiero e dall'azione dell'educatore professionale.

23) Con quale aggettivo viene definita nel brano la figura dell'educatore?

A. Solida
B. Sintetica
C. Spontanea
D. Eterea
E. Liquida

24) Per definire in modo esaustivo la propria figura, l'educatore professionale, oggi, dovrebbe:

A. saper trasformare in punti di forza le sue debolezze strutturali
B. rinsaldare le proprie finalità e i propri obiettivi evitando di mettere continuamente in discussione il proprio orizzonte di esperienze educative
C. interrogarsi sulla capacità della propria figura professionale di promuovere e veicolare valori
D. stabilire che tipo di formazione personale sia più idonea per ricoprire il proprio ruolo professionale
E. stabilire chiaramente se sia più sensata una cultura dell'educazione in senso pianificato, e quindi artificiale, o interattivo, e quindi spontaneo

25) Nel brano si afferma che la figura dell'educatore professionale:

A. è una figura marginale nei compiti e nelle mansioni
B. ha precise e definite mansioni operative
C. si incarna, per natura, in una persona indecisa
D. si inquadra agevolmente all'interno di una rassegna esaustiva di compiti e funzioni
E. è una figura in continua evoluzione e definizione

A casa con i genitori

La dilatazione temporale del periodo di dipendenza dalla famiglia d'origine ha causato un diffuso orientamento delle giovani generazioni a posticipare sempre di più la conquista dell'autonomia abitativa. I dati a livello europeo mostrano il consolidamento e la diffusione di questo comportamento in tutti i Paesi dell'Europa meridionale (Italia, Spagna, Grecia e Portogallo) e con peculiarità specifiche rispetto alle altre nazioni dell'Unione Europea, tanto che si è consolidato l'approccio che contrappone due modelli di transizione alla vita adulta: il modello mediterraneo e quello nordico. A questi due modelli Galland aggiunge il modello britannico, caratterizzato dalla maggiore precocità nel raggiungimento delle varie fasi. La transizione dei giovani britannici, quindi, è contraddistinta dal precoce accesso al mercato del lavoro e da una più giovane età media di matrimonio, mentre, all'opposto, la maternità e la paternità sono eventi tendenzialmente rinviati. Il modello mediterraneo, di cui l'Italia è l'esempio più emblematico, è caratterizzato da un accentuato prolungamento della transizione e, soprattutto, del periodo di permanenza nella famiglia d'origine. Il modello nordico, diffuso nei Paesi dell'Europa centro-settentrionale, si presenta più complesso perché meno lineare, in quanto alcune fasi possono sovrapporsi ad altre e avere un carattere transitorio. Una delle differenze più rilevanti con il modello precedente è che l'abbandono della casa dei genitori avviene precocemente, in quanto prevale l'adozione di diverse strategie abitative, anche solo in via sperimentale. Le convivenze con il/la partner o con amici, la vita da single o la sistemazione in residenze universitarie per tutta la durata degli studi sono forme residenziali molto diffuse tra i giovani. Per il loro carattere temporaneo, tuttavia, non sempre danno esito all'acquisizione definitiva dell'autonomia abitativa. In Italia e negli altri Paesi del Sud Europa, invece, lasciare la famiglia d'origine impone quasi sempre una scelta definitiva, motivata, nella maggior parte dei casi, da eventi socialmente legittimati, quali il matrimonio o un cambiamento di residenza per ragioni di lavoro.

26) In base a quanto scritto nel brano, quale elemento caratterizza il modello nordico rispetto a quello mediterraneo?

A. Il precoce abbandono della famiglia d'origine in favore di altre strategie abitative
B. Una maggiore linearità oltre che una maggiore precocità nel raggiungimento delle varie fasi (accesso al mercato del lavoro, matrimonio, maternità e paternità ecc.)
C. La precoce acquisizione di una definitiva autonomia abitativa
D. L'abbandono della casa dei genitori motivata dall'acquisizione di un nuovo stato civile
E. Un accentuato prolungamento della permanenza nella famiglia d'origine

27) Il cosiddetto modello mediterraneo, secondo quanto affermato nel brano, comporta fra l'altro:

A. che l'autonomia abitativa, prima di diventare definitiva, è raggiunta anche in modo temporaneo
B. la sperimentazione di soluzioni abitative diverse, come la convivenza sia di coppia sia di gruppi di amici
C. che l'autonomia abitativa venga raggiunta, per lo più in coincidenza con eventi socialmente rilevanti quali trasferimenti per lavoro
D. che l'autonomia abitativa viene raggiunta spesso mediante trasferimento per motivi di lavoro nell'Europa centro-settentrionale
E. che gli studenti universitari raggiungano un'autonomia abitativa più tardi rispetto ai coetanei lavoratori

28) Del seguente passo *Dei Sepolcri*: "Ma ove dorma il furor d'inclite geste e sien ministri al vivere civile l'opulenza e il tremore, inutil pompa e inaugurate imagini dell'Orco sorgon cippi e marmorei monumenti." Scegli la parafrasi corretta:

A. Ma nei casi in cui il delirio delle gesta eroiche appartenga ormai al passato e la vita civile sia serenamente guidata dalla ricchezza e dal timore del ritorno agli orrori trascorsi, non serve inaugurare con gran pompa steli sepolcrali e monumenti ai caduti
B. Ma nei casi in cui la follia della guerra sia sopita, e i rappresentanti del Governo possano proporre ai cittadini ricchezza e passione, non serve rappresentare, con cippi e monumenti in marmo, i rischi mortali dello scontro tra le civiltà
C. Ma nei casi in cui il desiderio ardente di imprese eroiche non esista più e la vita dei cittadini sia guidata dal desiderio di ricchezza e dalla paura, non serve inaugurare con gran pompa steli sepolcrali e monumenti ai caduti, che appaiono come funeste immagini dell'Aldilà
D. Ma nei casi in cui il desiderio ardente di imprese nobili sia spento e la vita civile sia governata dal desiderio di ricchezza e dal timore di perderla, cippi e monumenti sepolcrali rappresentano un inutile lusso e forniscono un'immagine indesiderata della Morte
E. Ma nei paesi in cui la follia della guerra sia sopita, e i ministri propongano ai cittadini la ricchezza unita alla minaccia di perderla, è uno spreco inutile inaugurare ogni tipo di monumenti marmorei per ricordare il terribile castigo che attende chi sbaglia

29) "I processi ... sono un fattore decisivo nell'evoluzione geochimica della superficie della Terra e della sua atmosfera: per esempio le piante verdi hanno un ruolo importante nel limitare la concentrazione di anidride carbonica nell'atmosfera e così molti altri composti ... sono controllati dall'attività biologica e sono originati direttamente dalla biosfera. Si potrebbe immaginare che nei confronti dell'ambiente ... terrestre, la biosfera avesse un ruolo analogo a quello che ha un termostato nel regolare la temperatura di una stanza, mantenendola intorno a un valore prestabilito. Naturalmente, negli organismi viventi agiscono meccanismi ... molto più complessi di quello costituito dal termostato, meccanismi in grado di controllare contemporaneamente ma in modo simile un gran numero di variabili...".
Dal brano precedente sono stati cancellati cinque aggettivi che vengono riportati qui di seguito, non declinati, in diversa successione. Scegli la serie con la successione di aggettivi che corrisponde alle esigenze logiche del testo:
A. Chimico-fisico, fisico, biologico, chimico, omeostatico
B. Chimico-fisico, biologico, fisico, omeostatico, chimico
C. Biologico, chimico, chimico-fisico, omeostatico, fisico
D. Fisico, chimico, biologico, chimico-fisico, omeostatico
E. Omeostatico, chimico, chimico-fisico, fisico, biologico

30) "Dico che un buon cittadino e amante della patria non solo debba accettare di collaborare col tiranno per sua sicurtà, perché è in pericolo se diventa sospetto, ma anche per il bene della patria, perché comportandosi così gli viene l'occasione, con i consigli e con le opere, di promuovere molto bene e di evitare molto male. E questi che biasimano chi così si comporta sono pazzi: perché starebbe fresca la città e loro, se il tiranno non avesse intorno altro che malvagi".

Francesco Guicciardini, *Ricordi,* prima stesura, n. 220

QUAL È, tra quelle sotto elencate, LA DEFINIZIONE CORRETTA della concezione della politica che ispira il giudizio di Guicciardini sul comportamento del buon cittadino in tempi di tirannia?

A. Trasformista
B. Opportunistica
C. Utopistica
D. Realista
E. Cinica

Conoscenze e competenze acquisite negli studi

31) Con il termine "idealismo" ci si riferisce essenzialmente:

A. a quella grande corrente di pensiero basata sugli ideali rivoluzionari ottocenteschi
B. a quella grande corrente di pensiero nata in Austria durante l'Ottocento
C. a quella grande corrente di pensiero basata sul principio che l'"astratto" prevalga sempre sul "materiale"
D. a quella grande corrente di pensiero nata in Germania durante l'Ottocento
E. a quella grande corrente di pensiero diffusasi in Europa subito dopo la seconda guerra mondiale

32) Si identifichi la serie numerica che corrisponde alla reale successione storica degli avvenimenti, relativi alla Storia d'Italia, sotto elencati: (1) suffragio universale maschile e femminile, (2) spedizione dei Mille, (3) marcia su Roma, (4) presa di Porta Pia, (5) entrata in vigore della Costituzione Repubblicana, (6) concordato tra Stato e Chiesa.

A. 4 – 3 –1 – 6 – 2 – 5
B. 3 – 5 – 1 - 6 – 2 – 4
C. 2 – 3 – 4 – 5 – 1 – 6
D. 2 – 4 – 3 – 6 – 1 – 5
E. 2 – 4 – 3 – 5 – 1 – 6

33) 1 – Cavour; 2 – Riccardo III; 3 – Enrico IV; 4 – Garibaldi; 5 – Giulio Cesare; 6 – Luigi XIV.
A) Un cavallo, un cavallo, il mio regno per un cavallo!; B) Parigi vale bene una messa; C) Libera chiesa in libero stato; D) Il dado è tratto; E) Obbedisco; F) Lo stato sono io
Scegliete la sequenza in cui a ciascun personaggio corrisponde la frase celebre che la tradizione gli attribuisce:

A. 1 + a; 2 + c; 3 + b; 4 + f; 5 + d; 6 + e
B. 1+ e; 2 + f; 3 + a; 4 + c; 5 + d; 6 + b
C. 1 + b; 2 + a; 3 + c; 4 + e; 5 + f; 6 + d
D. 1 + b; 2 + a; 3 + d; 4 + c; 5 + f; 6 + e
E. 1 + c; 2 + a; 3 + b; 4 + e; 5 + d; 6 + f

34) "Per __________ s'intende la consegna, da parte dello Stato richiesto allo Stato richiedente, di una persona ricercata, o perché oggetto di una sentenza di condanna definitiva ad una pena detentiva o ad una misura di sicurezza privativa della libertà personale, o perché oggetto di una ordinanza di custodia cautelare in carcere".

(www.giustizia.it)

Tra quelli che seguono, qual è il termine da inserire nello spazio vuoto?

A. Abdicazione
B. Estradizione
C. Surroga
D. Contumacia
E. Denuncia

35) Quale branca del diritto privato disciplina i diritti di successione, i diritti reali e le obbligazioni?

A. Il diritto civile
B. Il diritto del lavoro
C. Il diritto industriale
D. Il diritto amministrativo
E. Il diritto commerciale

36) Il ruolo del capo del Governo consiste:

A. nel dare sollecita esecuzione alle deliberazioni del Consiglio dei Ministri
B. nel rivestire una posizione preminente nei confronti di tutti i componenti del Governo, ai quali impartisce precise e inderogabili direttive
C. nell'approvare e promulgare le leggi dello Stato
D. nel gestire di concerto con il Ministro dell'Economia la spesa pubblica
E. nell'esplicare funzioni di rappresentanza del Governo unitamente al coordinamento dell'attività dei Ministri

37) Il referendum che permette alla popolazione di esprimere un proprio giudizio sull'abrogazione totale o parziale di una legge o di un atto avente forza di legge è detto:

A. consultivo
B. abrogativo
C. confermativo
D. elettorale
E. costituzionale

38) Parlando dell'Italia degli anni Sessanta NON è corretta l'affermazione:

A. L'inurbamento di grandi masse contadine fa esplodere una speculazione edilizia
B. In politica estera l'Italia si lega all'ONU e alla NATO
C. Già all'inizio di questi anni la crescita economica subisce un cospicuo calo
D. L'economia italiana è in netta ascesa
E. Il nuovo settore terziario si sviluppa rapidamente

39) Nel Regno Unito la regina Elisabetta II è anche:

A. Presidente della Camera dei Lord
B. Presidente del Consiglio dei Ministri
C. Governatore Supremo della Chiesa Anglicana
D. Ministro dello Scacchiere
E. Giudice Capo delle Corti d'Appello

40) In quale romanzo è protagonista Arturo Bandini?

A. "L'isola di Arturo" di Elsa Morante
B. "Chiedi alla polvere" di John Fante
C. "Sostiene Pereira" di Antonio Tabucchi
D. "Il Libro dell'inquietudine" di Fernando Pessoa
E. "Il piacere" di Gabriele D'Annunzio

Ragionamento logico

41) "Se è vero che tutti i filosofi sono saggi alcuni filosofi sono anche matematici. Aristotele fu un importante filosofo greco". Se ne deduce necessariamente che:

A. esistono matematici che non sono saggi
B. alcuni matematici sono saggi
C. i saggi greci furono filosofi
D. Aristotele fu anche un matematico
E. tutte le persone sagge sono anche matematici

42) "Chi legge romanzi o va in chiesa ama passeggiare. Chi ama passeggiare ama la natura". Se le precedenti affermazioni sono vere, allora è vero che:

A. chi ama la natura va abitualmente in chiesa
B. chi legge romanzi va in chiesa
C. chi legge romanzi ama la natura
D. chi ama la natura e legge romanzi va abitualmente in chiesa
E. chi ama passeggiare va in chiesa

43) Alcuni legumi sono borlotti, tutti i borlotti sono fagioli. Quindi:

A. tutti i legumi sono fagioli
B. tutti i fagioli sono borlotti
C. nessun fagiolo è un legume
D. nessun legume è un fagiolo
E. alcuni legumi sono fagioli

44) "Eugenio sta bevendo un'aranciata". In base alla precedente informazione, quale delle seguenti affermazioni è sicuramente esatta?

A. Eugenio beve sempre aranciata
B. Eugenio è costretto a bere aranciata
C. Eugenio non beve mai aranciata
D. Eugenio talvolta beve aranciata
E. Ad Eugenio piace l'aranciata

45) Se l'affermazione "tutti i calciatori sono ricchi" è FALSA, quale delle seguenti proposizioni è necessariamente vera?

A. Nessun calciatore è ricco
B. Tutti i ricchi sono calciatori
C. Almeno un calciatore non è ricco
D. Non esiste nessun calciatore che non sia ricco
E. Molti calciatori sono ricchi

46) Se Q viene prima di P; O viene prima di P; P viene prima di R; O viene prima di Q, quale tra queste affermazioni è corretta?

A. La P è a fianco alla R
B. La P è l'ultima della serie
C. L'ordine è alfabetico
D. La Q viene prima della O
E. La O viene dopo la R

47) Un operaio specializzato nella posa di mosaici dispone di 702 tessere quadrate, tutte delle stesse dimensioni. Ha costruito con esse, affiancandole, il quadrato più grande possibile. Quante sono le tessere non utilizzate?

A. 20
B. 77
C. 27
D. 26
E. 25

48) Secondo un'indagine svolta su cento famiglie che abitano nella stessa strada, 60 hanno un gatto, 40 un cane e 20 non hanno né un cane né un gatto. Quante famiglie hanno un gatto ma non un cane?

A. 10
B. 40
C. 20
D. 50
E. 30

49) In una corsa, Giuseppe è più veloce di Alfio, il quale a sua volta è più lento di Federico. Di conseguenza:

A. Federico è più veloce di Giuseppe
B. Alfio impiega lo stesso tempo degli altri due
C. Giuseppe è più lento di Federico
D. Giuseppe è più veloce di Federico
E. Alfio impiega più tempo degli altri due

50) Elio è nato prima di Franco, il quale è nato prima di Giorgio. Anche Italo è nato prima di Giorgio. Pertanto:

A. Italo e Franco hanno la stessa età
B. È certo che Elio sia il più anziano
C. Franco ha il doppio dell'età di Giorgio
D. Elio e Franco hanno sicuramente età diverse
E. Italo è sicuramente il più anziano

RISPOSTE CORRETTE

1) B	11) A	21) C	31) D	41) B
2) A	12) D	22) B	32) D	42) C
3) A	13) D	23) E	33) E	43) E
4) C	14) C	24) A	34) B	44) D
5) B	15) B	25) E	35) A	45) C
6) C	16) C	26) A	36) E	46) A
7) C	17) E	27) C	37) B	47) D
8) B	18) B	28) C	38) C	48) B
9) A	19) E	29) C	39) C	49) E
10) E	20) C	30) B	40) B	50) D

TEST 2

Comprensione del testo e conoscenza della lingua italiana

Curare il diabete non è mai stato così semplice. Dall'ippocampo e dal bulbo olfattivo, nella parte frontale del cervello, si possono ricavare, in maniera molto semplice e poco invasiva, moltissime cellule staminali ancora non specializzate e quindi capaci di trasformarsi. Queste cellule, una volta impiantate nel pancreas, diventano spontaneamente cellule beta in grado di controllare il livello di glucosio nel sangue e di produrre grandi quantità di insulina. E il gioco è fatto. La ricerca, pubblicata sull'*EMBO Molecular Medicine Journal*, è stata portata avanti dal team di Tomoko Kuwabara dell'istituto AIST di Tsukuba. Lo studio è stato condotto su topi da laboratorio e, se dovesse risultare applicabile anche per l'uomo, costituirebbe la cura definitiva alla malattia che, ogni anno, uccide 200 milioni di persone in tutto il mondo. "La scoperta di cellule staminali che si rinnovano illimitatamente fa crescere grandi aspettative per il loro uso nella medicina rigenerativa. L'isolamento e la coltivazione di queste cellule, come risorsa rinnovabile di cellule beta, costituirebbe un incredibile passo avanti": è quanto hanno scritto Onur Basak e Hans Clevers, dell'istituto Hubrecht di ricerca e sviluppo delle cellule staminali, in un commento allo studio. Lo scorso 12 gennaio è morto Ernest McCulloch, colui che dimostrò l'esistenza delle staminali insieme al suo collega James Till ed effettuò i primi esperimenti in laboratorio. Il suo lavoro ha rivoluzionato la biologia cellulare e la battaglia contro le leucemie. Come dichiarò la Fondazione canadese delle cellule staminali in seguito alla sua morte, "gli scienziati di tutto il mondo possono considerarsi suoi eredi, e la sua influenza cresce parallelamente al progresso dei loro lavori".

(Valeria Dammicco, *Il Quotidiano Italiano*)

1) Da quale parte del cervello si possono ricavare cellule staminali?

A. Dal pancreas
B. Da diverse zone
C. Dalla parte anteriore del tronco encefalico
D. Dalle cellule beta
E. Dalla parte dell'amigdala collegata all'olfatto

2) Nel pancreas, le cellule beta:

A. si rinnovano illimitatamente
B. producono glucosio in grandi quantità
C. abbassano il livello di insulina e glucosio
D. inibiscono la produzione di insulina
E. controllano il glucosio e producono insulina

3) La ricerca di cui parla l'articolo, se dovesse risultare applicabile:

A. migliorerebbe le condizioni della maggior parte dei malati di diabete
B. sarebbe fondamentale per prevenire il diabete
C. costituirebbe la cura definitiva del diabete
D. potrebbe salvare la vita a 200 milioni di persone
E. costituirebbe la conferma definitiva dell'importanza del lavoro di McCulloch e Till

4) Onur Basak e Hans Clevers, a proposito della ricerca citata nell'articolo, pensano che:
A. gli scienziati di tutto il mondo possano considerarsi suoi eredi
B. rappresenterebbe un progresso straordinario
C. non troverebbe applicazione nella medicina rigenerativa
D. abbia rivoluzionato la biologia cellulare e la battaglia contro le leucemie
E. se dovesse risultare applicabile anche per l'uomo, rappresenterebbe la misura più efficace di prevenzione del diabete

5) Concetto cardine per l'approccio McKenzie è che la maggior parte dei dolori lombari abbiano un'origine di natura meccanica. Il dolore insorge per una deformazione meccanica dei tessuti molli tale da attivare il sistema nocicettivo. L'esame di McKenzie utilizza metodi meccanici, movimenti ripetuti e posizioni mantenute per determinare le caratteristiche di tale deformazione del tessuto molle. Ciò consente di inquadrare il paziente in una o più delle sindromi meccaniche e di scegliere il metodo di trattamento appropriato. Avvicinando il problema da una prospettiva meccanica, McKenzie ha identificato due principali fattori di predisposizione derivanti dallo stile di vita: A. la postura seduta scorretta; B. la frequenza della flessione. Tali fattori meccanici sono causati da un complessivo stile di vita che porta a un cedimento, per eccesso di logoramento, dei tessuti molli che sostengono la spina dorsale. Tali fattori predisponenti sono affrontati nel piano di trattamento a breve e lungo termine per ciascun paziente, in quanto specificamente collegati al disturbo del paziente stesso.
In base al brano, individuare tra le seguenti l'affermazione vera.
A. La possibilità di effettuare un trattamento adeguato è legata alla diagnosi di una specifica sindrome
B. Il mal di schiena deriva dall'attività del meccanico
C. Per guarire il mal di schiena occorre correggere la postura scorretta
D. Le persone che non fanno mai flessioni non hanno mal di schiena
E. Il trattamento a breve termine della lombaggine è una questione meccanica

Nel corso del '700 vennero inventati molti congegni meccanici per filare e tessere su più vasta scala (sostituendo l'arcolaio, usato nel Medioevo). In un primo tempo questi macchinari venivano azionati dalla forza muscolare degli animali o da ruote idrauliche, ma nel 1790 fu compiuto il passo cruciale: venne adottata la macchina a vapore per azionarli. Così gli impianti tessili di nuova costruzione non richiedevano più la vicinanza di correnti d'acqua veloci né la disponibilità di animali, ma si potevano costruire in qualsiasi località. La Gran Bretagna entrò in una fase di trasformazione rivoluzionaria: i lavoratori lasciavano la campagna e abbandonavano le manifatture familiari per riversarsi in massa nelle grandi fabbriche [...]. La stessa trasformazione si verificò in altri Paesi che adottarono il nuovo sistema basato sull'uso della macchina a vapore: era la Rivoluzione industriale (un'espressione introdotta nel 1837 dall'economista francese Jerome Adolphe Blanqui).

6) Prima dell'introduzione della macchina a vapore, gli impianti tessili venivano azionati:

A. dalla forza muscolare degli uomini o da ruote idrauliche
B. con mulini ad acqua
C. dalla forza muscolare degli animali o da ruote idrauliche
D. con pale eoliche
E. solamente dalle ruote idrauliche

7) Con l'introduzione della macchina a vapore nella produzione tessile, gli impianti potevano essere posizionati:

A. in prossimità di zone ventose
B. solo in prossimità di correnti d'acqua veloci
C. solo in campagna, dove era più disponibile la forza animale
D. lungo i litorali marini
E. in qualsiasi località, anche in città

Così tanto intelligenti che di più non si può: è questa la sintesi di una ricerca condotta dagli scienziati dell'Università di Cambridge secondo i quali il cervello umano avrebbe raggiunto il limite fisico del proprio sviluppo e delle proprie capacità. Secondo i ricercatori ci sarebbero insomma dei limiti biologici che impedirebbero all'uomo di diventare più intelligente di quanto lo sia adesso.
Gli scienziati inglesi hanno analizzato la struttura del cervello e hanno calcolato il suo fabbisogno energetico. «Abbiamo dimostrato che il cervello umano, per funzionare, consuma energia e questa evidenza da sola è sufficiente per affermare che esiste un limite alle sue performance» spiega Simon Laughlin, professore di neurobiologia presso l'ateneo britannico.
Una capacità deduttiva molto più sviluppata rispetto a quella attuale richiederebbe una quantità di energia significativamente maggiore perché il nostro cervello dovrebbe mettere in relazione tra loro informazioni provenienti da molte più fonti.
Altri studi sostengono che le connessioni tra le diverse aree del cervello non potrebbero essere più efficienti di quanto lo siano ora senza grandi investimenti in termini di energia. E proprio l'efficienza di queste connessioni sembra essere direttamente legata al quoziente intellettivo degli individui: chi ha la rete di comunicazione cerebrale più efficiente e veloce ha una maggior capacità di elaborazione e quindi è più intelligente.
Aumentare sensibilmente la "potenza di calcolo" del cervello richiederebbe insomma un aumento più che proporzionale nei consumi energetici. «Prevedere il futuro è sempre rischioso, ma sembra evidente che le possibilità di sviluppo della nostra intelligenza siano fortemente limitate da fattori energetici», spiega Martijn van den Heuvel, docente di psichiatria presso l'*Utrecht medical center*, in Olanda.

(www.focus.it)

8) L'efficienza delle connessioni interne al cervello umano, secondo alcuni studiosi:

A. è connessa al quoziente intellettivo degli individui e per aumentare richiederebbe un grosso investimento di energia
B. non è connessa al quoziente intellettivo degli individui e per aumentare richiederebbe un grosso investimento di energia

C. è connessa al quoziente intellettivo, ma non alla capacità deduttiva degli individui
D. è connessa alla capacità deduttiva, ma non al quoziente intellettivo degli individui
E. è inversamente proporzionale al quoziente intellettivo degli individui

9) Secondo quanto riportato nel brano, è più intelligente colui che:
A. riesce ad aumentare la propria potenza di calcolo
B. consuma neurologicamente più energia degli altri
C. possiede connessioni cerebrali più attive e funzionanti
D. dimostra negli studi citati un fabbisogno energetico minore del resto delle persone
E. dimostra di poter superare i limiti biologici propri dell'essere umano

10) Secondo una ricerca condotta dall'Università di Cambridge:
A. il cervello umano non ha raggiunto lo sviluppo massimo delle sue capacità, ma comunque non è plausibile un'ulteriore crescita dell'intelligenza
B. il cervello umano con lo sviluppo delle sue capacità è causa di limiti biologici, che non consentono un'ulteriore crescita dell'intelligenza
C. il cervello umano, anche se ha raggiunto il limite di sviluppo delle sue capacità, può ancora contemplare un'ulteriore crescita dell'intelligenza
D. prevedere il futuro delle possibilità di sviluppo dell'intelligenza umana è sempre rischioso
E. il cervello umano avrebbe raggiunto il limite di sviluppo delle sue capacità, a causa di limiti biologici che non consentono un'ulteriore crescita dell'intelligenza

11) Simon Laughlin:
A. ha ipotizzato che il cervello umano consumi energia per funzionare; questo comporterebbe un limite alle sue performance
B. ha dimostrato che il cervello umano consuma energia per funzionare, quindi ha un limite alle sue performance
C. ha dimostrato che il cervello umano consuma energia per funzionare, ma questo non implica un limite alle sue performance
D. ha ipotizzato che il cervello umano consumi energia per funzionare, analizzando la struttura del cervello e il suo fabbisogno energetico
E. ha calcolato il fabbisogno energetico del cervello umano, ovvero quanta energia sarebbe necessario consumare per sviluppare la massima performance potenziale

"Fu forse mezzo milione di anni fa che i nostri antenati ominidi "scoprirono" il fuoco; ciò avveniva assai prima che comparisse l'"Homo sapiens", cioè l'uomo moderno. Certamente anche prima di allora gli ominidi si erano imbattuti in incendi di boscaglie e foreste appiccati dai fulmini, e probabilmente si erano dati alla fuga. Ma la scoperta delle virtù del fuoco venne solo quando la curiosità divenne più forte della paura. Deve esserci stato un momento in cui un essere primitivo – forse una donna, o più probabilmente un bambino – fu attratto dai residui in lenta combustione di uno di questi incendi e cominciò a divertirsi giocando con le braci, alimentandole con qualche ramoscello e osservando i guizzi delle fiamme. Senza dubbio qualche adulto sarà intervenuto a por fine al gioco pericoloso, finché un giorno qualcuno, dotato di maggior immaginazione, deve aver compreso quali vantaggi si potevano avere domando il fuoco e trasformando un gioco infantile in un'attività utile agli adulti".

12) Secondo quanto sostenuto nel brano, il fuoco fu scoperto:

A. dall'"Homo sapiens"
B. molto prima della comparsa dell'"Homo sapiens"
C. dagli antenati degli ominidi
D. dalle scimmie
E. dall'"Homo sapiens sapiens"

13) Il maneggiare il fuoco può essere definito un gioco:

A. esclusivamente infantile e pericoloso
B. infantile e pericoloso, ma anche un'attività utile agli adulti
C. vantaggioso per gli ominidi
D. con cui si divertivano le scimmie
E. per cui serve molta immaginazione

14) Prima della scoperta del fuoco, gli ominidi si erano imbattuti in incendi appiccati da:

A. qualche adulto
B. i fulmini
C. una donna o un bambino
D. le scimmie
E. strani e misteriosi eventi naturali

Verso il 9000 avanti Cristo gli esseri umani cominciarono a coltivare piante e addomesticare animali: nacquero così l'agricoltura e la pastorizia, che accrebbero le risorse alimentari e fornirono la fonte diretta di energia costituita dagli animali. I buoi, gli asini, i cammelli e alla fine anche i cavalli (per non parlare delle renne, degli yak, dei bufali indiani, dei lama e degli elefanti, utilizzati nei più svariati angoli del globo) potevano, con la loro forte muscolatura, sbrigare i lavori essenziali, nutrendosi di alimenti troppo grossolani per gli uomini.

15) L'agricoltura nacque:

A. dopo la pastorizia
B. per far fronte ai periodi di carestia
C. per nutrirsi di alimenti più elaborati
D. verso il 9000 a.C.
E. per fornire alimentazione agli animali

16) Con l'introduzione della pastorizia, gli animali:

A. accrebbero la loro forte muscolatura
B. iniziarono a svolgere lavori piuttosto complessi
C. si nutrirono degli stessi alimenti dell'uomo
D. sbrigarono i lavori essenziali
E. furono addestrati e divennero più mansueti

17) Stando al contenuto del brano, la nascita dell'agricoltura e della pastorizia accrebbero:

A. la forza degli animali
B. la capacità di far fronte alle calamità naturali
C. il numero di animali
D. il numero di uomini
E. le risorse alimentari

18) Indicare il significato della parola "gittata" nella frase: "il collasso cardiovascolare rappresenta un'alterazione dell'omeostasi circolatoria associata ad una perdita di volume ematico circolante, ad una riduzione della gittata cardiaca e/o ad una appropriata resistenza ventricolare periferica".

A. Portata
B. Ritmo
C. Frequenza delle pulsazioni
D. Pressione
E. Distanza raggiunta

I francobolli italiani

La funzione del francobollo è di affrancare la corrispondenza al fine di inoltrarla al destinatario, attraverso i servizi postali, pubblici o privati. Affinché possa espletare questa funzione è indispensabile che il francobollo rechi l'indicazione dell'autorità che lo ha emesso (indicazione che denota anche l'origine della corrispondenza affrancata) includendo anche una cifra relativa al suo valore facciale. In altre parole, il francobollo è un mezzo di comunicazione grafica latore di due messaggi, l'uno relativo all'autorità emittente, l'altro riguardante il suo costo, che è anche il costo della funzione cui è destinato.

Costituito da un piccolo pezzo di carta dai contorni regolari, di formato rettangolare, quadrato o (raramente) triangolare (non interessa qui se il verso ne sia gommato o no, e neppure se i suoi margini siano dentellati o debbano essere singolarmente ritagliati con le forbici) il francobollo reca sulla sua faccia, eseguiti a stampa, i due messaggi che ne costituiscono gli elementi essenziali. In condizioni ideali, da cui fosse esente ogni elemento accessorio, dati costitutivi e funzione dovrebbero identificarsi. Ma tali condizioni vengono meno nella nascita stessa del francobollo, la cui genesi e la cui realizzazione ne comportano necessariamente una serie di scelte grafiche, tecniche e simboliche. Il tipo della stampa, i caratteri delle scritte e delle cifre, l'immagine con cui l'autorità emittente si dichiara, sono tutti dati da cui il bollo postale deriva una precisa posizione storica, ben più complessa di quel che sia implicito nel suo semplice atto di nascita. Ed è una posizione le cui radici assumono valori e legami culturali, divenuti via via più articolati con il diffondersi delle emissioni commemorative (di cui la più antica, dedicata al cinquantesimo anniversario dell'assunzione al trono della regina Vittoria, apparve nel 1887 nel Regno Unito d'Inghilterra) seguite poi da altri tipi, celebrativi di speciali occasioni, di avvenimenti di particolare significato politico, oppure relativi ad aspetti di costume e di arte, della fauna o della flora.

Beninteso, non mancheranno certo occasioni in cui il francobollo (come la carta moneta) potrà presentarsi sotto aspetti di estrema concisione, con le indicazioni indispensabili ridotte al minimo; ma anche in casi siffatti (e infrequenti) saranno il tipo della carta, l'anonimità generica dei caratteri di stampa, la rozzezza dell'esecuzione a costituire le precipue componenti di stile e di connotati, denunciando anormali circostanze di crisi sociale o politica, dalle quali è stata preclusa la necessaria gestazione preliminare, la rosa delle scelte e la cura nel realizzarle.

Provvisto di connotati così vari e complessi, di una carica semantica talmente ampia e di radici storiche e figurative tanto profonde e articolate, il francobollo può anche venire considerato e giudicato sotto il semplice profilo estetico, alla stregua cioè di un'incisione o di una stampa più o meno d'arte. Una lettura del genere non terrà in alcun conto la sua ricca (e praticamente infinita) serie di allusioni, simboli, riferimenti, né si preoccuperà di rilevare quello che è il suo significato primario: di essere un indicatore assai preciso di situazioni politiche e culturali. Ma un'interpretazione delle opere figurative maggiori, siano esse dipinti o sculture, architetture o incisioni, risulta parziale, quando venga condotta sotto il solo ed esclusivo aspetto formale (senza tenere cioè in alcun conto i connotati iconografici o iconologici, e gli aspetti socio-culturali) risultandone una successione di testi figurativi avulsi dalla realtà storica e legati tra di loro da una astratta rete di rapporti di stile e di evoluzione delle forme; così la lettura del francobollo, se condotta in modo unilaterale sotto l'esclusivo aspetto grafico, rimane sorda e cieca ai suoi connotati più validi e significativi. In realtà, il francobollo è oggi il mezzo figurativo più stringato e concentrato di propaganda, quasi un manifesto murale ridotto ai minimi termini, dal quale il substrato sociale e politico si rivela con estrema chiarezza e pregnanza. Ed è anche il mezzo figurativo di propaganda più capillarmente diffuso, sia nei diversi strati della società, cioè a livello locale, sia, in senso orizzontale, per i suoi destinatari situati in un sistema terminale che ignora distanze e frontiere.

19) Il valore facciale è:

A. il costo del trasporto
B. il costo di produzione del francobollo
C. il costo effettivo del servizio postale
D. il prezzo convenzionale unico
E. il prezzo di acquisto del francobollo

20) La lettura del francobollo sotto l'aspetto estetico:

A. serve per stabilirne l'origine
B. ignora il valore simbolico
C. costituisce una lettura parziale
D. è completamente fuorviante
E. ne mette in risalto il valore funzionale

21) La "posizione storica" del francobollo indica:

A. l'ente emittente
B. la durata della sua validità
C. l'anno di emissione
D. i suoi elementi figurativi e culturali
E. il territorio per cui è valido

22) Un francobollo di aspetto rozzo e con indicazioni estremamente concise indica:

A. la sua antichità
B. il suo minor pregio
C. la provenienza dal terzo mondo
D. una crisi sociale o politica
E. la sua rarità

23) Una emissione speciale:

A. ha finalità filateliche
B. vale solo per certi territori
C. è fatta per scopi commemorativi o celebrativi
D. ha validità limitata
E. serve per corrispondenze particolari

La rivoluzione della new economy

L'era industriale si caratterizzava come un mondo di forza bruta, corpi e sudore; un'epoca in cui l'uomo pensava e costruiva macchine gigantesche per scoprire, estrarre e trasformare la materia, e farne bei materiali; un'epoca in cui i risultati dell'attività umana venivano misurati in altezza, peso e densità, nella convinzione che "grande" fosse anche "bello". Nell'era industriale, l'uomo ha colato cemento su ogni spazio disponibile della crosta terrestre, per creare un gigantesco pavimento fra se stesso e il mondo naturale; ha tracciato autostrade nei grandi spazi; ha costruito fino all'altezza delle nuvole e oltre la linea dell'orizzonte, trasformando intere aree naturali in proprietà lottizzate. L'odore pungente della combustione dei materiali fossili, le nubi degli scarichi industriali che oscurano il cielo e il suono inarrestabile delle macchine che sibilano, martellano e ronzano incessantemente sono i simboli del gigantesco esperimento faustiano con cui l'uomo ha creduto di poter trasformare il mondo a propria immagine e somiglianza. Egli ha poi ricostruito

un simulacro di natura attraverso la giustapposizione di minuscoli frammenti di proprietà privata, trasformando ogni individuo in un dio minore, padre e padrone del proprio Eden in formato tascabile, stipato all'inverosimile di totem e simulacri della creazione primigenia.
In un'era di proprietà e di mercati intrisi di valori materiali, essere onnipresenti era ciò che rendeva l'uomo simile a Dio; ed essere in grado di espandere la propria presenza fisica, impadronendosi quanto più possibile dell'esistenza materiale, era ciò a cui tutti tendevano. Si trattava davvero, come cantava Madonna, di un "mondo materiale".
La nuova era, al contrario, è più immateriale e cerebrale; è un mondo di forme platoniche, di idee, immagini, archetipi, concetti e finzioni. Se l'individuo, nell'epoca industriale, si preoccupava di possedere la materia per manipolarla, il rappresentante tipico della prima generazione dell'era dell'accesso è assai più interessato alla manipolazione delle menti. Nell'epoca dell'accesso e delle reti, in cui le idee sono il fondamento dei commerci, essere onnisciente è ciò che rende l'uomo simile a Dio; ed essere universalmente connesso, in modo da poter dare forma alla stessa coscienza umana, è quello che muove l'attività economica in ogni settore.
L'uomo si nutre di idee e di pensiero come di pane e di vino. Se l'era industriale ha nutrito il nostro essere corporeo, l'era dell'accesso alimenta il nostro essere mentale, emotivo e spirituale. Mentre l'era che sta volgendo al termine si caratterizzava per il controllo dello scambio di beni, la nuova era si caratterizza per il controllo dello scambio di concetti. Nel ventunesimo secolo, le imprese saranno sempre più coinvolte nello scambio di idee e, a loro volta, gli individui saranno sempre più propensi ad acquistare l'accesso a tali idee ed all'involucro materiale in cui saranno contenute.
La capacità di controllare e vendere pensiero diventerà la forma più sofisticata di abilità commerciale.
I bilanci sociali raccontano la storia. La proprietà di beni materiali sta diventando meno importante e contribuisce sempre meno alla creazione di valore; la proprietà intellettuale, invece, è la nuova ricchezza. Nella nuova era, la mente domina la materia. Prodotti più leggeri, miniaturizzazione, contrazione degli spazi di lavoro, scorte just-in-time, leasing e outsourcing sono le prove della svalutazione di una visione materiale del mondo che ha posto l'accento sulla fisicità.
Questo, però, non deve creare l'illusione che egoismo, avidità e sfruttamento stiano per scomparire: anzi, l'età dell'accesso rischia più che mai di nascere sotto il segno dello sfruttamento. Nel mondo di oggi, controllare le idee dà più potere del controllo sullo spazio e sul capitale fisico: la disponibilità della comunità finanziaria ad investire nel capitale intellettuale nella sua forma più pura, a colpi di centinaia di miliardi di dollari, testimonia il cambiamento delle priorità del sistema capitalistico, la cui identità troppo a lungo è stata vincolata al capitale fisico.

24) Con la new economy il sistema capitalistico:

A. ha soltanto cambiato le sue priorità
B. potrà rimuovere avidità e sfruttamento
C. è ancora vincolato al capitale fisico
D. ha ridotto il proprio controllo sulla società
E. si è dissolto nella globalizzazione

25) Un paradiso in formato tascabile è:

A. un frammento della proprietà pubblica
B. un parco naturale lontano dalle grandi città
C. un rifugio dallo stress della vita cittadina
D. un luogo dove abbondano le merci
E. un piccolo spazio privato, artificiosamente naturale

26) L'equivalenza: "grande" uguale "bello"

A. è un giudizio condiviso da tutte le epoche
B. rispecchia la mentalità dell'era dell'accesso
C. è un aforisma che caratterizza l'era industriale
D. è un paradigma estetico della new economy
E. è tipica di una mentalità ingenua o infantile

27) Nell'era dell'accesso la ricchezza:

A. è strettamente legata all'industria
B. nasce dal controllo delle merci
C. si fonda sulla proprietà intellettuale
D. dipende sempre dalla buona fortuna
E. è basata sul possesso dei beni materiali

28) L'era industriale è chiamata faustiana perché in essa, come Faust, gli uomini hanno:

A. cercato di ottenere successo e potere ad ogni costo
B. voluto dominare la natura trasformando il mondo
C. cercato di trarre piacere da esperienze sempre nuove
D. intrapreso grandi opere per il bene della comunità
E. stretto patti infernali per oltrepassare i limiti naturali

29) «Miglioramento e "progresso" sono oggi intimamente legati alle nozioni di piccolo, leggero, trasferibile. Viaggiare a mani libere, anziché attaccarsi tenacemente a cose ritenute attraenti per la loro affidabilità e concretezza (vale a dire per il loro peso, solidità e resistenza): questo è oggi il tratto distintivo del potere. Ancorarsi a un posto non è così importante se questo posto può essere raggiunto e abbandonato quando si vuole, in poco tempo [...]. Per contro, ancorarvisi eccessivamente, sovraccaricare il legame con un coinvolgimento reciprocamente vincolante può rivelarsi estremamente dannoso qualora spuntino altrove nuove opportunità. [...] Ribaltando una tradizione millenaria, oggi sono i ricchi e potenti a odiare tutto quanto è durevole e a cercare il transitorio, mentre i più poveri si aggrappano a quel po' che posseggono e tentano disperatamente e contro tutte le avversità di farlo durare il più a lungo possibile».

tratto da: Zygmunt Bauman, *Modernità liquida*, Laterza, Bari, 2002, p. XXI

Si scelga, per il brano riportato, La FRASE CHE SINTETIZZA LA TESI di Bauman:

A. viaggiare a mani libere senza attaccarsi a niente
B. stabile non è più bello
C. i poveri non hanno bisogno del superfluo
D. i poveri si ancorano, i ricchi no
E. ricchezza e povertà sono in eterno conflitto

30) Qual è il significato di accedere nel contesto indicato: "Spero che acceda alla transazione"?

A. Pervenire
B. Intervenire
C. Acconsentire
D. Adeguarsi
E. Transigere

Conoscenze e competenze acquisite negli studi

31) Uno dei seguenti abbinamenti non è congruente con gli altri. Quale?

A. Basilare / secondario
B. Perspicuo / incomprensibile
C. Pernicioso / deleterio
D. Irreprensibile / censurabile
E. Cauto / avventato

32) Individuare l'alternativa che completa la seguente frase: "Tutti i cittadini hanno pari ______ sociale e sono eguali davanti alla legge, senza ______ di sesso, di razza, di lingua, di religione, di opinioni ______, di condizioni personali e sociali".

A. dignità; distinzione; politiche
B. etica; parità; collettive
C. moralità; differenza; personali
D. opportunità; similitudine; pubbliche
E. libertà; distacco; prevalenti

33) Quale tra i seguenti avvenimenti è accaduto prima?

A. L'Iraq invade il Kuwait
B. Gorbaciov annuncia il "nuovo corso" della perestrojka
C. Il premier israeliano Netanyahu autorizza la costruzione di case nella zona est di Gerusalemme
D. Il presidente sudafricano Frederik De Klerk proclama la fine totale dell'apartheid
E. La fine della Repubblica Socialista Federativa di Jugoslavia

34) Quale dei seguenti avvenimenti si situa cronologicamente tra la fondazione della Repubblica Popolare Cinese e la Rivoluzione Cubana?

A. L'atterraggio del primo uomo sulla Luna
B. L'istituzione dell'Organizzazione delle Nazioni Unite
C. La fine della guerra nel Vietnam
D. L'istituzione del Mercato Comune Europeo
E. Referendum sulla Monarchia in Italia

35) Quale dei seguenti non fa parte dei diritti inviolabili, riconosciuti e garantiti dalla Costituzione?

A. La libertà personale
B. Il diritto di professare liberamente la propria fede religiosa
C. Il diritto di associarsi e di riunirsi
D. La libertà e la segretezza della corrispondenza
E. Il diritto di estradizione del cittadino

36) In una forma di governo parlamentare il Governo deve ottenere la fiducia:

A. del Senato
B. della Camera dei deputati
C. del Consiglio dei Ministri
D. del Parlamento
E. dei Consigli regionali

37) Quale innovazione tecnologica conobbe un boom eccezionale tra gli anni Venti e Trenta del Novecento?

A. Il telegrafo
B. La televisione
C. La radio
D. Il frigorifero
E. La lavatrice

38) Quale tra i seguenti avvenimenti è avvenuto prima?

A. Muore Giovanni Paolo I dopo 33 giorni di pontificato
B. L'Urss viene ufficialmente sciolta
C. Nelson Mandela viene eletto Presidente del Sud Africa
D. Neil Armstrong sbarca sulla Luna
E. Cade il muro di Berlino

39) Il grafico seguente rappresenta i prezzi delle case in Irlanda del Nord come percentuale rispetto alla media del Regno Unito (1980 = 100%) tra il 1980 e il 1986.

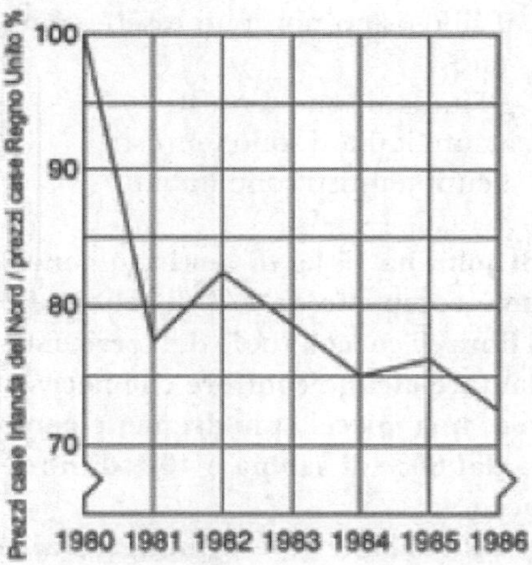

Quale delle seguenti informazioni può essere dedotta dal grafico sopra?

A. I prezzi delle case in Irlanda del Nord hanno raggiunto un picco nel 1980
B. I prezzi delle case in Irlanda del Nord sono crollati quasi del 30% nel periodo indicato
C. I prezzi medi delle case nel Regno Unito (fuori dall'Irlanda del Nord), nel periodo indicato, sono aumentati
D. In alcuni anni, i prezzi medi in Irlanda del Nord sono aumentati in confronto a quelli dell'intero Regno Unito
E. I prezzi delle case in Irlanda del Nord in alcuni anni sono aumentati e in altri diminuiti

40) "Una conoscenza rudimentale della ______ guidava anticamente i contadini; osservando la posizione del sole e delle stelle riuscivano ad anticipare le variazioni di stagione"; scegliere, tra le seguenti, l'opzione che completa la frase precedente in modo corretto.

A. Botanica
B. Astronomia
C. Astrologia
D. Agricoltura
E. Medicina

Ragionamento logico

41) Se una squadra di calcio ha vinto una partita, si può affermare che:

A. ha segnato una sola rete
B. ha segnato almeno una rete
C. ha segnato più di una rete
D. l'avversario non ha segnato
E. ha segnato almeno due reti

42) "Se il pomeriggio ho lavorato, la sera ho fame e se la sera ho fame, allora sono nervoso". Quale delle seguenti conclusioni non posso trarre da queste premesse?

A. Se la sera non ho fame, allora non ho lavorato il pomeriggio
B. Se la sera sono nervoso, il pomeriggio ho lavorato
C. Se la sera ho fame, allora sono nervoso, oppure ho lavorato il pomeriggio
D. Se lavoro il pomeriggio, allora la sera ho fame e sono nervoso
E. Se la sera non ho fame, allora non sono nervoso

43) "Se e solo se mangio le patatine fritte, ingrasso". In base alla precedente informazione, quale delle seguenti affermazioni è certamente vera?

A. Se ingrasso non ho mangiato le patatine fritte
B. Se ingrasso è perché ho mangiato le patatine fritte
C. Ingrasso solo prima di mettermi a dieta
D. A volte, anche se mangio le patatine fritte, non ingrasso
E. Quando ingrasso non è detto che io abbia mangiato le patatine fritte

44) "Soltanto se la porta è chiusa, riesco a concentrarmi". In base alla precedente affermazione, è necessariamente vero che:

A. riesco a concentrarmi anche con la porta aperta
B. se la porta è chiusa, sicuramente riesco a concentrarmi
C. se la porta non è chiusa non riesco a concentrarmi
D. se non riesco a concentrarmi, significa che la porta non è chiusa
E. è sufficiente che la porta sia chiusa per riuscire a concentrarmi

45) Giovanni ha tre figli, Michele, Giampiero e Andrea, due dei quali sono alti e uno è basso. Se Michele è alto, allora lo è anche Giampiero; se Giampiero è alto allora lo è anche Andrea. In base a queste informazioni, quale delle seguenti è sicuramente vera?

A. Michele e Giampiero sono alti
B. Michele è basso e Andrea è alto
C. Michele è alto e Andrea è basso
D. Andrea e Giampiero sono bassi
E. Giampiero è basso e Michele è alto

46) Su un pianetino vivono tre persone: Antonio, Marco, Giovanni. Marco è più ricco di Antonio. Antonio è più povero di Giovanni. Quale delle seguenti conclusioni è sicuramente VERA?

A. Giovanni è il più ricco
B. Antonio non è il più ricco
C. Marco è il più ricco
D. Giovanni è più povero di Marco
E. Marco e Giovanni hanno quantità diverse di soldi

47) "Gli italiani sono sciatori. Gli sciatori possono essere tennisti". Indicare con quale delle seguenti conclusioni può essere completato il sillogismo proposto:

A. gli italiani possono essere tennisti
B. il sillogismo non può essere completato
C. gli italiani sono tennisti
D. alcuni italiani sono tennisti
E. alcuni tennisti sono italiani

48) John ha 15 kg di terriccio generico che è composto da 1/3 di sabbia e 2/3 di fibra di cocco. Vuole del terriccio per piantare alcune conifere che necessitano di una miscela più drenante composta dal 60% di sabbia e 40% di fibra di cocco.
Quanta sabbia deve aggiungere al suo terriccio generico per poterlo usare con le conifere?

A. 5 kg
B. 15 kg
C. 25 kg
D. 20 kg
E. 10 kg

49) Durante un anno particolare, il mese di gennaio (che conta 31 giorni) comprende cinque venerdì.
Quale delle seguenti affermazioni NON potrebbe essere vera?

A. Il 31 gennaio è un lunedì
B. Ci sono anche 5 domeniche
C. L'1 gennaio è un mercoledì

D. Il primo venerdì del mese cade prima del 4
E. Ci sono solo quattro martedì

50) Uno spettacolo teatrale che, ormai da lungo tempo, è rappresentato nel West End di Londra, va in scena ogni sera, a parte la domenica. Inoltre, si può andare agli spettacoli pomeridiani ogni mercoledì, giovedì e sabato.

Qual è il numero massimo di rappresentazioni che può andare in scena durante un mese da 31 giorni?
A. 39
B. 42
C. 41
D. 38
E. 36

RISPOSTE CORRETTE

1) B	11) B	21) D	31) C	41) B
2) E	12) B	22) D	32) A	42) E
3) C	13) B	23) C	33) B	43) B
4) B	14) B	24) A	34) D	44) C
5) A	15) D	25) E	35) E	45) B
6) C	16) D	26) C	36) D	46) B
7) E	17) E	27) C	37) C	47) A
8) A	18) A	28) B	38) D	48) E
9) C	19) E	29) D	39) D	49) A
10) E	20) C	30) C	40) B	50) C

TEST 3

Comprensione del testo e conoscenza della lingua italiana

Il linguaggio architettonico

Parto dal presupposto di una conoscenza generale dell'argomento: per esempio, che si sappia che la cattedrale di St Paul a Londra è un edificio classico, mentre l'abbazia di Westminster non lo è; che il British Museum è un edificio classico, mentre il Natural History Museum a South Kensington non lo è; che tutti gli edifici intorno a Trafalgar Square, cioè la National Gallery, la chiesa di St Martin-in-the-Fields, la Canada House e anche South Africa House sono classici; che tutti gli edifici pubblici nella Whitehall sono classici, ma che non lo è il palazzo del parlamento. Si tratta di distinzioni elementari, tanto che sulle prime mi si potrebbe accusare di perdere tempo in cose scontate. Quand'è che un edificio classico non è tale? E ciò ha davvero importanza? Le principali caratteristiche architettoniche non hanno forse un rilievo maggiore e non sono forse indipendenti da una simile terminologia stilistica? Certamente. Tuttavia non mi è possibile giungere a quanto intendo dire in queste conversazioni senza isolare subito da tutti gli altri quegli edifici che, prima facie, sono classici. Tratterò dell'architettura come linguaggio e mi limiterò per il momento a presumere che il mio pubblico riconoscerà il latino dell'architettura quando se lo troverà di fronte.

Il latino dell'architettura: ecco ciò che mi induce a un altro presupposto di carattere generale. L'architettura classica affonda le sue radici nell'antichità, nel mondo greco e in quello romano, nell'architettura dei templi del mondo greco e nell'architettura religiosa, militare e civile dei romani. Ma questa serie di conversazioni non è destinata all'architettura greca e romana, non è destinata allo sviluppo e all'elaborazione del linguaggio classico dell'architettura, ma verte sulla natura e il suo uso: il suo uso come linguaggio architettonico comune, ereditato da Roma, da parte di quasi tutto il mondo civile nei cinque secoli che intercorrono fra il Rinascimento e l'epoca attuale.

Dunque, d'ora in poi potremo essere più precisi. Consideriamo il termine "classico" applicato all'architettura. È un errore cercare di definire il classicismo. Esso assume ogni sorta di significati utili in contesti differenti e io propongo di considerarne soltanto due che saranno entrambi utili nel corso di queste conversazioni. Il primo significato è il più evidente. Un edificio classico è quello i cui elementi decorativi derivano direttamente o indirettamente dal vocabolario architettonico del mondo antico: il mondo "classico", come è spesso chiamato. Questi elementi sono facilmente identificabili: per esempio, le colonne di cinque tipi determinati, usate in determinati modi; modi determinati di trattare porte e finestre e le estremità del frontone, e determinati tipi di modanature applicabili a tutte queste cose. Benché spesso si prescinda da questi "elementi determinati", essi sono ancora riconoscibili come tali in ogni parte di tutti gli edifici che possono essere considerati classici in questo senso.

Quanto precede costituisce, mi sembra, una schematizzazione esatta, benché superficiale, di ciò che è l'architettura classica; essa consente di riconoscere l'"uniforme" indossata da una certa categoria di edifici, la categoria che chiamiamo classica. Ma non dice nulla sugli elementi essenziali del classicismo in architettura. A questo punto, tuttavia, dobbiamo procedere piuttosto cautamente. Dire "elementi essenziali" è molto vago e, documentandosi, si scopre spesso che essi non esistono. Ciò nondimeno, la storia dell'architettura classica è costellata da una serie di giudizi sugli elementi essenziali dell'architettura, e tali giudizi sono concordi per un lungo periodo di tempo, al punto che possiamo affermare che lo scopo dell'architettura classica è stato sempre quello di ottenere un'armonia delle parti suscettibile di dimostrazione. Si è sempre ritenuto che questa armonia fosse propria degli edifici dell'antichità e fosse in gran parte "incorporata" negli elementi principali antichi, particolarmente nei cinque "ordini" di cui ora parleremo. Ma tale armonia è stata anche teorizzata da una serie di trattatisti, i quali hanno dimostrato che in una costruzione si raggiunge un'armonia analoga a quella musicale mediante la proporzione, garantendo cioè che i rapporti di un edificio abbiano soltanto funzioni aritmetiche e che i rapporti di tutte le sue parti siano quei rapporti stessi o si ricolleghino ad essi in modo diretto. Molte pretenziose inesattezze sono state scritte sulla proporzione e non intendo soffermarmici. Il concetto rinascimentale di proporzione è molto semplice. Scopo della proporzione è di ottenere l'armonia attraverso una struttura: un'armonia resa intelligibile mediante l'uso manifesto di uno o più ordini come componente dominante, oppure soltanto mediante l'uso di dimensioni che implicano la replica di semplici rapporti. Questo è sufficiente per consentirci di proseguire.

Vi è tuttavia un punto, in questa teorizzazione di ciò che è classico, che costituisce un problema. È possibile, ci si può chiedere, che un edificio non presenti alcuna delle caratteristiche proprie dell'architettura classica, eppure si qualifichi come edificio "classico" soltanto in virtù della proporzione? Ritengo che la risposta debba essere negativa. Si può dire, descrivendo un edificio simile, che le sue proporzioni sono classiche, ma sostenere che è classico non farebbe che disorientare e costituirebbe un abuso di terminologia.

1) Un edificio classico:

A. ha dimensioni contenute
B. non si distingue esteriormente dagli altri
C. è elementare
D. è riconoscibile facilmente a prima vista
E. presenta caratteri ereditati dal contesto

2) Gli elementi decorativi dell'architettura classica:

A. non sono facilmente identificabili
B. rappresentano lo scopo dell'edificio
C. non esistono
D. costituiscono la categoria dell'edificio
E. è un errore cercare di definirli

3) L'armonia di un edificio dipende da:

A. l'accordo tra struttura e decorazione
B. i rapporti di proporzionalità tra le parti
C. un aspetto esteriore piacevole
D. la coerenza con la finalità di uso
E. la coerenza stilistica con l'ambiente

4) La presenza della proporzione:

A. è sufficiente per qualificare classico un edificio
B. da sola non consente la qualifica di classico
C. è suscettibile ai diversi ordini architettonici
D. è importante solo se riguarda la struttura
E. può esistere con un insieme disarmonico

La criminalità prima della mafia

Tra le cause di povertà c'erano l'elevata criminalità e la dispersione di tanti talenti e di tanta energia nelle attività della malavita che paralizzavano la vita economica. In questo campo i Borboni erano altrettanto impotenti quanto lo erano stati tutti i precedenti regimi. A Bentinck era sembrato che a Palermo si commettessero tanti assassinii quanti se ne commettevano in tutto il resto dell'Europa insieme, e il segretario di Bentinck aveva messo in luce le difficoltà particolari offerte da un ambiente sociale in cui la vendetta personale era considerata un piacere e un dovere.

Come al solito, uno dei reati più comuni era il contrabbando di cibo che veniva introdotto in città frodando i funzionari del dazio. Meno comune, ma ancora grave, era il controllo illecito dei rifornimenti idrici, e sappiamo da rapporti ufficiali che l'inaridirsi della superficie freatica a sud di Palermo aveva reso questa pratica molto lucrativa intorno al 1840. Al primo posto per la frequenza era l'abigeato o furto di animali, che era reso facile dal sistema seminomade di allevamento nelle zone dell'interno prive di strade. La minaccia di rubare il bestiame o di appiccare il fuoco allo zolfo nelle miniere era un mezzo comunemente usato per estorcere denaro ai proprietari terrieri in cambio di protezione; e i latifondisti venivano poi sottoposti a forti pressioni perché assumessero dei criminali come guardiani sui loro terreni. Queste antiche forme di organizzazione clandestina per imporre la protezione furono largamente responsabili dell'influenza dominante assunta dalle bande nell'interno. Il sequestro di persona era frequente e anche qui i preti, che non erano analfabeti ed erano in grado di scrivere le lettere per il riscatto, erano talvolta usati come intermediari.

Sappiamo che una volta, per qualche controversia locale, un intero villaggio si mosse con fucili e falci all'attacco di un villaggio vicino.

Tutti gli ingredienti della mafia erano già presenti, tranne la parola. All'inizio del secolo le truppe britanniche si erano trovate di fronte delle associazioni segrete che godevano fama di coraggio, di senso dell'onore, di crudeltà e di completa irriverenza verso la legge. Circolavano molte voci di proprietari terrieri che davano asilo a gruppi di banditi, di altri che talvolta li guidavano, ma più spesso essi si limitavano ad assumerli come guardie del corpo. Esistevano anche altri gruppi del genere, composti, sembra, da contadini che si difendevano contro le usurpazioni feudali, e sappiamo di uno che era comandato dall'arciprete locale. Non tutte le loro attività erano illegali. A volte svolgevano un'attività politica o in favore dei Borboni o contro di loro. In un modo o nell'altro, i gruppi che avevano maggior successo

si procuravano i mezzi per corrompere i testimoni e i funzionari o, in caso di necessità, per ottenere la condanna di vittime innocenti.
Un tema dominante nelle campagne erano gli sforzi di una banda per eliminare le altre e stabilire il dominio di un notabile su una certa zona, ma talvolta molte lavoravano insieme cosicché un gregge di pecore poteva scomparire ed essere subito venduto in una città lontana. Esistevano dei mediatori che potevano ottenere la restituzione dei beni rubati in cambio di una somma, e i visitatori stranieri imparavano presto a chi dovevano rivolgersi per comprarsi la protezione. L'unica cosa che mancava a questo complicato e illegale mondo clandestino era un nome, e questo fu coniato dopo il 1860.
Era impossibile controllare una criminalità di questa natura su così larga scala. Venticinque compagnie d'armi pattugliavano la campagna, ma in totale c'erano generalmente meno di 350 poliziotti per tutta l'isola. Due o tre volte all'anno una compagnia di armati arrivava in ogni villaggio e circondava un piccolo gruppo di malfattori, ma a questo facevano seguito altri mesi di completa impunità. I poliziotti onesti ed efficienti suscitavano l'odio universale. L'avversione per la polizia, infatti, fu uno degli elementi più importanti nello sviluppo di un'opposizione al regime borbonico. Le compagnie d'armi erano gruppi reclutati privatamente che stipulavano un contratto col governo in base al quale ricevevano un salario e potevano essere costretti a rispondere dei furti: talvolta erano dipendenti feudali di un proprietario e continuavano ad agire nel suo interesse; a volte estorcevano denaro in cambio di protezione a somiglianza di quanto facevano le altre bande e agivano in collusione con i criminali in modo da poter scoprire i beni rubati e restituirli in cambio di denaro. Nella peggiore delle ipotesi, le compagnie di polizia erano bande di briganti vere e proprie. Non stupisce, dunque, che in questo mondo di omertà vi fossero proporzionalmente meno arresti e ancora meno condanne che a Napoli, e il problema era piuttosto come convivere con la malavita che come dominarla. Il re promise il perdono a ogni brigante che ne denunciasse un altro, e se uno riusciva ad uccidere il capo di una banda otteneva anche una ricompensa in denaro; ma gli altri rimedi erano in genere una pia illusione. Il governo una volta fece delle trattative con il Portogallo per deportare alcuni banditi siciliani nell'Africa meridionale, ma non se ne fece nulla.

5) L'imposizione di taglie:

A. servì a pacificare le campagne siciliane
B. era tipica di governi forti
C. segnalava il primato della giustizia e delle legge
D. esprimeva una decisa volontà di controllo
E. costituiva uno strumento di repressione di poca efficacia

6) Il limite tra legalità ed illegalità:

A. appariva confuso ed incerto
B. era stabile nel tempo
C. era lo stesso per i signori e per le classi inferiori
D. era delimitato dalle norme e dalla giurisdizione
E. era stabilito dagli usi e dalla tradizione

7) Le diverse realtà criminali:

A. non entravano in conflittualità tra di loro

B. miravano ad assumere l'egemonia sui rispettivi territori
C. erano sempre in lotta l'una con l'altra
D. difendevano gli interessi di tutti
E. cercavano la legittimazione da parte delle istituzioni

8) Il ricorso alla giustizia privata:

A. era più frequente nei periodi di stabilità economica e politica
B. coesisteva con una giustizia pubblica efficiente
C. aveva origine dall'inefficienza e dalla frammentazione delle istituzioni
D. consentiva agli strati sociali inferiori di ottener giustizia nei confronti dei potenti
E. non prevedeva l'uso della vendetta personale

9) Le meteoriti sono corpi solidi provenienti dallo spazio caduti sulla superficie terrestre. La loro origine legata a comete o a piccoli pianeti (asteroidi) la cui orbita si localizza tra Giove e Marte. Con il nome di meteora gli scienziati indicano la scia luminosa prodotta dal passaggio di porzioni di materiale meteoritico nelle parti superiori dell'atmosfera. Generalmente queste masse si consumano prima di arrivare sulla terra e sono chiamate popolarmente "stelle cadenti". Alcune meteore particolarmente luminose vengono chiamate "bolidi" e talora precipitano sul nostro pianeta dando origine ai cosiddetti crateri di impatto. Le meteoriti non sono altro che frammenti di bolidi dispersi sulla superficie terrestre in seguito a queste collisioni.
Delle seguenti affermazioni una sola è falsa, quale?

A. L'origine delle meteoriti è legata agli asteroidi
B. Le stelle cadenti hanno origine dalla caduta di materiale meteoritico
C. I crateri di impatto sono determinati dai bolidi
D. I bolidi sono delle meteoriti
E. Il materiale meteoritico produce una scia luminosa

10) In una data popolazione, il numero annuo di nuovi casi registrati di una certa malattia, definito come incidenza, ed in genere riferito ad un milione di abitanti, indica il numero delle nuove diagnosi. Questo numero non coincide necessariamente con il numero reale dei soggetti che si ammalano della malattia in questione; infatti, se la malattia è difficile da diagnosticare, la sua "incidenza annua" registrata potrà risultare in seguito inferiore a quella reale. Per questo e molti altri motivi, quali la presenza di controindicazioni di vario tipo, un trattamento specifico di un processo morboso può non venire utilizzato in tutti i soggetti che ne sono realmente affetti: ne risulta che il numero dei nuovi casi che ogni anno vengono sottoposti ad un trattamento di questo genere non coincide necessariamente con l'incidenza reale della malattia per la quale il trattamento è indicato e neppure sempre con il numero delle nuove diagnosi. Analizzare l'incidenza nel tempo di alcune malattie può essere utile, ad esempio, per valutare l'efficacia della loro prevenzione. Si tratta di analisi interessanti, ma non facili, soprattutto per la necessità di disporre di rilevazioni complete ed attendibili non soltanto sulla malattia in esame, ma anche sulla composizione della popolazione generale. In effetti, se la malattia è più comune in una o più decadi di età che in altre, variazioni della composizione anagrafica della popolazione generale potranno determinare modificazioni dell'incidenza della malattia in esame. La malattia NR, di interesse quasi esclusivamente pediatrico, è dovuta in gran parte a fattori congeniti, ed è di difficile diagnosi. Nel biennio 1989/90, nella popolazione considerata, ne è stata registrata un'incidenza superiore di quattro volte a quella del biennio 1981/82.

Anche in base alle informazioni fornite nei paragrafi precedenti, può essere dedotta UNA SOLA delle affermazioni di seguito elencate.

A. L'aumento è legato alla maggiore natalità
B. Si tratta di un fenomeno apparente, legato alle modificazioni della popolazione in esame
C. L'aumento può essere dovuto alla migliore accuratezza diagnostica
D. L'aumento è dovuto alla minor mortalità infantile
E. Non è affatto vero che la malattia NR sia di interesse prevalentemente pediatrico

---

Alla fine del 1504 Raffaello, alla ricerca di commissioni pubbliche importanti, giunse a Firenze al cospetto del gonfaloniere della repubblica Pier Soderini con una lettera di raccomandazione in piena regola. L'aveva scritta il primo ottobre la sorella di Guidobaldo da Montefeltro, duca di Urbino, Giovanna Feltria, duchessa di Sora, vedova di Giovanni Della Rovere, signore di Senigallia e prefetto di Roma. Anche se il Soderini non poté esimersi dal leggere con attenzione quelle righe, dalla Repubblica fiorentina, Raffaello non ebbe le prestigiose commissioni che sperava. Ebbe però l'opportunità di rimanere a Firenze in un periodo tra i più fertili, intensi e affascinanti della storia di quella città. Protagonisti indiscussi di tale stagione felice e vitale erano Leonardo e Michelangelo, che come altri erano tornati a Firenze alla ricerca delle ambite opportunità che il Soderini sembrava elargire. Portando la lettera di Giovanna Feltria al gonfaloniere nel Palazzo vecchio, Raffaello certo si sarà fermato in piazza della Signoria ad ammirare il David di Michelangelo, emblema dell'intelligenza repubblicana, posto sulla "ringhiera" davanti al palazzo poco tempo prima, l'8 settembre del 1504. E una volta entrato, qualcuno certo gli avrà mostrato, nel maestoso salone del Gran Consiglio, la parete dove si attendevano al più presto Leonardo e Michelangelo ad affrescare la *"Battaglia di Anghiari"* e la *"Battaglia di Cascina"*; speranza vana, dato che – come è noto – dei due grandi progetti furono realizzati solo i cartoni, che fecero scuola anche a Raffaello. Infine, qualche tempo dopo, qualcun altro forse avrà accompagnato l'artista a vedere il *"Giudizio Universale"* affrescato da Fra Bartolomeo e Mariotto Albertinelli nel convento di San Marco, di cui era stato priore fra' GirolamoSavonarola.

(da: *"Raffaello"*, Elena Capretti, Giunti Editore)

---

11) Raffaello Sanzio andò a Firenze per:

A. incontrarsi con Girolamo Savonarola
B. ammirare i lavori di Michelangelo e Leonardo
C. ottenere commesse pubbliche prestigiose
D. consegnare una lettera di Pier Soderini
E. accompagnare Giovanna Feltria, duchessa di Sora

---

12) Per quale motivo, stando al contenuto del brano, il soggiorno di Raffaello a Firenze si rivela proficuo?

A. Perché Raffaello, consegnando una lettera a Firenze, si è garantito il favore e la protezione politica del Ducato di Urbino

B. Perché Raffaello ha contribuito a rafforzare il legame politico tra il Gonfaloniere Soderini e il ducato di Urbino
C. Perché Raffaello ha potuto ammirare lo splendore di Palazzo Vecchio per la consegna di una lettera
D. Perché Raffaello ha conosciuto Fra Bartolomeo e Mariotto Albertinelli nel convento di San Marco
E. Perché Raffaello ha l'opportunità di entrare in contatto con le opere di artisti di grande calibro come Michelangelo e Leonardo

13) Qual era il simbolo dell'intelligenza repubblicana?

A. Il David
B. La "Battaglia di Anghiari"
C. La "Battaglia di Cascina"
D. Il "Giudizio Universale"
E. Leonardo

14) La lettera di Giovanna Feltria:

A. si rivelò inutile per Raffaello Sanzio, poiché fu scritta dalla duchessa che aveva molto meno potere e influenza politica rispetto al fratello Giudobaldo
B. si rivelò determinante per Raffaello Sanzio, poiché gli permise di conoscere personalmente Leonardo e Michelangelo
C. si rivelò inutile per Raffaello Sanzio, poiché il Solderini la lesse con poca attenzione
D. si rivelò inutile per Raffaello Sanzio, poiché non gli venne affidato alcun incarico
E. si rivelò determinante per Raffaello Sanzio perché, mentre la consegnava, poté assistere alla realizzazione dell'affresco della "Battaglia di Anghiari"

15) Quale dei seguenti progetti influì sulla formazione di Raffaello?

A. Il David
B. Il "Giudizio Universale"
C. La "Battaglia di Cascina"
D. Piazza della Signoria
E. Gli affreschi del salone del Gran Consiglio

A pochi giorni dall'inaugurazione delle Olimpiadi di Pechino, mentre il Comitato Olimpico Cinese dichiara aperta la guerra al doping con ogni mezzo, un team di ricercatori americani annuncia alla stampa di aver raggiunto l'ultima frontiera della chimica applicata allo sport: il doping mirato. Ronald Evans, dell'*Howard Hughes Medical Institute* di La Jolla (California), ha infatti messo a punto un farmaco capace di migliorare le prestazioni degli atleti sulle gare di resistenza, come la maratona. Per i test, Evans ha somministrato ad alcuni topi una sostanza chiamata GW1516 e li ha fatti "allenare" sulla ruota per 5 settimane. I topi dopati hanno corso fino al 70% in più dei loro compagni, ugualmente allenati ma non trattati con il nuovo farmaco. Evans ha poi somministrato una seconda sostanza ad altri topi: l'AICAR, un acceleratore del metabolismo dei grassi e degli zuccheri. Questi, pur senza alcun allenamento, hanno corso fino al 44% più a lungo dei topi "puliti".
[2] Visti i risultati dei test e – per sua stessa ammissione – vista la relativa semplicità del cocktail dopante, Evans ha sì pubblicato la sua ricerca, ma ha anche fornito alla WADA, l'Agenzia Mondiale Antidoping, le informazioni chiave per identificare queste sostanze nel sangue degli atleti che volessero "accorciare" i loro tempi di preparazione. Obiettivo delle ricerche di Evans, che non è nuovo a studi di questo tipo, è quello di miglio-

rare le condizioni di vita di chi è costretto all'immobilità da incidenti o malattie.

(Da: *"Doping: un cocktail bomba oscura le Olimpiadi"* di Alessandro Bolla)

16) Qual è l'obiettivo delle ricerche di Evans?

A. Migliorare le prestazioni degli atleti sulle gare di resistenza
B. Migliorare le prestazioni dei topi sulla ruota
C. Pubblicare le sue ricerche scientifiche su riviste specializzate
D. Aiutare chi non si può muovere a seguito di incidenti o malattie
E. Fornire alla WADA informazioni sulle nuove sostanze dopanti utilizzate dagli atleti

17) Secondo quanto riportato nel brano, Evans:

A. ha dato all'Agenzia mondiale antidoping le informazioni necessarie per scoprire eventuali usi delle sostanze dopanti da lui scoperte
B. custodisce gelosamente il segreto della formula del doping che ha scoperto
C. lavora per l'Agenzia mondiale antidoping
D. è un grande atleta e scienziato
E. ha effettuato i suoi test prima sui topi e poi sugli sportivi

18) Il brano è verosimilmente tratto da:

A. una rivista divulgativa
B. un libro sulla storia delle Olimpiadi
C. un fascicolo informativo di una campagna contro i test sugli animali
D. un articolo di cronaca sportiva
E. una telecronaca in diretta da Pechino

19) Secondo quanto riportato nel brano, il Comitato olimpico cinese:

A. è favorevole al doping
B. ha chiesto l'aiuto dell'Howard Hughes Medical Institute di La Jolla per la guerra al doping
C. considera possibile il pericolo di doping solo per le gare di atletica
D. ha diffuso i risultati dei test sul "doping mirato"
E. nessuna delle altre alternative è corretta

20) Nella malattia X i risultati dell'esame A risultano normali (e il test è definito come positivo) complessivamente nel 60% dei pazienti; nel sottogruppo dei casi più gravi di questa malattia la percentuale di positività è però più elevata e raggiunge l'80%. Nell'85% dei pazienti nei quali il test A risulta positivo si trova la malattia X in forma avanzata. Un secondo test, qui indicato come B, risulta positivo nel 30% dei casi gravi di malattia X, ma una positività è riscontrabile anche in un 78% dei casi affetti dalla malattia Y, ben distinta da quella X e nei confronti della quale è molto importante la diagnosi differenziale, in quanto il trattamento è diverso. L'esame A è negativo in caso di malattia Y. Nel 92% dei casi con una contemporanea positività del test A e di quello B si ritrova la malattia X in fase avanzata. In caso di positività del test B e di negatività di quello A, può essere presente sia la malattia X sia quella Y.

In base al brano proposto, UNA sola delle seguenti affermazioni è ERRATA.

A. Una netta positività del test B, con sicura negatività del test A orienta verso la malattia Y, pur non permettendo di escludere la malattia X
B. Se vien fatto riferimento solo ai test A e B può risultare impossibile diagnosticare una forma lieve di malattia X

C. Una negatività del test B consente di escludere sia la malattia X sia quella Y
D. La contemporanea positività del test A e di quello B è fortemente indicativa per la presenza della malattia X, ma non consente una certezza assoluta
E. Una negatività del test A non permette di escludere la malattia Y

21) "Cos'è l'intuizione, dopotutto? È un fatto facilmente osservabile che talvolta le persone raggiungono improvvisamente, d'emblé, la soluzione del problema che li assilla ed esse hanno allora un'esperienza "aha!" variamente graduata per intensità. Non vi è alcun dubbio sulla genuinità del fenomeno e, d'altronde, le soluzioni che le persone raggiungono quando hanno di queste esperienze, quando cioè emettono giudizi intuitivi, sono molto spesso corrette. Dati affidabili sono disponibili a questo proposito per i campioni di scacchi. Mostrate una figura di scacchi, relativa ad una situazione intermedia nel corso della partita, ad un campione o ad un grande campione: dopo averla osservata per soli cinque, dieci secondi, sarà generalmente in grado di proporre una mossa risolutiva, molto spesso proprio la mossa che è oggettivamente la migliore ipotizzabile in quella situazione. Se invece la stessa configurazione gli si presenta nel corso di una partita contro un forte avversario, non vorrà fare quella stessa mossa immediatamente e potrà indugiare alcuni minuti e magari anche mezz'ora per decidere se la sua prima intuizione sia o non sia effettivamente corretta; comunque nell'ottanta o novanta per cento dei casi il suo primo impulso gli avrà indicato la mossa più opportuna. La spiegazione della profonda intuizione del campione di scacchi è ben nota agli psicologi e non è veramente sorprendente, né è più complicata di quanto non sia la spiegazione della nostra abilità, in termini di secondi, nel riconoscere uno dei nostri amici incontrandolo per strada mentre ci rechiamo al lavoro. Ora, in qualsiasi campo si sia raggiunta una considerevole esperienza, abbiamo acquisito un gran numero di "amici", un gran numero di stimoli immediatamente riconoscibili. (...) Quasi ogni persona di istruzione superiore può distinguere, ricordandone il significato, da cinquantamila a centomila parole. Nel corso degli anni abbiamo "fatto amicizia" con cinquanta o centomila di esse. Qualsiasi entomologo professionista ha una paragonabile capacità di riconoscere gli insetti che incontra, e lo stesso dicasi di un botanico per le piante. In ogni settore di specializzazione, la padronanza di un'elaborata rete di criteri di distinzione è uno degli strumenti fondamentali dell'esperto e la principale fonte delle sue intuizioni. (...) Per quale motivo dovremmo credere che il meccanismo di riconoscimento ci dia la spiegazione della maggioranza delle esperienze "aha!" di cui è testimonianza la storia della creatività? Un motivo importante è che le valide esperienze "aha!" accadono solo alle persone in possesso delle appropriate cognizioni: Raymond Poincaré giustamente osservava che l'ispirazione viene solo alle menti preparate. Al giorno d'oggi disponiamo anche di alcuni dati che indicano quanto tempo sia necessario per preparare una mente umana ad un'attività creativa di livello mondiale. (...) I dati empirici raccolti da John P. Hayes per i campioni di scacchi ed i compositori e, in modo leggermente meno sistematico per i pittori e i matematici, indicano che dieci anni è il numero magico: quasi nessuno, nelle discipline citate, ha raggiunto una prestazione a livello mondiale senza avere prima trascorso almeno dieci anni di studio intensivo e di strenua applicazione. Che dire allora degli enfants prodige? Mozart compose capolavori forse a partire dai suoi diciassette anni, certo non prima. (...) Certamente bisogna dire che Mozart aveva già iniziato a comporre all'età di quattro anni... Mozart resta comunque il tipico esempio di questi enfants prodige le cui biografie sono state studiate da Hayes e il suo esempio conferma che condicio sine qua non per ottenere un'opera rilevante è la diligente applicazione alla propria disciplina per almeno una decina d'anni o più".

Herbert A. Simon, *La ragione nelle vicende umane*, Il Mulino, Bologna 1988

UNA SOLA delle seguenti affermazioni è rigorosamente deducibile dal testo di Herbert A. Simon, quale?

A. La storia della creatività attesta che lo studio intensivo e l'applicazione non bastano a produrre opere valide a livello mondiale
B. Gli psicologi sono in grado di spiegare le capacità intuitive delle persone eccezionalmente dotate, ma la spiegazione è particolarmente complicata
C. L'esempio di un enfant prodige come Mozart vanifica ogni tentativo di analizzare in modo convincente le condizioni dei meccanismi creativi
D. Si inganna sempre chi è convinto di aver risolto un problema complesso grazie ad una intuizione improvvisa
E. Le biografie di molti degli enfants prodige confermano che la creatività non può esplicarsi senza un lungo e approfondito studio

22) "Non v'è quasi altra differenza tra un medico buono ed uno cattivo che questa: il primo è innamorato della guarigione, il secondo della malattia. Il cattivo medico non desidera guarire radicalmente l'ammalato; ma solo calmare i sintomi che lo fanno soffrire. Così il cliente, grato del sollievo, ritorna. (Il ragionamento è – si capisce – inconscio. O almeno...)".

Umberto Saba, *Scorciatoie e raccontini*, 44, Mondadori, Milano 1964

UNA sola, tra le seguenti affermazioni, È RIGOROSAMENTE DEDOTTA dal testo di Saba, quale?

A. Il cliente sa raramente riconoscere il medico capace di guarirlo
B. Il disinteresse è essenziale al comportamento di un buon medico
C. Il medico buono non si preoccupa della sofferenza ma solo della guarigione del cliente
D. Il medico buono si preoccupa soprattutto della guarigione del cliente
E. Il medico cattivo agisce esclusivamente per interesse

23) "La realtà storica è unica, le diverse discipline e scienze operano su di essa, la interpretano e la rappresentano attraverso specifici linguaggi, artistici, tecnici, comuni, matematici, scientifici, musicali, filosofici. Dietro ogni linguaggio c'è un'epistemologia, una particolare struttura logica che coglie una prospettiva, un punto di vista, ma l'acquisizione dei diversi sistemi concettuali deve essere coerente. È solo l'unità delle prospettive che forma il patrimonio culturale, che consente di cogliere sistemi, connessioni e relazioni nel tutto. Interdisciplinarità non significa allora fine delle discipline né annullamento delle differenze. Annullare una disciplina potrebbe comportare la riduzione di una parte della realtà. L'interdisciplinarietà non è un complesso di conoscenze, è una metodologia, anche didattica, una forma mentis, un modo diverso non solo di costruire conoscenze e d'insegnare, ma anche di comprendere e di vivere la realtà, l'ambiente socio-culturale e storico-geografico che ci circonda. Uno dei più rilevanti problemi del nostro tempo è proprio 'la sintesi delle conoscenze, possibile solo in una visione interdisciplinare complessiva che riconduca anche le scienze e la tecnologia alla ricerca sull'uomo. La sintesi interdisciplinare non è mai una somma, né il risultato di esemplificazioni: è l'interazione di linguaggi diversi, tradotti, confrontati, interconnessi e armonizzati attraverso la scoperta di analogie e differenze. La cultura della complessità si sviluppa in una difficile e sofferta dicotomia tra umanisti e scienziati, che non sembra ancora riuscire a conciliare la differenziazione e l'autonomizzazione con l'interconnessione sistemica. Scienza e tecnologia debbono tornare a essere strumenti finalizzati all'uomo, alla sua felicità e libertà, per prevenire quella eliminazione della libertà personale, quella dittatura non più fisica, ma mentale, ipotizzata da George Orwell in 1984, attraverso il tentativo di rendere immortale il Grande Fratello. La scuola deve confrontarsi sulla dicotomia tra la cultura umanistica e quella scientifico-tecnologica, e i docenti non possono delegare ai singoli studenti il problema, rimasto insoluto all'interno del loro team, di far interagire linguaggi, significati, messaggi ed epistemologie".

L. Salvucci, *I limiti delle discipline*, Iter, Treccani, IV, 13, 2001

UNA SOLA delle seguenti affermazioni PUÒ essere dedotta dal testo di Salvucci. Quale?

A. Differenziazione e autonomizzazione possono essere conciliate ed è interesse di tutti che si lavori in questa direzione
B. Quando non vi riescano i docenti, saranno gli studenti a mettere in relazione le diverse discipline e metodologie
C. L'interdisciplinarietà permette straordinarie acquisizioni conoscitive in ogni campo del sapere
D. Non è lecito finalizzare la scienza, che è autonoma, e la tecnologia alla felicità dell'uomo
E. La tecnologia minaccia sempre inevitabilmente la libertà degli uomini, come dichiara Orwell nel suo 1984

---

24) "*La giustizia non esiste di per se stessa, ma solo nei rapporti reciproci e nei luoghi dove si stipula il patto di non fare o di non ricevere danno*".

Epicuro, *Massime*

La concezione della giustizia quale appare in questa massima di Epicuro è:

A. universale
B. umanitaria
C. civile
D. relativa
E. naturale

---

25) "*Il maestro disse: «Soltanto dopo i primi freddi ci accorgiamo che il pino e il cipresso conservano più a lungo le loro foglie»*".

(Confucio, *Massime*, a c. di P. Santangelo, Roma, Newton Compton, 2005, p. 92)

Fuor di metafora l'aforisma intende verosimilmente suggerire che:

A. non tutte le specie vegetali possiedono la stessa vitalità
B. i primi freddi sfrondano la maggior parte delle piante
C. solo gli alberi d'alto fusto resistono alle intemperie
D. nei momenti difficili si riconoscono gli uomini superiori

E. gli uomini sono come le foglie degli alberi d'autunno

La memoria è la capacità di conservare esperienze e informazioni del mondo che ci circonda; questa capacità influenza notevolmente il nostro modo di affrontare la vita e le nuove esperienze. Il funzionamento della memoria è ben diverso da quello di una macchina cinematografica: mentre quest'ultima registra ciò che avviene davanti all'obbiettivo e lo ripresenta agli spettatori sempre nello stesso modo, la memoria registra e conserva solo alcune informazioni. A distanza di tempo, solo alcune permangono intatte, altre vengono cancellate o divengono di difficile recupero, altre ancora vengono trasformate in modo irriconoscibile. Un ricco quadro dei meccanismi della memoria si può ritrovare negli scritti di Proust, che descrive la realtà attraverso le distorsioni e le omissioni prodotte dalla memoria. I ricordi in Proust sono qualcosa di più di "vivide immaginazioni del passato, rappresentano una categorizzazione di eventi del passato e del presente, colorati da reazioni emozionali". Proust mostra, in particolare, che i ricordi possono essere suscitati da sensazioni banali, come sapori e odori. Le sue descrizioni letterarie vengono di recente considerate ricche di intuizioni stimolanti anche da parte di ricercatori nel campo delle neuroscienze. La memoria per gli antichi era un artificio per retori e predicatori che dovevano parlare in pubblico senza appunti. Poi diventa nei secoli una disciplina di più ampia portata che si carica perfino di significati filosofici e religiosi. Nell'Ottocento inizia a essere studiata da medici, neurologi e psicologi e in questo secolo anche dagli informatici. Gli studi sulla memoria devono essere inquadrati nell'ambito delle teorie contrastanti relative al cervello. Nel corso dell'Ottocento si sono contrapposte due teorie sul cervello: una teoria olistica e una teoria della localizzazione delle funzioni. Secondo la prima, il cervello funziona come una totalità ed è impossibile, per esempio, predire le conseguenze specifiche di qualsiasi forma di lesione cerebrale. La seconda sostiene invece che il cervello è composto da un insieme di regioni funzionali altamente specializzate, relative, per esempio, alla parola, al movimento o alla visione.

26) In base a quanto riportato nel brano, secondo la teoria olistica:

A. il cervello è formato da regioni funzionali altamente specializzate
B. la memoria è un artificio per retori e predicatori
C. non è possibile suddividere il cervello in base alle sue funzioni
D. la parola e il movimento hanno sede in regioni differenti del cervello
E. è possibile prevedere le conseguenze specifiche di un danno cerebrale

27) In base a quanto riportato dall'autore del brano, quale delle seguenti alternative è deducibile correttamente?

A. Il funzionamento della memoria è simile a quello di una macchina cinematografica
B. A distanza di tempo dalla registrazione da parte della memoria delle informazioni, la maggior parte di esse viene cancellata
C. La memoria è la capacità di conservare intatte, a distanza di tempo, la maggior parte delle esperienze e informazioni del mondo che ci circonda
D. Tutte le informazioni conservate nella memoria subiscono un processo di modifica che le rende irriconoscibili

E. Sono due le teorie ottocentesche sul cervello entro cui inquadrare gli studi sulla memoria: una teoria olistica e una teoria della localizzazione delle funzioni

28) In base a quanto riportato nel brano, secondo Proust i ricordi:

A. alloggiano in una regione limitata del cervello
B. sono legati esclusivamente ai sapori e agli odori
C. possono essere suscitati da odori
D. non sono mai suscitati da sensazioni banali
E. sono solo "vivide immaginazioni del passato"

29) Secondo l'autore del brano, la memoria:

A. riproduce le informazioni similmente a una macchina cinematografica
B. nel secolo attuale è studiata dai soli informatici
C. è un artificio
D. è una facoltà attinente all'intero cervello e non una sua funzione
E. influenza il modo di affrontare la vita

30) Data la frase: "La piazza era il luogo dove le persone si conoscevano, discorrevano, facevano affari, trascorrevano il tempo libero", quale delle seguenti alternative sostituisce correttamente il termine *discorrevano* senza alterare il significato della frase?

A. Litigavano
B. Correvano
C. Livellavano
D. Conversavano
E. Blateravano

Conoscenze e competenze acquisite negli studi

31) Secondo i principi del liberismo economico:

A. è necessario l'intervento dello Stato nella economia
B. lo Stato deve intervenire nelle fasi di recessione economica con misure volte a sostenere l'occupazione
C. il libero agire del mercato garantisce l'equilibrio, senza alcun intervento da parte dello Stato
D. il libero agire del mercato porta inevitabilmente alla recessione e alla disoccupazione
E. ogni Stato deve specializzarsi in produzioni economiche compatibili con le risorse possedute

32) Da chi è esercitato nel nostro ordinamento il potere esecutivo?

A. Dal Parlamento
B. Dalla Magistratura
C. Dal Governo
D. Dalla Corte dei Conti
E. Dalle Regioni

33) Quale tra i seguenti avvenimenti è accaduto prima?

A. L'uragano Katrina devasta la città di New Orleans
B. Esplode un reattore nucleare a Chernobyl
C. A Pechino viene repressa nel sangue la protesta pacifica di piazza Tien An Men
D. Alle Olimpiadi di Monaco di Baviera, un commando palestinese uccide undici atleti israeliani
E. Un forte terremoto scuote l'Irpinia

34) Quale dei seguenti avvenimenti si colloca cronologicamente tra il crollo del regime di Salazar in Portogallo e l'unificazione delle due Germanie?

A. La fine dell'impero cinese
B. L'inizio della guerra del Vietnam
C. L'indipendenza dell'India
D. L'avvio della Perestrojka di Michail Gorbačëv
E. La guerra di Corea

35) Ritenevano che la quantità totale di ricchezza fosse più o meno stabile e che si dovesse quindi cercare di acquisirne la maggior parte possibile; tendevano ad identificare la ricchezza con la moneta e i metalli preziosi; si sforzavano di scoraggiare le importazioni; facevano di tutto per favorire le produzioni nazionali e le esportazioni; puntavano ad esportare prodotti ad alto valore aggiunto piuttosto che materie prime; valorizzavano le corporazioni come strumento per favorire la competitività delle merci nazionali.
Stiamo parlando degli esponenti di uno dei seguenti orientamenti:
A. socialismo
B. liberismo
C. fisiocrazia
D. mercantilismo
E. liberalismo

36) Considerando che alcune parole cambiano completamente significato passando da un genere all'altro, indicare tra le seguenti la coppia di termini del tutto estranei.
A. Alunno – alunna
B. Postino – postina
C. Gatto – gatta
D. Collo – colla
E. Muro – mura

37) Osservando il grafico proposto, che evidenzia la ripartizione della forza lavoro in Italia con riferimento ai diversi settori produttivi, si può affermare che:

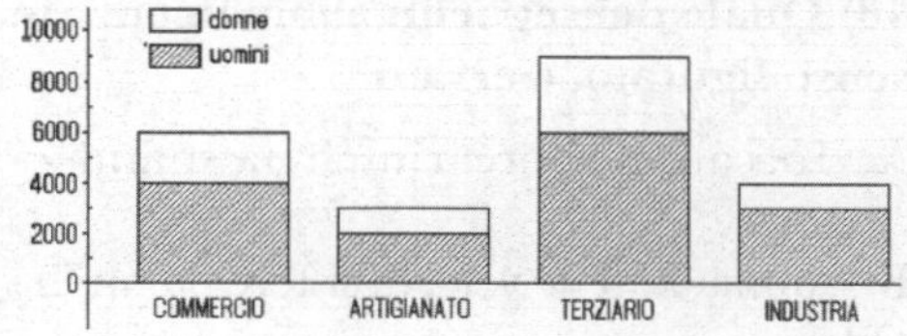

A. I settori industria e terziario presentano uguali tassi occupazionali per le donne
B. Il settore che mostra un maggior numero di donne occupate è l'industria
C. Il settore che mostra un maggior numero di donne occupate è il terziario
D. Il settore che mostra un maggior numero di donne occupate è il commercio
E. Il settore che mostra un maggior numero di donne occupate è l'artigianato

38) Individuare l'alternativa che completa la seguente frase: "Tutti i cittadini hanno pari _______ sociale e sono eguali davanti alla legge, senza _______ di sesso, di razza, di lingua, di religione, di opinioni _______ , di condizioni personali e sociali".

A. dignità; distinzione; politiche
B. etica; parità; collettive
C. moralità; differenza; personali
D. opportunità; similitudine; pubbliche
E. libertà; distacco; prevalenti

39) Individuare l'abbinamento non corretto tra autore e opera:

A. *All'ombra delle fanciulle in fiore* – Marcel Proust
B. *1984* – Ray Bradbury
C. *Gita al faro* – Virginia Woolf

D. *Il giovane Holden* – Jerome David Salinger
E. *Il ritratto di Dorian Gray* – Oscar Wilde

40) Quale dei seguenti abbinamenti, in senso figurato, è errato?

A. Toccare il cuore: riuscire a commuovere
B. Ammainare le vele: desistere da un'impresa
C. Mettere molta carne al fuoco: voler fare molte cose in una volta
D. Puntare i piedi: impuntarsi in un proposito
E. Starsene nel proprio brodo: condividere euforicamente un risultato conseguito

Ragionamento logico

41) "Affinché l'atleta vinca le Olimpiadi, occorre che si alleni tutto l'anno". Se l'affermazione precedente è vera, quale delle seguenti deve essere vera?

A. È sufficiente che l'atleta si alleni tutto l'anno perché vinca le Olimpiadi
B. Se l'atleta non ha vinto le Olimpiadi, allora non si è allenato tutto l'anno
C. Se l'atleta non si allena tutto l'anno, allora non vince le Olimpiadi
D. Se l'atleta si allena tutto l'anno, allora vince le Olimpiadi
E. Anche se l'atleta si allena tutto l'anno non vince le Olimpiadi

42) Uno dei seguenti abbinamenti non è congruente con gli altri. Quale?

A. Dannoso/nocivo
B. Biasimevole/reprensibile
C. Negletto/curato
D. Negligente/svogliato
E. Perspicace/acuto

43) "Alcuni animali belano. Ponny bela. Alcuni animali sono pecore". In base alle precedenti informazioni, quale delle seguenti affermazioni è certamente vera?

A. Ponny è un animale
B. È possibile che Ponny sia un animale
C. Gli animali che belano sono pecore
D. Ponny è una pecora
E. Ponny è un animale, ma non una pecora

44) "Tutti i postini sono dinamici; Arturo è audace; tutte le persone audaci sono dinamiche". In base alle precedenti affermazioni, quale delle seguenti è necessariamente vera?

A. Tutti i postini si chiamano Arturo
B. Arturo è un postino
C. Arturo è dinamico
D. Tutti i postini sono audaci
E. Tutte le persone dinamiche sono audaci

45) La frase "ogni giorno in cui vado al mare c'è vento" è falsa. Allora è vero che:

A. vado al mare perché c'è vento
B. non ho mai trovato vento al mare
C. un solo giorno in cui sono andato al mare c'era vento
D. quando c'è vento io sono al mare
E. vi è almeno una giornata in cui sono andato al mare e non c'era vento

46) In un circo, Enrico, l'unica persona incaricata di dare da mangiare agli animali nei recinti, inizia il suo lavoro alle 6:30 del mattino. Si sa che:

1) Enrico si ferma 15 minuti presso ciascun recinto
2) le tigri vengono nutrite prima degli elefanti ma dopo gli orsi
3) i cavalli sono nutriti 15 minuti dopo gli orsi
4) i leoni sono nutriti dopo gli elefanti

Enrico alle 6:50 nutrirà:

A. i cavalli
B. gli orsi
C. le tigri
D. gli elefanti
E. i leoni

47) Negare la frase "Tutti gli uomini ricchi sono intelligenti" significa affermare che:

A. almeno un uomo ricco non è intelligente
B. tutti gli uomini poveri sono intelligenti
C. nessun uomo povero è intelligente
D. nessun uomo ricco è intelligente
E. almeno un uomo povero non è intelligente

48) Un tassista applica una tariffa di euro 1,00 a chilometro per i primi 3 chilometri, e 70 centesimi a chilometro per il resto del tragitto. Io vado in taxi dalla stazione a casa e pago un importo di euro 10,00 al tassista, inclusi 70 centesimi di mancia.
Quanto dista casa mia dalla stazione?

A. 12 chilometri
B. 9 chilometri
C. 14 chilometri
D. 13 chilometri
E. 10 chilometri

49) Il biglietto del bus per un bambino è più economico di quello per un adulto, ma costa più della metà di quello di un adulto. Il costo totale di una corsa per un adulto e due bambini è 1,20 euro. Le tariffe del biglietto per gli adulti sono multipli di 0,10 euro.
Qual è la tariffa del biglietto per adulti?

A. 0,60 euro
B. 0,30 euro
C. 0,70 euro
D. 0,50 euro
E. 0,40 euro

50) Un quadrato è costituito di 49 piccoli quadrati bianchi tutti uguali tra di loro. Vengono colorati in rosso i quadrati che ne costituiscono il bordo. Quanti quadrati restano bianchi?

A. 35
B. 36
C. 25
D. 16
E. 21

RISPOSTE CORRETTE

1) D	11) C	21) E	31) C	41) C
2) D	12) E	22) D	32) C	42) C
3) B	13) A	23) A	33) D	43) B
4) B	14) D	24) D	34) D	44) C
5) E	15) C	25) D	35) D	45) E
6) A	16) D	26) C	36) D	46) A
7) B	17) A	27) E	37) C	47) A
8) C	18) A	28) C	38) A	48) A
9) D	19) E	29) E	39) B	49) D
10) C	20) C	30) D	40) E	50) C

TEST 4

Comprensione del testo e conoscenza della lingua italiana

La decadenza moderna

Una chiara differenza tra il mondo antico e l'epoca in cui viviamo oggi è la velocità del progresso tecnologico e l'applicazione immediata dei risultati delle ricerche scientifiche, grazie ad una tecnologia sempre più sofisticata. Mentre l'eolipila inventata da Erone di Alessandria, considerata l'antenata della macchina a vapore, rimase un giocattolo, le scoperte degli scienziati e degli inventori moderni sono state immediatamente utilizzate a fini pratici. A questo riguardo il XIX e il XX secolo differiscono dalle epoche precedenti "per l'elevato numero di scoperte scientifiche che hanno trovato un'applicazione utilitaristica; si tratta di un numero così elevato da non avere precedenti nella storia dell'umanità".

Il fatto che il progresso tecnologico prosegua e sia sempre più veloce non permette di cogliere il declino della nostra epoca, anche se questo declino non ha assolutamente raggiunto il grado di sterilità culturale della Roma del III e del IV secolo d.C. La nostra situazione è più simile a quella dei Greci, la cui fiducia nel progresso, soprattutto nella tecnologia e nella medicina, proseguì dal periodo d'oro del V secolo fino al IV secolo a.C.; analogamente, una simile fiducia nel progresso e in particolare nella tecnologia e nella medicina si ritrova a partire dal XIX secolo fino ad oggi. Non ci fu tuttavia "alcuna diminuzione dell'energia creativa": fu l'epoca dei più grandi oratori e filosofi, si svilupparono nuove forme di arte e letteratura, furono compiuti importanti progressi in matematica e in astronomia. Ma, come nel nostro caso, "almeno qualcosa dell'antica fiducia era andato perduto".

Oggigiorno il progresso scientifico e tecnologico prosegue senza sosta e l'esplorazione dello spazio ha condotto a straordinarie scoperte astronomiche. La creatività che ha dato vita a nuove forme di cultura – i romanzi di fantascienza, l'impressionismo in arte e in letteratura, i risultati raggiunti dal cinema, dalla radio e dalla televisione – continua: siamo molto lontani dalla sterilità culturale che regnava a Roma nel IV secolo d.C. Ciò che, invece, minaccia questo sviluppo culturale e che più assomiglia alla situazione dell'antica Roma è l'architettura contemporanea. Nel III secolo l'ordine classico si era dissolto in pareti spoglie e facciate nude, allo stesso modo in cui le nostre abitazioni in vetro e cemento hanno preso il posto degli edifici del XIX e dell'inizio del XX secolo, così variegati nello stile e nelle decorazioni.

In scultura, Thorwaldsen, Gibson e Bates, uniti al fascino spensierato di Carpeaux, segnano il tramonto di una lunga tradizione, sebbene alcuni elementi di essa permangono nelle forme voluminose di Maillol e Henry Moore. Con Rodin qualcosa di nuovo è comparso: il suo "Balzac" riflette lo spirito e la personalità del soggetto per mezzo di effetti di chiaroscuro, illusioni ottiche che si sostituiscono a forme ben delineate, oppure nell'argilla modellata per dare corpo alle sue figure umane dotate di una plasticità che permane nella colata di bronzo e persino nella copia di marmo. Questo stile ricorda la scultura impressionista del III secolo ed è proseguito con molti esperimenti moderni di natura più o meno astratta. A questo proposito poi il ruolo giocato dal disegno astratto può essere equiparato alla varietà di motivi non-figurativi del post-classicismo e del periodo bizantino, più tardi intensificato dall'iconoclastia e dall'influenza dell'Islam. Le tendenze eterogenee e anarchiche dell'arte contemporanea sono espressione dell'angoscia dei tempi moderni – ciò si vede maggiormente negli stili pittorici che rompono con la forma classica, fino alla successiva corrente artistica rappresentata da Picasso, dal naturalismo all'astrattismo e al simbolismo.

L'imminente angoscia dell'epoca è espressa, nel XIX secolo, da artisti come Van Gogh, in particolare nei suoi autoritratti, nei suoi paesaggi tormentati e angosciosi e nell'"Urlo" di Munch del 1893. Quasi un secolo prima Goya dipinse il suo "3 maggio 1808". Nei "Disastri della guerra" e nelle "Pitture nere" dell'ultima fase della sua vita egli presenta la guerra e ogni sorta di malvagità in un modo completamente diverso dal classicismo accademico. Un altro secolo dovette trascorrere prima che il crudele spreco e la mutilazione di giovani vite giungesse alla coscienza pubblica nei terribili anni che seguirono le entusiasmanti aspettative dell'agosto 1914. Goya, tuttavia, aveva già ritratto gli effetti della guerra negando l'umanità tra corpi in decomposizione, donne stuprate e i gemiti dei loro figli. La sete di sangue, il male sadico è rappresentato nelle "Follie" – in esse non vi è spazio per il riso – e nei volti lascivi e nel mostruoso satanismo del "Sabba delle streghe" e in altre raffigurazioni del lato oscuro dell'esistenza umana. Anche Johann Heinrich Füssli guarda alle forze occulte che prendono potere, ma la completa visione di questa minaccia con cui il XIX secolo si è aperto è lasciata a Goya: l'inizio sinistro di una fase della storia, con tutte le sue torture, olocausti e massacri di soldati, il suo terrore e inumanità, comincia a rivaleggiare, nelle vite e nelle morti di milioni di individui, con le miserie dell'ultimo secolo a.C.

1) Quale tra le seguenti NON è una caratteristica dell'età contemporanea?

A. Una tecnologia sempre più sofisticata
B. Nuove forme di cultura
C. Una diminuzione dell'energia creativa
D. Tendenze anarchiche nell'arte
E. Un'architettura priva di decorazioni

2) Quale tra i seguenti fattori NON caratterizza la decadenza dell'arte nell'antica Roma?

A. I motivi non-figurativi
B. La scomparsa dell'ordine classico in architettura
C. La scultura impressionista
D. L'iconoclastia e l'influenza dell'Islam
E. L'arte divenuta sterile

3) Rodin segna uno snodo nello sviluppo della scultura moderna perché:

A. lavorava il bronzo e il marmo
B. ha rifiutato il fascino spensierato di Carpeaux
C. nelle sue opere non c'è continuità con il passato
D. il suo stile anticipa le scelte formali di Maillol e Moore

E. ha utilizzato illusioni ottiche e chiaroscuri per riflettere la personalità del soggetto rappresentato

4) Prendendo in considerazione i lavori artistici menzionati nel brano, la cosiddetta *"angoscia dell'epoca"* è stata espressa in pittura per la prima volta:

A. nei paesaggi di Van Gogh
B. negli autoritratti di Van Gogh
C. nell'"Urlo" di Munch
D. nelle opere di Füssli
E. nei "Disastri della guerra" di Goya

5) Per quale aspetto l'età contemporanea è più simile alla Roma del IV secolo d.C.?

A. La vita nell'antica Roma era culturalmente sterile così come nella nostra epoca
B. La fiducia nel progresso, soprattutto nella matematica e nell'astronomia
C. Ci sono delle similitudini tra l'architettura di Roma e quella della nostra epoca
D. L'arte dell'antica Roma ha continuato a svilupparsi così come accade nella nostra epoca
E. Sia a Roma che nella nostra epoca vi è fiducia nel progresso

Il giardino di Mendeleev

(Liberamente tratto da: *Oliver Sacks, "Zio Tungsteno", Adelphi Edizioni*)

Nel 1945 il Museo della Scienza di South Kensington fu riaperto e per la prima volta vidi la gigantesca tavola periodica che vi era esposta. La tavola, che copriva un'intera parete in cima alle scale, era in realtà una vetrina di legno scuro con una novantina di scomparti, ciascuno dei quali portava scritto il nome del proprio elemento, il suo peso atomico e il suo simbolo chimico. In ogni scomparto, poi, c'era un campione dell'elemento stesso. Il cartellino informava: «La classificazione periodica degli elementi secondo Mendeleev».

I primi che vidi furono i metalli, esposti a decine in tutte le forme possibili: barrette, cubi, fili, fogli, dischi, cristalli, masse di forma indefinita. Perlopiù erano grigi o argentei, alcuni avevano sfumature azzurre o rosa. In qualche caso le superfici erano brunite e risplendevano debolmente di giallo; poi c'erano i colori intensi del rame e dell'oro.

Nell'angolo in alto a destra c'erano i non metalli – i cristalli gialli dello zolfo e quelli rossi del selenio; il fosforo, immerso nell'acqua; e il carbonio, sotto forma di minuscoli diamanti e grafite.

C'era poi il boro, una polvere brunastra; e i cristalli di silicio, di una lucentezza nera, intensa, simile alla grafite.

A sinistra c'erano i metalli alcalini e i metalli alcalino-terrosi, tutti, tranne il magnesio, immersi in bagni protettivi di nafta. Fui colpito dal litio, nell'angolo più in alto a sinistra, perché, leggero com'era, galleggiava sulla nafta; e anche dal cesio, più in basso, che formava una pozzanghera luccicante sotto la nafta. Il cesio, questo lo sapevo bene, aveva un bassissimo punto di fusione, e quello era un giorno d'estate molto caldo. Tuttavia, non mi ero del tutto reso conto fino ad allora, che il cesio puro fosse dorato: al principio lanciava solo un bagliore, un lampo d'oro, sembrava emettere un'iridescenza con una lucentezza dorata; ma poi, osservato da un'angolazione diversa, appariva di un color oro puro, e sembrava un mare d'oro, o del mercurio dorato.

C'erano poi altri elementi che fino ad allora erano stati per me solo dei nomi e adesso per la prima volta li vedevo in tutta la loro diversità e la loro realtà. In quella mia prima, sensuale panoramica, percepii la tavola come un sontuoso ban-

chetto, un enorme desco apparecchiato con un'ottantina di portate diverse.
A quell'epoca avevo ormai acquisito familiarità con le proprietà di molti elementi e sapevo che essi formavano un certo numero di famiglie naturali, come quella dei metalli alcalini, dei metalli alcalino-terrosi e degli alogeni. Queste famiglie (che Mendeleev chiamò «gruppi») formavano le colonne verticali della tavola, con i metalli alcalini e quelli alcalino-terrosi a sinistra, gli alogeni e i gas inerti a destra, e tutto il resto collocato in quattro gruppi intermedi situati nel mezzo. Questi gruppi intermedi erano «gruppi» in un modo un po' meno chiaro - nel Gruppo VI, per esempio, vedevo lo zolfo, il selenio e il tellurio. Sapevo bene che questi tre elementi erano molto simili – ma che ci faceva in mezzo a loro l'ossigeno, proprio in testa al gruppo? Doveva esserci un principio più profondo – e infatti c'era. Era stampato in cima alla tavola, ma nella mia impazienza di osservare gli elementi, non gli avevo prestato attenzione alcuna.
Il principio più profondo, vidi poi, era la valenza. Il termine *valenza* non esisteva nei miei libri, Mendeleev fu uno dei primi ad avvalersene e a usarlo come fondamento per la classificazione, offrendo così qualcosa che non era mai stato chiaro prima: una base razionale per spiegare la tendenza degli elementi a formare famiglie naturali e ad avere profonde analogie chimiche e fisiche gli uni con gli altri. Mendeleev ora riconosceva otto di tali gruppi di elementi in termini di valenza.
Gli elementi del Gruppo I, ossia i metalli alcalini, avevano valenza 1: un atomo di questi elementi si combinava con un atomo di idrogeno per formare composti come LiH, NaH, KH, e così via. (Oppure con un atomo di cloro, per formare composti come LiCl, NaCl o KCl).
Gli elementi del Gruppo II, i metalli alcalino-terrosi, avevano valenza 2, e quindi formavano composti come $CaCl_2$, $SrCl_2$, $BaCl_2$, e così via. Gli elementi del Gruppo VIII avevano valenza massima 8.
Tuttavia, mentre classificava gli elementi in base alla valenza, Mendeleev era affascinato anche dal loro peso atomico, dal fatto che esso fosse unico e specifico per ciascun elemento. E se cominciò a elencare mentalmente gli elementi in base alla valenza, lo fece anche in termini di peso atomico. E ora, come per magia, i due criteri confluirono. Infatti, se disponeva gli elementi, in modo molto semplice, in ordine di peso atomico, costruendo quelli che chiamò «periodi» orizzontali, egli poteva constatare il ricorrere delle stesse proprietà e delle stesse valenze a intervalli regolari.

6) Quanti gruppi in termini di valenza individua Mendeleev?

A. Cinque gruppi
B. Tre gruppi
C. Otto gruppi
D. Quattro gruppi
E. Un gruppo

7) Mendeleev utilizzò anche il peso atomico per classificare gli elementi, in quanto:

A. è correlato alla valenza di un elemento
B. determina quali composti si possono formare con l'idrogeno
C. determina quali composti si possono formare con l'ossigeno
D. è unico e specifico per ciascun elemento
E. individua lo stato fisico di un elemento

8) Mendeleev si avvalse del concetto di "valenza":

A. per interpretare lo stato fisico degli elementi

B. per spiegare come il calcio e il bario formassero i composti CaCl e BaCl
C. per spiegare come gli elementi del gruppo VIII si combinassero con l'idrogeno
D. per sistemare il tellurio nel gruppo II
E. per spiegare le analogie chimiche e fisiche degli elementi

9) Nella classificazione degli elementi proposta da Mendeleev il peso atomico e la valenza:

A. non permettono di identificare in modo univoco i Gruppi e i Periodi
B. permettono di prevedere lo stato fisico nel quale si trova ogni elemento
C. sono due proprietà che devono essere utilizzate in alternativa per la costruzione della tavola periodica
D. non permettono di evidenziare il ricorrere ad intervalli regolari di proprietà chimicofisiche
E. sono due proprietà che devono essere utilizzate congiuntamente per la costruzione della tavola periodica

10) A proposito dei metalli alcalini e alcalino terrosi, l'autore osserva che:

A. il cesio aveva colore uguale a quello del mercurio
B. il litio aveva una densità maggiore di quella della nafta
C. la temperatura dell'ambiente era prossima al punto di fusione del cesio
D. il magnesio non doveva essere esposto all'aria
E. il cesio era opaco

Il cervello umano

Anche se computer e microscopi ci permettono oggi di raccogliere informazioni fino a poco tempo fa considerate irraggiungibili, le conoscenze acquisite corrispondono tuttavia a meno dell'1% di tutto quello che dovremmo sapere. Proprio quando i test in uso sembrano dimostrare che la mente funziona in un determinato modo, si scopre un nuovo test che prova esattamente il contrario o si trova un soggetto il cui cervello funziona in modo completamente diverso.
Grazie alle nostre ricerche ci siamo resi conto che la mente è infinitamente più complessa di quello che avevamo precedentemente supposto, e che un individuo con una mente "normale" ha potenzialità e capacità maggiori di quello che pensavamo.
Alcuni esempi chiariranno il concetto.
La maggior parte delle discipline scientifiche, anche se riguardanti campi diversi, ruota attorno allo studio della mente. I chimici hanno un particolare interesse per le complesse strutture chimiche che esistono e interagiscono nelle nostre menti; i biologi sono sempre in lotta con le funzioni biologiche del cervello; i fisici trovano paralleli con le loro ricerche sulle estreme possibilità dello spazio; gli psicologi stanno tentando di comprendere la mente in modo completo e trovano l'esperienza frustrante come se tentassero di mettere un dito su una piccola goccia di mercurio; i matematici, che hanno elaborato modelli per i più sofisticati computer e per l'universo intero, ancora non hanno trovato una formula per le operazioni che hanno luogo nelle nostre menti, regolarmente, giorno dopo giorno.
Quello che siamo riusciti a scoprire in questi ultimi dieci anni è che il nostro cervello è diviso in due parti, ciascuna delle quali svolge attività molto diverse; i modelli potenziali del cervello sono risultati inoltre molto più estesi di quanto si pensasse alla fine degli anni Sessanta e abbiamo anche capito che il cervello ha bisogno di tipi di alimenti molto differenti, se lo si vuole mantenere in vita.

Nei laboratori della California, fra la fine degli anni Sessanta e l'inizio degli anni Settanta, furono avviate delle ricerche che avrebbero cambiato la storia della nostra comprensione del cervello umano; quelle stesse ricerche avrebbero condotto Roger Sperry, del California Institute of Technology, al premio Nobel e avrebbero recato a Robert Ornstein fama mondiale per il suo lavoro sulle onde del cervello e sulla specializzazione delle funzioni.

Furono proprio Sperry e Ornstein a scoprire che le due parti del cervello, o i nostri due cervelli, collegati da un sistema straordinariamente complesso di fibre nervose chiamato Corpus Callosum, hanno a che fare con tipi diversi di attività mentale.

(Archivio Selexi)

11) La tesi di fondo sostenuta dall'autore del brano è che:

A. il funzionamento del cervello umano è ancora avvolto da molti misteri
B. esistono test in grado di chiarire in modo inequivocabile il funzionamento del cervello
C. la scienza riuscirà a risolvere ogni dubbio sul funzionamento del cervello
D. il cervello ha una struttura più semplice di quanto non si pensasse nella prima metà del secolo scorso
E. il funzionamento del cervello, per quanto molto complesso, è identico in tutti gli individui

12) Nel brano si afferma che:

A. Sperry e Ornstein confutarono che le due parti del cervello sono collegate dal Corpus Callosum
B. nella seconda metà del XIX secolo, nei laboratori californiani, si effettuarono ricerche sull'attività cerebrale dell'uomo
C. Roger Sperry ebbe grande fama per le sue scoperte sulle onde del cervello
D. i matematici non sono ancora stati in grado di rappresentare le operazioni che hanno luogo nella mente umana
E. Robert Ornstein vinse il premio Nobel

13) Dal brano si ricava che le due parti del cervello umano:

A. dipendono dall'ampiezza del Corpus Callosum
B. svolgono attività diverse
C. si mantengono vitali grazie a pochi tipi di alimenti
D. risultano molto più estese di quanto si pensasse tre decenni fa
E. producono onde identiche

14) In quale periodo è stato scritto il brano?

A. Non vi è alcun riferimento univoco per poterlo dedurre
B. Nel 1969
C. Prima del 1970
D. Negli anni Sessanta
E. Dopo il 1970

15) Dal brano si deduce che:

A. i fisiologi hanno scarso interesse a studiare il funzionamento del cervello
B. fino al 1960 il funzionamento del cervello umano era totalmente sconosciuto
C. gli psicologi fanno esperimenti con il mercurio
D. lo studio della mente è il perno di molte discipline scientifiche
E. il cervello utilizza lo zucchero come fonte di energia

Le comunicazioni pubblicitarie di farmaci

In Italia la materia della pubblicità dei farmaci è regolata dal decreto legislati-

vo n. 541 del 30 dicembre 1992 (attuazione della Direttiva 92/28/CEE). Il decreto definisce la pubblicità in questo campo come "qualsiasi azione di informazione, di ricerca della clientela o di esortazione, intesa a promuovere la prescrizione, la fornitura, la vendita o il consumo di medicinali" (art. 1 comma 1), descrive dettagliatamente i requisiti necessari per ogni messaggio pubblicitario che abbia per oggetto farmaci e vieta qualsiasi forma di pubblicità al pubblico di farmaci che necessitano di prescrizione. Sono esclusi dal provvedimento gli operatori sanitari autorizzati a prescrivere o a dispensare un certo medicinale (medici e farmacisti) ai quali, appunto, le case farmaceutiche possono indirizzare messaggi pubblicitari (art. 7 comma 1).
È in ragione di questo assetto legislativo che, mentre dalla stampa e dalla tv sono banditi messaggi promozionali relativi agli psicofarmaci (e agli altri farmaci che necessitano di prescrizione), essi abbondano nelle riviste cosiddette "specialistiche" o "scientifiche", anche italiane, quelle che non si trovano abitualmente in commercio ma che necessitano di un abbonamento integrale, di un ordine di acquisto direttamente all'editore per singoli numeri, o che più semplicemente possono essere consultate nelle biblioteche scientifiche presso ospedali e poli universitari. Nel decreto non si fa menzione delle comunicazioni pubblicitarie elettroniche e la materia resta sostanzialmente priva di regolamentazione: il risultato è che la pubblicistica "medica", già fenomeno di massa negli altri media, sfugge in internet a qualsiasi possibilità di porre distinzioni nette nello spettro di declinazioni tra informazione scientifica e pubblicità dichiarata. Il caso delle farmacie elettroniche è solo il più eclatante.
Mentre il vecchio continente è sostanzialmente allineato a queste direttive, le cose negli Stati Uniti vanno diversamente e la pubblicità di farmaci prescrivibili, già autorizzata negli anni passati, ha recentemente conosciuto un'ulteriore accelerazione grazie a nuove e più permissive disposizioni della FDA in relazione al contenuto informativo degli spot pubblicitari.

(Da: Adamo e Benzoni, "Psychofarmers", Isbn Edizioni)

16) In Italia le case farmaceutiche possono indirizzare messaggi pubblicitari:

A. solo attraverso internet
B. a stampa e televisione
C. a chiunque
D. a operatori sanitari autorizzati a prescrivere o dispensare medicinali
E. alla clientela che consuma medicinali

17) Le riviste scientifiche:

A. arrivano in abbonamento solo a ospedali e poli universitari
B. sono l'unico canale promozionale per i medici negli Stati Uniti
C. si possono consultare solo nelle biblioteche scientifiche
D. sono l'unico canale promozionale degli psicofarmaci in Italia
E. hanno maggiore libertà di pubblicizzare farmaci in Europa piuttosto che in Italia

18) Secondo la legge italiana la pubblicità di medicinali può essere definita anche come:

A. pubblicistica "medica"
B. messaggio diretto a medici e farmacisti
C. informazione specialistica
D. esortazione che promuova la prescrizione e l'uso
E. informazione scientifica

19) Le farmacie elettroniche sono un fenomeno:

A. legato alla mancanza di regolamentazione della pubblicità elettronica di farmaci
B. solamente statunitense e non europeo
C. connesso al commercio di riviste "mediche" o "scientifiche"
D. esclusivamente italiano e non statunitense
E. sorto in Italia successivamente al 1992

20) Le comunicazioni pubblicitarie di farmaci che circolano attraverso internet:

A. rappresentano un escamotage attivato in Europa al fine di aggirare le limitazioni imposte dalla Direttiva 92/28/CEE
B. hanno recentemente subito un'accelerazione
C. non permettono di distinguere tra informazione scientifica e pubblicità dichiarata
D. vengono inviate a cura delle case farmaceutiche
E. sono vietate in Italia, ma non negli Stati Uniti

L'architetto nella società industriale

Abbiamo ancora presente alla memoria quell'unità dell'ambiente e dello spirito che vigeva ai tempi del cavallo e del landò. Sentiamo che la nostra epoca l'ha perduta, che la morbosità del nostro caotico ambiente attuale, la sua bruttezza spesso pietosa e il suo disordine sono nati dalla nostra incapacità a porre le fondamentali esigenze umane al di sopra di quelle industriali ed economiche. Sopraffatti dai miracolosi poteri della macchina, i desideri umani hanno naturalmente interferito col ciclo biologico della socialità umana, che è la salute stessa della comunità. Ai più bassi livelli sociali, l'essere umano è stato degradato, perché è stato usato come un utensile produttivo.
È questa la causa reale della lotta tra capitale e lavoro e del deteriorarsi delle relazioni comunitarie. Dobbiamo oggi fronteggiare il difficile compito di riequilibrare la vita della comunità e di rendere umano l'impulso della macchina. Comincia ad essere chiaro ai nostri occhi che le componenti sociali hanno un peso maggiore di tutti i relativi problemi tecnici, economici ed estetici. La chiave per ricostruire con successo il nostro ambiente – che è il grande compito dell'architetto – sarà la nostra determinazione a fare dell'elemento umano il fattore predominante. Tuttavia, malgrado lo sforzo di alcuni pochi tra noi, è evidente che non abbiamo ancora trovato il vincolo spirituale che ci unisca nello sforzo concertato di stabilire un denominatore culturale stabile almeno quanto basti a sopire i nostri timori e ad assurgere a un livello espressivo comune. Gli artisti tra noi devono essere ormai impazienti di giungere a questa sintesi, che renderebbe unitario quanto ancor oggi è infelicemente disintegrato e sconnesso.
Non può negarsi che l'arte e l'architettura erano divenute fini a se stesse, sul puro piano estetico, perché avevano perduto il contatto con la comunità e col popolo durante la rivoluzione industriale. Gli ornamenti esterni di un edificio erano disegnati principalmente per emulare e superare quelli dell'edificio vicino, anziché per evolversi come tipo ed essere continuativamente ed unitariamente usati entro un'organica struttura comunitaria. Il rilievo dato alla diversità anziché alla ricerca di un denominatore comune, ha caratterizzato l'ultima generazione di architetti, che paventavano l'influenza antiumana della macchina.

La teoria dell'architettura moderna riconosce la priorità delle esigenze sociali e umane e accetta la macchina come il moderno vincolo formale per soddisfare appunto queste esigenze.
Se ci guardiamo indietro scopriamo nel passato un fatto curioso: veniva realizzata una combinazione di ambedue gli elementi, un denominatore comune di espressione formale e di verità individuale. Il desiderio di produrre una forma tipica soddisfacente sembra essere una funzione della società, e ciò è stato vero assai prima dell'impulso dato dall'industrializzazione.
Il termine "standard" in quanto tale non ha nulla a che vedere con i mezzi di produzione – l'utensile manuale o la macchina. Le nostre future case non saranno necessariamente uguali, irreggimentate, a causa della standardizzazione e della prefabbricazione: la naturale concorrenza sul libero mercato s'incaricherà di assicurare la varietà differenziata delle parti componenti gli edifici, allo stesso modo in cui oggi rinveniamo sul mercato una ricca varietà di tipi di oggetti fatti a macchina, di uso quotidiano. Gli uomini non hanno esitato ad accettare forme standard, forme "tipo", largamente riprodotte, nei periodi anteriori alla civiltà industriale. Queste forme unitarie derivavano dai loro mezzi di produzione e dalla loro maniera di vivere. Rappresentavano una combinazione dei migliori contributi che molti individui avevano portato alla soluzione di un problema. Le forme architettoniche tipo del passato esprimono un felice connubio di tecnica e di fantasia, anzi una completa fusione di ambedue. Dovrebbe essere resuscitato quello spirito – ma niente affatto le sue determinate forme espressive – col nostro nuovo mezzo di produzione, la macchina.

21) Il carattere caotico del nostro ambiente deriva:

A. da un'infausta contingenza economica e industriale
B. da un malinteso senso della monumentalità
C. dalla prevalenza di istanze economiche e industriali su quelle umane
D. dalla lotta fra capitale e lavoro
E. dal contrasto fra l'ambiente ed il ciclo biologico della socialità umana

22) Il difetto dell'architettura consiste:

A. nell'arretratezza tecnologica
B. nella passiva imitazione degli ornamenti del passato
C. nell'eccessiva standardizzazione
D. nella ricerca della diversità ad ogni costo
E. nella mancanza di funzionalità

23) Per combattere il degrado dell'ambiente occorre:

A. accettare la macchina come vincolo formale
B. condividere un riferimento culturale comune
C. riaffermare l'autonomia degli artisti
D. lasciare libertà ai singoli
E. migliorare una educazione puramente artistica

24) La standardizzazione:

A. ha caratterizzato l'ultima generazione di architetti
B. nasce dall'omologazione culturale
C. rappresenta un ritorno al passato
D. sottende fedeltà alla tradizione artigianale
E. non esclude soluzioni differenziate

25) La ricerca di forme tipiche:

A. deriva dal processo di accettazione sociale

B. è la soluzione del problema
C. esprime una costante esigenza della società
D. è caratteristica solo dell'età moderna
E. dimostra la prevalenza della fantasia

L'unità politica e culturale

Tra questa varia opera pratica e culturale, e dei singoli non meno dello stato, si veniva svolgendo un processo di somma importanza, sebbene non avvertito, la formazione di una comune vita italiana, cioè il superamento delle vite regionali, chiuse ciascuna nel suo circolo e, tra loro, se non ostili, estranee e indifferenti.

Si suol dire che l'Italia già esisteva prima che pervenisse a unità statale; e, certo, esistevano una lingua e letteratura italiana, talune comuni sebbene remote e in parte immaginarie origini storiche, e, assai recenti, alcune aspirazioni politiche simili o analoghe, che cercavano di appoggiarsi le une alle altre e prender forza dall'unione. Ma una vita sociale e culturale comune non è veramente effettiva senza la base dell'unità statale, con comuni interessi politici, comuni fortune e sfortune, con la collaborazione delle varie parti agli stessi fini; la quale unità statale non ha interesse ad ostacolare, ma anzi a promuovere la comunione in tutto il rimanente.

Non è meraviglia che il processo unitario italiano facesse udire, al suo principio, qualche stridore di contrasti; e meraviglioso è piuttosto che quello stridore fosse così lieve e così presto svanisse, contro le attese e le speranze, all'interno, di coloro che avevano di mal grado subito l'unità e tenevano impossibile che i piemontesi e napoletani e toscani e siciliani se ne sarebbero stati in pace e in accordo, e di parecchi stranieri, che, innamorati della pittoresca varietà delle popolazioni italiane, e inferendo da essa radicali e insuperabili differenze, facevano non diverso prognostico. Quegli stessi piccoli contrasti vennero segnatamente da uomini che, per aver trascorso una parte dei loro anni migliori nei vecchi stati italiani, erano ricordevoli del passato, delicati nell'amor proprio regionale, corrivi a veder dappertutto offese di legittimi interessi e di cari e rispettabili sentimenti, e a giudicare superflui e dannosi, e fatti per cervellotica smania di uniformità, i mutamenti di leggi e di istituti; ma si dileguarono con quegli uomini o col rasserenarsi dei loro animi.

Pure, anche quando il malessere economico del Mezzogiorno proruppe, non prese forma di rivolta o protesta regionale, ma di disfavore a un partito governante e di favore a un altro, che prometteva miglior governo e grandi benefici a tutti gli italiani; e le cattive condizioni di quelle provincie furono svelate e proposte alla discussione prima da italiani di altre parti d'Italia che da quelli del Mezzogiorno, e questi stessi trovarono ascolto e consenso più nella grande vita italiana che nelle loro particolari regioni.

Il vero è che gli uffici esercitati dalle medesime persone nelle più varie parti d'Italia, gli agevoli e frequenti viaggi, l'amministrazione, il parlamento, la capitale, il commercio e i viaggiatori di commercio, i giornali, la letteratura rendevano di giorno in giorno più familiari gli affetti, le costumanze, la psicologia, le favelle di tutte le parti d'Italia a tutte le parti; e il servizio militare, come si è detto, non regionale, produceva simili effetti tra i popolani e i contadini. Riprese a fiorire la letteratura dialettale d'arte, che è, per l'appunto, un moto centripeto e non, come talvolta stortamente fu interpretato, centrifugo; e le commedie piemontesi del Bersezio, e quelle veneziane del Gallina e del Selvatico, e quelle milanesi del Ferravilla, e altre di altri dialetti, fecero ridere o lagrimare tutti i pubblici d'Italia, e le canzoni del Di Giacomo e degli altri canzonettisti napoletani furono cantate dappertutto, e i versi romaneschi del Belli e del Passarella dappertutto ripetuti e citati come motti e proverbi. La quale più stretta conoscenza reciproca non diminuì ma accrebbe le virtù e le attitudini di ciascuno, e la Toscana fu maestra di temperanza e di garbo, la Lombardia di operosità industriale e commerciale, l'Italia meridionale di un modo più robusto e filosofico d'intendere i problemi della teoria e della pratica, e via discorrendo.

Non si disciolsero gli antichi centri di cultura, perché la capitale politica non era in grado di attirare a sé la vita spirituale della nazione, né tutta né nella sua maggiore e miglior parte: Milano (per la quale sorse allora la denominazione di "capitale morale" d'Italia), Torino, Bologna, Firenze, Napoli e le altre grandi città mantennero un loro proprio ufficio variamente specificato, che è di gran vantaggio per la più ricca vita culturale della nazione e che la troppo accentrata Francia soffre di non possedere; ma il loro chiuso carattere regionale venne grandemente scemando. Chi nacque ancora in tempo da vedere quelle città tra il vecchio e il nuovo, e conobbe quella generazione che era stata già suddita del re di Sardegna, del reale imperiale governo, del granduca di Toscana, del Papa e dei Borboni delle Due Sicilie, e godé gli ultimi strascichi di certe costumanze popolari, e ammirò la magnificenza dei palagi signorili e lo sfoggio dei cavalli e dei cocchi, e ricevette le parole dei vecchi dotti e letterati e magistrati e militari, i loro giudizi e i loro racconti, che recavano ancora le aure dei tempi napoleonici e delle restaurazioni e del ventuno, e perfino talvolta le più lontane e quasi leggendarie del '99, sente la dolcezza e insieme la malinconia del ricordo, ma prova nient'altro che quello che sempre si prova allo spettacolo dei tramonti, e, fuori di questa nostalgia del sentimento, deve giudicare che al passato che tramontava succedeva un presente più civile, più intelligente, più serio, e che al perduto fascino della vecchia Torino e della vecchia Napoli era buon compenso il largo respiro della vita italiana. Più attuali, e assai dolci, erano le conoscenze che si legavano con uomini di tutte le parti d'Italia, e nelle argute conversazioni il reciproco comunicarsi di notizie, e di quel che faceva il Carducci a Bologna, il Boito e il Giacosa a Milano, e il De Sanctis e il Morelli a Napoli, e il Verga in Sicilia, e simili, e di quel che si preparava dagli uni e dagli altri, e i disegni di opere comuni.

26) L'unità politica:

A. ebbe solo un carattere dinastico-militare
B. rispecchiò gli interessi delle classi meno abbienti
C. fu preceduta da manifestazioni di unità sul piano culturale
D. trovò la società impreparata
E. ebbe il suo centro nel Regno delle due Sicilie

27) Il centralismo:

A. fu analogo a quello francese
B. non fu sostenuto dai ceti borghesi
C. non eliminò le funzioni dei centri regionali
D. inasprì la pressione fiscale
E. fece sparire le culture locali

28) Le difficoltà di ordine economico sofferte dal Mezzogiorno italiano:

A. furono l'effetto di speculazioni finanziarie

B. produssero una reazione diretta contro un certo fronte politico
C. generarono reazioni violente fra la popolazione
D. penalizzarono soprattutto il proletariato industriale
E. si esaurirono rapidamente

29) Il processo di unificazione:

A. fu accompagnato da sentimenti nostalgici
B. non ebbe risvolti di carattere religioso
C. si giovò di un compatto appoggio internazionale
D. fu contrastato da un'ampia base sociale
E. nacque da interessi particolari

30) Termine che in origine indicava il codice di pergamena su cui, raschiata la prima scrittura, si vergava un nuovo testo (dal greco [...] "raschiato di nuovo"). [...] Nel linguaggio televisivo è utilizzato per definire il prospetto o quadro d'insieme delle trasmissioni programmate da una rete per un dato periodo [...], con titoli dei programmi, caratteristiche tecniche, durata, orari di messa in onda. Lo schema della programmazione può essere continuamente rielaborato in rapporto agli obiettivi della rete (proprio come le antiche pergamene venivano continuamente corrette, raschiate e riutilizzate).

A. Grasso, *Storia della televisione. Vol. II: dizionario dei personaggi: glossario dei termini tecnici e gergali*, Garzanti, 1998, pp. 414-415

La definizione si riferisce ad UNA delle voci sotto elencate:

A. palinsesto
B. copione
C. vademecum
D. diorama
E. organigramma

Conoscenze e competenze acquisite negli studi

31) Individuare l'alternativa che completa la frase nel modo più corretto nel contesto dato: "Annalisa ha iniziato a lavorare come ______ in un istituto bancario".

A. sportantina
B. sportellente
C. sportellista
D. sportelliera
E. sportelleria

32) Qual è il significato di *sindacare*?

A. Criticare
B. Fare proselitismo
C. Difendere
D. Perorare
E. Eleggere

33) Strasburgo, Bruxelles e Lussemburgo sono:

A. le sedi delle tre agenzie dell'ONU
B. le tre capitali dell'Unione Europea più ricche
C. le tre sedi del Consiglio d'Europa
D. le tre sedi di lavoro del Parlamento europeo
E. le sedi itineranti del Consiglio di sicurezza dell'ONU

34) Nell'ordinamento costituzionale italiano costituisce espressione della democrazia diretta:

A. il decreto legislativo
B. il regolamento della Camera dei deputati
C. il referendum abrogativo
D. il decreto legge

E. il regolamento del Senato della Repubblica

35) Individuare, tra le alternative proposte, quella che completa correttamente la frase. "Per ______ si intende qualsiasi opinione precostituita, generalizzata e semplicistica, non basata sull'esperienza diretta, che prescindendo dalla valutazione dei singoli casi attribuisce indistintamente determinate caratteristiche a un'intera categoria di persone".

A. stereotipo
B. credenza
C. transfert
D. condizionamento
E. somatizzazione

36) Qual è l'esatta sequenza cronologica tra gli eventi sottoriportati?
a) Promulgazione della Costituzione italiana
b) Nascita della Repubblica Italiana
c) Designazione di Roma come capitale
d) Marcia su Roma
e) Fine della seconda guerra mondiale

A. a-b-c-e-d
B. c-d-e-a-b
C. c-e-d-b-a
D. d-c-e-b-a
E. c-d-e-b-a

37) "La giovane rispose in maniera brusca, quasi a voler dissimulare il sentimento che la pervadeva". Qual è il significato della parola "dissimulare" nella frase proposta?

A. Dissentire
B. Ostentare
C. Nascondere
D. Manifestare
E. Dissestare

38) Come si definisce la pianta in cui il braccio longitudinale è più lungo di quello trasversale?

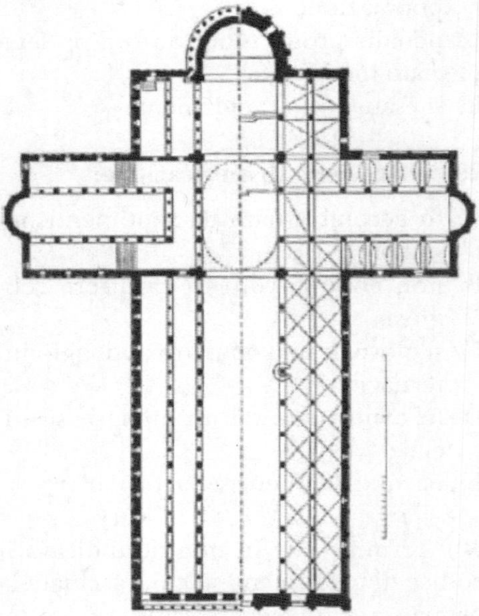

A. A croce latina
B. A croce greca
C. A croce commissa
D. A croce di S. Andrea
E. A croce di Lorena

39) A quale opera appartiene il seguente incipit? "1. Noi vogliamo cantare l'amor del pericolo, l'abitudine all'energia e alla temerità. 2. Il coraggio, l'audacia, la ribellione, saranno elementi essenziali della nostra poesia. 3. La letteratura esaltò fino ad oggi l'immobilità pensosa, l'estasi e il sonno. Noi vogliamo esaltare il movimento aggressivo, l'insonnia febbrile, il passo di corsa, il salto mortale, lo schiaffo ed il pugno."

A. "Le vergini delle rocce" di Gabriele D'Annunzio
B. A "Sei personaggi in cerca d'autore" di Luigi Pirandello
C. "Myricae" di Giovanni Pascoli

D. Al “Manifesto del Futurismo” di Filippo Tommaso Marinetti
E. “Senilità” di Italo Svevo

40) Tra le caratteristiche di alcuni dei più celebri protagonisti della letteratura e della cinematografia poliziesca UNA NON CORRISPONDE alla “verità romanzesca” del personaggio:

A. Montalbano ha una fidanzata di nome Angelica
B. Miss Marple lavora a maglia
C. Sherlock Holmes suona il violino
D. Poirot ha la testa a uovo e i baffi
E. Maigret fuma la pipa

Ragionamento logico

41) Se Giovanna ama i quadri di Kandinskij; Kandinskij è un pittore astrattista; a chi ama Kandinskij non piacciono tutti i quadri di Picasso, quale delle seguenti affermazioni è sicuramente VERA?

A. Giovanna va a vedere tutte le mostre di pittura che si tengono nella sua città
B. Giovanna apprezza solo alcune opere di Picasso
C. Tutti coloro che amano Kandinskij amano anche Picasso
D. Chi ama Picasso non va a vedere mostre di quadri di Kandinskij
E. Giovanna ama tutti i pittori astrattisti

42) “Tutti i francesi sono romantici”. “Jean è francese”. In base alle precedenti informazioni, quale delle seguenti affermazioni è certamente VERA?

A. I francesi hanno molte relazioni sentimentali
B. Jean ha successo con le donne
C. Jean ha avuto molte donne nella sua vita
D. Jean è romantico
E. Jean non è romantico

43) Aldo è titolare di una azienda casearia, e in un dato giorno può produrre formaggio se e solo se ha a disposizione sia latte che caglio. Determinare quale delle seguenti deduzioni è corretta.

A. Aldo oggi non può produrre formaggio, quindi non possiede caglio
B. Aldo oggi possiede caglio, quindi può produrre formaggio
C. Aldo oggi possiede latte ma non può produrre formaggio, quindi non ha caglio
D. Aldo oggi non può produrre formaggio, quindi non possiede latte
E. Aldo oggi non può produrre formaggio, quindi non possiede né latte né caglio

44) *Tempo* sta a *cronometro* come *pressione* sta a:

A. altimetro
B. termometro
C. barometro
D. igrometro
E. anemometro

45) “L’autobus partirà se e solo se i posti saranno tutti occupati”. In base alla precedente affermazione, quale delle seguenti non è necessariamente vera?

A. L’autobus non partirà se i posti non saranno tutti occupati
B. Anche se i posti saranno tutti occupati, l’autobus potrà non partire
C. Se i posti saranno tutti occupati, l’autobus potrà partire
D. Nessuna delle risposte è vera
E. È sufficiente che i posti siano tutti occupati perché l’autobus parta

46) Lorenzo discute con Matteo. Quest’ultimo sostiene che, se i marziani esistessero, nessuna persona potrebbe vederli. Lorenzo invece crede il con-

trario. In quale caso Lorenzo avrebbe certamente torto?

A. I marziani esistono, ma non possono essere visti da alcuna persona
B. I marziani non esistono
C. I marziani esistono e almeno una persona può vederli
D. I marziani esistono e qualcuno potrebbe non vederli
E. I marziani esistono e, se arrivano sulla Terra, tutti possono vederli

47) In una gara di corsa a ostacoli hanno partecipato: Antonio, Bruno, Carlo, Davide, Franco, Gianni e Ivan. Tutti sono arrivati al traguardo ma non in questo ordine. Si sa che: Bruno è arrivato prima di Antonio e dopo di Franco; Davide dopo Carlo ma prima di Ivan; Gianni prima di Franco ma dopo Ivan. Chi è arrivato per ultimo?

A. Antonio
B. Bruno
C. Davide
D. Carlo
E. Ivan

48) In un giardino botanico vi sono complessivamente 84 piante tra cactacee, euforbiacee e lauracee, 14 in ogni settore, 6 di ogni settore sono lauracee. Quante sono complessivamente le cactacee e le euforbiacee?

A. 8
B. 48
C. 11
D. 599
E. 16

49) "Andrea è laureato. I ricchi vivono in case di loro proprietà. Tutti i laureati sono persone responsabili". Se le precedenti informazioni sono corrette, quale delle seguenti informazioni addizionali non consentirebbe di concludere che Andrea vive in una casa di sua proprietà?

A. Andrea è una persona responsabile
B. Andrea è ricco
C. Tutti i laureati sono ricchi
D. Le persone responsabili vivono in case di loro proprietà
E. Tutte le persone responsabili sono ricche

50) "Tutti gli insegnanti sono competenti; Roberto è tenace; tutte le persone tenaci sono competenti". In base alle precedenti affermazioni, quale delle seguenti è necessariamente vera?

A. Roberto è competente
B. Non esistono insegnanti tenaci
C. Tutte le persone tenaci sono insegnanti
D. Roberto è un insegnante
E. Tutti gli insegnanti sono tenaci

RISPOSTE CORRETTE

1) C	11) A	21) C	31) C	41) B
2) D	12) D	22) D	32) A	42) D
3) E	13) B	23) B	33) D	43) C
4) E	14) E	24) E	34) C	44) C
5) C	15) D	25) C	35) A	45) B
6) C	16) D	26) C	36) E	46) A
7) D	17) D	27) C	37) C	47) A
8) E	18) D	28) B	38) A	48) B
9) E	19) A	29) A	39) D	49) A
10) C	20) C	30) A	40) A	50) A

TEST 5

Comprensione del testo e conoscenza della lingua italiana

La realtà fisica dell'odore

(Fonte, Jim Al-Khalili e Johnjoe McFadden, *La fisica della vita*, Bollati-Boringhieri, 2015)

Al contrario dei sensi della vista e dell'udito, che catturano informazioni indirettamente attraverso onde elettromagnetiche o sonore, l'olfatto e il gusto ricevono informazioni direttamente dal contatto con l'oggetto rilevato (una molecola), portandoci messaggi da una realtà materiale.

Entrambi sembrano funzionare tramite principi molto simili. Le molecole che rilevano sono disciolte nella saliva o galleggiano nell'aria e sono raccolte da recettori che si trovano sulla lingua (nel caso del gusto) o nell'epitelio olfattivo all'interno delle narici (nel caso dell'olfatto). La volatilità implica che gran parte delle molecole odorose siano molto piccole e leggere.

Il naso non ha un ruolo diretto nell'odorare, eccetto quello di incanalare l'aria verso l'epitelio olfattivo, che è più arretrato. Questo tessuto è piuttosto piccolo, misura solo tre centimetri quadrati (più o meno come un francobollo) negli umani, ed è rivestito di ghiandole che secernono muco e anche di milioni di neuroni olfattivi, un tipo di cellule nervose che stanno all'olfatto come i coni e i bastoncelli sulla retina stanno al senso della vista. La parte frontale del neurone olfattivo è fatta un po' come una scopa, con una testa a forma di spazzola in cui la membrana cellulare si ripiega a formare moltissime ciglia, sottili come capelli. Questa spazzola con le sue ciglia spunta fuori dallo strato cellulare, dove può catturare le molecole odorose che passano. La parte posteriore della cellula è come il manico della scopa; si tratta dell'assone, il nervo che attraversa un piccolo osso sul retro della cavità nasale ed entra nel cervello, dove si collega con una regione chiamata bulbo olfattivo.

L'anatomia dell'olfatto

Forse sarebbe opportuno leggere il resto di questo capitolo tenendo un'arancia a portata di mano, magari tagliata a pezzi, così che l'aroma pungente possa entrare nel naso e raggiungere l'epitelio nasale. Magari si può anche mettere uno spicchio in bocca, così che le sostanze odorose volatili passino dalla parte posteriore del naso e raggiungano il medesimo tessuto. Come tutti gli odori naturali, il profumo dell'arancia è molto complesso, costituito da centinaia di composti volatili, ma uno dei più fragranti si chiama «limonene», del quale ora seguiremo il percorso, da molecola a fragranza.

Il limonene, come dice il nome, si trova in abbondanza negli agrumi, come le arance e i limoni, ed è il principale responsabile del loro aroma e del sapore pungente. Appartiene a una classe di composti noti con il nome di terpeni, che sono i costituenti profumati degli oli essenziali di molte piante e fiori, quelli che generano il buon profumo del pino, della rosa, dell'uva e del luppolo.

Quindi, volendo, si può sostituire l'arancia con un bicchiere di vino o di birra, se preferite. Questo composto chimico è prodotto in molte zone della pianta, incluse le foglie, ma è più abbondante nella buccia del frutto, dalla quale è più facile ottenere il limonene puro.

Il limonene è un liquido volatile, che evapora lentamente a temperatura ambiente, facendo sì che l'arancia rilasci milioni di molecole di questa molecola nell'aria circostante. Gran parte di queste molecole voleranno nella stanza, e poi fuori dalla finestra o dalla porta; qualcuna arriverà vicino al vostro naso. Al primo respiro, un notevole volume di aria zeppa di sostanze odorose sarà risucchiato attraverso le narici verso l'epitelio nasale, che è rivestito da circa dieci milioni di neuroni olfattivi.

Quando le molecole di limonene si diffondono vicino all'epitelio olfattivo, restano intrappolate dai neuroni olfattivi. La cattura di una singola molecola di limonene è sufficiente a scatenare l'apertura di un minuscolo canale nella membrana cellulare del neurone, che permette un flusso di ioni positivi di calcio dall'esterno all'interno della cellula. Quando circa 35 molecole di limonene sono catturate, il flusso di ioni all'interno della cellula diventa una minuscola corrente elettrica, di circa un picoampere in tutto. Questo livello di corrente agisce come un interruttore e fa partire un segnale elettrico, chiamato «potenziale d'azione» lungo il manico della scopa, l'assone della cellula. Il segnale viaggia fino al bulbo olfattivo del cervello, e dopo l'elaborazione da parte dei neuroni, noi finalmente percepiamo il «messaggio dalla realtà materiale» sotto forma del pungente aroma degli agrumi. L'evento chiave in questo processo è naturalmente la cattura delle molecole odorose da parte dei neuroni olfattivi. Come funziona? In analogia con la vista e con la sensibilità alla luce dei coni e dei bastoncelli nella retina (anch'essi un tipo di neuroni), ci si aspetterebbe che il senso dell'olfatto sia conferito da qualche tipo di recettore olfattivo posizionato sulla superficie del tessuto. Eppure, ancora negli anni settanta, l'identità e la natura dei recettori olfattivi era completamente sconosciuta.

1) Secondo gli autori del testo, relativamente al meccanismo di percezione dell'odore:

A. alla fine degli anni settanta, c'erano molti aspetti importanti non ancora chiariti
B. alla fine degli anni settanta, la sua comprensione era paragonabile a quella sulla decodifica dei colori da parte dell'apparato visivo
C. si è giunti alla sua completa comprensione
D. la comunità scientifica ha deciso di abbandonare le ricerche
E. alla fine degli anni settanta, la sua comprensione da parte degli scienziati era allo stesso livello di quella attuale

2) A che cosa può essere paragonato il neurone olfattivo?

A. Alle ciglia degli occhi
B. Al bulbo di una lampada
C. Ad una scopa in cui la parte anteriore del neurone costituisce una testa a forma di spazzola e l'assone è il manico
D. Ad una spazzola per capelli
E. Ad un cono gelato

3) A che classe di composti organici appartiene il limonene?

A. Chetoni
B. Terpeni
C. Alcoli

D. Acidi carbossilici
E. Aldeidi

4) Perché gli autori propongono di sostituire un bicchiere di birra all'arancia durante la lettura del testo?

A. Perché la birra e l'arancia hanno lo stesso odore
B. Perché la birra ha un odore più forte dell'arancia
C. Perché gli autori pensano che i lettori siano in genere dei bevitori di birra
D. Perché l'aroma della birra e dell'arancia condividono alcune sostanze odorose
E. Perché vi sono meno rischi di sporcare le pagine leggendo

5) Da che cosa è costituito il profumo dell'arancia?

A. Il profumo dell'arancia è costituito da pochi composti
B. Nessuno ha mai analizzato i componenti del profumo dell'arancia
C. Il profumo dell'arancia è costituito da centinaia di composti volatili, tra cui il limonene
D. Il profumo dell'arancia è costituito da composti non volatili
E. Il profumo dell'arancia è costituito dall'olio essenziale di bergamotto

I cambiamenti climatici: alcuni effetti sugli ecosistemi

(Fonte, D. Rubolini: *Effetti ecologici dei cambiamenti climatici*, Treccani online)

Negli ultimi due secoli, le attività antropiche hanno provocato un notevole aumento delle concentrazioni atmosferiche di gas serra, tra cui l'anidride carbonica, in grado di modificare la temperatura terrestre. Ai ritmi attuali, la crescita media delle temperature superficiali globali potrebbe essere di 0,2 °C per decennio, con una previsione di aumento compresa tra 1,8 °C e 4 °C per la fine del XXI secolo.

Per l'emisfero boreale, sono già documentate alterazioni nella distribuzione spaziale delle specie in risposta al riscaldamento globale. Un aumento delle temperature medie può consentire a molte specie con distribuzione geografica limitata dalle basse temperature, di espandere il margine settentrionale dell'areale verso nord. Analogamente, in specie con distribuzione altitudinale limitata dalle basse temperature, uno scenario di riscaldamento globale può consentire un'espansione degli areali verso quote più elevate. Viceversa, ci si attende che specie tipiche di alte latitudini o montane mostrino una contrazione del margine meridionale dell'areale, oppure un innalzamento del margine inferiore della distribuzione altitudinale. In entrambi i casi, questi fenomeni possono comportare una contrazione complessiva dell'areale, una contrazione numerica e un maggiore grado di frammentazione delle popolazioni, con un conseguente aumento del rischio di estinzione locale o globale.

Numerosi studi evidenziano modificazioni di areale delle specie in relazione ai cambiamenti climatici. Lo studio della distribuzione geografica degli uccelli nidificanti nei periodi 1968-1972 e 1988-1991 evidenzia che 59 specie di uccelli nidificanti a distribuzione prevalentemente meridionale avevano espanso verso nord il margine settentrionale dell'areale di 18,9 km in media. Per specie di clima caldo, pertanto, questi andamenti costituiscono un ampliamento netto di areale. Gran parte degli studi relativi alle variazioni latitudinali di areale documentano espansioni verso nord dei margini settentrionali degli areali, ma non contrazioni dei margini meridionali.

Tra le specie circumpolari, si sono osservate marcate riduzioni delle popolazioni più settentrionali del pinguino di Adelia *Pygoscelis adeliae* e del pinguino imperatore *Aptenodytes forsteri* in Antartide. Il pinguino imperatore, in particolare, ha subito un drastico calo della popolazione (50%) nidificante a Terra Adelia nel periodo compreso tra il 1952 e il 2000. Questo calo è avvenuto in un periodo prolungato di elevate temperature, che ha determinato una netta riduzione della copertura glaciale e della disponibilità di *krill* e di molluschi predatori del *krill*, che costituiscono la principale fonte alimentare del pinguino imperatore. La riduzione della popolazione è stata attribuita a una minore sopravvivenza degli adulti a causa della scarsità di risorse alimentari. È interessante notare che, nello stesso periodo, il successo di schiusa delle uova è aumentato a causa della minore densità di adulti riproduttori, ma questo incremento del successo riproduttivo non è stato sufficiente a bilanciare gli effetti negativi dell'aumento di mortalità degli adulti.
Studi sulle variazioni altitudinali di areale di piante vascolari, condotti in zone montane, hanno mostrato un evidente innalzamento della distribuzione di molte specie verso quote più elevate, nel corso del XX secolo. In particolare, in stazioni di alta quota (2900–3500m s.l.m.) si è osservato un incremento nella ricchezza di specie pari a circa il 12% tra il 1994 e il 2004. Tuttavia, tutte le specie dell'orizzonte nivale o subnivale hanno mostrato un decremento significativo della percentuale di copertura.
I cambiamenti climatici e le conseguenti contrazioni di areale possono condurre a fenomeni di estinzione locale o globale e a una riduzione della diversità biologica complessiva, in particolare nelle aree circumpolari o montane. Un caso eclatante è rappresentato dalla scomparsa di oltre il 65% delle 110 specie di anfibi del genere *Atelopus* nelle foreste tropicali montane dell'America Centrale e Meridionale, registrata negli ultimi 20-30 anni del secolo scorso. La rapida scomparsa di queste specie è stata attribuita all'aumento delle epidemie di chitridiomicosi, provocate dal fungo patogeno *Batrachochytrium dendrobatidis,* nelle regioni di alta quota. Si è osservato infatti un innalzamento delle temperature notturne e della copertura nuvolosa, entrambe condizioni favorevoli allo sviluppo del fungo, nella fascia altitudinale compresa tra 1000 e 2400m s.l.m., fascia maggiormente interessata dalle estinzioni.

6) Nella seconda metà del secolo scorso, la popolazione del pinguino imperatore nidificante nella Terra Adelia ha subito un drastico calo della densità, dovuto a:

A. aumento della mortalità degli adulti e concomitante riduzione della fecondità
B. incremento della competizione con altre specie di pinguini
C. estensione dell'areale dei predatori in risposta ai cambiamenti climatici
D. riduzione della fecondità causata dall'incremento della temperatura
E. riduzione delle risorse trofiche a causa dei cambiamenti climatici

7) Quale di queste considerazioni emerge dal testo presentato?

A. I cambiamenti climatici influenzano prevalentemente le specie che vivono nell'emisfero australe, che spostano i loro areali verso sud
B. In risposta alle variazioni di temperatura, l'areale delle specie tende sempre ad espandersi
C. Nell'emisfero boreale, l'incremento di temperatura può provocare l'e-

spansione verso nord di alcune specie senza modificare significativamente i margini meridionali dell'areale

D. Le specie rispondono ai cambiamenti climatici in maniera molto variabile e ci sono molte specie che non modificano il proprio areale in relazione alla temperatura

E. La competizione interspecifica impedisce spesso alle specie di estendere il proprio areale, nonostante le variazioni di temperatura

8) Qual è l'effetto dell'incremento di temperatura sugli areali delle piante vascolari delle aree montane?

A. Riduzione significativa dell'areale in tutte le stazioni

B. Espansione della distribuzione delle specie tipiche dell'orizzonte nivale

C. Completa sostituzione delle specie di alta quota con quelle tipiche dei livelli inferiori

D. Incremento nel numero totale di specie nelle stazioni di alta quota

E. Conservazione dell'areale di tutte le specie

9) Per quale motivo il 65% delle specie di anfibi del genere Atelopus sono scomparse nelle foreste tropicali montane dell'America Centrale e Meridionale negli ultimi decenni del '900?

A. Per l'aumento dei predatori degli anfibi alle temperature più alte

B. Per l'incapacità degli anfibi di sopravvivere all'innalzamento della temperatura notturna

C. Per la contrazione dell'habitat derivato dall'incremento delle temperature medie

D. Per il proliferare di funghi patogeni in seguito alle variazioni climatiche

E. Per le ripetute epidemie batteriche che hanno colpito gli anfibi

10) Perché, nella seconda metà del secolo scorso, il successo riproduttivo del pinguino imperatore nidificante nella Terra Adelia è aumentato contestualmente all'incremento della temperatura ambientale?

A. Per lo scioglimento dei ghiacci e una maggiore disponibilità di cibo

B. Per un aumento nel numero delle uova deposte

C. Per la minore densità degli adulti riproduttori

D. Per il drastico calo dei predatori naturali

E. Per la minore densità di competitori per le risorse trofiche

Lo spazio, protagonista dell'architettura

Il carattere per cui l'architettura si distingue dalle altre attività artistiche sta nel suo agire con un vocabolario tridimensionale che include l'uomo.

La pittura agisce su due dimensioni, anche se può suggerirne tre o quattro. La scultura agisce su tre dimensioni, ma l'uomo ne resta all'esterno, separato, guarda dal di fuori le tre dimensioni. L'architettura invece è come una grande scultura scavata nel cui interno l'uomo penetra e cammina.

La scoperta della prospettiva, cioè della rappresentazione grafica delle tre dimensioni – altezza, profondità e larghezza – poteva far credere agli artisti del XV secolo di possedere finalmente le dimensioni dell'architettura e il metodo di rappresentarle. Tuttavia, nell'ultimo decennio del XIX secolo, la mente dell'uomo scoprì che, oltre le tre dimensioni prospettiche, ne esisteva una quarta. E fu la rivoluzione dimensionale cubista. Un pittore nel 1912 fece questo ragionamento: io vedo e rappresento un oggetto, per esempio una scatola o un

tavolo, lo vedo da un punto di vista. Ma se giro tra le mani la scatola, o vado attorno al tavolo, ad ogni passo cambio il mio punto di vista e per rappresentare l'oggetto da quel punto devo fare una nuova prospettiva. La realtà dell'oggetto dunque non si esaurisce nelle tre dimensioni prospettiche; per possederla integralmente, dovrei fare un numero infinito di prospettive dagli infiniti punti di vista. C'è dunque un altro elemento oltre alle tre dimensioni tradizionali, ed è appunto lo spostamento successivo dell'angolo visuale. Fu così battezzato il tempo, "quarta dimensione".
La quarta dimensione sembrò rispondere esaurientemente al quesito delle dimensioni dell'architettura. Ogni opera di architettura, per essere compresa e vissuta, richiede il tempo del nostro cammino, la quarta dimensione.
Senonché una dimensione che è comune a tutte le arti non può essere evidentemente caratteristica di nessuna, e perciò lo spazio architettonico non si esaurisce nelle quattro dimensioni. Questo nuovo fattore "tempo" ha poi due significati antitetici in architettura e in pittura. In pittura, la quarta dimensione è una qualità rappresentativa di un oggetto, è un elemento della realtà dell'oggetto che un pittore può scegliere di proiettare sul piano, e che non richiede nessuna partecipazione fisica dell'osservatore. Nella scultura avviene la stessa cosa: il "moto" di una forma di Boccioni è una qualità propria della statua che contempliamo e che dobbiamo rivivere psicologicamente e visivamente. Ma in architettura il fenomeno è totalmente diverso e concreto: qui è l'uomo che muovendosi nell'edificio, studiandolo dai successivi punti di vista, crea, per così dire, la quarta dimensione, dona allo spazio la sua realtà integrale.
Per essere più precisi, la quarta dimensione è sufficiente a definire il volume architettonico, cioè la scatola muraria che racchiude lo spazio. Ma lo spazio in sé – l'essenza dell'architettura – trascende i limiti della quarta dimensione.
Allora quante dimensioni ha questo "vuoto" architettonico, lo spazio? Cinque, dieci. Infinite, forse. Ma, ai nostri fini, basta stabilire che lo spazio architettonico non è definibile nei termini delle dimensioni della pittura e della scultura. È un fenomeno che si concreta solo in architettura, e che di questa costituisce perciò il carattere specifico.

11) Dalle informazioni ricavabili nel brano, che cosa indusse gli artisti del XV secolo a credere di possedere le dimensioni dell'architettura?

A. La collaborazione tra architetti e pittori
B. La scoperta della prospettiva
C. La scoperta della quarta dimensione
D. La nascita di nuovi stili architettonici
E. Il rinnovato interesse per l'arte e la cultura umanistica proprio dell'epoca

12) Dalle informazioni ricavabili nel brano, la rivoluzione dimensionale cubista ha introdotto:

A. l'uso della prospettiva in pittura e in scultura
B. il ritratto di un oggetto nelle sue tre dimensioni (altezza, profondità e larghezza.
C. la rappresentazione di oggetti di uso quotidiano quali scatole e tavoli
D. un vocabolario tridimensionale che include l'uomo
E. il tempo, ovvero la "quarta dimensione"

13) Secondo l'autore del brano, la partecipazione fisica dell'osservatore è indispensabile:

A. nella scultura e nella pittura

B. solo nella scultura
C. solo nella pittura
D. solo nell'architettura
E. nella scultura e nell'architettura

14) Dalle informazioni ricavabili nel brano, in architettura la quarta dimensione è sufficiente a definire:

A. il volume architettonico che racchiude lo spazio
B. una qualità rappresentativa di un oggetto
C. il moto di una forma che dobbiamo rivivere psicologicamente e visivamente
D. una tecnica che consente la rappresentazione prospettica
E. la realtà totale di un oggetto

15) Secondo l'autore del brano, qual è l'essenza dell'architettura?

A. Il tempo
B. La coesistenza delle quattro dimensioni
C. La quarta dimensione
D. Il punto di vista prospettico
E. Lo spazio

Una città antica

La concezione urbanistica romana deriva da quella greco-ellenistica ippodamèa. Le strade, per lo più rettilinee, si dispongono a scacchiera, parallelamente ai due assi viari principali: il cardo maximus a Nord e il decumanus maximus da Est a Ovest, l'uno e l'altro in corrispondenza con le quattro porte di accesso alla città. Questa struttura non si trova a Roma, che è nata dall'unione di vari insediamenti sui colli e nelle valli contigue. Si trova invece (ed è spesso ancora riconoscibile) nelle città costruite dai romani o romanizzate e corrisponde a quella che essi davano agli accampamenti militari, molti dei quali si sono successivamente trasformati in centri abitati.

Alcune città moderne conservano nel nome attuale l'origine dall'accampamento romano, il castrum, non soltanto in Italia, ma anche fuori (Chester, in Inghilterra, per esempio).

Nel punto d'incontro fra cardo e decumanus si apriva, di solito, il foro, la piazza principale della città, centro politico, religioso, amministrativo, ove sorgevano i più importanti edifici pubblici. Di alcuni di questi parleremo durante l'esame dei singoli monumenti, mentre è interessante vedere adesso la forma della casa di abitazione.

Conosciamo bene in modo particolare il tipo delle case di Pompei ed Ercolano. Le due città, come è noto, scomparvero durante la terribile eruzione del Vesuvio nel 79 d.C., la prima sotto una coltre di cenere e di lapilli, la seconda sotto una grande colata di fango. Esse ci possono restituire perciò, più d'ogni altro nucleo abitato, che ha subíto, nel corso dei secoli, infinite trasformazioni, l'aspetto della città antica, sia nelle strutture generali, sia nei singoli edifici, dai più nobili, dai più belli, ai più umili.

Il tipo più semplice della casa pompeiana, con nessuna o poche finestre sulla strada, si articola intorno a una corte, l'atrio, al centro della quale si raccolgono, entro un bacino quadrangolare (impluvio), le acque piovane che scendono dall'apertura sovrastante (compluvio). Tutt'intorno è un porticato nel quale immettono le stanze dell'alloggio (cubicoli). In fondo all'atrio, di fronte all'ingresso principale, è il tablino, l'ambiente più sacro, il luogo di riunione della famiglia e di ricevimento degli ospiti. Di qui si passa all'hortus, il giardino circondato da colonne (peristilio). Accanto al tablino si trova generalmente la sala da pranzo, il triclinio, con tre letti accostati ai tre lati del tavolo.

(Da: P. Adorno, "*L'arte italiana*", Casa Editrice G. D'Anna)

16) Le città di Pompei e di Ercolano possono restituire più di tutte l'aspetto di una città antica perché:

A. la cenere e il fango hanno fatto sì che conservassero l'aspetto che avevano al momento dell'eruzione
B. le strutture generali sono rimaste quelle della città antica, mentre i singoli edifici hanno subito trasformazioni
C. nonostante le trasformazioni, avvenute nel corso dei secoli, hanno conservato sia strutture generali sia singoli edifici dell'età romana
D. l'eruzione del Vesuvio non ha colpito le strutture generali né gli edifici singoli
E. sono le uniche due città romane di cui ci sia giunta traccia

17) La struttura urbanistica tipicamente romana spesso si ritrova ancora oggi:

A. in tutti i centri storici
B. nella città di Roma
C. nei centri abitati romani trasformatisi in accampamenti
D. in tutte le città inglesi
E. nelle città costruite dai romani

18) Nella città romana il foro era collocato:

A. nel punto di intersezione dei colli
B. nel punto d'incontro degli assi viari paralleli
C. nel punto di intersezione tra il cardo e il decumanus
D. lontano dai più importanti edifici pubblici
E. vicino al centro politico e religioso

19) Nella casa romana, qual è il punto di raccolta delle acque piovane?

A. Il compluvio
B. L'atrio
C. L'impluvio
D. La corte
E. L'hortus

20) Quale delle seguenti affermazioni è coerente con il contenuto del brano?

A. La casa pompeiana di tipo semplice non aveva mai finestre sulla strada, ma solo sul cortile interno
B. Alcune città tuttora esistenti sono nate come accampamenti militari romani
C. La tipica città romana aveva solo due porte d'accesso: una in corrispondenza del cardo maximus e una in corrispondenza del decumanus maximus
D. La casa pompeiana, come la città romana, era fatta a scacchiera
E. La sala da pranzo della casa romana era di forma triangolare, per accogliere un tavolo a tre lati e tre letti

Farmaci per i più poveri

Il sistema dei brevetti sui farmaci e la corsa al profitto delle società farmaceutiche hanno spesso l'effetto di impedire ai più poveri l'accesso alle cure e di bloccare la ricerca su farmaci per le malattie diffuse nel terzo mondo, come la malaria. Oggi qualcosa sta però cambiando. La multinazionale GlaxoSmithKline ha annunciato che rinuncerà al brevetto sui suoi farmaci anti AIDS, compreso l'avanzato Abacavir, per lasciare che siano prodotti come farmaci generici e venduti a basso prezzo. Metterà inoltre in comune i risultati delle sue ricerche con la Pfizer (USA) per accelerare i tempi. L'istituto Cambia (Australia) ha messo a disposizione software e strumenti di ricerca per rendere i brevetti più accessibili. La multinazionale Novartis sta sviluppando con enti no-profit farmaci contro la diarrea che è il principale killer dei bambini in Africa.

(da: "Focus")

21) Quale dei seguenti NON è uno degli effetti benefici del nuovo atteggiamento delle case farmaceutiche?

A. La rinuncia alla ricerca del profitto
B. L'agevolazione allo sviluppo di farmaci
C. Alcuni farmaci potranno essere prodotti come farmaci generici
D. Alcuni farmaci potranno essere prodotti a basso prezzo
E. La condivisione dei risultati delle ricerche effettuate

22) Il nuovo atteggiamento delle case farmaceutiche:

A. consentirà anche ai più poveri di accedere alle cure più agevolmente
B. permetterà di aumentare il numero delle società no profit
C. ha determinato la scomparsa del sistema dei brevetti
D. ha reso più accessibili i farmaci contro la diarrea
E. ha reso possibile la distribuzione gratuita di farmaci anti AIDS

23) Dalla lettura del brano è possibile dedurre che:

A. condizione necessaria e sufficiente per consentire ai poveri l'accesso alle cure è eliminare il sistema dei brevetti sui farmaci
B. la Pfizer ha effettuato ricerche sui farmaci anti AIDS
C. senza software adatti non è possibile sviluppare farmaci avanzati
D. i profitti di GlaxoSmithKline e Novartis si sono oggi ridotti
E. solo le multinazionali detengono i brevetti su farmaci per malattie come la malaria

Maastricht

Maastricht ha un reticolo di strade acciottolate illuminate da vecchi lampioni, con le case affacciate direttamente sulla Mosa. Il centro è pieno di piccoli alberghi di lusso, gallerie d'arte, boutique e ristoranti eleganti. Le facoltà sono sparse all'interno di ville, chiese e conventi rimessi a nuovo. I potenziali studenti in visita con i genitori si riconoscono molto facilmente. I ragazzi portano i capelli stile boy band, mentre i padri borbottano dei costi contenuti delle rette.
Callum Bramley è venuto a Maastricht con la famiglia. Hanno tutti l'aria smarrita. L'idea di scegliere i Paesi Bassi è venuta al nonno del ragazzo, che ha visto un documentario in tv sull'università di Maastricht in cui si spiegava che i costi sono molto più bassi che in Gran Bretagna. "È una grande opportunità", commenta il padre di Callum. A Maastricht la retta annuale dell'università è di 1.700 euro. Il costo della vita è basso (250 euro al mese per un appartamento, quattro euro per una birra) e se uno studente accetta di lavorare per otto ore alla settimana, l'amministrazione locale olandese gli paga un sussidio di 265 euro al mese (in qualità di "residente non nativo economicamente produttivo"). Callum potrà laurearsi senza contrarre debiti. Sua madre Janet si augura che Maastricht gli dia un vantaggio. "Spero che Callum abbia spirito d iniziativa", dice, "e che impari un paio di lingue". Quando gli chiedo se pensa di mettersi a studiare l'olandese, Callum mi risponde con aria nervosa: "Forse".
Il presidente dell'università di Maastricht è Martin Paul, un imponente professore di farmacologia clinica. Gli chiedo perché uno studente straniero dovrebbe

scegliere Maastricht. “Istruzione, istruzione e ancora istruzione”, esclama. “Dal primo giorno insegniamo agli studenti a risolvere i problemi e ad affrontare più situazioni alla volta”. All’università di Maastricht si usa la didattica chiamata “apprendimento per problemi”: le lezioni consistono in una serie di domande a cui gli studenti devono rispondere lavorando in gruppo. È così che oggi lavora la maggior parte delle aziende.

(da: “Matricole in fuga”, Internazionale n. 954)

24) Quale tra le seguenti affermazioni NON è deducibile dal brano?

A. Maastricht è una città lussuosa ed economicamente poco accessibile
B. Il metodo di studio usato nell’università di cui parla il brano prepara al metodo di lavoro di molte aziende
C. Maastricht è una città universitaria
D. In Olanda gli studenti stranieri sono aiutati economicamente se sono disponibili a fare un lavoretto part-time
E. Laurearsi in Gran Bretagna è molto costoso

25) A quanto può ammontare, per uno studente, l’affitto mensile nella città di Maastricht?

A. Le informazioni contenute nel brano non consentono di rispondere
B. A nulla, perché viene sovvenzionato dall’amministrazione locale
C. 1.700 euro
D. 265 euro
E. 250 euro

26) Con l’espressione “potrà laurearsi senza contrarre debiti” l’autore del brano intende dire che:

A. grazie al sussidio olandese, Callum potrà vivere e pagarsi la retta dell’università a Maastricht
B. se rimanesse a studiare in Gran Bretagna, Callum pagherebbe molto di più i propri studi
C. il titolo di studio conseguito all’estero sarà riconosciuto dal proprio Paese d’origine
D. Callum Bramley potrà godere di un sussidio inglese se studierà all’estero
E. lavorando per un numero necessario di ore, uno studente riceve un sussidio che gli consente di pagare sia la retta dell’università, sia vitto e alloggio

27) Il presidente dell’università di Mastricht è:

A. felice che sia offerta un’opportunità agli studenti stranieri
B. esperto di *problem solving* e organizzazione aziendale, oltre che di farmacologia clinica
C. orgoglioso degli studenti che scelgono di apprendere dai problemi
D. sicuro dell’efficacia della didattica offerta agli studenti
E. un insegnante burbero

Tornano in piazza i “reclusi del welfare”

I disabili di tutta Italia si sono dati appuntamento oggi a Roma, piazza Montecitorio, per protestare contro lo smantellamento dei fondi destinati alle politiche sociali, con tagli che superano il 90% e mettono a rischio il futuro di 3,7 milioni di persone. Con l’azzeramento del fondo per la non autosufficienza viene infatti cancellata la speranza di emanciparsi di quanti sono costretti a pesare sulle proprie famiglie o a rinchiudersi in costose strutture di assistenza, anche quando non è necessario. Potrebbero uscirne grazie ai “progetti di vita indipendente”, che assegnano direttamente ai disabili gravi le risorse per gestire la propria assistenza, garantendo recupero sociale e risparmio per lo Stato. Il nostro Paese ha fatto la legge 14 anni fa ma non ha poi erogato i finanziamenti per metterla in pratica, scaricando l'onere di spesa sugli enti locali, che, salvo rare eccezioni, sono costretti a respingere le richieste dei disabili.

Ecco perché, a oggi, i progetti avviati sono appena un migliaio. E con una spesa pro-capite per i servizi alla disabilità di soli 23 euro contro i 125 della media europea, il welfare italiano rimane a carico delle famiglie che pagano un prezzo altissimo al disimpegno dei governi. Paragonate alle altre famiglie, infatti, sono più povere: il reddito dei nuclei con almeno una persona con disabilità è sotto la media, mentre già nel 2007 il 40% di queste famiglie dichiarava di non poter affrontare una spesa imprevista, contro il 28% delle famiglie senza membri disabili (dati Istat). Una realtà ben lontana dagli impegni sottoscritti nel 2009 dall'Italia con la ratifica della convenzione Onu sul diritto all'autodeterminazione delle persone con disabilità.

Al di là dei dati che fotografano una situazione drammatica, il punto è che i progetti di vita indipendente sarebbero un affare per lo Stato. Ma l'affare, chissà perché, lo fa qualcun altro. Gli studi e le analisi sulla spesa per l'assistenza indicano chiaramente che se a scegliere e retribuire chi lo assiste è direttamente il disabile, lo Stato risparmia fino a un terzo di quanto spende. Molto meno dei 380 milioni di euro che finiscono direttamente nei bilanci delle cliniche che hanno in cura 21mila invalidi, il cui onere principale ricade soprattutto sui Comuni.

(da: F. Baraggino, T. Mackinson, "Disabili, fondi azzerati. Protesta in piazza: "L'aiuto diretto costa meno dei ricoveri", Il Fatto Quotidiano)

28) I "progetti di vita indipendente":

A. hanno un costo pro-capite di 23 euro
B. sono un elemento importante per i disabili di tutta Europa, mentre in Italia manca ancora una legge
C. nessuna delle alternative è corretta
D. sono a carico delle famiglie
E. costano moltissimo al governo

29) Quale tra le seguenti affermazioni NON è deducibile dal brano?

A. L'Italia spende molto meno per i disabili rispetto alla media europea
B. Lo Stato ha tagliato il 90% dei fondi destinati alle politiche di welfare
C. L'aiuto diretto ai disabili è più costoso, per lo Stato, delle sovvenzioni alle grandi strutture
D. I tagli alle politiche sociali colpiranno quasi 4 milioni di persone
E. Le famiglie con un membro disabile sono più povere delle altre

30) La legge varata 14 anni fa:

A. istituiva i progetti di vita indipendente
B. non è attuabile perché troppo onerosa per lo Stato
C. è diventata inapplicabile a causa dei tagli ai fondi destinati alle politiche sociali che hanno originato l'odierna manifestazione di protesta
D. scaricava sugli enti locali la spesa riguardante i disabili non autosufficienti
E. aveva suscitato grandi speranze poi deluse e frustrate, da cui l'odierna manifestazione di protesta

Conoscenze e competenze acquisite negli studi

31) Qual è il significato di *lena*?

A. Vigore
B. Infamia

C. Debolezza
D. Dissolutezza
E. Virtù

32) Individuare l'alternativa che completa la frase nel modo più corretto nel contesto dato: "Trovai lavoro come ______ in un'azienda informatica".

A. Sistematico
B. Sistemico
C. Sistemista
D. Sistemato
E. Sistolico

33) Qual è l'età minima per essere eleggibili alla carica di deputato?

A. 25 anni
B. 18 anni
C. 40 anni
D. 35 anni
E. 21 anni

34) Secondo la concezione più moderna come è denominato il trasferimento di determinate attribuzioni, prevalentemente deliberative, dalla sfera di competenza degli organi centrali dello Stato agli organi o enti locali?

A. Delegificazione
B. Deregulation
C. Decentramento amministrativo
D. Escussione
E. Derubricazione

35) Quale tra i seguenti luoghi fa parte della "topografia" del Purgatorio nella *Divina Commedia*?

A. Monte scosceso
B. Burrone scosceso
C. Città infuocata
D. Lago ghiacciato
E. Terra del fuoco

36) Quale tra i seguenti avvenimenti è accaduto prima?

A. Il generale Badoglio annuncia l'entrata in vigore dell'armistizio di Cassibile
B. Viene proclamata la nascita dello Stato di Israele
C. L'India ottiene l'indipendenza
D. Entra in vigore la Costituzione della Repubblica italiana
E. Viene proclamata la Repubblica Popolare Cinese

37) "Attraverso le vicende raccontate nel romanzo, l'autore intraprende l'amara quanto lucida analisi della piega assunta dalla società del dopoguerra, disposta a sacrificare le proprie origini in nome di un vano arricchimento". Qual è il significato della parola "piega" nella frase proposta?

A. Andamento
B. Grinza
C. Curva
D. Ruga
E. Anfratto

38) Nel brano è stato eliminato un termine che ricorre due volte. Quale? "Il ______ è il capo dello Stato e il rappresentate dell'unità nazionale: è la più alta carica istituzionale. Il ______ non è investito, in particolare, di nessuno dei tre poteri fondamentali dello Stato (esecutivo, legislativo e giudiziario), che spettano al parlamento, al governo e alla magistratura. Gli è però conferita l'importante funzione di coordinamento e di equilibrio fra questi organi".

A. ministro della Difesa
B. presidente del Consiglio
C. senatore
D. deputato
E. presidente della Repubblica

39) "Circostanza o complesso di circostanze da cui si teme possa derivare un grave danno" è la definizione associata a quale fra queste parole?

A. Frangente
B. Incognita
C. Allarme
D. Pericolo
E. Incidenza

40) Quale coppia NON abbina correttamente il pittore e il movimento artistico che ne caratterizza maggiormente la produzione artistica?

A. Edgar Degas – Impressionismo
B. Antonio Canova – Neoclassicismo
C. Edvard Munch – Espressionismo
D. Carlo Carrà – Cubismo
E. Vassily Kandinsky – Astrattismo

Ragionamento logico

41) Tutti i bambini piangono quando hanno freddo. Marco ha freddo, pertanto:

A. Marco è un bambino
B. Marco ha freddo ma resiste
C. Marco si copre
D. Marco piange
E. non è possibile stabilire il comportamento di Marco

42) Nel paese di Belpoggio tutti i ragazzi praticano qualche sport. Se:
- **chi gioca a calcio fa anche nuoto**
- **chi gioca a tennis non fa nuoto**
- **chi gioca a pallavolo gioca anche a calcio**

si può concludere che:

A. chi fa nuoto gioca anche a calcio
B. chi gioca a tennis gioca anche a calcio
C. chi fa nuoto e gioca a pallavolo, gioca anche a tennis
D. chi non gioca a calcio non fa nuoto
E. chi gioca a pallavolo fa anche nuoto

43) UNA sola delle soluzioni completa correttamente l'eguaglianza di significati proposta: "grafomane : x = y : lirica"
A. x = scrittura; y = canto
B. x = scrittore; y = libro
C. x = scrittura; y = melomane
D. x = libro; y = operetta
E. x = melomane; y = scrittore

44) Se A + B = C e C – D = A, allora:

A. 2B = A
B. C = B
C. 3D = C
D. B = D
E. C > D

45) La probabilità che lanciando 3 monete si ottengano tre risultati identici (tutte teste ovvero tutte croci) è:

A. 3/8
B. 2/8
C. 0
D. 1
E. nessuna delle alternative è corretta

46) "Tutti i ballerini sono eleganti; Alessandro è agile; tutte le persone agili sono eleganti". In base alle precedenti affermazioni, quale delle seguenti è necessariamente vera?

A. Alessandro è elegante
B. Non esistono ballerini agili
C. Tutte le persone agili sono ballerini
D. Alessandro è un ballerino
E. Tutti i ballerini sono agili

47) Sherlock Holmes sta interrogando tre sospettati di un delitto. Marco dice: "Io sono innocente, e anche Giulia lo è". Giulia dice: "Silvio è colpevole e Marco è innocente". Silvio dice: "Io sono innocente e Giulia è colpevole". Il

colpevole mente e i due innocenti dicono la verità. Chi ha commesso il delitto?

A. Giulia
B. Marco
C. Silvio
D. Tutti e tre
E. Nessuno dei tre

48) "Tutti i mari italiani sono molto profondi". In base alla precedente informazione, quale delle seguenti affermazioni è certamente vera?

A. Almeno un mare italiano è poco profondo
B. È impossibile negare che esista almeno un mare italiano poco profondo
C. Non esistono mari italiani poco profondi
D. È impossibile affermare che la maggior parte dei mari italiani siano profondi
E. Non esistono mari più profondi di quelli italiani

49) Mario ha incontrato passeggiando l'unico cognato della moglie dell'unico fratello di suo padre. Chi era?

A. Suo padre
B. Suo fratello
C. Suo zio
D. Suo nipote
E. Suo cugino

50) Quale delle seguenti affermazioni è logicamente equivalente a: "I giovani non dimenticano mai nulla"?

A. Gli anziani dimenticano tutto
B. Gli anziani dimenticano sovente
C. Chi non dimentica nulla è giovane
D. I giovani ricordano sempre tutto
E. Quando i giovani diventano anziani dimenticano tutto

RISPOSTE CORRETTE

1) A	11) B	21) A	31) A	41) E
2) C	12) E	22) A	32) C	42) E
3) B	13) D	23) B	33) A	43) C
4) D	14) A	24) A	34) C	44) D
5) C	15) E	25) E	35) A	45) B
6) E	16) A	26) B	36) A	46) A
7) C	17) E	27) D	37) A	47) C
8) D	18) C	28) C	38) E	48) D
9) D	19) C	29) C	39) D	49) A
10) C	20) B	30) A	40) D	50) D

TEST 6

Comprensione del testo e conoscenza della lingua italiana

La fragilità emotiva del malato

Nel mondo del malato, le emozioni regnano sovrane; la paura è lì, a un passo. La grande fragilità emotiva del malato si basa in parte sull'illusione di essere invulnerabili. La malattia – soprattutto se grave – manda in pezzi quell'illusione, sferrando un duro attacco alla nostra rassicurante convinzione di un mondo tutto nostro, protetto e sicuro. Improvvisamente ci sentiamo deboli, impotenti e vulnerabili.

Il problema si presenta quando medici e infermieri ignorano le reazioni emotive dei pazienti, anche quando si prendono gran cura delle loro condizioni fisiche. Questa indifferenza verso la realtà emozionale della malattia ignora i dati, sempre più numerosi, che dimostrano come lo stato emotivo possa avere a volte un ruolo significativo nella vulnerabilità dell'individuo alla malattia e nel decorso della convalescenza. Troppo spesso l'assistenza sanitaria moderna manca di intelligenza emotiva.

Per il paziente, ogni interazione con un'infermiera o con un medico può rappresentare un'occasione per ricevere informazioni rassicuranti, conforto e sollievo oppure, se lo scambio è gestito in modo infelice, può tradursi in un invito alla disperazione. Ma troppo spesso medici e infermieri sono frettolosi e indifferenti al disagio e alla sofferenza dei pazienti. Sicuramente, ci sono tra loro persone compassionevoli che trovano il tempo di rassicurare e informare oltre a quello di somministrare medicine. Ma la tendenza corrente sembra portare a un universo professionale nel quale il personale sanitario sia del tutto ignaro della vulnerabilità dei pazienti, o comunque troppo sotto pressione per occuparsene. Dovendosi confrontare con la dura realtà di un sistema sanitario nel quale i tempi sono sempre più spesso scanditi da contabili e ragionieri, le cose sembrano andare peggiorando.

(da: "Intelligenza emotiva",
di D. Goleman, Rizzoli)

1) Quale delle seguenti è una ragione per cui il personale sanitario spesso non provvede a rassicurare i pazienti?

A. Vi sono poche persone compassionevoli tra di loro
B. La mancanza di tempo
C. La formazione professionale di medici e infermieri non è adeguata alle realtà emotive di un ospedale
D. Il personale sanitario con il tempo diviene indifferente alle sofferenze altrui
E. La sottovalutazione sistematica delle conseguenze degli stati emotivi

2) Quale delle seguenti è una causa della fragilità emotiva del malato?

A. La mancanza di tempo del personale sanitario
B. La perdita della sensazione di sicurezza

C. La malattia, che colpisce la psiche non meno del corpo
D. Il disinteresse del personale sanitario
E. Il mondo odierno, troppo protetto e sicuro

3) Quale delle seguenti conclusioni è autorizzata dal brano?

A. L'assistenza emozionale gioverebbe, per la guarigione, non meno di quella medicinale
B. L'assistenza sanitaria moderna è sotto qualche punto di vista peggiore di quella precedente
C. L'economicità del funzionamento del settore sanitario è considerata un'esigenza fondamentale, infatti il ruolo dei contabili e dei ragionieri è sempre più rilevante
D. Vi è sempre minor attenzione per la sofferenza emozionale dei pazienti
E. Il personale sanitario spesso non è all'altezza del compito affidatogli

Il cinema e i fatti di dolore

Giovani, belli, ricchi, non soffrono ma muoiono sempre. Perlopiù anziani, non ricchi, lancinati dai dolori, ma sopravvivono nel 60% dei casi. Sono i malati di cancro secondo il cinema e come invece sono nella realtà. Dopo la peste e altre epidemie nella letteratura, la tubercolosi nel teatro e nell'opera lirica, e la medicina di emergenza in tv, tanto per fare qualche esempio, è arrivato il momento del cancro nel cinema e le ricerche, qualche anno dopo, scoprono quanto l'arte non rispecchi la realtà.
Proprio il rapporto fra la malattia legata a tumori e la sua rappresentazione cinematografica è l'oggetto dello studio presentato al congresso della Società europea di oncologia medica (Esmo) a Vienna. L'indagine è stata condotta da due italiani che hanno censito 82 film sull'argomento, prodotti dal 1939 (l'anno in cui è uscito il primo "Dark Victory" dove Bette Davis moriva per un tumore al cervello) al 2012: "Abbiamo rilevato una notevole differenza con la realtà della malattia, ha spiegato uno degli autori dello studio, Giovanni Rosti, dell'ospedale Cà Foncello di Treviso. Nei film i malati sono più giovani rispetto alla realtà, intorno ai 40-45 anni massimo, appartengono alle classi sociali elevate, hanno tumori poco frequenti o rari, quando vengono dichiarati, e alla fine muoiono".
Secondo i due medici, sarebbe meglio che il cinema trasmettesse un'immagine del tumore meno "strappalacrime" e più vicina alla realtà. E quindi raccontasse fatti di dolore (che solitamente nei film si percepisce ma non si vede, mentre nella realtà abbonda e viene curato poco, specie in Italia); ma anche delle cure sempre meno tossiche, delle più lunghe sopravvivenze e delle sempre più frequenti guarigioni. L'intenzione ora è di proseguire la ricerca per scoprire come invece viene raccontato il cancro nelle serie tv, con l'obiettivo di capire meglio l'immaginario collettivo dominante e contribuire a migliorare la comunicazione.
"Oggi – hanno osservato alcuni oncologi – rispetto al passato i pazienti interagiscono molto di più con i medici e l'avere in testa degli stereotipi sbagliati li può limitare nelle aspettative e nelle richieste da fare al dottore".

(da: Umberto Veronesi, "La Repubblica")

4) L'autore del brano sostiene che nella realtà i malati di tumore:

A. muoiono giovani ma senza dolori
B. guariscono molto raramente
C. sopravvivono nel 60% dei casi

D. adottano terapie del dolore inefficaci nonostante le cure siano meno tossiche
E. appartengono alle classi sociali elevate e alla fine muoiono

5) La frase "Dopo la peste e altre epidemie in letteratura, la tubercolosi nel teatro e nell'opera lirica e la medicina di emergenza TV ... è arrivato il momento del cancro nel cinema" significa che:

A. la malattia è spesso stata scelta come soggetto nelle opere narrative ed espressive
B. il cinema è il mezzo di comunicazione privilegiato per trattare le problematiche riguardanti i malati di tumore
C. le arti tradizionali non hanno mai affrontato il problema del cancro: finalmente, grazie al cinema, anche questa malattia ha avuto il risalto che le spetta
D. finalmente, dopo molte resistenze culturali, si può trattare il cancro attraverso il cinema
E. parlare delle malattie del passato nella letteratura e in teatro non è più di moda

6) Secondo l'autore del brano avere stereotipi sbagliati:

A. induce i pazienti a pensare che il cancro sia sempre mortale e che colpisca prevalentemente gli anziani
B. può limitare il paziente nelle richieste da fare ai medici
C. può indurre il paziente a immedesimarsi con il protagonista malato di cancro di un film
D. può impedire al malato oncologico di sottoporsi con fiducia alle terapie consigliate
E. può indurre il paziente a non avere più aspettative

7) Al congresso della Esmo di Vienna due ricercatori italiani hanno presentato:

A. i risultati di una ricerca che mette in relazione le rappresentazioni letterarie e cinematografiche delle malattie che hanno caratterizzato un'epoca
B. i risultati di un'indagine relativa alla rappresentazione cinematografica di persone colpite da tumore
C. una ricerca sulla rappresentazione del cancro nel cinema e nelle serie TV
D. una ricerca relativa alla rappresentazione cinematografica delle malattie e delle epidemie nei film prodotti dal 1939 al 2012
E. una ricerca per invitare il personale medico a intraprendere cure più efficaci e meno tossiche per i malati di tumore

La radio

Nel 1894 Guglielmo Marconi conduce a Bologna i primi esperimenti che provano la possibilità della comunicazione a distanza in codice morse attraverso le onde hertziane. Nel 1901 egli realizza il primo collegamento senza fili attraverso l'Atlantico. Nel 1908 si ha la prima trasmissione a distanza della voce umana che parte dalla Tour Eiffel a Parigi. Agli inizi la radio ha un'importanza che è soprattutto civile e militare. Sarà soltanto negli anni '20 che nasceranno i programmi di trasmissione al pubblico. Era il 3 novembre 1920 quando la stazione KDKA della Westinghouse iniziò a trasmettere regolarmente. La radiodiffusione, negli USA, si rivelò presto un buon affare grazie agli introiti pubblicitari. Per questo essa poté affermarsi ed entrare nelle abitudini quotidiane della gente. Il risultato fu un sistema di mercato. In Europa fu invece seguita un'altra strada: quella di un monopolio pubblico sul tipo della BBC (British Broadcast Corporation), che si finanziava tramite abbonamenti. Nella storia dei mezzi di comunicazione di massa, la radio rappresenta un vero e proprio salto evolutivo. Essa è un media del tutto nuovo rispetto a quelli precedenti, sia per quanto riguarda il tipo di apparati che si rendono necessari, sia per il tipo di pubblici a cui dà vita. A differenza del cinema, infatti, la radio permette potenzialmente di rivolgersi a milioni di persone in ascolto contemporaneo e di far loro sentire parole e suoni nel momento stesso in cui vengono prodotti, cosa che prima soltanto la comunicazione orale poteva fare. È l'inizio della comunicazione in diretta. Cambiano perciò gli stili di comunicazione ed anche il pubblico della radio cambia forma sociale, perché questo mezzo raggiunge gli ascoltatori a casa propria, dando vita ad una enorme platea formata da persone separate le une dalle altre, che stanno da sole o sono riunite in piccoli gruppi familiari. Inoltre, fatto da non trascurare in quell'epoca, essa "parla" anche agli analfabeti e può far arrivare i suoi suoni e le sue voci anche nelle zone più lontane e sperdute del pianeta. Le generazioni più anziane ricordano ancora con emozione la suggestione quasi magica che si provava, quando la televisione ancora non era stata introdotta, nel cambiare la sintonia e nel ricevere stazioni lontane, da cui provenivano, in mezzo ai ronzii, parole in lingue sconosciute e musiche esotiche.

Negli anni '60, poi, la diffusione dei transistor alimentati a pila consente la fruizione dei programmi anche fuori casa, potenziando le occasioni comunicative (notiziari, sport, musica) dello strumento.

Dagli anni '80, infine, la liberalizzazione delle frequenze porta alla nascita delle radio private e al moltiplicarsi delle emittenti e delle offerte di programmi.

8) La nascita della radio:

A. si colloca negli anni Venti del XX secolo
B. è opera della Westinghouse
C. è avvenuta a Bologna
D. è resa possibile da studi di Guglielmo Marconi
E. è stata possibile grazie alla BBC

9) La diffusione del mezzo di comunicazione "radio":

A. segna l'inizio della comunicazione in diretta
B. è una logica conseguenza dello sviluppo degli altri mezzi di comunicazione
C. avviene dopo gli anni '80
D. è parallela allo sviluppo del cinema
E. annulla la differenza esistente tra nuovi media e la comunicazione orale

10) Dal punto di vista della comunicazione, l'invenzione della radio:

A. è contemporanea a quella della televisione
B. dà vita alle prime forme di monopolio pubblico
C. non rappresenta una innovazione rispetto al cinema
D. rappresenta un salto evolutivo
E. aiutò a combattere l'analfabetismo

11) "La conoscenza aumenta sicuramente nel corso degli studi medici, mentre successivamente alla laurea sono possibili sia un suo ulteriore incremento, sia un impoverimento legato alla perdita delle nozioni non strettamente legate alla routine professionale. In ogni caso, le caratteristiche della conoscenza si modificano sostanzialmente quando il sanitario entra in contatto con la realtà professionale".

Quale delle seguenti affermazioni NON può essere dedotta dalla lettura del brano precedente?

A. Gli studenti di medicina aumentano le loro conoscenze durante gli studi
B. Gran parte delle nozioni acquisite durante gli studi va comunque perduta dopo la laurea
C. Una parte delle nozioni acquisite durante gli studi può andare perduta dopo la laurea
D. È possibile che alcuni medici aumentino le loro conoscenze dopo la laurea
E. A contatto con la realtà professionale si verificano modifiche qualitative della conoscenza

12) Pochi giorni fa, l'Istituto archeologico di Halle, in Germania, ha annunciato di aver risolto il mistero del manufatto di bronzo con Sole, Luna e stelle d'oro, datato 1.600 avanti Cristo, ritrovato vicino alla città tedesca di Nebra: il Disco di Nebra è un orologio astronomico usato per calcolare le discrepanze fra il calendario solare e quello lunare. La notizia contiene due rivelazioni. La prima è che, nell'Età del bronzo, i nordeuropei erano più evoluti di quanto ci si aspettasse. E la seconda è che, già 3.600 anni fa, gli esseri umani – da Babilonia alle rive del Reno – erano alle prese con il grande ingannatore: il tempo. La scienza deve ancora trovare la risposta a un mistero ancor più grande del Disco di Nebra: per quale meccanismo biologico il tempo passa lentamente in gioventù – dando la sensazione che la vita sia lunga – e si mette a correre con l'età adulta? In compenso, sappiamo che il corpo umano è pieno di "cronometri" cellulari, regolati chimicamente: sono la dopamina e altre molecole, a far sì che il fluire del tempo paia interminabile durante un convegno sui tassi d'interesse argentini e che invece voli via, in una notte d'amore. Ma il più spettacolare degli enigmi, rimane quello della freccia del tempo. Ai nostri occhi – giovani o vecchi che siano – il tempo dà sempre la sensazione di un flusso, che va diritto lungo la traiettoria passato-presente-futuro. Peccato che, in fisica, questo tempo unidirezionale non abbia significato. "Passato, presente e futuro sono solo illusioni", scrisse Einstein a un amico. Secondo la Relatività speciale, due eventi che possono apparire simultanei da una visuale, possono non esserlo da un'altra. "La conclusione più immediata – osserva il divulgatore Paul Davies – è che sia il passato che il futuro siano prefissati. Per questo motivo, i fisici concepiscono il tempo nella sua interezza: un "tempo-rama" analogo a un panorama, con tutti gli eventi passati e futuri osservati insieme". La percezione del tempo è soggettiva, e pure illusoria. Per di più, secondo la teoria della gravità quantistica, lo spazio e il tempo non sarebbero continui come ci appaiono, bensì avanzerebbero in pezzi "discreti". Un po' come la musica che ascoltiamo: è codificata in blocchi di bit, ma la udiamo come una cosa continua.

Secondo il testo del brano, la percezione del tempo come più lento durante la giovinezza e più veloce durante l'età adulta è dovuta:

A. a un fenomeno quantistico denominato futurama
B. all'invecchiamento del sistema cerebrale
C. ad alcune molecole che fungono da cronometri chimici
D. alla sensazione di unidirezionalità del tempo: passato – presente – futuro

E. al fatto che i giovani non vedono l'ora di diventare adulti

13) "Il clima della Valle d'Aosta presenta una notevole varietà, legata alla complessità morfologica del territorio; in genere il clima stesso può essere definito come semicontinentale di montagna, di tipo temperato freddo, con precipitazioni assai scarse, specie in autunno e in inverno: la piovosità è assai ridotta soprattutto nella parte centrale della valle (Aosta 580 mm di pioggia media annua, Saint Marcel 475 mm, circa la metà di Napoli). Ciò obbliga a ricorrere all'irrigazione artificiale delle colture".
Quale delle seguenti affermazioni PUÒ essere dedotta dalla lettura del brano?

A. L'irrigazione artificiale delle colture in Valle d'Aosta deve essere effettuata in autunno e in inverno
B. La piovosità media annua a Napoli è inferiore a 475 mm
C. La piovosità media annua a Napoli è di poco superiore a 1 m
D. A Napoli non è necessario ricorrere all'irrigazione artificiale delle colture
E. A Napoli piove sempre più che ad Aosta

14) Una recente stima compiuta negli U.S.A. ha valutato che il 10% della popolazione è destinata a soffrire di depressione con sintomatologia clinica nel corso della propria vita. Questa stima, che pure molti esperti considerano prudente, è più alta di quella che potrebbe essere fatta per altri paesi occidentali e per il Giappone – che pure hanno uno stile di vita analogo a quello degli U.S.A. – semplicemente perché i medici di questi paesi tendono a formulare meno facilmente la diagnosi di depressione, preferendo dire al paziente che è affetto da gastrite, insonnia, stanchezza psicofisica e così via, in realtà tutti sintomi che discendono dalla malattia psichiatrica principale.
La percentuale di individui destinati a soffrire di depressione viene valutata maggiore negli U.S.A. che in altri paesi occidentali ed in Giappone perché:

A. negli U.S.A. è maggiore il numero dei pazienti affetti da gastrite, insonnia o stanchezza psicofisica
B. lo stile di vita degli U.S.A. è analogo a quello degli altri paesi occidentali e del Giappone
C. la depressione è in realtà una conseguenza di altre affezioni, quali insonnia, stanchezza psicofisica, gastrite, etc.
D. gastrite, insonnia o stanchezza psicofisica sono, in realtà, tutti sintomi della depressione
E. i medici degli U.S.A. tendono a formulare più facilmente la diagnosi di depressione

15) "Durante la guerra qualcuno tentò di convincere un grande scienziato olandese che il potere veniva prima del diritto nella storia dell'uomo. – Non so confutare l'esattezza della vostra affermazione – egli rispose – ma so che non mi importerebbe di vivere in un tale mondo. Dobbiamo pensare, sentire e agire come quest'uomo, rifiutandoci di accettare dei compromessi fatali!" (A. Einstein).
Quale delle seguenti deduzioni È AUTORIZZATA dal testo proposto?

A. Einstein è in grado di dimostrare che la giustizia è il risultato di imposizioni a cui l'umanità si è adattata
B. Einstein è in grado di dimostrare che la giustizia non è il risultato di imposizioni a cui l'umanità si è adattata
C. Einstein ritiene che lo scienziato non si possa sottrarre al compromesso

con il potere sotto cui si opera, qualunque esso sia
D. Einstein è in grado di dimostrare che esiste un diritto naturale, da cui procede la giustizia
E. Einstein ritiene che talvolta si debba rifiutare ogni compromesso con il potere, anche quando qualunque forma di resistenza sembri destinata allo scacco

16) Durante il processo a un bambino di 10 anni che era stato accusato di crimini violenti frequenti, le leggi sulla privacy prevedevano che i giornali si potessero riferire al bambino solamente come "bambino B". Un giornale, però, lo definiva continuamente il "Bambino diabolico". Nonostante numerose fonti mediatiche riferissero di un'educazione difficile e violenta ricevuta dal bambino, invocando quindi comprensione e indulgenza, molte lettere inviate ai giornali e molti commenti scritti sui forum di internet dimostravano una forte rabbia da parte del pubblico che chiedeva la punizione più severa possibile. Quasi tutte queste richieste di adottare misure severe usavano il termine il "Bambino diabolico". Ciò dimostra che era stato solo il nome a influenzare l'opinione pubblica e a impedire al pubblico di provare empatia nei confronti del bambino. **Quale delle seguenti affermazioni, se vera, rafforzerebbe il ragionamento espresso sopra?**

1. Il giornale che ha utilizzato l'espressione "Bambino diabolico" ha descritto il caso e l'educazione del bambino in modo accurato.

2. Anche gli editori del giornale che hanno utilizzato l'espressione "Bambino diabolico" hanno richiesto la punizione più severa possibile.

3. Il giornale che ha utilizzato l'espressione "Bambino diabolico" si è anche continuamente riferito alle vittime come "innocenti" e "indifese".

A. Solo la 1
B. 1 e 3
C. Solo la 3
D. Solo la 2
E. 1 e 2

17) "Il male non ci ferma: possiamo cadere mille volte, ma il male non ci definisce, come invece definisce la mentalità mondana, per cui alla fine gli uomini giustificano quello che non riescono a non fare. Caratteristica della vera moralità è allora il desiderio di correzione. Il termine "correggere", che traduce il latino "*regere cum*", indica il camminare reggendosi assieme". **Una sola delle seguenti affermazioni è coerente con il significato del brano precedente. Quale?**

A. Non importa fare il male o il bene: l'importante è fare, tanto poi qualcuno potrà intervenire a correggere gli errori
B. Le persone non possono essere fermate dalle azioni malvagie perché alla fine qualcuno giustificherà quello che non riescono a fare
C. Una persona veramente morale non ha come caratteristica quella di non fare mai il male, bensì il desiderio di correzione
D. Se si cammina assieme si può fare ciò che si vuole perché il giudizio morale deriva dal sorreggersi a vicenda
E. Gli uomini con il desiderio di correzione giustificano quello che non riescono a non fare

18) "L'avvenimento era di una portata tale da richiedere l'attenzione di tutti gli esponenti politici". Qual è il significato della parola "portata" nella frase proposta?

A. Rilevanza

B. Gittata
C. Inconsistenza
D. Fretta
E. Distanza

19) Richard C. Lewontin, eminente genetista di popolazioni dell'Università di Harvard, e Martin Kreitman, suo giovane collaboratore, stanno sequenziando un gene particolare in diverse varietà di Drosofila. La Drosofila è il celeberrimo moscerino della frutta che costituisce da oltre mezzo secolo il banco di prova preferito dei genetisti. Il gene di cui Kreitman e Lewontin stanno analizzando la sequenza dirige la sintesi di un enzima piuttosto banale, una deidrogenasi dell'alcool, ideale per cogliere le differenze genetiche, spesso infinitesime, tra individui di una stessa specie. In genetica queste differenze si chiamano polimorfismi. Il più noto caso nell'uomo è quello dei gruppi sanguigni (A, B, AB, O). Uno dei risultati più sorprendenti delle ricerche di Kreitman e Lewontin è che le regioni silenti dei geni, dette introni, mutano esattamente alla stessa frequenza delle regioni codificanti, dette esoni. Questi segmenti dormienti, che si trovano all'interno dei geni degli organismi superiori, non sono mai "tradotti" o "espressi" in prodotti finiti, cioè in proteine.

Delle seguenti affermazioni, una sola NON è tratta dal brano. Quale?

A. La Drosofila è stata lungamente studiata dai genetisti
B. La deidrogenasi dell'alcool è un enzima
C. Le differenze genetiche tra individui di una stessa specie si chiamano polimorfismi
D. I polimorfismi dei gruppi sanguigni sono diversi da quelli degli enzimi
E. Le regioni dei geni si distinguono in introni ed esoni

20) L'isola di Creta è in una posizione geografica particolarmente favorevole: allungandosi da Ovest a Est, è un ponte naturale dal Peloponneso all'Asia Minore. Il suo carattere prevalentemente montuoso consente lo sfruttamento del suolo soltanto in piccole zone: la fascia costiera Canea, la pianura di Eraclion, dove sorge Cnosso, la pianura orientale costiera dove c'è Zakros e la pianura di Mesarà, nella quale si trovano Festos e Haghia Triada. La disposizione stessa dei palazzi al centro delle aree pianeggianti mostra subito quale fosse la loro principale funzione: la raccolta dei prodotti agricoli e la loro ridistribuzione. Nel neolitico, con la trasformazione dell'uomo da cacciatore in agricoltore, il passaggio dall'insediamento più antico, in grotta, allo stanziamento all'aperto è molto probabilmente legato allo sviluppo dell'agricoltura. Dei primi insediamenti all'aperto, presumibilmente capanne di paglia e fango, non sono rimaste tracce. Le più antiche strutture risalgono al sub-neolitico/Minoico Antico I e testimoniano, pur nella loro semplicità, un'abitazione legata all'agricoltura. La pianta di una casa di Magasà (circa 2800 a.C.) presenta un ingresso che si affaccia su di un vestibolo usato forse come magazzino, da dove si passa in un'unica stanza. Questa struttura racchiude in sé i due elementi tipici dell'architettura minoica.

Su quale dei seguenti argomenti NON sono fornite informazioni dal testo?

A. La morfologia dell'isola di Creta
B. L'uso del territorio in epoca minoica
C. Il passaggio dal Paleolitico al Neolitico
D. La topografia dell'edilizia privata
E. La topografia dell'edilizia pubblica

Tra tutte le invenzioni del Medioevo, la più importante è quella attribuita al tedesco Johann Gutenberg. Verso il 1450, questi introdusse i caratteri mobili da stampa, che dovevano diventare una potente forza innovatrice della società umana. [...] Insieme alla sostituzione della pergamena con la carta [...], queste invenzioni consentirono la produzione e la diffusione su vasta scala dei libri e di altri materiali scritti. Nessun'altra invenzione, prima dell'epoca moderna, si diffuse così rapidamente: nel giro di una generazione, furono stampati qualcosa come 40 mila libri. Il sapere umano non era più sepolto nelle raccolte di manoscritti presso le corti, ma diventava accessibile nelle biblioteche, a disposizione di tutti coloro che sapevano leggere. La carta stampata cominciò a creare l'opinione pubblica e a permetterle di esprimersi. (L'esistenza della stampa fu un fattore decisivo per il successo della ribellione del 1517 di Martin Lutero contro il papato, ribellione che altrimenti non sarebbe forse andata al di là di una polemica personale tra monaci).

21) A cavallo tra il XV e il XVI secolo, il sapere umano era:

A. sepolto in raccolte presso le corti
B. rinchiuso in manoscritti nelle biblioteche
C. a disposizione di tutti coloro che sapevano leggere
D. accessibile soltanto ai monaci amanuensi
E. accessibile esclusivamente al clero

22) La produzione su vasta scala dei libri contribuì:

A. all'ampliamento delle polemiche tra i monaci
B. alla diffusione della cultura clericale
C. alla creazione dell'opinione pubblica
D. alla diffusione del sapere anche presso le corti
E. alla ribellione del papato contro Lutero

23) Nel XV secolo, in quale arco di tempo vennero stampati circa 40 mila libri?

A. In trent'anni
B. In un solo anno, il 1450
C. In un secolo
D. In una generazione
E. In cinquant'anni

"La psicoanalisi è stata, nel corso di tutta la sua storia e nelle diverse sue evoluzioni, un approccio che valuta i conflitti tra tendenze opposte che si danno battaglia per un ruolo dominante nella vita mentale degli individui: questa prospettiva considera il conflitto come un fattore costitutivo del soggetto in quanto utile alla strutturazione della personalità. Nella teoria classica delle pulsioni elaborata da Freud, la conflittualità riguarda la contrapposizione intrinseca tra pulsioni istintuali (altrimenti dette "pulsioni psicosessuali e aggressive") e realtà sociale: il conflitto intrapsichico è predeterminato e universale. In quest'ottica il conflitto si verifica tra le funzioni esercitate da es, io e super-io: l'es è visto come la fonte di impulsi derivati da tensioni pulsionali; il super-io è alimentato da impulsi istintuali organizzati intorno a immagini interiorizzate di figure parentali; l'io funge da negoziatore tra le richieste di gratificazione pulsionale dell'es, gli aspetti dei genitori interiorizzati nel super-io e le esigenze del mondo esterno. L'io agisce in funzione del raggiungimento di un'armonia interna e di una buona posizione rispetto al mondo esterno. La struttura conflittuale della psiche fa sì che l'antagonismo delle pulsioni possa condurre gli individui a psicosi, a nevrosi e a stati di psicopatologia grave: la condizione che rende il conflitto intrapsichico non deleterio è il suo superamento. Il conflitto non risolto è ritenuto infatti patologico perché fonte di aggressività e quindi di devastazione sia a livello individuale sia a livello sociale. Il superamento dell'antagonismo conflittuale si può ottenere in fase di costituzione della personalità solo in particolari condizioni di equilibrio tra le diverse istanze della vita psichica, quando cioè tra loro non vi siano discrepanze troppo radicali o intense: le eccessive differenze portano alla distruzione di una delle due parti in conflitto o al totale squilibrio della dinamica psicologica. In questo caso la teoria psicoanalitica indica la terapia come via di uscita psiche fa sì che l'antagonismo delle pulsioni possa condurre gli individui a psicosi, a nevrosi e a stati di psicopatologia grave: la condizione che rende il conflitto intrapsichico non deleterio è il suo superamento. Il conflitto non risolto è ritenuto infatti patologico perché fonte di aggressività e quindi di devastazione sia a livello individuale sia a livello sociale. Il superamento dell'antagonismo conflittuale si può ottenere in fase di costituzione della personalità solo in particolari condizioni di equilibrio tra le diverse istanze della vita psichica, quando cioè tra loro non vi siano discrepanze troppo radicali o intense: le eccessive differenze portano alla distruzione di una delle due parti in conflitto o al totale squilibrio della dinamica psicologica. In questo caso la teoria psicoanalitica indica la terapia come via di uscita dalla condizione conflittuale patologica".

24) Nel brano si afferma che:

A. l'antagonismo delle pulsioni può ingenerare stati psicopatologici più o meno gravi se il conflitto intrapsichico non viene superato
B. il superamento del conflitto intrapsichico non rende immune il soggetto da psicosi e nevrosi
C. l'antagonismo delle pulsioni, anche se superato e risolto, è ritenuto patologico perché può produrre danni a livello individuale e sociale
D. la struttura conflittuale della psiche è sempre dannosa
E. il conflitto intrapsichico, poiché è predeterminato e universale, è insuperabile

25 In relazione alla teoria classica delle pulsioni, quale funzione svolge l'io?

A. L'io permette di creare un buon equilibrio interno e una perfetta sintonia con il mondo grazie alla sua funzione di negoziatore tra il super-io e la realtà
B. L'io assorbe gli impulsi istintuali legati alle rappresentazioni delle figure parentali
C. L'io svolge la funzione di negoziatore tra le esigenze del mondo esterno, che si esprimono nel super-io, e le richieste dell'es, in modo da ottenere una perfetta sintonia interna e con la realtà circostante
D. L'io costituisce la sorgente delle tensioni pulsionali
E. L'io svolge la funzione di negoziatore tra le pulsioni dell'es, quelle del super-io e le pressioni della realtà circostante, al fine di ottenere armonia interna ed equilibrio rispetto al mondo esterno

26) Qual è il tema del brano?

A. Il principio di costanza nell'approccio psicoanalitico di Freud
B. La funzione coesiva dell'aggressività
C. La terapia nel conflitto, secondo l'approccio psicoanalitico di Freud
D. Il conflitto nell'approccio psicoanalitico di Freud

E. Alcune teorie per comprendere i conflitti

27) Cercavo in tutti i modi di calcare le orme di mia madre". Qual è il significato della parola "calcare" nella frase proposta?

A. Cavalcare
B. Calpestare
C. Recitare
D. Esagerare
E. Imitare

28) La colonizzazione romana ha prodotto cambiamenti nel sistema politico, amministrativo, commerciale, edilizio, piuttosto che sostituzioni di intere popolazioni. Analogamente, l'adozione di un'unica lingua, il latino, non è certo stata completa, se ancora oggi ciascuna regione d'Italia parla un dialetto diverso, in cui si trovano molti relitti delle lingue usate dagli abitanti più antichi. L'analisi genetica dell'Italia sembra concordare con alcune osservazioni che la dialettologia aveva da tempo avanzato. Si è detto, per esempio, che la maggior fedeltà e somiglianza del toscano al latino rispetto ad altri dialetti sarebbe dovuta al substrato etrusco, troppo differente dal latino per consentire ibridazioni.
Anche le affinità linguistiche dei dialetti nord-occidentali, dall'Emilia-Romagna al Piemonte, ma escludendo il Veneto, sono dovute al substrato comune celto-ligure di queste regioni, cioè ad insediamenti che precedono la nostra era.
Dal brano si inferiscono alcune affermazioni. Di quelle che seguono una sola, benché vera, non è tratta dal testo.

A. I Romani hanno provocato nelle colonie mutamenti di tipo politico, militare, amministrativo, commerciale
B. Il latino non è stato ovunque adottato senza contaminazioni con le lingue preesistenti
C. Il dialetto toscano è, più degli altri dialetti italiani, simile al latino
D. Esistono affinità linguistiche tra i dialetti dell'Emilia Romagna e del Piemonte
E. Il dialetto veneto non possiede un substrato celto-ligure

29) "Lina Presotto, la mia formosa e alacre domestica che pochi giorni or sono lasciò il mio servizio per esordire nel varietà, parlando con me e con mia moglie o con i miei figli usava il verbo aspettare, ma al telefono usava il verbo attendere. (pensa che attendere sia più elegante che aspettare). Nella terza edizione del *Furioso*, Ariosto cambia tutti gli attendere in altrettanti aspettare. Resta a vedere se è meglio prendere esempio dal nostro Ludovico o da Lina Presotto, la mia domestica alacre e formosa, passata or non è molto ai fasti del varietà".

da Alberto Savinio, *Nuova Enciclopedia*

Tra le seguenti note UNA È SCORRETTA, in quanto fraintende il senso che la parola assume nel testo:

A. Varietà: genere teatrale di intrattenimento, misto di prosa e canto
B. Formosa: di belle e procaci forme
C. Alacre: veloce, come fornita di ali
D. Fasti: vita brillante, che dà notorietà
E. Esordire: incominciare, fare la prima Prova

30) "Supponiamo che un individuo possa ricostruire elettronicamente un'immagine animata del suo oggetto del desiderio, che nella vita reale non può manipolare come meglio crede, magari semplicemente perché non suscita nell'altro un analogo stimolo. Ammettiamo che attraverso pratiche sessuali elettroniche quell'individuo possa piegare alla sua volontà quell'immagine. Se ciò accadesse nella vita reale sarebbe un'aggressione violenta, uno stupro e quell'individuo finirebbe in cella (si spera). Nel ciberspazio tutto è permesso, anche la proliferazione di patologie violente e crudeli, se pur virtuali. Questa sarebbe liberazione? Forse liberazione degli istinti più bassi. Se ciò può accadere è perché viviamo in una società che produce numerose frustrazioni tenute a freno da regole sociali e morali, ma che vengono liberate in ambienti virtuali (...) ma come agirebbe sul terreno reale un individuo abituato a realizzare le proprie aggressioni violente, a dettare ordini, a piegare alla propria volontà immagini virtuali di altre persone reali? "Il potere teme la libertà dell'immaginazione (...) Non dimentichiamo che sia Stalin sia Hitler sono noti per aver bandito la pubblicazione dei racconti di fate" (Stenger, 1991). Forse sarebbe meglio capovolgere questa osservazione e constatare invece che il "potere" cerca di fornire proprio strumenti di evasione. In fin dei conti è più facile accettare di esser schiavi su questa terra se poi nel ciberspazio tutto è lecito. Il ciberspazio, dove il corpo è assente, potrebbe diventare un illusorio conforto per il corpo martoriato dallo stress e dallo sfruttamento che subisce nel mondo reale. Hitler e Stalin sarebbero stati ben contenti se avessero avuto a disposizione anche questa possibilità, oltre ai loro campi di sterminio di massa. Nella visione di Orwell i media entravano nel mondo reale per condizionare la vita concreta degli individui, con il ciberspazio il mondo reale può seguire tranquillamente il suo corso, purché l'individuo si riconosca nelle vaste possibilità e personificazioni del ciberspazio. Il ciberspazio rischia di essere veicolato come la "droga" più micidiale che sia mai stata inventata".

Alberto Pian, *Computer, scuola e formazione*, Centro scientifico editore, Torino 1996

Delle seguenti affermazioni UNA SOLA è rigorosamente deducibile dal testo di Alberto Pian, quale?

A. La libertà dell'immaginazione è sicuramente un pericolo per il potere
B. Un individuo aggressivo nel ciberspazio non potrebbe non essere aggressivo anche nel mondo reale
C. Le regole sociali e morali possono produrre, ma anche frenare, le frustrazioni degli individui
D. La visione di Orwell è una conturbante ma precisa profezia dell'uso dei media nelle società del nostro tempo
E. Le pratiche sessuali elettroniche neutralizzano le pulsioni violente degli individui aggressivi

Conoscenze e competenze acquisite negli studi

31) Intervenendo alla Conferenza di pace di Parigi il 10 agosto 1946, ______ ricostruiva il percorso dell'Italia antifascista. Di chi si parla qui?

A. Alcide De Gasperi
B. Luigi Einaudi
C. Pietro Badoglio
D. Ferruccio Parri
E. Enrico De Nicola

32) Individuare la coppia anomala.

A. Firenze – Galleria degli Uffizi
B. Washington – Metropolitan Museum of Art
C. Parigi – Louvre
D. Londra – British Museum
E. Madrid – Museo Nacional Del Prado

33) Dante la definì una "veritade ascosa sotto bella menzogna". Che cosa?

A. Allocuzione
B. Antifrasi
C. Metonimia
D. Perìfrasi
E. Allegoria

34) Quella sottostante è la pianta di una chiesa:

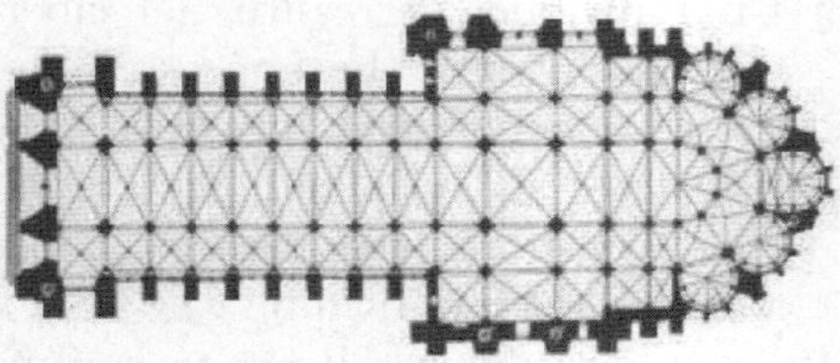

A. rinascimentale
B. barocca
C. paleocristiana
D. romanica
E. gotica

35) Di seguito è riportata una parte dell'articolo 33 della Costituzione della Repubblica Italiana: "________ sono libere e libero ne è l'insegnamento." Come inizia questo periodo?

A. La cultura e la ricerca scientifica
B. Le lettere e la tecnica
C. L'arte e la cultura
D. Le lettere e la scienza
E. L'arte e la scienza

36) Quale sequenza cronologica è giusta?

A. Masaccio, Filippo Lippi, Verrocchio, Leonardo
B. Verrocchio, Filippo Lippi, Masaccio, Leonardo
C. Leonardo, Verrocchio, Masaccio, Filippo Lippi
D. Filippo Lippi, Masaccio, Verrocchio, Leonardo
E. Masaccio, Leonardo, Verrocchio, Filippo Lippi

37) Individuare, tra le alternative proposte, quella che completa correttamente la frase seguente.
"L'anafora è una figura retorica di posizione che consiste nel ______ un termine all'inizio di frasi successive".

A. ripetere
B. considerare
C. concordare
D. rimuovere
E. segnalare

38) Quale dei seguenti avvenimenti si colloca cronologicamente tra la Rivoluzione francese e l'Unità d'Italia?

A. La guerra di Crimea
B. La firma dei Patti Lateranensi
C. La Rivoluzione americana
D. L'avvento del Terzo Reich
E. La Rivoluzione inglese

39) Qual è l'esatta sequenza cronologica tra gli eventi sotto riportati?
a) Presa della Bastiglia
b) Campagna di Russia di Napoleone Bonaparte
c) Dichiarazione di indipendenza degli Stati Uniti
d) Congresso di Vienna
e) Fine dell'impero di Napoleone III

A. c-a-d-b-e
B. a-c-d-b-e
C. c-a-b-d-e
D. a-e-b-d-c
E. c-a-b-e-d

40) Questa è una mappa dell'isola di Metallica che raffigura le otto città principali (da P a W) e le strade che le collegano, mentre nella tabella sono specificate le distanze più brevi (in km) tra ogni coppia di città.

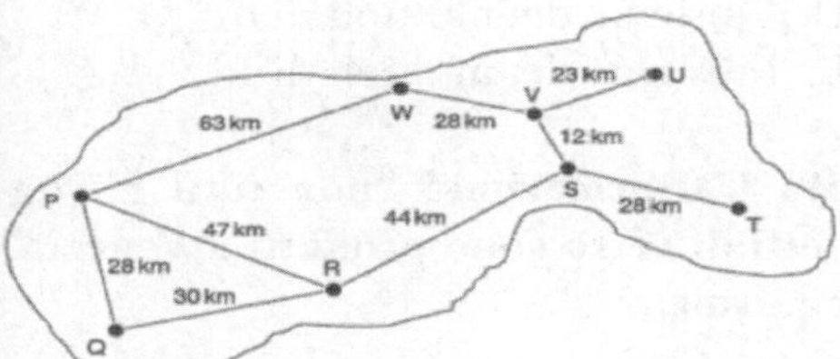

	Copper	Gold	Iron	Lead	Nickel	Silver	Tin
Gold	74						
Iron	28	91					
Lead	86	12	91				
Nickel	102	28	119	40			
Silver	91	40	63	28	68		
Tin	109	35	114	23	63	51	
Zinc	30	44	47	56	72	84	79

Quale città nella mappa è Nickel?

A. S
B. T
C. R
D. W
E. Q

Ragionamento logico

41) L'affermazione "se uso troppo lo smartphone mi viene l'emicrania" implica che:

A. se non mi viene l'emicrania allora non ho usato troppo lo smartphone
B. se ho l'emicrania vuol dire che ho usato troppo lo smartphone
C. a volte capita che non abbia l'emicrania pur avendo usato troppo lo smartphone
D. o uso troppo lo smartphone o mi viene l'emicrania
E. non ho l'emicrania pur avendo usato troppo lo smartphone

42) "Non esiste favola senza lieto fine". Se la precedente affermazione è FALSA, quale delle seguenti è necessariamente vera?

A. Tutte le favole hanno un lieto fine
B. Tutte le favole sono senza lieto fine
C. Nessuna favola ha un lieto fine
D. Esiste almeno una favola senza lieto fine
E. Tutte le storie con un lieto fine sono favole

43) Completa i termini mancanti della seguente proporzione:
"strumento : orchestra = x : y"

A. x = tromba; y = assolo
B. x = uccello; y = stormo
C. x = marmo; y = statua
D. x = rima; y = poesia
E. x = violino; y = suonata

44) In una scuola lavorano Amilcare, Basilio e Concetto, come bidello, professore e segretario (non necessariamente in quest'ordine). Amilcare è figlio di Concetto, ed è più basso di statura del professore. Il bidello è il più alto di statura, e non ha figli. Quale delle seguenti affermazioni è compatibile con le premesse?

A. Amilcare è il segretario, Basilio è il bidello, Concetto è il professore
B. Basilio è il segretario, Amilcare è il bidello, Concetto è il professore
C. Non è possibile attribuire esattamente a ciascuna persona il proprio ruolo
D. Concetto è il segretario, Basilio è il bidello, Amilcare è il professore
E. Amilcare è il segretario, Basilio è il professore

45) "Recenti ricerche hanno convalidato la tesi secondo la quale è impossibile negare l'esistenza di computer alimentati con l'energia solare". Qual è il corretto significato della precedente affermazione?

A. Recenti ricerche hanno confermato che esistono computer alimentati con l'energia solare
B. Recenti ricerche hanno dimostrato che non esiste alcun computer alimentato con l'energia solare
C. Recenti ricerche hanno dimostrato che esiste un solo computer alimentato con l'energia solare
D. Recenti ricerche non hanno confutato la tesi secondo la quale non è possibile confermare l'inesistenza di computer non alimentati con l'energia solare
E. Nessuna delle risposte è corretta

46) Se l'affermazione "tutte le diete fanno dimagrire" è FALSA, quale delle seguenti alternative è necessariamente vera?

A. Tutte le diete fanno ingrassare
B. Almeno una dieta fa dimagrire
C. Nessuna dieta fa dimagrire
D. Almeno una dieta non fa dimagrire
E. Alcune diete fanno ingrassare

47) In un certo mese dell'anno per 3 volte il martedì cade in una data pari del mese. In che giorno cade il 19 di quel determinato mese?

A. Giovedì
B. Martedì
C. Mercoledì
D. Venerdì
E. Sabato

48) Se A è l'insieme dei numeri pari e B è l'insieme dei multipli di 3, allora l'insieme intersezione $A \cap B$ è:

A. l'insieme dei multipli dispari di 3
B. l'insieme dei numeri dispari non divisibili per 3
C. l'insieme dei numeri pari non divisibili per 3
D. l'insieme dei multipli di 6
E. l'insieme dei multipli di 12

49) L'affermazione "non tutti gli oggetti di vetro sono prodotti a Venezia" equivale a:

A. alcuni oggetti di vetro non sono prodotti a Venezia
B. tutti gli oggetti di vetro vengono prodotti fuori Venezia
C. non tutti gli oggetti prodotti a Venezia sono oggetti di vetro
D. tutti gli oggetti di vetro sono prodotti a Venezia
E. alcuni oggetti prodotti a Venezia non sono oggetti di vetro

50) "Tutti i camerieri amano le donne bionde. Tutti gli attori vanno spesso dall'estetista. Chi ama le donne bionde va spesso dall'estetista". Se le precedenti informazioni sono vere, quale delle seguenti affermazioni è necessariamente vera?

A. Tutti i camerieri vanno spesso dall'estetista
B. Chi va spesso dall'estetista è un attore o un cameriere
C. Alcuni camerieri, che fanno anche gli attori, vanno spesso dall'estetista
D. Chi ama le donne bionde è un cameriere
E. Tutti gli attori amano le donne bionde

RISPOSTE CORRETTE

1) B	11) B	21) C	31) A	41) A
2) B	12) C	22) C	32) B	42) C
3) D	13) A	23) D	33) E	43) B
4) C	14) E	24) A	34) E	44) A
5) A	15) E	25) E	35) E	45) A
6) B	16) A	26) D	36) A	46) D
7) B	17) C	27) E	37) A	47) D
8) D	18) A	28) A	38) A	48) D
9) A	19) D	29) C	39) C	49) A
10) D	20) E	30) C	40) B	50) A

TEST 7

Comprensione del testo e conoscenza della lingua italiana

Sfruttando l'elevata capacità di modificarsi del virus, un laboratorio di Strasburgo, di cui fanno parte due ricercatori italiani, ha individuato un "mutante" in grado di portare alla morte delle cellule tumorali con bassi dosaggi di medicinali.

Usare una malattia per sconfiggerne un'altra può sembrare paradossale, ma presto potrebbe rivelarsi una nuova frontiera delle cure anti-tumore. È la pista seguita dal laboratorio Retrovirus ed evoluzione molecolare di Strasburgo, diretto da Matteo Negroni dell'Istituto di biologia molecolare e cellulare del CNRS (il Centro nazionale francese di ricerca scientifica), che ha modificato il genoma del virus ottenendo ottimi risultati nella morte delle cellule tumorali, con un dosaggio di medicinali inferiore di 300 volte rispetto a quello utilizzato nelle terapie moderne.

L'HIV presenta una caratteristica fondamentale: l'elevata capacità di mutazione. Sfruttando questa peculiarità del virus, i ricercatori ne hanno combinato il genoma, privato della sua forza infettiva, con un gene umano presente in tutte le cellule, la desossicitidina chinasi (o dCK), che funziona da "attivatore" dei medicinali antitumorali. "In questo modo – spiega Matteo Negroni – si è ottenuta una banca dati di ottanta proteine mutanti. Tra loro i ricercatori hanno poi individuato la variante con la capacità maggiore di agire sulle cellule cancerose, uccidendole anche con un basso dosaggio di medicinali".

La proteina modificata, poi, non ha bisogno di essere iniettata in tutte le cellule malate. "Basta infatti che agisca su poche di loro perché, grazie all'effetto conosciuto come bystander, si assista alla morte delle altre cellule", continua lo studioso. La ricerca, pubblicata su PLoS Genetics, apre prospettive verso un trattamento terapeutico alternativo, in grado di limitare i problemi legati alla tossicità di alcuni medicinali. Gli esperimenti, durati tre anni e guidati da un'altra ricercatrice italiana, Paola Rossolillo, sono stati effettuati solo in provetta.

"Bisognerà aspettare un anno e mezzo, forse due, per iniziare la sperimentazione preclinica sugli animali. Finanziamenti permettendo", conclude Negroni. Test sulla modificazione del virus dell'Aids potrebbero rivelarsi utili anche per la cura di altre malattie.

1) Quale delle seguenti affermazioni è vera?

A. Tutte le altre affermazioni sono vere
B. La scoperta di cui si parla nel testo è stata fatta da un'équipe di ricercatori francesi
C. Grazie alla scoperta fatta, in futuro le cure antitumorali potrebbero essere al tempo stesso più leggere e più efficaci
D. A breve inizieranno i test per verificare la validità dell'esperimento del laboratorio di Strasburgo

E. L'effetto bystander impedisce che un medicinale si propaghi e raggiunga le cellule malate

2) Quale delle seguenti alternative sintetizza meglio il modo in cui hanno proceduto i ricercatori?

A. Hanno iniziato l'analisi in laboratorio e hanno poi continuato la sperimentazione preclinica sugli animali
B. Hanno analizzato il comportamento del gene della desossicitidina al momento della somministrazione di medicinali antitumorali
C. Hanno associato il gene della dCK al genoma dell'HIV per ottenere una serie di proteine da cui estrarre quella più tossica per le cellule tumorali
D. Hanno analizzato la banca dati delle proteine mutanti dell'HIV per capire quale potesse essere più efficace nel distruggere le cellule cancerose
E. Hanno studiato l'effetto bystander per capire quante cellule potessero essere eliminate grazie alla proteina dell'HIV

3) Secondo quanto riportato nel testo:

A. i medicinali anti-tumore hanno problemi di tossicità
B. Matteo Negroni dirige uno dei laboratori di ricerca dell'ospedale di Strasburgo
C. il virus dell'Aids difficilmente potrà essere impiegato per curare altre patologie
D. la desossicitidina chinasi si trova solo in alcune cellule
E. vi sono ben ottanta proteine mutanti efficaci nell'eliminazione delle cellule cancerose

4) La proteina modificata non deve essere necessariamente inoculata in tutte le cellule cancerose perché:

A. perde di efficacia se viene inoculata numerose volte
B. in parecchi casi è più che sufficiente che agisca su poche cellule per ottenere un buon risultato
C. in alta concentrazione potrebbe riacquistare la sua forza infettiva
D. il livello di tossicità non sarebbe più tollerabile dal corpo del malato
E. l'effetto che ha sulle poche cellule in cui viene inoculata si trasmette anche alle altre

5) "Non domandarci la formula che mondi possa aprirti, sì qualche storta sillaba e secca come un ramo. Codesto solo oggi possiamo dirti, ciò che non siamo, ciò che non vogliamo". Eugenio Montale con questi versi afferma che il poeta:

A. è un superuomo della conoscenza
B. non ha alcuna risposta ottimistica
C. si sente offeso da una richiesta così pretenziosa
D. non ha intenzione di condividere con altri il suo privilegio
E. accortamente minimizza le sue competenze

6) "Si assumeva molti più compiti di quanti potesse svolgerne per sollevare i familiari dalla miseria". Qual è il significato della parola "sollevare" nella frase proposta?

A. Liberare
B. Rincuorare
C. Spostare
D. Suscitare
E. Alzare

7) "… <u>volete un esempio</u> che ha il vantaggio di essere oltre che attuale anche più didattico? La storia di un campo di prigionia è un coacervo di storie individuali non molto interessanti, storie di ognuno e di ogni giorno, esili fili d'acqua, un succedersi di atti e di pensieri

difficili da ricostruire, anche se c'è chi tiene un giornale di bordo. È anche la storia di piccoli eventi "pubblici": un'evasione, una disputa, una diceria. Anche in questo caso sarà difficile fare veramente luce sui fatti: tante teste tanti pareri, tanti testimoni tante versioni. Provate a immaginare le difficoltà per stabilire il giorno, l'ora, e il luogo, le precise responsabilità. Facilissimo, invece, ricostruirne la storia collettiva, le condizioni di vita materiali, i diversi periodi della vita morale del gruppo: periodi che si susseguono e, come tutti sappiamo, non si rassomigliano. (...) Al di là dell'evenemenziale, al di là dell'individuale è la storia dei gruppi ad offrirci un solido terreno di ricerca. In questa direzione dobbiamo convogliare i nostri sforzi".

Fernand Braudel, *Storia, misura del mondo,* Il Mulino, Bologna 1997

UNO SOLO dei titoli proposti coglie il nocciolo della tesi sostenuta da Braudel nel paragrafo citato, quale?

A. Un campo di prigionia
B. La storia evenemenziale
C. Il ruolo del caso nella storia
D. La storia come scienza sociale
E. I documenti e lo storico

8) Mal di test

"Il suo colore preferito?", chiede una delle tante domande del test. (...) I questionari, d'ogni genere, si moltiplicano e arrivano da ogni parte; (...). Non è il caso di deplorare il fenomeno con la patetica predica sulla parcellizzazione della vita e dell'individuo nella società contemporanea; rispondere a test era un gioco non disdegnato da scrittori come Proust e Thomas Mann, che è difficile accusare di superficialità. (...) Anche se le domande sono numerose, si pensa di sbrigarle rapidamente, sia perché le risposte devono essere telegrafiche sia perché si è persuasi di avere idee, opinioni, gusti, convinzioni, amori, odi, pensieri. (...) Ma invece, sin dai primi passi, si annaspa. Come si fa a indicare il poeta preferito? Leopardi o Baudelaire? Già in quest'alternativa c'è una violenza invadente, o forse questa è una nobile scusa per la propria irresolutezza. Anche considerando – ma è un modo per trarsi un po' d'impaccio – fuori categoria Dante o Shakespeare, come autori per i quali la definizione di poeta è troppo restrittiva, altri si affollano subito, legittimi e imperiosi; lasciar fuori Petrarca è un disagio troppo grande, (...) E gli scrittori? Due – indiscutibili – sono due non scrittori, due entità sovrapersonali e plurime, lo Spirito Santo e Omero, se è vero che hanno scritto la Bibbia e l'Iliade e l'Odissea. Ma gli altri? È subito una gran confusione, come in certi pasticci sentimentali in cui si finisce per non sapere chi si ama di più e non si sa che pesci pigliare. (...) Sino a questo punto si tratta, tutt'al più, di una patologica indecisione critica o di una incoercibile ma felice vocazione poligamica; forse è bene non saper scegliere fra chi si ama, è certo giusto non scegliere tra i propri figli, anche se ne hanno cento come Priamo. Le cose saranno certo più chiare per quel che riguarda non la finzione letteraria, bensì la vita, la realtà; uno saprà certo dire cosa ama, odia, tiene o desidera di più, i luoghi che preferisce e quelli che aborre. (...) Man mano che si prosegue nel questionario, si è risucchiati in un vortice di incertezza; non sono tanto le idee, i gusti, le predilezioni a traballare, quanto lo stesso io chiamato a declinarli, che si sente improvvisamente astratto, irreale (...) Come si può dunque osare indicare, nella risposta alla domanda numero 16, il tratto principale del proprio carattere, se quelle botte e risposte fanno anzitutto dubitare di avere un carattere? L'io si frantuma e le sue qualità svaporano. Non si può farne una colpa alla computerizzazione che governa il mondo. Quella logica non snatura la vita, come protestano i nostalgici del buon tempo antico, ma ne dice forse la verità, mette a nudo il meccano di cui siamo fatti (...) Il gesto di narrare crea, finge e costruisce un'identità, mentre chi risponde ai test sente di perderla, come un accusato dinanzi al poliziotto o al giudice che lo interroga".

Claudio Magris, *Utopia e disincanto*, Garzanti, Milano 2001

UNA SOLA delle osservazioni sullo scritto di Magris è correttamente DEDOTTA dal testo. Quale?

A. È evidente che tra i poeti e gli scrittori Magris ama Leopardi e Baudelaire, Omero, Virgilio e Dante
B. La logica del nostro mondo computerizzato non rispetta l'originalità dell'individuo del quale disgrega l'unità naturale
C. Il compilare un questionario agli scrittori di qualche valore è sempre sembrato un gioco poco serio, da intellettuali superficiali e disoccupati
D. Se è difficile scegliere tra le letture predilette, non lo è meno scegliere tra le persone, gli oggetti e gli eventi in mezzo a cui viviamo
E. Rispondere ai test, come il narrare storie, mette a rischio di disperdersi e di trasferire la propria identità nella propria opera

Le pietre di Venezia

Da che il dominio degli uomini fu per la prima volta affermato sull'oceano, tre troni, di importanza superiore di gran lunga a tutti gli altri, furono imposti alle sue sabbie: i troni di Tiro, di Venezia e di Inghilterra.
Della prima di queste grandi potenze rimane solo la memoria; della seconda, la rovina; la terza, che è erede della loro grandezza, se pure è dimentica del loro esempio, potrà esser tratta, attraverso una supremazia più superba, a una distruzione meno compianta. L'esaltazione, la colpa e la punizione di Tiro, sono state tramandate alla memoria, per noi, nelle parole forse più commoventi che mai pronunciarono i profeti di Israele contro le città dello straniero.
Ma noi le leggiamo come una soave melodia e chiudiamo l'orecchio al rigore del loro ammonimento, perché proprio la profondità della caduta di Tiro ci ha resi ciechi alla sua realtà, e noi scordiamo, quando guardiamo le sue rocce che biancheggianofra il sole e il mare, che esse furono un giorno "come nell'Eden, il giardino di Dio".
Quella che le succedette, simile a lei in perfezione di bellezza, sebbene fu minore la durata del suo dominio, è ancora lasciata alla nostra contemplazione nell'ultimo periodo del suo declinare: uno spettro sulle sabbie del mare, così debole, così quieta, così spoglia di tutto, tranne che della sua grazia, che si potrebbe dubitare, nel riguardare il suo pallido riflesso nello specchio della laguna, quale sia la città e quale l'ombra.
Io vorrei tentare di tracciar le linee di quest'immagine prima che vada per sempre perduta; e ricordare, per quanto io sappia, l'esortazione che mi sembra sia formulata da ognuna delle onde che salgono veloci e picchiano, come campane a morto, contro le Pietre di Venezia.

Sarebbe difficile esagerare il valore delle lezioni che possono esser tratte da uno studio fedele della storia di questa città potente e strana: una storia che, nonostante la fatica di innumerevoli cronisti, rimane ancora in una linea vaga e discutibile, solcata di luce e ombra, come la sponda lontana del suo mare, dove i frangenti sui banchi di sabbia si confondono col cielo. Sarà difficile che le ricerche che dovremo iniziare rendano più chiara questa linea, ma i loro risultati ne altereranno in certa misura l'aspetto; e presentano un interesse di un grado assai maggiore di quello che normalmente si addica a ricerche architettoniche.

Io potrei, forse, fin da principio e in poche parole, rendere il lettore normale capace di formarsi un'idea dell'importanza di ogni espressione esistente del carattere veneziano attraverso l'arte veneziana, e dell'ampiezza di interesse compreso dalla vera storia di Venezia, assai più chiara di quella che egli potrebbe aver raggranellato dalle favole sul suo mistero e sulla sua magnificenza. Venezia è concepita solitamente come una oligarchia: essa fu tale durante un periodo minore di metà della sua esistenza, inclusi i giorni della decadenza; ed è una delle prime questioni che dobbiamo seriamente esaminare, se quella decadenza fosse dovuta in qualche modo al mutamento della sua forma di governo, o piuttosto – come certamente lo fu in gran parte – a mutamenti nel carattere delle persone che lo componevano.

Lo Stato di Venezia esistette per milletrecentosettantasei anni, dalla prima fondazione di un governo consolare sull'isola di Rialto, al momento in cui il generale in capo dell'armata francese in Italia dichiarò la repubblica veneta cosa del passato.

Di questo periodo, duecentosettantasei anni trascorsero in una soggezione nominale alle città dell'antica Venezia, specialmente a Padova, e in una agitata forma di democrazia, i cui poteri esecutivi pare siano stati affidati a tribuni, scelti ciascuno fra gli abitanti di ciascuna delle isole principali.

Per seicento anni, durante i quali la potenza di Venezia era in continuo accrescimento, il suo governo fu una monarchia elettiva, poiché il suo re, o doge, possedeva, almeno nei primi tempi, altrettanta autorità indipendente quanto qualsiasi altro sovrano europeo, autorità che fu, però, gradatamente assoggettata a limitazioni, e ristretta quasi quotidianamente nelle sue prerogative, mentre cresceva in un'ombra di inetta magnificenza.

L'ultimo governo dei nobili, sotto la parvenza di un re, durò per cinquecento anni, durante i quali Venezia maturò i frutti delle sue energie precedenti, li consumò e spirò.

9) La potenza di Tiro:

A. non fu di esempio
B. è solo un ricordo
C. è l'erede del trono di Venezia
D. fu superiore a tutte le altre
E. è in stato di rovina

10) La storia di Venezia:

A. presenta ancora lati poco conosciuti
B. è stata scritta in modo esaustivo
C. è stata raccontata da pochi cronisti
D. non è esauriente sulle origini
E. non pone più alcun problema

11) La "grazia" di Venezia:

A. è un'immagine spettrale
B. rappresenta la quieta bellezza della città
C. è un riflesso pallido della laguna
D. non è un'ombra
E. è ciò che resta del suo declinare

12) La questione della decadenza di Venezia:

A. dipende solo dal governo oligarchico
B. è attribuibile in buona misura al carattere (mutato) dei governanti
C. è già stata ampiamente indagata

D. riguarda un periodo pari a quasi tutta la sua storia
E. non deve essere chiarita

13) L'autorità del doge:

A. non subì mai limitazioni
B. crebbe costantemente e senza ombre
C. fu superiore a quella degli altri sovrani europei
D. nel tempo vide una restrizione delle prerogative
E. non era indipendente

L'ideale della certezza

La scienza non è un sistema di asserzioni certe, o stabilite una volta per tutte, e non è neppure un sistema che avanzi costantemente verso uno stato definitivo. La nostra scienza non è conoscenza (*episteme*): non può mai pretendere di aver raggiunto la verità, e neppure un sostituto della verità, come la probabilità.
Non sappiamo, possiamo solo tirare a indovinare. E i nostri tentativi di indovinare sono guidati dalla fede non scientifica, metafisica (se pur biologicamente spiegabile) nelle leggi, nelle regolarità che possiamo svelare, scoprire. Come Bacone, potremmo descrivere la nostra scienza contemporanea – il «metodo di ragionamento che oggi gli uomini applicano ordinariamente alla natura» – come consistente di «anticipazioni, affrettate e premature» e di «pregiudizi».
Ma queste congetture meravigliosamente immaginative e ardite, o anticipazioni, sono controllate accuratamente e rigorosamente da controlli sistematici. Una volta avanzata, nessuna delle nostre «anticipazioni» viene sostenuta dogmaticamente. Il nostro metodo di ricerca non è quello che consiste nel difenderle, per provare quanta ragione avessimo. Al contrario, tentiamo di rovesciarle. Usando tutte le armi della nostra armeria logica, matematica e tecnica, tentiamo di provare che le nostre anticipazioni erano false, allo scopo di avanzare, in loro luogo, nuove anticipazioni ingiustificate e ingiustificabili, nuovi «pregiudizi affrettati e prematuri», per usare l'espressione denigratoria con cui li chiama Bacone. È possibile interpretare più prosaicamente le strade percorse dalla scienza. Si potrebbe dire che il progresso può «...aver luogo, solo in due modi: raccogliendo nuove esperienze percettive e organizzando meglio quelle già a nostra disposizione». Ma questa descrizione del progresso scientifico, pur non essendo di fatto falsa, sembra fuori bersaglio. Risente troppo di reminescenze dell'induzione baconiana: suggerisce troppo da vicino l'industriosa raccolta degli «innumerevoli grappoli, ubertosi e maturi», da cui Bacone si aspettava di veder fluire il vino della scienza: ricorda troppo il mito baconiano di un metodo scientifico che parte dall'osservazione e dall'esperimento e di qui procede alle teorie (tra l'altro, questo metodo leggendario ispira ancor oggi alcuni degli scienziati più moderni, che tentano di praticarlo, per via della credenza predominante secondo cui si tratterebbe del metodo della fisica sperimentale).
Il progresso della scienza non è dovuto al fatto che, coll'andar del tempo, si accumulano esperienze percettive in numero sempre maggiore. E non è dovuto al fatto che facciamo un uso sempre migliore dei nostri sensi. Per quanto industriosamente le raccogliamo e le scegliamo, da esperienze sensibili non interpretate non potremo mai distillare la scienza. I soli mezzi a nostra disposizione per interpretare la natura sono le idee ardite, le anticipazioni ingiustificate e le speculazioni infondate: sono il solo organo, i soli strumenti di cui disponiamo. E per guadagnare il nostro premio dobbiamo

azzardarci ad usarli. Quelli tra noi che non espongono volentieri le loro idee al rischio della confutazione non prendono parte al gioco della scienza.

Anche il controllo sperimentale delle nostre idee, sobrio e accurato, è a sua volta ispirato da idee; l'esperimento è azione pianificata, ciascun passo della quale è guidato dalla teoria. Non per caso andiamo a inciampare nelle nostre esperienze; e neppure le lasciamo scorrer su di noi, come una corrente. Invece, dobbiamo essere attivi: dobbiamo «fare» le nostre esperienze. Siamo sempre noi a formulare le questioni da porre alla natura: siamo noi a tentare sempre di nuovo di porre queste questioni, in modo da ottenere un «sì» o un «no» ben chiari (perché la natura non ci dà una risposta, se non facciamo pressione per ottenerla). E alla fine, siamo ancora noi a dare la risposta: siamo noi che, dopo esami severi, decidiamo la risposta alla domanda che abbiamo posto alla natura, dopo lunghi e seri tentativi di ottenere dalla natura un «no» non equivoco.

Il vecchio ideale scientifico dell'episteme – della conoscenza assolutamente certa, dimostrabile – si è rivelato un idolo.

L'esigenza dell'oggettività scientifica rende ineluttabile che ogni asserzione della scienza rimanga necessariamente e *per sempre allo stato di tentativo.* È bensì vero che un'asserzione scientifica può essere corroborata, ma ogni corroborazione è relativa ad altre asserzioni che a loro volta hanno natura di tentativi. Possiamo essere «assolutamente certi» solo nelle nostre esperienze soggettive di convinzione, nella nostra fede soggettiva.

Con l'idolo della certezza (compreso quello dei gradi di certezza imperfetta, o probabilità) crolla una delle linee di difesa dell'oscurantismo, che sbarrano la strada al progresso scientifico. Perché la venerazione che tributiamo a quest'idolo è d'impedimento non solo all'arditezza delle nostre questioni ma anche al rigore dei nostri controlli.

La concezione sbagliata della scienza si tradisce proprio per il suo smodato desiderio di essere quella giusta. Perché non il possesso della conoscenza, della verità irrefutabile, fa l'uomo di scienza, ma la ricerca critica, persistente e inquieta, della verità.

14) La funzione della scienza:

A. si risolve nella sua utilità pratica
B. sta nel fornire assolute certezze
C. è la difesa delle teorie
D. è essenzialmente critica
E. consiste nel registrare ciò che l'esperienza offre

15) Una passata concezione di episteme:

A. è sempre raggiungibile con un buon metodo
B. consiste nell'affermare una verità probabile
C. porta facilmente al dogmatismo
D. non ha carattere scientifico ma metafisico
E. permette alla scienza di progredire

16) Le teorie sono:

A. l'esito di esperimenti
B. il risultato di procedure induttive
C. il risultato di deduzione da assiomi
D. generalizzazioni improprie
E. il frutto di anticipazioni e congetture

17) Il controllo sperimentale:

A. è una costruzione puramente soggettiva
B. non è una passiva constatazione
C. può soltanto confermare le teorie
D. raccoglie le risposte spontanee della natura
E. è sempre indipendente dalle idee

18) L'accumulo di esperienze:

A. non è il vero motore del progresso scientifico
B. serve per individuare le soluzioni probabili
C. costituisce la base delle deduzioni
D. vale senza bisogno di interpretazione
E. impedisce di fare ipotesi accettabili

19) "I Sumeri furono i creatori del primo sistema di scrittura della storia. I segni erano tracciati con uno stilo di legno su tavolette di argilla ancora fresche". Qual è il significato della parola "stilo" nella frase proposta?

A. Asticella di legno appuntita all'estremità
B. Pugnale di ferro
C. Coltello appuntito
D. Penna
E. Osso appuntito all'estremità

Il viaggio della sonda europea Venus Express sta per concludersi. Dopo 153 giorni e 400 milioni di chilometri di volo, domani, intorno alle 8.03 ora italiana, la navicella inizierà la delicatissima sequenza di manovre per farsi catturare dalla forza di gravità di Venere, nella cui orbita entrerà circa un'ora e mezza dopo. In quel momento, Venus Express (o Vex, come la chiamano più familiarmente gli scienziati dell'Esa, l'agenzia spaziale europea) si troverà a 120 milioni di chilometri dalla Terra; ancora qualche giorno per raggiungere la cosiddetta "orbita operativa", e la sua missione scientifica avrà ufficialmente inizio. E forse non è un caso che questo avvenga proprio in aprile, il mese che gli antichi romani dedicavano alla dea dell'amore, così come non è casuale che sull'ogiva del razzo Soyuz-Fregat che ha lanciato Vex fosse riprodotta la Venere di Botticelli: un giusto omaggio al pianeta che più di ogni altro fa parte dell'immaginario dell'umanità fin dall'antichità. Ma a dispetto della sua fama, dei millenni di osservazioni (è il pianeta più vicino alla Terra e il più facile da vedere a occhio nudo) e delle sedici sonde spaziali che l'hanno già visitato, Venere è ancora in gran parte un mistero. Un mistero, per giunta, trascurato, poiché Vex è la prima sonda che torna a studiarlo dopo quindici anni di assenza, e ha il compito di trovare le risposte a moltissimi enigmi. I più importanti riguardano le dinamiche dell'atmosfera venusiana, un'infernale mistura composta per oltre il 96 per cento da anidride carbonica, dominata negli strati superiori da una coltre di nubi di acido solforico così spessa da risultare impenetrabile alle osservazioni ottiche. Sono queste nubi, che intrappolano il calore solare, le responsabili dello spaventoso effetto serra di Venere, la cui temperatura media si avvicina ai 500 gradi centigradi. Che cosa accada esattamente al loro interno, però, non si sa, e gli scienziati vorrebbero proprio capire che cosa ha reso così differente dalla Terra un pianeta che per molti altri versi è tanto simile al nostro da essere considerato quasi il suo gemello. Così come si ignora quali processi diano vita, per esempio, a due giganteschi vortici polari e al fenomeno della "super rotazione": lo strato più esterno delle nubi è scosso da venti che soffiano alla pazzesca velocità di 100 km al secondo, facendo ruotare completamente l'atmosfera intorno al pianeta in appena quattro giorni. Con i suoi sette strumenti, due dei quali di concezione e fabbricazione completamente italiane, Vex è particolarmente ben attrezzata per svelare questi misteri. Strumenti, inoltre, realizzati in breve tempo e a un costo relativamente basso (la missione costa in tutto 220 milioni di euro), poiché si tratta di apparecchiature già progettate per altre missioni spaziali europee, e adattate alle condizioni di Venere. L'ingresso di Vex nell'orbita venusiana segna anche una tappa importante di uno dei momenti più felici dell'esplorazione umana del sistema solare. Mentre il presente del volo umano è ancora segnato dai problemi degli Shuttle (il prossimo sarebbe dovuto partire a maggio, ma il lancio è stato rimandato all'estate), le missioni robotizzate verso i pianeti sono infatti sempre più numerose. E con l'arrivo di Venus Express in pratica non c'è angolo del sistema solare che non abbia ricevuto, o sia sul punto di ricevere, una visita dalla Terra. Intorno, e sopra, Marte ci sono ben cinque tra sonde e robot; a Saturno e al suo satellite Titano ci sta pensando la sonda Cassini, che, strada facendo, ha incontrato e studiato Giove, mentre il remotissimo Plutone è la destinazione della sonda New Horizons, partita lo scorso gennaio. Asteroidi e comete sono gli obiettivi di missioni come Near e Deep Impact, della Nasa, e Rosetta, dell'Esa, e il Sole è oggetto di studio della sonda Soho già da 10 anni. Neanche la Luna è stata trascurata: l'agenzia spaziale europea la sta riprendendo in dettaglio con la sonda Smart 1. E sarà sempre l'Europa, ma tra qualche anno, a inviare verso Mercurio la missione BepiColombo, confermandosi grande protagonista di questa nuova stagione di esplorazioni spaziali.

20) Nel brano si parla della "super rotazione", cioè del fenomeno per cui:

A. ben cinque robot stanno ruotando intorno a Marte
B. l'atmosfera di Venere ruota in soli 4 giorni
C. lo Shuttle ha problemi tecnici nel ruotare in orbita intorno a Venere
D. la nuova sonda ruota intorno a Venere a 100 km al secondo
E. i poli di Venere ruotano uno più velocemente dell'altro

21) Secondo il brano, la missione di Vex costa relativamente poco perché:

A. utilizza strumenti progettati per altre operazioni spaziali
B. Venere ha condizioni adatte ai suoi strumenti
C. realizzata con manodopera e materiali di fattura cinese
D. i forti venti di Venere favoriscono lo spostamento della sonda
E. Venere è il pianeta più vicino alla Terra

22) Quali sono gli apporti dell'Italia alla missione spaziale oggetto del brano?

A. Sette strumenti di Vex sono stati progettati e prodotti in Italia
B. Vex è stata lanciata da un razzo italiano
C. La missione inizia in aprile, mese dedicato dai romani alla dea dell'amore
D. Due dei sette strumenti di Vex sono stati progettati e prodotti dagli Italiani
E. Vex porta su Venere la riproduzione della Venere di Botticelli

Se è vero che le differenze dovute alla lingua, all'appartenenza etnica e alla religione sono significative, non bisogna dimenticare altri elementi che costituiscono altri tipi di diversità: l'età, il genere, l'accesso alla formazione e all'informazione, la relazione con il mondo della produzione (l'identità, ad esempio, di un disoccupato non è la stessa di quella di un lavoratore con impiego), l'accesso alle cure mediche, il diritto alla retribuzione, il tipo di ambiente nel quale si vive, il grado di libertà di movimento che si possiede (il cittadino libero di circolare e il detenuto), l'handicap ecc. Tali differenze indicano anche la complessità dell'appartenenza di un determinato gruppo o di un individuo a questo insieme di diversità. Spesso la diversità percepita è solamente quella dell'uomo e della donna e non quella della natura. Com'è possibile constatare le violenze compiute sugli uomini nella loro specificità e nella loro varietà, allo stesso modo è possibile anche osservare che la natura ha subito e subisce ancora violenze inaudite che riguardano le sue diversità. Come per l'uomo anche per la natura, le giustificazioni sono basate sulla razionalità economica. La violenza dell'uomo nei confronti della natura ha conseguenze nefaste per l'uomo stesso. Non solo c'è una progressiva disparità di lingue, ma anche di creature animali e vegetali. Attraverso le manipolazioni transgeniche e la clonazione, la natura tende a essere uniformata e con essa gli esseri umani che vivono e lavorano nell'ambito del mondo animale e vegetale. Talvolta non esiste possibilità di ripensamento perché sono state distrutte ormai le specie naturali. Gli allevatori e i coltivatori non hanno più la possibilità né il piacere di seguire una riproduzione animale e vegetale naturale. Oltre le manipolazioni, la globalizzazione significa la distruzione dei patrimoni naturali senza alcuna preoccupazione di riprodurre ciò che è stato distrutto. Numerosi Stati nazionali attirano, ricevono e accettano le multinazionali e le loro "leggi" senza avere diritto d'intervento per stabilire con loro un capitolato d'oneri. La natura è composta di terre e di acque (oceani, mari, fiumi, laghi), con ricchezza di fauna e flora. Il loro sfruttamento, accelerato dalla globalizzazione, significa anche la progressiva distruzione dei patrimoni acquatici e di alcune specie. Se il controllo ecologico delle terre emerse è difficile, ancora più arduo risulta quello concernente le distese acquatiche che, in estensione, superano l'area terrestre.

23) Per quale ragione risulta particolarmente complesso il controllo ecologico delle distese acquatiche?

A. A causa degli interessi economici delle multinazionali
B. A causa della mancanza di una cultura che educhi alla salvaguardia dei patrimoni acquatici
C. A causa della loro estensione
D. A causa della loro diversità faunistica
E. A causa della vastità della loro flora

24) L'autore nel brano afferma che la globalizzazione:

A. rende i mercati nazionali interdipendenti
B. rispetta gli ecosistemi
C. favorisce lo sviluppo economico dei Paesi arretrati
D. è responsabile della distruzione dei patrimoni naturali
E. tende ad esaltare le differenze linguistiche, etniche e religiose

25) In base a quanto riportato nel brano, quale effetto nefasto producono le manipolazioni transgeniche e la clonazione sulla natura e sull'uomo?

A. Sterminio delle creature più deboli
B. Salvaguardia delle specificità presenti in natura
C. Un rapporto conflittuale uomo-natura
D. Omogeneità standardizzata
E. Eterogeneità

26) Nel brano si afferma che le violenze perpetrate sull'uomo e sulla natura derivano da ragioni:

A. economiche
B. scientifiche

C. religiose
D. politiche
E. indecifrabili

27) La doppia elica

Quando la mattina dopo entrai nello studio ancora vuoto, spazzai via tutte le carte dalla scrivania, in modo da avere un'ampia superficie libera su cui formare coppie di basi tenute insieme da legami idrogeno. Da principio mi ostinai con la mia formula del "simile con simile" ma poi mi accorsi che non mi avrebbe veramente mai condotto in porto. Quando entrò Jerry [Donohue, un cristallografo americano che lavorava nel mio laboratorio], alzai la testa, vidi che non era Francis e cominciai a spostare le basi avanti e indietro, secondo altre possibilità di accoppiamento. Improvvisamente notai che una coppia adenina-timina, tenuta insieme da due legami idrogeno, era identica nella forma a una coppia guanina-citosina tenuta insieme da almeno due legami idrogeno. Tutti i legami sembravano formarsi spontaneamente; non occorrevano artifici per ottenere i due tipi di coppie della stessa forma. Subito chiamai Jerry per chiedergli se avesse obiezioni da muovere alle nuove coppie di basi. Quando mi rispose di no, il mio morale balzò alle stelle: ora mi sembrava di aver finalmente afferrato la ragione del perché il numero dei residui di purina uguagliasse esattamente il numero dei residui di pirimidina. Due sequenze irregolari di basi potevano inserirsi regolarmente al centro di un'elica, se ogni purina si legava sempre mediante l'idrogeno con una pirimidina. Inoltre, la necessità del legame idrogeno significava che l'adenina si sarebbe sempre accoppiata alla timina, mentre la guanina poteva accoppiarsi solo con la citosina. Di colpo le regole di Chargaff mi apparvero la conseguenza logica di una struttura a doppia elica. Ma soprattutto, questo tipo di doppia elica suggeriva uno schema di duplicazione molto più soddisfacente dell'accoppiamento "simile con simile". L'appaiamento costante dell'adenina con la timina e della guanina con la citosina significava che le sequenze delle basi delle due catene intrecciate erano complementari l'una all'altra. Data la sequenza di una catena, risultava automaticamente determinata quella dell'altra. Era quindi facile immaginare concettualmente come ogni singola catena potesse essere lo stampo per la sintesi di una catena con la sequenza complementare. Francis non era ancora entrato dalla porta che mi precipitai ad annunciargli la vittoria. Per principio rimase scettico ancora qualche minuto, ma poi l'analogia formale delle coppie A-T e G-C travolse i suoi ultimi dubbi. Si mise subito a spostare e a riunire le basi in diversi modi, senza però scoprire un'altra via di soddisfare le regole di Chargaff. Pochi minuti dopo individuò il fatto che due legami glicosidici di ogni coppia di basi venivano sistematicamente correlati da un asse perpendicolare all'asse dell'elica. Perciò le due coppie potevano venire ribaltate eppure mantenere i legami glicosidici rivolti nella stessa direzione. Ne derivava l'importante conseguenza che una data catena poteva contenere sia purine sia pirimidine. E al tempo stesso veniva da pensare che gli scheletri delle due catene corressero in direzioni opposte.

Tratto da *"La doppia elica"*
di James Watson, 1968
(edizione italiana, Garzanti)

Quale delle seguenti caratteristiche del DNA possono essere desunte dalla lettura del brano precedente?

A. Le due catene del DNA sono corrispondenti

B. La sequenza delle basi azotate è colineare con la sequenza degli amminoacidi
C. Ogni catena della doppia elica contiene lo stesso numero di purine e pirimidine
D. Le due catene del DNA sono antiparallele
E. Adenina e timina sono unite da un numero variabile di legami idrogeno

Organismi e ambiente

L'ecologia è la scienza che studia le interazioni tra gli organismi e l'ambiente. Quando si parla di ambiente ci si riferisce tanto alle caratteristiche abiotiche, cioè all'ambiente fisico e chimico, quanto alla componente biotica, formata da tutti gli organismi che vivono nella medesima area. Ogni organismo durante la sua vita interferisce con l'ambiente modificandolo e rendendolo quindi più adatto o meno adatto per sé e per altri organismi. Un esempio può essere costituito dal movimento attraverso il terreno di un lombrico che ingerisce sedimento con determinate caratteristiche, per trarne nutrimento, e lo espelle completamente modificato dal passaggio nel proprio tubo digerente. La sua attività permette all'ossigeno di penetrare più profondamente nel terreno, agevolando od ostacolando l'esistenza di altri organismi. Ciascun individuo ha una serie di possibilità di interagire con le varie componenti dell'ambiente che lo circonda; in condizioni analoghe le interazioni degli individui con l'ambiente avvengono con modalità ricorrenti. L'ecologia studia non solo come si attuano e di che tipo sono queste interazioni, ma cerca anche di definire quali possano essere le modalità ricorrenti che si verificano e quali leggi le governino. Questi fenomeni vengono studiati a diversi livelli di organizzazione biologica: quello di organismo, di popolazione, di comunità. Una popolazione è costituita da un gruppo di organismi della stessa specie (in grado quindi di incrociarsi fra di loro dando origine a prole fertile) che occupano una determinata area. Una specie può essere formata da diverse popolazioni ciascuna delle quali vive in un habitat differente. Una comunità è un insieme di popolazioni, appartenenti a specie differenti, che vivono in un determinato habitat fisico, fra le quali si vengono a instaurare rapporti di interrelazione. L'ecosistema, a sua volta, è l'entità costituita dagli organismi viventi presenti in una determinata area (la comunità) e dall'ambiente fisico circostante, fra cui si vengono a creare interazioni reciproche. In un ecosistema si può distinguere la componente autotrofa da quella eterotrofa; gli autotrofi sono in grado di trasformare sostanze inorganiche (ad esempio CO_2) in sostanze organiche che entrano a costituire la biomassa (ad esempio carboidrati); il processo con cui gli autotrofi trasformano la sostanza inorganica in biomassa prende il nome di produzione primaria. La produzione primaria può avvenire per fotosintesi (da parte ad esempio delle piante verdi) o per chemiosintesi (da parte ad esempio di batteri come i solfobatteri) a seconda che l'energia che permette lo svolgimento del processo sia rispettivamente energia solare o energia derivata da reazioni chimiche; gli organismi animali, che non sono in grado di attuare processi di questo tipo e che quindi dipendono da sostanza organica precostituita dagli autotrofi, sono detti eterotrofi.

28) Quale di queste affermazioni è corretta?

A. Gli organismi autotrofi dipendono dalla sostanza organica prodotta dagli organismi eterotrofi

B. I batteri chemiosintetici sono in grado di produrre biomassa tramite fotosintesi
C. Le piante superiori sono in grado di produrre biomassa mediante processi di produzione primaria chemiosintetica
D. La principale fonte di carbonio per gli organismi autotrofi è costituita dai carboidrati
E. La chemiosintesi è un processo di produzione primaria

29) Quale di queste affermazioni è corretta?

A. Il lombrico scavando nel sedimento produce ossigeno
B. Il lombrico modifica il terreno con la sua attività e favorisce la sua aerazione
C. Il canale digerente di un lombrico è dotato di un'unica apertura
D. L'alimentazione del lombrico riduce l'ossigeno nel terreno
E. Il lombrico striscia sul terreno dove cattura gli animali di cui si nutre

30) Molto frequenti, soprattutto nelle donne, che in un 20-30% ne soffrono almeno una volta nella vita, le infezioni urinarie costituiscono un gruppo complesso di situazioni patologiche. Talora isolate, ma non di rado recidivanti o persistenti, sono spesso asintomatiche. Anche se sono sintomatiche e molto fastidiose, sono in genere prive di reale importanza clinica: nella maggioranza dei casi l'infezione resta confinata alla vescica, senza conseguenze importanti per l'organismo. Ma questa non è purtroppo la regola: per quanto in una percentuale di casi ridotta, possono infatti essere gravi, sino a richiedere un ricovero ospedaliero. In casi sfortunati può essere interessato il rene, con infezioni acute o croniche che possono causare danni irreversibili. Nel soggetto sano, le urine prelevate direttamente dalla vescica non contengono batteri. Durante la minzione spontanea avviene in genere una contaminazione delle urine, principalmente per contatto con le mucose del tratto più distale dell'uretra, canale che collega la vescica con l'esterno, e che è fisiologicamente colonizzata da batteri. La presenza di batteri nelle urine non è quindi sufficiente a far porre diagnosi di infezione urinaria. Nella pratica medica, per superare questo ostacolo, importante soprattutto nei casi asintomatici, si ricorre d'abitudine al cosiddetto conteggio batterico, in grado di discriminare contaminazione e batteriurie di reale significato clinico. In base ad un'ampia e consolidata esperienza si ritiene che, di massima, possa essere significativa la presenza di almeno 100.000 batteri per millimetro cubo di urina.

Delle seguenti affermazioni UNA sola NON CONSEGUE con quanto riferito nel testo.

A. Tra i giovani le donne sono più esposte alle infezioni urinarie degli uomini
B. La presenza di un conteggio batterico di 10.000 batteri per mL non è di per sé significativo per una diagnosi di infezione urinaria
C. Il conteggio batterico è un test fondamentale per diagnosticare le infezioni urinarie
D. Non si può porre diagnosi di infezione urinaria in assenza di sintomi clinici
E. Le urine dei soggetti sani inviate in laboratorio contengono d'abitudine un certo numero di batteri

Conoscenze e competenze acquisite negli studi

31) Individuare, tra le alternative proposte, quella che completa correttamente la frase. "I verbi _____ si definiscono così perché, oltre ad avere funzione autonoma, si usano per "aiutare" gli altri verbi nella coniugazione delle forme dei tempi composti".

A. ausiliari
B. riflessivi
C. difettivi
D. impersonali
E. fraseologici

32) Quale dei seguenti avvenimenti si colloca cronologicamente tra la rivolta ungherese e la primavera di Praga?

A. L'assassinio a Dallas del presidente americano John Kennedy
B. La guerra del Kosovo
C. La "Notte dei lunghi coltelli" in Germania
D. Morte di Mao Tse-tung
E. Morte di Palmiro Togliatti

33) Individuare, tra le alternative proposte, quella che completa correttamente la frase seguente: "La scienza che studia la costituzione, la struttura e l'evoluzione della crosta terrestre è la: _____".

A. Vulcanologia
B. Geotermia
C. Geodesia
D. Geologia
E. Geometria

34) Il Presidente della Repubblica può, in casi eccezionali, abrogare la Costituzione?

A. Sì, ma solo dopo tre anni di mandato
B. Sì, ma solo se è stato eletto per la seconda volta
C. Sì
D. No
E. Sì, ma limitatamente alla Parte I del testo costituzionale

35) Individuate l'esatta successione cronologica dei presidenti del Consiglio italiani del primo dopoguerra.

A. Giolitti, Nitti, Bonomi, Facta, Mussolini
B. Nitti, Giolitti, Salandra, Bonomi, Mussolini
C. Vittorio Emanuele Orlando, Nitti, Giolitti, Bonomi, Facta, Mussolini
D. Giolitti, Turati, Bonomi, Mussolini, Facta
E. Vittorio Emanuele Orlando, Nitti, Zanardelli, Facta, Mussolini

36) Determinare la pianta della chiesa in figura.

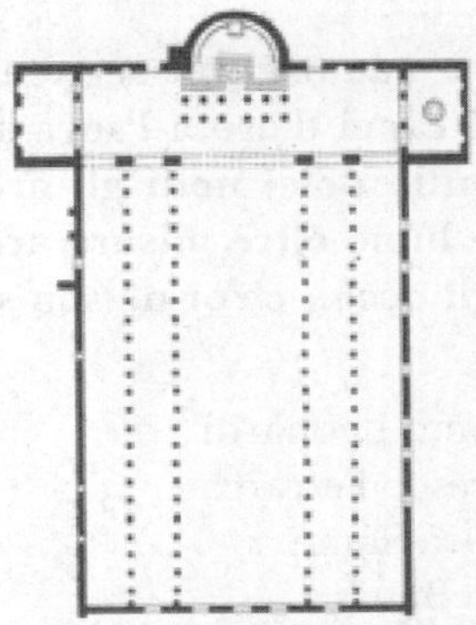

A. Croce latina, 5 navate con transetto absidato
B. Croce greca, 5 navate con transetto
C. Croce greca, 3 navate con transetto
D. Croce latina, 3 navate senza transetto
E. Croce latina, 5 navate con transetto

37) UNO SOLO dei seguenti abbinamenti libro/autore è CORRETTO. Individuatelo:

A. Le città invisibili – Italo Calvino
B. La montagna incantata – Hans Christian Andersen

C. Vino e pane – Leonardo Sciascia
D. Oceano mare – Jacques Cousteau
E. La fattoria degli animali – Konrad Lorenz

38) L'art. 84 della Costituzione della Repubblica Italiana recita: "Può essere eletto Presidente della Repubblica ogni cittadino che abbia compiuto _____ anni di età e goda dei diritti civili e politici. L'ufficio di Presidente della Repubblica e incompatibile con qualsiasi altra carica. L'assegno e la dotazione del Presidente sono determinati per legge". Quale fra le seguenti proposte completa correttamente l'articolo?

A. Quarantacinque
B. Quaranta
C. Cinquanta
D. Venticinque
E. Cinquantacinque

39) Chi è l'autore dei seguenti versi? "Erano i capei d'oro a l'aura sparsi, / che 'n mille dolci nodi gli avolgea, / e 'l vago lume oltre misura ardea / ei quei begli occhi, ch'or ne son sì scarsi, / (...)".

A. Giacomo Leopardi
B. Francesco Petrarca
C. Gaspara Stampa
D. Pietro Bembo
E. Dante Alighieri

40) Indicate, tra le seguenti alternative, quella che propone gli abbinamenti corretti tra i nomi degli autori e i titoli delle rispettive opere.

1. Leonardo Sciascia – a) I sommersi e i salvati
2. Pier Paolo Pasolini – b) Il giorno
3. Giuseppe Parini – c) Il nome della rosa
4. Primo Levi – d) Il giorno della civetta
5. Umberto Eco – e) Ragazzi di vita

A. 1-d; 2-e; 3-b; 4-a; 5-c
B. 1-b; 2-d; 3-e; 4-c; 5-a
C. 1-a; 2-c; 3-d; 4-b; 5-e
D. 1-d; 2-b; 3-a; 4-c; 5-e
E. 1-e; 2-d; 3-b; 4-a; 5-c

Ragionamento logico

41) Se l'affermazione "tutti i Watussi sono alti" è vera, allora è anche vero che:

A. chi non è Watusso non è alto
B. non esistono Watussi bassi
C. alcuni Watussi sono bassi
D. alcuni Watussi sono alti e alcuni Watussi sono bassi
E. tutte le persone alte sono Watussi

42) L'affermazione "non tutti gli oggetti di ceramica sono prodotti a Vietri" equivale a:

A. alcuni oggetti di ceramica non sono prodotti a Vietri
B. tutti gli oggetti di ceramica vengono prodotti fuori Vietri
C. non tutti gli oggetti prodotti a Vietri sono oggetti di ceramica
D. tutti gli oggetti di ceramica sono prodotti a Vietri
E. alcuni oggetti prodotti a Vietri non sono oggetti di ceramica

43) "È sufficiente che Sandra segua la dieta perché il medico non le prescriva il farmaco Obex". Se l'argomentazione precedente è vera, quale delle seguenti è certamente vera?

A. Sandra segue la dieta soltanto se il medico le prescrive il farmaco Obex
B. Se il medico non prescrive a Sandra il farmaco Obex vuol dire che lei segue la dieta
C. Se il medico prescrive a Sandra il farmaco Obex vuol dire che lei non segue la dieta

D. Se Sandra non segue la dieta allora il medico le prescrive il farmaco Obex
E. Se il medico non prescrive a Sandra il farmaco Obex vuol dire che lei non segue la dieta

44) In base alle informazioni in suo possesso, l'ispettore Colombo non può negare che è falso quanto affermato dal suo informatore, il quale dichiara di non conoscere l'autore della rapina di ieri. Basandosi su queste affermazioni, individuare quale delle seguenti alternative è esatta:

A. l'informatore conosce l'autore della rapina di ieri
B. l'informatore non conosce l'autore della rapina di ieri
C. non è possibile sapere se l'informatore conosce l'autore della rapina di ieri
D. l'ispettore Colombo non ha alcuna informazione
E. nessuna delle risposte è esatta

45) Carlo legge 30 pagine al giorno più di Christian che, a sua volta, ne legge un terzo più di Emilio. Sapendo che Emilio legge 60 pagine al giorno, qual è il numero minimo di giorni necessari ai tre amici insieme per leggere complessivamente 1.000 pagine?

A. 4 giorni
B. 6 giorni
C. 8 giorni
D. 5 giorni
E. 10 giorni

46) "Tutti coloro che inviano sms sanno accendere un cellulare; Luca sa accendere il cellulare; chi invia sms sa effettuare una telefonata". Se le precedenti affermazioni sono vere, quale delle seguenti è necessariamente falsa?

A. È probabile che chi effettua una telefonata sappia anche inviare sms
B. È probabile che chi sappia accendere un cellulare sia in grado di effettuare una telefonata
C. È probabile che Luca talvolta invii sms
D. È probabile che esista una persona in grado di inviare sms, ma che non sappia accendere il cellulare
E. È probabile che Luca possieda un cellulare

47) Andrea possiede un mazzo di carte: su ogni carta sono segnati due numeri, uno su ogni faccia. Nel suo mazzo, dietro ogni numero pari c'è un multiplo di 3. Ne consegue che, nel mazzo di carte di Andrea:

A. ci può essere una carta che contiene 11 su un lato e 18 sull'altro
B. nessuna carta può avere su un lato un numero doppio di quello che c'è sul lato opposto
C. una carta può contenere 3 su un lato e 5 sull'altro
D. nessuna carta può avere lo stesso numero su entrambi i lati
E. se su un lato c'è 15, sull'altro lato non ci può essere 7

48) Se l'affermazione "tutte le porte sono aperte" è FALSA, allora necessariamente:

A. poche porte sono aperte
B. molte porte sono chiuse
C. tutte le porte sono chiuse
D. nessuna porta è aperta
E. almeno una porta non è aperta

49) "Se e solo se studio con impegno, supero l'esame di Stato".
In base alla precedente informazione, quale delle seguenti affermazioni è certamente vera?

A. Supero l'esame di Stato solo se finisco di studiare i miei appunti

B. Se supero l'esame di Stato, non significa che ho studiato con impegno
C. Non e sufficiente che io studi con impegno perché io superi l'esame di Stato
D. Anche se studio con impegno, non supero l'esame di Stato
E. Se supero l'esame di Stato significa che ho studiato con impegno

50) Aldo, Biagio, Luca, Diego e Sandro sono nati in cinque citta diverse: Perugia, Bari, Catania, Imperia e Verona, non necessariamente in questo ordine. Le loro età sono: 27, 26, 25, 24 e 22 anni, non necessariamente in questo ordine.

È noto che: Diego è il più giovane ed è nato in una citta meridionale; Luca è il più anziano ed è nato a Verona; Biagio proviene da Perugia e ha un'età divisibile per 5; colui che è nato a Catania ha 2 anni meno di Luca e non si chiama Aldo.

In base alle precedenti informazioni, quanti anni ha Aldo e in quale citta è nato?

A. 26 anni ed è nato a Bari
B. 26 anni ed è nato a Imperia
C. 24 anni ed è nato a Bari
D. 26 anni ma non si può stabilire dove è nato
E. 24 anni ed è nato a Imperia

RISPOSTE CORRETTE

1) C	11) E	21) A	31) A	41) B
2) C	12) B	22) D	32) A	42) A
3) B	13) D	23) C	33) D	43) C
4) E	14) D	24) D	34) D	44) A
5) B	15) C	25) D	35) C	45) A
6) A	16) E	26) A	36) E	46) D
7) D	17) B	27) D	37) A	47) C
8) D	18) A	28) E	38) C	48) E
9) B	19) A	29) B	39) B	49) E
10) A	20) B	30) A	40) A	50) E

TEST CISIA • INGLESE

TEST 1

1) Choose the correct answer to this question: Where's Strasbourg?

A. It is French
B. It is in French
C. It is in France
D. It in France
E. It is in Germany

2) Choose the correct question for this answer: Yes, he is. It's bedtime.

A. Does he want to sleep?
B. Does he have sleep?
C. Is he sleep?
D. Is he sleepy?
E. Is he at home?

3) I can't remember the name of the museum we visited in Madrid. Was it ...?

A. The Prado Museum
B. Prado Museum
C. Prado
D. Museum Prado
E. The museum of Prado?

4) ... three girls ... the bus stop.

A. They are / next
B. There is / in
C. There are / at
D. There are / on
E. They are / over

5) Choose the correct answer to this question: Hasn't Henry got your e-mail address?

A. No, he not has it
B. No, he hasn't
C. No, he hasn't got
D. No, he doesn't
E. No, he has got not

6) Choose the correct answer to this question: How old is this building?

A. Yes, it's old
B. It's got 30 years
C. It's 30 years
D. It's 30 years old
E. It's old 30 years

7) Choose the correct reply to this statement: Rose has got a new hairstyle!

A. Yes, her hair are horrible
B. Yes, her hair is horrible
C. Yes, her hairs are horrible
D. Yes, her hairs is horrible
E. Yes, her hairs are new

8) Choose the correct answer to this question: Does Jane have any tickets for us?

A. No, she doesn't
B. No, not
C. No, hasn't she any
D. No, she hasn't got none
E. No, she has not

9) All the rooms are fully equipped ... business meetings.

A. at
B. with
C. for
D. without
E. on

10) Do you know ... who can speak Spanish?

A. if anyone
B. is someone
C. if someone
D. anyone there
E. if there is

11) Mark and Joe ... squash together two or three times a week.

A. are playing
B. play
C. played
D. were playing
E. playing

12) I'm quite lazy, so I ... much at weekends.

A. don't do
B. can do
C. wasn't doing
D. I'm not doing
E. do nothing much

13) My ... names are Pat and John.

A. mother's and father
B. parent's
C. mother and father's
D. parents'
E. parent

14) Choose the correct sentence:

A. How much does cost?
B. How much it cost?
C. How much it costs?
D. How much cost it?
E. How much does it cost?

15) Choose the correct sentence:

A. Who does play tennis with Katie?
B. Who plays tennis with Katie?
C. Who Katie plays tennis with?
D. Who play tennis with Katie?
E. Who with Katie play?

16) Choose the correct sentence:

A. What time does the last train usually leave?
B. What time the last train usually leaves?
C. What time leaves usually the last train?
D. What time usually the last train leaves?
E. Usually what time leaves the last train?

17) Choose the correct sentence:

A. Why she wants to stay home?
B. Why wants she to stay home?
C. Why is she wanting to stay home?
D. Why does she want to stay home?
E. Why she wants staying home?

18) Choose the correct sentence:

A. Don't leave children in the kitchen on them own
B. Don't leave children in the kitchen on theirs own
C. Don't leave children in the kitchen on their own
D. Don't leave children in the kitchen on themselves
E. Don't leave children in the kitchen on there on

19) Choose the correct sentence:

A. Good friends respect themselves
B. Good friends respect each other
C. Good friends respect them other
D. Good friends respect their others
E. Good friends respect each others

20) Choose the correct answer to this question: Does she like her job?

A. Yes, she does
B. Yes, she likes
C. She would like to be a dancer
D. No, she don't

E. Yes, she like it

21) Choose the correct sentence:

A. Jamie meeting the boss after lunch
B. Jamie meets the boss after lunch
C. Jamie is meeting the boss after lunch
D. Jamie meet the boss after lunch
E. Jamie is meet the boss after lunch

22) Choose the correct sentence:

A. Are you knowing Dylan?
B. You know Dylan?
C. Do you know Dylan?
D. You do know Dylan?
E. Does you know Dylan?

23) Choose the correct sentence:

A. Why do you not coming with me?
B. Why do you not come with me?
C. Why you not come with me?
D. Why don't you come with me?
E. Why don't you are coming with me?

24) Choose the correct question for this answer: He's a photographer.

A. What Tim does?
B. What is Tim doing?
C. What does Tim do?
D. What do Tim does?
E. Which does Tim do?

25) Choose the correct reply to this sentence: It's cold in here.

A. I'm agree
B. I agree
C. I'm agreeing
D. I'm agreed
E. I'm agreeable

26) Ben … very cooperative at the moment.

A. not is
B. isn't
C. doesn't be
D. isn't being
E. don't is

27) Choose the correct reply to this sentence: We've got a dog.

A. So do we have
B. So do we
C. So we have
D. So we've got
E. So have we

28) Choose the correct answer to this question: Do you think Kevin knows Stewart?

A. I don't think so
B. Yes, he knows
C. No, I'm thinking
D. Yes, I think
E. Yes, I do think

29) I wonder who …; do you know that man?

A. Beth is talking
B. is talking Beth
C. Beth is talking to
D. is Beth talking to
E. Does Beth talk to

30) Choose the correct answer to this question: Is Mark coming to the cinema with us tonight?

A. I'm thinking so
B. I don't think so
C. I think not
D. I think yes
E. I doesn't so

RISPOSTE CORRETTE

1) C	7) B	13) D	19) B	25) B
2) D	8) A	14) E	20) A	26) D
3) C	9) C	15) B	21) C	27) E
4) C	10) D	16) A	22) C	28) A
5) B	11) B	17) D	23) D	29) C
6) D	12) A	18) C	24) C	30) B

TEST 2

1) Choose the correct answer to this question: Has Sarah gone into town?

A. Yes, she has gone
B. Yes, she has
C. Yes, she has been
D. Yes, she gone
E. Yes, she went

2) Choose the correct sentence:

A. Where you did grow up?
B. Where did grow up you?
C. Where you grew up?
D. Where did you grow up?
E. Where have you grown?

3) Why ... to Australia?

A. have Bob and Lucy went
B. have Bob and Lucy gone
C. Bob and Lucy have gone
D. have gone Bob and Lucy
E. had Bob and Lucy gone

4) My sister ... to stay with me for a few days.

A. has come
B. came
C. has been coming
D. has came
E. has to come

5) Choose the alternative which means the same as this sentence: He's never spoken to me before.

A. He can't speak when I'm present
B. It's the first time he's spoken
C. He doesn't like speaking
D. It's the first time he's spoken to me
E. He never speaks first to me

6) Richard ... me this week.

A. hasn't been phoning
B. hasn't phoned
C. didn't phone
D. hadn't phoned
E. never phones

7) Have you ... got your old skis?

A. yet
B. still
C. again
D. once more
E. ever

8) How much of ... she says is true?

A. things
B. that
C. which
D. what
E. whom

9) It is surprising how ... little errors of fact are published by journalists.

A. many
B. much
C. lots
D. few
E. several

10) You ... flu because you haven't got a temperature.

A. can't be having
B. must have
C. should have
D. can't have

E. will have

11) Sue used to … speak Arabic fluently.

A. be able to
B. could
C. can
D. was able to
E. ably

12) I … have something to eat before I go out. I'm starving.

A. would
B. can
C. could
D. need
E. must

13) You … write on the walls.

A. don't have to
B. mustn't
C. needn't
D. don't need
E. should

14) Choose the alternative which means the same as this sentence: I think Jane has gone out with Sean.

A. Jane is probably out with Sean
B. Jane went out with Sean
C. Jane and Sean never go out together
D. I don't know where Jane is
E. Jane is usually not out with Sean

15) Choose the correct sentence:

A. Bess told me that I went out
B. Bess told me go out
C. Bess told me to go out
D. Bess told me I go out
E. Bess told me that I went out

16) Choose the alternative which means the same as this sentence: The house was upside-down. They must have left in a hurry.

A. I think they left in a hurry
B. They were obliged to leave in a hurry
C. They didn't have to leave in a hurry
D. They needn't have left in a hurry
E. They were going out in a hurry

17) Choose the alternative which means the same as this sentence: We don't have to take an entry test.

A. We shouldn't take a test
B. It isn't necessary for us to take an entry test
C. It is prohibited to take an entry test
D. We mustn't take an entry test
E. We shouldn't have taken an entry test

18) Choose the alternative which means the same as this sentence: She had to change a tyre by herself.

A. She needed to change a tyre by herself
B. She should have changed a tyre by herself
C. She had a tyre to change by herself
D. She was obliged to change a tyre by herself
E. She had changed a tyre by herself

19) Choose the alternative which means the same as this sentence: She can't have picked flowers in the park.

A. She shouldn't have picked flowers in the park
B. She was forbidden to pick flowers in the park
C. I'm sure she didn't pick flowers in the park
D. She didn't have to pick flowers in the park
E. She wasn't obliged to pick flowers in the park

20) Choose the alternative which means the same as this sentence: Place your order at the bar and we will call your order number.

A. The bar might serve you food
B. The bar will call your number when your food is ready
C. You should give your order number to the bar
D. The bar will call your number to order food
E. The food will be ready if you call the bar

21) I ... to Michael by George at a party several years ago.

A. was being introduced
B. have been introduced
C. introduced
D. was introduced
E. was to be introducing

22) I remember ... quite often at school.

A. getting punished
B. to be punished
C. get punished
D. punishing
E. I were punished

23) ... enough help by his company when he became ill.

A. For Andrew wasn't offered
B. Andrew wasn't offered
C. Andrew didn't offer
D. At Andrew wasn't offered
E. To Andrew it was offered

24) If I'd caught an earlier train, I ... for so long on the way to work.

A. might have no delay
B. might not delay
C. might not have delayed
D. might not have been delayed
E. might having no delay

25) If the police think a driver has been drinking they ... a breath test.

A. let him take
B. make him to take
C. ask him to take
D. get him to take
E. want to take him

26) I wonder what time ... tomorrow.

A. was to be the meeting
B. is the meeting
C. will be the meeting
D. will the meeting be
E. the meeting is

27) Gary ... Charlotte that there were some emails for her.

A. informed
B. advised
C. said
D. explained
E. talked

28) Ted admitted ... the Chinese vase.

A. dropping
B. to drop
C. drop of
D. dropping
E. to dropping

29) He told me ...

A. to not move
B. not to move
C. don't move
D. that I don't move
E. that I had not to move

30) The concert was ... because several of the singers were ill.

A. held off
B. called off
C. taken off
D. turned off
E. erased

RISPOSTE CORRETTE

1) B	7) B	13) B	19) C	25) C
2) D	8) D	14) A	20) B	26) E
3) B	9) A	15) C	21) D	27) A
4) A	10) D	16) A	22) A	28) D
5) D	11) A	17) B	23) B	29) B
6) B	12) E	18) D	24) D	30) B

TEST 3

1) Towards the end of the XIX century, cities were ... more crowded.

A. becoming
B. coming
C. continuing
D. developing
E. expanding

2) William rang ... an ambulance when he discovered his mother had broken her leg.

A. to
B. for
C. off
D. with
E. out

3) The world's first film ... of short, simple scenes.

A. held
B. contained
C. belonged
D. consisted
E. included

4) With the arrival of television in the 1950s, ... people went to see films.

A. other
B. fewer
C. each
D. any
E. more

5) I used to have picnics in a wood which was ... of wild flowers.

A. complete
B. busy
C. crowded
D. full
E. covered

6) The Phoenicians' alphabet was improved by the Romans and is now used ... throughout the world.

A. deeply
B. broadly
C. widely
D. hugely
E. mostly

7) Choose the correct answer to this question: What do you study?

A. I'm a student in the third year at high school
B. I do many different subjects
C. I really hate Maths
D. After I've done my homework, I usually do sport
E. History is my favourite subject

8) He worked hard and, over the ... twenty years, he expanded the business.

A. next
B. later
C. last
D. final
E. following

9) Last week, Tom ... a letter from Jane.

A. fetched
B. got
C. arrived
D. gave
E. came

10) To be a costume designer, you have to be ... in theatre, film and drama.

A. pleased
B. interested
C. keen
D. excited
E. liked

11) There are ... ways of learning how to be a cook.

A. much
B. lots
C. plenty
D. several
E. number

12) The company wants to ... the sales of the product.

A. correct
B. increase
C. rise
D. create
E. make up

13) Nowadays, we see many different ... of advertisements.

A. kinds
B. systems
C. ways
D. methods
E. manners

14) The Galapagos are a national park. This ... it possible to protect their natural beauty.

A. allows
B. gets
C. puts
D. makes
E. permits

15) ... group of tourists has to be accompanied by a guide.

A. One
B. Some
C. All
D. Each
E. Any

16) You must not ... anything from the room.

A. receive
B. remove
C. fetch
D. place
E. bring

17) Choose the correct ending for this sentence: If I had a lot of money, ...

A. my father bought me a motorbike
B. I had a party every month
C. I'll go to the coast more often
D. I'd go to South America
E. I was not going to work

18) He was bored with the picnic ... he started digging a hole.

A. although
B. because
C. so
D. but
E. however

19) I ... my sister to post my letter on her way to the bus stop.

A. explained
B. remembered
C. suggested
D. reminded
E. ordered

20) The ... of people going to university is rising each year.

A. number
B. sum
C. total
D. quantity
E. amount

21) I didn't like Mara when I first met her, but in the ... we became good friends.

A. conclusion
B. final
C. end
D. finish
E. termination

22) We went along the narrow ... which led to the waterfall.

A. route
B. path
C. walk
D. road
E. street

23) Why not ask your family for a loan? After all, blood is ... than water.

A. thinner
B. denser
C. heavier
D. thicker
E. better

24) Choose the correct answer to this question: Is Paul enjoying his new job?

A. Yes, he does
B. No, he does
C. Yes, he is
D. Yes, he likes it
E. Yes

25) Choose the correct question for this answer: Yes, he is. It's lunch time.

A. Does John want to eat?
B. Does John have to eat?
C. Is John eating?
D. Does John feel angry?
E. Is John at school?

26) How long Have Mary and Bill known ......?

A. both
B. themselves
C. them
D. one another
E. each other

27) Last winter it was very cold and ...... was a lot of snow.

A. there
B. their
C. it
D. them
E. theirs

28) People drive too fast on the road. I think ...... a speed limit.

A. their would be
B. there would be
C. they may have
D. there should be
E. they would have

29) I don't want ...... to drink. I'm not thirsty.

A. much
B. anything
C. something
D. nothing
E. everything

30) It was such a beautiful day we ...... to go to the beach.

A. did
B. were
C. wanted
D. went
E. decided

RISPOSTE CORRETTE

1) A	7) B	13) A	19) D	25) C
2) B	8) E	14) D	20) A	26) E
3) D	9) B	15) D	21) C	27) A
4) B	10) B	16) B	22) B	28) D
5) D	11) D	17) D	23) D	29) B
6) C	12) B	18) C	24) C	30) E

SCHEDE DELLE RISPOSTE

Test ______________________________

	A	B	C	D	E		A	B	C	D	E		A	B	C	D	E		A	B	C	D	E
1	☐	☐	☐	☐	☐	14	☐	☐	☐	☐	☐	27	☐	☐	☐	☐	☐	40	☐	☐	☐	☐	☐
2	☐	☐	☐	☐	☐	15	☐	☐	☐	☐	☐	28	☐	☐	☐	☐	☐	41	☐	☐	☐	☐	☐
3	☐	☐	☐	☐	☐	16	☐	☐	☐	☐	☐	29	☐	☐	☐	☐	☐	42	☐	☐	☐	☐	☐
4	☐	☐	☐	☐	☐	17	☐	☐	☐	☐	☐	30	☐	☐	☐	☐	☐	43	☐	☐	☐	☐	☐
5	☐	☐	☐	☐	☐	18	☐	☐	☐	☐	☐	31	☐	☐	☐	☐	☐	44	☐	☐	☐	☐	☐
6	☐	☐	☐	☐	☐	19	☐	☐	☐	☐	☐	32	☐	☐	☐	☐	☐	45	☐	☐	☐	☐	☐
7	☐	☐	☐	☐	☐	20	☐	☐	☐	☐	☐	33	☐	☐	☐	☐	☐	46	☐	☐	☐	☐	☐
8	☐	☐	☐	☐	☐	21	☐	☐	☐	☐	☐	34	☐	☐	☐	☐	☐	47	☐	☐	☐	☐	☐
9	☐	☐	☐	☐	☐	22	☐	☐	☐	☐	☐	35	☐	☐	☐	☐	☐	48	☐	☐	☐	☐	☐
10	☐	☐	☐	☐	☐	23	☐	☐	☐	☐	☐	36	☐	☐	☐	☐	☐	49	☐	☐	☐	☐	☐
11	☐	☐	☐	☐	☐	24	☐	☐	☐	☐	☐	37	☐	☐	☐	☐	☐	50	☐	☐	☐	☐	☐
12	☐	☐	☐	☐	☐	25	☐	☐	☐	☐	☐	38	☐	☐	☐	☐	☐						
13	☐	☐	☐	☐	☐	26	☐	☐	☐	☐	☐	39	☐	☐	☐	☐	☐						

Test ______________________________

	A	B	C	D	E		A	B	C	D	E		A	B	C	D	E		A	B	C	D	E
1	☐	☐	☐	☐	☐	14	☐	☐	☐	☐	☐	27	☐	☐	☐	☐	☐	40	☐	☐	☐	☐	☐
2	☐	☐	☐	☐	☐	15	☐	☐	☐	☐	☐	28	☐	☐	☐	☐	☐	41	☐	☐	☐	☐	☐
3	☐	☐	☐	☐	☐	16	☐	☐	☐	☐	☐	29	☐	☐	☐	☐	☐	42	☐	☐	☐	☐	☐
4	☐	☐	☐	☐	☐	17	☐	☐	☐	☐	☐	30	☐	☐	☐	☐	☐	43	☐	☐	☐	☐	☐
5	☐	☐	☐	☐	☐	18	☐	☐	☐	☐	☐	31	☐	☐	☐	☐	☐	44	☐	☐	☐	☐	☐
6	☐	☐	☐	☐	☐	19	☐	☐	☐	☐	☐	32	☐	☐	☐	☐	☐	45	☐	☐	☐	☐	☐
7	☐	☐	☐	☐	☐	20	☐	☐	☐	☐	☐	33	☐	☐	☐	☐	☐	46	☐	☐	☐	☐	☐
8	☐	☐	☐	☐	☐	21	☐	☐	☐	☐	☐	34	☐	☐	☐	☐	☐	47	☐	☐	☐	☐	☐
9	☐	☐	☐	☐	☐	22	☐	☐	☐	☐	☐	35	☐	☐	☐	☐	☐	48	☐	☐	☐	☐	☐
10	☐	☐	☐	☐	☐	23	☐	☐	☐	☐	☐	36	☐	☐	☐	☐	☐	49	☐	☐	☐	☐	☐
11	☐	☐	☐	☐	☐	24	☐	☐	☐	☐	☐	37	☐	☐	☐	☐	☐	50	☐	☐	☐	☐	☐
12	☐	☐	☐	☐	☐	25	☐	☐	☐	☐	☐	38	☐	☐	☐	☐	☐						
13	☐	☐	☐	☐	☐	26	☐	☐	☐	☐	☐	39	☐	☐	☐	☐	☐						